일러스트레이터

더[THE] 쉽게 배우기 CC&CS6

이상진 저

일러스트레이터 CC&CS6 더 쉽게 배우기

ISBN : 978-89-314-4753-8

독자님의 의견을 받습니다.
이 책을 구입한 독자님은 영진닷컴의 가장 중요한 비평가이자 조언가입니다. 저희 책의 장점과 문제점이 무엇인지, 어떤 책이 출판되기를 바라는지, 책을 더욱 알차게 꾸밀 수 있는 아이디어가 있으면 이메일, 또는 우편으로 연락주시기 바랍니다. 의견을 주실 때에는 책 제목 및 독자님의 성함과 연락처(전화번호나 이메일)를 꼭 남겨 주시기 바랍니다. 독자님의 의견에 대해 바로 답변을 드리고, 또 독자님의 의견을 다음 책에 충분히 반영하도록 늘 노력하겠습니다.

이 메 일 : support@youngjin.com
주   소 : (우)153–803 서울특별시 금천구 가산동 664번지 대륭테크노타운 13차 10층
등   록 : 2007. 4. 27. 제16–4189호

STAFF

저자 이상진 | **책임** 김태경 | **진행** 성민 | **본문 편집 · 디자인** 고은애 지화경 | **표지 디자인** 임정원

INTRODUCTION 들어가면서

이번 책의 집필을 처음 시작할 때는 좀 큰 욕심을 부렸었던 것 같습니다. 말 그대로 처음 일러스트레이터를 접하는 분들에게 쉽게 간단히 짧은 시간에 많은 걸 알게 할 수 있고, 금방 어느 정도의 수준에 이를 수 있게 하는 책을 쓸 수 있다고 믿었습니다. 하지만 집필을 시작하고 예제를 만들고 수정을 하면서 점점 알게 되는 것은 필자의 시야가 초보자도 쉽게 알 수 있게 하는 책의 집필 의도에 적합하게 접근하지 못하고 있다는 것입니다.

오랜 시간 숙달되게 사용하는 동안 처음에 하나하나를 알아가는 그때의 심정과 시야를 잊었던 것입니다. 원고는 생략된 설명과 다소 어려운 예제로 초보자들이 쉽게 이해하기에 좋은 책과는 거리가 멀어졌습니다. 다시 마음을 가다듬고 프로그램을 처음 알게 되었을 때의 초심으로 돌아가 다시 바라보고 하나하나 수정하고 다시 써 내려갔고 조금씩 집필 의도에 맞는 책이 되어 갔습니다. 힘든 과정을 여러 차례 지나오며 완벽하진 않지만 마음에 드는 책으로 점점 완성되어져 갔습니다. 그런 과정을 거쳐 이제 이 책은 필자의 손을 떠날 때가 다가왔습니다. 이 책은 앞장에서 최대한 프로그램을 처음 접하는 분들에게 모든 기능과 기본기를 알게 되도록 집중하여 반복하고 알아가도록 노력하였고 자주 사용되지 않지만 꼭 필요한 패널이나 기능들을 세세히 찾아가며 기록하였습니다.

하나의 기능을 알고 지나가기보다는 다음 장에서 추가로 새로운 기능을 더하는 방법으로 반복하여 앞 장의 기본기를 숙지하며 다음 장으로 넘어가도록 노력하였습니다. 각각의 기능들이 실제로 작업 시에 손쉽게 떠오를 수 있도록 노력하였습니다.

어려운 테크닉이나 고난이도의 복잡한 기능들이 담겨있지는 않지만 기본 중의 기본인 편집 기능과 드로잉 기능 같은 중요한 요소를 완전히 자기 것으로 할 수 있도록 집필하였습니다. 아무쪼록 한 단계 한 단계 빠뜨리지 않고 첫 장부터 마지막 장까지 학습한다면 분명 일러스트레이터의 기본을 완전히 이해할 수 있을 것이며 더하여 연습을 한다면 일러스트레이터라는 프로그램이 여러분들에게 새로운 창조와 작업의 능률로 커다란 만족을 가져다주게 될 것입니다.

2014년 9월

저자 이상진

미리보기

이 책은 일러스트레이터 CC&CS6를 처음 사용하는 입문자들이 체계적으로 학습할 수 있도록 9개의 PART로 구성되어 있으며 각각의 PART는 Lesson과 따라하기 형식의 Step으로 세분화되어 있습니다. 각 Lesson의 시작 부분에는 '기초탄탄' 코너를 마련하여 어떤 내용을 학습하게 되고, 중요하게 사용하는 대화상자나 메뉴들의 기능들도 소개합니다. 'Tip'에서는 따라하기 단계별 참고 내용과 복합적으로 학습하면 좋을 내용들의 위치를 안내합니다. 그러면 미리 보기 내용을 통해 '일러스트레이터 CC&CS6 더 쉽게 배우기'를 간략하게 소개합니다.

Lesson
일러스트레이터 CC&CS6의 다양한 기능을 Lesson으로 구성합니다.

Step
본격적인 학습 코너로써 따라하기 형식으로 구성하여 일러스트레이터 CC의 기능을 쉽게 익힐 수 있도록 유도합니다.

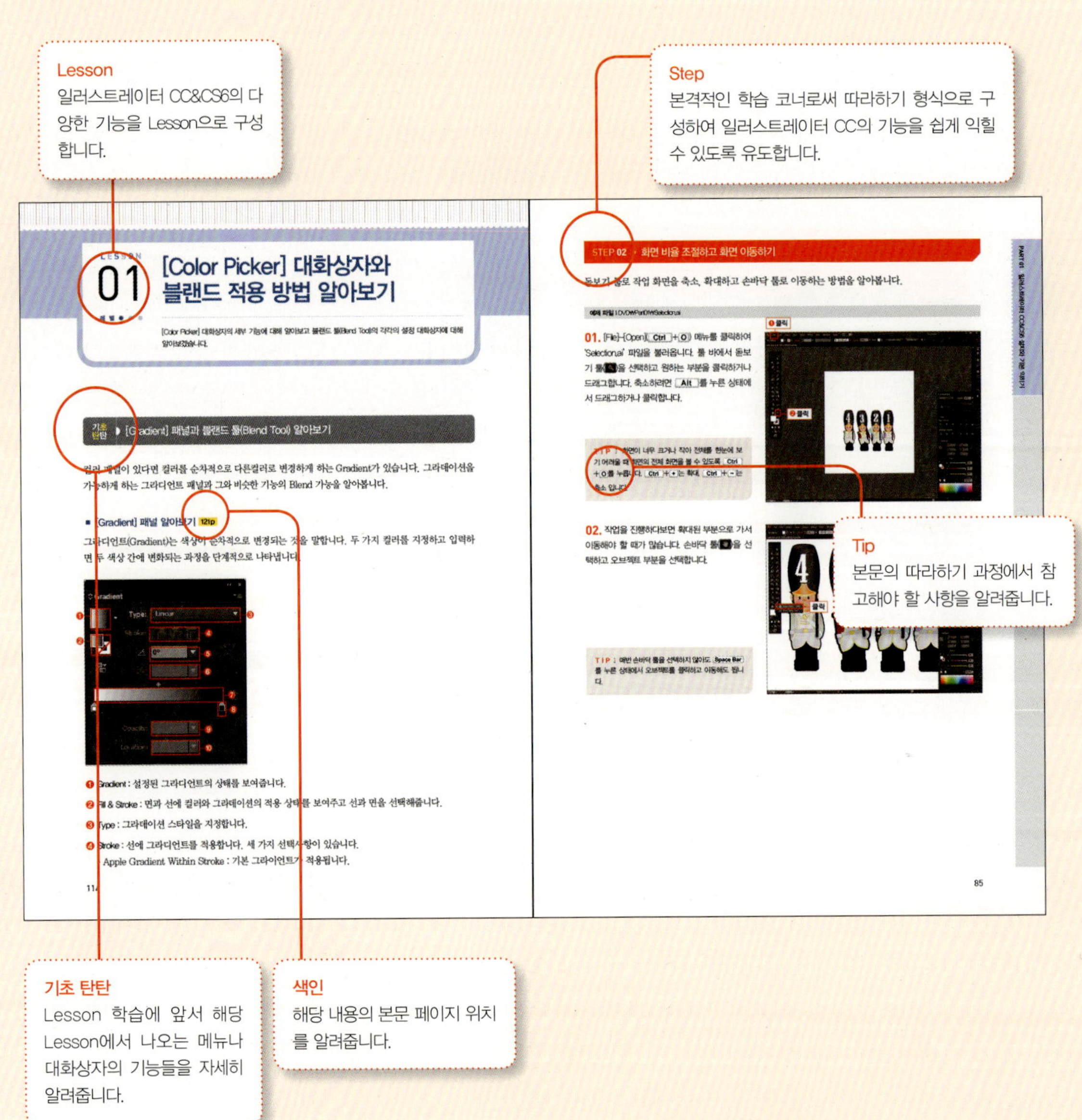

기초 탄탄
Lesson 학습에 앞서 해당 Lesson에서 나오는 메뉴나 대화상자의 기능들을 자세히 알려줍니다.

색인
해당 내용의 본문 페이지 위치를 알려줍니다.

Tip
본문의 따라하기 과정에서 참고해야 할 사항을 알려줍니다.

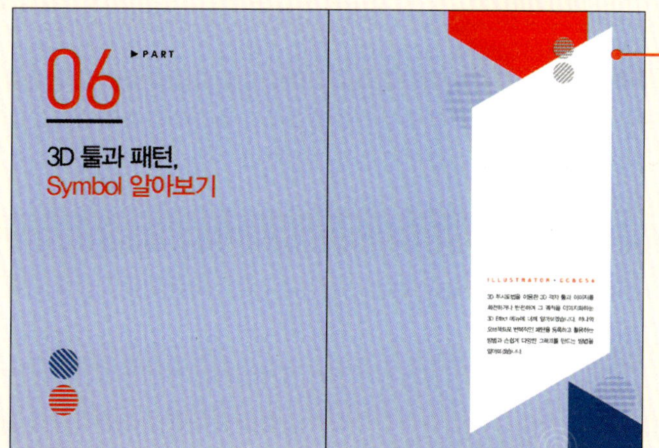

PART

총 9개의 PART로 구성되어 있으며, PART 의 시작 전에 배우게 될 내용을 간략하게 살펴봅니다.

실무에선 이렇게

본문의 학습 내용과는 별도로 실무 활용 팁이나 저자의 일러스트레이터 CC&CS6 사용 노하우를 소개합니다.

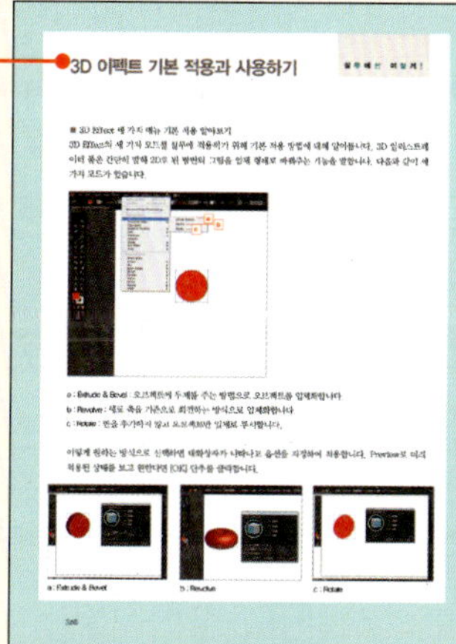

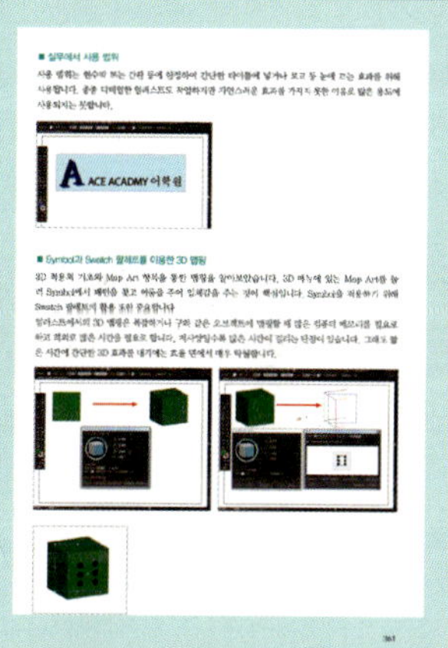

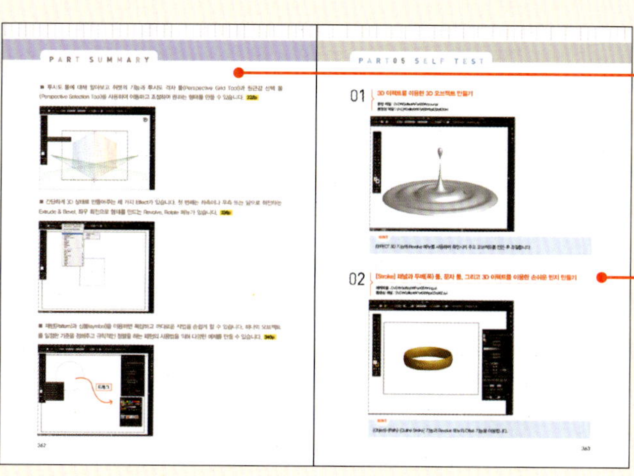

PART SUMMARY

PART에서 배운 일러스트레이터 CC&CS6 의 핵심 내용들을 다시 한 번 복습할 수 있도록 간단히 요약해서 소개합니다.

SELF TEST

PART에서 배운 내용을 바탕으로 문제를 풀어볼 수 있는 코너로써, 문제 풀이 과정 은 별도의 동영상으로 제공됩니다.

이 책의 구성

일러스트레이터 CC&CS6를 쉽고 빠르게 학습할 수 있도록 구성되어 있는 '일러스트레이터 CC&CS6 더 쉽게 배우기'
의 PART별 구성을 간단히 소개합니다.

PART 00

일러스트레이터 CC의 새로운 기능 알아보기

일러스트레이터 CC는 기존의 일러스트레이터와 달리 클라우드(Cloud) 기능이 강화된 버전입니다.
Creative Cloud를 통해 인터넷상의 다양한 지원을 받을 수 있습니다. 일러스트레이터 CC 버전의 새
로운 기능에 대해 알아봅니다.

PART 01

일러스트레이터 설치와 기본 익히기

일러스트레이터 CC&CS6의 가장 기본이 되는 설치 방법과 작업 환경에 대해 알아보고 작업 시 꼭
필요한 툴과 패널, 아트보드 등에 대해 자세히 알아보겠습니다.

PART 02

오브젝트에 컬러 적용하기

컬러 모드와 컬러 관련 패널들을 알아보고 편집 툴 등을 이용하여 간단한 캐릭터를 만들고 컬러를
적용하는 방법을 알아봅니다.

PART 03

오브젝트 드로잉과 선과 면 표현 & 수정하기

일러스트레이터 CS6의 핵심 툴인 펜 툴과 그라디언트 메쉬 툴(Gradient Mesh Tool)로 자연스럽고
부드러운 그라데이션 면을 표현하는 방법과 선과 면을 자르고 지우는 수정하는 방법에 대해 알아
봅니다

PART 04

프리 드로잉 툴 알아보기

프리 드로잉(free drawing tool) 툴에 대해 알아보고 Blur와 투명도 조절과 같이 면을 자연스럽게 그라
데이션으로 만드는 메뉴들에 대해 알아봅니다

PART 05 — 문자 툴과 각종 측정 메뉴 알아보기

일러스트레이터에서 문자를 입력하고 조절하는 패널과 다양한 사이즈 측정 메뉴에 대해 알아봅니다.

PART 06 — 3D 툴과 패턴, Symbol 알아보기

3D 투시도법을 이용한 3D 격자 툴과 이미지를 회전하거나 반전하여 그 궤적을 이미지화하는 3D Effect 메뉴에 대해 알아보겠습니다. 하나의 오브젝트로 반복적인 패턴을 등록하고 활용하는 방법과 손쉽게 다양한 그래프를 만드는 방법을 알아보겠습니다.

PART 07 — 작업을 손쉽게 도와주는 다양한 기능

그래프를 손쉽게 그릴 수 있게 해주는 그래프 툴(Graph Tool)과 반복적인 작업을 반복 실행해주는 Action 기능, 복잡한 작업을 가능하게 하는 레이어의 개념과 픽셀 이미지를 스타일 있는 벡터 이미지로 바꿔주는 Image Trace, 오브젝트에 자연스러운 효과를 주는 scribble 이펙트에 대해 알아봅니다.

PART 08 — 실무를 통한 프로젝트 완성하기

일러스트레이터가 직접 오더를 받아서 프로젝트를 진행할 때 발생하는 문제점과 해결 방법과 과제를 만들어가는 방법에 대해 알아봅니다.

부록 DVD

이 책에서 제공하는 부록 DVD에는 각 Part별 예제 파일과 완성 파일, 그리고 각 Part별 Self Test의 풀이 과정을 담은 동영상 파일이 수록되어 있습니다. 부록 DVD의 파일들은 내 컴퓨터에 복사한 후에 사용할 것을 권장합니다.

■ 예제 파일 사용법

부록 DVD의 각 Part별 폴더에는 각 Part별로 제공하는 예제 파일과 완성 파일이 수록되어 있습니다.

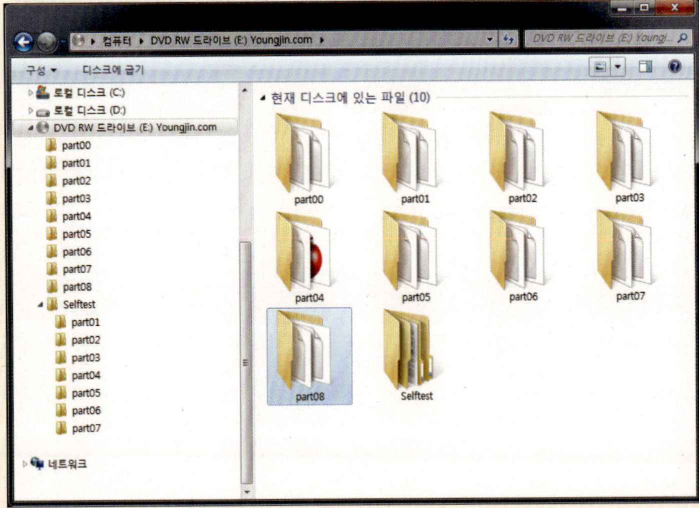

▲ 예제 파일 폴더

■ Self Test 동영상

부록 DVD의 Self Test폴더에는 각 Part별 Self Test의 풀이 과정을 담은 동영상 파일과 예제 완성 파일이 수록되어 있습니다.

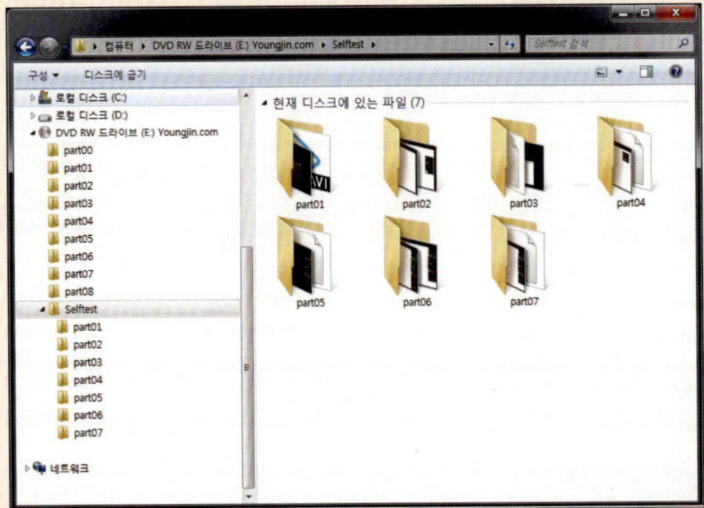

■ 홈페이지에서 부록 DVD 자료 다운로드 받는 법

이 책에서 제공하는 부록 DVD의 내용은 영진닷컴 홈페이지(www.youngjin.com)의 [고객센터]–[도서자료실/CD 다운로드] 게시판에서 검색 창에 도서명이나 키워드를 입력한 후 다운로드 받아 사용하실 수 있습니다.

목차

PART 00

일러스트레이터 CC의 새로운 기능 알아보기

LESSON 01 일러스트레이터 CC의 클라우드 기능 … 18

기초탄탄 : 클라우드 앱을 이용한 기능 알아보기 … 18

STEP 01 : 크리에이티브 클라우드 앱 설치하기 … 23

STEP 02 : Creative Cloud를 통한 Typekit 사용하기 … 26

LESSON 02 일러스트레이터 CC의 업그레이드된 기능 … 29

기초탄탄 : 업그레이드된 기능과 툴 알아보기 … 29

STEP 01 : 툴 패널의 조합 기능 … 36

STEP 02 : 일러스트레이터 CC 버전의 모서리 변형 기능 … 38

STEP 03 : 일러스트레이터 CC 버전의 패스선 모양 변경 … 40

STEP 04 : 새로운 문자 툴인 문자 편집 툴 … 42

STEP 05 : 업그레이드된 자유변형 툴 … 45

PART 01

일러스트레이터 설치와 기본 익히기

LESSON 01 일러스트레이터 CC&CS6 설치 및 작업 환경 … 50

기초탄탄 : 일러스트레이터 작업 환경 이해하기 … 50

STEP 01 : 일러스트레이터 설치하기 … 58

STEP 02 : 내 입맛에 맞는 작업 환경 설정하기 … 60

실무에선 이렇게! 전체 작업 화면을 통제하는 화면 모드 … 62

LESSON 02 일러스트레이터의 핵심 툴 및 패널 알아보기 … 64

기초탄탄 : 각종 툴 및 패널 이해하기 … 64

STEP 01 : 패널 활성화 및 이동시키기 … 82

STEP 02 : 화면 비율 조절하고 화면 이동하기 … 85

STEP 03 : 선택 툴로 오브젝트 선택하고 반전시키기 … 86

STEP 04 : Selection 메뉴로 오브젝트 선택 범위 반전시키기 … 87

STEP 05 : 오브젝트 그룹으로 묶고 해제하기 … 89

실무에선 이렇게! 직접 선택 툴과 선택 툴, 프리 선택 툴 … 90

LESSON 03 일러스트레이터 작업 준비하기 — 93

기초탄탄: [New Document] 대화상자 이해하기와 웹용 이미지 저장하기 옵션 알기 — 93

STEP 01: 새 도큐먼트 만들고 저장하기 — 95

STEP 02: 이미지 열고 EPS 방식/PDF 방식으로 저장하기 — 97

STEP 03: 웹용 이미지로 저장하기 — 99

LESSON 04 일러스트레이터 아트보드 편집하기 — 101

기초탄탄: 아트보드 패널 알아보기 — 101

STEP 01: 아트보드 툴을 이용한 아트보드 편집하기 — 103

STEP 02: 아트보드 설정하고 편집하기 — 105

실무에선 이렇게! 사각도형 툴로 사이즈 지정하여 같은 크기의 아트보드 만들기 — 108

● PART SUMMARY — 110

● SELF TEST — 111

PART
02

오브젝트에 컬러
적용하기

LESSON 01 [Color Picker] 대화상자와 블렌드 적용 방법 알아보기 — 114

기초탄탄: [Gradient] 패널과 블렌드 툴(Blend Tool) 알아보기 — 114

STEP 01: 블렌드 툴을 이용한 두 개의 컬러 블렌딩하기 — 117

STEP 02: [Gradient] 패널을 이용하여 황금 계란 만들기 — 121

실무에선 이렇게! 이미지의 표현 방식과 다양한 확장자 방식 — 126

LESSON 02 컬러 모드 이해하고 적용하기 — 128

기초탄탄: 색상 관련 모드와 패널 알아보기 — 128

STEP 01: 그라디언트 툴을 이용한 컬러 적용하기 — 139

STEP 02: 캐릭터 얼굴 만들어 컬러 적용하기 — 145

실무에선 이렇게! [Navigation] 패널 알아보기 — 156

● PART SUMMARY — 158

● SELF TEST — 159

PART 03

오브젝트 드로잉과 선과 면 표현 & 수정하기

LESSON 01 펜 툴로 드로잉하기 ... 162

기초탄탄 : 패스의 명칭과 펜 툴의 종류 알아보기 ... 162

STEP 01 : 펜 툴로 직선과 사각형 그리기 ... 165

STEP 02 : 펜 툴로 타원과 삼각형 그리기 ... 167

STEP 03 : 펜 툴로 기준점 삭제하기-기준점 삭제 툴 ... 170

STEP 04 : 펜 툴로 직선을 곡선으로 바꾸기 ... 172

실 무 에 선 이 렇 게! 반전, 패스파인더, 다단 복제 이용하여 꽃 오브젝트 만들기 ... 174

LESSON 02 오브젝트의 변형과 수정 툴 알기 ... 176

기초탄탄 : 수정 툴 알아보기 ... 176

STEP 01 : 지우개 툴로 오브젝트 지우기 ... 177

STEP 02 : 오브젝트 패스 자르기 ... 178

STEP 03 : 끊긴 오브젝트 패스 연결하기 ... 179

STEP 04 : 나이프 툴로 잘라내기 ... 180

STEP 05 : 지우개 툴을 활용한 일러스트 쉽게 변경하기 ... 181

실 무 에 선 이 렇 게! 지우개 툴과 그라디언트 툴로 별이 뜬 밤하늘 만들기 ... 184

LESSON 03 메쉬 툴과 손으로 그린 스케치 벡터화하기 ... 188

기초탄탄 : 메쉬 툴 알아보기 ... 188

STEP 01 : Create Gradient Mesh 메뉴를 이용한 디테일 오브젝트 만들기 ... 190

STEP 02 : 펜 툴과 메쉬 툴을 이용해 오브젝트 만들기 ... 197

실 무 에 선 이 렇 게! 클리핑 마스크 알아보기 ... 205

● **PART SUMMARY** ... 207

● **SELF TEST** ... 208

PART 04

프리 드로잉 툴 알아보기

LESSON 01 드로잉을 더욱 자유롭게 하는 패널과 메뉴 알아보기 ... 212

기초탄탄 : [Stroke] 패널과 [Transparency] 패널, [Outline Stroke], [Offset Path] 기능 알아보기 ... 212

STEP 01 : Outline Stroke과 [Stroke], [Transparency] 패널을 이용한 알약 오브젝트 만들기 ... 217

STEP 02 : [Object]-[Path]-[Offset Path] 기능을 통한 오브젝트 만들기 ... 223

실 무 에 선 이 렇 게! 타블릿 펜을 이용한 자연스러운 드로잉 하기 ... 225

LESSON 02 자유 곡선 툴과 블러 알아보기 ... 227

[기초탄탄] 프리 드로잉 툴과 블러 메뉴 알아보기 ... 227

STEP 01 ： 연필 툴로 프리 드로잉 해보기 … 237

STEP 02 ： 브러쉬 툴로 드로잉 해보기 … 240

STEP 03 ： 블럽 브러쉬 툴을 이용한 수채화 느낌 일러스트 그리기 … 243

STEP 04 ： 브러쉬 툴을 이용한 자연스러운 일러스트 그리기 … 251

STEP 05 ： 블러를 사용하여 입체적인 볼링공 만들기 … 256

실무에선 이렇게! 프리 드로잉에 편리한 드로잉 모드 … 259

● PART SUMMARY … 261

● SELF TEST … 262

문자 툴과 각종 측정 메뉴 알아보기

LESSON 01 문자 입력 툴의 종류와 기능 알아보기 … 266

기초탄탄 ： 6가지 스타일의 문자 입력 툴과 문자 관련 패널 알아보기 … 266

STEP 01 ： 텍스트 입력하고 서체, 크기, 색상 조절하기 … 271

STEP 02 ： 타입 온 패스 툴로 패스따라 텍스트 입력하고 조절하기 … 273

STEP 03 ： 문자 툴에 서체를 이용한 붓글씨 글자 만들기 … 276

실무에선 이렇게! 오브젝트에 맞게 문자 변형하여 넣어주기 … 282

LESSON 02 측정자 가이드선의 종류와 기능 알아보기 … 284

기초탄탄 ： 다양한 수치 측정 메뉴 알아보기 … 284

STEP 01 ： 도형 툴로 가이드선 만들기 … 290

STEP 02 ： 눈금자 꺼내 가이드선 만들기 … 291

STEP 03 ： [Create Outlines] 메뉴로 로고 만들고 배치하기 … 293

STEP 04 ： 로고 카피하여 세밀한 기준선 추가하기 … 299

STEP 05 ： 텍스트 입력하기 … 300

STEP 06 ： 이미지 가져와 앉혀주기 … 301

STEP 07 ： 라인을 삭제하고 Create Outlines로 고정하기 … 302

실무에선 이렇게! 안정된 출력을 위한 [Attributes] 패널과 [Separations Preview] 패널 … 304

실무에선 이렇게! Make Trim Marks 메뉴를 이용한 자동 재단선 만들기 기능 … 306

● PART SUMMARY … 308

● SELF TEST … 309

PART 06

3D 툴과 패턴,
Symbol 알아보기

LESSON 01 3D 투시도 격자와 3D Effect 메뉴 알아보기　312

기초탄탄 : 3D 투시도법 격자 툴, 3D Effect 메뉴 종류와 대화상자 알아보기　312

STEP 01 : 투시도 격자 툴의 이점 투시도 격자 툴 이용하기　322

STEP 02 : 스케치 불러와 격자 창 스케치에 맞춰주기　325

STEP 03 : 격자 툴에 맞춰 입체 큐브 그려주기　327

STEP 04 : 3D 격자 툴을 제거하고 큐브 보완하고 정리하기　332

STEP 05 : 아트보드 조절하고 특성에 맞게 디자인하기　334

STEP 06 : 3D Effect 사용하여 입체 달러 표시 만들기　336

STEP 07 : 심볼 등록하여 3D Effect로 3D 맵핑하기　340

실무에선 이렇게! 　투시도에 대한 이해와 투시도 격자 툴 이용하여 글자에 입체감주기　345

LESSON 02 패턴과 심볼 알아보기　347

기초탄탄 : [Pattern Options] 패널과 [Symbol Options] 패널　347

STEP 01 : 오브젝트 심벌 등록하고 심벌 툴 사용하기　351

STEP 02 : 패턴 등록하고 적용해보기　354

실무에선 이렇게! 　3D 이펙트 기본 적용과 사용하기　360

● PART SUMMARY　362

● SELF TEST　363

PART 07

작업을 손쉽게 도
와주는 다양한 기
능

LESSON 01 그래프 툴 알아보기　366

기초탄탄 : 그래프 툴과 설정 창 알아보기　366

STEP 01 : 그래프 디자인 적용해보기　372

STEP 02 : 프레젠테이션에 필수 파이 그래프 만들어 입체화하기　374

LESSON 02 복잡한 작업이나 반복 작업을 손쉽게 해주는 Layer, Action 기능　376

기초탄탄 : Layer와 Action 알아보기　376

STEP 01 : 레이어로 제작한 복잡한 일러스트 수정하기　382

STEP 02 : Actions 패널을 이용한 액션 만들어 실행하기　384

LESSON 03 이미지에 효과주기 388

기초탄탄 : [Image Trace] 패널과 scribble 이펙트 기능 알아보기 388

STEP 01 : LIVE TRACE 기능으로 벡터 배경 만들기 395

STEP 02 : scribble 이펙트 사용하기 398

실무에선 이렇게! 이미 만들어놓은 그래프에 속성 변경하기 400

● PART SUMMARY 402

● SELF TEST 404

PART
08

실무를 통한 프로 젝트 완성하기

LESSON 01 실무에서 작업 의뢰를 받고 마무리하는 과정 408

STEP 01 : 일러스트레이터가 되기 위해 필요한 것들 408

STEP 02 : 일러스트레이터로서 프로젝트 진행하기 411

STEP 03 : 자료의 정리와 활용 415

LESSON 02 화보에 들어갈 여자 캐릭터와 배경 만들기 417

STEP 01 : 자료를 토대로 눈 그려가기 417

STEP 02 : 머리 그리기 423

STEP 03 : 몸통과 팔 그리기 429

STEP 04 : 꽃다발 그리기 432

STEP 05 : 하체 그리기 435

STEP 06 : 배경을 만들고 마무리하여 데이터 넘기기 438

LESSON 03 Path Finder와 Align을 이용한 캐릭터 일러스트 그리기 439

STEP 01 : 새 창 만들고 도형 툴 사용하기 439

STEP 02 : 방향점을 이동하여 전체 윤곽 만들고 눈 그려주기 443

STEP 03 : 타원 툴과 패스파인더를 이용하여 입 그려주기 448

STEP 04 : 눈동자와 이빨 그려 넣기 453

STEP 05 : 팔다리 그리고 전체 균형 잡기 459

STEP 06 : 귀와 수염만들고 정리하기 469

실무에선 이렇게! 저작권에 관한 문제 475

● PART SUMMARY 476

00

일러스트레이터 CC의
새로운 기능 알아보기

일러스트레이터 CC 버전은 기존의 일러스트레
이터와 달리 클라우드(Cloud) 기능이 강화된 버전
입니다. Creative Cloud를 통해 인터넷 상의 다양
한 기능을 지원받을 수 있습니다. 일러스트레이터
CC 버전의 새로운 기능에 대해 알아봅니다.

일러스트레이터 CC의 클라우드 기능

일러스트레이터 CC 버전의 크리에이티브 클라우드(Creative Cloud) 기능에 대해 알아봅니다.

기초탄탄 ▶ 클라우드 앱을 이용한 기능 알아보기

클라우드 기능을 이용한 다양한 일러스트레이터의 클라우드 서비스에 대해 알아봅니다.

■ 일러스트레이터 CC의 Creative Cloud 앱 설치하기

클라우드 앱을 컴퓨터상에 설치하면 크리에이티브 클라우드 서비스를 제공받을 수 있으며 업데이트 관련 내용과 색상 관련 정보 등을 공유할 수 있습니다. 일러스트레이터 CC는 Mac OS X 10.6 이상과 Windows 7 이상에서만 지원됩니다. 이전 운영체제에서 앱을 다운로드하는 경우, 앱을 다운로드 및 설치하기 위해 Adobe Application Manager를 사용합니다.

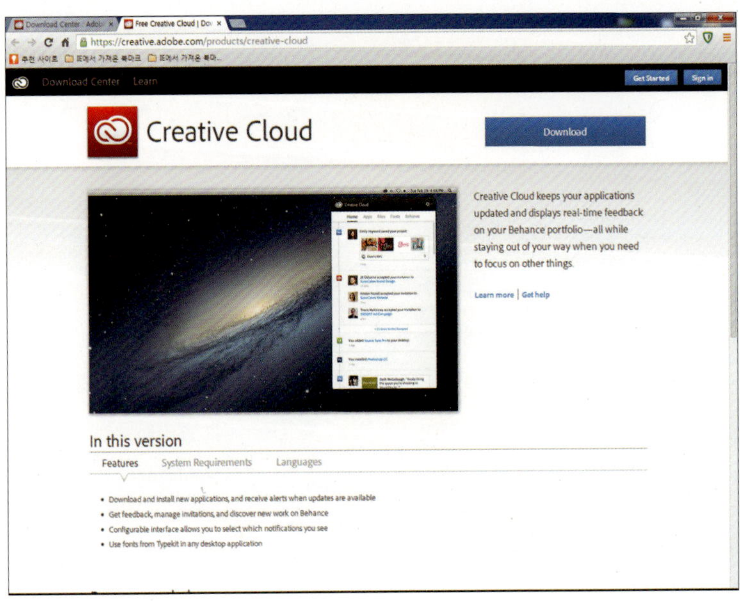

■ Creative Cloud를 통한 파일 공유하기

Creative Cloud를 실행하고 [파일] 메뉴를 선택하면 다음과 같은 화면에 [Creative Cloud] 창이 나타납니다. [Creative Cloud.com]을 클릭하면 다음 단계의 화면이 나타납니다.

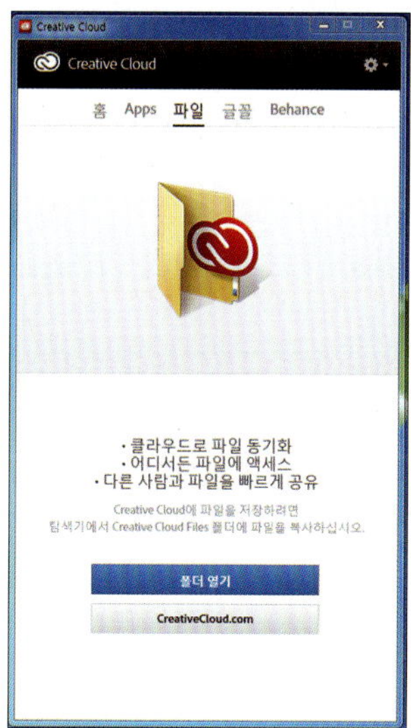

이 단계에서는 자신만의 폴더를 만들거나 업로드하여 보관 등을 할 수 있고 직접 이미지를 드래그하여 폴더로 이동할 수도 있습니다. 이 기능을 통하여 자신만의 포트폴리오를 공유하고 다른 장소에서도 로그인하여 파일에 접속한 후 사용할 수 있습니다.

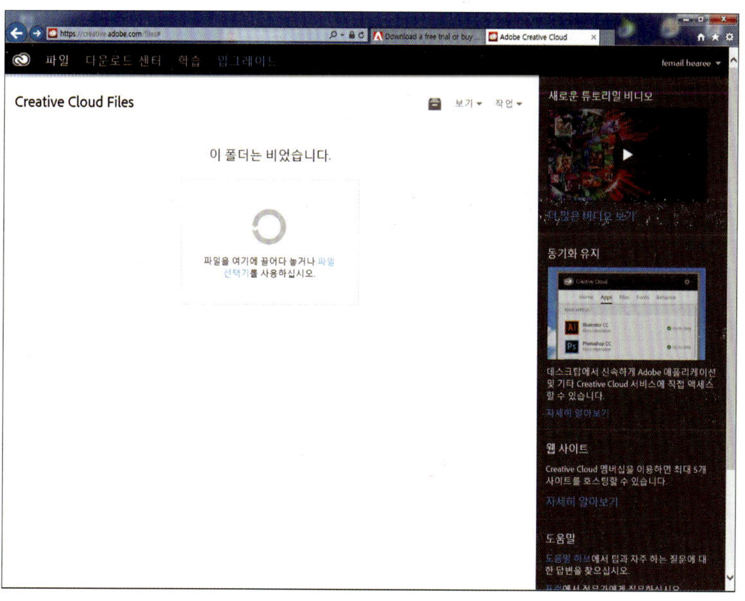

■ Creative Cloud를 통한 Typekit 사용하여 서체 공유하기

문자와 글꼴 모음 메뉴에서 Typekit 홈페이지에 접속하여 700개 이상의 Typekit 서체를 검색하고 선택한 다음 동기화하면 바로 프로그램에서 이용할 수 있습니다. 또한 특정한 서체의 특징을 문자 패널에서 입력하면 기준에 일치하는 서체를 찾아주는 기능이 있어 편리하게 원하는 서체를 검색할 수 있습니다.

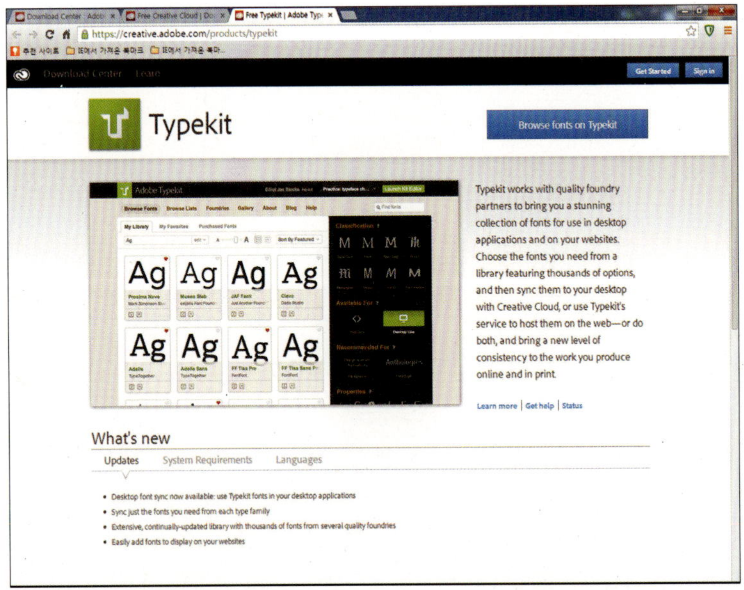

■ Creative Cloud를 통한 Behance 포트폴리오 활용하기

Creative Cloud는 세계적으로 유명한 크리에이티브의 커뮤니티인 Behance와 통합하여 자신만의 작품을 Behance 커뮤니티에 게시하여 피드백을 구할 수 있으며 다른 작가들의 작품을 볼 수도 있습니다.

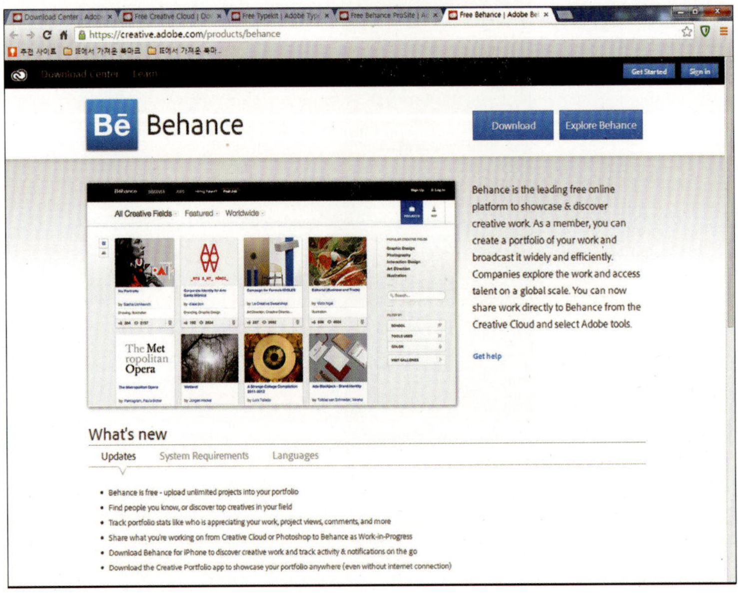

[Creative Cloud Behance]를 활용하면 세계 각국의 일러스트레이터들의 작품을 간단하게 보고 팔로잉하고 코멘트를 달거나 자신만의 포트폴리오를 만들 수 있으며 타인들과의 공유와 의견을 자유롭게 나눌 수 있습니다.

앱 메뉴에서 [Behance] 메뉴를 클릭하면 많은 작가들의 작품을 선택하여 볼 수 있는 화면이 나타납니다. 왼쪽 메뉴에 원하는 작품의 카테고리가 나타납니다.

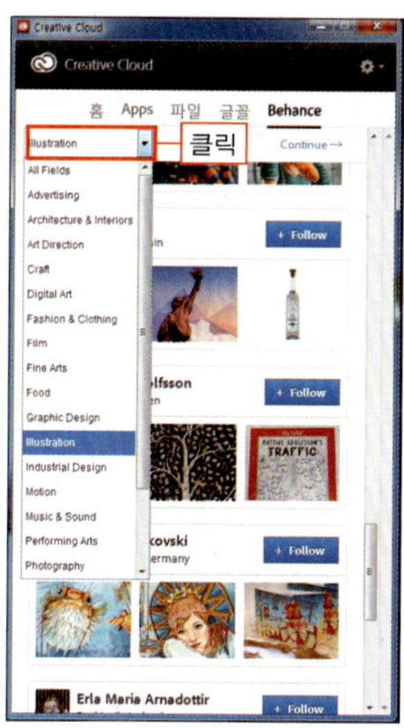

하나의 작품을 클릭한 후 [View Profile]을 클릭하면 선택한 작가의 프로필과 포트폴리오가 나타납니다.

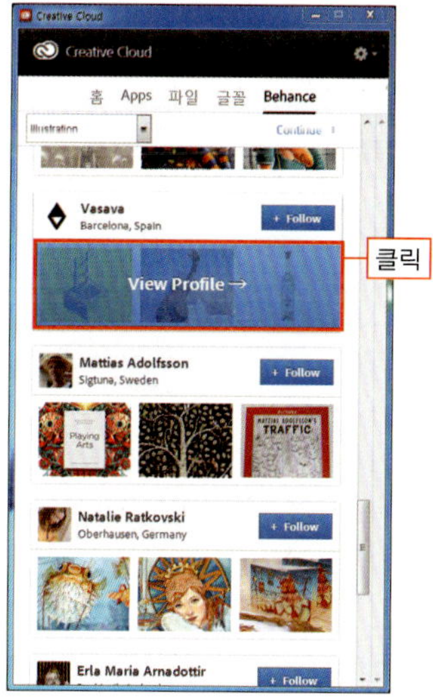

우측 상단에는 자신만의 프로필과 포트폴리오를 만들 수 있는 'Me' 항목이 있습니다. 'Me' 항목을 클릭하면 자신의 사진과 프로필의 프로젝트 등을 업로드할 수 있는 화면이 나타납니다.

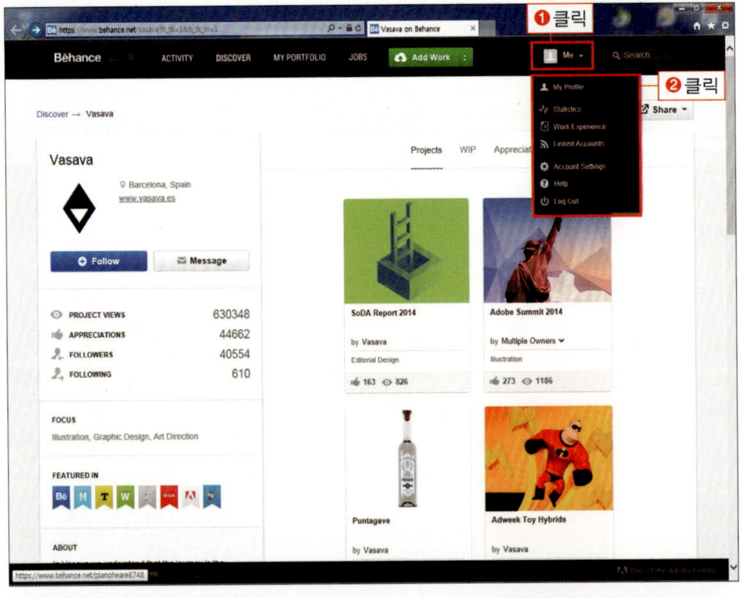

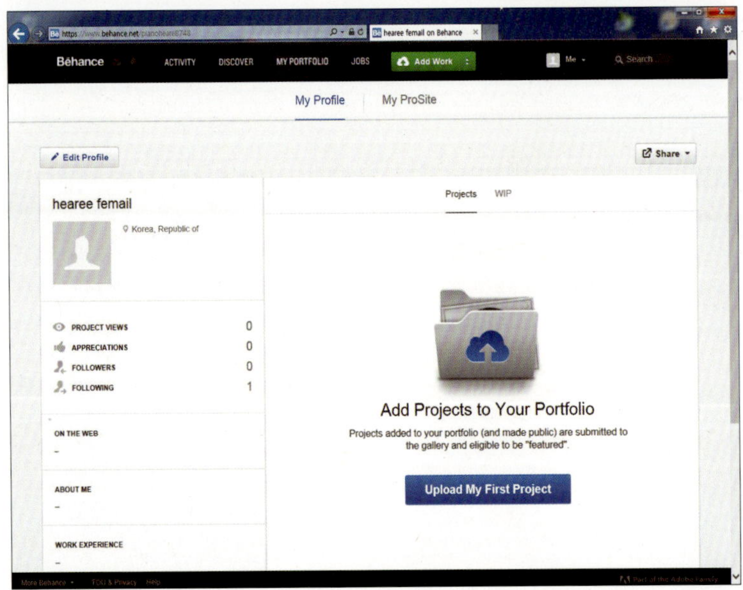

이런 시스템을 활용하면 본인의 실력을 쌓을 수 있으며 자신의 실력을 널리 홍보할 수도 있습니다. 그리고 그에 맞는 프로젝트를 받은 후 진행하기 쉬운 시스템으로 점점 더 발전될 것입니다.

어도비사의 홈페이지에 접속하여 클라우드 앱을 설치한 후 일러스트레이터 CC 버전을 설치하는 방법에 대해 알아봅니다.

01. www.adobe.com에 접속하여 [Download] 메뉴에서 [See all downloads]를 선택한 후 'illustrator CC'를 클릭하여 설치합니다.

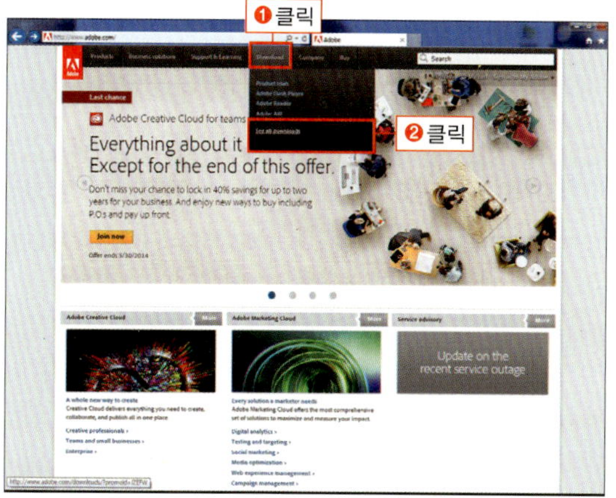

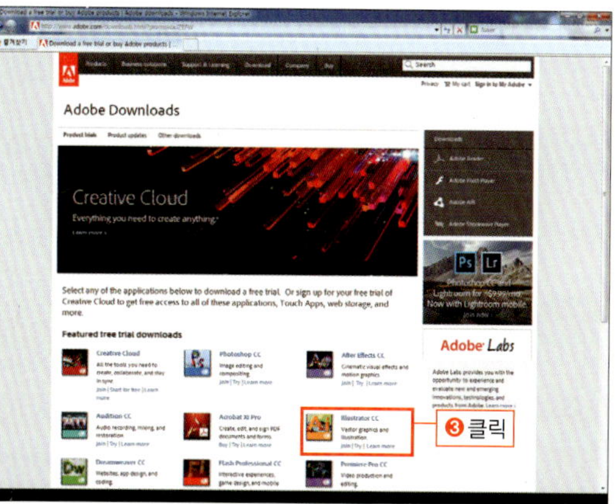

02. [Adobe ID로 로그인]에서 아이디를 만들고 [로그인]을 클릭합니다.

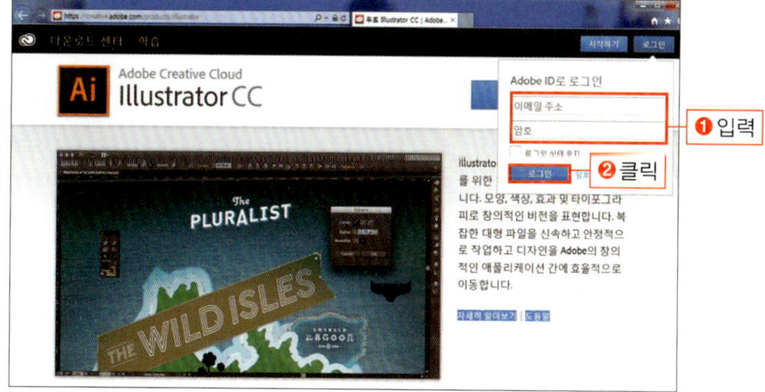

T I P : ID를 가지고 있지 않다면 ID 만들기로 ID를 만들어 로그인합니다.

03. 하단에서 사용할 언어를 선택합니다.

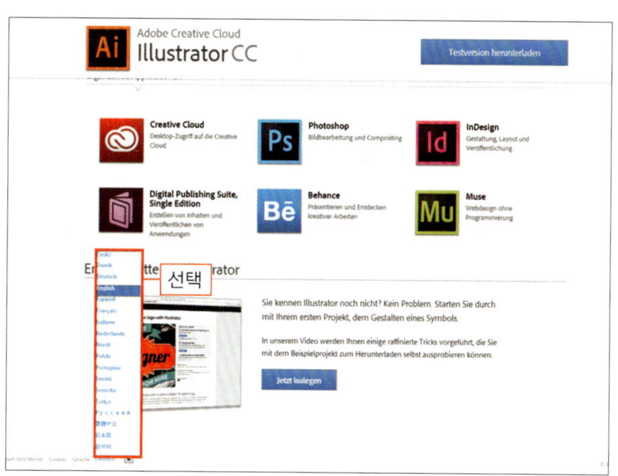

04. 로그인한 후 '시험버전 다운로드'를 클릭하
면 다음과 같은 창이 나타나면서 클라우드 앱 설
치가 진행됩니다. 다운받아 설치를 진행할지를 묻
는 창입니다.

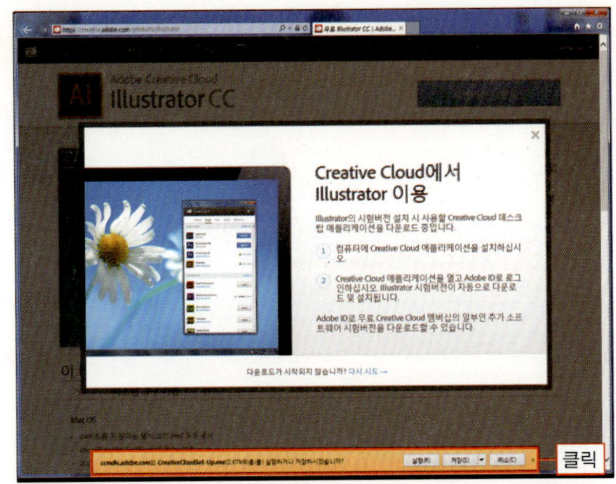

05. Creative Cloud 앱 설치 진행창이 나타나면
서 설치됩니다.

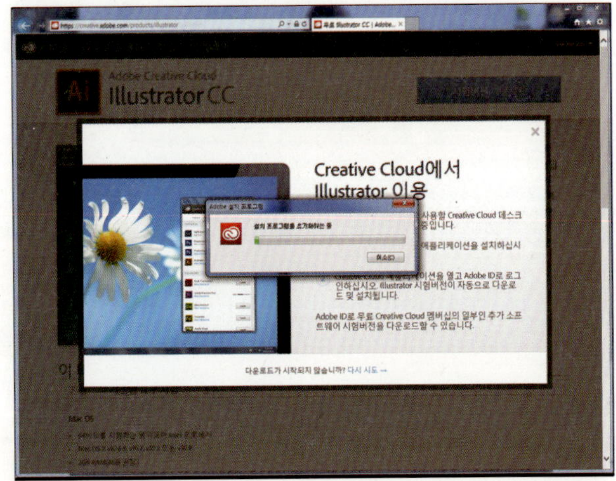

06. 소프트웨어 사용자 계약서가 나타나면 사용
할 언어를 선택한 후 [동의] 버튼을 클릭합니다.

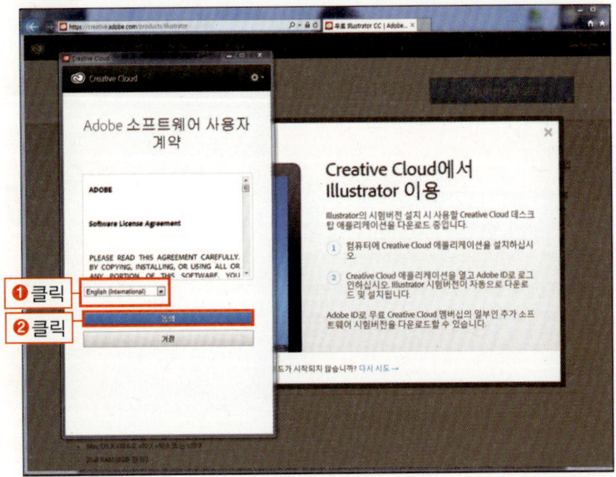

07. illustrator CC 프로그램의 설치 진행창이 나타납니다.

08. 설치 진행창이 설치 완료되면 모든 프로그램의 설치 및 업그레이드 상황을 보여주는 창이 나타납니다. illustrator CC 프로그램은 '최신'이라는 글자가 나타납니다.

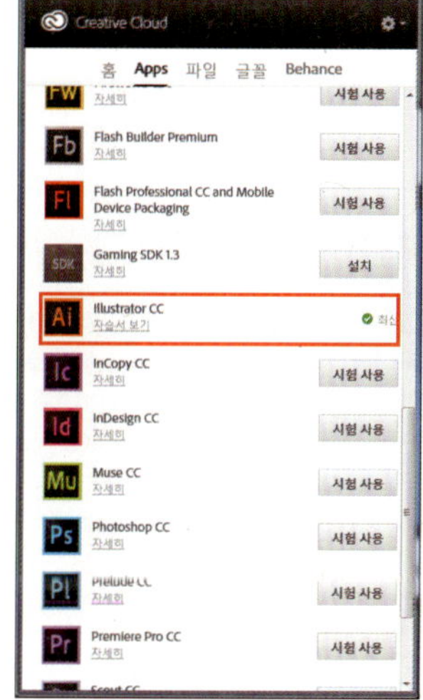

TIP : 최신이라는 글씨는 모든 버전이 최신 업그레이드된 상태를 말합니다.

09. 설치가 끝났으므로 일러스트레이터 CC를 실행합니다. 설치된 프로그램이 열립니다.

크리에이티브 클라우드를 통하여 글꼴을 동기화하고 검색하여 사용할 수 있습니다.

01. Creative Cloud를 실행하고 상단의 [글꼴] 메뉴를 클릭하면 Typekit에서 글꼴을 검색할 수 있는 창이 나타납니다. [Typekit에서 글꼴 검색]을 클릭합니다.

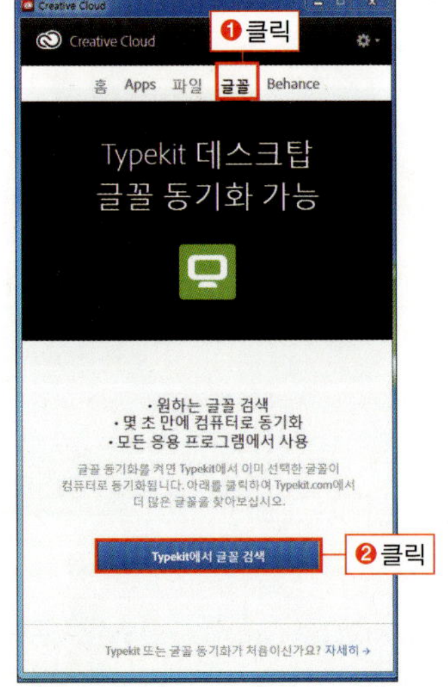

02. Adobe Typekit 화면이 나타나고 이중 동기화하고 싶은 글꼴을 클릭합니다. 여기서는 'Source Code Pro'를 선택합니다.

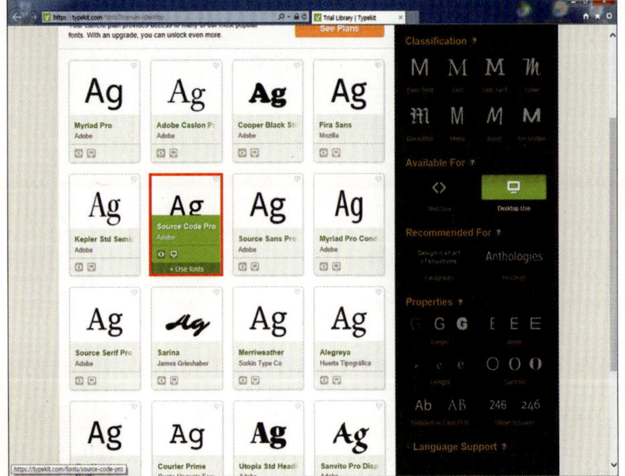

TIP : Adobe Typekit 화면은 일러스트레이터 CC 실행화면에서도 실행할 수 있습니다. [Type]–[Add Fonts from Typekit] 메뉴를 선택하면 나타납니다.

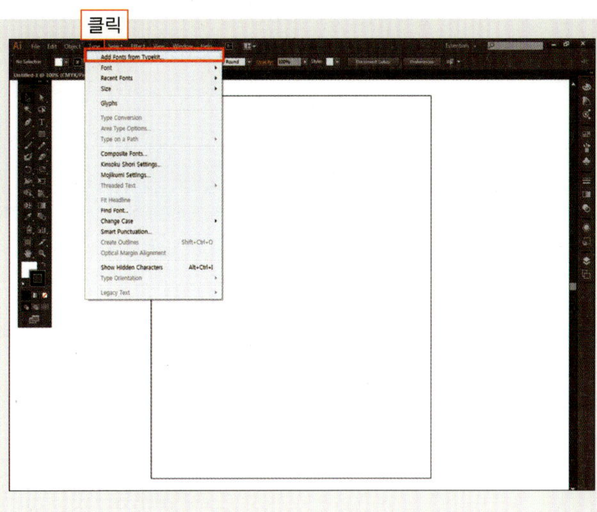

03. 'Source Code Pro'를 클릭하면 Use Fonts 화면이 나타나고 'Sync Selected Fonts'를 클릭하면 폰트 다운로드 창 [Launch the Creative Cloud Application]이 나타납니다.

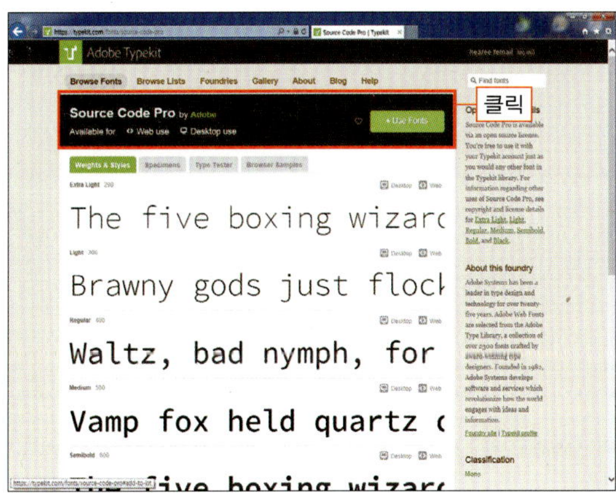

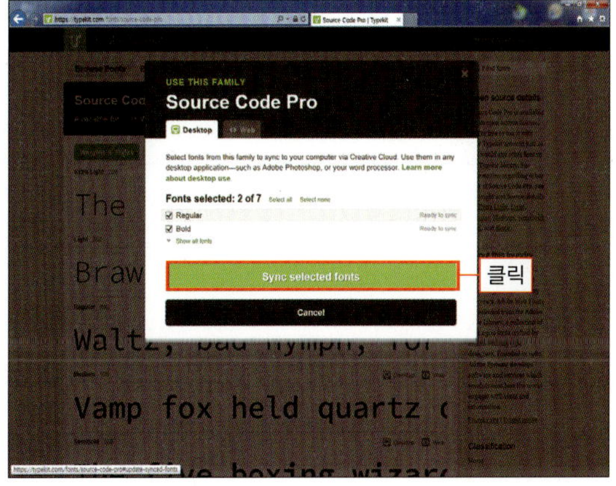

04. [Launch the Creative Cloud application]을 클릭하면 다운로드 창이 나타납니다. [허용] 버튼을 클릭하면 다운로드가 시작됩니다.

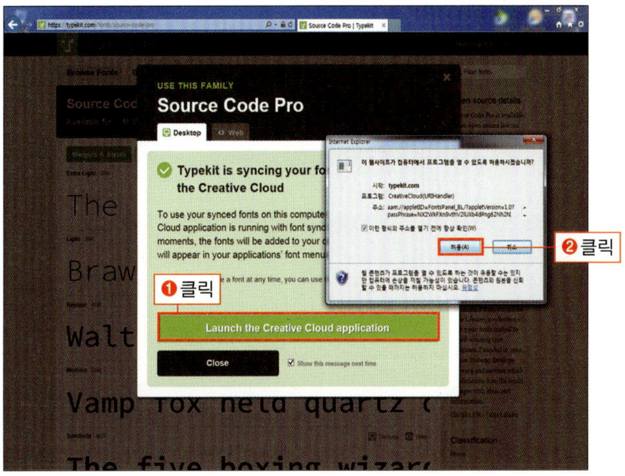

05. Creative Cloud 실행화면에서 [글꼴]을 선택하면 동기화된 글꼴이 추가된 것이 보입니다.

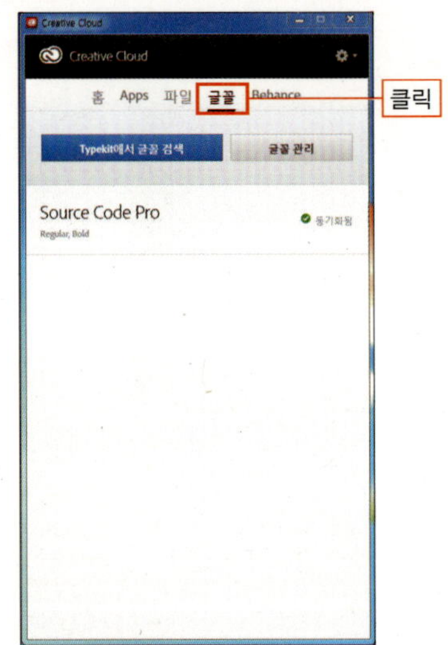

06. 일러스트레이터 CC의 실행화면에서 [Type]–[Font] 메뉴를 클릭하면 글꼴(서체)이 추가된 것을 확인할 수 있습니다.

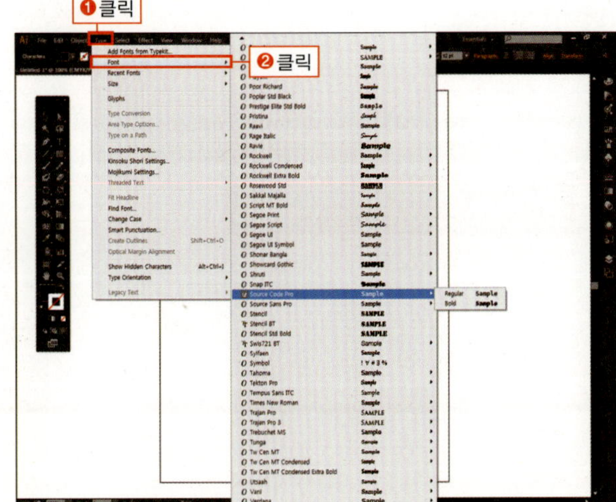

TIP : 메뉴 바에서 Adobe Typekit 화면을 통해서도 위와 같은 방법으로 서체를 동기화할 수 있습니다.

일러스트레이터 CC의 업그레이드된 기능

일러스트레이터 CC의 드로잉 기능과 툴 패널 조합 기능, 자유 변형 툴 기능의 변화된 모습을 살펴보겠습니다.

기초탄탄 ▶ 업그레이드된 기능과 툴 알아보기

일러스트레이터 CC의 툴 패널을 만들고 등록한 후 변화된 드로잉 기능과 업그레이드된 툴에 대해 알아봅니다.

■ 툴 패널 조합 `36p`

기존 버전에서 자주 사용하든, 자주 사용하지 않든 간에 긴 툴 패널(Tool Panel)을 항상 이리저리 옮겨가며 화면을 가리지 않도록 하여 작업을 진행했습니다. 하지만 새로운 CC 버전은 이런 점을 개선하여 자신만의 툴 패널을 작업 특성에 맞게 조합하여 여러 개를 만들고 그때 그때 필요에 맞게 꺼내어 사용할 수 있습니다. [Window]-[Tool]-[Manage Tool Panel] 메뉴를 선택하여 패널을 엽니다.

[Manage Tool Panel] 창 알아보기

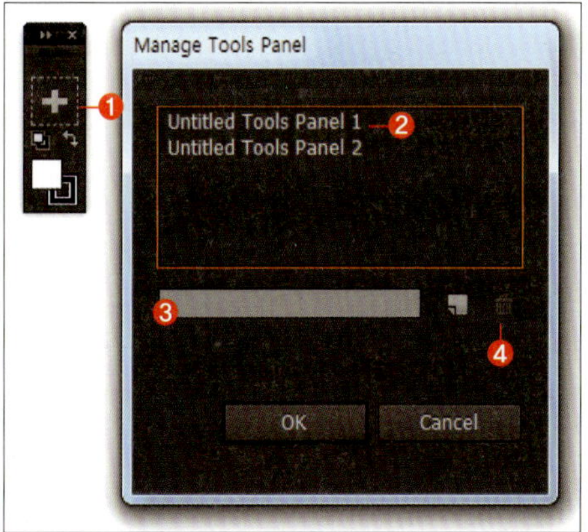

❶ Drag Tool Panel로 툴들을 드래그하여 원하는 툴을 옮겨줍니다.

❷ 새로 만든 툴들이 나타납니다.

❸ 새로운 툴을 만들고 이름을 적습니다.

❹ 선택한 툴 패널을 삭제합니다.

■ **패스 선(path line) 모양 변경** `38p`

그동안 일러스트레이터의 가장 불편한 점은 직선으로 이루어진 오브젝트의 한 부분만을 곡선으로 수정할 때였습니다. 먼저 그 부분만을 직접 선택 툴(￼)로 선택하고 삭제한 후 펜 툴(Pen Tool ￼)로 곡선으로 새로 드로잉해 바꿀 수 있었습니다. 기준점 변환 툴(￼)을 사용하면 다른 주변 라인에 영향을 미치기 때문에 그렇게 할 수밖에 없었습니다. 하지만 이제는 다른 작업을 할 필요 없이 간단히 새로 추가된 기능으로 기준점 변환 툴(Convert anchor point tool ￼)에 기능을 확장하여 기준점 변환 툴(￼)을 선택하고 라인을 클릭하면 자연스러운 선 안에서 모든 곡선을 만들 수 있고 기준점 변환 툴(￼)만으로 직접 선택 툴(￼)과 똑같은 기능을 수행할 수 있어 매우 편리합니다.

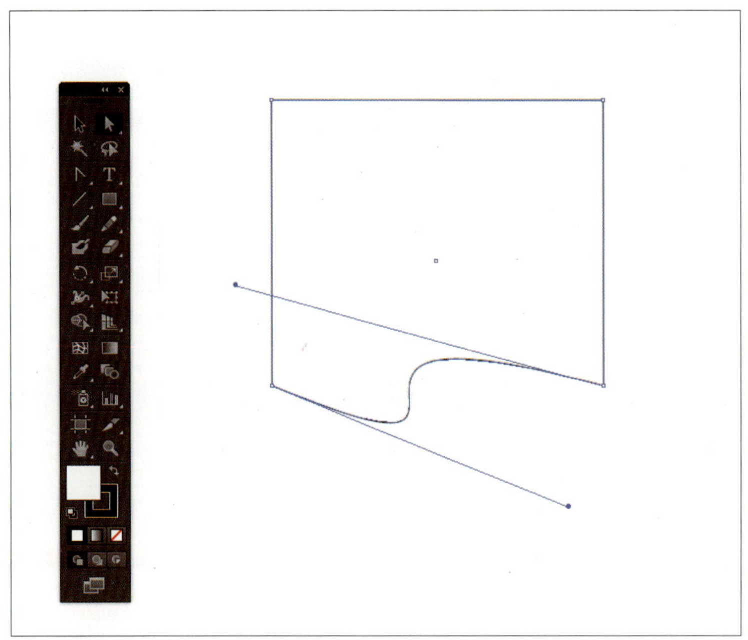

■ **Live Corners 기능(모서리 변형 기능]**

새롭게 추가된 모서리 조절 기능에 대해 알아봅니다. 기존의 버전과 달리 일러스트레이터 CC 버전은 드로잉에서 중요한 한 가지 기능이 더 변경되었습니다. 기존에 모서리 조절 기능은 오브젝트를 일일이 선택하거나 기준점 변환 툴(￼)을 사용하여 모서리 곡선으로 각도를 조절했습니다. 하지만 CC 버전부터는 그럴 필요가 없어졌습니다. 동그란 모양에 각도 조절 포인터를 더블클릭하여 [Coners] 대화상자를 열어 수치나 설정을 변경하거나 드래그로 각도나 모양을 간단히 조절할 수 있습니다.

[Coners] 대화상자 알아보기
모서리의 모양과 각도 라운드의 형태들을 변경하는 [Coners] 대화상자에 대해 알아봅니다.

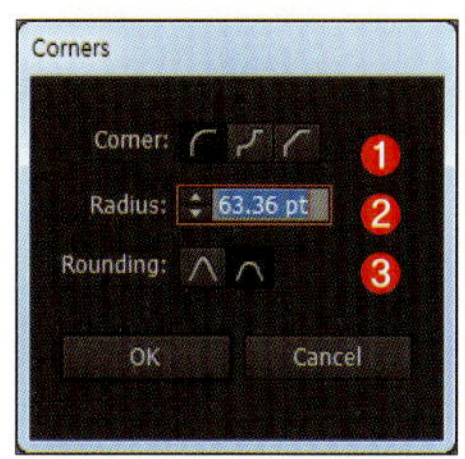

❶ Coners : 각각의 모서리의 형태를 결정합니다.

❷ Radius : 모서리의 각도를 수치로 조절합니다.

❸ Rounding : 모서리 끝의 각도 형태를 정합니다.

■ 문자 편집 툴 42p

그동안 일러스트레이터에서 문자를 이용한 디자인이나 로고 디자인 시에 문자 툴(Type Tool T.) 내에서의 자유로운 편집이 불가능하다는 점이 불편했습니다. 일러스트레이터 CC 버전은 이런 점을 고려해 개별 글자마다 자유롭고 쉽게 편집 수정할 수 있도록 문자 편집 툴(Tool Touch Type Tool 표)을 추가했습니다. 기존의 문자 툴(T)들과 함께 묶여 있으며 가장 아래에 위치합니다. 각각의 문자를 클릭하면 기존에는 불가능했던 문자 하나 하나에 회전, 크기 조절, 서체 적용, 컬러 변경, 높이, 폭, 반전 등이 가능하고 드래그로 이동까지 할 수 있습니다.

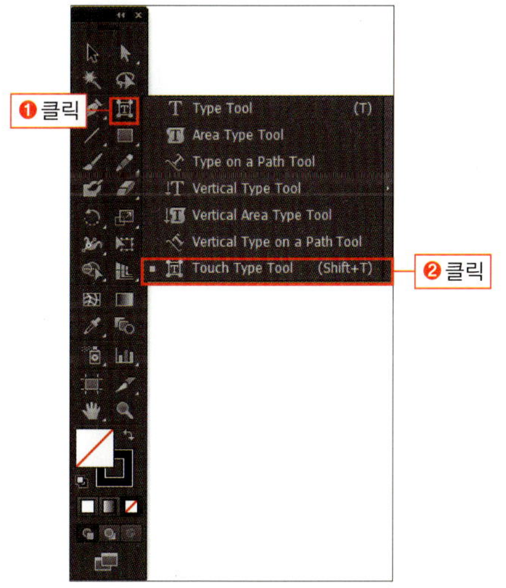

프리 드로잉 툴(Free Drawing Tool) 사용 시에 곡선과 직선을 연결하여 사용해야 할 때가 있습니다. 이럴 때 이전 버전에서는 기존 프리 드로잉 툴들은 펜 툴( )로 직선을 곡선과 이어서 그려주는 방법으로 다소 번거로웠습니다. 그러나 CC 버전은 하나의 툴에서 수평선과 수직선 45° 선 등에 곡선과 직선을 이어서 그리는 일이 가능해졌습니다. 그리고 종전보다 매끄럽고 부드럽게 드로잉할 수 있습니다.

프리 드로잉 툴은 자유로운 드로잉이 가능한 툴로 브러쉬 툴(Brush Tool), 연필 툴(Pencil Tool)이 있습니다. 프리 드로잉 툴 중 하나를 선택한 상태에서 Shift 를 누르고 드래그하면 수평선과 수직선 45°에 정확한 직선을 그릴 수 있습니다.

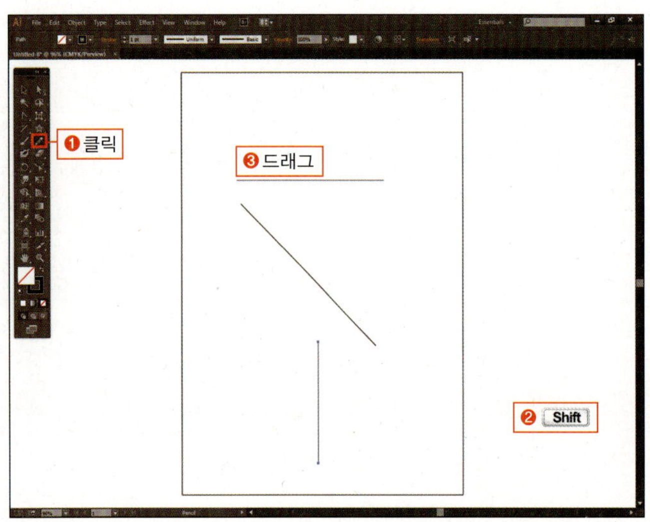

이와 같은 변화로 직선과 자유로운 곡선에 드로잉이 모두 가능해졌습니다. 기존 버전의 프리 드로잉 툴에 비해 부드럽고 자연스러운 드로잉이 가능해졌습니다.

■ 자유 변형 툴 업그레이드 `47p`

기존 버전에서는 [Window]–[Effect] 메뉴에서 효과를 줘야만 변형이 가능하던 것이 새롭게 추가된 세부 변형 툴 메뉴로 자유롭게 변경할 수 있습니다. 이 기능의 추가로 기존에 다른 툴들에 비해 별다른 쓰임새가 없던 자유 변형 툴(Free Transform Tool ▨)은 매우 편리한 툴로 거듭나게 되었습니다. 오브젝트를 불러오고 툴 패널에서 자유 변형 툴(▨)을 선택합니다.

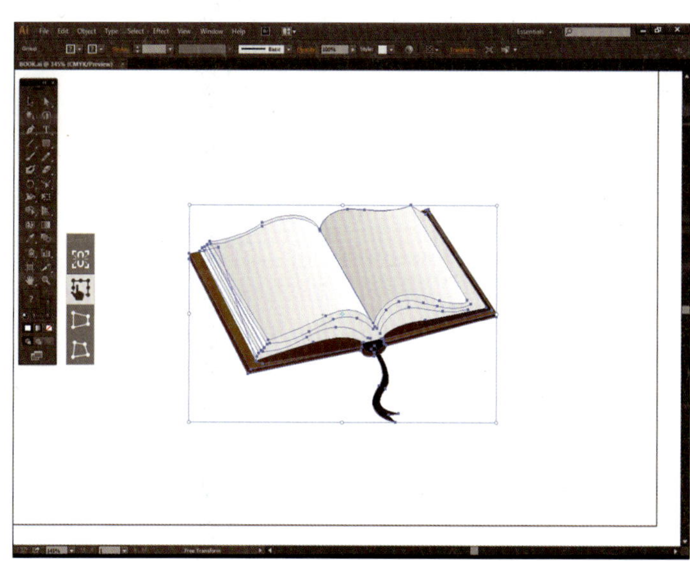

다음 그림과 같이 자유 변형 툴의 세부 옵션으로 별도 툴박스가 나타납니다. 세부 변형 툴박스에 대한 기능을 알아봅니다.

■ **자유 변형 세부 툴박스 알아보기**

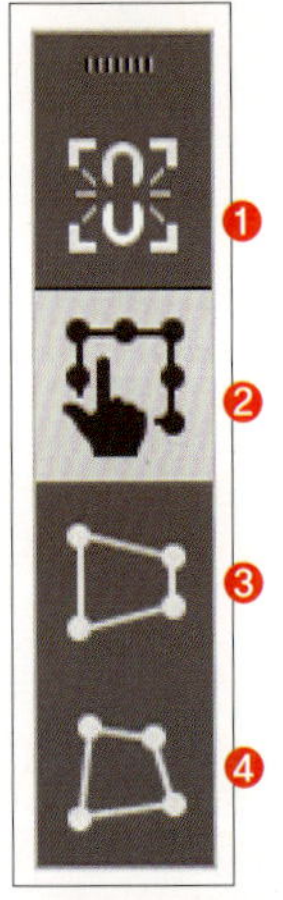

❶ Constrain(🔳) 메뉴 : 세부 자유 변형 툴(🔳), 자유 왜곡 툴(🔳)이 선택된 상태에서만 선택할 수 있으며 일정한 비율을 가진채로 변형할 수 있습니다.

❷ 세부 자유 변형 툴(🔳) : 자유 변형 툴로 Shift 를 누른 상태에서 드래그하면 비율이 유지된 채로 변형할 수 있습니다. Alt 를 누른 상태에서 드래그하면 중심점 위치를 유지한채 변형됩니다.

❸ 지정시점 변형 툴(Perspective Distort 🔳) : 마름모 모양으로 변형이 가능하여 원근감있게 변형할 수 있습니다.

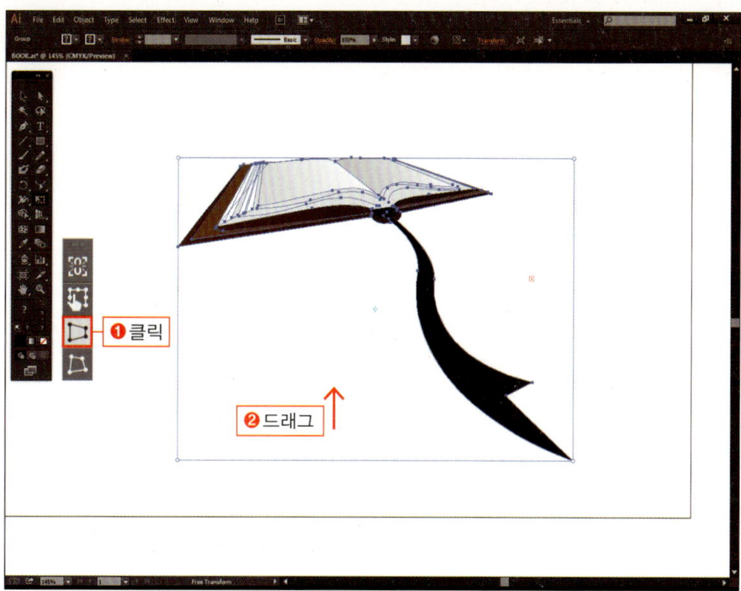

❹ **자유 왜곡 툴(□)** : 자유롭게 원하는 형태로 변형이 가능한 툴입니다. **Shift** 나 **Alt** 를 사용하면 수평을 유지한 상태에서 변형하거나 좌우중심을 점을 유지한 상태에서 변형할 수 있습니다.

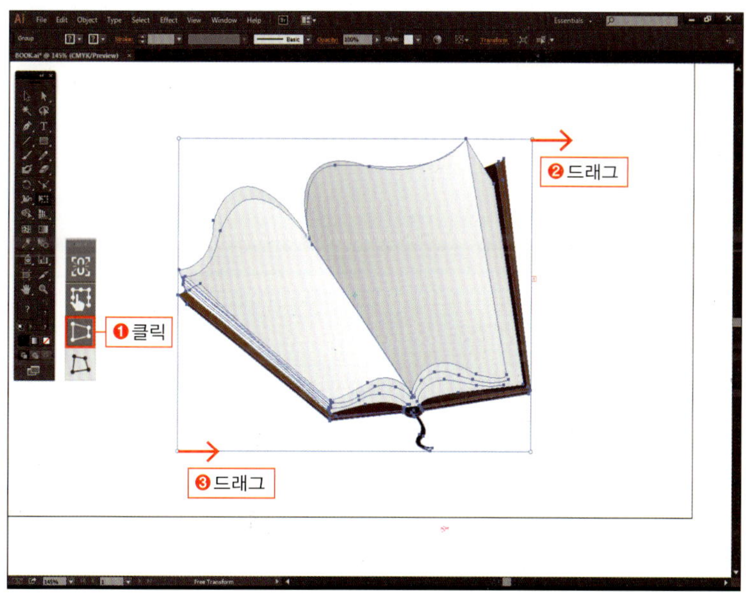

이와 같은 기능으로 이펙트(Effect) 기능을 이용하지 않고 간단하게 변형할 수 있습니다.

일러스트레이터 CC는 기존의 CS 버전과 달리 자주 쓰거나 많이 쓰이는 툴들을 따로 묶어 관리하는 기능을 가지고 있습니다. 이 기능을 이용하여 나만의 툴 패널을 만들고 관리하는 방법에 대해 알아봅니다.

01. [Window]-[Tools]-[New Tools Panel] 메뉴를 선택하여 나타나는 [New Tools Panel] 창에서 [Name]을 'my panel'이라고 입력한 후 [OK] 단추를 클릭합니다.

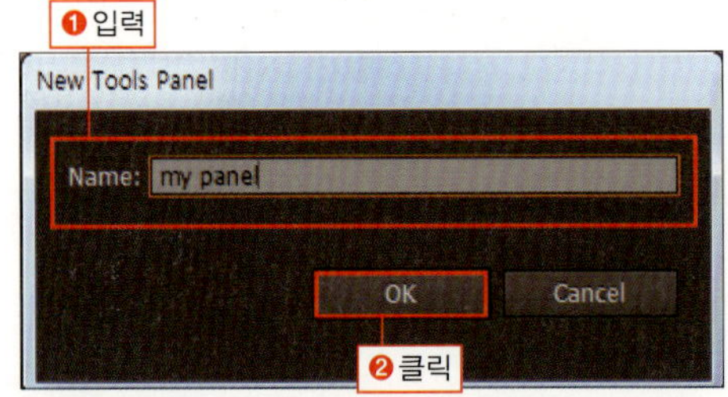

02. 새로운 작은 툴 패널이 나타납니다.

03. 원래 툴 패널에서 선택 툴을 클릭하고 원하는 툴들을 드래그하여 플러스 표시있는 곳으로 이동하면 드래그한 툴이 추가됩니다.

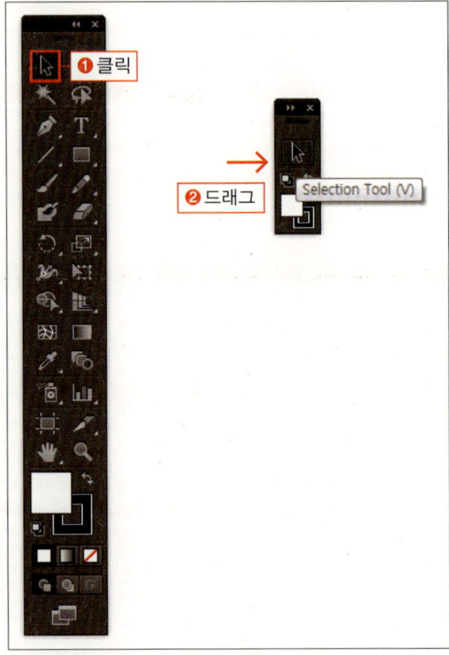

04. 이와 같은 본래 툴 패널에서 드래그하는 방법으로 자주 쓰이는 툴들을 드래그하여 이동합니다. 그렇게 만들어진 툴은 [Window]–[Tools]–[Manage Tools Panel] 메뉴를 선택해 [Manage Tools Panel]에서 저장, 삭제, 관리합니다.

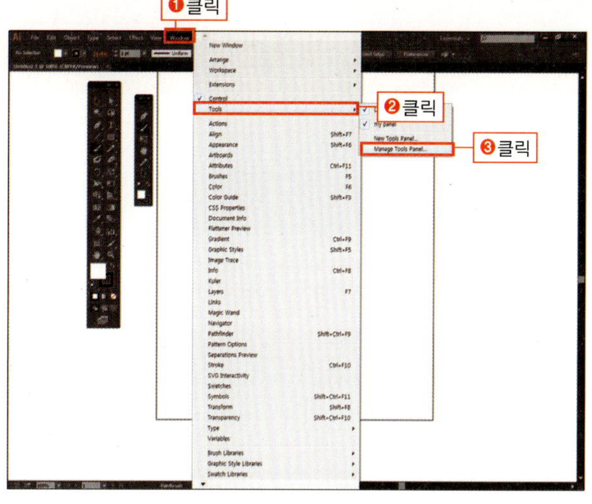

05. 만든 패널을 닫고 [Window]–[Tools] 메뉴를 선택해 [Tools] 패널을 보면 저장한 패널이 나타나고 선택하면 내가 만든 패널이 다시 나타납니다. 이와 같은 방법으로 여러 개의 패널을 만들고 저장하여 각각 작업에 맞게 사용합니다.

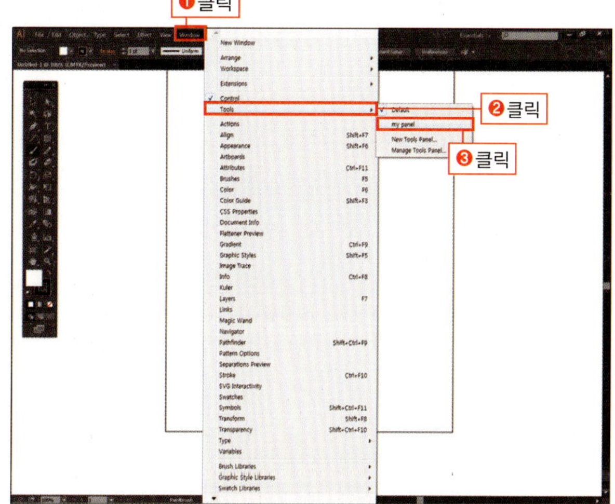

TIP : 이와 같이 드래그하여 추가하는 툴들은 세부 메뉴들이 같이 이동하지 않으므로 세부 메뉴들을 하나 하나 선택하고 드래그하여 추가하여야 합니다. 예를 들면 펜 툴에 많은 세부 메뉴들 Pen Tool, Add Anchor Point Tool, Delete Anchor Point Tool, Anchor Point Tool 등은 새로운 툴 패널에 추가하려면 하나 하나 선택하여 드래그로 추가하여야 합니다.

간단한 예제를 통해 CC 버전의 모서리 모양 변경 기능을 알아봅니다.

완성 파일 I DVD₩Part00₩Coner.ai

01. 새로운 창을 A4 사이즈로 만들고 기본 컬러 [Stroke]–[Black], [Fill]–[None]을 선택하고 툴 패널에서 다각형 툴(　)을 선택한 후 드래그하는 중간 상태에서 키보드의 　를 눌러 삼각형을 만들어 줍니다.

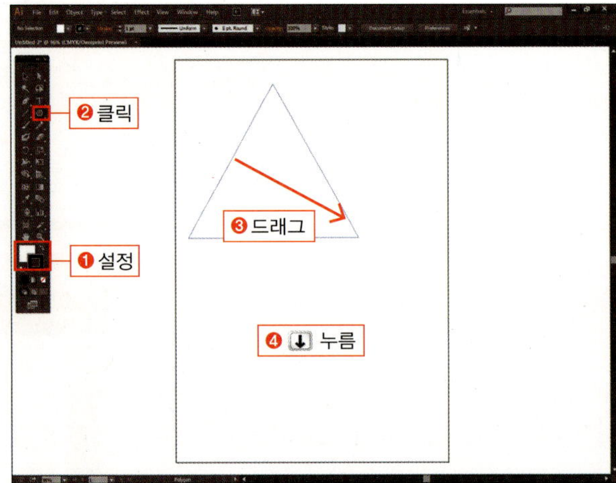

02. 선택 툴을 선택한 후 오브젝트를 클릭합니다. 선택 툴로 오브젝트를 선택하는 부분은 기존의 버전과 동일합니다.

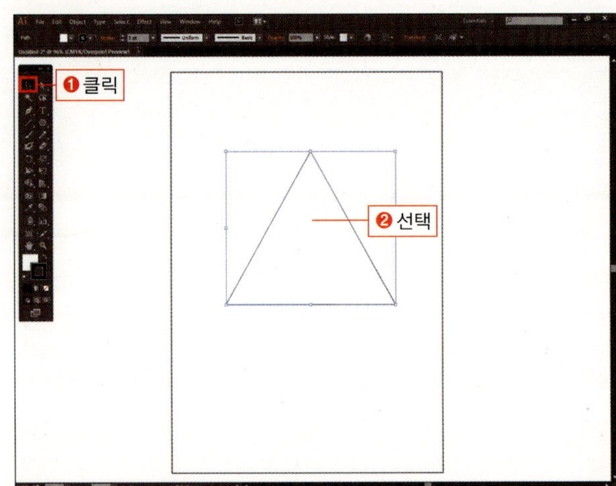

03. 이번에는 직접 선택 툴(　)을 선택하고 오브젝트를 선택합니다. 기존 버전과 달리 각 모서리 안쪽에 동그란 모양의 포인트가 생긴 것을 알 수 있습니다. 이런 모양이 나타나는 것은 전체 오브젝트가 선택되었을 때입니다. 각각의 세그먼트(Segment)가 직접 선택 툴(　)로 선택되면 이 포인트는 나타나지 않습니다.

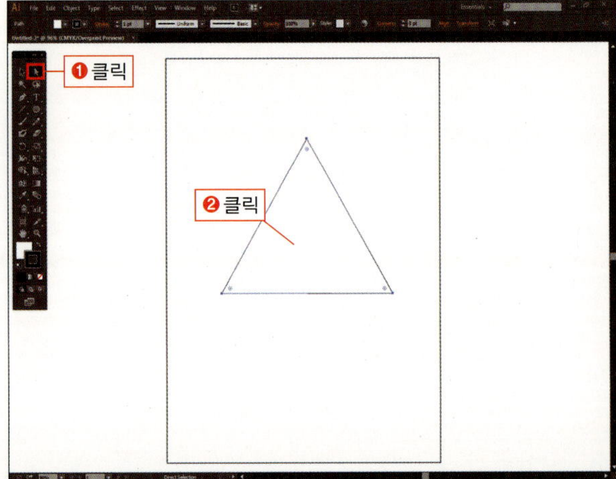

04. 이제 조절 포인트 위로 직접 선택 툴( )을 옮기면 우측에 원호 모양의 표시가 나타나고 안쪽으로 드래그하면 모서리가 변화됩니다.

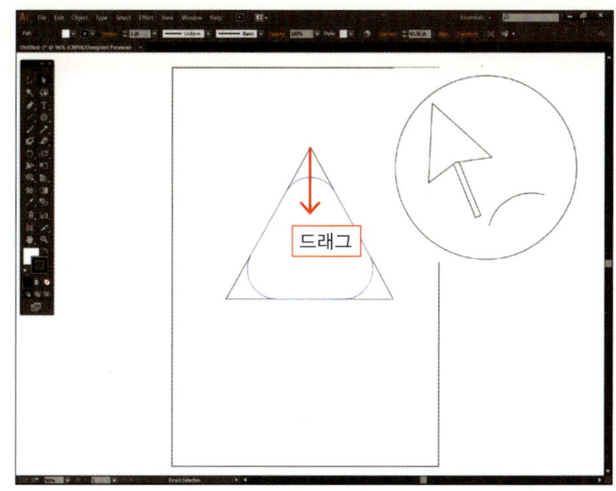

05. 이제 포인트를 더블클릭하면 모서리 (Coners) 조절 대화상자가 나타납니다. [Coners] 대화상자에서 [Coners]를 두 번째 'Inverted Round'로 설정하고 [Radius]를 '70pt', [Rounding]을 'Relative'로 설정한 후 [OK] 단추를 클릭합니다. 원하는 대로 모서리 모양을 조절할 수 있습니다.

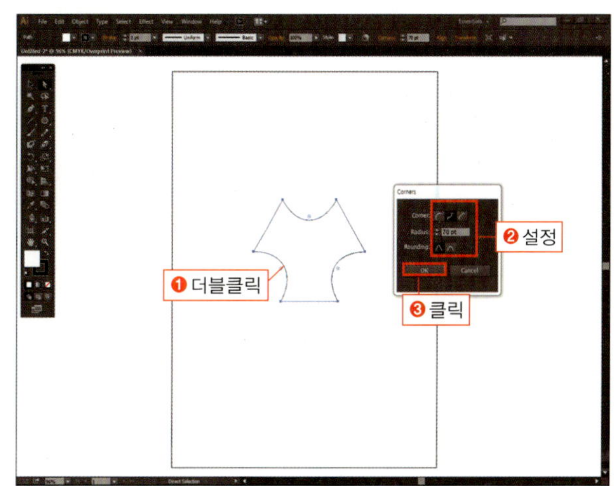

TIP : 오브젝트를 선택하는 방법으로는 드래그로 선택하는 방법과 클릭으로 선택하는 방법이 있습니다. 드래그로 선택하는 방법은 드래그로 생긴 사각형 안에 오브젝트를 포함시키면 모든 오브젝트가 선택됩니다. 클릭으로 선택하는 방법은 오브젝트의 중앙이나 선을 클릭하여 선택합니다. 이 두 가지 방법의 선택 툴은 가장 기본이 되는 선택 툴입니다.

사각의 깃발 오브젝트를 기준점 변환 툴을 사용하여 간단히 휘날리는 깃발로 만들어봅니다.

예제 파일 I DVD\Part00\flag.ai　**완성 파일** I DVD\Part00\flagf.ai

01. 'flag.ai'를 불러옵니다. 툴을 클릭하여 펜 툴(　) 모음에서 기준점 변환 툴(　)을 선택하고 깃발 상단의 라인에 가까이 가져가면 검은 화살표와 우측의 원호 모양의 패스 모양 변경 상태가 됩니다.

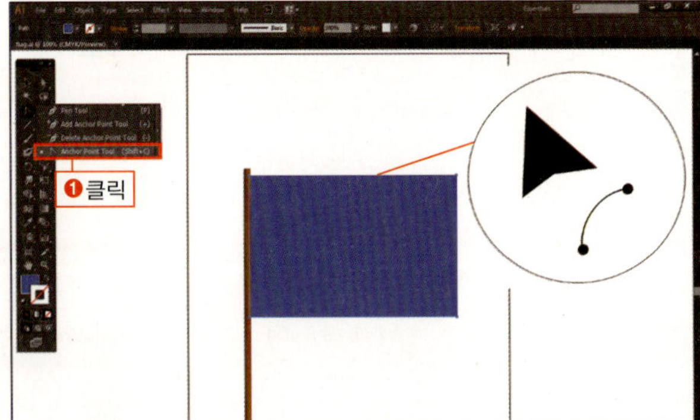

02. 이때 아래로 한 번에 드래그하면 직선이 곡선으로 변경됩니다.

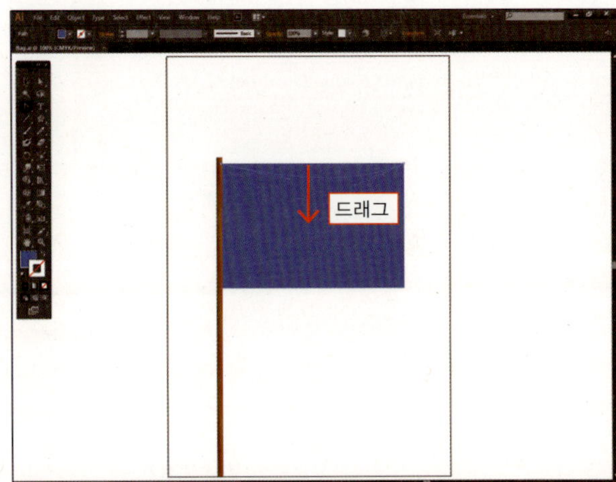

03. 아래 직선도 같은 방법으로 아래로 드래그하여 곡선으로 만듭니다.

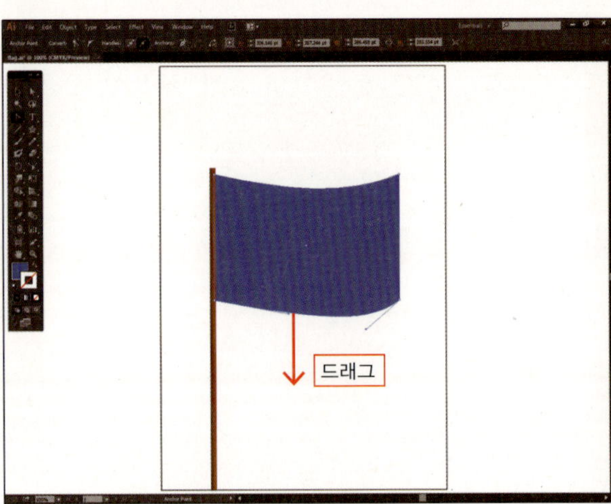

04. 이제 펜 툴( ) 모음에서 기준점 추가 툴
( )을 선택합니다.

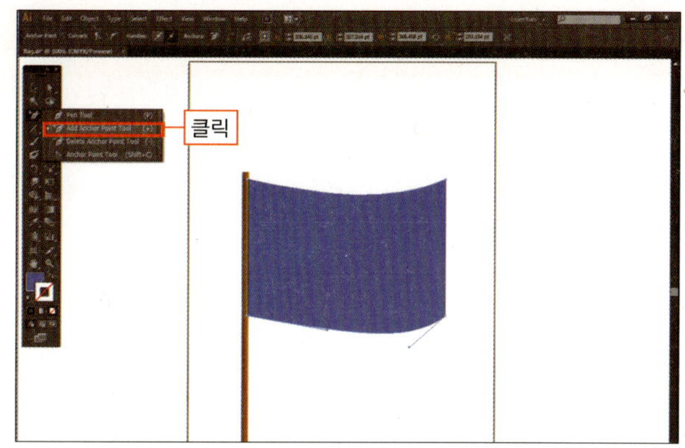

05. 깃발 중간 부분에 아래, 위쪽에 새로운 기준
점(Anchor Point)을 추가합니다.

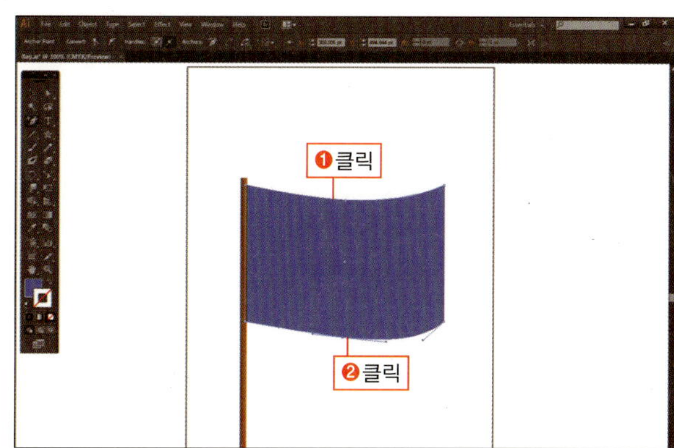

06. 직접 선택 툴( )을 선택하고 깃발의 1/4 지점에 가까이 가져가면 직접 선택 툴은 자동으로 패스 모양 변경 상태
가 되고 다시 드래그로 모양을 변경할 수 있습니다. 이 상태는 직접 선택 툴과 똑같이 모든 기준점(Anchor Point), 세그
먼트(Segment), 방향점(Direction Point), 방향선(Direction Line)을 조절할 수 있습니다. 깃발 우측 부분은 다시 기준점 변
환 툴로 1/2시점에 드래그하여 곡선으로 만듭니다. 그리고 상하 부분과 같이 Point를 추가하고 드래그로 곡선을 줍니
다.

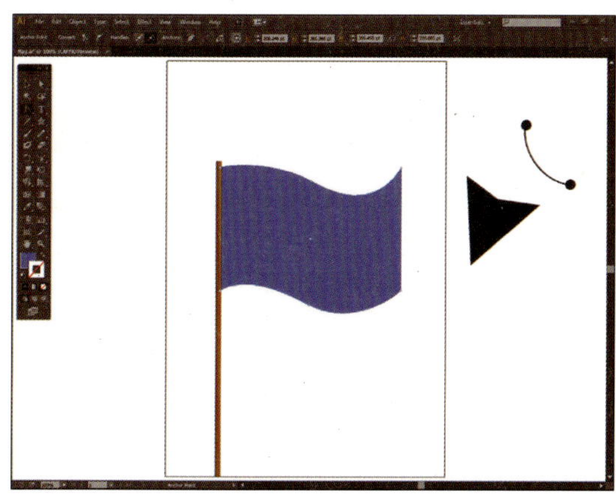

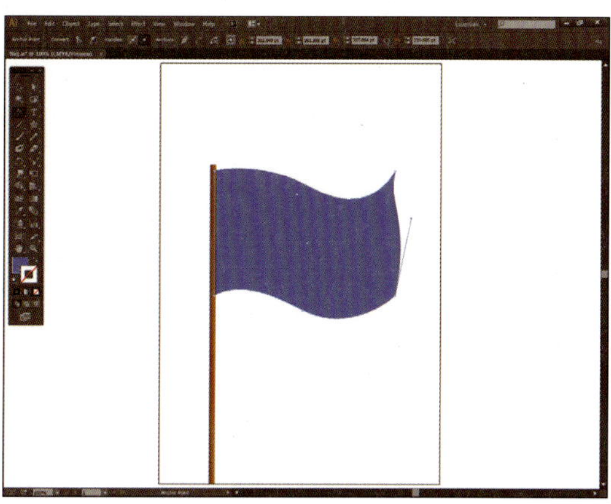

TIP : 이와 같이 일러스트레이터 CC에서 기능이 변화되면서, 오브젝트를 직접 선택 툴( )로 하나하나 조절해야 하는 번거로움이나 곡
선을 각이 생기지 않게 조절해야 하는 번거로움이 줄어들어 작업 시간을 줄일 수 있게 되었습니다.

기존의 문자 툴(Type Tool)은 정해진 규칙 아래 입력하고 그림으로 바꾼 후에 편집을 해야 하는 불편함이 있었지만 이젠 새로운 기능으로 문자 툴 안에서 모든 문자를 편집할 수 있습니다.

예제 파일 I DVD₩Part00₩TYPE CONTROL.ai   **완성 파일 I** DVD₩Part00₩TYPE CONTROLF.ai

01. 'TYPE CONTROL.ai'를 불러옵니다. 선택 툴(   )로 선택하면 기존 버전과는 다른 형태의 문자 바운딩 박스(TYPE Bounding Box)가 나타납니다. 우측에 동그란 모양의 포인트를 우측으로 드래그합니다.

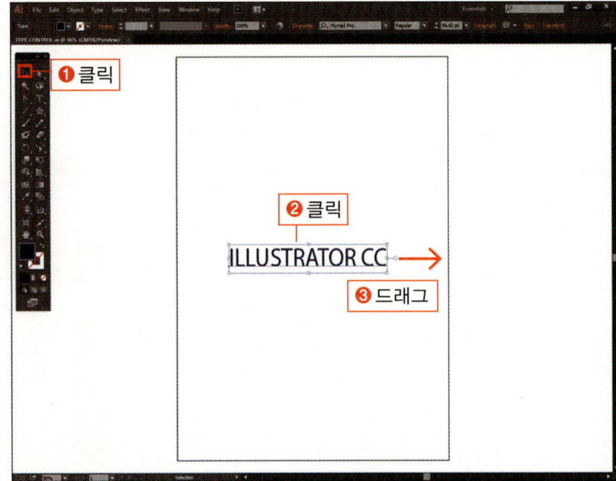

02. 이렇게 전체가 선택되면 서체, 사이즈, 컬러 등을 변경할 수 있습니다.

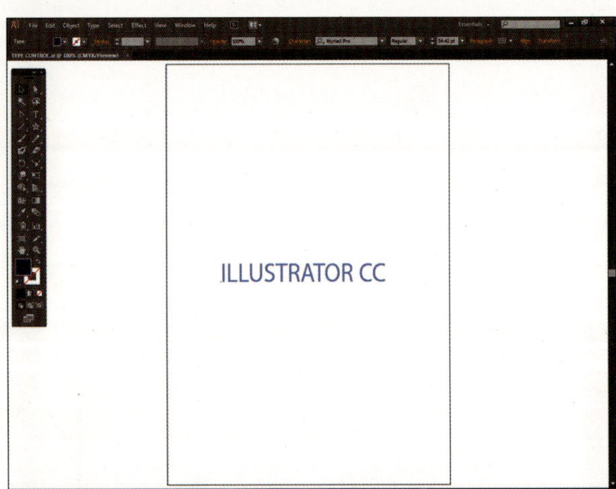

03. 툴 패널에서 문자 툴(   )을 클릭하여 CC 버전에서 새롭게 추가된 문자 타입 툴(   )을 선택합니다.

04. 문자 타입 툴을 선택한 상태에서 선택 툴로 I 자를 선택하면 개별 문자 선택 상태가 되고 개별 문자 바운딩 박스(TYPE Bounding Box)가 나타납니다. 드래그하여 크기를 조절합니다.

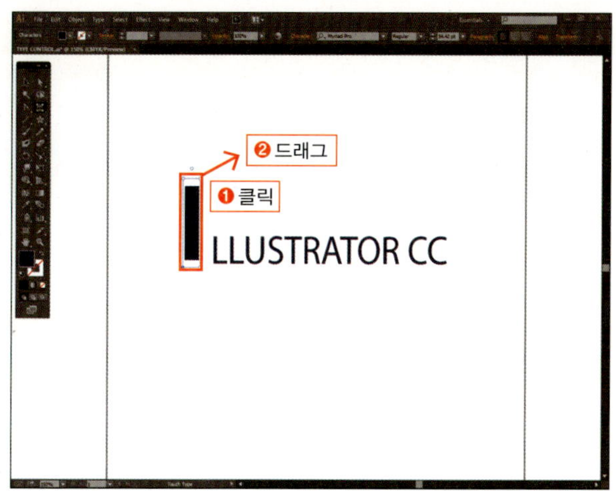

05. [Fill]을 더블클릭하고 [Color Picker] 대화 상자에서 컬러를 변경합니다.

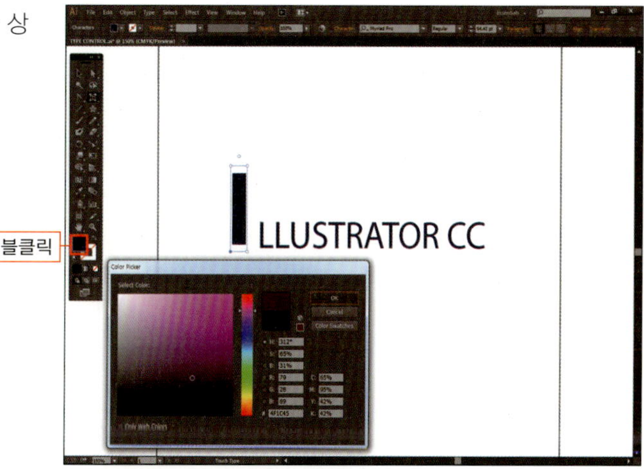

06. 이제 상단의 원형 부분에 커서를 가까이 가져가면 좌우 호 형태의 화살표가 나타나고 좌측으로 드래그합니다.

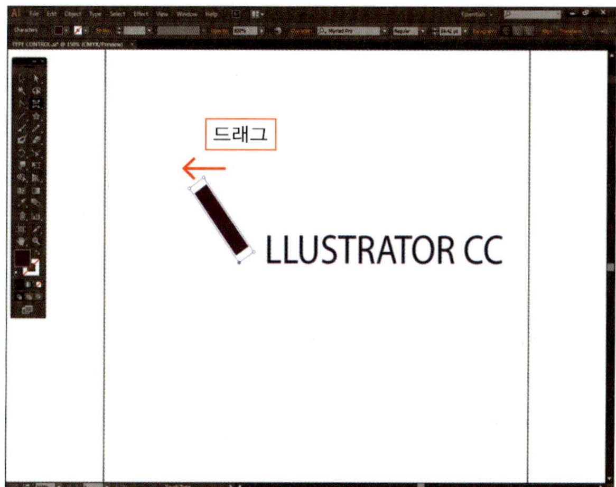

07. 이제 L자를 선택한 후 [Type]-[Font]를 선택하고 'HY 견명조'로 변경합니다.

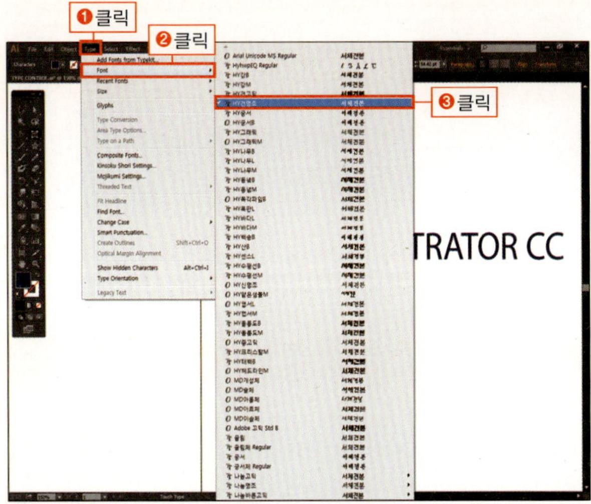

08. 이제 L자를 선택하고 아래로 드래그합니다.

09. 서체를 하나하나 개별적으로 선택하고 변형하는 방법으로 모든 문자를 간단하게 편집할 수 있습니다.

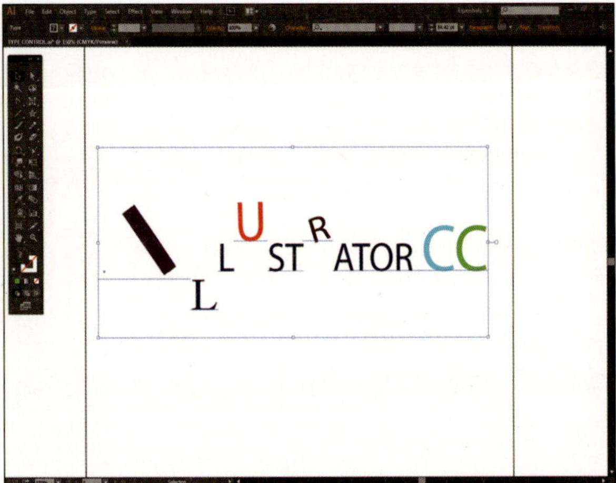

TIP : 이와 같은 문자 편집 툴로 전체를 손쉽게 편집할 수 있지만 전체를 [Type]-[Create Outlines] 메뉴를 선택하여 그림으로 변경하고 그룹에서 해제한 후 편집하는 것보다는 제약이 있습니다. 하지만 간단한 편집은 매우 수월하다는 장점이 있습니다.

새로 추가된 세부 자유변형 툴(Free Transform Tool)을 이용하여 오브젝트를 변형하는 방법을 알아봅니다.

예제 파일 | DVD₩Part00₩Picture.ai

01. 'Picture.ai'를 불러옵니다. 선택 툴로 드래그하여 오브젝트를 선택합니다.

02. 자유변형 툴을 선택하면 세부 자유변형 툴 메뉴가 나타납니다.

03. 두 번째 세부 자유변형 툴을 선택하고 드래그합니다. 기존 버전의 자유변형 툴과 기능이 모두 같습니다. 크기 조절과 높이, 좌우, 반전, 회전 등이 가능합니다.

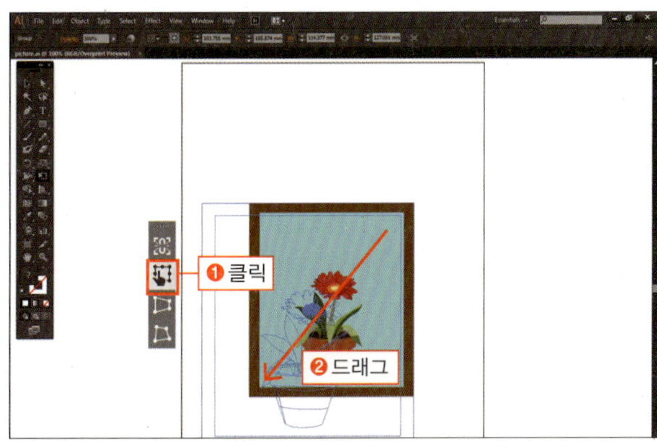

04. 세 번째 지정시점 변형 툴(□)을 선택하고 바운딩 박스의 모서리를 클릭하여 상하 좌우로 드래그합니다. 정해진 틀 안에서 원근감을 주는 형태로 변형합니다.

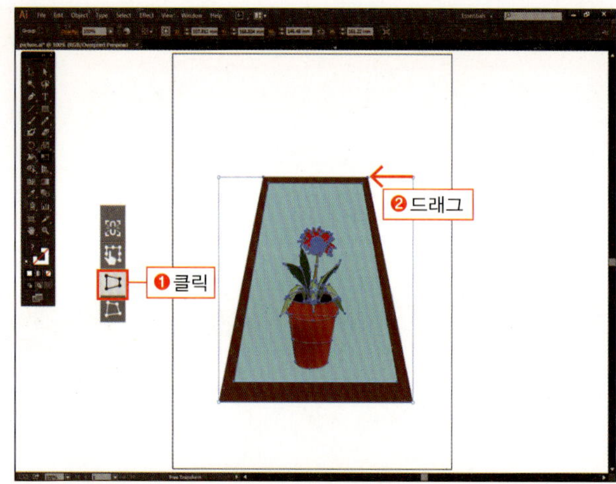

05. 자유 왜곡 툴(□)을 선택합니다. 이 툴은 모든 바운딩 박스의 모서리들을 클릭하여 변형할 수 있습니다. 각각의 모서리의 점들을 클릭하여 이동시켜 변형할 수 있습니다.

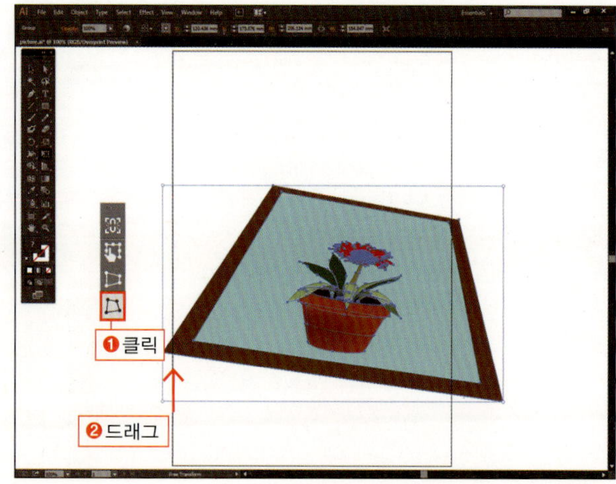

06. 이번에는 자유 왜곡 툴(□)을 선택한 상태에서 비율 유지 메뉴(□)를 동시에 선택하고 오브젝트를 드래그하여 변형합니다. 일정한 비율을 가지고 지정시점 변형 툴(□)과 비슷하게 변형되는 것이 보입니다.

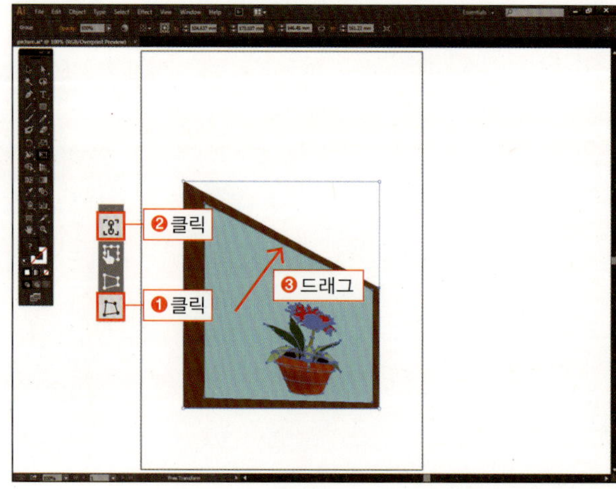

07. 세부자유 변형 툴(   )을 선택한 상태에서 비율 유지 메뉴(   )를 동시에 선택한 후 오브젝트를 드래그하여 변형합니다. 일정한 비율을 가지고 그 비율대로 유지한 상태에서 변형합니다.

T I P : 세 가지 툴 모두 Shift 를 누른 상태면 비율을 유지한 상태에서 변형하고, Alt 를 누르고 변형하면 중심점을 유지한 상태에서 변형합니다.

T I P : Free Distor Free

Free Distor Free와 같은 기능으로 [Effect]–[Distort & Transform]에 Free Distort 메뉴가 있습니다. 다른 점은 변형 대화상자에서 미리 변형을 하고 [OK] 단추를 클릭해 변형을 마칩니다.

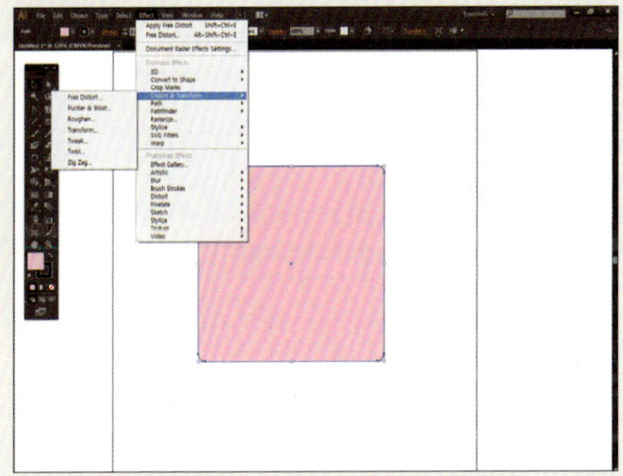
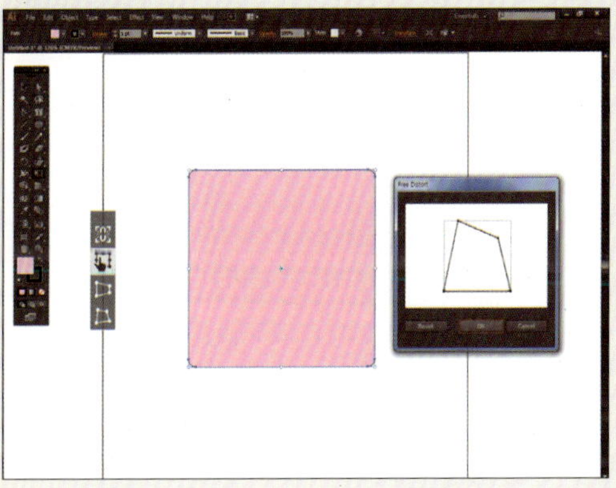
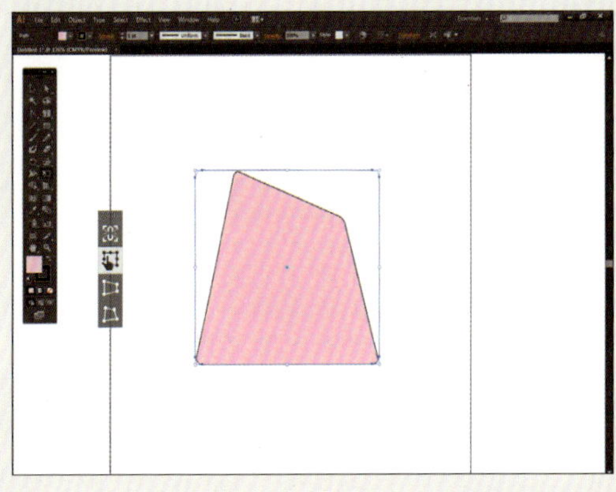

01

일러스트레이터
설치와 기본 익히기

일러스트레이터 CC&CS6의 가장 기본이 되는 설치 방법과 작업 환경에 대해 알아보고 작업 시 꼭 필요한 툴과 패널, 아트보드 등에 대해 자세히 알아보겠습니다.

일러스트레이터 CC&CS6 설치 및 작업 환경

일러스트레이터 CS6 버전을 설치하고 다양한 작업 환경의 설정 모드를 알아봅니다.

기초탄탄 ▶ 일러스트레이터 작업 환경 이해하기

■ 일러스트레이터의 초기 화면 구성 알아보기

일러스트레이터를 설치하고 실행 아이콘이나 윈도우의 [시작] 메뉴에서 일러스트레이터 CS 메뉴를 클릭하면 초기 화면이 나타납니다. 초기 화면의 각각의 기능에 대해 알아보겠습니다.

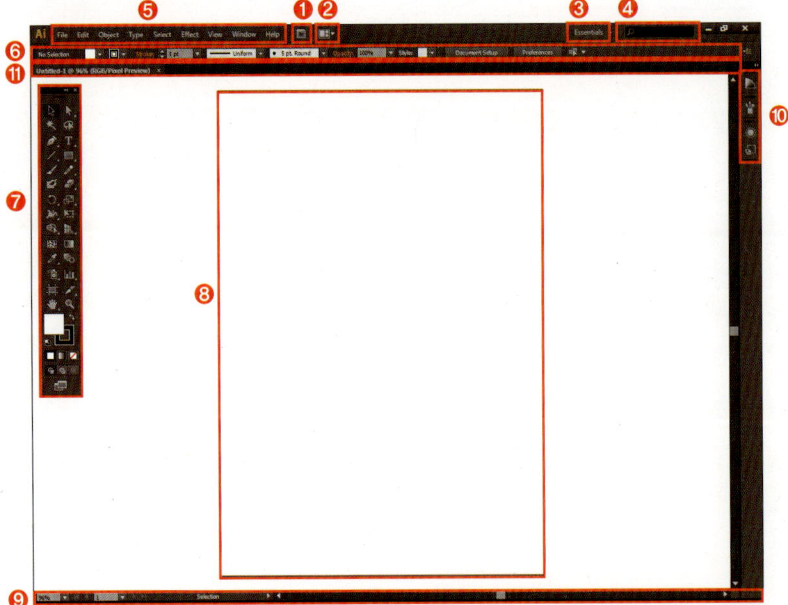

❶ 브릿지 프리뷰 : 어도비 브릿지(Bridge)를 통해 이미지를 볼 수 있습니다.

❷ 도큐먼트 정렬 : 여러 개의 도큐먼트를 열어 놓았을 때 도큐먼트를 원하는 규격대로 정렬합니다.

❸ 작업 환경 구성 선택 : 원하는 작업 환경을 선택합니다.

❹ 검색 기능 : 어도비 홈페이지에 접속하여 정보를 공유합니다.

❺ 메뉴 바 : 기본 메뉴들을 모아놓았고 하부 메뉴로 모든 기능을 통제합니다.
  • File : 도큐먼트를 만들고 열고 저장합니다.
  • Edit : 실행과 프로그램 전반에 영향을 미치는 설정을 하고 오브젝트를 이동합니다.

- Object : 가장 중요하고 많이 쓰이는 메뉴로 오브젝트를 편집합니다.
- Type : 텍스트를 다루는 모든 명령어들을 가지고 있습니다.
- Select : 선택과 관련된 메뉴로 패스와 오브젝트를 선택합니다.
- Effect : 선택한 오브젝트에 효과를 줍니다.
- View : 보여지는 화면에 대한 통제 기능이 모아져 있습니다. 화면의 크기 비율과 다양한 격자 등이 있습니다.
- Window : 여러 가지 도구인 패널들을 통제하고 작업 환경을 제어합니다.
- Help : 도움말입니다.

❻ 컨트롤 패널(Control Panel) : 작업 상의 모든 설정을 한눈에 볼 수 있고 설정 변경도 할 수 있습니다.

❼ 도구 패널 : 작업하는 모든 도구를 모아놓은 박스로 아이콘 형태를 보고 원하는 작업에 적당한 아이콘을 선택하여 작업합니다.

❽ 작업 영역 : 아트보드 내의 화면입니다. 인쇄하거나 포토샵으로 옮길 때 화면의 외부는 나타나지 않습니다.

❾ 상태 바 : 화면의 상태를 보여줄 때 크기를 축소 또는 확대할 수 있습니다. 여러 개의 아트보드를 작업할 때 바를 이동하여 아트보드를 이동하며 작업할 수 있습니다.

❿ 패널 : 작업할 때 필요한 기능과 옵션을 제공합니다. 모든 패널의 통제는 [Window] 메뉴에서 관리됩니다.

⓫ 작업 도큐먼트 제어바 : [Edit]-[Preferences] 메뉴로 인터페이스 컬러 조절하기, [File]-[Preference]-[UserInerface] 메뉴를 선택한 후 조절 대화상자에서 컬러 조절 슬라이드를 좌측으로 이동하면 어둡게, 우측으로 이동하면 밝게 변경됩니다.

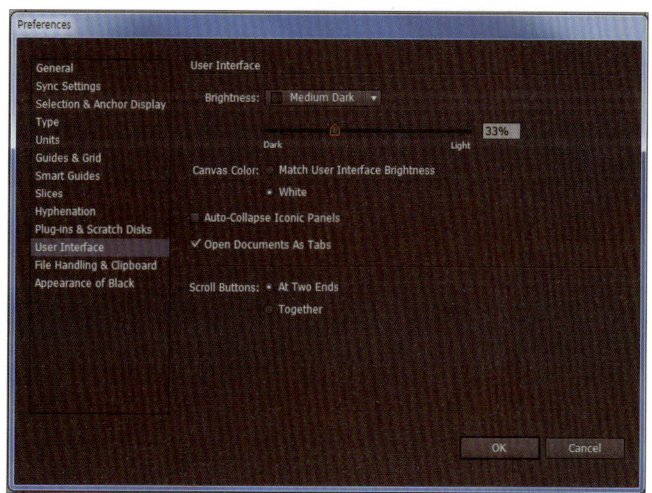

■ 작업 스타일에 따라 구성 변경하기

일러스트레이터의 Workspace 기능을 이용하면 원하는 화면 구성을 한 번에 선택하여 구성할 수 있으며, 화면 구성을 저장한 후에 원할 때마다 열어서 사용할 수 있습니다. 각각의 작업 환경 모드를 알아보기 위해 [Window]-[Workspace] 메뉴를 선택하여 Automation, Essentials, Layout, Painting, Painting and Proofing, Tracing, Typography, Web 등의 메뉴를 선택할 수 있습니다. 이 메뉴들은 사용자의 편의에 맞게 다양한 메뉴를 배치하고 편의성을 제공합니다.

Automation 작업 환경

[Window] 메뉴의 [Workspace]-[Automation] 모드는 반복적인 작업에 맞는 환경을 제공합니다.

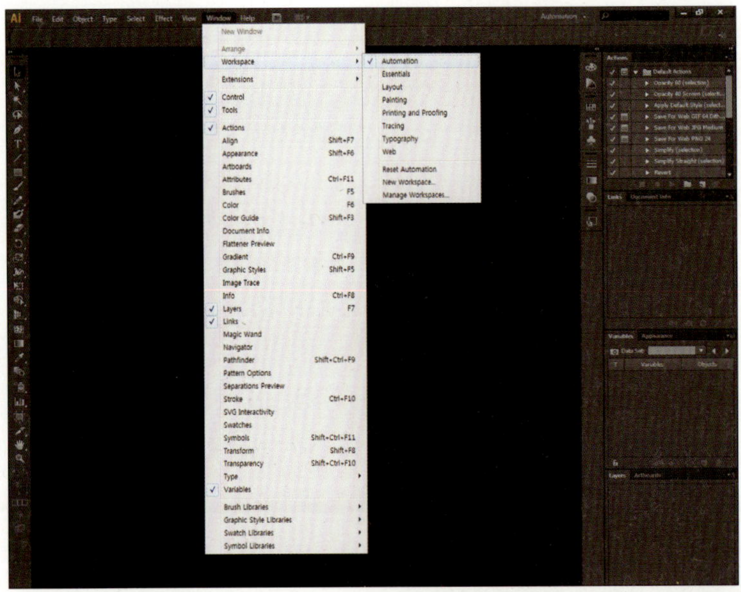

> **TIP : 콘트롤 판넬 제어 창 알아보기**
>
> 콘트롤 판넬 제어 창은 콘트롤 판넬 우측 끝에 있는 항목으로 콘트롤 판넬에 나타나고 나타내지 않을 항목을 결정하고 콘트롤 판넬에 상하 위치를 결정합니다.

 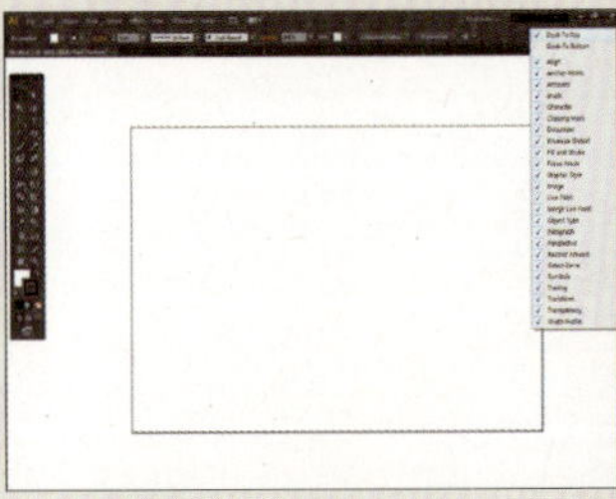 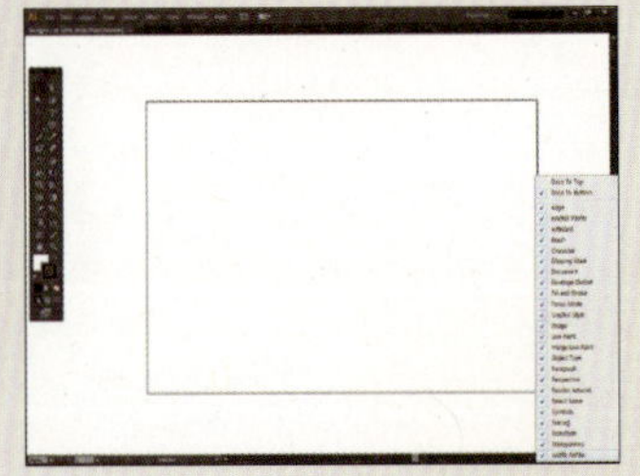

Essentials 작업 환경

[Workspace]–[Essentials] 모드는 간단하고 심플하게 핵심 기능으로만 구성됩니다. [Tools] 패널 외에
는 아무런 패널도 활성화되어 있지 않습니다.

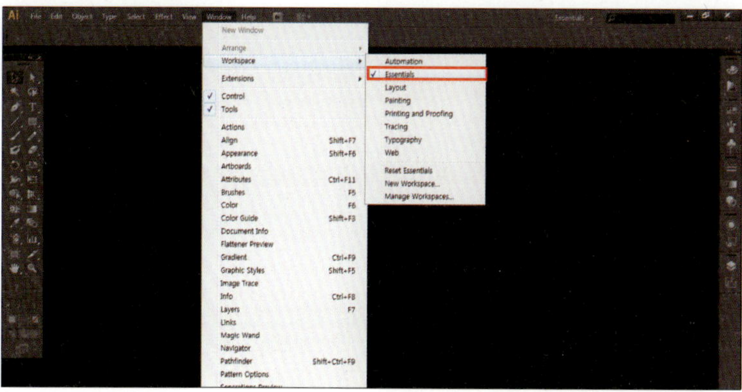

Layout 작업 환경

[Workspace]–[Layout] 모드는 말 그대로 편집 기능 위주로 배치되어 있으며 디자인하기 좋은 환경으
로 만들어줍니다. 아트보드 패널 위주로 구성되어 있습니다.

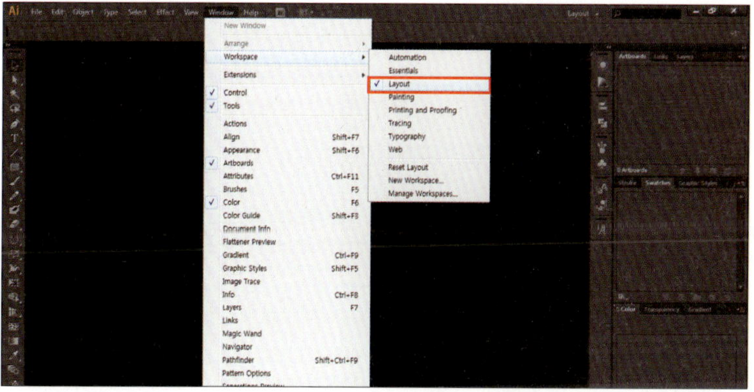

Painting 작업 환경

[Workspace]–[Painting] 모드는 그림을 그리거나 컬러를 사용하기 편하도록 배치되어 있으며 대부분
컬러와 관련된 패널들이 활성화되어 있습니다.

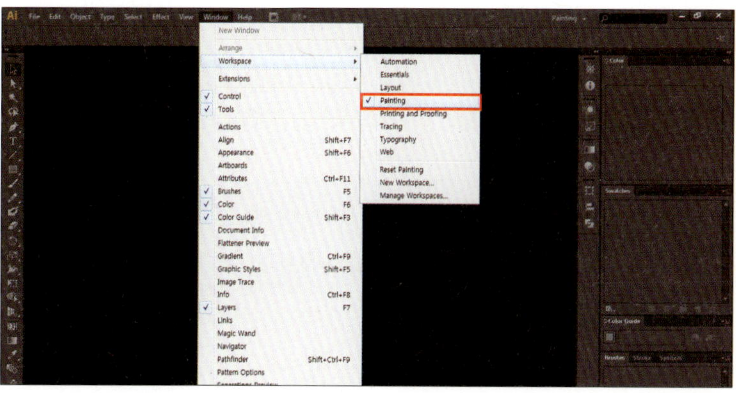

Painting and Proofing 작업 환경

[Workspace]-[Painting and Proofing] 모드는 그림과 교정에 관련된 작업을 할 때 편리합니다.
Control, Tools, Attributes, Layers, Separations Preview, Swatches, Transparency 등의 메뉴가 활
성화되어 있습니다.

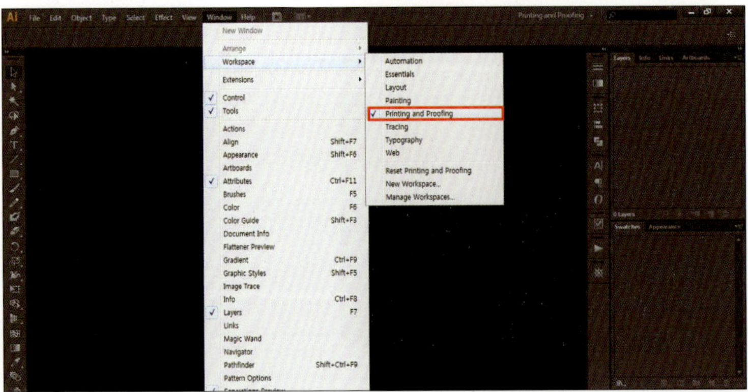

Tracing 작업 환경

[Workspace]-[Tracing] 모드는 일러스트레이터 상에서 픽셀로 된 이미지를 열어 그 이미지를 투사하
여 복제합니다. [Image Trace] 패널이 활성화되고 이미지를 트레이스(형태를 옮기거나 복제하는 것)하
기 좋은 모드입니다.

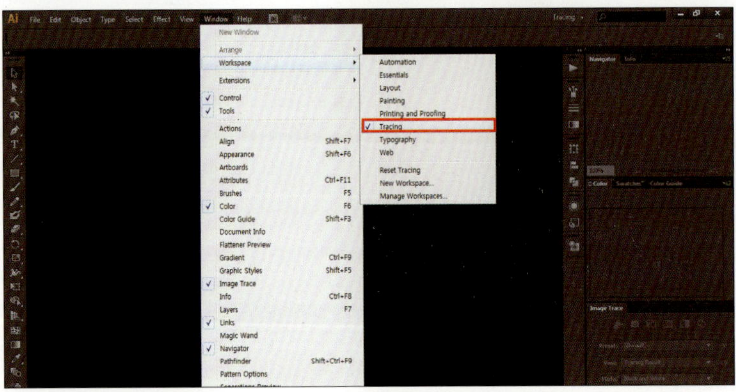

Typography 작업 환경

[Workspace]-[Typography] 모드는 문자 글자와 관련된 항목으로 구성되며 글자로 된 도안이나 디자인 작업을 할 때 사용합니다.

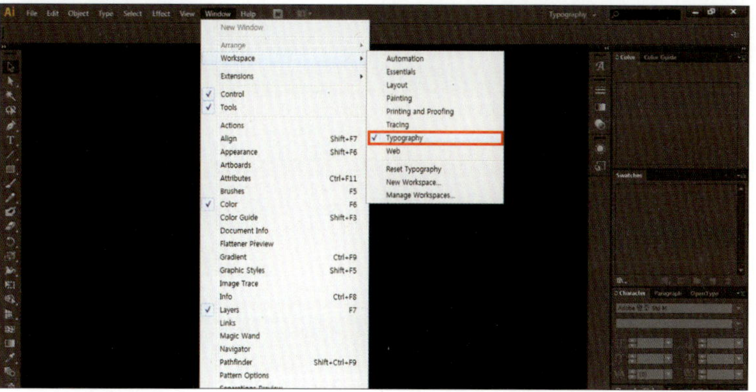

Web 작업 환경

[Workspace]-[Web] 모드는 인터넷 홈페이지나 웹 상에서 사용되는 이미지나 페이지를 교정하거나 보정할 때 사용합니다.

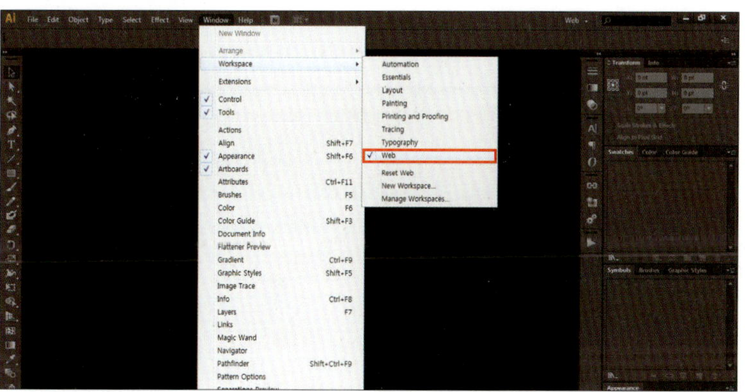

어도비 사의 홈페이지에서 일러스트레이터 트라이얼 버전을 다운받아 설치해 보겠습니다.

01. 어도비 사의 홈페이지(www.adobe.com/kr)에 접속하여 [다운로드] 메뉴에서 [모든 다운로드 보기]를 선택합니다.

> **TIP :** 설치 시 컴퓨터의 사양은 펜티엄 4 또는 AMD Athlon 64 프로세서 이상, Windows XP, Windows Vista, Window 7 등입니다. 그리고 1GB RAM, 하드 디스크 여유 용량 2GB 이상. 16비트의 비디오카드가 장착된 인터넷이 연결된 컴퓨터에서 가능합니다. MAC 컴퓨터 역시 동등 이상의 성능을 가진 컴퓨터에서 설치할 수 있습니다.

02. 하단의 [주요 무료 시험버전 다운로드] 메뉴 중 [illustrator]를 클릭합니다.

03. 클라우드 다운로드 센터가 나타나면 [시험버전 다운로드]를 클릭합니다.

04. 다운로드 설정 화면이 나타나면 하단의 설정 프로그램을 다운로드하기 위해 [실행]을 클릭합니다.

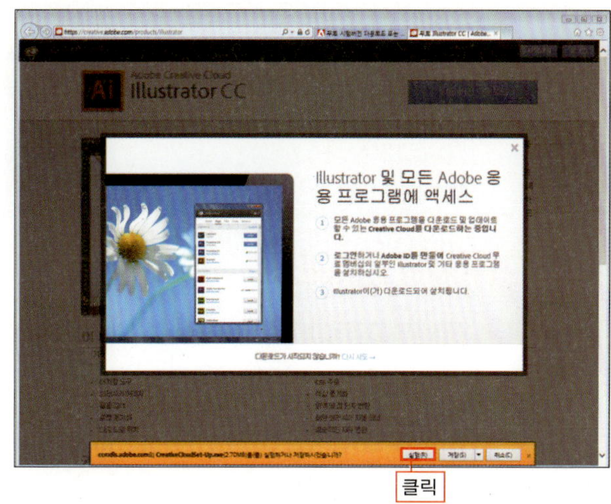

05. 설치 프로그램을 다운로드 받을 수 있는 창이 나타납니다.

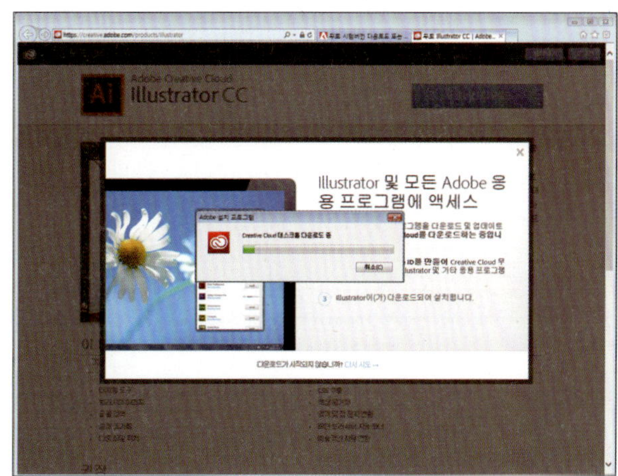

06. 다운로드가 끝나면 바탕화면에 [Creative Cloud] 창이 나타납니다. 아이디가 없다면 아이디를 만들고, 아이디와 암호가 있다면 'Adobe ID'와 '암호'를 입력한 후 [로그인]을 클릭합니다.

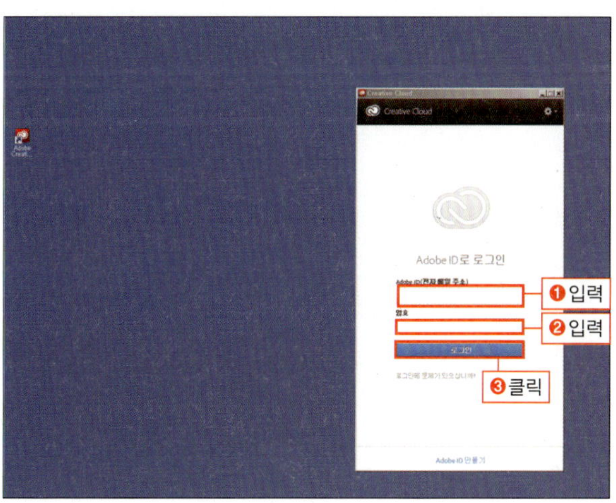

TIP : ID와 비밀번호가 없을 때는 [Adobe ID 만들기]를 클릭해 ID를 만들고 로그인합니다.

07. [Creative Cloud] 창의 소프트웨어 사용권 계약서에 관한 내용을 숙지하고 [동의]를 클릭합니다.

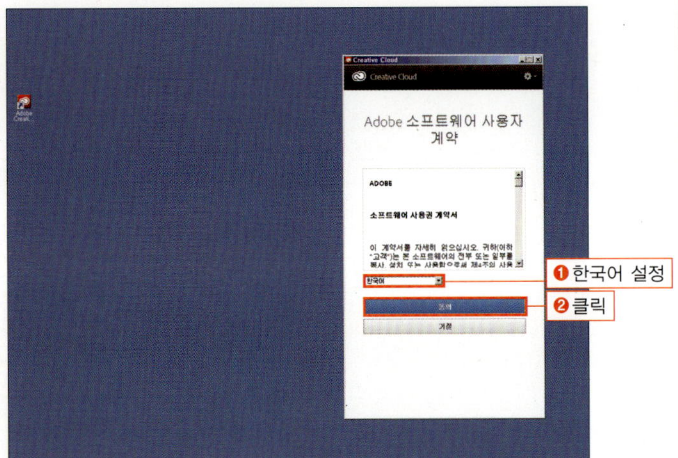

08. 다운로드가 시작되고 설치가 완료됩니다.

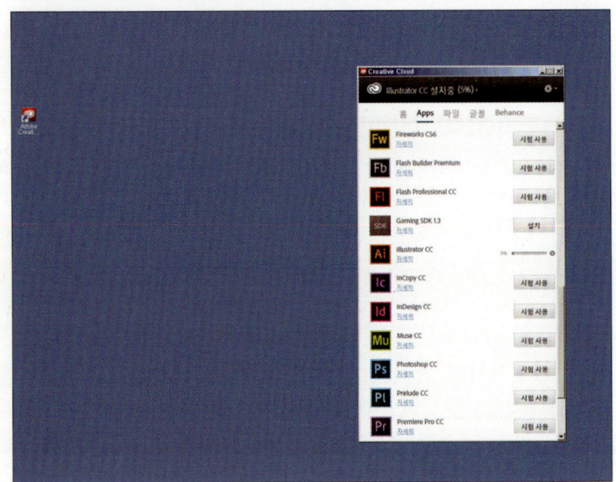

09. 모든 설치가 끝나면 화면을 닫고 [시작] 메뉴에서 설치된 [Adobe illustrator CC] 프로그램을 찾아 실행합니다.

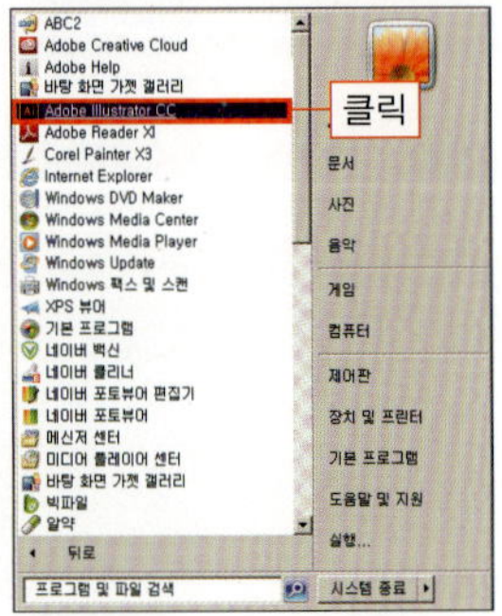

10. 다음과 같은 로그인 창이 나타나면 [로그인]
을 클릭합니다.

11. 30일 시험 버전을 선택하라는 창이 나타나
고 [시험 버전 시작]을 클릭하면 실행됩니다.

TIP : 시험 버전을 실행하면 사용기간이 30일로 지정되고 바로 카운트되기 때문에 30일 뒤에는 사용할 수 없게 되므로 그 점을 숙지하
고 설치합니다.

전체 화면을 통제하고 원하는 대로 작업 환경을 만들 수 있는 많은 항목의 패널들이 있습니다. 패널들의 작업 스타일에 따라 구성을 변경한 후 저장하는 방법에 대해 알아봅니다.

01. 원하는 작업 환경을 임의대로 빼고 넣고 닫고 하여서 그림처럼 최적의 작업 환경을 만듭니다. [Window]–[Workspace]–[New Workspace] 메뉴를 클릭하면 나타나는 [New Workspace] 대화상자의 [Name]에 '최적환경'이라고 입력한 후 [OK] 단추를 클릭합니다.

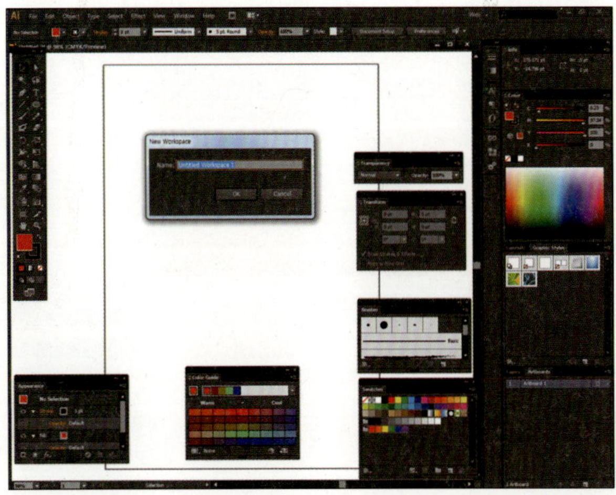

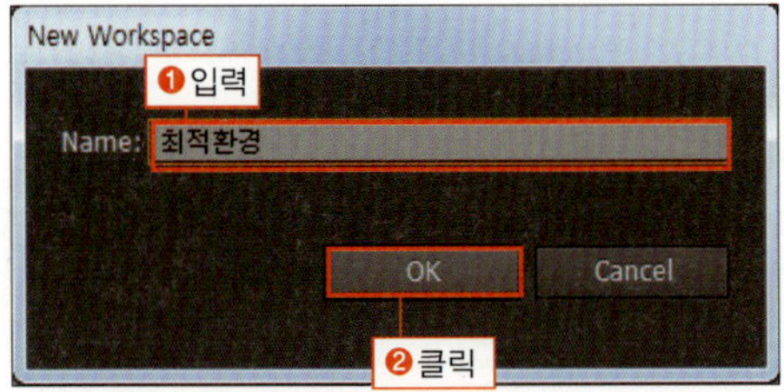

02. [Window]–[Workspace] 메뉴를 클릭하면 '최적환경'이라는 새로운 작업 환경 메뉴가 보입니다.

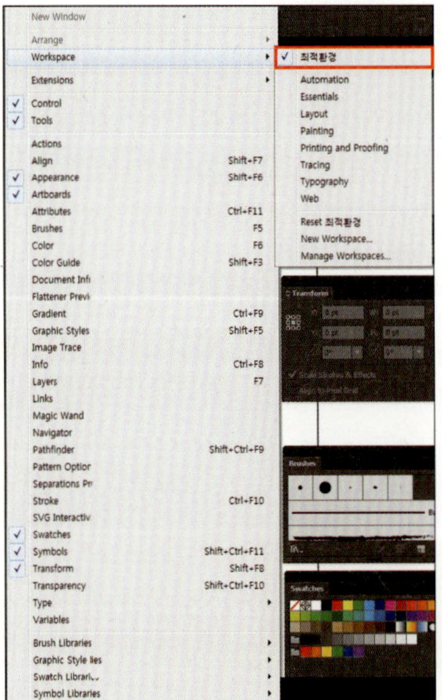

03. 최적환경의 이름을 변경하고 싶으면 [Window]–[Workspace]–[Manage Workspaces] 메뉴를 클릭하면 나타나는 [Manage Workspaces] 대화상자에서 원하는 이름으로 입력한 후 [OK] 단추를 클릭합니다.

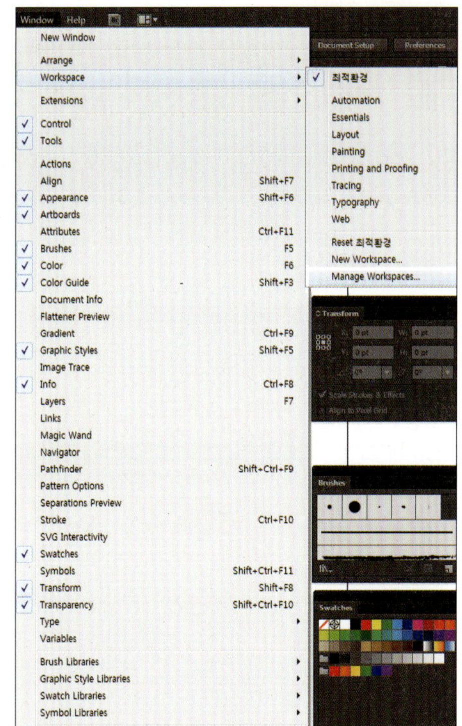

TIP : [Manage Workspaces] 메뉴는 새로운 작업 환경을 만들거나 삭제할 때 사용합니다. 임의로 조작하여 저장해놓으면 원하는 작업을 진행할 때 편리하게 사용할 수 있습니다.

TIP : 패널 조절하기

각각의 패널은 크기를 줄이거나 확장할 수 있습니다. 패널을 열 때는 Window 메뉴에서 찾아 열고, 각각의 패널명을 더블클릭하면 점점 축소되고, 다시 반대로 확장할 때 역시 더블클릭하면 확대됩니다.

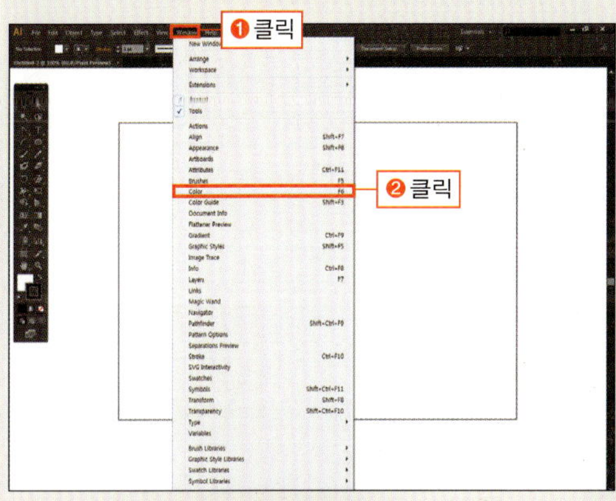

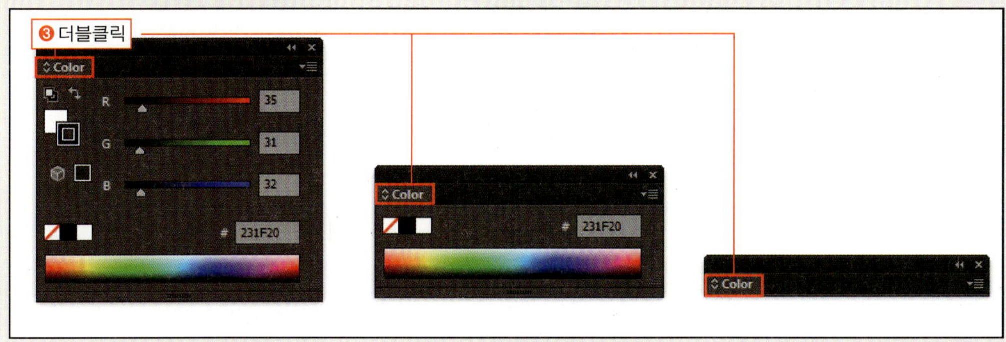

전체 작업 화면을 통제하는 화면 모드

전체 작업 화면을 통제할 때 작업을 편리하게 해주는 세 가지 모드가 있습니다. 첫 번째 'Nomal Screen Mode'는 기본 모드로 대부분의 메뉴들이 보이도록 설정하고 두 번째 'Full Screen Mode with Menu Bar'는 메뉴 바 작업과 관련된 메뉴 외에 모든 메뉴는 감춰지도록 설정하고 'Full Screen Mode'는 전체를 작업 모드로만 채워서 작업 중인 오브젝트만 강조하여 보여줍니다.

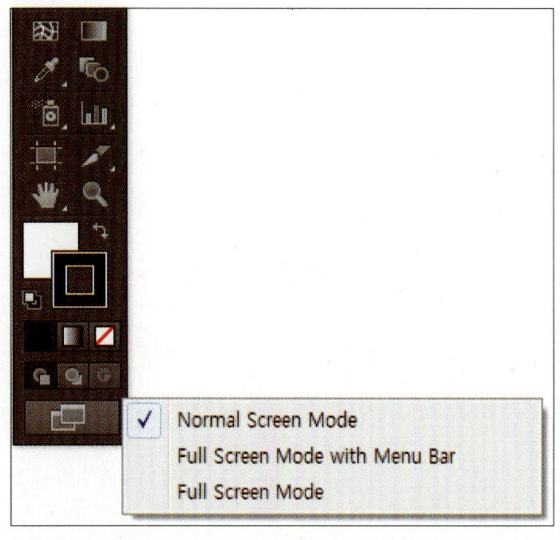

① Normal Screen Mode

① 기본 노말 스크린 모드로, 우측에 꺼내놓은 패널들과 상단에 도큐먼트 창 제어 바가 있습니다.

② Full Screen Mode with Menu Bar

③ Full Screen Mode

② 풀 스크린과 메뉴바 보드로, 꺼내놓은 패널들은 보이지만 상단에 도큐먼트 창 제어 바가 보이지 않게 됩니다.

③ 풀 스크린 모드로, 전체가 작업 창으로 만된 화면을 보여주어 작업물을 한눈에 확인하기 좋게 합니다.

일러스트레이터의 핵심 툴 및 패널 알아보기

일러스트레이터의 가장 중심이 되는 것이 바로 툴(Tool)입니다. 많은 툴 중 핵심적인 툴과 패널(Panel)에 대해 알아봅니다.

기초탄탄 〉 각종 툴 및 패널 이해하기

■ [Tool] 패널 알아보기

핵심적인 패널과 패널에 포함된 다양한 툴의 기능을 알아봅니다.

❶ 선택 툴(Selection Tool) : 패스(Path)나 오브젝트(Object)를 전체 선택할 때 사용합니다.

❷ 직접 선택 툴 : 오브젝트나 패스의 기준점 전체 또는 부분을 선택합니다.

• 그룹 선택 툴 : 선택 툴과 비슷한 기능으로 그룹으로 선택된 오브젝트를 선택합니다.

```
■  Direct Selection Tool   (A)
   Group Selection Tool
```

❸ 마술봉 툴 : 선택한 곳과 비슷한 속성의 오브젝트나 패스를 한 번에 선택합니다.

❹ 올가미 툴 : 드래그해서 올가미 안에 넣은 모든 오브젝트를 선택합니다.

❺ 펜 툴 : 직선, 곡선 등 모든 자유로운 형태의 오브젝트를 만들 수 있습니다.

• 기준점 추가 툴 : 오브젝트의 기준점을 추가합니다.

• 기준점 삭제 툴 : 오브젝트의 기준점을 삭제합니다.

• 기준점 변환 툴 : 오브젝트의 기준점을 변환합니다.

```
■  Pen Tool                    (P)
   Add Anchor Point Tool       (+)
   Delete Anchor Point Tool    (-)
   Convert Anchor Point Tool  (Shift+C)
```

❻ **문자 툴(T)** : 글자를 쓰거나 변환할 수 있습니다.

• 아리어 문자 툴(T) : 패스 안쪽의 문자를 입력할 수 있습니다.

• 타입온 패스 툴 : 패스를 따라 텍스트를 입력할 수 있습니다.

　• 세로 문자 입력 툴(T) : 세로로 텍스트를 입력할 수 있습니다.

　• 세로 문자 아리어 툴 : 패스 안쪽의 텍스트를 세로로 입력할 수 있습니다.

　• 세로 타입온 패스 툴 : 패스를 따라 텍스트를 세로로 입력할 수 있습니다.

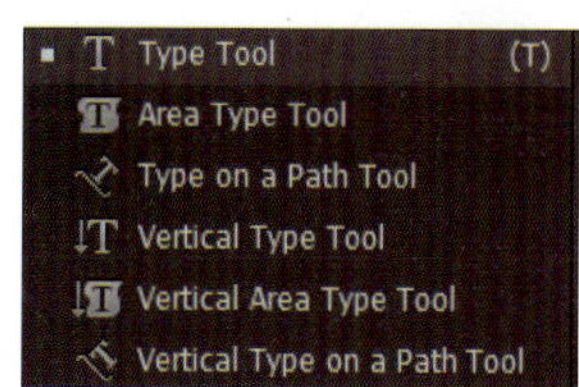

TIP : illustrator CC 버전에서는 기존 6개의 문자 툴 외에 하나의 툴이 추가됩니다. Touch Type Tool이 추가되었는데 문자를 자유자재로 편집할 수 있습니다.

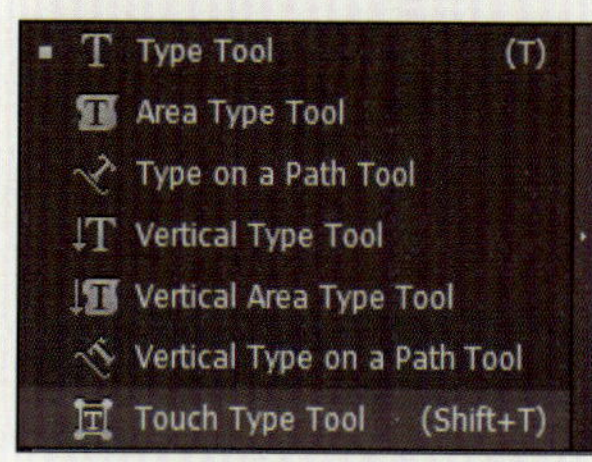

❼ **라인 툴(/)** : 직선과 원호와 나선, 사각 격자, 원형 격자를 그릴 수 있습니다.

❽ **원형 툴(●)** : 원형 도형과 사각 도형, 라운드 사각 도형, 다각형, 별모양 등을 간단하게 그릴 수 있습니다.

❾ **브러쉬 툴(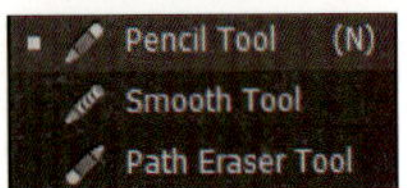)** : 일반적인 선과 달리 다양한 붓 느낌을 표현할 수 있습니다.

❿ **연필 툴( )** : 자유로운 드로잉 선을 만들 수 있습니다. 스무스 툴( )과 패스 삭제 툴( )로 선을 다듬을 수 있습니다.

- Pencil Tool (N)
- Smooth Tool
- Path Eraser Tool

⓫ **블럽 브러쉬 툴( )** : 픽셀 드로잉과 같은 면으로 그려지며 드로잉할 때 선(Stroke)은 없어집니다.

⓬ **지우개 툴( )** : 오브젝트를 지울 때 사용합니다.
- 가위 툴( ) : 패스를 클릭하여 자를 때 사용합니다.
- 나이프 툴( ) : 칼로 종이를 자르듯이 원하는 모양으로 자를 때 사용합니다.

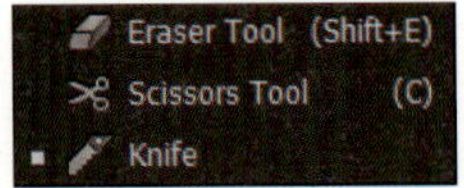

- Eraser Tool (Shift+E)
- Scissors Tool (C)
- Knife

⓭ **회전 툴( )** : 오브젝트를 회전시킵니다.
- 반전 툴( ) : 오브젝트를 반전시킵니다.

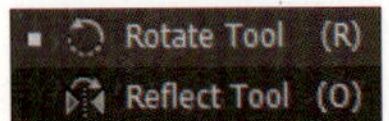

- Rotate Tool (R)
- Reflect Tool (O)

⓮ **스케일 툴( )** : 오브젝트의 크기를 조절합니다.
- 리쉐입 툴( ) : 오브젝트의 형태를 유지한 상태에서 크기를 조절합니다.
- 쉐어 툴( ) : 오브젝트의 형태를 유지한 상태에서 크기를 기울입니다.

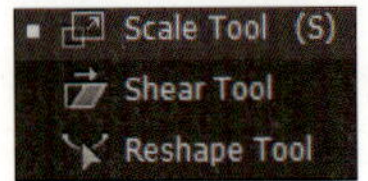

- Scale Tool (S)
- Shear Tool
- Reshape Tool

⓯ **두께(폭) 툴( )** : 선택한 라인의 두께를 조절합니다.
- 와프 툴( ) : 오브젝트를 왜곡합니다.
- 트위터 툴( ) : 선택한 영역의 형태를 비틀어 줍니다.
- 주름 툴( ) : 선택한 영역의 형태를 구깁니다.
- 팽창 툴( ) : 선택한 영역을 팽창합니다.
- 부채꼴 모양 툴( ) : 선택한 영역을 부채꼴, 마치 조개껍질과 비슷한 형태로 변형합니다.
- 유리 툴( ) : 선택한 영역의 형태를 유리 모양으로 변형합니다.
- 찢김 툴( ) : 선택한 영역을 주름진 형태로 변형합니다.

- Width Tool (Shift+W)
- Warp Tool (Shift+R)
- Twirl Tool
- Pucker Tool
- Bloat Tool
- Scallop Tool
- Crystallize Tool
- Wrinkle Tool

⑯ **자유 변형 툴( )** : 오브젝트를 클릭한 후 선택하면 바운딩 박스(Bounding Box)가 나타나고 바운딩 박스를 조절하여 자유롭게 조절합니다.

> **TIP :** 일러스트레이터 CC 버전은 기존의 툴에 추가로 세부 툴을 사용하여 더욱 세밀한 변형이 가능해졌는데 Constrain 버튼(Free Transform), Free Distort 툴, Free Transform 툴, Perspective Distort 툴, Free Distort 툴이 있습니다.

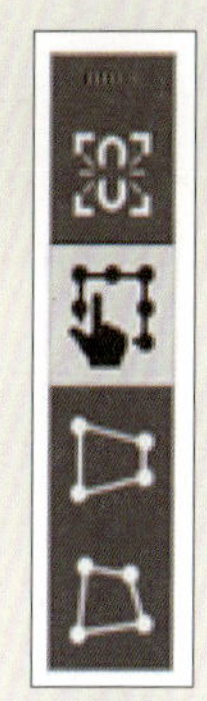

⑰ **도형 편집 툴( )** : 겹친 패스나 오브젝트를 합치거나 분리합니다.
- 라이브 페인트 버킷 툴( ) : 오브젝트에 지정한 색을 한 번에 적용합니다.
- 라이브 페인트 선택 툴( ) : 라이브 버킷 툴로 색을 채운 곳만 선택합니다.

```
■  Shape Builder Tool           (Shift+M)
   Live Paint Bucket                  (K)
   Live Paint Selection Tool    (Shift+L)
```

⑱ **투시도 격자 툴( )** : 3D 입체감 형태의 그림을 그릴 수 있도록 격자를 그리도록 도와줍니다.
- 원근감 선택 툴( ) : 오브젝트나 글자 심벌(Symbol) 등에 원근감을 적용하도록 만들 수 있습니다.

```
■  Perspective Grid Tool          (Shift+P)
   Perspective Selection Tool    (Shift+V)
```

⑲ **메쉬 툴( )** : 그물망 형태로 만들어 주변 색과 달리 그라디에이션(Gradation)을 줄 수 있습니다.

⑳ **그라디언트 툴( )** : 드래그하여 직선 형태의 그라디에이션을 줄 수 있습니다.

㉑ **스포이드 툴( )** : 클릭한 곳의 컬러를 추출합니다. 숨겨진 툴은 측정 툴로 길이와 좌표 등의 정보를 알려줍니다.

㉒ **블렌드 툴( )** : 두 개의 다른 컬러 사이를 여러 단계 컬러의 그라데이션(Gradation) 형태로 만들어 연결합니다.

㉓ **심벌 툴( )** : 심벌을 적용하고 편집합니다.

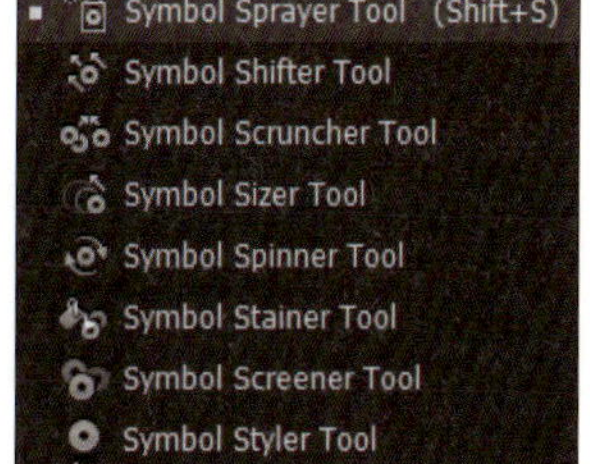

- 심벌 위치 변환 툴( ) : 심벌 오브젝트의 위치를 이동합니다.
- 심벌 집중 툴( ) : 심벌의 오브젝트들을 한 곳으로 모아줍니다.
- 심벌 사이즈 툴( ) : 심벌 오브젝트의 크기를 확대, 축소합니다.
- 심벌 회전 툴( ) : 심벌 오브젝트를 회전합니다.
- 심벌 컬러 변환 툴( ) : 심벌 오브젝트의 컬러를 바꿔줍니다.
- 심벌 투명도 툴( ) : 심벌 오브젝트의 투명도 값을 흐려지게 합니다.
- 심벌 스타일 툴( ) : 심벌 오브젝트에 스타일을 적용합니다.

㉔ 막대 그래프 툴(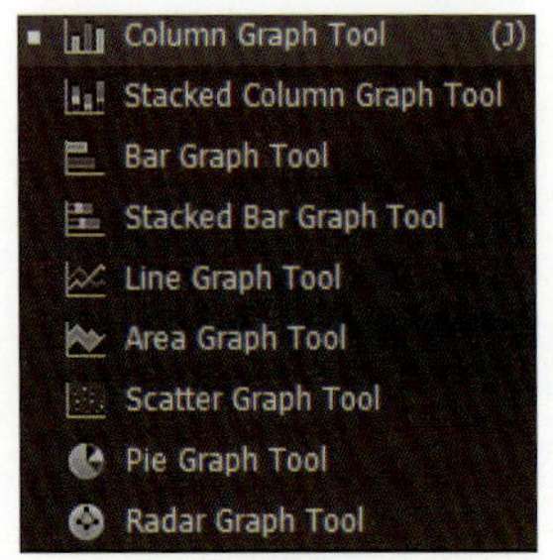) : 수치를 입력하여 간단하게 기둥 형태의 그래프를 만들 수 있습니다.

* 분할 그래프 툴( ) : 하나의 막대 그래프에 2가지 이상의 변수가 가로로 누적되는 정도가 나타납니다.
* 바 그래프 툴( ) : 가로 방향의 막대 그래프로만 구성됩니다.
* 분할 바 그래프 툴( ) : 하나의 막대 그래프에 2가지 이상의 변수가 세로로 누적되는 정도가 나타납니다.
* 라인 그래프 툴( ) : 데이터를 점으로 표시하며 점과 점을 직선으로 연결합니다.
* 영역 그래프 툴( ) : 선 그래프와 비슷한 그래프를 나타내지만 값의 변화뿐만 아니라 데이터의 전체 양도 잘 표현할 수 있습니다.
* 분산 그래프 툴( ) : X, Y 좌표값으로 점의 위치를 표시합니다.
* 파이 그래프 툴( ) : 전체의 데이터에서 하나의 데이터가 차지하는 비율을 볼 수 있도록 파이 모양으로 나타납니다.
* 레이더 그래프 툴( ) : 점의 치우친 정도를 파악할 수 있으며 방사형으로 분할되어 나타납니다.

㉕ 아트보드 툴( ) : 그림을 그리는 스케치북에 해당하는 아트보드를 편집합니다.

㉖ 슬라이스 툴( ) : 작업한 일러스트 이미지를 웹용으로 자를 때 사용합니다.

* 슬라이스 선택 툴( ) : 슬라이스 툴로 자른 이미지를 선택합니다.

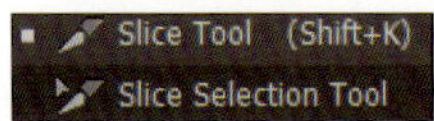

㉗ 손바닥 툴( ) : 손 모양 툴로 확대된 이미지를 이동할 때 사용합니다. **Space Bar** 로 간단하게 이용합니다. 인쇄할 때 인쇄 영역도 이동할 수 있습니다.

㉘ 돋보기 툴( ) : 전체 화면에서 이미지를 확대하거나 **Alt** 를 눌러 −로 바뀌면 클릭하여 축소할 수 있습니다.

㉙ 면과 선 그리고 기본 설정( ) : Fill&Stroke은 면과 선에 모든 속성을 통제합니다.

* Swap Fill&Stroke( ) : 선과 면의 속성을 바꿔줍니다.
* Default Fill&Stroke( ) : 기본 설정으로 상태를 바꿉니다.

㉚ Color/Gradient/None ( ) 컬러( ) : 선택한 오브젝트의 컬러를 볼 수 있습니다. 클릭하면 속성을 컬러로 변환할 수 있습니다.

- 그라디언트(■) : 클릭하면 면이나 선의 속성을 그라데이션으로 변경합니다.
- 무적용(⊘) : 면이나 선에 아무것도 적용하지 않게 삭제합니다.

㉛ 드로잉 영역 모드(▣) : 세 가지 모드로 브러시로 드로잉할 영역을 지정합니다.

㉜ 스크린모드 선택 창(▣) : Normal Screen Mode, Full Screen Mode With Menu Bar, Full Screen Mode 이렇게 세 가지 모드로 기본 모드, 메뉴 바가 보이는 꽉찬 스크린 모드, 아무런 메뉴도 보이지 않는 풀 스크린 모드가 있습니다.

■ 작업 개체에 따라 변경되는 기본적인 콘트롤 패널(Control Panel) 알아보기

콘트롤 패널(Control Panel)은 메뉴 바 아래에 위치한 긴 형태의 패널로, 진행 중인 작업의 속성에 따라 변합니다. 자주 나타나는 패널의 특성에 대해 알아보겠습니다.

[No Selection] 패널

아무것도 선택되지 않은 상태입니다.

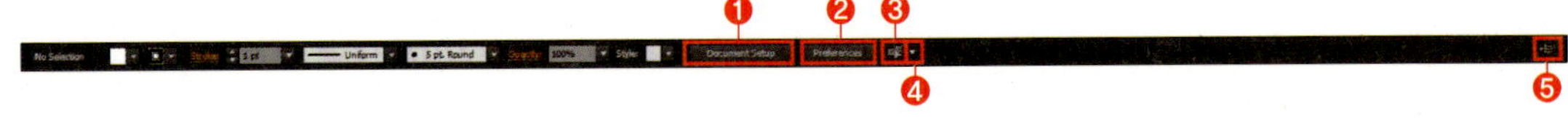

❶ Document Setup : 도큐먼트 설정을 재설정하는 창입니다.

❷ Preferences : Preferences 설정 창을 엽니다. Preferences는 프로그램의 전반적인 실행 항목을 설정합니다.

❸ Select Similar Object : 아무것도 선택되어져 있지 않은 상태에서 화면상에 한 오브젝트를 선택하고 해제한 후 누르면 비슷한 오브젝트를 찾아 선택합니다.

❹ Select Similar Options : 비슷한 오브젝트를 찾을 때 기준을 설정합니다.

❺ Control Panel 제어 메뉴 : 콘트롤 패널의 위치를 위와 아래 중에서 결정하고 패널에 나타날 항목을 정합니다.

[Path] 콘트롤 패널

오브젝트가 하나 선택되어 있는 상태입니다.

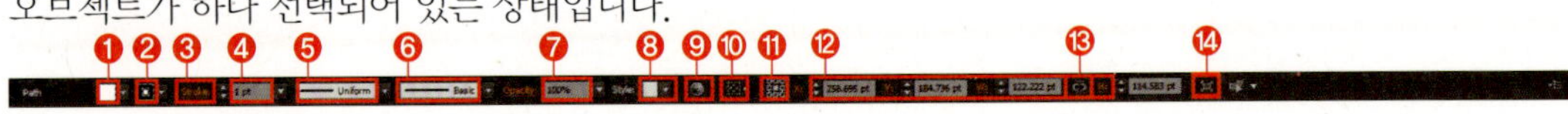

❶ Fill Color : 선택된 오브젝트의 면(fill)에 컬러가 나타나며, 클릭하면 [Swatch] 패널이 나타납니다.

❷ Stroke Color : 선택된 오브젝트의 선(stroke)에 컬러가 나타나며, 클릭하면 [Swatch] 패널이 나타납니다.

❸ Stroke Panel : [Stroke] 패널을 엽니다.

❹ Stroke Weight : 선의 두께를 설정합니다.

❺ Variable Width Profile : 선의 스타일을 설정합니다.

❻ Brush Definition : Paint Brush 툴에 스타일을 정합니다.

❼ Trancyparency Panel : 오브젝트의 투명도를 조절합니다.

❽ Graphic Style Panel : 오브젝트의 스타일을 적용합니다.

❾ Recolor Art Work : 컬러를 재설정합니다.

❿ Align To Selection : Align을 컨트롤할 대상을 오브젝트와 아트보드 중에서 선택합니다.

⓫ Reference Point : Align을 적용할 때 기준을 어느 위치로 할지를 결정합니다.

⓬ Transform Panel x, y, w, h : 형태, 높이, 폭을 콘트롤하는 패널을 열어주거나 화면 상에서 수치로 조절합니다.

⓭ **Constrain Width and Height Proportions** : 너비와 높이의 비율을 제한할지를 결정합니다. 선택 유무에 따라 비율을 유지하거나 하나의 설정만 변하게 합니다.

⓮ **Solate Select Object** : 여러 개의 오브젝트가 겹쳐있을 때 선택한 오브젝트만을 수정하고 변경하면 다른 오브젝트들이 모두 비활성화되고 선택한 오브젝트만 활성화되어 수정하기 쉬운 상태가 됩니다.

[Path] 콘트롤 패널 2

오브젝트가 두 개 이상 선택된 상태입니다. [Path] 콘트롤 패널 1과 동일하고, Align 항목의 패널만 나타납니다.

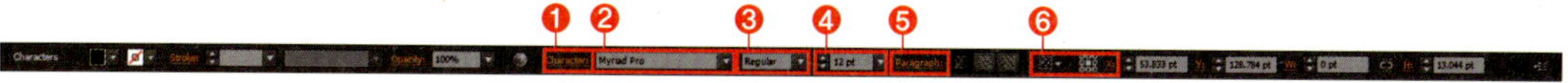

[Characters] 콘트롤 패널

문자 입력 시나 문자를 불러와서 선택하면 나타납니다. 앞부분과 뒷부분은 다른 패널들과 공통이고 중간에 문자 패널 관련 메뉴가 있습니다.

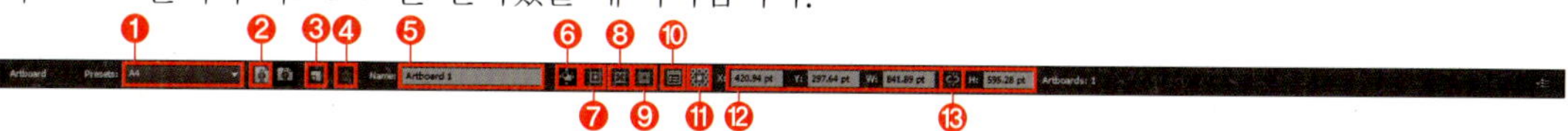

❶ **Character** : 문자 패널을 열어줍니다.

❷ **Font 설정 창** : 폰트를 선택합니다.

❸ **Font Style 설정 창** : 폰트 스타일을 결정합니다.

❹ **Font Size 설정 창** : 폰트 크기를 결정합니다.

❺ **Paragraph** : [Paragraph] 패널을 열어줍니다.

❻ **Paragraph Align** : Paragraph Align 스타일을 결정합니다.

[Artboard] 콘트롤 패널

아트보드 툴이나 아트보드를 선택했을 때 나타납니다.

❶ **Select Preset** : 아트보드의 규격을 결정합니다.

❷ **Portrait & Landscape** : 아트보드의 세로와 가로를 결정합니다.

❸ 새로운 아트보드를 만듭니다.

❹ 아트보드를 삭제합니다.

❺ 아트보드에 이름을 씁니다.

❻ **Move/Copy Artwork with Artboard** : 아트보드와 그 안에 있는 아트웍크를 동시에 선택하여 이동하거나 복사할 수 있습니다.

❼ **Show Center Mark** : 정가운데 중앙 표시를 보이게 하여 기준점을 만듭니다.

❽ **Show Cross Hairs** : 십자선을 만들어 기준으로 쓸 수 있습니다.

❾ Show Video Safe Areas : 비디오물을 만들 때 가려지는 부분을 만들지 않기 위한 안전선을 표시합니다.

❿ Artboard Option : 아트보드 옵션 창을 엽니다.

⓫ Reference Point : 아트보드에 Align을 적용할 때 기준을 어느 위치로 할지를 결정합니다.

⓬ 아트보드에 x, y 좌표와 높이와 폭을 조절합니다.

⓭ Constrain Width and Height Proportions : 너비와 높이 비율을 제한할지를 결정합니다. 선택의 유무에 따라 비율을 유지하거나 하나의 설정만 변하게 합니다.

■ Window 메뉴의 패널 알아보기

대부분의 패널은 메뉴 바의 Window 메뉴에서 모두 활성화되고 비활성화됩니다. 윈도우 메뉴를 순서대로 알아봅니다.

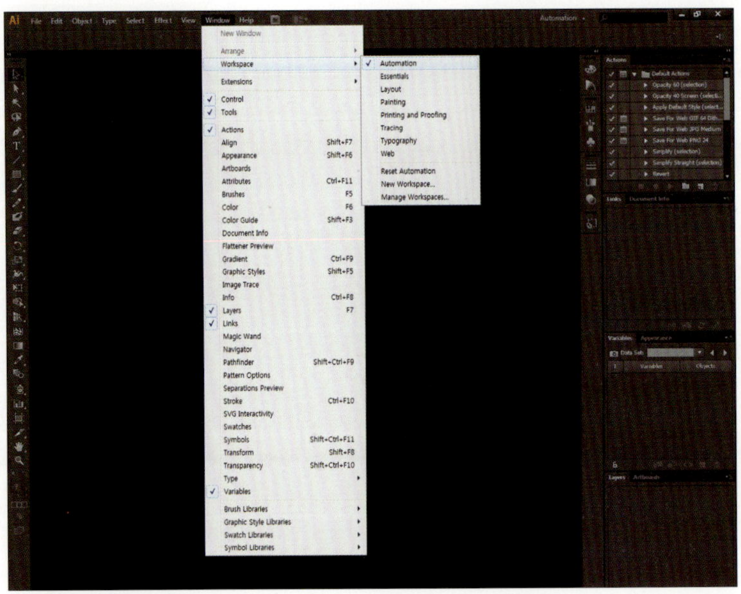

❶ [Actions] 패널 : 반복적인 작업을 할 때 작업 순서를 기록해둡니다. 여러 작업을 하는 경우 반복되는 작업을 쉽게 처리할 수 있습니다.

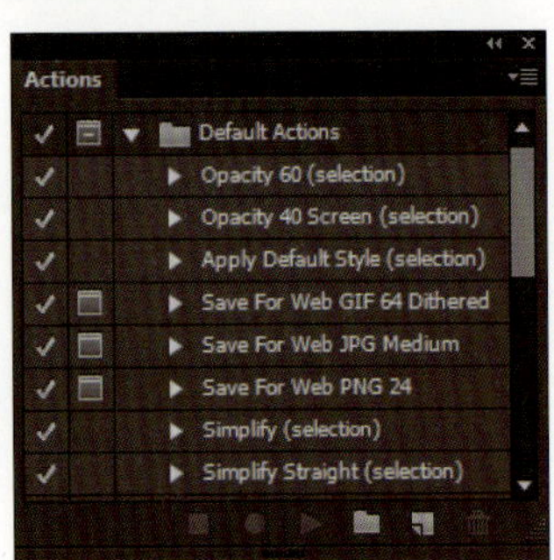

❷ [Align] 패널 : 선택한 오브젝트들을 정렬합니다.

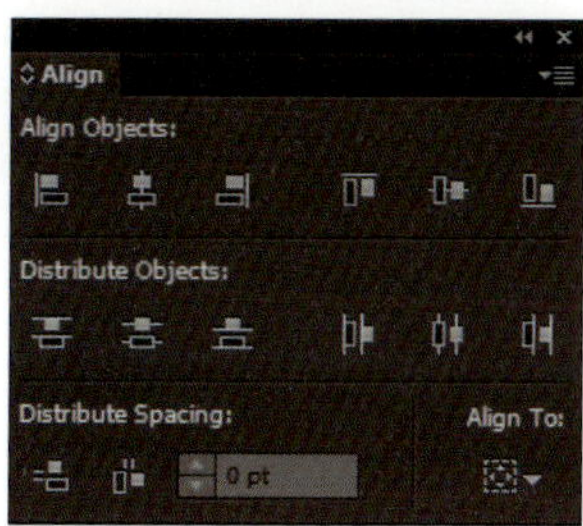

❸ [Appearance] 패널 : 선과 면에 작업 과정을 기록하여 상태를 한눈에 볼 수 있고 속성도 간단하게 변경합니다.

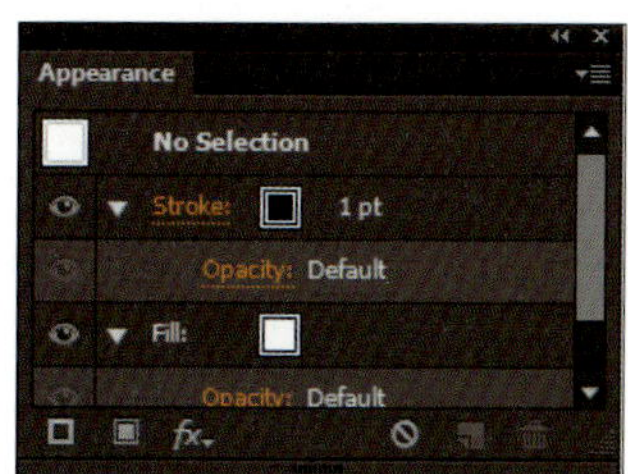

TIP : 작업 과정 중에 한 부분을 클릭하여 선택하면 그 과정의 설정을 Apperance 패널에서 바로 수정할 수 있습니다.

❹ [Artboards] 패널 : 아트보드를 편집할 수 있습니다.

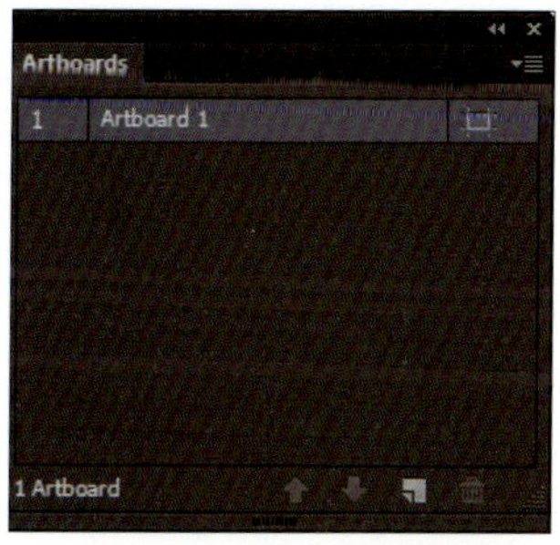

TIP : [Artboard] 컨트롤 패널에서의 Artboard 편집이 모두 가능합니다.

❺ [Attributes] 패널 : 프린트나 인쇄 시에 생길 수 있는 문제점을 미리 알아보고 점검합니다.

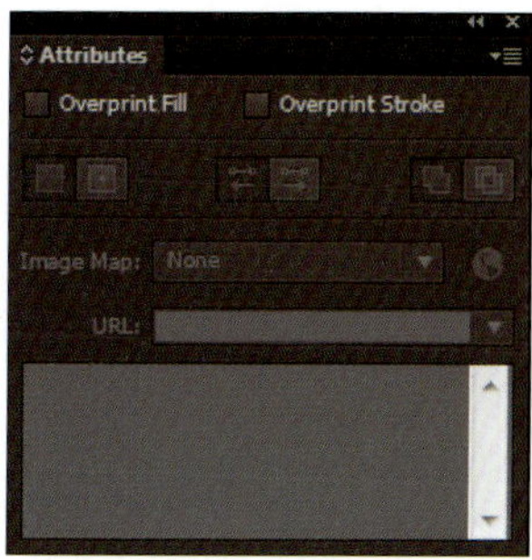

❻ [Brushes] 패널 : 브러쉬의 다양한 스타일을 적용합니다.

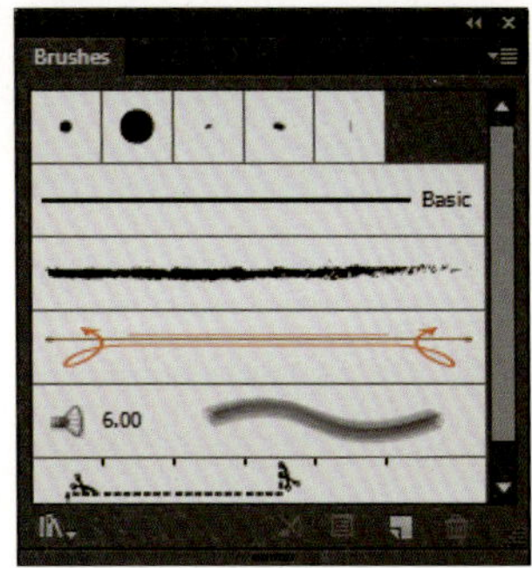

TIP : 새로운 브러쉬를 만들어 등록하고 사용도 가능하게 합니다.

❼ [Color] 패널 : 색상을 선택합니다.

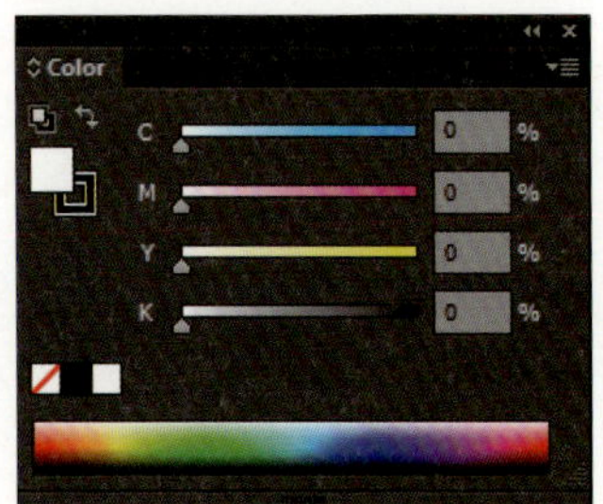

❽ [Color Guide] 패널 : 오브젝트의 주변 색과 어울리는 색을 편하게 찾아 배색할 수 있습니다.

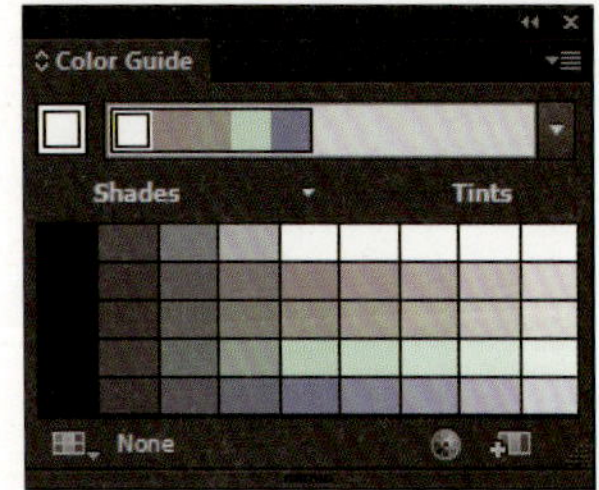

❾ [Document Info] 패널 : 도큐먼트의 정보를 한눈에 알 수 있습니다.

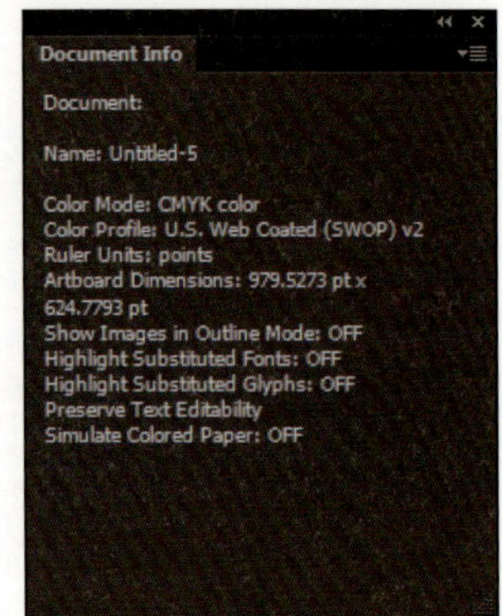

❿ [Flatterner Preview] 패널 : 출력할 이미지에 적용한 투명도를 출력합니다.

⓫ [Gradient] 패널 : 그라데이션을 면에 적용할 수 있습니다.

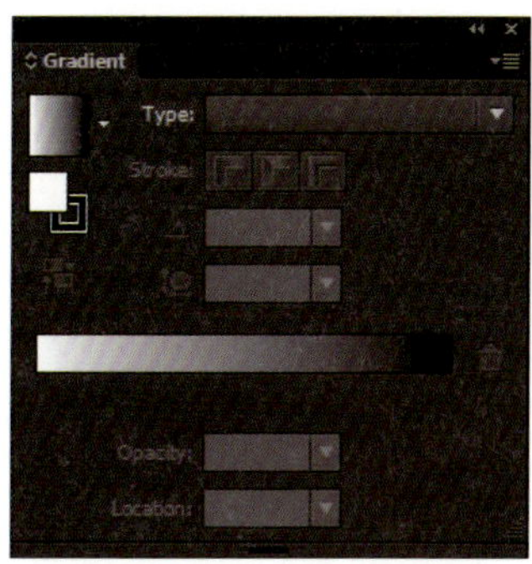

TIP : 선에도 면과 마찬가지로 그라데이션을 적용할 수 있습니다.

⓬ [Graphic Styles] 패널 : 오브젝트에 간단한 그래픽 스타일을 적용합니다.

TIP : 그래픽 스타일을 만들어 등록하고 삭제할 수도 있습니다.

⓭ [Image Trace] 패널 : 픽셀 이미지를 벡터로 변환합니다.

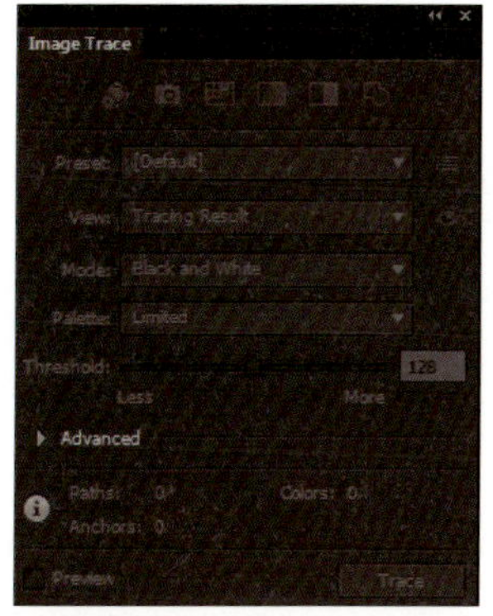

TIP : JPG 등의 픽셀 이미지를 선택하고 이 패널을 통하여 벡터화합니다.

⓮ [Info] 패널 : 오브젝트의 위치, 크기, 좌표 등의 정보를 알려줍니다.

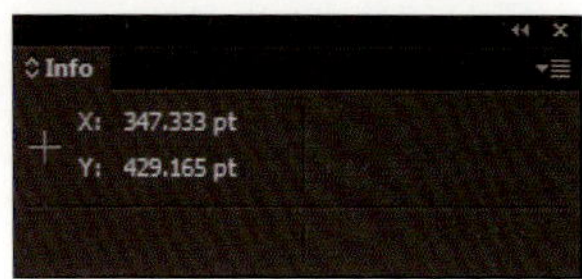

⓯ [Layers] 패널 : 레이어를 만들고 관리합니다.

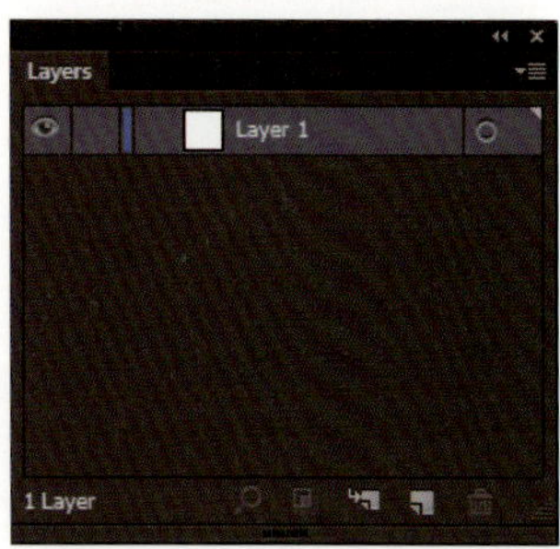

TIP : 새로운 레이어를 추가하거나 세부 레이어를 만들고 삭제하거나 이동할 수 있습니다. 레이어 그룹을 만들거나 해제하고 전체 또는 각각의 레이어를 위나 아래로 이동합니다.

⓰ [Links] 패널 : 도큐먼트에 불러온 비트맵 이미지를 관리해주며, 외부 수정 이미지를 갱신하거나 새로운 이미지로 대치하는 기능을 가지고 있습니다.

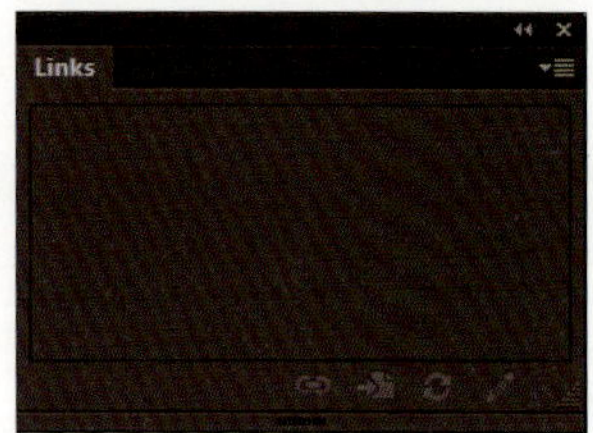

⓱ [Magic Wand] 패널 : 마술봉 툴에 선택 옵션을 조절합니다.

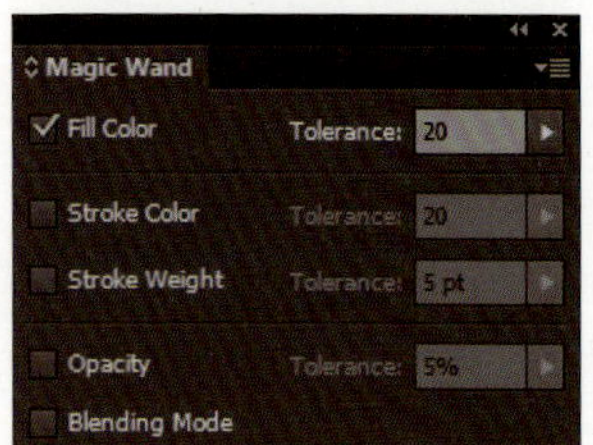

⓲ [Navigator] 패널 : 이미지를 축소, 확대하여 현재 작업 화면의 위치 정보를 확인합니다.

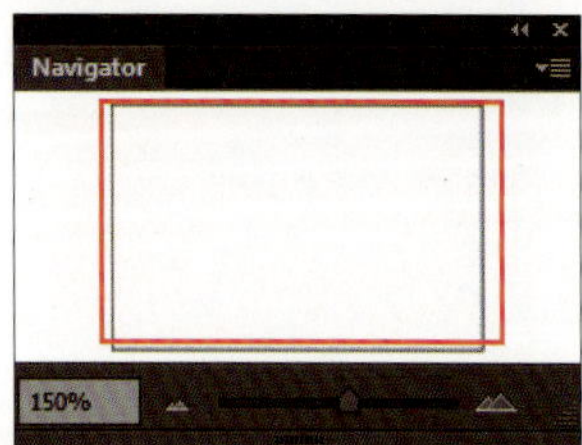

❶❾ [Pathfinder] 패널 : 여러 개의 오브젝트를 편집합니다.

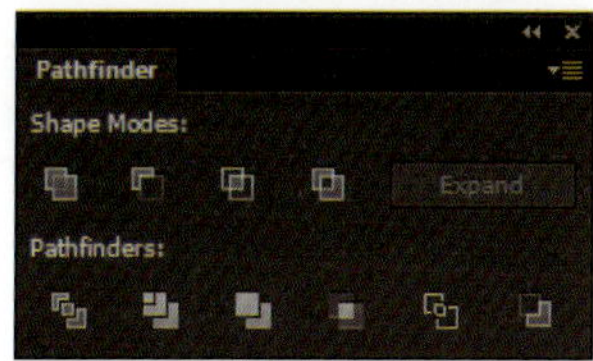

TIP : 다중의 오브젝트끼리 편집을 합치고, 자르고, 부분을 골라내거나 남기거나 하는 등의 다양한 오브젝트끼리의 편집을 가능하게 합니다.

❷⓿ [Separations Preview] 패널 : 인쇄는 분판된 상태에서 가능한데, 이 메뉴는 이 분판을 미리보는 역할을 하여 문제점을 찾아줍니다.

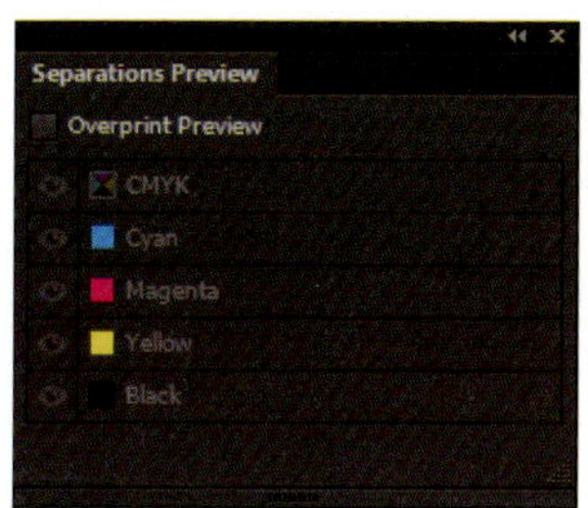

❷❶ [Pattern Options] 패널 : 다양한 스타일의 패턴을 편집합니다.

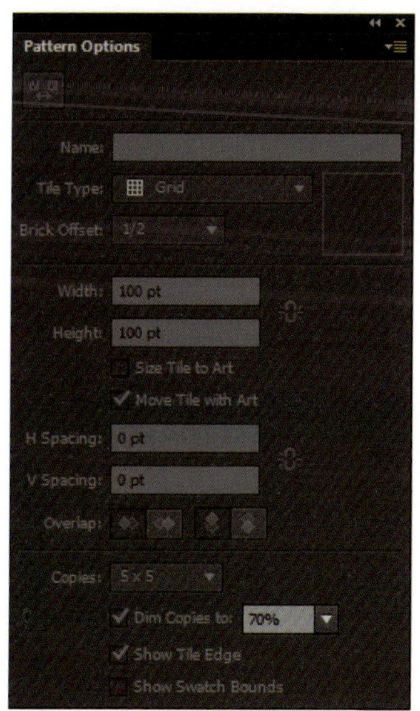

㉒ [Stroke] 패널 : 선의 속성을 세세한 부분까지 설정합니다.

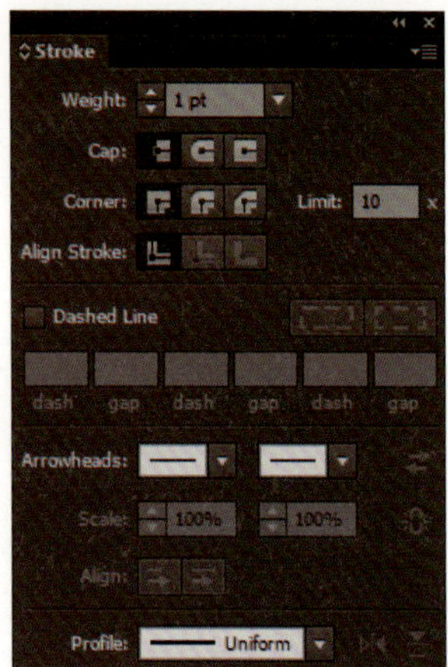

㉓ [SVG Interactivity] 패널 : 일러스트레이터 상에서 인터넷 기반의 프로그램과 연동합니다.

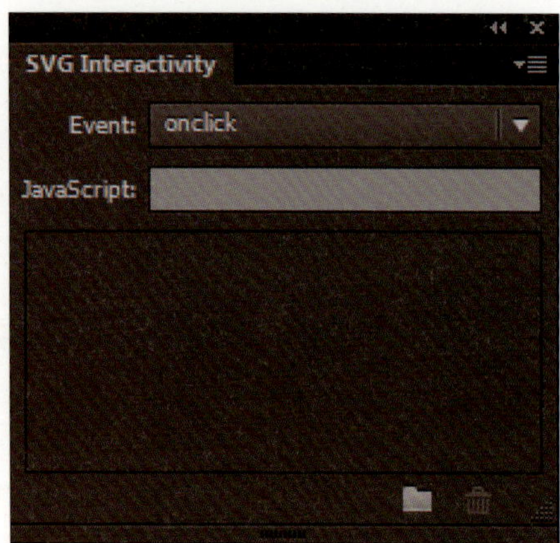

㉔ [Swathes] 패널 : 색상, 패턴, 그라데이션 등 다양한 스타일들을 저장하고 사용합니다.

㉕ [Symbols] 패널 : 다양한 형태의 오브젝트나 이미지를 저장하고 한 번에 열어 사용합니다.

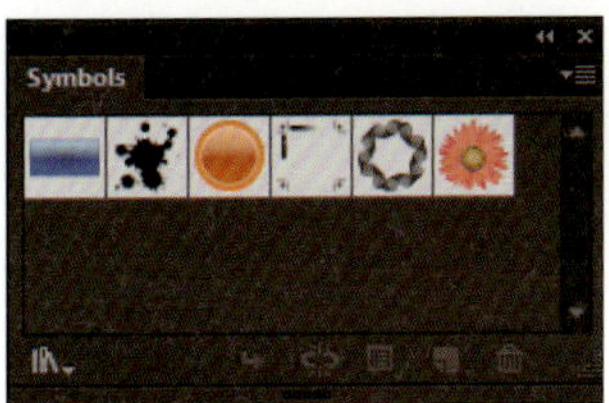

㉖ [Transform] 패널 : 정확한 수치로 오브젝트를 변형하고 이동합니다.

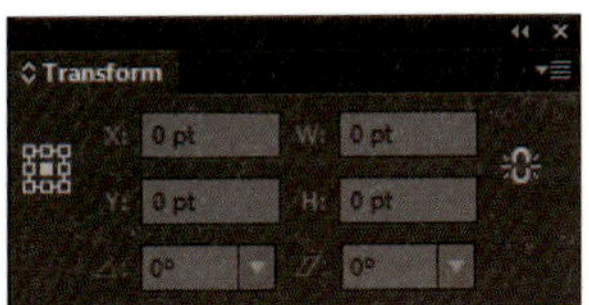

㉗ [Transparency] 패널 : 오브젝트에 투명도나 마스크 기능을 적용합니다.

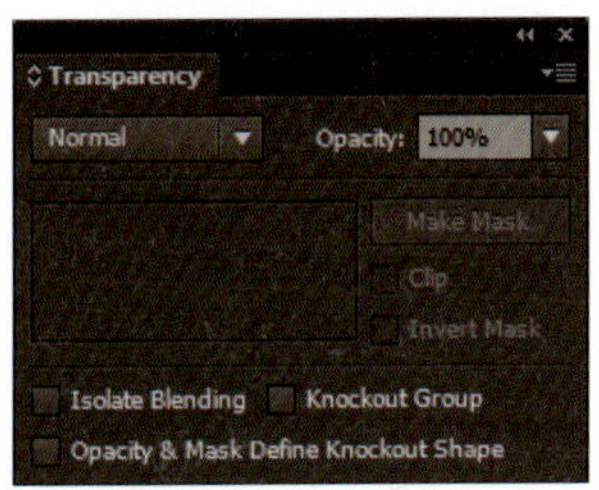

㉘ [Character] 패널 : 문장에 여러 가지 속성을 조절합니다.

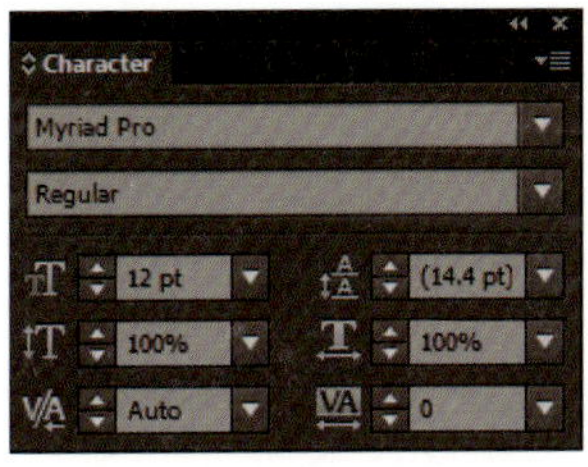

TIP : 글자 간에 폭과 크기, 문장 간의 거리나 크기 등을 조절합니다. 글자 하나 하나에서 전체 문장까지 조절합니다.

㉙ [Character Styles] 패널 : 문자 속성을 결정하여 저장하고 사용할 수 있습니다.

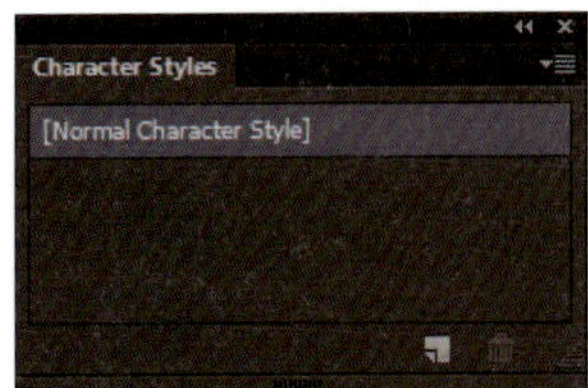

❸⓿ [Glyphs] 패널 : 특수문자나 영문 기타 문자를 입력합니다.

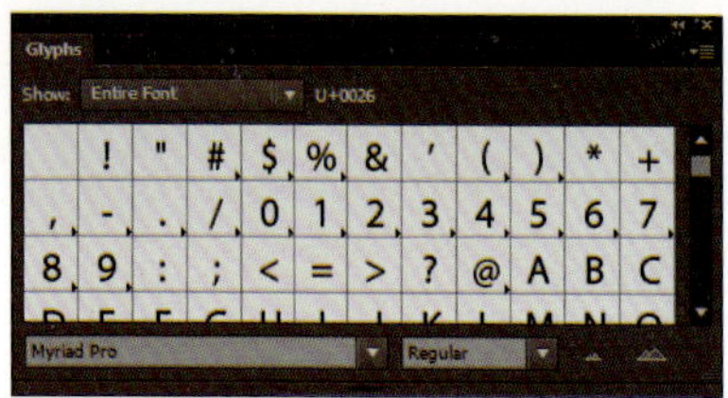

❸❶ [OpenType] 패널 : 여러 가지 문자나 언어를 가져와 새로운 타입을 만들 수 있습니다.

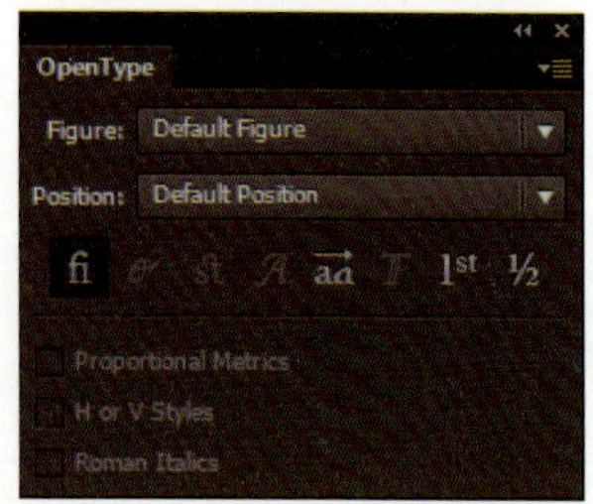

❸❷ [Paragraph] 패널 : 문장 단락의 속성을 지정하고 정렬 방법을 선택합니다.

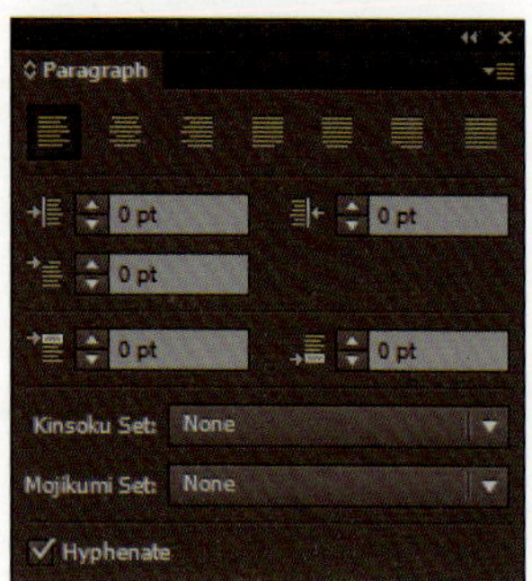

❸❸ [Paragraph Styles] 패널 : 단락에 속성을 만든 후 스타일로 저장하고 사용합니다.

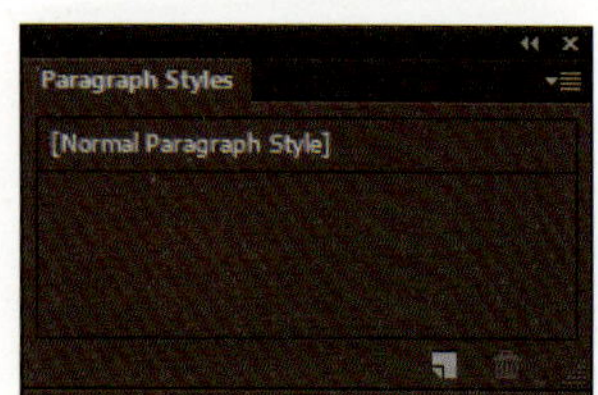

❸❹ [Tabs] 패널 : 다양한 기타 문자에 지시선의 모양을 선택합니다.

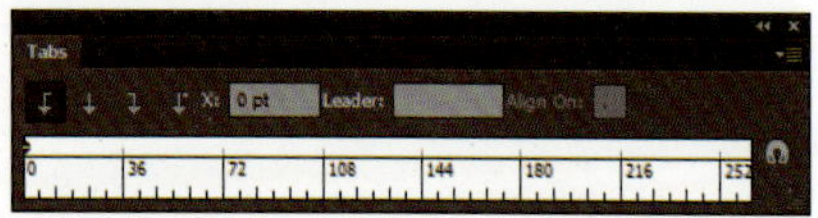

㉟ [Variables] 패널 : 반복적으로 이미지를 많이 변형하는 경우 동적인 데이터 그래픽 툴을 이용해 템플릿을 만드는 팔레트입니다. 대개 홈페이지 팝업 창, 배너 등 잦은 업데이트로 인해 변경이 잦은 경우에 유용합니다.

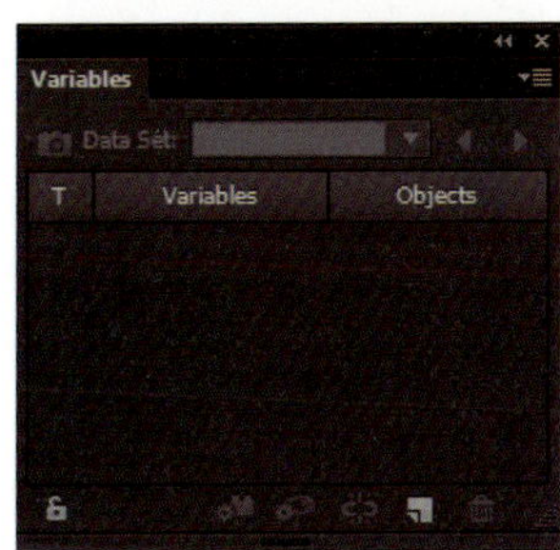

㊱ [Kuler] 패널 : [Window]−[Extensions] 메뉴를 열면 나타나고, 어도비 사에서 서비스하는 온라인 색상표를 공유합니다.

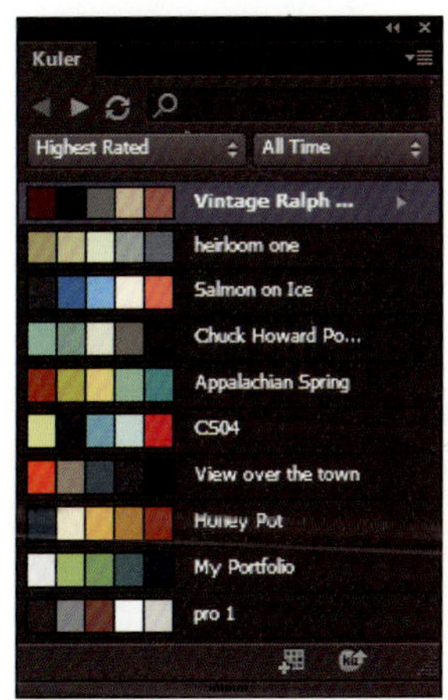

모든 패널은 Window 메뉴에서 관리됩니다. Window 메뉴를 열면 어떤 패널들이 활성화되고 활성화되지 않았는지를 알 수 있는데, 활성화된 메뉴들은 체크되어 있습니다. 원하는 패널을 활성화시키거나 불필요한 패널을 비활성화시켜 보이지 않게 합니다.

01. [Window]–[Workspace]–[Essentials] 메뉴를 선택합니다. [Window]–[Gradient]를 클릭하면 여러 개의 패널이 묶여 나타납니다.

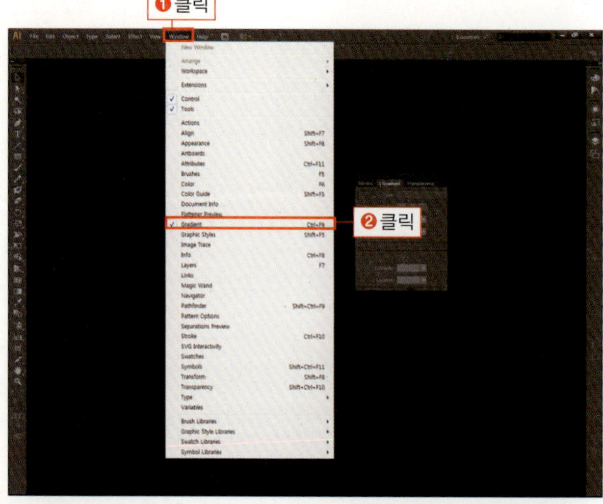

02. 이렇게 특정 패널을 활성화하면 하나의 패널이 다른 패널과 묶여 나타나기도 합니다. 이렇게 묶인 패널은 상단의 이름 부분을 클릭하고 드래그하여 분리하고 합칠 수도 있습니다.

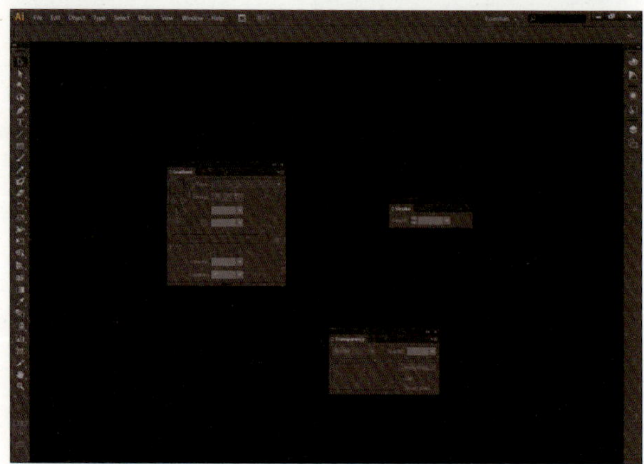

03. 창을 닫을 때는 패널 우측 상단에 있는 x 표시를 클릭하여 비활성화합니다. 비활성화시킨 패널들을 다시 나타나게 하려면 [Window]–[Gradient] 메뉴를 선택합니다.

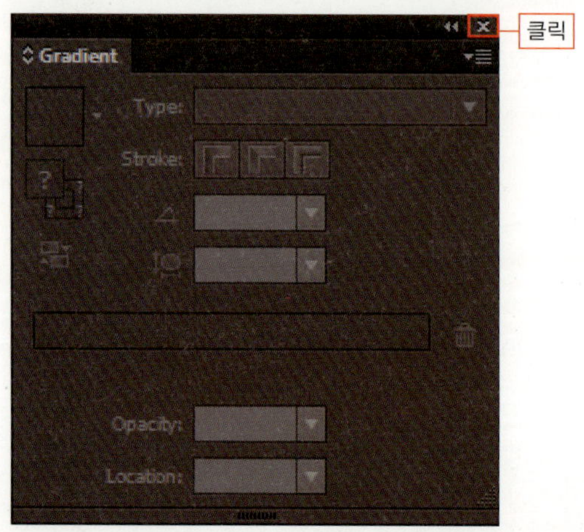

04. 윈도우 메뉴를 클릭하지 않아도 화면상에 보이지 않는 패널들을 활성화할 수 있는데 화면 오른쪽에 세로 아이콘 모양의 패널 바가 있습니다. 그곳에 커서를 가져가면 이름이 나타납니다.

05. 각각의 아이콘을 클릭하면 해당하는 패널들이 나타납니다.

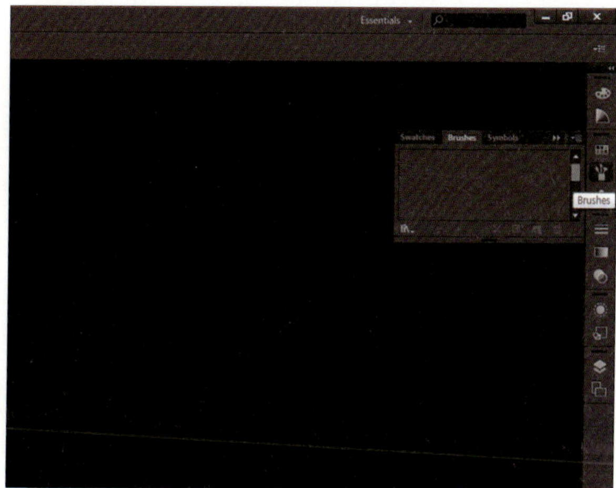

06. 위에서와 마찬가지로 이름 없는 부분을 클릭하여 드래그하고 묶인 전체 패널의 이름을 클릭하고 드래그하면 하나의 패널이 각각 분리됩니다.

TIP : 패널의 비활성화 버튼 옆의 최소화 버튼으로 버튼만한 크기로 최소화할 수 있습니다.

07. 다시 합치는 것도 가능합니다. 다시 다른 패널과 겹치게 드래그하면 그 패널과 합쳐집니다.

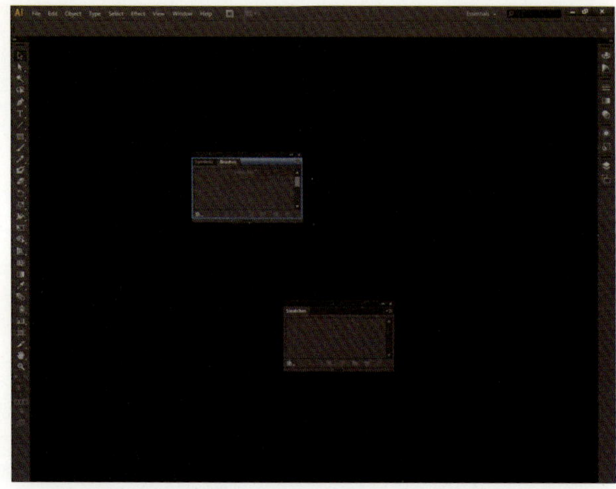

08. 모든 패널들은 우측 상단의 두 개의 좌측 세모 표시 [Collapse to Icons]를 클릭하면 최소화 상태가 됩니다.

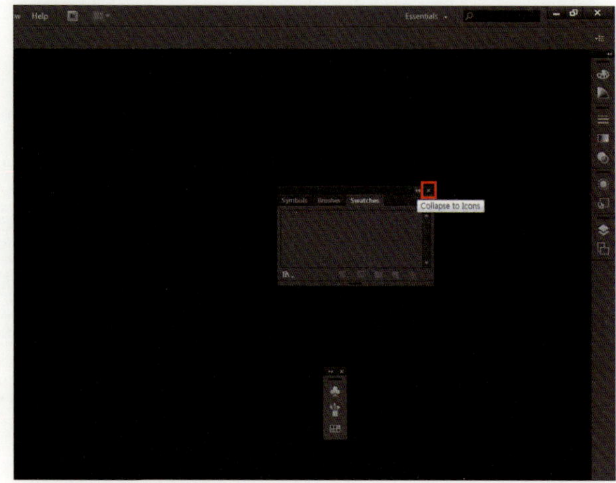

09. 우측 상단에 두 개의 우측 세모 표시 [Expand Panels]를 클릭하면 최대화 상태가 됩니다.

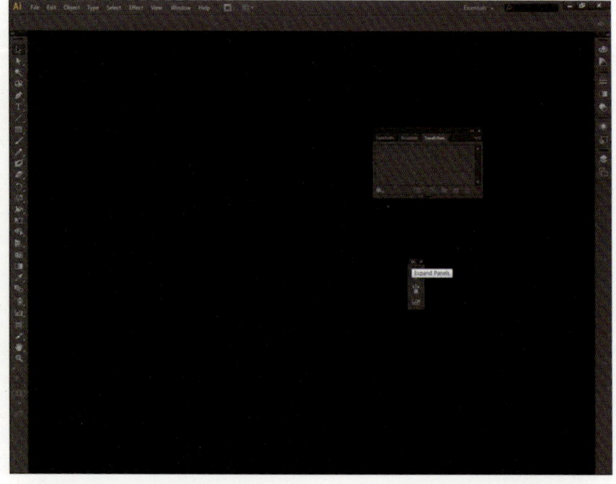

돋보기 툴로 작업 화면을 축소, 확대하고 손바닥 툴로 이동하는 방법을 알아봅니다.

예제 파일 | DVD\Part01\Selection.ai

01. [File]-[Open](　Ctrl　+　O　) 메뉴를 클릭하여
'Selection.ai' 파일을 불러옵니다. 툴 바에서 돋보기 툴(🔍)을 선택하고 원하는 부분을 클릭하거나 드래그합니다. 축소하려면 　Alt　를 누른 상태에서 드래그하거나 클릭합니다.

> **TIP :** 화면이 너무 크거나 작아 전체를 한눈에 보기 어려울 때 화면의 전체 화면을 볼 수 있도록 　Ctrl　+　0　를 누릅니다. 　Ctrl　+　+　는 확대, 　Ctrl　+　-　는 축소입니다.

02. 작업을 진행하다보면 확대된 부분으로 가서 이동해야 할 때가 많습니다. 손바닥 툴(✋)을 선택하고 오브젝트 부분을 선택합니다.

> **TIP :** 매번 손바닥 툴을 선택하지 않아도 　Space Bar　를 누른 상태에서 오브젝트를 클릭하고 이동해도 됩니다.

선택 툴을 사용하여 오브젝트를 선택하고 복제, 다단 복제하는 방법과 반전시키는 방법을 알아봅니다.

01. 선택 툴( )을 선택한 후 오브젝트를 드래그하거나 클릭합니다.

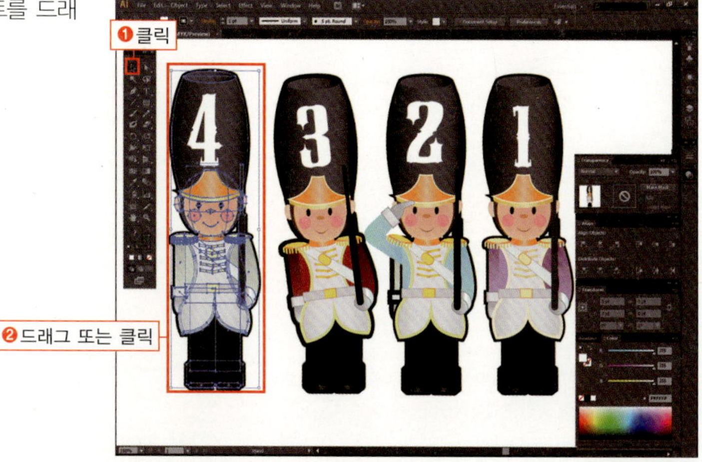

02. 모든 오브젝트를 선택하기 위해 오브젝트 전체를 드래그합니다. (단축키 Ctrl + A)

> **TIP** : 여러 개의 오브젝트를 선택할 때는 드래그하여 전체를 선택하거나, 클릭하여 오브젝트를 하나씩 선택합니다. 클릭하여 선택할 때는 Shift 를 누른 상태로 하나씩 선택해야 합니다.

03. 여러 개의 오브젝트가 선택된 상태에서 하나의 오브젝트만 선택을 해제합니다. Shift 를 누른 상태에서 해제하고자 하는 오브젝트를 드래그하거나 클릭합니다. 중간에 3번 오브젝트만 선택이 해제됩니다.

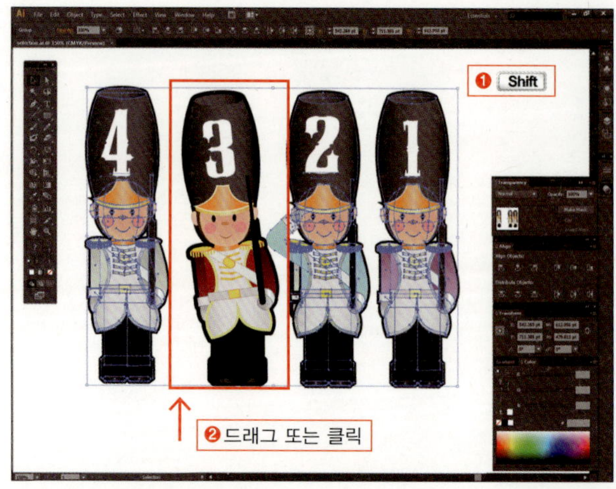

[Select]–[Inverse] 메뉴를 이용하여 오브젝트 선택 범위를 반전해보겠습니다.

01. 3번 오브젝트가 선택된 상태에서 4번과 2번, 1번 오브젝트를 선택하기 위해서 [Select]–[Inverse] 메뉴를 클릭합니다. 반대로 3번 오브젝트만을 선택하기 위해서 다시 한 번 [Select]–[Inverse] 메뉴를 클릭합니다.

TIP : [Select]–[Inverse] 메뉴를 클릭하면 선택과 비선택이 반전됩니다.

02. 선택된 오브젝트는 상하, 좌우, 어느 방향이든 드래그하여 이동할 수 있습니다. 오브젝트를 선택한 후 Shift 를 누른 상태에서 수평 수직으로 이동하면 정확하게 이동할 수 있습니다.

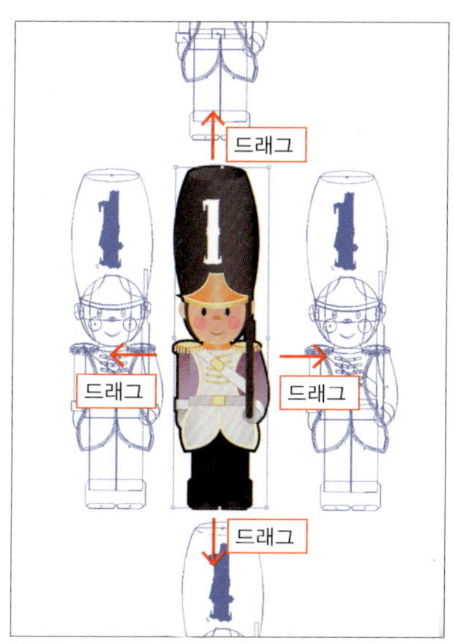

TIP : 아무런 키도 누르지 않은 상태로 이동하면 어디든 이동도 가능하며 Alt 를 누르고 이동하면 복제됩니다.

03. 똑같은 형태의 오브젝트를 복제하기 위해서는 오브젝트를 선택하고 Ctrl + C 를 누른 후, Ctrl + V 를 누릅니다. 정확히 원하는 곳으로 이동하여 복제하려면 오브젝트를 선택하고 드래그(Alt + 드래그)합니다.

04. 이제 복제된 오브젝트가 선택된 상태로 Ctrl + D 를 눌러주면 누르는 대로 똑같은 간격으로 복제됩니다.

TIP : 오브젝트를 이동 복제한 후에 복제한 만큼의 거리와 위치만큼 계속 진행하며 복제하기 위해서는 Ctrl + D 를 누릅니다.

05. 이제 복제된 오브젝트를 삭제합니다. 선택된 상태에서 Delete 를 누르면 삭제되고 실행한 작업을 다시 돌리려면 Ctrl + Z 를 누릅니다. 횟수는 지정된 수만큼 가능합니다. 마우스의 오른쪽 버튼을 클릭하면 나타나는 메뉴에서 [Undo Move] 메뉴를 누르면 전 단계로 돌아갑니다.

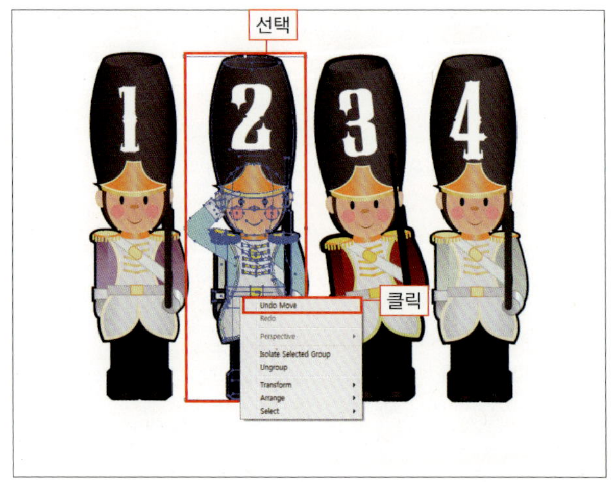

패스나 오브젝트 등 모든 작업물을 하나의 오브젝트처럼 묶어 이동하고 변형하고 컬러를 적용해보겠습니다.

01. 그룹으로 묶을 오브젝트를 선택하고 [Object]–[Group](Ctrl + G) 메뉴를 선택합니다.

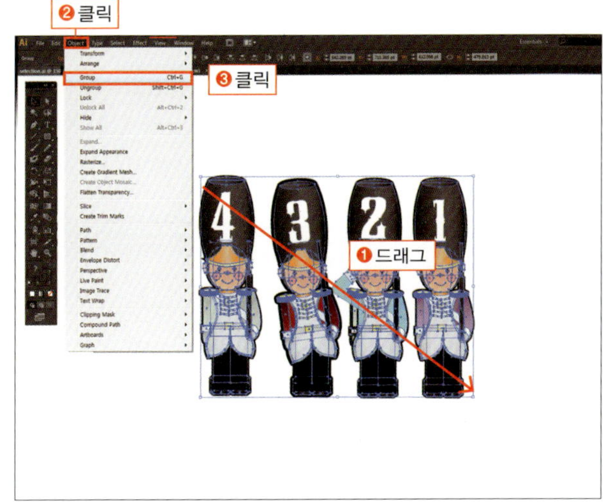

02. 이제 어떤 오브젝트를 선택해도 전체가 선택되고, 이동해도 같이 이동됩니다. 컬러와 모든 속성도 함께 적용됩니다.

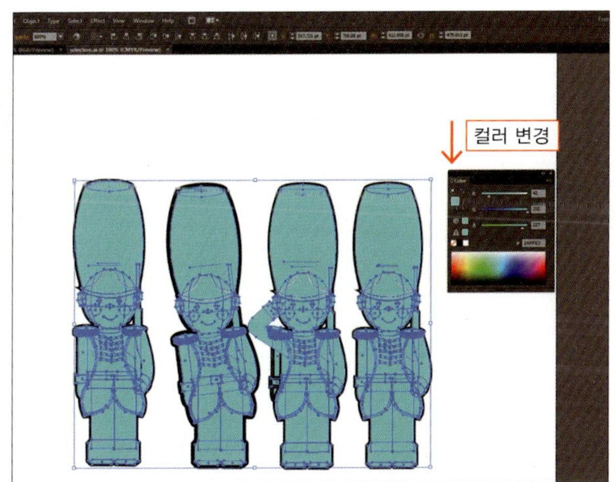

03. 이제 그룹을 해제해보겠습니다. 오브젝트가 선택된 상태에서 [Object]–[Ungroup](Shift + Ctrl + G) 메뉴를 선택합니다. 각각의 오브젝트로 따로 이동되고 속성도 다르게 적용됩니다.

직접 선택 툴과 선택 툴, 프리 선택 툴

■ 직접 선택 툴과 선택 툴의 차이 알아보기

좌측에 꽉 채운 검은 커서 모양을 선택 툴( )이라 하고 옆의 하얀색으로 채워진 커서 모양을 작은 단위를 쪼개서 직접 선택한다하여 직접 선택 툴( )이라고 합니다.

다음은 직접 선택 툴( )안에 숨겨진 메뉴를 알아봅니다. 좌측의 선택 툴( )은 숨겨진 메뉴가 없습니다. 하지만 오른쪽의 직접 선택 툴( )에는 메뉴를 클릭하고 그 상태를 유지하고 있으면 숨겨진 메뉴가 나타납니다. 직접 선택 툴( )과는 다른 전체 선택 툴( )이 나타납니다.

[Tool] 패널에서 우측 상단에 플러스가 붙어있는 메뉴는 오브젝트의 선택과 이동과 관련있는 메뉴로 전체 선택 툴( )이라고 하는데 선택 툴( )과의 차이를 알아보면 그림의 상태와 같이 세 개의 각각 다른 네모 오브젝트가 있을 때 왼쪽의 직접 선택 툴( )로 오브젝트를 드래그하여 선택합니다.

일러스트레이터 CC 버전에서는 그룹 선택 툴(■)을 선택하고 오브젝트를 드래그하여 선택하면 CS 버전과 같지만 직접 선택 툴(■)을 선택하면 오브젝트에 코너를 조절할 수 있는 코너조절 포인트가 나타납니다.

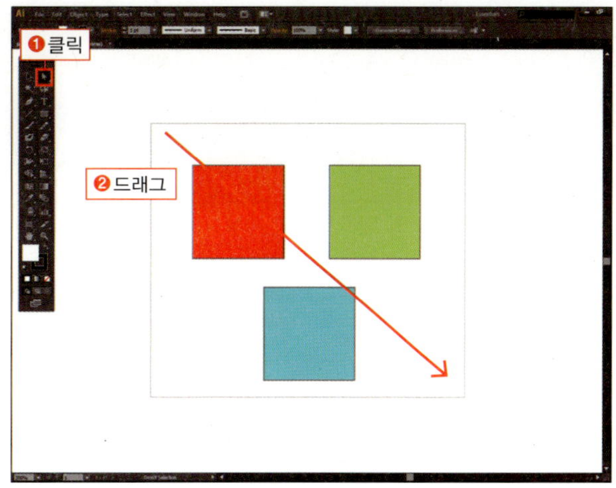

그러면 세 개의 오브젝트가 동시에 선택됩니다. 선택의 유무는 바운딩박스(Bounding Box)라는 별색의 컬러로 얇은 선에 박스가 생깁니다. 이 박스를 바운딩 박스라고 하는데 오브젝트의 변형이나 이동에 매우 중요한 기준 라인이 됩니다. 가끔 이 박스가 사라지기도 하는데 [View] 메뉴에서 그림과 같이 'Hide Bounding Box'가 보이면 활성화 상태라는 의미입니다. 반대로 이 메뉴를 클릭하면 'Show Bounding Box'로 변합니다.

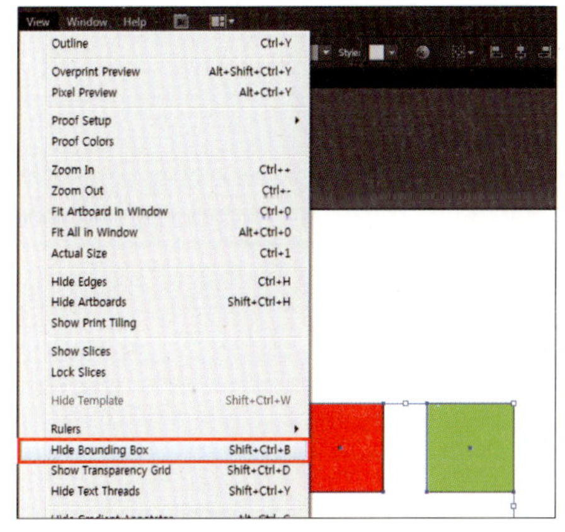
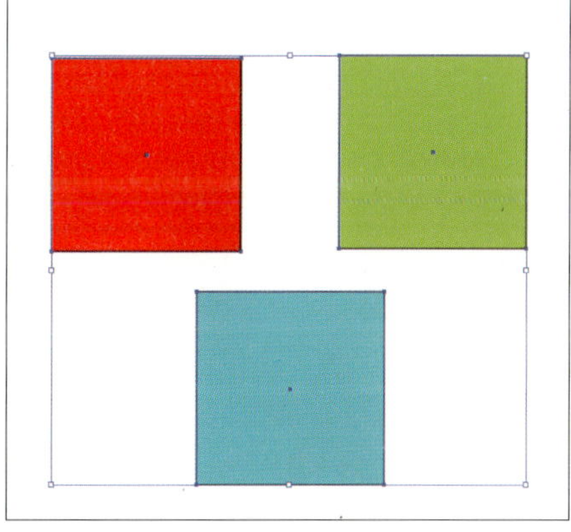

TIP : 바운딩박스(Bounding Box)는 오브젝트를 회전, 크기 조절, 반전시킬 때 매우 중요하게 사용됩니다.

마술봉 툴(　)과 라소 툴, 올가미 툴(　)로 간단히 선택해보겠습니다. 이번에는 밑의 별모양의 봉을 그려 놓은 것 같은 툴이 보입니다. 마술봉 툴(　)이라고 하는데 같은 컬러를 가진 오브젝트를 한 번 클릭하여 모두 선택합니다. 복잡한 그림을 그릴 때, 한 가지 컬러를 한 번에 간단히 선택하려 할 때 매우 유용합니다. 같은 속성이라고 하는데 모양은 적용되지 않습니다.

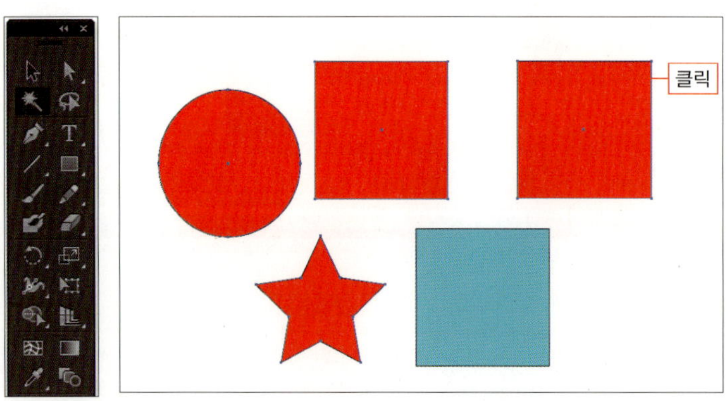

다음은 올가미 툴(　)입니다. 'lasso'는 올가미라는 뜻으로 마우스나 타블릿으로 드래그하여 자유롭게 선택할 수 있는 툴입니다. 복잡한 오브젝트의 조합인 경우 유용합니다. 많은 오브젝트를 드래그하여 선택하고 올가미 모양으로 감싸면 그 안에 들어가는 모든 기준점(Anchor Point)들이 선택됩니다.

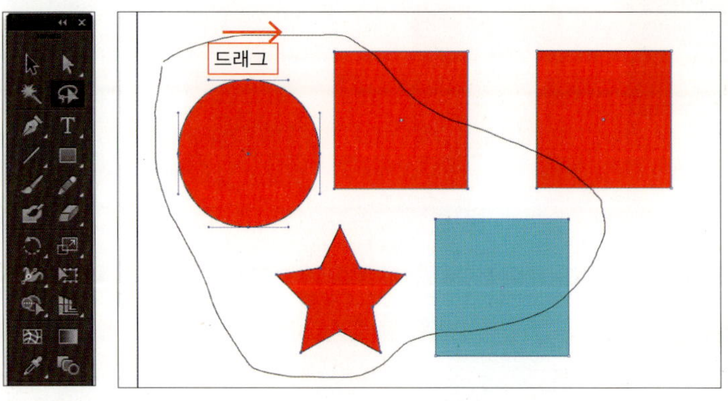

TIP : 앵커 포인트(Anchor Point)들이 선택되면 동그란 앵커 포인트 원 안이 검은색으로 채워진 형태로 변경됩니다.

일러스트레이터 작업 준비하기

새로운 도큐먼트를 설정하고 파일을 불러오거나 열어 다양한 형식으로 저장하는 방법을 알아봅니다.

기초탄탄 ▶ [New Document] 대화상자 이해하기와 웹용 이미지 저장하기 옵션 알기

새로운 도큐먼트를 만들 대화상자를 열어 웹용 픽셀 이미지의 저장 옵션 대화상자를 살펴봅니다.

■ [New Document] 대화상자 `95p`

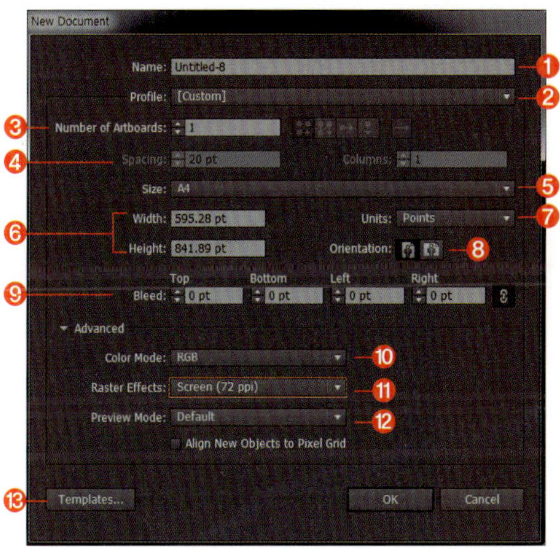

❶ Name : 새 창의 이름을 정합니다.

❷ Profile : 저장된 프로 파일을 선택합니다.

❸ Number of Artboards : 아트보드가 다수일 때 개수와 순서를 정해줍니다.

❹ Spacing : 아트보드와 아트보드 간에 간격을 설정합니다.

❺ Size : 아트보드의 사이즈 규격을 정합니다.

❻ Width & Height : 새로운 아트보드 규격을 설정합니다.

❼ Units : 크기 단위를 설정합니다.

❽ Orientation : 세로와 가로를 지정합니다.

❾ Bleed : 아트보드 바깥쪽 여분의 크기를 정합니다.

❿ Color Mode : 컬러 모드를 지정합니다.

⓫ Raster Effects : 해상도 값을 정합니다.

⓬ Preview Mode : 미리보기 모드로 프린트 시에 상태를 보거나 픽셀 형식에 이미지로 나타날 때를 미리 알아봅니다.

⓭ Templates : 템플릿을 가져옵니다.

■ 웹용 이미지 저장하기 옵션 대화상자 `99p`

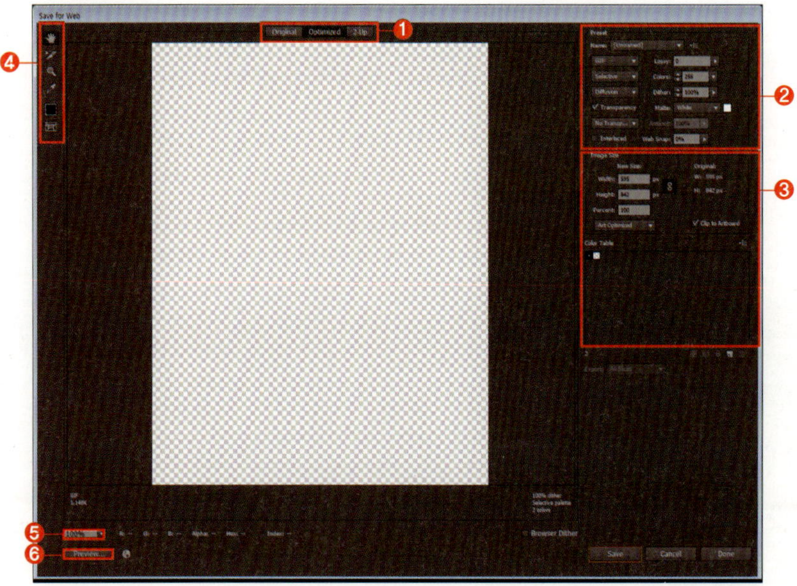

❶ 원본 비교 탭 : 원본과 변경 그리고 두 개의 이미지를 동시에 보고 확인할 수 있게 해줍니다.

❷ Preset : 저장 방식과 품질, 메트의 컬러, 블러 정도를 지정해줍니다.

❸ Image Size : 이미지에 사이즈를 정하고 조절하거나 아트보드를 보여주거나 감춰줍니다.

❹ Tool Bar : 핸드 툴이나 슬라이스 툴, 스포이트, 컬러픽커 등의 툴들이 있습니다.

❺ 화면상에 이미지 크기를 조절합니다.

❻ 인터넷상에서 보여지는 화면을 미리보기 해줍니다.

[New Document] 대화상자에서 원하는 정보를 정확하게 설정하는 것이 중요합니다. 가장 기본적인 문서를 만들고 저장하는 방법을 알아봅니다.

01. [File]–[New](**Ctrl** + **N**) 메뉴를 선택한 후 [New Document] 대화상자에서 [Number of Artboards]에 '1'이라고 이름을 지정하고 [Color Mode]를 'RGB'로, [Size]를 'A4'로, [Raster Effects]를 'Screen(72ppi)'로 지정한 후 [OK] 단추를 클릭합니다.

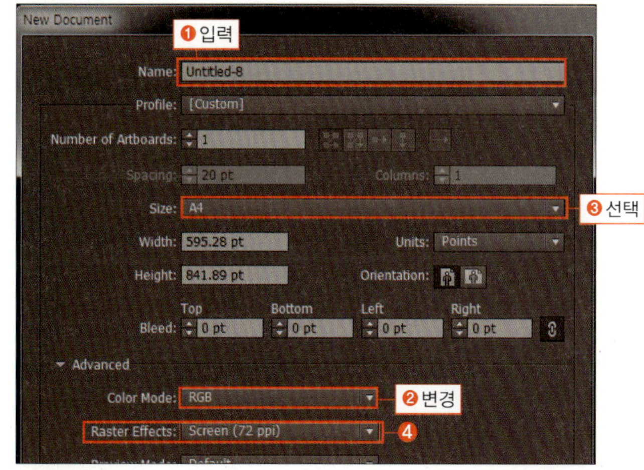

02. 새로운 아트보드를 가진 도큐먼트가 생성됩니다. [File]–[Save](**Ctrl** + **S**) 메뉴를 선택하여 저장합니다. 또는 [SAVE AS] 항목으로 이름을 변경하여 저장합니다.

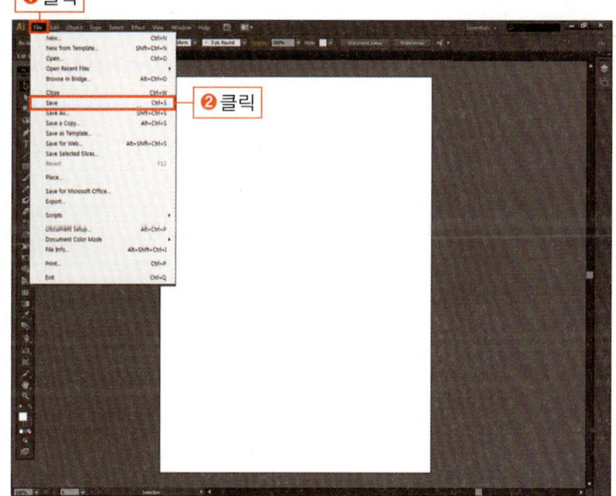

TIP : Save와 Save As, Save A Copy 항목이 있는데, 새로운 작업 문서라면 어떤 저장 방법도 상관없지만 작업 중이던 파일을 가져온 경우, 원본을 보존하고자 할 때는 Save As(다른 이름으로 저장하기)를 선택합니다. 지금의 파일에 복사본을 저장할 때는 Save A Copy를 이용합니다.

03. [Save As] 대화상자가 나타나면 파일 이름을 입력하고 파일 형식을 'Adobe illustator(*.Ai)' 형식으로 선택한 후 [저장] 단추를 클릭합니다.

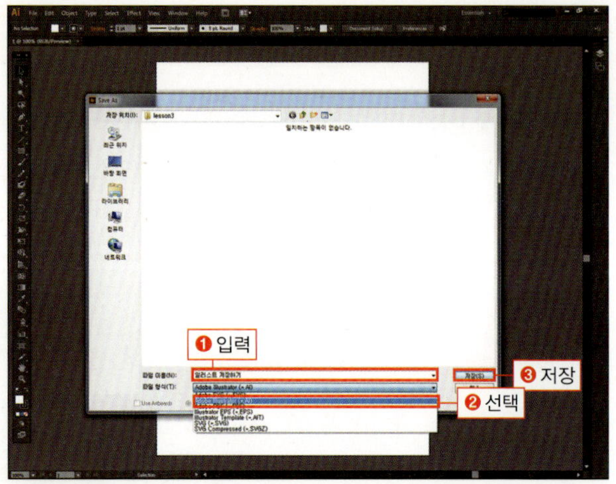

04. [Illustrator Options] 대화상자가 나타나면 [Version]에서 'Illustrator CS6'를 선택한 후 [OK] 단추를 클릭합니다.

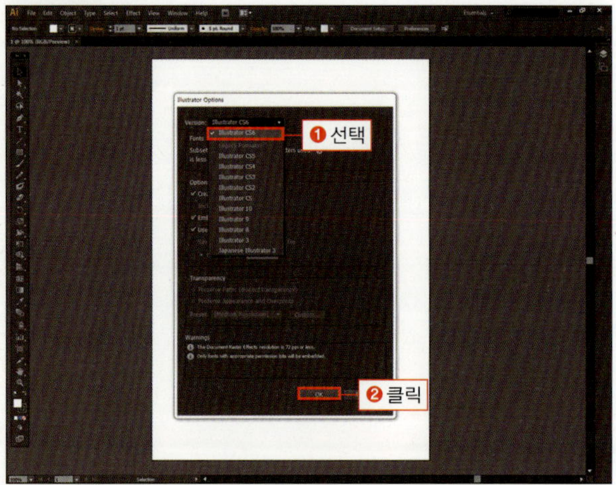

TIP : 높은 버전으로 저장한 경우 낮은 버전에서 열리지 않는 경우가 많습니다. 하위 버전으로 저장하는 것이 다른 작업자와 공유할 때 문제를 일으키지 않습니다. 대개 일러스트레이터 10 버전으로 주로 저장하고 공유합니다.

TIP : 저장할 때는 항상 저장하려는 도큐먼트에 이름을 확인하고 저장할 때 내가 저장해놓은 같은 이름의 도큐먼트를 보존하려면 새로운 이름으로 저장(Save as)를 이용하여 저장하여야 덮어쓰기가 적용되어 전에 작업한 같은 이름의 도큐먼트가 사라지지 않습니다.

일러스트레이터 파일을 열고 불러오는 방법과 저장 방식인 ai 외에 EPS로 저장하는 방법을 알아봅니다.

예제 파일 | DVD₩Part01₩쇼핑백.ai

01. [File]─[Open](**Ctrl** + **O**) 메뉴를 선택하여 '쇼핑백.ai' 파일을 불러옵니다. EPS 방식으로 저장하기 위해 [File]─[Save a Copy](**Alt** + **Ctrl** + **S**) 메뉴를 선택합니다.

02. [Save a Copy] 대화상자가 나타나면 저장 폴더를 정하고 형식을 'illustrator EPA(*.EPS)'로 선택한 후 [저장] 단추를 클릭합니다.

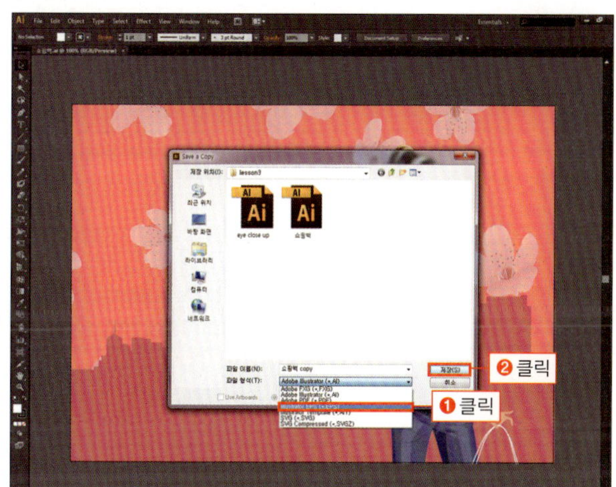

03. [illustrator Options] 대화상자가 나타나면 [Version]을 'illustrator CS6'로 선택한 후 [OK] 단추를 클릭합니다.

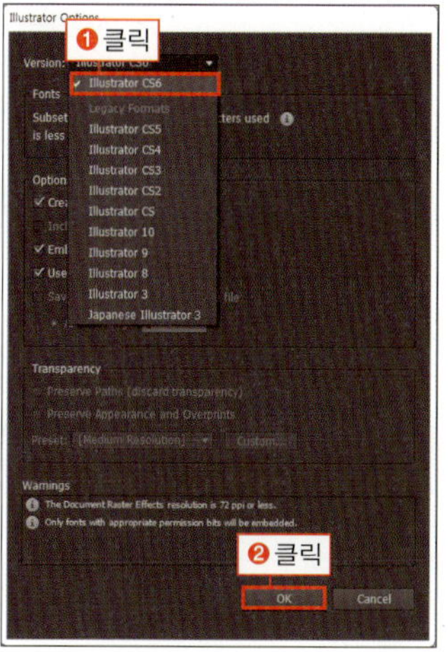

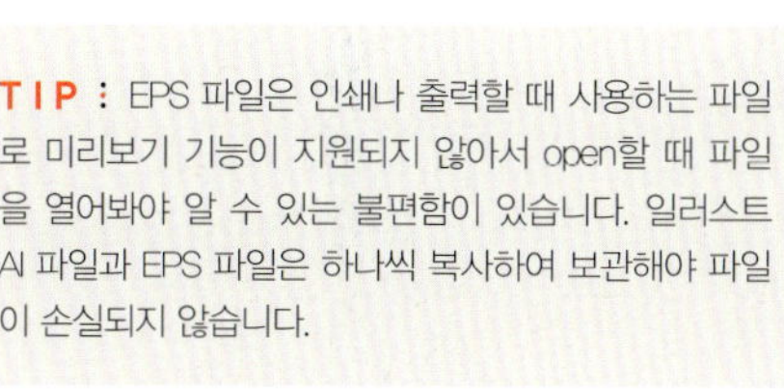

TIP : EPS 파일은 인쇄나 출력할 때 사용하는 파일로 미리보기 기능이 지원되지 않아서 open할 때 파일을 열어봐야 알 수 있는 불편함이 있습니다. 일러스트 AI 파일과 EPS 파일은 하나씩 복사하여 보관해야 파일이 손실되지 않습니다.

04. 앞에서와 같이 '쇼핑백.ai' 파일을 불러옵
니다. [File]−[Save a Copy] 메뉴를 선택하여 파
일 형식을 'illustrator PDF(*.PDF)'로 선택하고 저
장합니다. [Save Adobe PDF] 대화상자가 나타
나면 [Adobe PDF Preset]에서 'illustrator Default'
를 선택하고 [Standard]는 [None], [Compatibility]는
'Acrobat 6(PDF 1.5)'을 선택합니다.

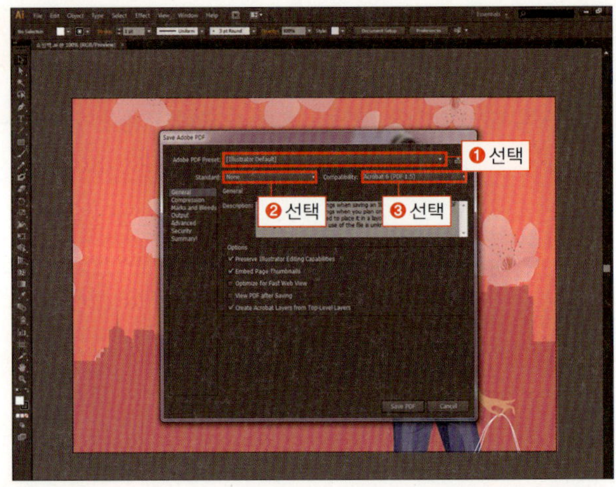

TIP : PDF 파일은 전자책이나 문서를 주로 작업할 경우에 편리합니다. PDF 방식으로 저장할 때는 저장 옵션 대화상자의 과정이 하나 더
나옵니다. 여기에서 인쇄 품질을 선택하고 각종 인쇄 시에 재단선이나 색상 등과 관련된 설정 등을 선택합니다.

STEP 03 · 웹용 이미지로 저장하기

JPG, GIF 등 웹 상에서 사용하기 편한 이미지로 저장하는 방법을 알아봅니다.

예제 파일 | DVD₩Part01₩쇼핑백.ai

01. [File]–[Save for Web](`Alt` + `Ctrl` + `Shift` + `S`) 메뉴를 선택합니다. [Save for Web] 대화상자에서 오른쪽 [Preset] 항목의 'JPEG', 'Medium', [Quality]는 '58'로 지정합니다.

> **TIP** : 열린 이미지의 상태를 보면서 Preset 항목에서 원하는 형식과 퀄리티를 조절합니다.

02. 중앙 상단에서 '2-Up'을 클릭하면 비교 창이 열리면서 적용 전과 적용 후 내용이 동시에 나타납니다.

03. 화면이 맞지 않으면 왼쪽의 손바닥 툴을 클릭하고 드래그하여 메인 이미지 화면을 이동하여 중요한 화면을 찾아줍니다. 우측 하단의 [Preview]를 클릭합니다.

04. Preview 모드로 변하면서 웹 상에서 볼 수 있는 미리보기 화면이 나타납니다. 확인한 후 이상 없으면 화면을 닫아줍니다.

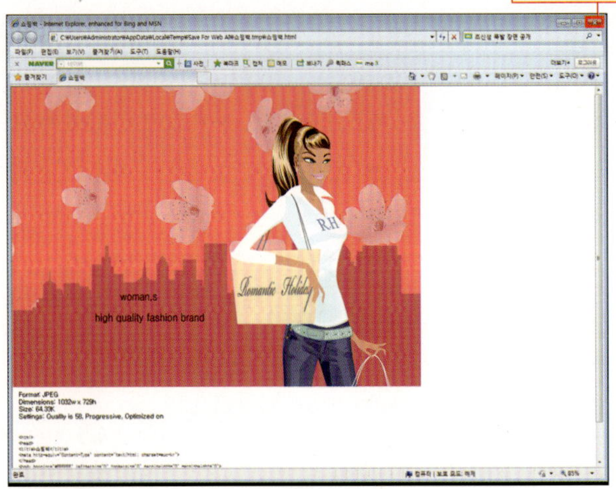

05. 화면 오른쪽 하단의 [Save] 단추를 클릭한 후 [Save Optimaized As] 대화상자에서 원하는 경로를 지정하고 저장합니다. 이렇게 저장된 이미지는 벡터 파일이 아닌 픽셀로 이루어진 이미지입니다.

TIP : 벡터 파일은 일러스트레이터에서 사용되는 이미지 데이터 저장 방식입니다.

TIP : JPG, GIF, PNG 등은 픽셀 이미지로 압축하여 매우 적은 용량으로 웹 상에서 쉽게 업로드되고, 빠르게 화면에 나타나므로 자주 사용되는 이미지 압축 표현 방식입니다.

04 일러스트레이터 아트보드 편집하기

레 벨 ● ○ ○

아트보드의 기능은 편집 프로그램과 같이 한 파일 안에 여러 개의 페이지를 한 번에 디자인할 수 있도록 해줍니다. 또한 생성된 아트보드도 자유롭게 늘이고 줄일 수 있어 편집 기능에 매우 중요한 부분입니다. 아트보드 대화상자를 알아보고 편집하는 과정을 알아봅니다.

기초탄탄 ▶ 아트보드 패널 알아보기

작업을 하기 위해서는 흔히 말하는 작업공간이 필요합니다. 일러스트레이터 CS6에서는 이 공간을 아트보드라고 말하며 이 공간 이외에 공간에 있는 오브젝트는 적용되지 않습니다.

■ 아트보드 패널 `103p`

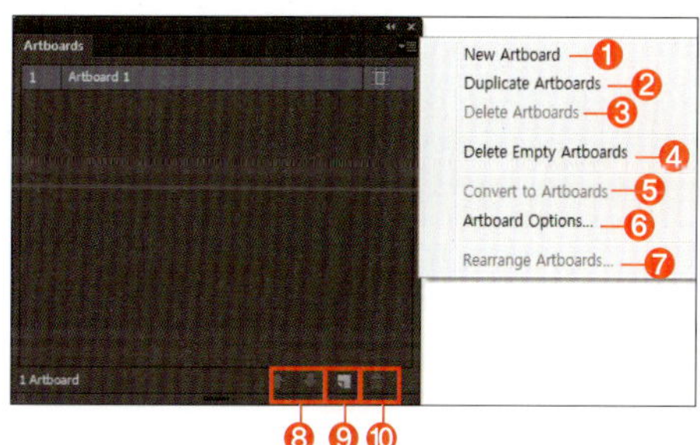

❶ New Artboard : 선택된 아트보드와 같은 아트보드를 생성합니다.

❷ Duplicate Artboard : 복사 시에 아트보드 안의 내용까지 함께 복사합니다.

❸ Delete Artboards : 선택된 아트보드를 사라지게 합니다.

❹ Delete Empty Artboards : 오브젝트 등에 작업물이 없는 아트보드를 삭제해줍니다.

❺ Convert to Artboards : 선택된 사각형의 오브젝트를 아트보드로 전환해줍니다.

❻ Artboard Option : 아트보드 대화상자를 열어 속성을 재설정합니다.

❼ Rearrange Art board : 아트보드에 배열 순서, 개수, 간격 등 전체 아트보드의 설정을 재설정합니다. 클릭하면 Rearrange Art board 대화상자가 나타납니다.

❽ 아트보드 선택을 상하로 이동합니다.

❾ 새로운 아트보드를 만듭니다.

❿ 아트보드를 삭제합니다.

■ 아트보드 옵션 대화상자 `105p`

툴을 더블클릭하거나 아트보드 컨트롤 패널상에서 아트보드 옵션 메뉴를 클릭하면 아트보드 옵션 대화
상자가 나타납니다. 아트보드 옵션 대화상자에 대해 알아봅니다.

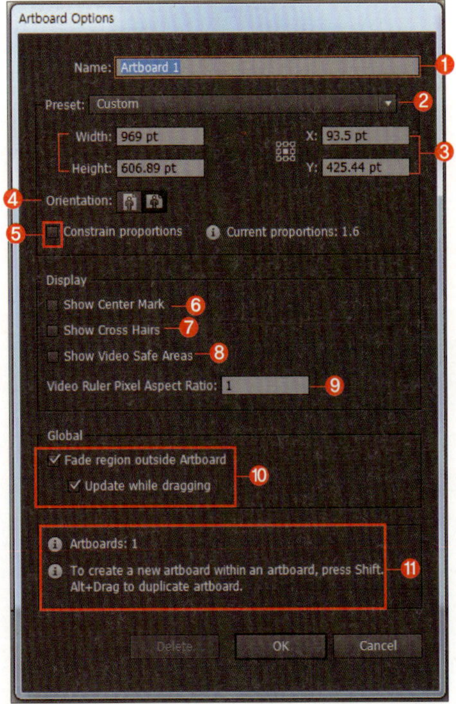

❶ Name : 이름을 정합니다.

❷ Preset : 사이즈에 규격을 정합니다.

❸ Width, Height, X, Y 규격은 사이즈와 좌표를 규정합니다.

❹ Orientation : 가로와 세로를 정합니다.

❺ Constrain Proportions : 드래그로 새로운 아트보드 생성 시에 비율을 강제로 정할 수 있게 합니다.

❻ Display – Show Center Mark : 가운데 센터를 표시합니다.

❼ Display – Show Cross Hairs : 십자 모양의 가이드라인을 만들어줍니다.

❽ Display – Video Safe Areas : 비디오나 애니메이션 작업 시 안전한 작업 공간을 표시해줍니다.

❾ Video Ruler Pixel Aspect Ratio : 비디오 픽셀 관리 비율을 지정합니다.

❿ Global : 외곽의 여백에 페이드를 줄지를 정합니다. 선택 유무에 따라 편집 모드에서 외곽의 컬러가 바
뀝니다.

⓫ 아트보드에 개수와 정보를 나타냅니다.

STEP 01 ● 아트보드 툴을 이용한 아트보드 편집하기

아트보드 툴(Artboard Tool)을 이용하여 간단한 방법으로 아트보드를 편집해 보겠습니다.

01. [File]-[New](**Ctrl**+**N**) 메뉴를 선택하여 [New Document] 대화상자가 나타나면 [Size]는 'A4'로 정하고 세로 방향으로 설정한 후 [OK] 단추를 클릭합니다.

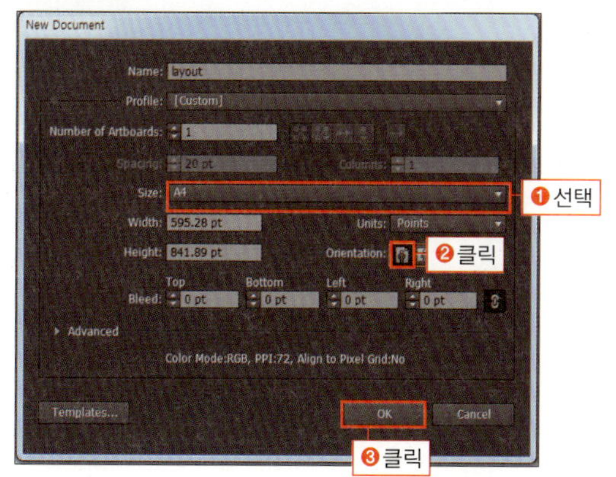

02. 새로운 도큐먼트와 아트보드(Artboard)가 생성되면 툴 바에서 아트보드 툴(■)을 선택합니다.

03. 그림과 같이 아트보드 편집 상태로 변경됩니다. 이 상태는 변경 편집이 가능한 상태가 되었음을 말합니다.

04. 이대로 라인이나 모서리 등에 커서를 올리면 이동 화살표가 나타나고 이때 클릭하고 드래그로 이동하면 아트보드는 사이즈가 드래그하는 대로 변경됩니다.

05. 아트보드 내의 면을 클릭하고 [Alt]를 누른 상태로 원하는 곳에 드래그하여 이동하면 똑같은 아트보드가 하나 더 복제되어 나타납니다. 이때 아트보드 내의 작업물은 똑같이 복제됩니다.

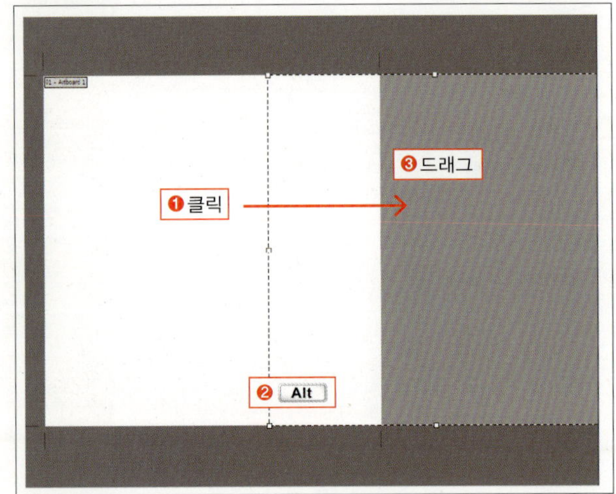

06. 아트보드 툴이 선택된 상태에서 [Shift]를 누르고 드래그하면 아트보드가 같은 수평 상태에서 이동합니다. 선택 상태에서 삭제를 원할 때는 [Delete]를 눌러 삭제할 수 있습니다.

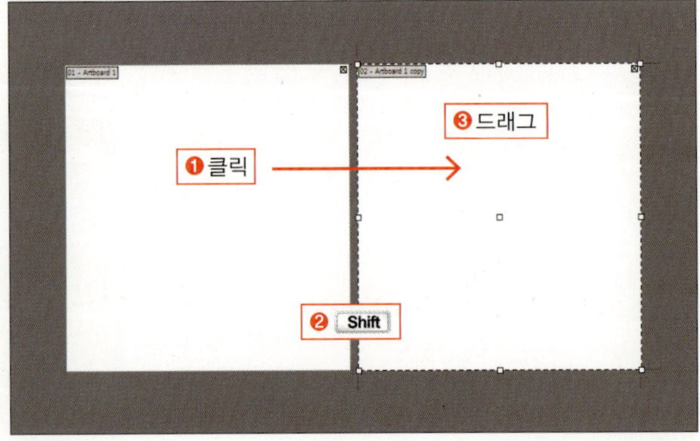

아트보드는 새로운 도큐먼트 대화상자를 통해서도 만들 수 있습니다. 새로운 다수의 아트보드를 만들고 편집하는 방법을 알아봅니다.

01. [File]–[New](**Ctrl**+**N**) 메뉴의 [New Document] 대화상자에서 [Number of Artboard]를 '3'으로 설정하고 앞에서 설명했듯이 우측에서 아트보드의 나열 순서를 정하고 [Spacing]에서 각 아트보드 간의 간격을 '20'으로 정한 후 [OK] 단추를 클릭합니다.

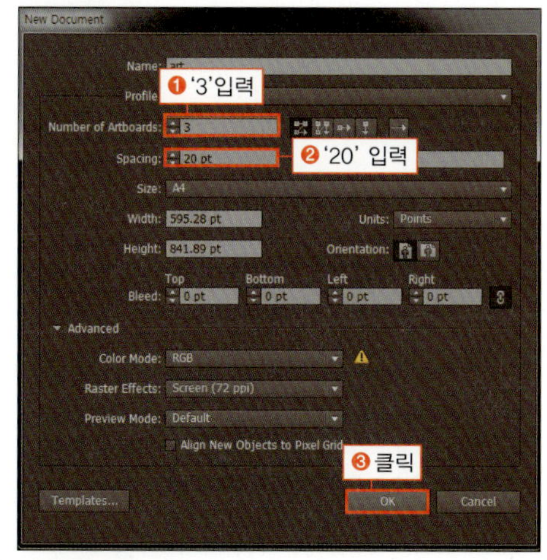

02. 설정한 대로 아트보드가 만들어집니다. 만들어진 아트보드를 편집하기 위해 툴 바에서 아트보드 툴(■)을 선택하면 아트보드가 편집모드로 들어갑니다.

03. 새로운 아트보드를 추가하기 위해 아트보드 콘트롤 바에서 [New Artboard]를 클릭합니다.

04. 화면을 클릭하면 투명한 점선의 아트보드가 커서를 따라 다닙니다. 이때 원하는 곳으로 이동하여 **Alt** 를 누른 상태로 클릭하면 새로운 같은 모양의 아트보드가 생성됩니다.

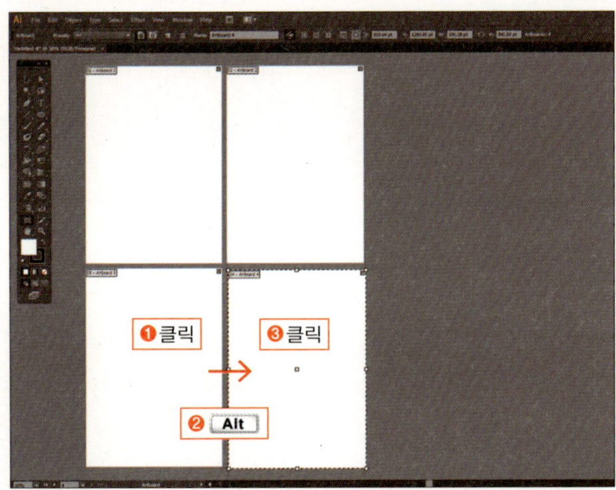

05. 아트보드가 선택한 상태에서 **Delete** 를 누르면 삭제됩니다. 원하는 상태가 되면 이제 편집 모드를 끝내기 위해 **Esc** 를 누르거나 툴 바에서 선택 툴을 클릭합니다.

06. 다시 편집 모드로 돌아가기 위해 아트보드 툴을 선택하고 이번에는 아트보드를 이동합니다. 이동하려는 아트보드를 선택하고 드래그로 이동합니다.

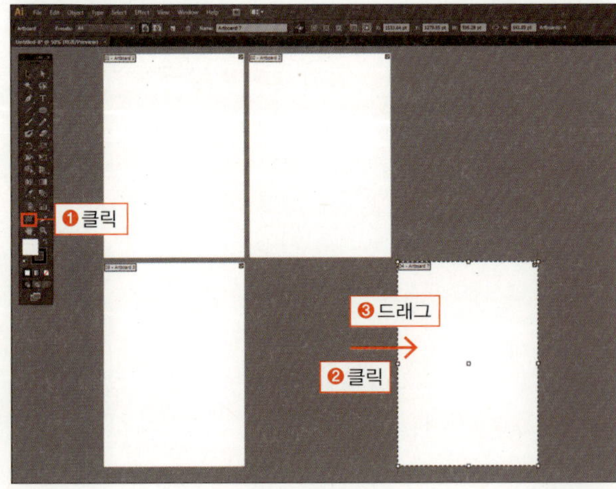

07. 아트보드의 사이즈 조절을 위해 아트보드 콘트롤 패널에서 [Preset] 항목을 조절하여 바꿔봅니다. 여기서는 '648*480'을 선택합니다.

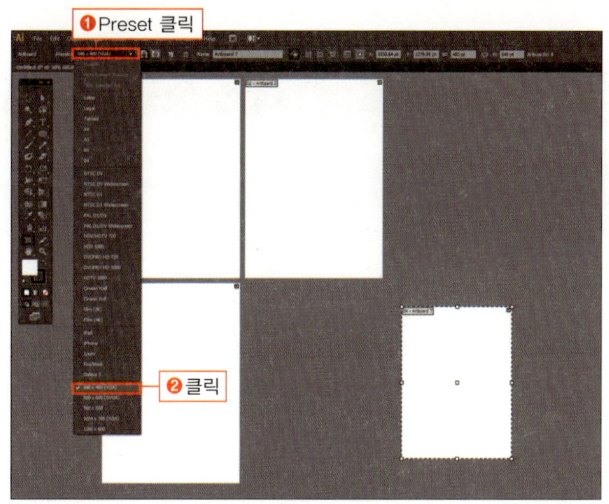

08. 아트보드를 아트보드 옵션 패널을 통해 정확한 수치를 입력하여 변경할 수도 있습니다. 아트보드 툴을 더블클릭하여 옵션을 열어주고 [Width]는 '520', [Height]는 '520'으로 입력한 후 [OK] 단추를 클릭합니다.

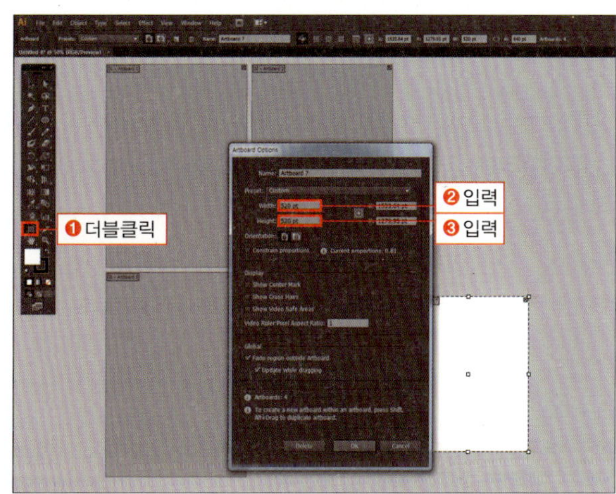

09. 원하는 레이아웃이 됐다면 Esc 를 눌러 편집 모드를 종료합니다.

사각도형 툴로 사이즈 지정하여 같은 크기의 아트보드 만들기

아트보드는 만화와 같은 작업을 할 때 매우 유용한데, 크고 작은 아트보드를 정확한 사이즈로 만들어야 할 때가 많습니다. 아트보드 옵션 대화상자를 열지 않고 작업 중 사각도형 툴(■)을 이용하여 다양한 크기의 작고 큰 아트보드를 만들고 복제하는 방법을 알아봅니다.

01. [New Document] 대화상자에서 [Profile]을 'Web'으로 선택하여 새로운 도큐먼트를 만듭니다. 사각도형 툴(■)로 바닥을 클릭하여 설정 대화상자를 열고 [Width]는 '515', [Height]는 '476'으로 설정하여 사각형을 만듭니다.

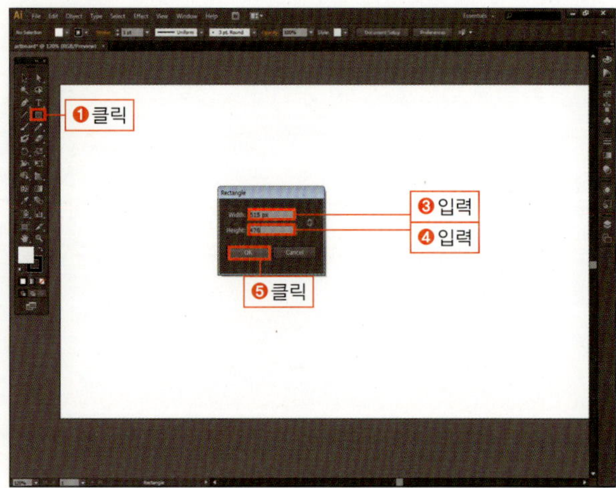

02. 사각형이 생성됩니다. 툴 패널에서 아트보드 툴을 선택하면 아트보드가 선택되고 그 상태로 사각형을 클릭하면 사각형과 같은 사이즈의 아트보드가 'Artboard 2'라는 이름으로 생성됩니다.

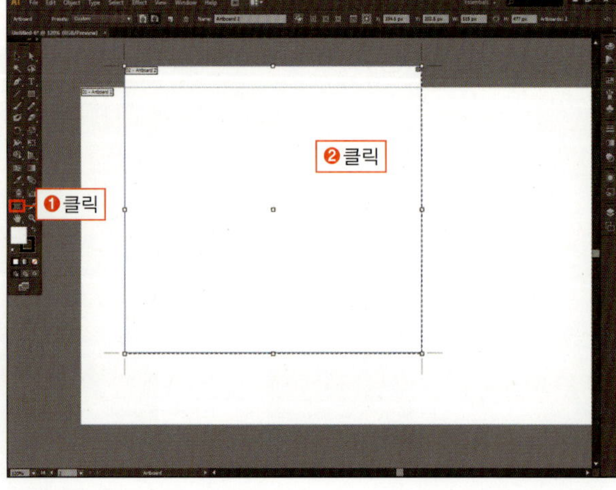

03. 사각형을 클릭하고 드래그하여 레이아웃을
만듭니다. 사각형을 클릭할 때마다 Artboard 1, 2,
3, 4로 같은 크기의 아트보드가 계속 생성됩니다.
모두 편집이 완료되면 편집 모드를 종료하고 사
각형을 선택하고 Delete 를 눌러 삭제합니다.

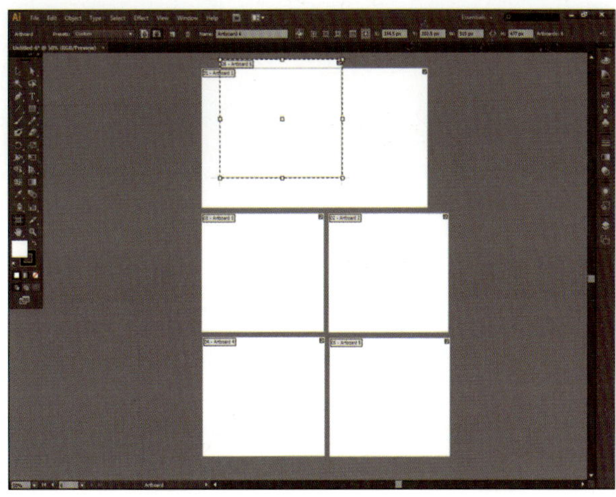

TIP : 이렇게 생성된 아트보드 내에서 원래 만들었던 사각형은 레이어로 남아 있어서 선택 툴로 선택하여 삭제합니다. 사각형을 이동하여 아트보드를 만들었지만 사각형이 아트보드가 된 것은 아니기 때문입니다.

■ 실무 예제들을 만들기 전에 초기 화면의 구성과 작업 환경의 구성에 대해 알아보고 각각의 메뉴들을 숙지합니다.

■ www.adobe.com 사이트에서 [downloads]를 클릭하여 illustrator를 다운받아 설치합니다. `56p`

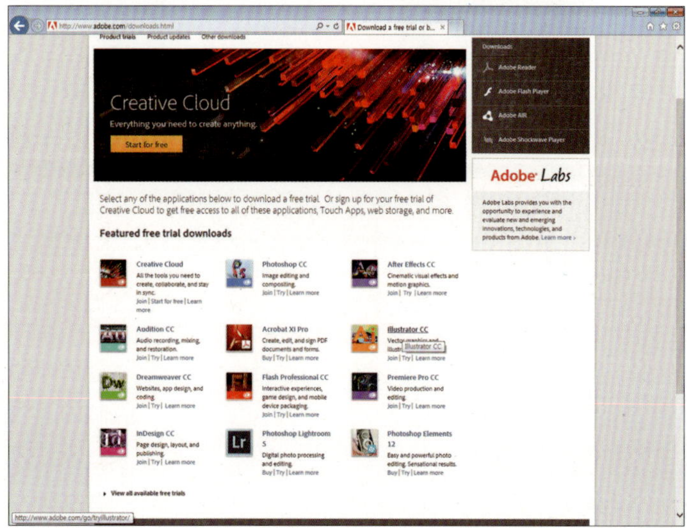

■ 다양한 모드의 작업환경과 자신에 맞는 작업 환경을 만들어 저장하여 사용합니다. `60p`

■ 다양한 툴들이 모여 있는 [Tool] 패널과 각종 패널을 숙지합니다.

■ 가장 기본이 되는 오브젝트를 이동, 변형, 복사, 삭제합니다. `86p`

■ 새로운 도큐먼트 창을 만들고 다양한 방식으로 저장합니다. `95p`

■ [File]-[New Document] 메뉴를 선택한 후 설정 대화상자의 옵션 설정을 알아보고 새로운 도큐먼트 대화상자를 만들어봅니다.

■ 아트보드를 원하는대로 만들고 이동하고 변형 삭제합니다. `103p`

01 아트보드 만들고 편집해보기

완성 파일 : DVD₩Selftest₩Part01₩ARTBOARD.ai   **동영상 파일** : DVD₩Selftest₩Part01₩p01self01.avi

HINT

세로 A4 사이즈에 높이 297mm, 가로 210mm의 새로운 도큐먼트 창을 만들고 아트보드 툴로 아트보드 컨트롤 패널을 이용하여 높이 142mm, 가로 210mm의 아트보드 두 개를 추가로 만들어봅니다

02 편집 기능을 이용한 간단한 로고 만들기

완성 파일 : DVD₩Selftest₩Part01₩APPLE.ai   **동영상 파일** : DVD₩Selftest₩Part01₩p01self02.avi

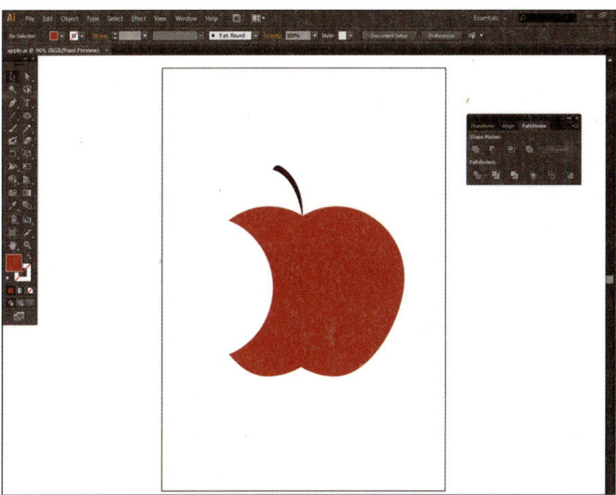

HINT

도형을 만들고 편집 기능을 통해 하나로 합칩니다. 직접 선택 툴( )로 크기를 늘이고 [Align]과 [Pathfinder] 기능을 이용하여 애플 컴퓨터 로고 같은 모양을 만듭니다.

02

오브젝트에
컬러 적용하기

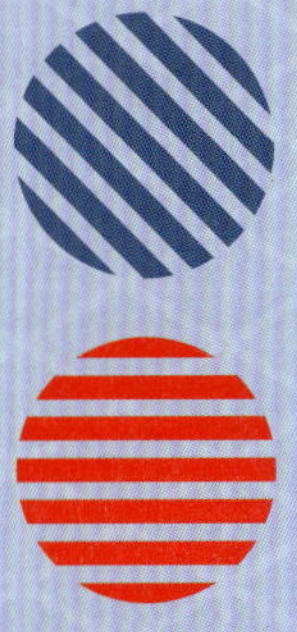

컬러 모드와 컬러 관련 패널을 알아보고 편집 툴
등을 이용하여 간단한 캐릭터를 만들고 컬러를
적용하는 방법을 알아봅니다.

[Color Picker] 대화상자와 블렌드 적용 방법 알아보기

[Color Picker] 대화상자의 세부 기능에 대해 알아보고 블렌드 툴(Blend Tool)의 각각의 설정 대화상자에 대해 알아보겠습니다.

기초탄탄) [Gradient] 패널과 블렌드 툴(Blend Tool) 알아보기

컬러 패널이 있다면 컬러를 순차적으로 다른 컬러로 변경하게 하는 Gradient가 있습니다. 그라데이션을 가능하게 하는 그라디언트 패널과 그와 비슷한 Blend 기능을 알아봅니다.

■ [Gradient] 패널 알아보기 `121p`

그라디언트(Gradient)는 색상이 순차적으로 변경되는 것을 말합니다. 두 가지 컬러를 지정하고 입력하면 두 색상 간에 변화되는 과정을 단계적으로 나타냅니다.

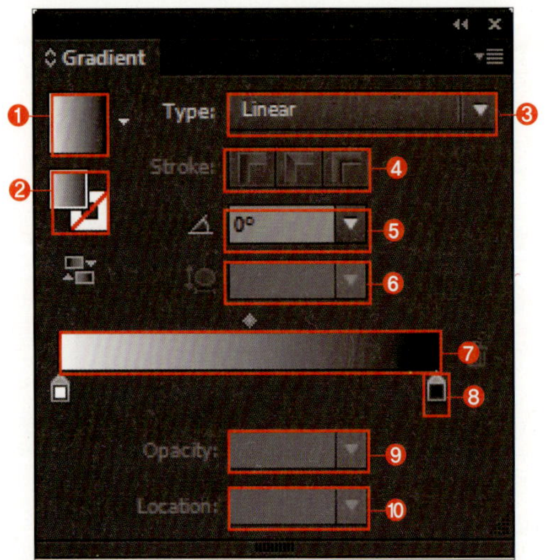

❶ Gradient : 설정된 그라디언트의 상태를 보여줍니다.

❷ Fill & Stroke : 면과 선에 컬러와 그라데이션의 적용 상태를 보여주고 선과 면을 선택해줍니다.

❸ Type : 그라데이션 스타일을 지정합니다.

❹ Stroke : 선에 그라디언트를 적용합니다. 세 가지 선택사항이 있습니다.
  • Apple Gradient Within Stroke : 기본 그라이언트가 적용됩니다.

- Apply Gradient Along Stroke : 선을 따라 그라디언트가 적용됩니다.
- Apply Gradient Across Stroke : 선의 형태대로 방사형 방향으로 그라디언트가 적용됩니다.

❺ Angle 면에 그라디언트를 적용할 때 각도를 정합니다.

❻ Aspect Ratio : Type을 Radial로 선택했을 때 그라디언트의 원 형태의 타원 정도를 결정합니다.

❼ 그라디언트 슬라이더 : 그라디언트에 색상과 범위를 지정합니다.

❽ 그라디언트 탭 : 색상과 이동으로 범위를 조절하고 추가와 삭제를 할 수 있습니다.

❾ Opacity : 투명도를 설정합니다.

❿ Location : 탭의 위치를 정확한 수치로 결정합니다.

■ 미세한 컬러를 지정하는 [Color Picker] 대화상자 알아보기

그라디언트 슬라이더를 더블클릭하거나 [Tool] 패널의 Fill & Stroke(▣) 화면을 더블클릭합니다.
[Color Picker] 대화상자에서 spot으로 색상과 색상 사이의 미세한 컬러까지 선택할 수 있습니다.

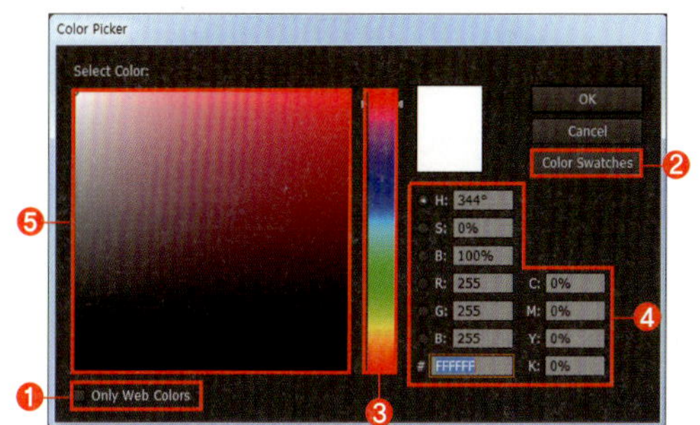

❶ Only Web Colors : 우측 아래의 Only Web Colors를 선택하면 웹용 색상환으로 바뀝니다.

❷ Color Swatches : 컬러 차트를 열어줍니다.

❸ Color Slider Bar : 슬라이드 방식으로 컬러 차트를 이동합니다.

❹ 색상 코드 값이나 각각의 수치를 입력하여 지정합니다.

❺ Select color : 스포이드 모양의 툴로 클릭하여 컬러를 지정합니다.

■ 블렌드 툴 알아보기

블렌드 툴은 두 개의 오브젝트에 각각 다른 컬러를 자연스럽게 연결해줍니다. 단계를 줄이거나 늘릴 수 있기 때문에 다양한 디자인 작업에 적용할 수 있습니다.

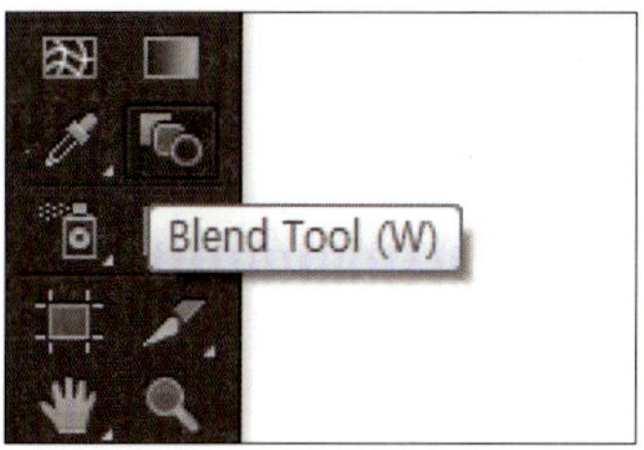

[Tool] 패널에서 블렌드 툴(Blend Tool)을 더블클릭하면 대화상자가 나타납니다. 대화상자의 각각의 항목에 대해 알아봅니다.

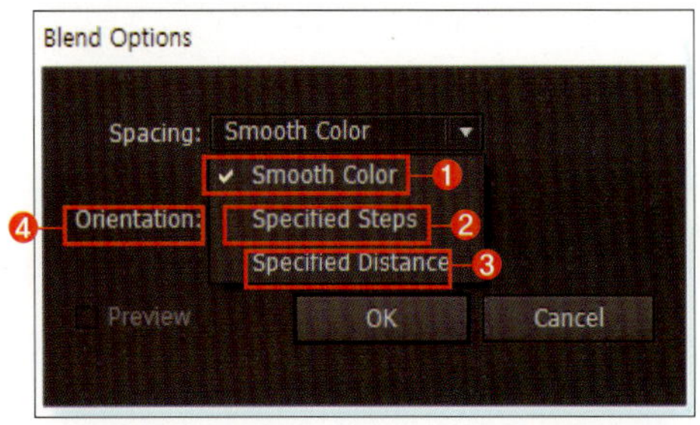

❶ Spacing-Smooth Color : Spacing-Smooth Color를 선택하면 색상이 다른 오브젝트 간에 색상 단계가 다른 것이 거의 느껴지지 않도록 부드러운 단계로 만들어줍니다.

❷ Spacing-Specified Steps : Spacing-Specified Steps를 선택하면 오브젝트 간에 두 색상의 단계가 지정해주는대로 진행되고 우측의 진행 단계를 지정할 수 있는 입력 대화상자가 나타납니다.

❸ Spacing-Specified Distance : Spacing-Specified Distance를 선택하면 오브젝트 간의 컬러 단계에서 지정해주는 거리만큼 진행되고 우측의 진행 거리를 지정할 수 있는 입력창이 나타납니다.

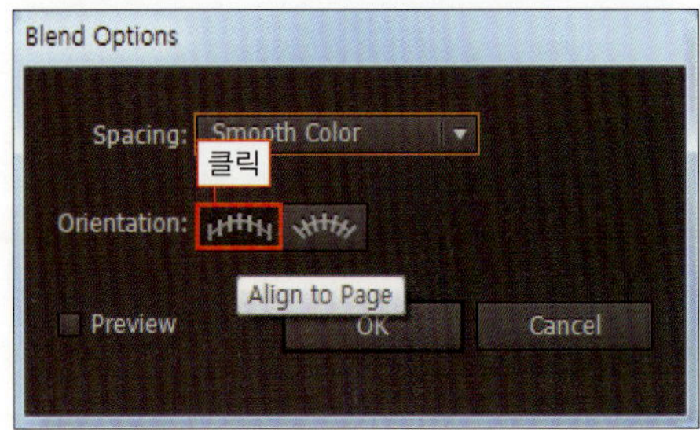

❹ Orientation : 방위는 'Align to Page'일 때 페이지를 따라 그라데이션 결들이 나열되고 'Align to Path' 일 때 패스를 따라 그라데이션 결들이 나열됩니다.

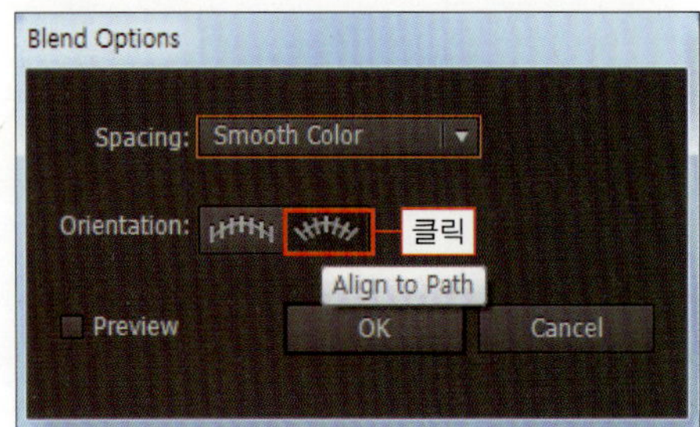

블렌드 툴을 이용하여 옵션을 설정하고 컬러 블렌딩하는 과정을 알아봅니다.

예제 파일 I DVD₩Part02₩unicorn.ai   **완성 파일** I DVD₩Part02₩blendunicorn.ai

01. [File]-[Open](Ctrl + O) 메뉴를 선택하여 'unicorn.ai' 파일을 불러옵니다. 열린 파일의 오브젝트를 선택하고 [Edit]-[Copy](Ctrl + C) 메뉴를 선택한 후 도큐먼트 창을 닫습니다.

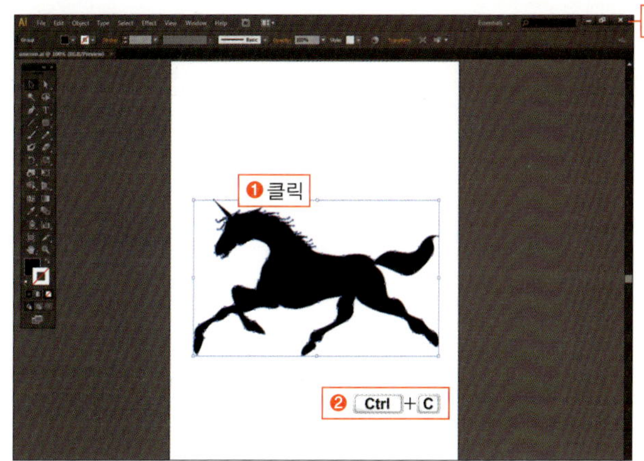

02. A4 사이즈로 가로가 긴 도큐먼트창을 만들어 놓은 창을 클릭하고 [Edit]-[Paste](Ctrl + V) 메뉴를 선택하여 오브젝트를 붙입니다.

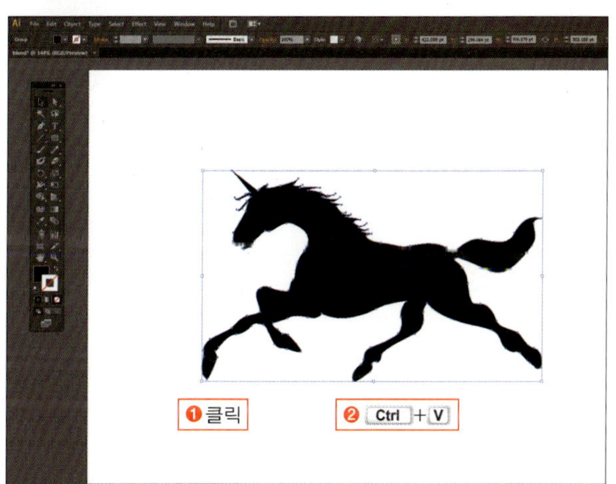

03. 줄이기 전에 [Window]-[Transform](Shift + F8) 메뉴를 선택한 후 [Transform] 패널에서 [W]는 '506.579', [H]는 '303.188'로 설정되어 있는지 확인합니다.

TIP : [Transform]-[Scale] 메뉴를 클릭한 후 [Scale] 대화상자에서 설정값을 입력하여 조절합니다.

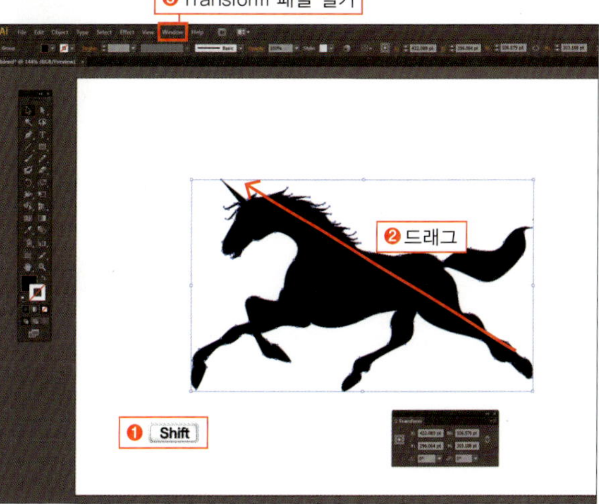

04. [Transform] 패널에서 보면 [W]는 '163.523', [H]는 '97.869'입니다. 패널 상에 수치를 입력하여 줄일 수도 있습니다.

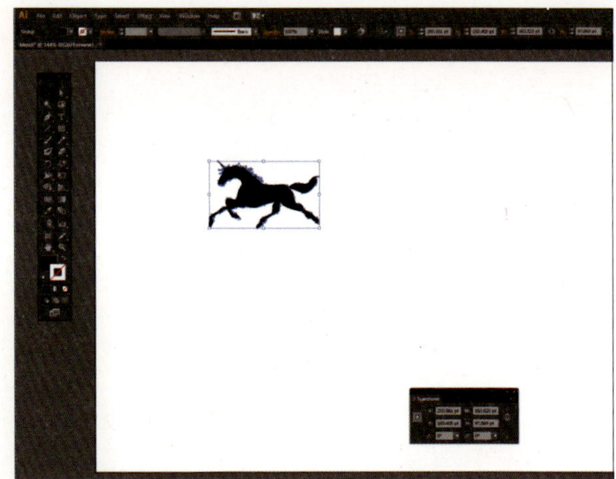

05. 이제 드래그로 우측으로 옮깁니다.

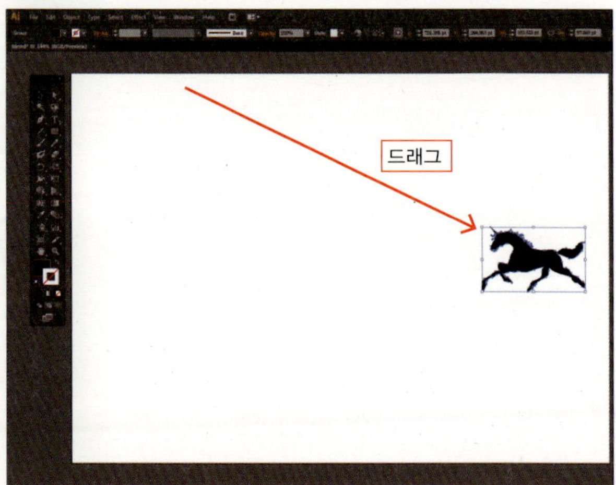

06. [Window]-[Color] 패널을 열어주고 말 오브젝트가 선택된 채로 [Color] 패널에서 R : 113, G : 66, B : 0으로 입력하여 말 오브젝트의 컬러를 변경합니다.

07. 오브젝트를 선택한 상태에서 [Object]–[Transform]–[Move] 메뉴를 선택한 후 [Move] 대화상자에서 [Horizontal]은 '600', [Vertical]은 '0'으로 설정한 후 [Angle]은 180°로 [Copy] 단추를 클릭합니다.

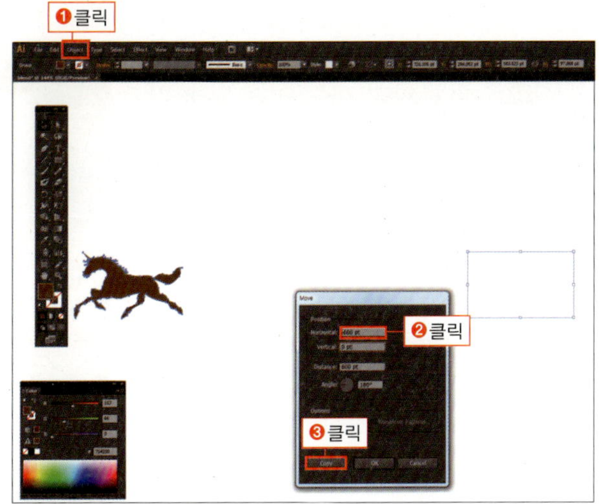

08. 카피된 오브젝트를 선택합니다. [Color] 패널에서 원하는 컬러를 클릭하여 추출하거나 'R : 177, G : 72, B : 0'을 입력하여 컬러를 변경합니다.

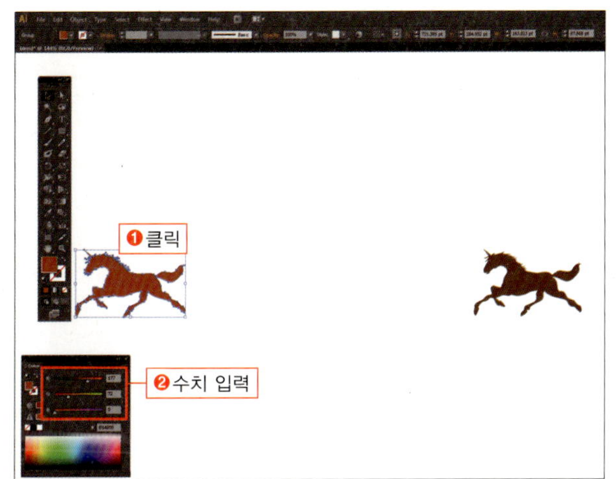

09. 카피된 오브젝트가 선택된 상태에서 [Object]–[Transform]–[Scale] 메뉴를 선택합니다. [Scale] 대화상자에서 [Uniform]을 '140%'로 설정한 후 [OK] 단추를 클릭합니다. 오브젝트가 커집니다.

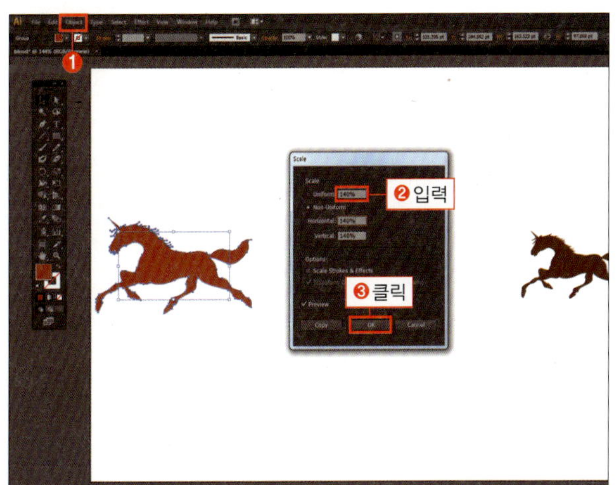

10. 두 마리의 말을 드래그하여 선택하고 블렌드 툴(　)을 더블클릭합니다. [Blend] 대화상자에서 오른쪽 화살표(Spacing menu)를 클릭하여 [Spacing]–[Specified Steps]를 '8', 다시 오른쪽 화살표를 클릭하여 [Specified Distance]는 '4'로 입력한 후 'Smooth Color'된 상태로 하고 [OK] 단추를 클릭합니다.

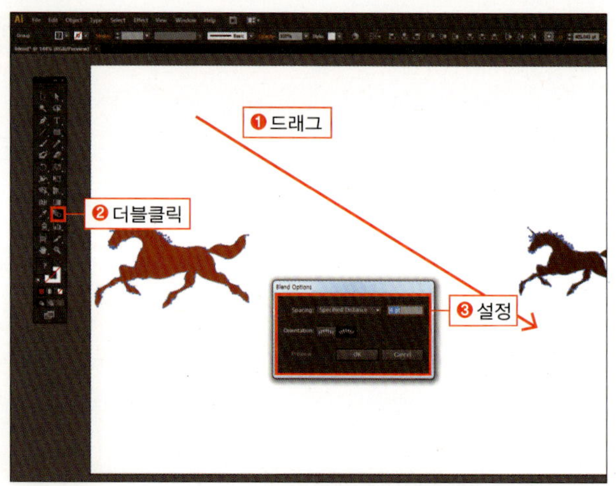

11. 블렌드 툴로 각각의 차례로 오브젝트를 클릭하면 단계적으로 커지면서 달리는 형태의 말들이 나타납니다.

TIP : [Blend Option] 대화상자에서 Spacing 항목은 3가지로 Smooth Color, Specified Steps, Specified Distance입니다. 각각의 항목에 맞게 Spacing 하나의 항목이지만 수치를 따로 따로 정해주어야 원하는 결과를 얻을 수 있습니다.

[Gradient] 패널을 이용하여 간단한 그라데이션이 적용된 오브젝트를 만들어봅니다.

완성 파일 I DVD₩Part02₩EGG.ai

01. [File]-[New](Ctrl + N) 메뉴를 선택하여 A4 사이즈의 새로운 창을 만듭니다. 원형 툴(●) 을 클릭하여 [Ellipse] 대화상자에서 [Width]는 '180', [Height]는 '250'을 설정한 후 [OK] 단추를 클릭합니다.

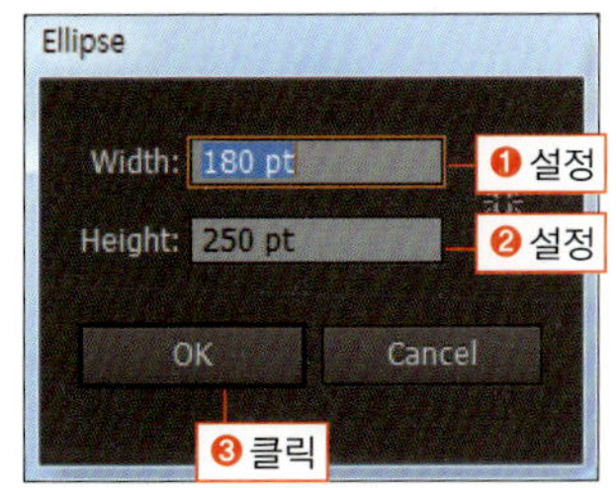

02. 타원을 만든 후 [Window]-[Gradient](Ctrl + F9) 메뉴를 선택하여 [Gradient] 패널을 엽니다. [Window]-[Color] 메뉴를 선택하여 [Color] 패널을 엽니다.

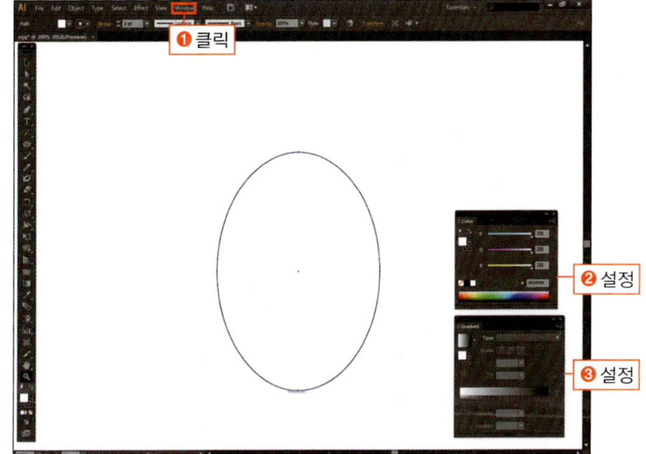

03. 오브젝트를 선택한 상태에서 [Color] 패널에서 'R : 255, G : 183, B : 69'로 설정합니다. 라인은 'None'을 클릭하여 제거합니다.

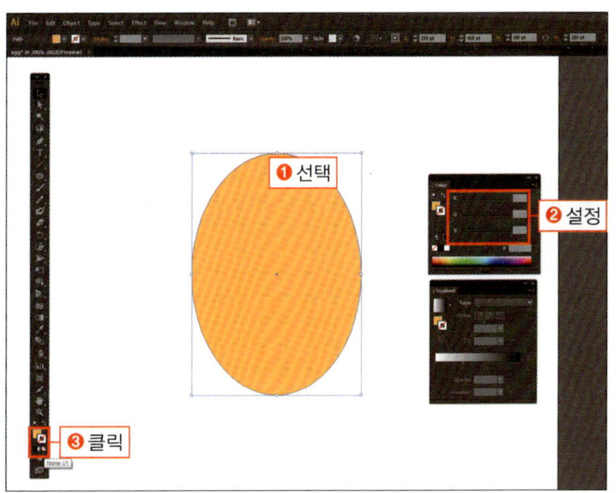

121

04. [Color] 패널의 [Fill] 컬러창을 클릭 & 드래그
하면 새로운 그레이디언트 탭이 추가됩니다. 그레
이디언트 탭을 왼쪽으로 이동합니다.

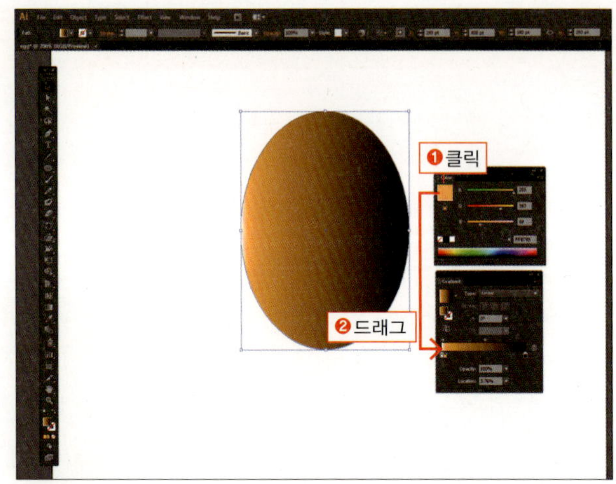

05. 가장 왼쪽의 탭을 클릭하여 드래그로 외부
로 옮겨 삭제하고 추가한 노란 탭을 맨 왼쪽으로
옮깁니다.

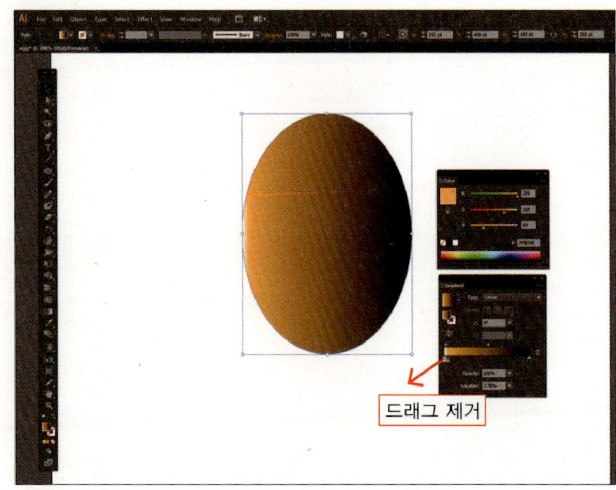

06. [Gradient] 패널의 [Type]을 [Radial]로 전환합
니다.

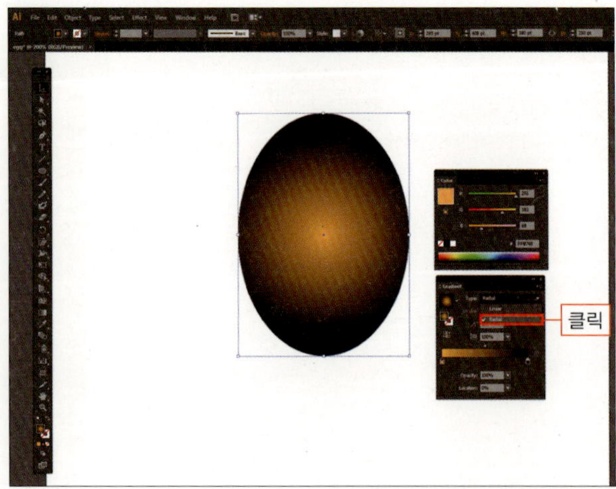

07. [Color] 패널의 Fill 컬러를 드래그하여 [Gradient] 패널의 우측 탭에 위로 옮겨 좌우 컬러를 같게 합니다.

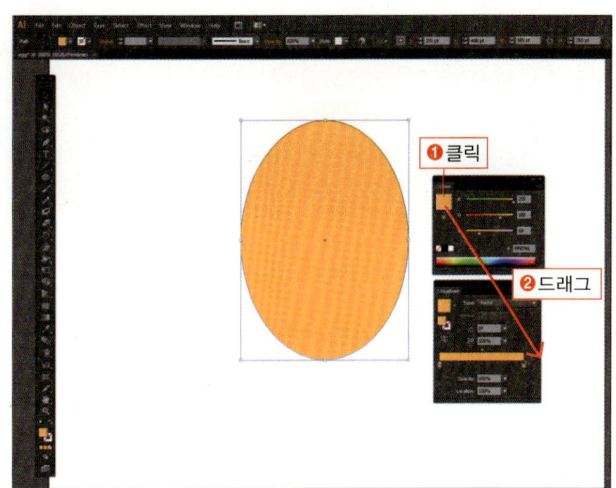

08. [Gradient] 패널의 좌측 탭을 클릭하여 선택하고 아래의 [location]을 '60%'로 입력하여 탭을 이동합니다.

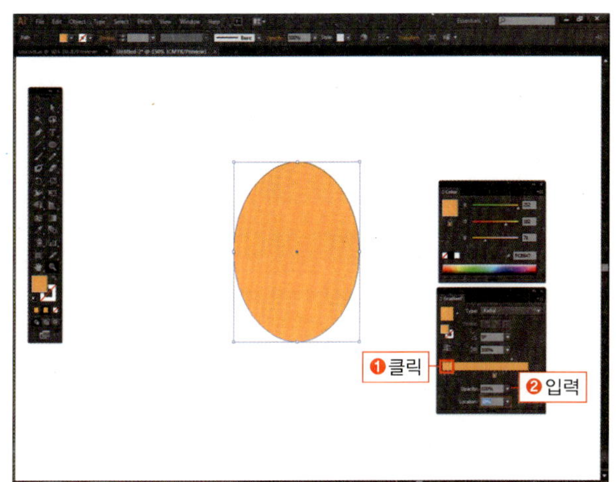

09. [Gradient] 패널의 우측 탭을 더블클릭합니다. [Color] 대화상자에서 'R : 221, G : 129, B : 0'을 입력한 후 바닥을 클릭하여 창을 닫고 [Location]은 '100'으로 설정합니다.

> **TIP :** Gradient 탭의 컬러를 변경하려면 Color 패널의 컬러를 클릭하고 드래그하여 탭 위에 위치시킬 때 + 표시가 나타나고 그때 마우스에서 손을 떼면 컬러가 변경됩니다. Color Swatch에서 컬러를 선택하고 드래그하여 탭 컬러를 변경할 때도 마찬가지입니다.

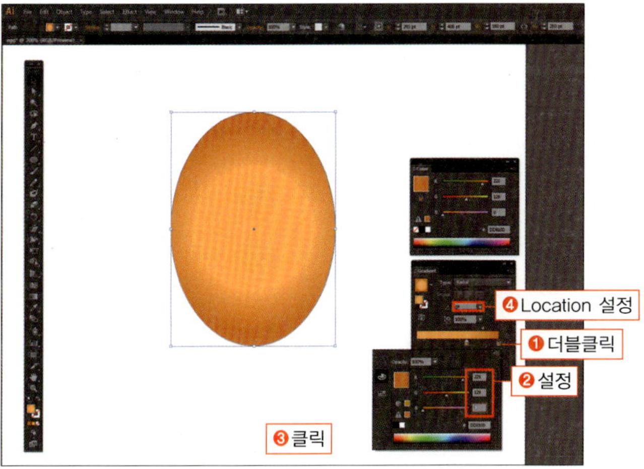

10. [Gradient] 패널의 슬라이더 위에 마우스 커서를 살며시 올리면 커서가 + 표시로 바뀌고 그라디언트탭 추가 표시가 나타납니다. 이때 클릭하면 새로운 탭이 추가됩니다.

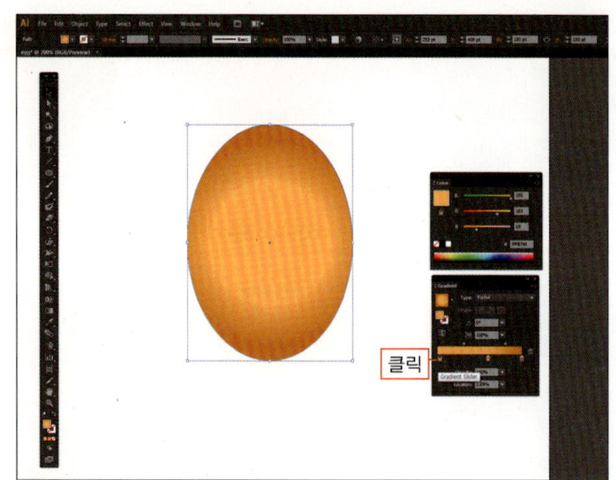

11. 추가된 [Grident] 패널의 탭을 더블클릭하여 [Color] 대화상자를 열어주고 'R : 255, G : 255, B : 191'을 입력한 후 [Location]은 '0'으로 설정합니다.

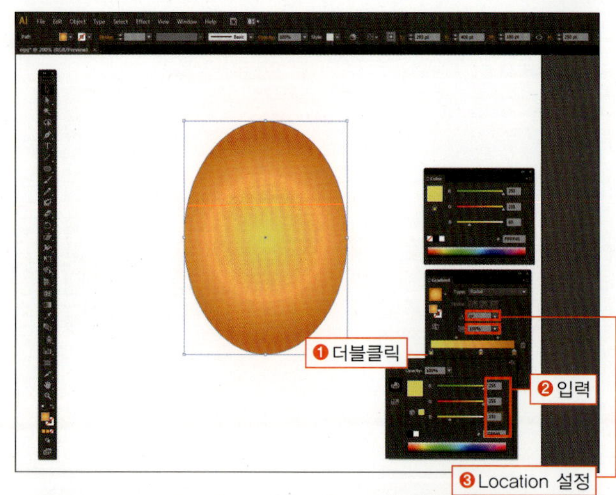

12. [Gradient] 패널에서 각도 [Angle]을 '90°'로 설정하고 [Aspec Ratio]를 '70%'로 지정합니다.

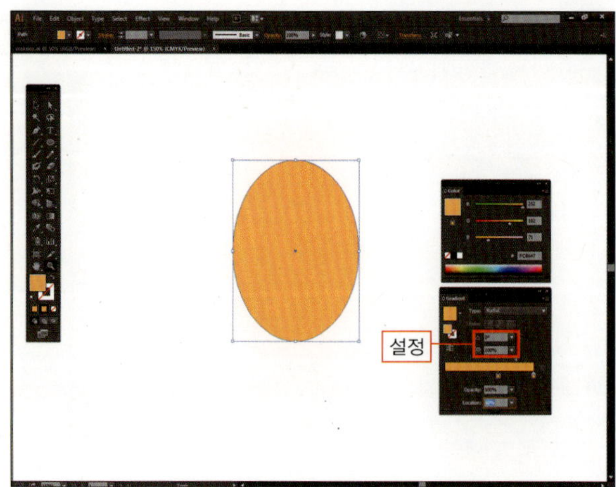

13. 선택을 해제하고 Ctrl + O 을 눌러 전체 화면을 맞춥니다. 이렇게 하여 간단한 수준의 그라데이션을 넣은 오브젝트를 만들어서 그라데이션을 넣는 방법을 알아보았습니다.

TIP ： Gradient 패널에 Swatch 패널로 그라디언트 만들기

원하는 두 가지 컬러로 그라디에이션을 적용하기 위해서는 컬러를 컬러 패널에서 지정하고 그라디언트 패널의 탭에 컬러를 치환하여 변경하는 방법도 있지만 보다 손쉽게는 Swatch 패널로 컬러를 만들어 옮겨 등록하고 Gradient 패널로 드래그하여 적용하는 방법이 더욱 쉽습니다.

이미지의 표현 방식과 다양한 확장자 방식

■ 비트맵 방식과 벡터 방식

이미지를 저장하고 표현하는 방식으로 크게 비트맵(Bitmap)과 벡터(Vector) 두 가지 방식이 있는데 대표적인 방식이 비트맵입니다. 비트맵 방식은 픽셀이라는 점들로 마치 점묘화와 같은 방식으로 표현합니다. 해상도가 높다는 것은 이 픽셀(pixel)이라는 작은 점들이 많다는 뜻이고, 해상도가 낮다는 것은 이 픽셀의 수가 적다는 것입니다. 이 비트맵 방식은 색감이 부드럽고 다양한 색상을 표현하기 쉬워서 정교한 이미지 표현에 아주 유리합니다. 하지만 이미지를 확대할 때 화질이 깨어지거나 용량이 매우 커지는 단점을 가지고 있습니다. 비트맵 방식의 대표적인 프로그램은 포토샵, 페인트샵 프로, 페인터 등 다양한 프로그램이 있습니다.

두 번째로 일러스트레이터의 표현 방식인 벡터 방식이 있습니다. 점, 선, 면 등을 수학적인 데이터로 인식하고 표현함으로써 크기와 컬러를 데이터로 인식하여 확대하거나 축소 시에도 깨지거나 문제가 되는 일이 없습니다. 또한 용량이 작아 아무리 큰 이미지도 작은 용량을 차지합니다. 주 표현 프로그램으로는 일러스트레이터, 코렐드로우, 프리핸드, 플래시 등이 있습니다.

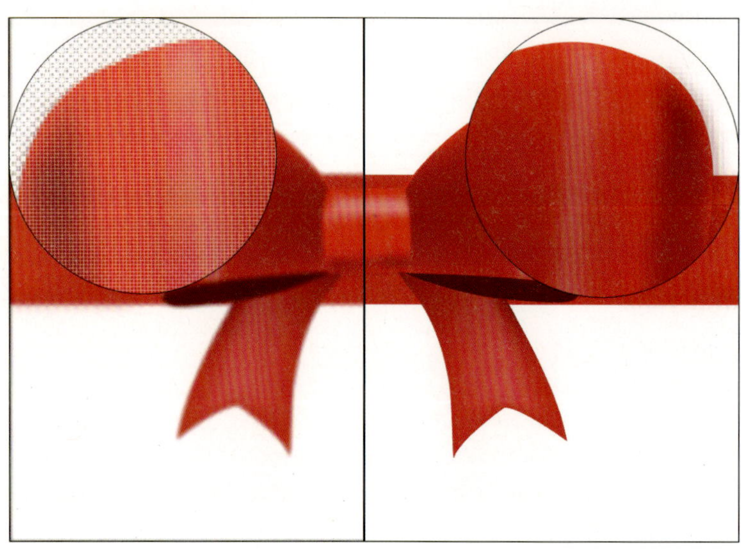

비트맵 방식과 벡터 확대 시의 차이

■ 이미지의 다양한 파일 방식

이미지 파일의 종류로는 AI, EPS, PDF, PSD, TIFF, GIF 등이 있는데 AI 파일은 앞서 설명한대로 일러스트 등 벡터 파일을 인식하고 기록하는 방식이며, EPS는 이 파일을 인쇄할 때 사용하는 분판 형식의 파일입니다.

나머지 BMP는 마이크로소프트 사에서 만든 대표적인 파일 형식으로 압축되지 않은 비트맵 이미지를 저장하는 윈도우 체계의 그래픽 파일입니다. 윈도우 상에 나타나는 아이콘 그림, 이미지 등이 이 형식이고 파일은 크지만 RGB 모드를 지원하기 때문에 널리 사용됩니다.

이외에 PDF 파일이 있습니다. 이 파일은 어도비 사에 어크로뱃 프로그램에서 사용되는 문서 작성용 파일로 작은 용량과 빠른 응답률 때문에 많이 애용되고 있습니다. PSD 파일은 어도비사의 포토샵에 사용되는 기본 형식으로 용량은 크지만 무손실 압축 기능을 가짐으로써 포토샵의 고유한 수정이 가능합니다.

TIFF 파일은 대부분의 시스템과 호환이 가능한 형식으로 이미지를 손상하지 않는 무손실 압축으로 유명합니다. 고화질의 출력이 가능하고 퀼리티 면에서 좋은 장점을 가지지만 메모리를 많이 차지하는 만큼 전송 등에 많은 시간이 걸립니다. GIF 파일은 온라인 전송용 그래픽 포맷입니다. 색상의 보존을 위해 무손실 압축 방식을 사용합니다. 단점은 256 컬러 사용으로 사진이미지 같은 디테일한 이미지를 표현하기에는 다소 무리가 있습니다.

■ RGB 모드와 CMYK 모드

RGB는 이미지를 시각적으로 보여주는 방식으로 Red, Green, Black 세 가지 색상을 기본으로 하는 가산 혼방 방식입니다. 모니터나 각종 영상매체의 컬러를 표현하는데 적합하고, 인쇄 시에는 사용할 수 없습니다. CMYK는 Cyan, Magenta, Green, Black 컬러를 기본으로 삼산 혼합으로 색을 표현합니다. 출판 인쇄 등의 출력물 등에 사용되며 인쇄 시에는 RGB도 이 모드로 변환해야 합니다.

TIP : Vector 방식과 Pixel 방식의 비교

	vector	선의 종류(linetype)
표현	수학적인 방식으로 데이터를 바탕으로 표헌	픽셀이 모여 이미지를 만듭니다.(점묘화)
스타일	깨끗하고 깔끔한 이미지	다양하고 자연스럽고 부드러운 이미지
용도	CI나 캐릭터 로고, 간단한 디자인 등에 사용	사진 이미지로 사보, 광고, 잡지 등에 사용
해상도	해상도 X 무제한 확대	72dpi에서 고해상도
용량	용량이 작고 확대해도 같음	해상도 크기에 비례하여 용량 커짐

컬러 모드와 패널 그리고 [Swatch], [Color Guide] 패널과 [Trancyparency] 패널을 이용하여 설정하는 혼합 블렌드 모드에 대해 알아본 후 예제를 통해 적용해보겠습니다.

기초탄탄 ▶ 색상 관련 모드와 패널 알아보기

일러스트레이터에는 다양한 컬러를 지원하기 위한 패널이 있습니다. 기본적인 color 패널과 color 패널을 보완하는 다양한 패널들과 모드에 대해 알아봅니다.

■ 컬러 모드의 이해와 종류

디지털 컬러 모드로는 다양한 모드가 있는데 그 중 일러스트레이터에서 지원하는 항목은 [Window]–[Color] 패널에서 볼 수 있습니다. [Color] 패널의 옵션을 클릭하면 다섯 가지 컬러 모드가 있습니다.

❶ Grayscale 메뉴 : 흑백을 나타내는 메뉴로, 선택하면 흑백 컬러 슬라이더만 남습니다.

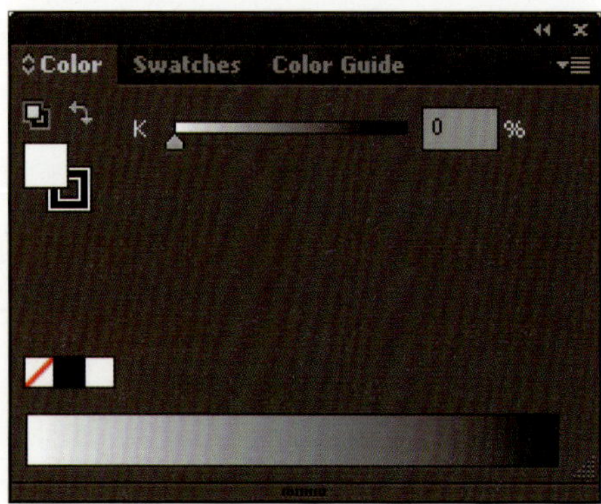

❷ RGB 모드 : 컴퓨터상에서 가장 많이 사용되며 빛의 삼원색인 빨강, 초록, 파랑 이렇게 세 가지의 상을 가산 혼합으로 표현합니다. 1,680만 가지의 색상을 표현할 수 있고 모니터나 TV 등에서 가장 좋은 색을 구현합니다. 하지만 출력이 불가능한 모드로, 인쇄를 위해 CMYK로 변환 시에는 색의 정보가 손실됩니다. 주로 채도가 떨어지는 특징을 가집니다.

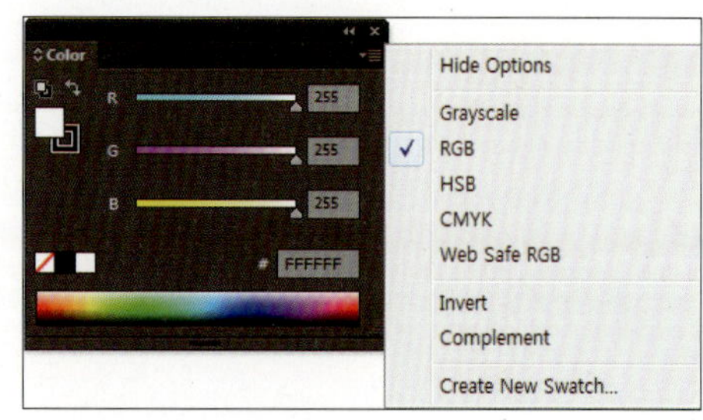

❸ HSB 모드 : H는 'HUE:'로 색조를 뜻하고, S는 'Saturation:'으로 색도, B는 'Brightness:'로 명도를 의미합니다. 색조는 물체로부터 반사되어 전달되는 색을 말하는데 색상과 비슷한 개념입니다. 색도는 색상에 강한 정도 또는 순수한 정도를 말합니다. 명도는 색상의 상대적 밝기를 말합니다. HSB 모드는 그 세 가지 요소로 색상을 표현합니다.

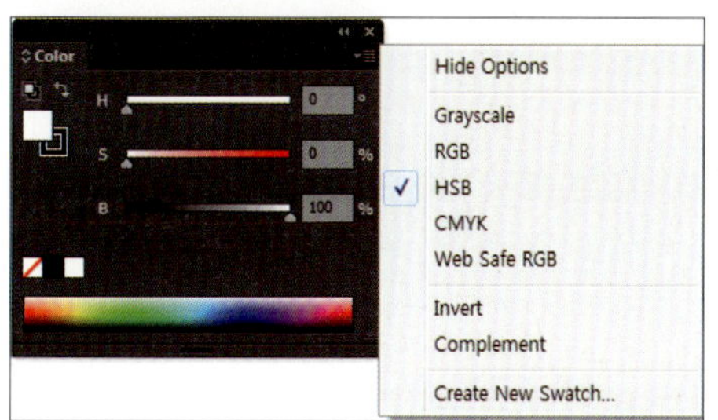

❹ CMYK 모드 : 사이안(CYAN), 마젠타(MAGENTA), 블랙(BLACK), 옐로우 (YELLOW) 이렇게 네 가지 감산 혼합으로 표현하는 방식입니다. 출력이나 인쇄를 위한 색상 모드이며, 실제적인 표현 컬러로, 색상 수는 RGB 모드에 비해 적습니다.

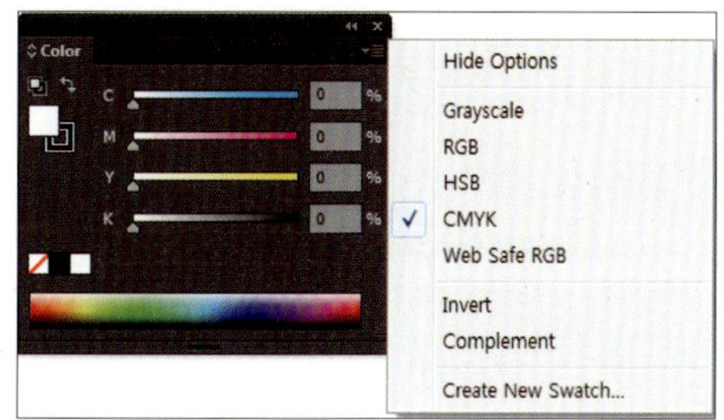

❺ WEB Safe RGB 모드 : 컬러를 객관적으로 일치시기기 위한 매우 중요한 모드입니다. 디자인이나 일러스트 등 작업물을 다른 사람들과 같은 곳에서 같은 모니터로 볼 수도 있지만 대개의 경우 원거리에서 같은 작업물을 보게 되는 경우가 많습니다. 그래서 생기는 문제는 많은 시간적 경제적 손실을 보게 되는 경우도 많습니다.

이 모드는 컴퓨터 운영체제나 모니터 브라우저 등에 영향을 받지 않고 공통의 색을 지정하여 같은 색을 같도록 보여줍니다. 유채색 '210', 무채색 '6'으로 되어 있고 8비트의 불안정성을 배제하기 위해 6종류로 나누어 안정성을 확보합니다. 왜곡을 배제하기 위한 모드입니다.

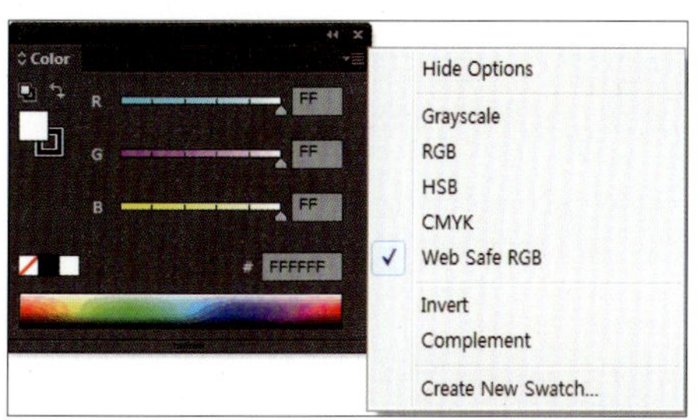

■ **[Color] 패널 알아보기** `139p` `145p`

[Color] 패널에는 컬러를 지정하는 Color 메뉴와 컬러를 찾아 원하는 컬러를 지정하도록 도와주는
[Swatches] 패널 그리고 [Color Guide] 패널이 있습니다.

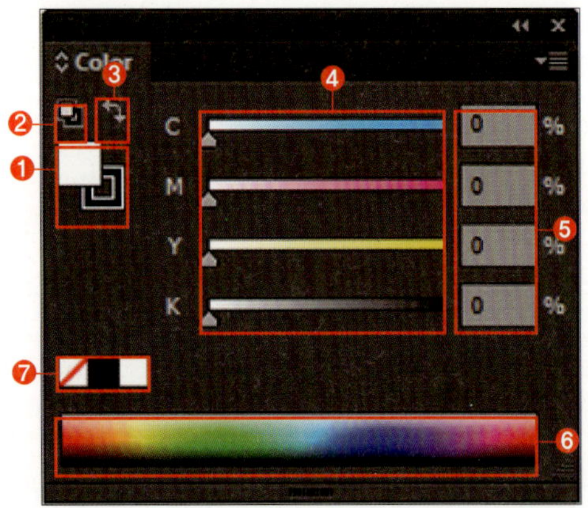

❶ Fill & Stroke : 전경색(Fill)과 선 색(Stroke)에 색을 나타냅니다.

❷ 기본 컬러 선택창 : 선택된 오브젝트에 Fill은 white, Stroke는 black으로 지정하여 변경합니다.

❸ Fill과 Stroke 컬러 체인지 버튼 : 이 버튼으로 면과 선에 컬러를 바꿔 면에 색을 선으로, 선 색을 면으로
교체합니다.

❹ 색상 조절 슬라이더 : 좌우로 움직여 세밀한 컬러를 설정할 수 있습니다.

❺ 컬러 값 입력창 : 컬러 값을 수치로 설정합니다.

❻ 컬러 스펙트럼 : 스펙트럼을 클릭하여 컬러를 지정합니다.

❼ 컬러 제어 버튼 : 컬러 제거, Black, White 컬러를 만들어줍니다.

■ 팝업 메뉴 살펴보기

팝업 메뉴를 보면 대부분 컬러 모드에 대한 내용입니다.

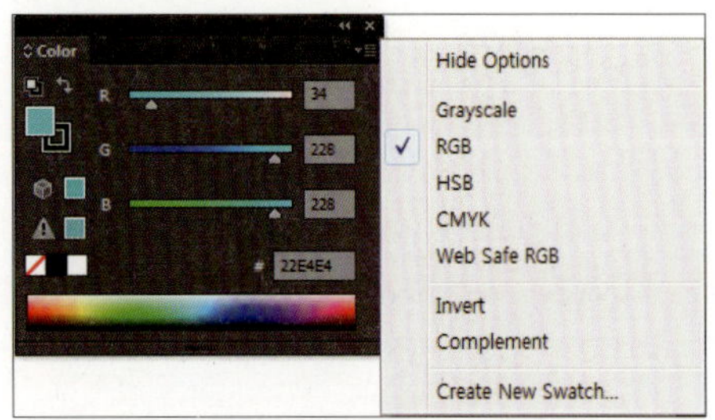

[Invert] 메뉴와 [Complement] 메뉴가 있는데 선택된 컬러를 보색으로 바꿔주는 기능을 합니다. 두 메
뉴가 보색 개념의 색으로 변화시켜 주는데 메뉴 간 차이는 상이하지 않고 비슷합니다.

■ [Swatches] 패널 알아보기

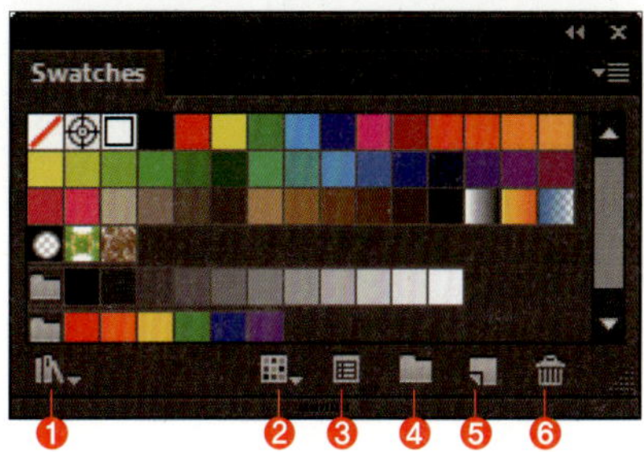

❶ Swatch Libraries Menu : 스와치 라이브러리입니다. Window 메뉴 하단에 같은 이름의 Swatches Libraries 메뉴에서도 같은 목록들을 볼 수 있습니다.

❷ Show Swatch Kinds Menu : 컬러 차트의 종류를 나타냅니다.

❸ Swatch Option : 컬러 차트의 옵션을 나타냅니다.

❹ New Color Group : 새로운 컬러 차트 목록의 그룹을 만들 수 있게 합니다.

❺ New Swatch : 새로운 컬러를 만들어 컬러 차트에 등록할 수 있습니다.

❻ Delete Swatch : 만들어진 컬러를 삭제합니다.

스와치 라이브러리(Swatch Libraries)는 [Window]-[Swatches libraries]에서도 열립니다.

■ [Color Guide] 패널과 메뉴 알아보기

[Color Guide] 패널은 선택한 오브젝트의 컬러를 읽어내고 그와 가장 잘 어울리는 컬러를 선택해줍니다. 컬러를 선택할 때 매우 유용합니다.

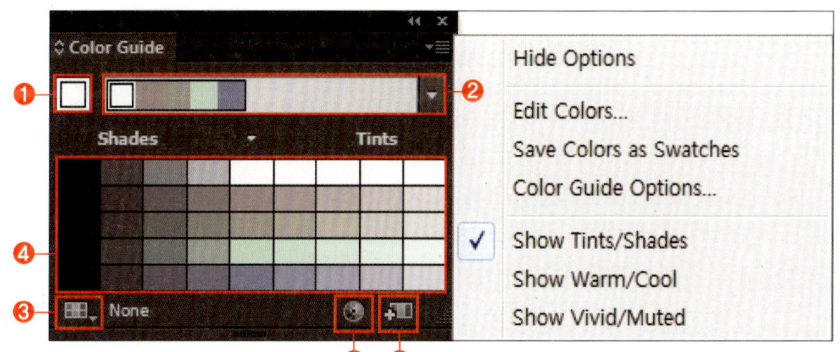

❶ Set base color to the current color : 선택한 오브젝트의 색으로 기준이 되는 색을 보여줍니다. 컬러 스펙트럼에서 색상을 선택하여 컬러 가이드의 기준 색상을 정할 수 있습니다.

❷ Harmony Rulers : 나열된 색상을 단계적으로 보여줍니다.

❸ Limits the color group to color in a swatch library : 견본 라이브러리입니다. 다양한 느낌과 분위기 별로 정리된 컬러 차트를 제안합니다.

❹ 주변색 차트 : 현재의 컬러를 기본으로 조화되는 색을 보여줍니다.

❺ Edit Colors : 색상들을 편집하는 [Edit Colors] 대화상자를 열어줍니다.

❻ Save color group to swatch panel : 견본 패널의 색상 그룹을 [Swatches] 패널에 저장합니다.

■ Edit 대화상자 알아보기

[Window]-[Color Guide]-[Edit] 메뉴를 선택합니다. 이때 나타나는 색상에 그룹을 만드는 Edit 대화
상자에 대해 알아봅니다.

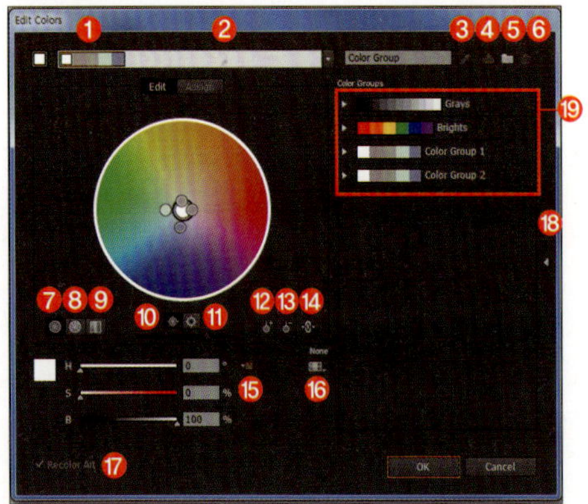

❶ Action Colors : 기본적인 컬러가 되는 설정을 합니다.

❷ Harmony Rulers : 잘 조화를 이루는 배색이 표시됩니다.

❸ Get Colors from Selected art : 본래 아트보드의 배색 상태가 나타납니다.

❹ Save Changes to Color group : 새롭게 생성한 컬러 그룹을 저장합니다.

❺ New Color Group : 새롭게 만든 컬러 그룹을 표시합니다.

❻ Delete Color Group : 컬러 그룹을 삭제합니다.

❼ Display Smooth Color wheel : 자연스러운 단계의 컬러 바퀴를 보여줍니다.

❽ Display segmented Color wheel : 단계로 나뉜 컬러 바퀴를 보여줍니다.

❾ Display Color bars : 스펙트럼 바 형태로 표현합니다.

❿ Show Saturation and hue on wheel : 채도를 조절할 수 있는 컬러 바퀴를 보입니다.

⓫ Show brightness and hue wheel : 명도를 조절하는 컬러 바퀴를 보여줍니다.

⓬ Add Color tool : 컬러를 추가합니다.

⓭ Remove Color tool : 컬러를 제거합니다.

⓮ Linux/unlink harmony Colors : 색상끼리의 연결과 해제, 조화를 콘트롤합니다.

⓯ Specifies the mode of the color adjustment Sliders : 색상모드를 변경합니다.

⓰ Limits the color group to colors in a swatch library : 스와치 라이브러리에서 색상을 가져와 적용

⓱ Record Art : 다시 적용할 색상을 나타냅니다.

⓲ Show/Hide Color group storage : 컬러 항목을 감추거나 표시합니다.

⓳ Color Group : 컬러 그룹을 편집 가능하도록 보여줍니다.

■ 오브젝트 컬러에 혼합 블렌드 모드 알아보기

블렌드 모드는 작업 중에 오브젝트의 중첩을 이용하여 새로운 느낌을 주기 위해 사용합니다. 이러한 오브젝트가 겹쳐질 때 겹쳐지는 부분을 원하는 모드로 합성합니다.

[Trancyparency] 패널을 이용하여 설정합니다. 블렌드 모드의 종류는 15가지로 Normal, Darken, Multiply, Color burn, Lighten, Screen, Colordodge, Overlay, Soft light, Hard light, Difference, Exclusion, Hue, Saturation, Color, Luminosity 등이 있습니다.

❶ Normal : 기본 컬러 상태를 선택합니다.

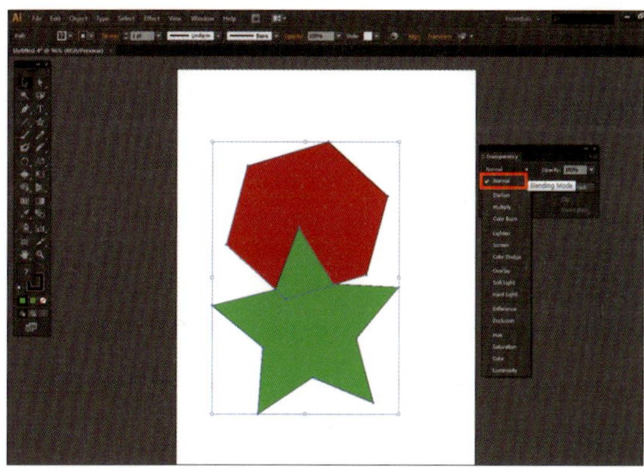

❷ Darken : 겹친 부분의 채도를 낮춰줍니다.

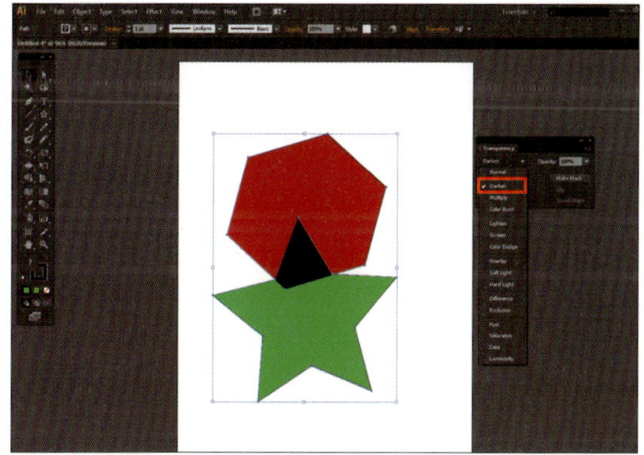

❸ Multiply : 겹쳐진 색을 섞어줍니다.

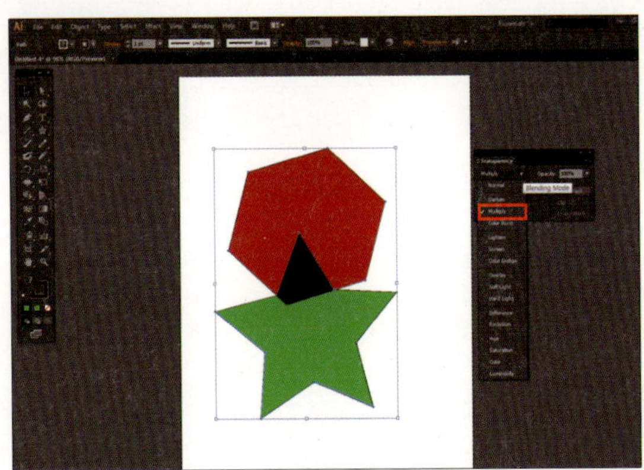

❹ Color Burn : 두 컬러 중 위에 있는 컬러 부분을 불탄 듯한 느낌으로 만듭니다.

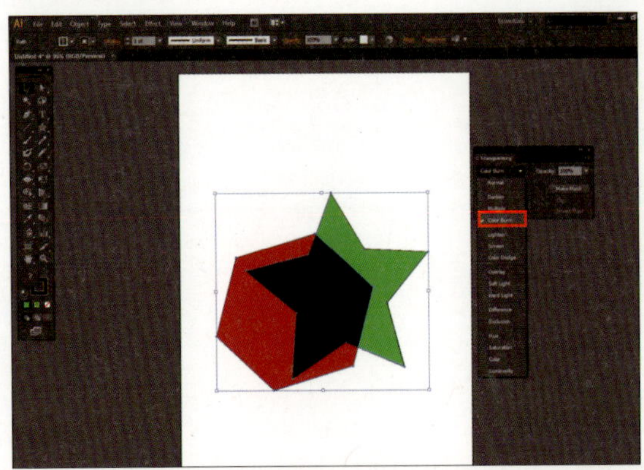

❺ Lighten : 겹친 면이 밝게 처리됩니다.

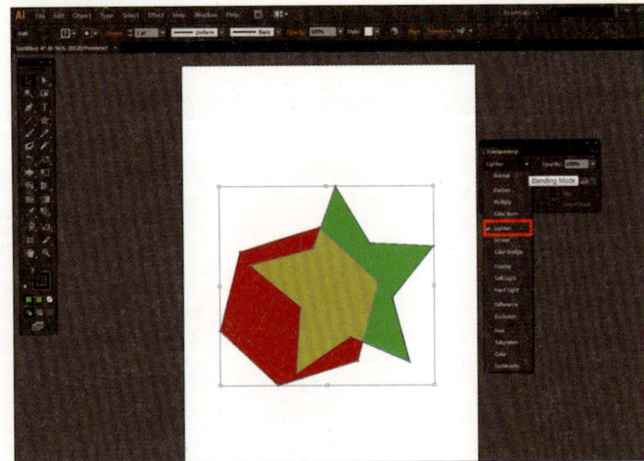

❻ Screen : 겹친 컬러 중 아래 컬러의 밝은 부분을 밝게 해줍니다.

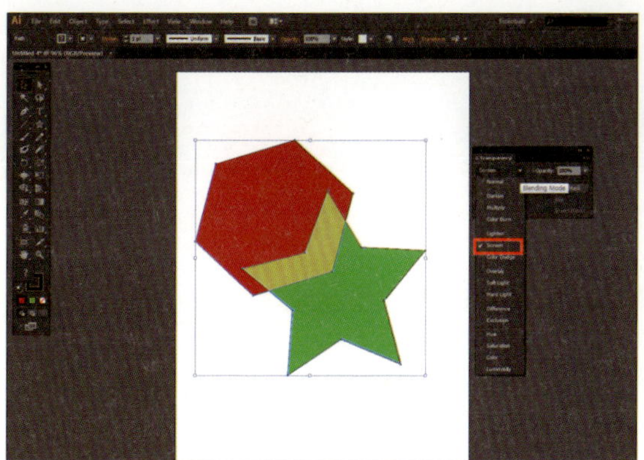

❼ Color Dodge : 겹친 부분의 컬러를 밝게 합니다.

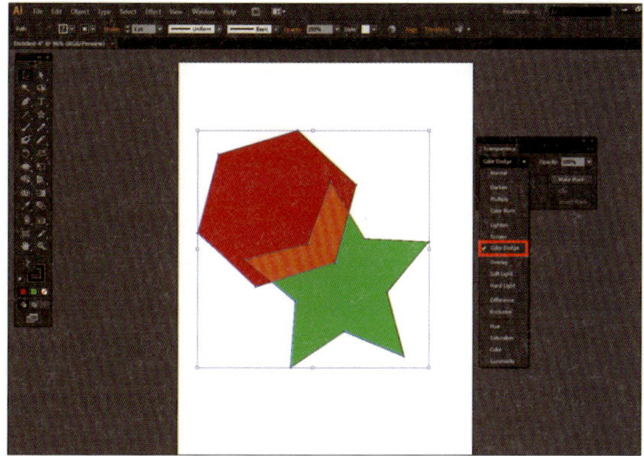

❽ Overlay : 겹친 부분에 명도 채도를 반씩 포함하여 나타냅니다.

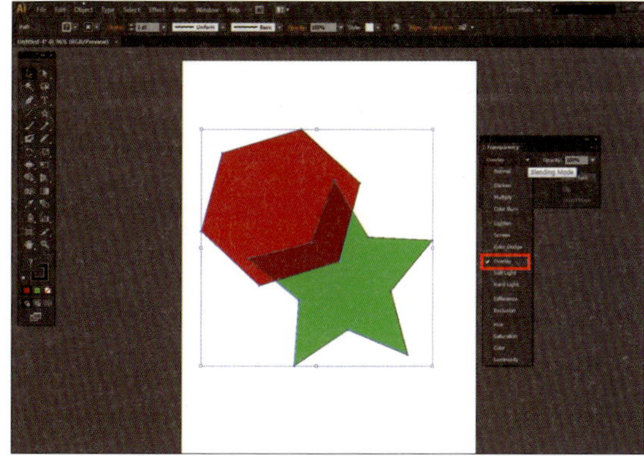

❾ Soft Light : 위에 위치한 오브젝트의 명도를 반으로 나누어 밝게 또는 어둡게 합니다.

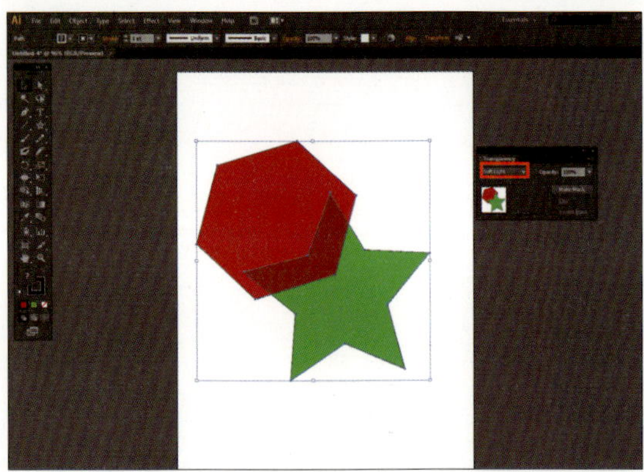

❿ Hard Light : 대부분의 밝은 부분을 강조하여 밝게 합니다.

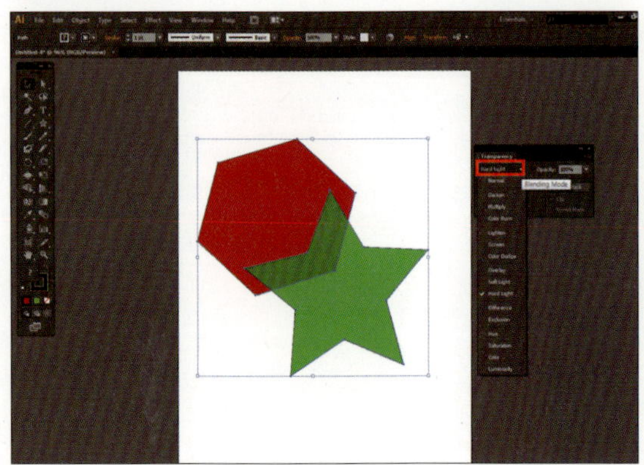

⓫ Difference : 밝은 부분의 명도와 어두운 부분의 명도를 서로 바꿔줍니다.

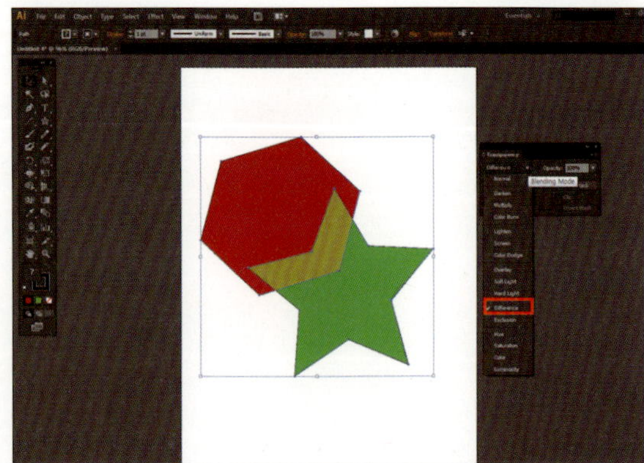

⑫ Exclusion : 채도, 명도를 명암에 따라 반전하는데, 강도는 Difference보다 다소 약합니다.

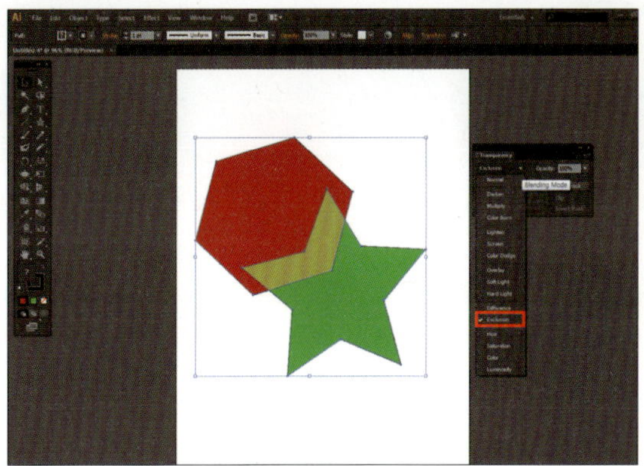

⑬ Hue : 두 컬러의 채도를 중간 단계로 표현합니다.

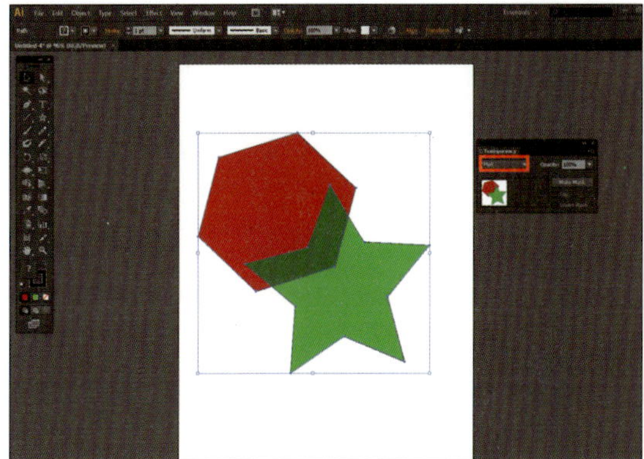

⑭ Saturation : 위의 컬러에 채도를 상위로 재지정합니다.

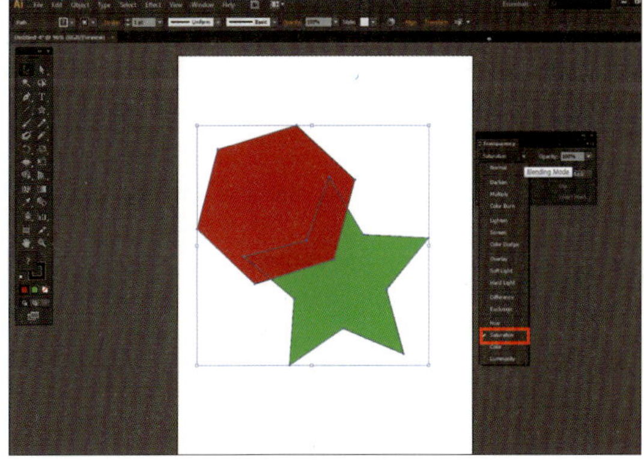

⑮ Color : 겹친 부분에서 위에 놓인 컬러를 위주로 채도를 섞어줍니다.

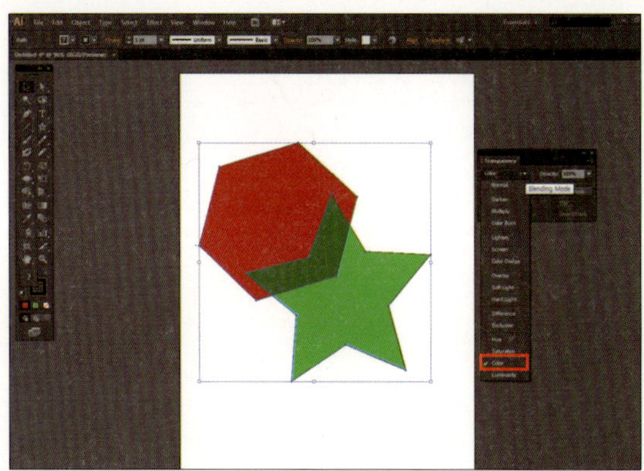

⑯ Luminosity : Color 모드와 반대로 아래 놓인 컬러 위주로 채도를 섞어줍니다.

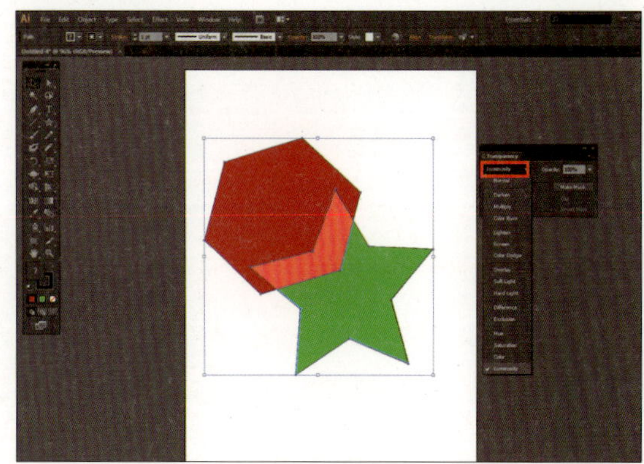

오브젝트에 그라디언트 툴(Gradient Tool)을 이용하여 그라디언트를 넣는 방법을 알아봅니다.

완성 파일 I DVD₩Part02₩gradient.ai

01. RGB 컬러에 A4 사이즈의 새 창을 만듭니다. [Tool] 패널에서 원형 툴(●)을 선택하고 바닥을 클릭하여 [Ellipse] 대화상자에서 [Width]는 '200', [Height]는 '200'를 선택한 후 [OK] 단추를 클릭합니다.

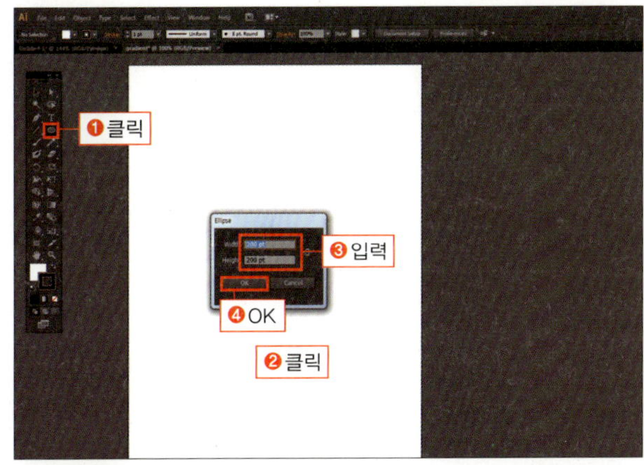

02. 생성된 원이 선택된 상태에서 마우스의 오른쪽 버튼을 클릭한 후 나타나는 메뉴 중 [Average]를 선택합니다.

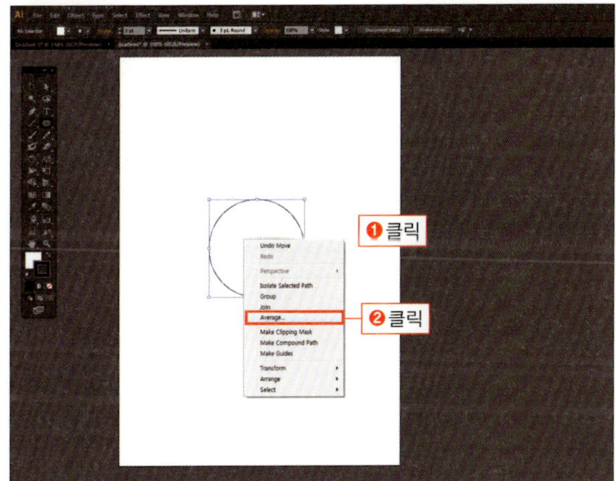

03. [Average] 대화상자에서 'Both' 항목을 선택하고 [OK] 단추를 클릭합니다.

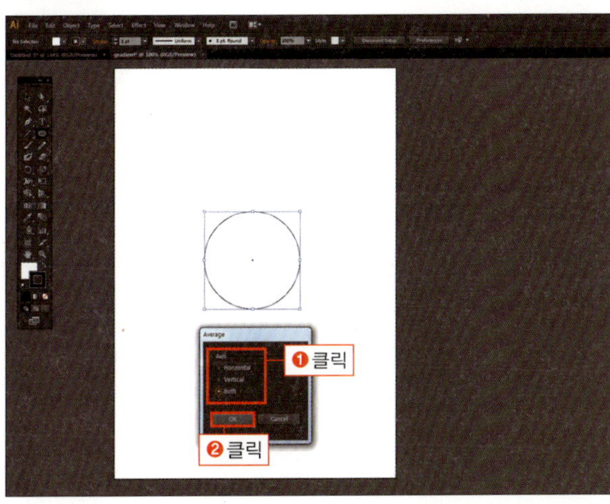

04. 원이 클로버 모양으로 변경됩니다.

05. [Object]-[Transform]-[Scale] 메뉴를 선택하여 [Scale] 대화상자에서 [Uniform]을 '500%'로 입력한 후 [OK] 단추를 클릭합니다.

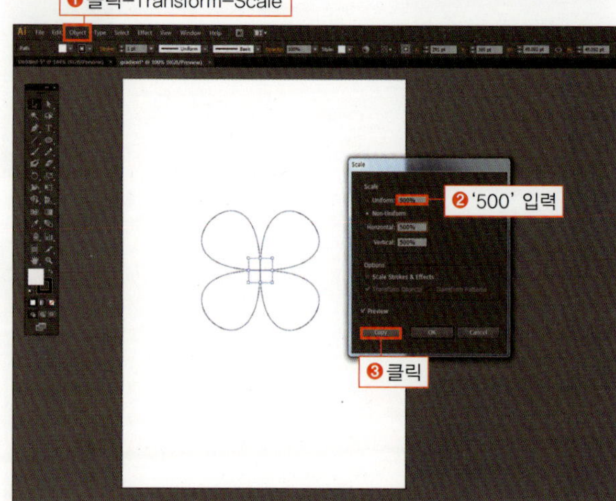

06. [Fill & Stroke]( )에서 [Fill]을 선택하고 그라디언트( )를 클릭합니다.

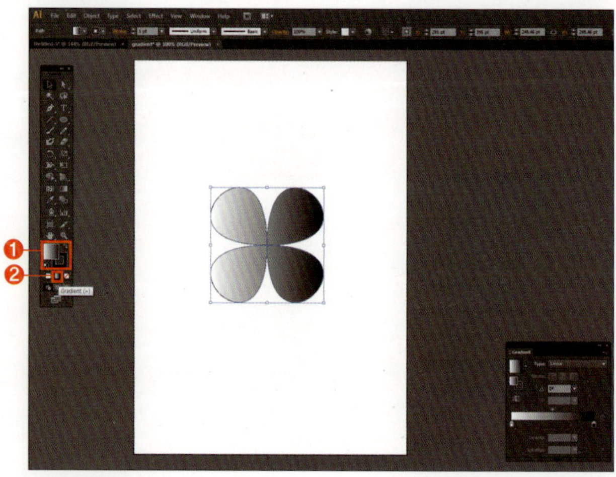

07. [Tool] 패널에서 그라디언트 툴(■)을 선택
하면 오브젝트 위로 [Gradient Tool Slider]가 나타
납니다.

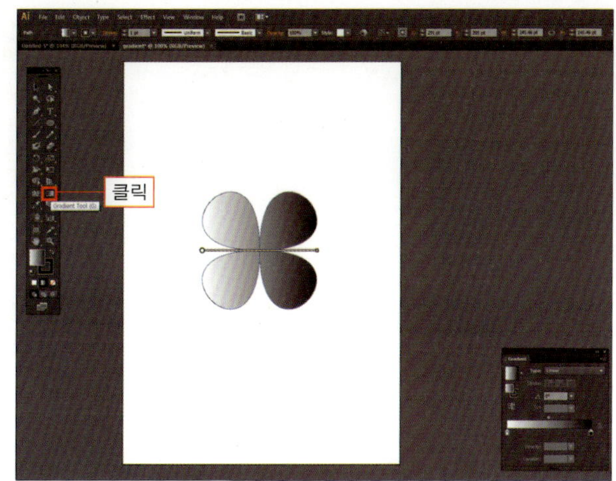

08. [Window]–[Gradient] 패널을 열어 [Type]을
[Radial]로 설정합니다.

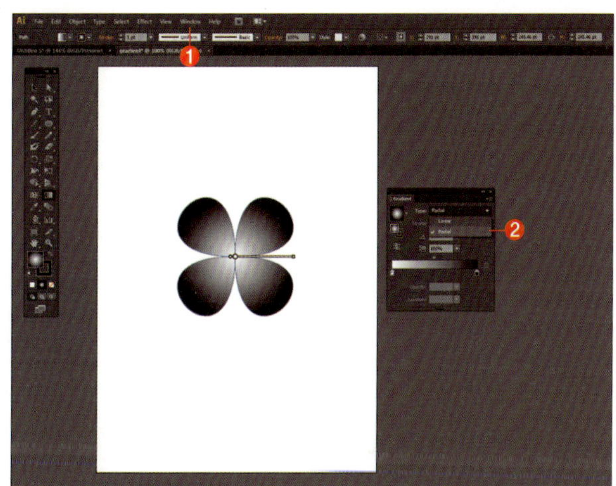

09. 그라디언트 툴의 슬라이더 상에서 왼쪽 탭
을 클릭하여 드래그해서 우측으로 [Location]을 35
지점까지 옮깁니다. 좌측 탭을 더블클릭하면 컬러
대화상자가 나타나고 Location 값을 입력하거나
탭을 이동하여 맞춰줍니다.

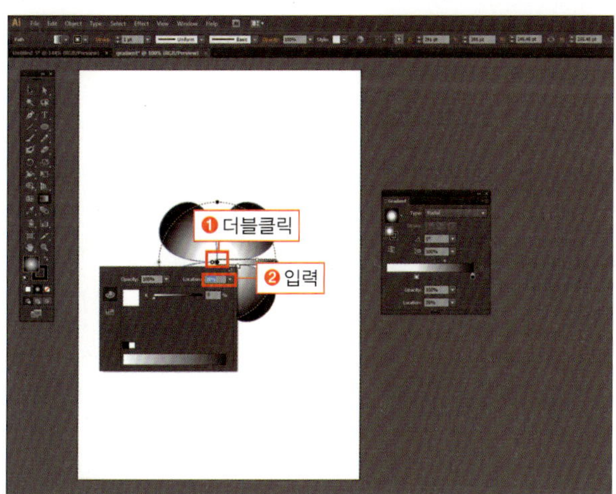

10. [Color] 대화상자에서 우측 상단의 컬러 모드 설정 옵션을 열어 RGB 컬러로 바꿔줍니다.

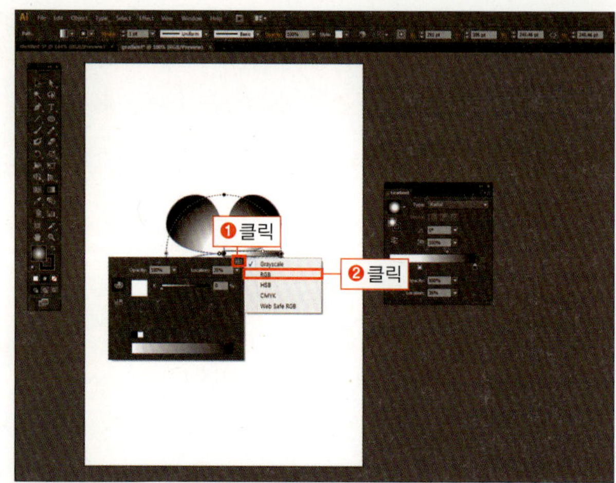

11. [Color] 대화상자에서 컬러 'R : 109, G : 190, B : 69'를 설정하여 컬러를 입력합니다.

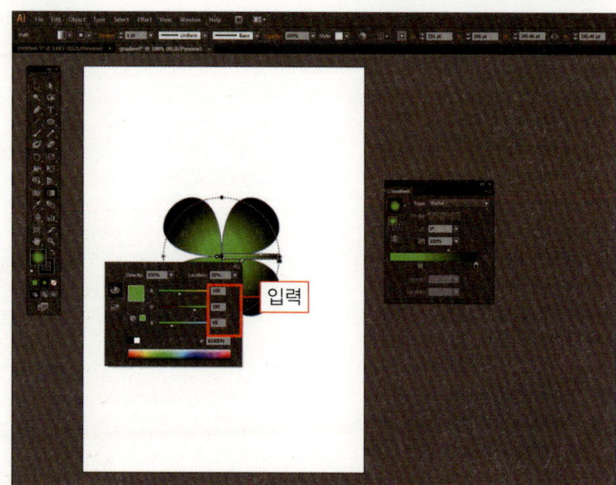

12. 역시 같은 방법으로 우측 검은색 탭을 더블 클릭하여 [Color] 대화상자에서 컬러를 'R : 99, G : 139, B : 39'를 설정하여 컬러를 입력합니다.

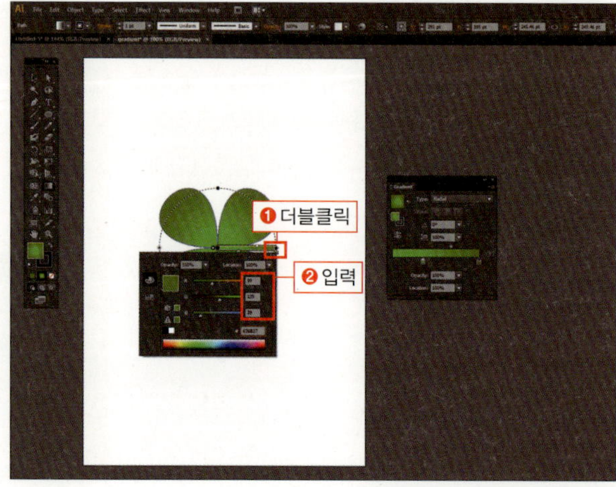

13. 이제 슬라이더 맨 좌측에 새로운 탭을 추가 하기 위해 커서를 가까이 가져가면 커서 옆에 + 모양이 나올 때 클릭하여 슬라이더를 추가합니다.

14. 앞에서와 같은 방법으로 추가된 탭을 더블 클릭하여 대화상자를 열고 [Location]은 '8'로 설정 하고 컬러는 'R : 186, G : 217, B : 130'으로 입력합 니다.

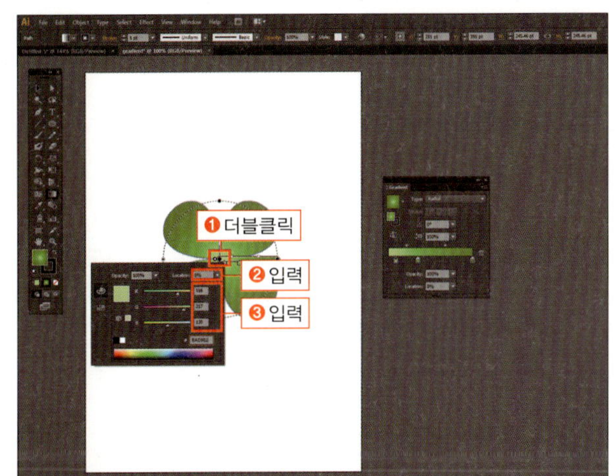

15. 선택 툴( )을 선택하고 [Stroke]를 선택한 후 [None]( )을 클릭해 라인을 삭제합니다.

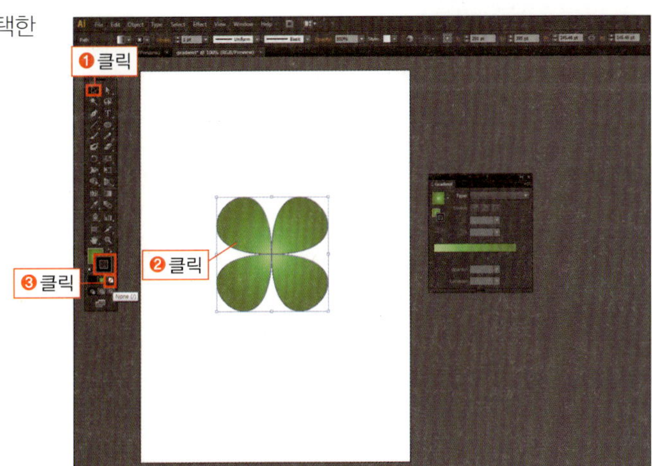

16. 선택 툴(⬚)을 선택한 후 바닥을 클릭하여
선택을 해제합니다.

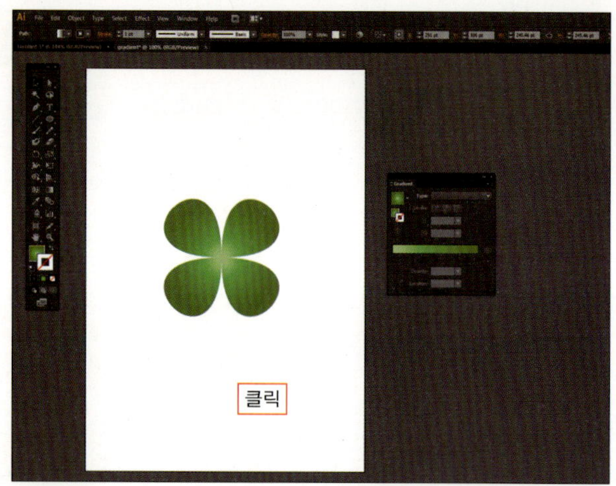

17. 언제라도 그라디언트 툴(⬚)을 이용하면 쉽
고 빠르게 그라디언트를 변화시킬 수 있습니다.

TIP : Gradient 패널이나 Gradient Tool을 선택하여 오브젝트에 나타나는 슬라이더를 사용하는 방법은 실행해보면 생각보다 쉽지 않습니다. 여러 번 반복하여 실행하면 이해되고 숙지됩니다. 더불어 Swath 패널을 이용하여 그라디언트를 실행해보면 좀 더 쉽게 이해할 수 있습니다.

편집 툴을 사용하여 간단한 캐릭터 얼굴을 만들고 컬러와 그라데이션(Gradient)을 적용해봅니다. 만들어진 캐릭터 얼굴에 컬러를 적용하는 과정을 통해 컬러 적용 방법과 그라디언트를 적용하는 방법을 반복 연습해 봅니다.

완성 파일 | DVD\Part02\trans6.ai

■ 캐릭터 얼굴 만들기

01. 새 도큐먼트 창을 연 후, [Tool] 패널에서 원형 툴(◯)을 선택하고 아무것도 없는 작업 화면을 클릭합니다. [Ellipse] 대화상자에서 [Width]와 [Height]는 각각 '150'으로 입력한 후 [OK] 단추를 클릭합니다.

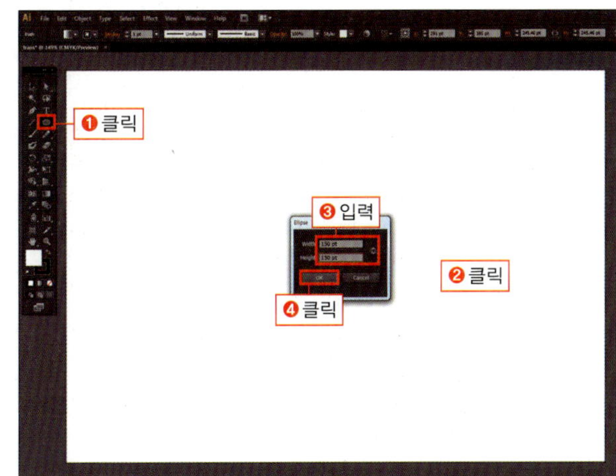

02. 선택 툴(▶)을 선택한 후 만들어진 원을 중앙으로 이동합니다.

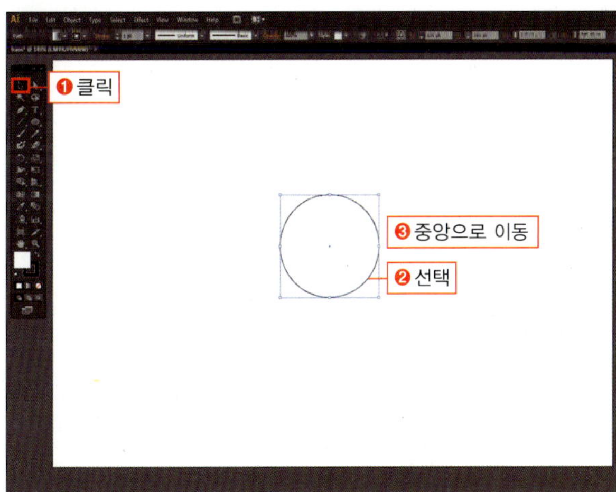

TIP : 도형을 만드는 방법은 두 가지인데 대화상자를 열어 수치를 입력하여 만드는 방법과 도형 툴을 이용하여 만드는 방법이 있습니다.

03. [Tool] 패널에서 돋보기 툴(🔍)을 선택하고 원하는 부분을 드래그하거나 화면에 대고 클릭하여 화면을 확대합니다.

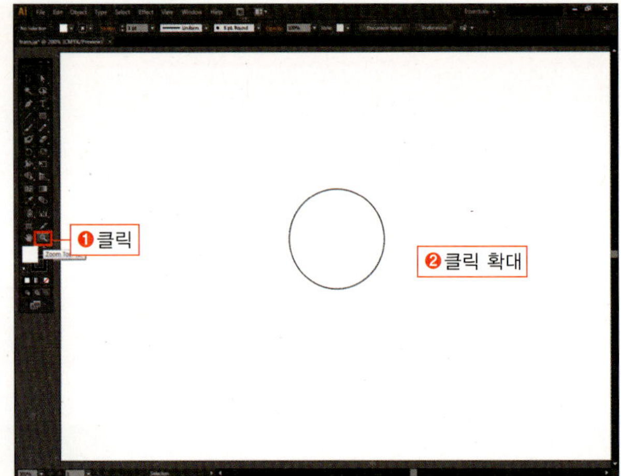

TIP : 맨 밑의 상태창 좌측에 화면 크기 조절 %를 선택하여 400%를 조절할 수도 있습니다.

04. 화면이 400%될 때까지 확대합니다. 원을 선택하고 [Object]-[Transform]-[Scale] 메뉴를 선택합니다.

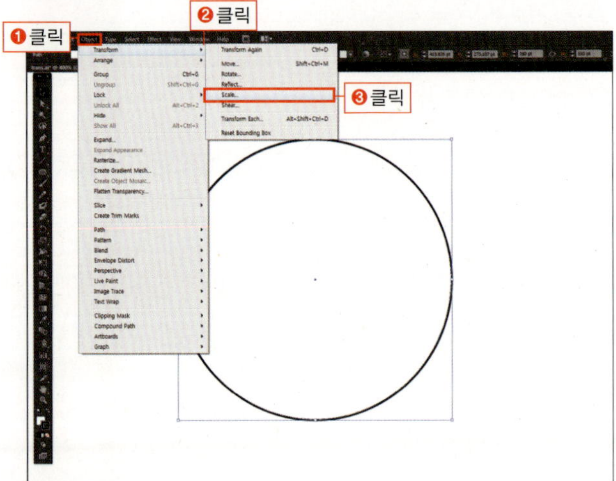

05. [Scale] 대화상자에서 [Uniform], [Horizontal], [Vertical]을 각각 '30%'로 입력한 후 [Copy] 단추를 클릭해 새로운 작은 원을 만듭니다. 이때 하단의 [Preview] 항목을 체크하면 미리보기가 가능합니다.

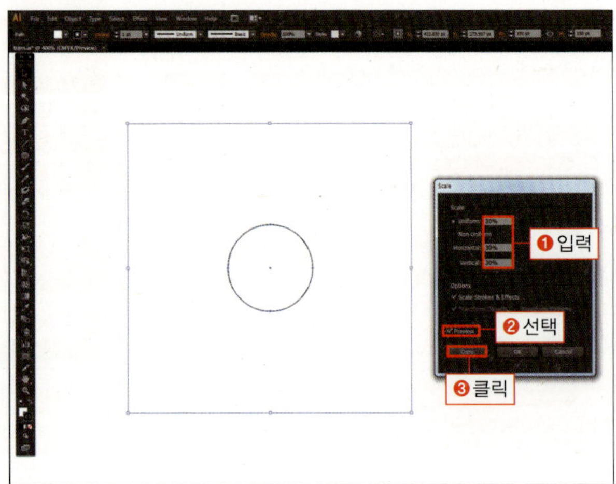

06. 라인이 30%인 작은 원이 만들어집니다.

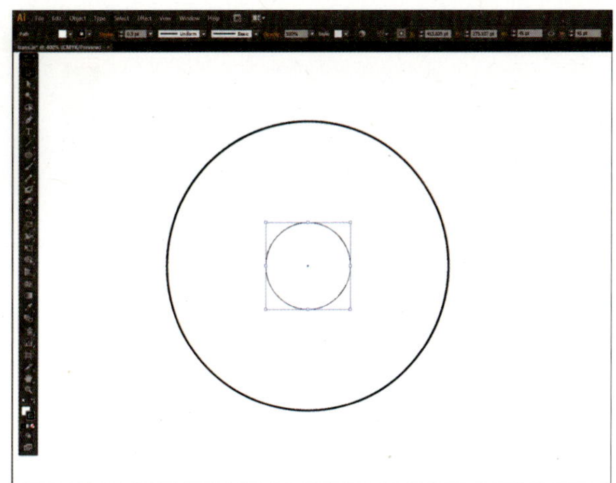

07. 다시 [Object]–[Transform]–[Transform Each] 메뉴를 선택합니다. [Transform Each] 대화상자에서 [Scale]–[Horizontal]은 '100%', [Vertical]은 '100%', [Move]–[Horizontal]은 '–45', [Vertical]은 '–10'으로 설정하고 [Options]는 'Transform Objects'로 설정한 후 [OK] 단추를 클릭합니다.

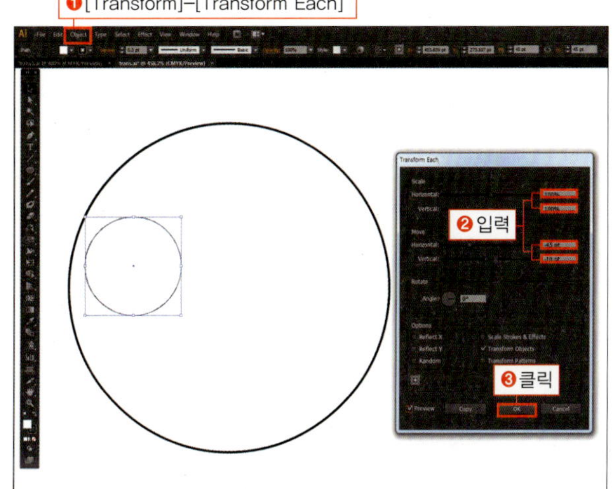

08. 다시 [Object]–[Transform]–[Transform Each] 메뉴를 선택합니다. [Transform Each] 대화상자에서 [Scale]–[Horizontal]은 '100%', [Vertical]은 '100%', [Move]–[Horizontal]은 '90', [Vertical]은 '0'으로 설정한 후 [Copy] 단추를 클릭합니다. 새로운 작은 원이 추가됩니다.

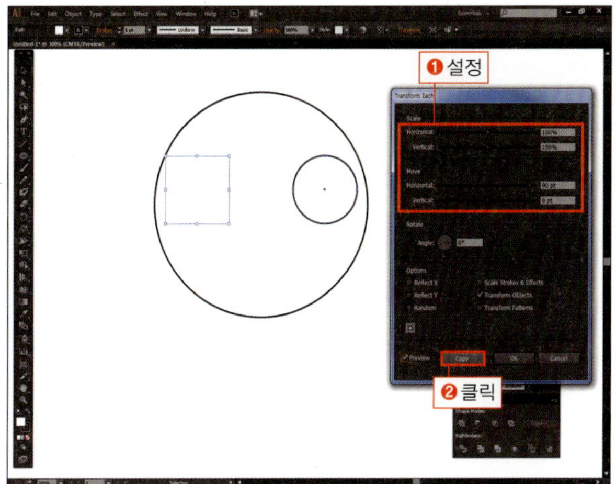

09. 우측 원이 선택된 상태에서 다시 [Object]–
[Transform]–[Transform Scale] 메뉴를 선택합니
다. [Scale] 대화상자에서 [Uniform], [Horizontal],
[Vertical]을 모두 30%로 설정하고 [Copy] 단추를
클릭하여 작은 원을 만듭니다. 좌측도 같은 방법
으로 추가합니다.

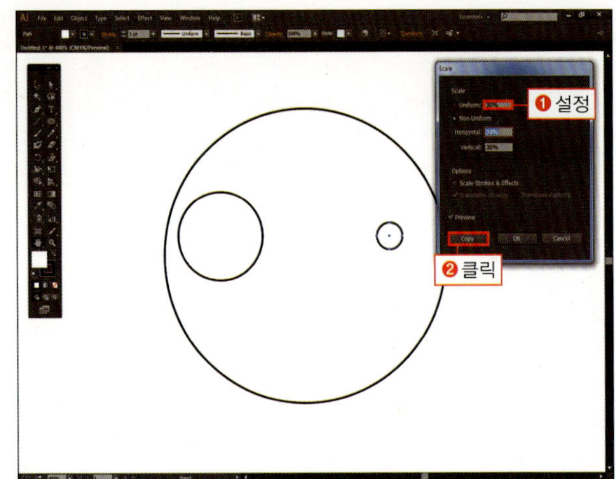

10. 이제 오른쪽 작은 원을 선택하고 Shift 를
누른 상태로 우측의 작은 원을 선택하여 두 개의
작은 원이 동시에 선택되도록 합니다.

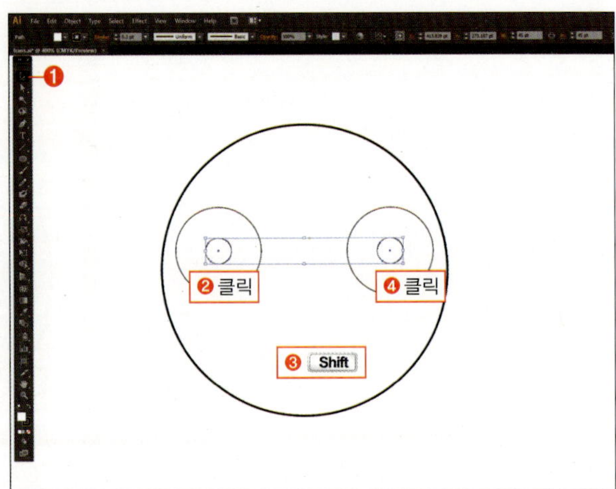

11. 이제 [Tool] 패널에서 하단의 [Fill & Stroke](ᐧ)
에서 [Swap Fill & Stroke](ᐧ)을 클릭하여 면의 컬
러와 라인에 컬러를 변경합니다.

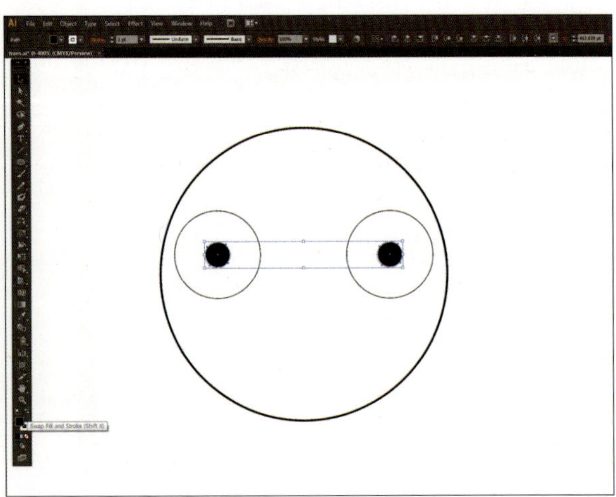

> **TIP :** 원래 면은 흰색, 선은 검은색이던 것을 [swap
> Fill&Stroke] 버튼으로 면을 블랙, 선은 흰색으로 바꿉니
> 다.

12. 바닥을 클릭하여 선택을 해제하고 큰 원을 선택 툴(   )을 클릭하여 선택합니다. 다시 [Object]—[Transform]—[Scale] 메뉴를 클릭하고 [Scale] 대화상자에서 크기 비율을 [Uniform], [Horizontal], [Vertical]을 각각 80%로 설정한 후 [Copy] 단추를 클릭하여 새로운 원을 추가합니다.

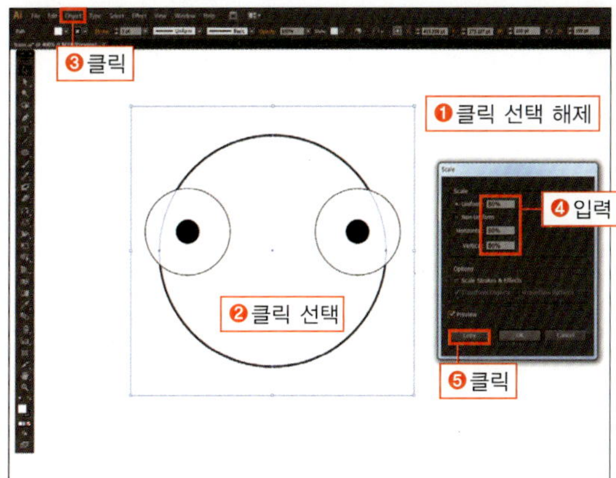

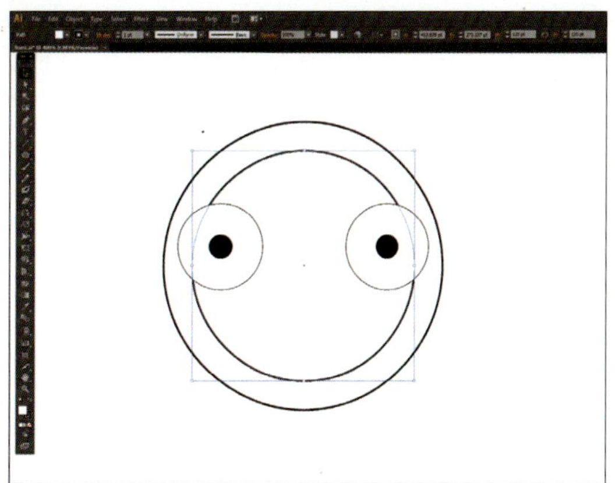

13. 다시 [Object]—[Transform]—[Transform Each] 메뉴를 선택합니다. [Transform Each] 대화상자에서 [Scale]—[Horizontal]은 '120', [Vertical]은 '120'으로 설정하고 [Move]—[Horizontal]은 '0', [Vertical]은 '−23'으로 설정한 후 [Copy] 단추를 클릭합니다.

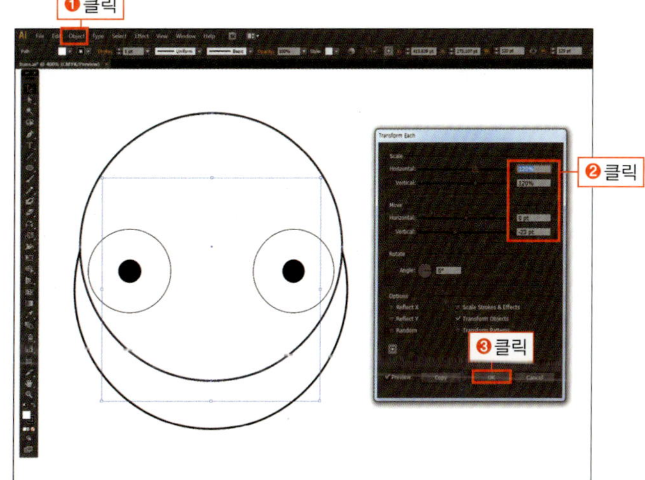

14. 이제 선택 툴(   )을 클릭하여 방금 복사한 원과 원본 원을 Shift 를 누른 상태로 차례로 둘 다 선택하고 [Window]—[Pathfinder] 메뉴를 선택하여 [Pathfinder] 패널을 열어줍니다.

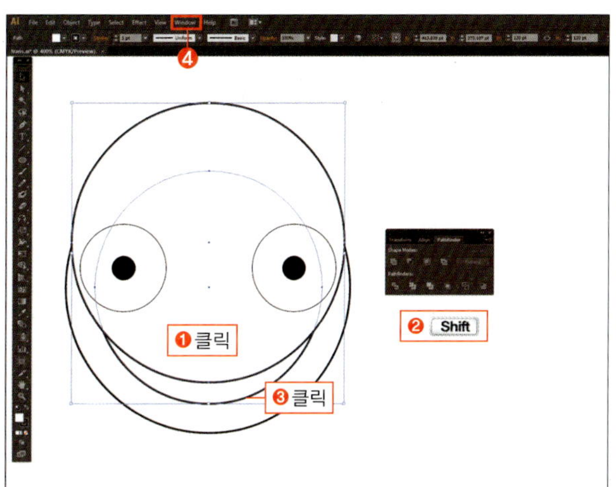

15. [Pathfinder] 패널 메뉴 중 [Minus front]를 클릭하여 아래 원을 위에 원 모양으로 잘라냅니다.

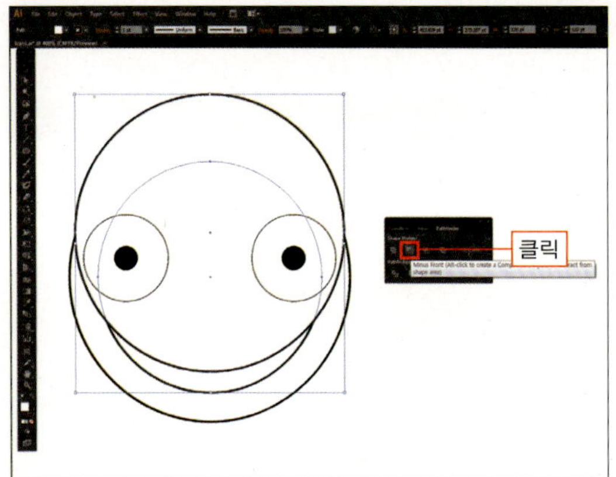
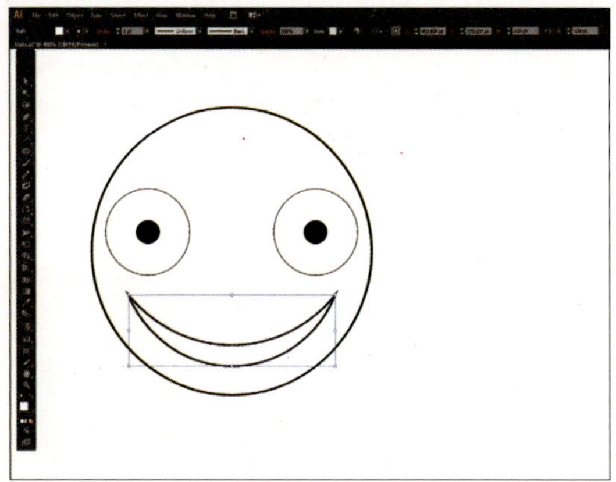

TIP : Transfom 기능은 이동과 변형에 관여하는 기능입니다. 그럼으로 수치에 민감하여 대화상자에 적용한 수치를 적용하고 [OK] 단추를 클릭하기 전 copy인지 ok인지를 확인해야 합니다. preview 기능은 초보자인 경우 체크하고 진행하는 것보다 체크하지 않고 진행하는 편이 좋습니다.

■ 캐릭터 얼굴에 컬러 적용하기

01. 만들어진 캐릭터 얼굴을 불러옵니다. 가장 큰 원을 선택 툴로 선택한 후 [Window]-[Color] 패널을 열고 컬러 모드를 [RGB]로 설정하고 'R : 255, G : 176, B : 0' 값을 입력합니다.

02. 초승달 모양의 입을 선택하고 [Color] 패널에서 'R : 231, G : 54, B : 0'으로 컬러를 변경합니다.

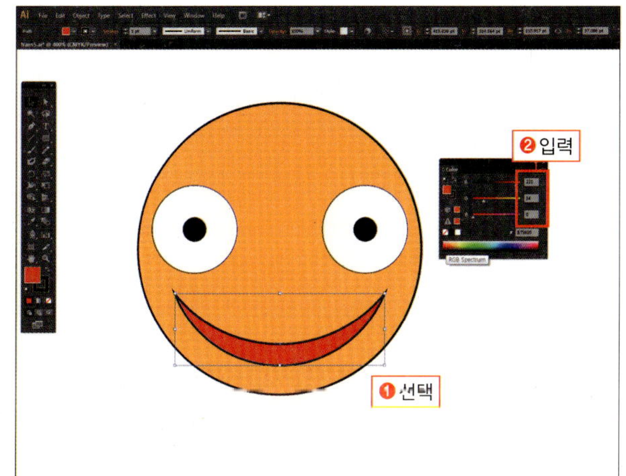

03. 이제는 그라디언트를 만들 원을 만듭니다. 원형 툴(⬤)을 선택하고 바닥을 클릭합니다. [Ellipse] 대화상자에서 [Width]는 '50', [Heigh]는 '50'을 입력한 후 [OK] 단추를 클릭합니다. 새로운 원을 만듭니다.

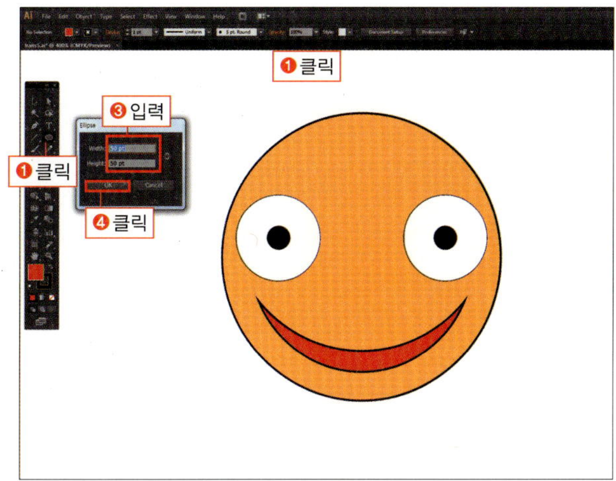

04. [Window]–[Gradient] 메뉴를 선택하여 [Gradient] 패널에서 [Type]을 [Radial]로 변경합니다.

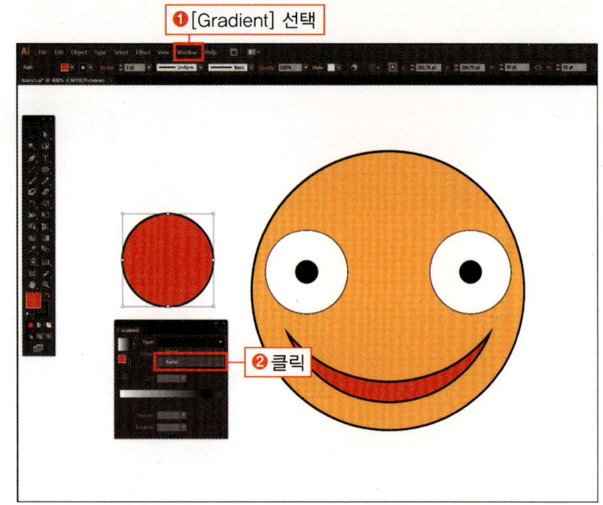

05. [Gradient] 패널의 우측 탭을 더블클릭하면 컬러 설정 대화상자가 나타납니다.

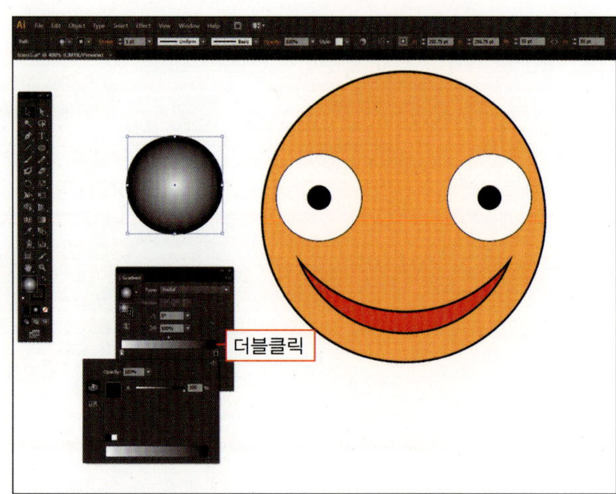

06. 컬러 설정 대화상자의 우측 상단에 컬러 모드 옵션을 열고 [RGB]를 선택합니다.

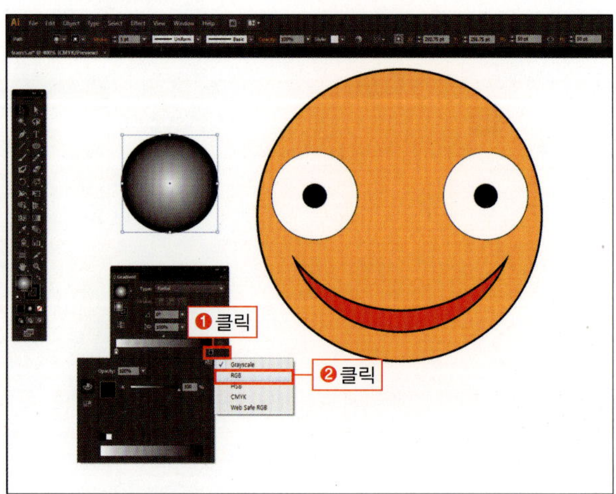

07. 우측 탭 컬러 값을 'R : 255, G : 176, B : 0'으로 입력하여 컬러를 바꿔줍니다.

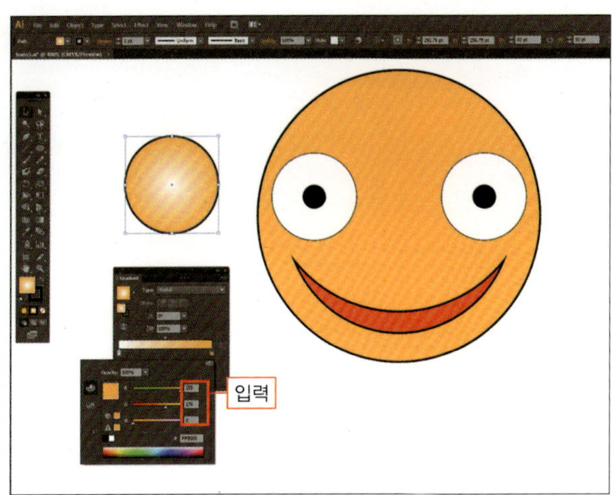

08. 이번에는 반대편 좌측 탭을 더블클릭하여 같은 방법으로 RGB로 모드를 전환하고 'R : 231, G : 93, B : 37'로 전환합니다.

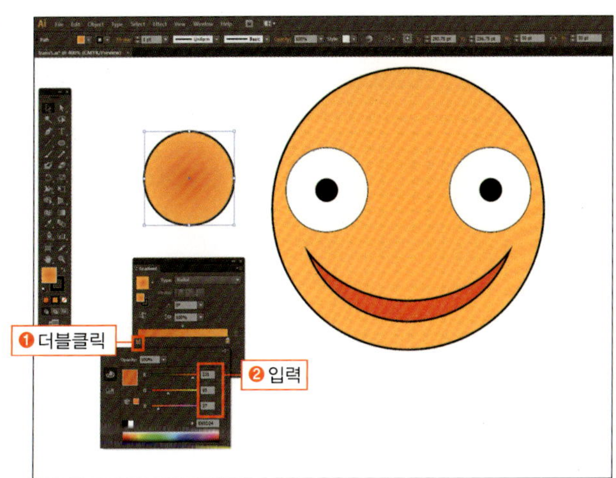

09. 이제 [Color] 패널의 [Fill & Stroke]( ) 메뉴에서 [Stoke]을 선택합니다.

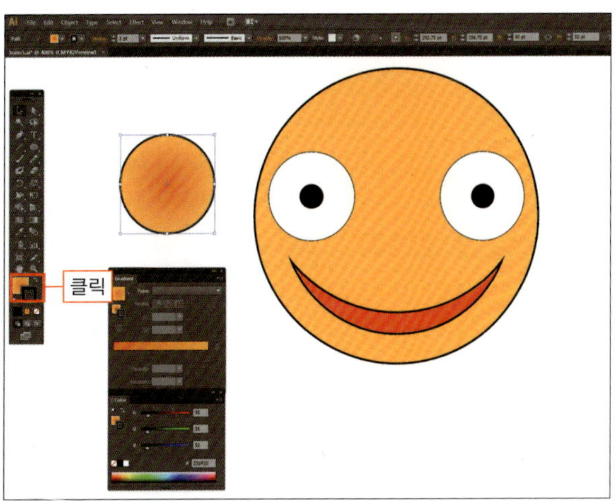

10. 하단의 기본 컬러 대화상자에서 제일 우측의 [None]을 선택하여 라인을 없애줍니다.

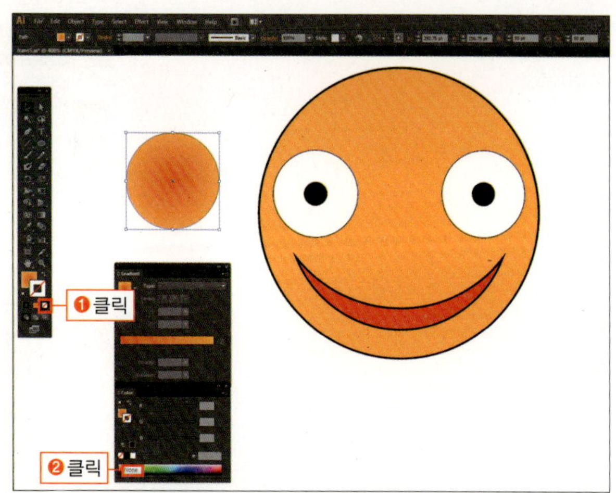

11. 만들어진 그라디언트 오브젝트를 선택하고 드래그해서 얼굴의 볼 부분으로 옮깁니다.

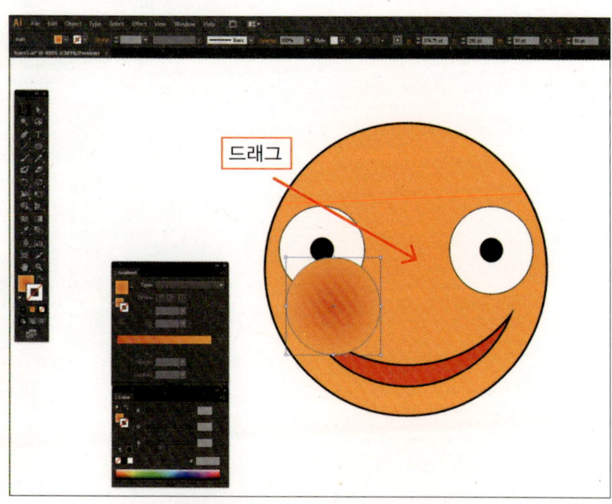

12. 옮긴 그라디언트 오브젝트를 선택하고 [Transform]–[Transform Each] 메뉴를 선택합니다. [Transform Each] 대화상자에서 [Scale]–[Horizontal]과 [Vertical]은 100%, [Move]–[Horizontal]은 '78', [Vertical]은 '0'으로 입력한 후 [Copy] 단추를 클릭합니다.

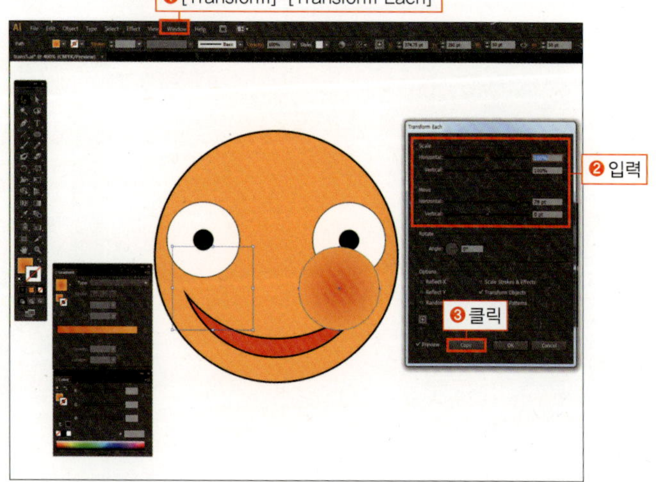

13. 선택 툴(￼)을 클릭한 후 만들어진 두 개의 오브젝트 중 하나를 선택합니다. Shift 를 누른 상태로 다른 하나를 클릭하여 두 개의 원을 동시에 선택합니다.

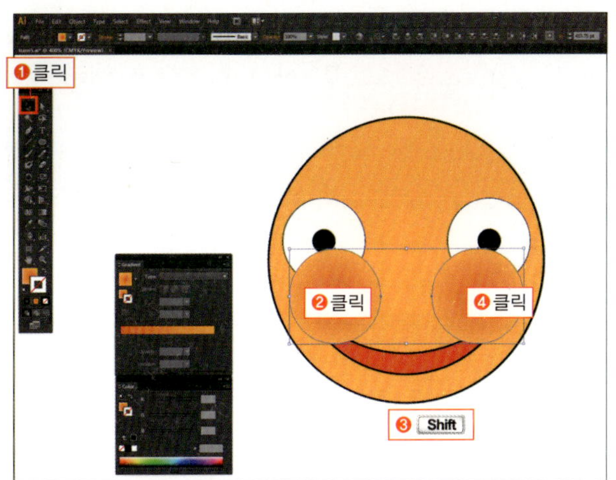

14. 선택한 상태에서 Ctrl + [을 5회 누릅니다. 그러면 위에 놓인 오브젝트를 하나씩 지나쳐 밑으로 내려갑니다.

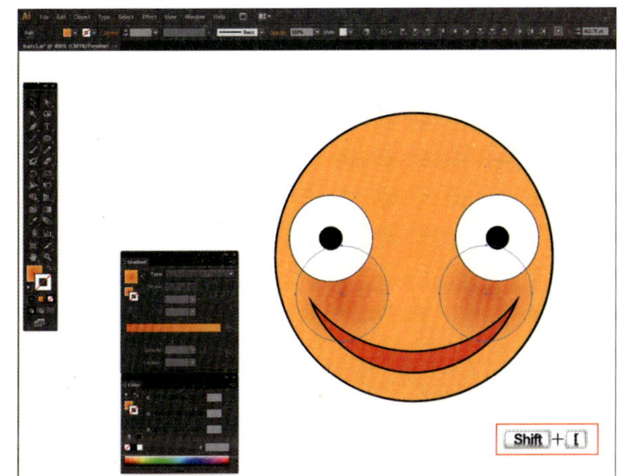

15. 작업 화면 바닥을 클릭하여 선택을 해제합니다. 이렇게 하여 간단한 그라데이션을 적용한 머스터드 캐릭터를 만들어 보았습니다.

[Navigation] 패널 알아보기

작업을 진행하다 보면 큰 그림일수록 전체를 보지 못하고 조절하기가 힘들어질 때가 있는데 그때 유용한 패널이 바로 네비게이션 패널입니다. 전체 이미지를 통제하고 크기를 조절하여, 볼 수 있는 말 그대로 'Navigation'입니다. 이 뜻은 항해사라는 뜻이 있으므로 지도 같은 역할을 한다고 보면 됩니다. 아트보드상의 이미지가 네비게이션상에 나타납니다. 하단에 줌 슬라이더(Zoom Slider)를 따라 이동하면 좌측은 작아지고 우측은 커집니다. 그리고 전체 이미지가 커져서 전체를 한눈에 볼 수 없어지면 [Proxy Preview Area]가 생기는데 이 네모 칸을 드래그로 움직이면 전체 이미지도 같이 움직여 통제하여 찾아가며 볼 수 있습니다.

화면에 확대/축소를 수치로 보여주고 수치를 입력하여 크기를 조절합니다. 슬라이더로 직접 크기를 조절합니다.

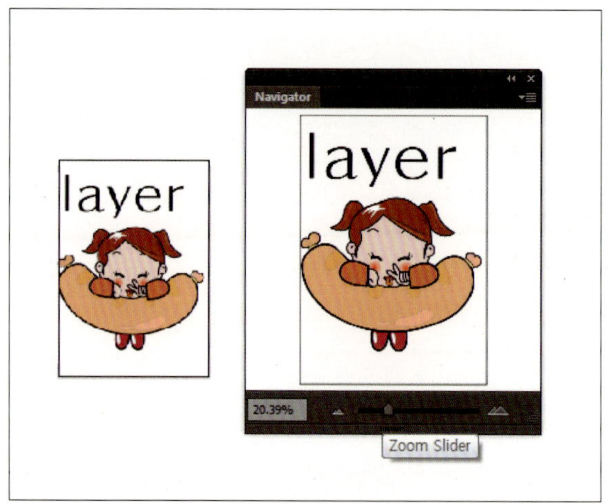

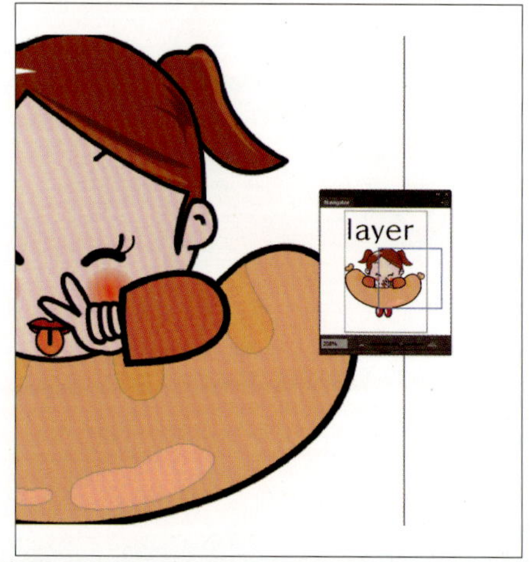

팝업 메뉴를 살펴보면 다음과 같습니다.

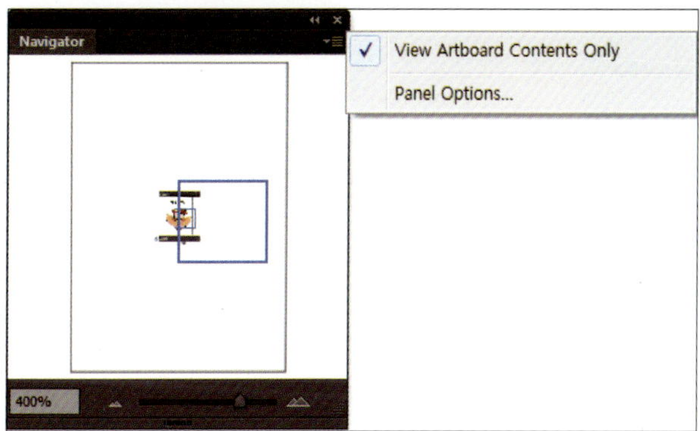

[View Artboard Contents Only]를 체크하면 아트보드 내에 있는 이미지만 보입니다. [Panel Options]
는 패널 옵션 창의 [View Box Color] 항목에서 네비게이터 상에 보여지는 부분을 표시해주는 박스에 정
한 컬러 등을 설정할 수 있습니다.

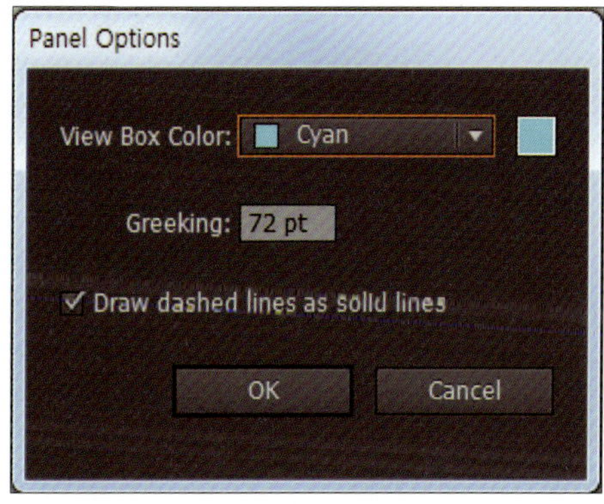

TIP : 하단에 상태바의 크기 조절 메뉴를 이용하는 것도 매우 편리합니다.

- 블렌드 툴과 블렌드 옵션 대화상자를 이용하여 다양한 효과를 줄 수 있습니다. **117p**

- [Color Picker]를 통해 컬러를 적용하고 [Gradient] 패널을 숙지하고 블렌드 메뉴의 옵션 대화상자를 통해 적용합니다. **121p**

- 다양한 Color 모드를 알아보고 [Gradient Slider]를 조절하여 컬러를 적용합니다. **138p**

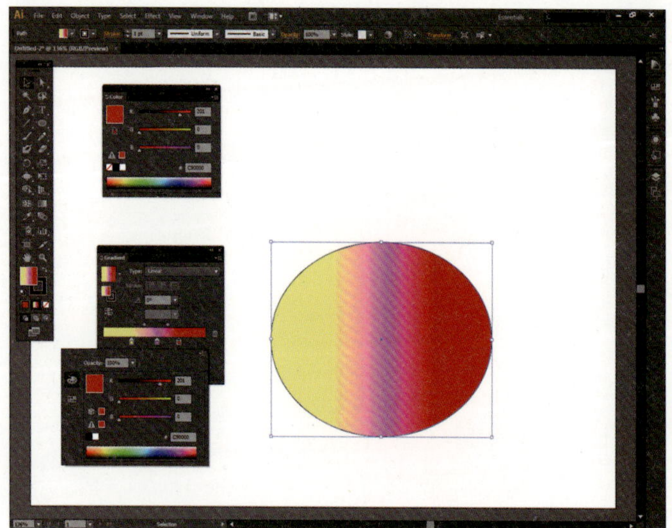

- 컬러와 관련된 패널은 [Color] 패널, [Swatches] 패널, [Color Guide] 패널입니다.

- [Gradient] 패널에는 두 가지 타입 [Liner], [Radial] 모드가 있습니다.

01 다단복제와 블렌드모드를 활용한 백그라운드 만들기

완성 파일 : DVD₩Selftest₩Part02₩P02ST01.ai   **동영상 파일 :** DVD₩Selftest₩Part02₩p02self01.avi

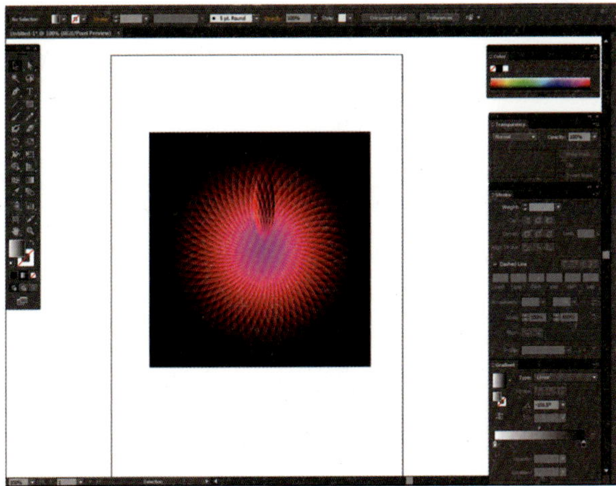

HINT

두께(폭) 툴과 다단 복제를 통해 오브젝트를 만들고 블렌딩 모드를 사용하여 다양한 백그라운드를 만듭니다.

02 모양이 변하는 오브젝트 만들기

완성 파일 : DVD₩Selftest₩Part02₩P02ST02.ai   **동영상 파일 :** DVD₩Selftest₩Part02₩p02self02.avi

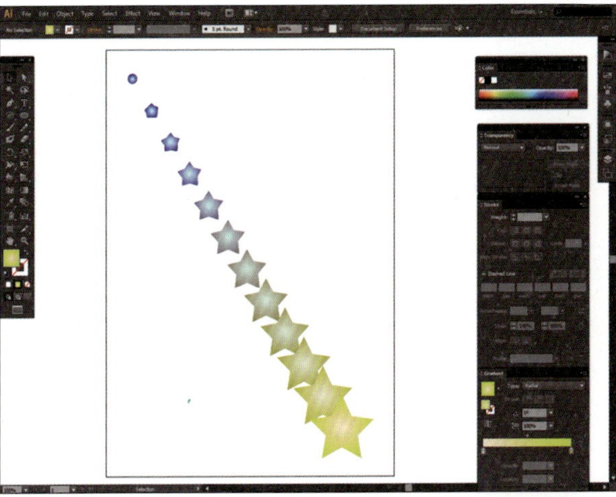

HINT

서로 다른 모양의 오브젝트를 블렌드 툴을 이용하여 점차 변해가는 오브젝트로 만듭니다.

03

오브젝트 드로잉과
선과 면 표현 & 수정하기

일러스트레이터 CS6의 핵심 툴인 펜 툴과 그라디언트 메쉬 툴로 자연스럽고 부드러운 면을 표현하는 방법과 선과 면을 자르고 지우는 수정하는 방법에 대해 알아봅니다.

오브젝트, 패스의 개념과 펜 툴의 종류를 알아본 후 펜 툴을 이용하여 드로잉 기초를 연습해 보겠습니다.

 패스의 명칭과 펜 툴의 종류 알아보기

드로잉을 하기 위해서 가장 중요한 툴이 펜 툴입니다. 펜 툴로 드로잉하는 방법을 알아봅니다.

■ 오브젝트의 정의와 Path의 구성

오브젝트(object)란 하나로 구성된 작업물을 말합니다. 기준점을 기준으로 다시 원점으로 돌아와 이어졌을 때를 일반적으로 하나의 오브젝트라고 말하고 그 중간 중간의 만들어가는 선들을 Path(패스)라고 합니다. 그리고 이렇게 진행하여 만들어진 작은 단위의 도형을 오브젝트(Object)라고 합니다. 오브젝트를 구성하는 요소를 이해하기 위해 기본적인 패스의 명칭을 알아보겠습니다.

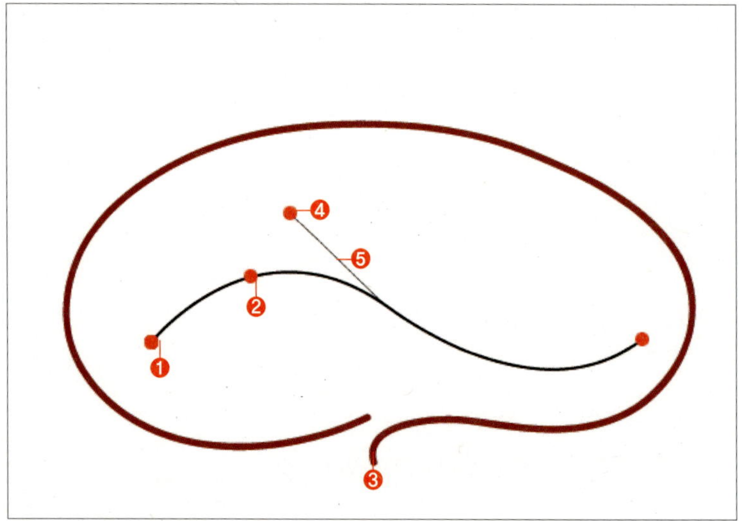

❶ 기준점(Anchor Point) : 선을 그리기 위해 처음 위치를 잡습니다.

❷ 세그먼트(Segment) : 기준점에서 시작한 라인을 다음 기준점까지 이어주는 선입니다.

❸ 패스(Path) : 다수의 세그먼트가 합쳐진 상태를 말합니다.

❹ 방향점(Direction Point) : 방향선 끝점으로 방향선을 조절하여 세그먼트의 위치를 변경하거나 각도를 변

경하는 핸들 같은 역할을 합니다.

❺ 방향선(Direction Line) : 세그먼트의 방향과 각도를 변경합니다.

닫힌 패스와 열린 패스

닫힌 패스란 하나의 기준점에서 시작하여 다시 기준점으로 돌아와 전체가 하나의 선으로 연결된 상태를 말합니다. 반대로 그렇지 않은 패스를 열린 패스라고 합니다.

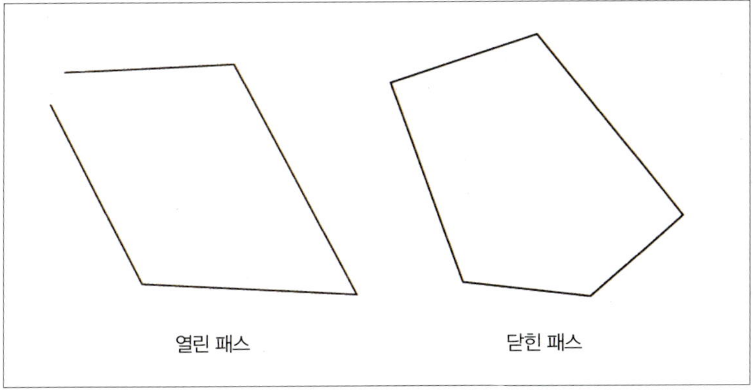

■ 펜 툴의 이해와 종류

펜 툴은 펜 모양의 툴로 직선과 곡선을 그릴 때 사용합니다. 펜 툴을 클릭하면 기본 툴 외에 세 개의 툴이 더 나타납니다.

❶ 펜 툴( ) : 기본 펜 툴로 기본적인 직선, 곡선 등을 자유롭게 그릴 수 있습니다.

❷ 기준점 추가 툴( ) : 이미 그려진 패스에 포인트를 추가하여 변환시킵니다.

❸ 기준점 삭제 툴( ) : 추가된 포인트를 삭제하며 불필요한 포인트를 삭제하거나 삭제를 통해 형태를 변형시킬 때 사용합니다.

❹ 기준점 변환 툴( ) : 그려진 패스의 방향을 변화시킬 때 사용합니다.

펜 툴()은 진행 상황에 따라 상태를 표시하는 기호가 옆에 나타납니다.

❶ 세그먼트 선에 가까이 접근하면 나타나고, 세그먼트 선을 클릭하면 포인트가 추가됩니다.

❷ 포인터를 제거할 수 있다는 표시이고, 포인터에 가까이 하면 나타납니다.

❸ 시작하는 기준점을 만들기 위해 클릭할 수 있고, 클릭하면 패스 드로잉이 시작됩니다. 이 표시가 나타나지 않았다면 지난 드로잉이 마쳐지지 않았다는 뜻이므로 새로운 드로잉이 불가능합니다.

❹ 끊겨진 패스를 다시 연결할 때 나타납니다.

❺ 진행 중인 패스가 닫혀짐을 표시합니다.

> **TIP :** 펜 툴로 드로잉이 끝나고 다른 드로잉을 진행중에 간혹 펜 툴에 따라 패스 선에 따라오는 경우가 있는데, 전 작업이 끝마쳐지지 않은 경우입니다. `Enter` 를 누르면 펜 툴은 다시 진행 가능한 상태로 됩니다.

펜 툴로 직선, 사각형 등을 그려보겠습니다.

예제 파일 | DVD₩Part03₩pen01.ai

01. 'pen01.ai' 파일을 불러옵니다. 펜 툴( )을 선택한 후 열린 연습 파일 1에 기준점을 클릭하여 찍어줍니다. 위에서 설명한대로 이때는 눈꽃 모양 이 나타나고 클릭하여 기준점을 만듭니다.

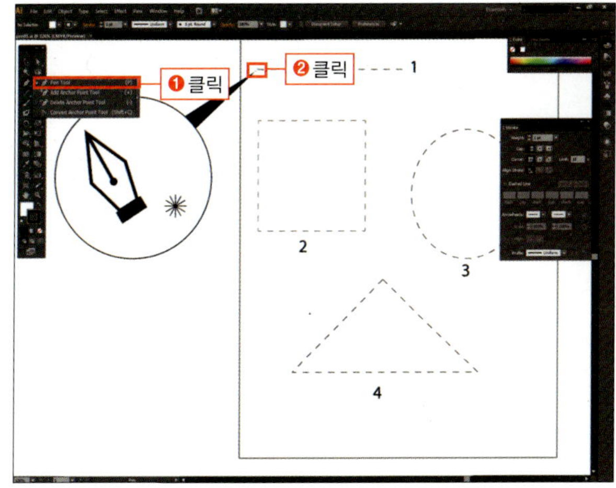

02. [Fill & Stroke]( )에서 [Fill]은 None( ), [Stroke]은 [black]으로 설정하고 **Shift** 를 누른 상태에서 우측 점선 끝을 클릭합니다. 작업이 끝 났다면 다음 작업을 위해 펜 툴( )을 이동하여야 하는데 **Enter** 를 누르면 펜 툴 상태가 눈꽃 모양 으로 변하며 기준점을 만들 수 있게 됩니다. 그냥 진행하면 선은 이동한 자리로 그려집니다.

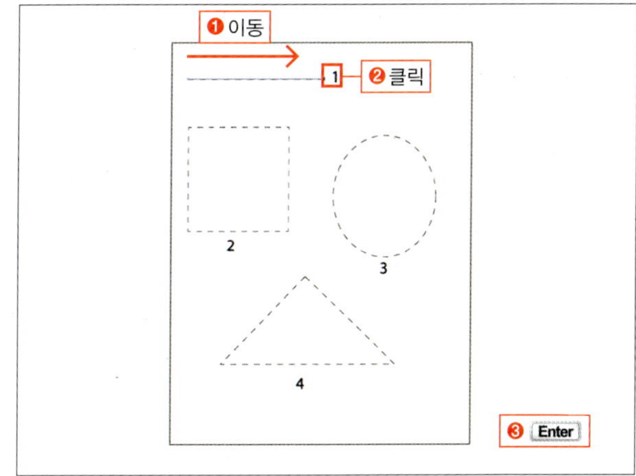

03. 다시 사각형의 기준점을 클릭합니다.

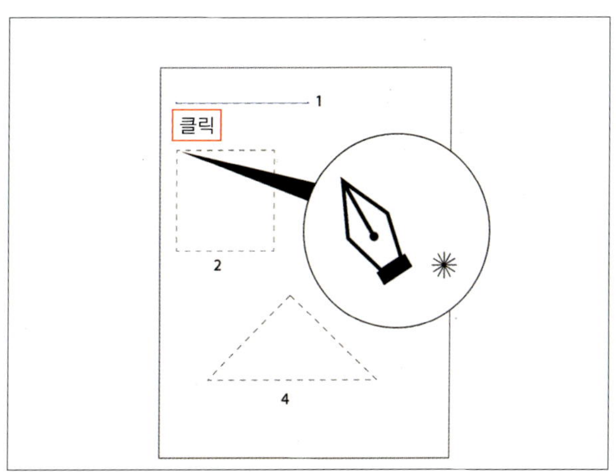

04. **Shift** 를 누른 상태에서 점선을 따라 그리
면서 진행합니다. 시작점에 오면 그림과 같이 펜
툴에 닫힌 패스 표시가 나타납니다.

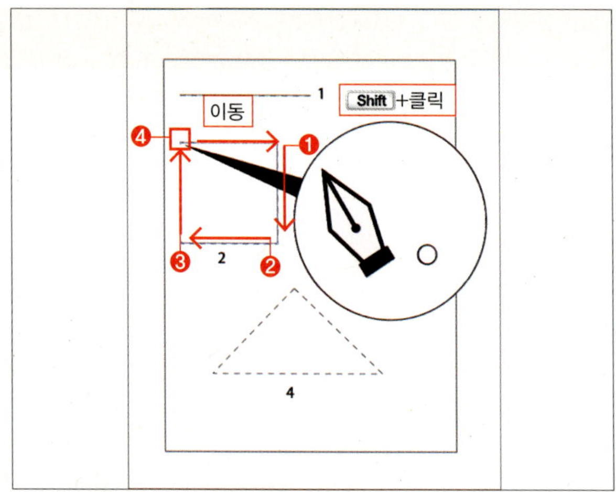

TIP : 면 컬러(Fill)와 선 (Sroke) 컬러 지정하기와 삭제 기본 컬러 지정 그리고 swap으로 색을 바꿔주는 방법

❶ 면이나 선에 컬러를 제거하여 없애는 방법 : 면을 클릭하고 아래
부분에 세 가지 메뉴 중 [None]을 클릭하여 삭제합니다. 선도 마
찬가지로 [Stroke]을 선택하고 [None]을 클릭하여 제거합니다.

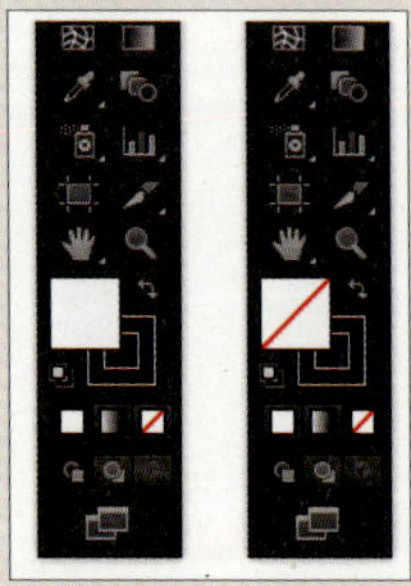

❸ 면이나 선에 그라디언트 [gradient]를 적용하는 방법 : 면(Fill)이나
선(Sroke) 어느 곳에나 선택하고 중간에 있는 [gradient] 메뉴를
클릭하여 간단히 그라데이션을 적용할수 있습니다.

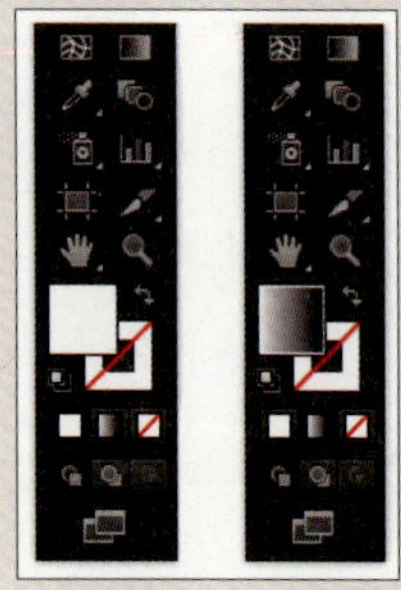

❷ 면이나 선에 컬러를 적용하는 방법 : 면(Fill)이나 선(Sroke) 중 원
하는 메뉴를 선택하고 가장 왼쪽에 컬러를 선택합니다. 그러면
없던 컬러가 적용됩니다.

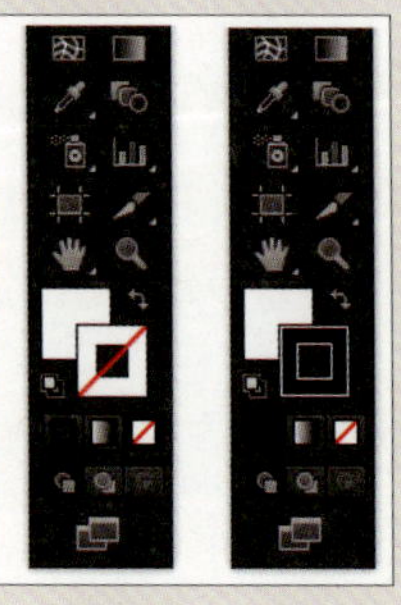

❹ 면(Fill)과 선(Sroke)의 컬러를 교체하는 방법 : 면과 선에 컬러를
[Swap Fill & Stroke] 메뉴로 간단히 교체할 수 있습니다.

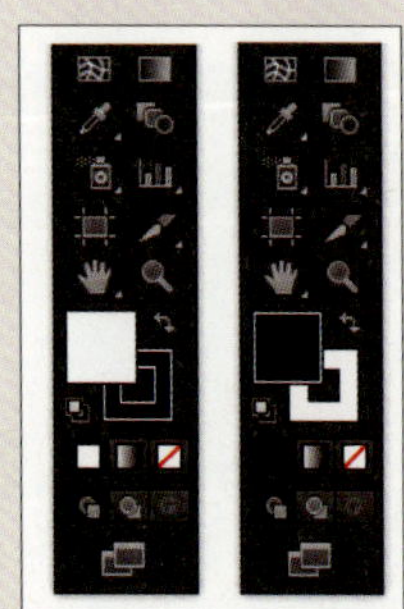

펜 툴로 타원과 다각형 등을 그려보겠습니다.

01. 다시 타원 점선 위에 기준점을 만들고 너무 멀지 않은 곳을 클릭하고 버튼에서 손은 떼지 않습니다.

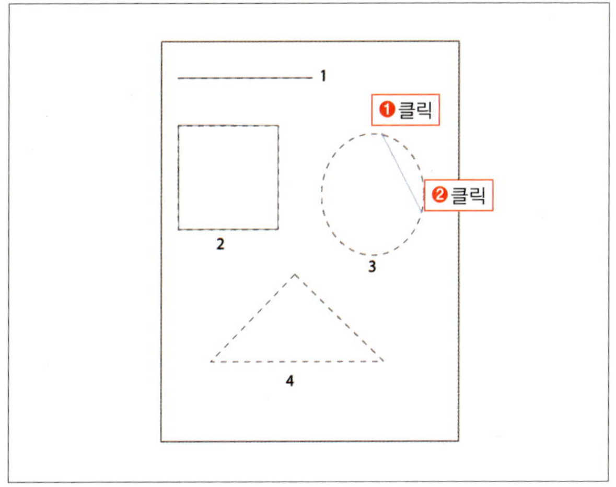

02. 그 상태로 아래로 드래그하여 둥근 부분이 맞게 하고 손을 뗍니다.

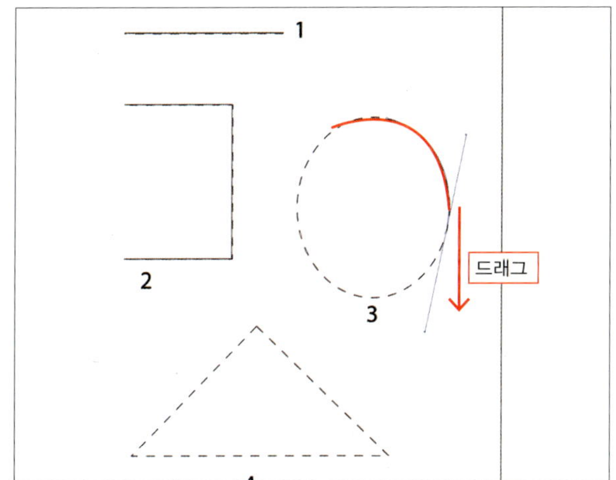

03. 그림과 같이 방향선(Direction Line)이 생기고 펜 툴(   )을 방향선 중간점에 가까이하면 그림과 같은 표시의 펜 툴이 나타납니다.

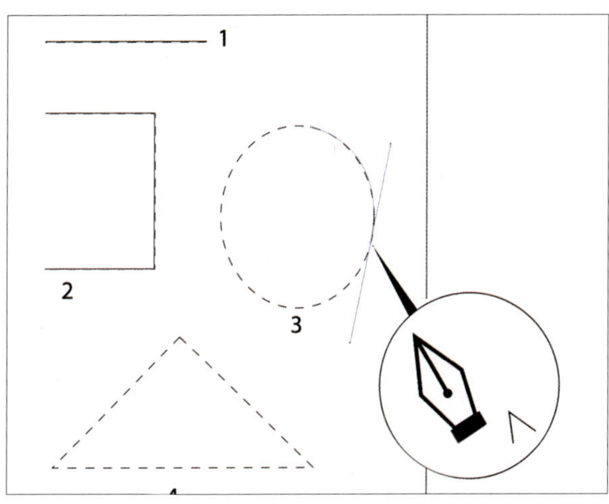

04. 그 상태에서 클릭하면 방향선의 한쪽이 사라집니다(방향선 한쪽 제거).

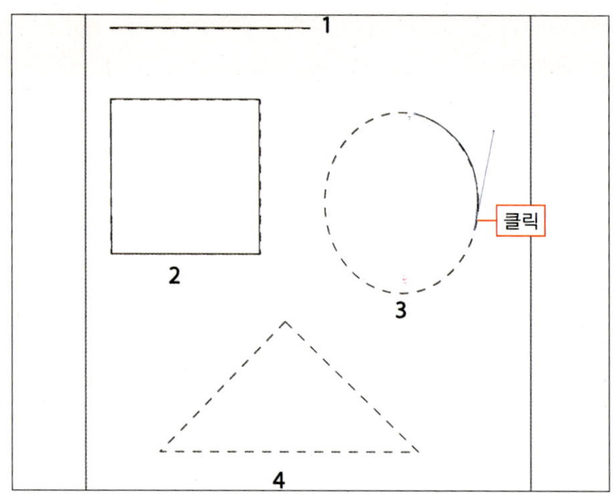

05. 같은 방법으로 점선을 따라 진행합니다.

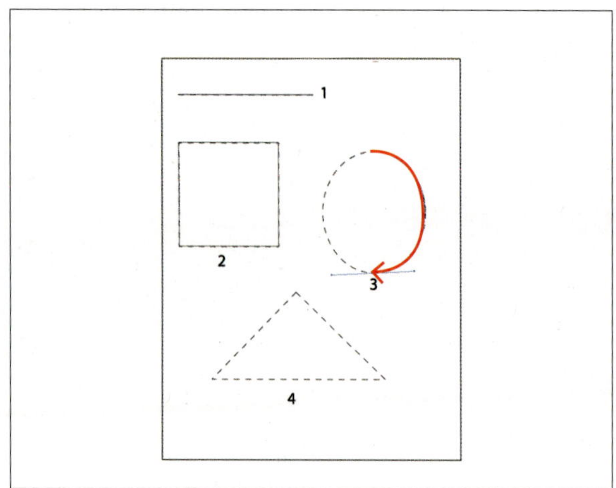

06. 진행하다 네모를 만들 때와 같이 기준점에 오면 닫힌 패스 표시가 나타나고 패스가 완성됩니다.

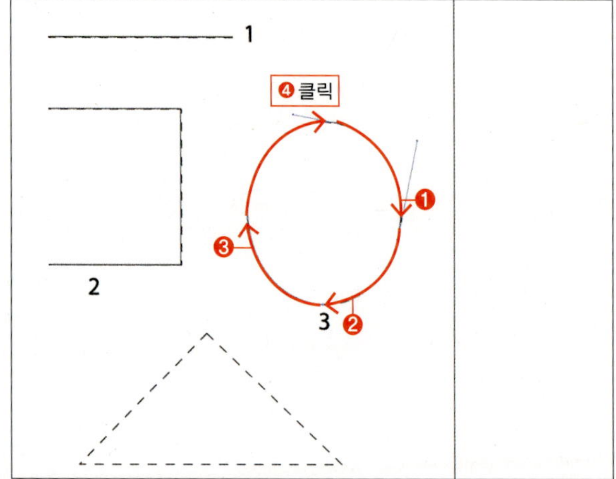

07. 삼각형 역시 사각형과 같이 각각 모서리를 클릭하여 연결합니다. 닫힌 패스가 되면 작업을 해제할 필요 없이 바로 기준점 클릭 상태가 됩니다.

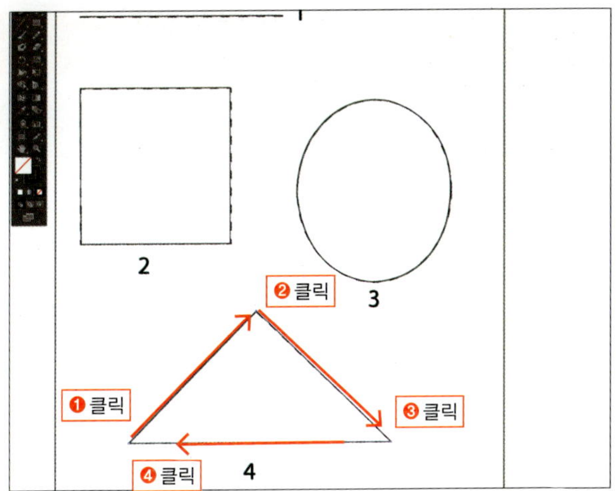

TIP : 펜 툴로 드로잉을 할 때는 많은 연습이 필요하고 일러스트레이터에서 가장 중요한 툴입니다. 기존에 이미지를 보고 따라서 그리는 연습을 합니다.

펜 툴에 포함된 기준점 삭제 툴을 이용하여 지그재그선을 직선으로 만들어봅니다.

01. 새로운 창을 열고 펜 툴( )을 선택한 후 그림과 같이 지그재그로 그립니다. 펜 툴로 자리를 옮겨 클릭합니다.

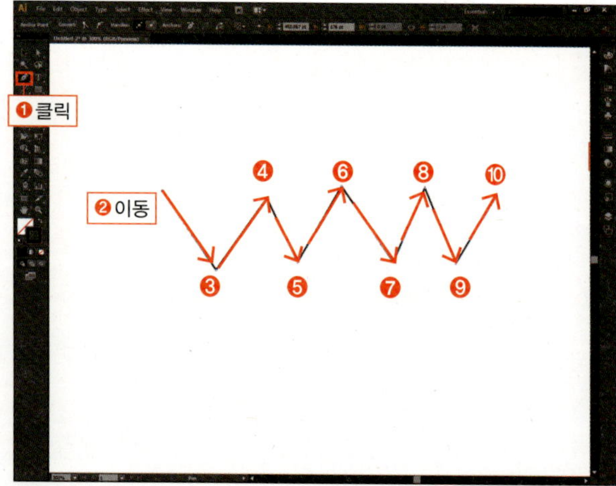

02. 기준점 삭제 툴( )을 선택하고 다시 직선으로 만들어보겠습니다.

03. 그림과 같이 기준점을 하나하나 선택하여 제거합니다.

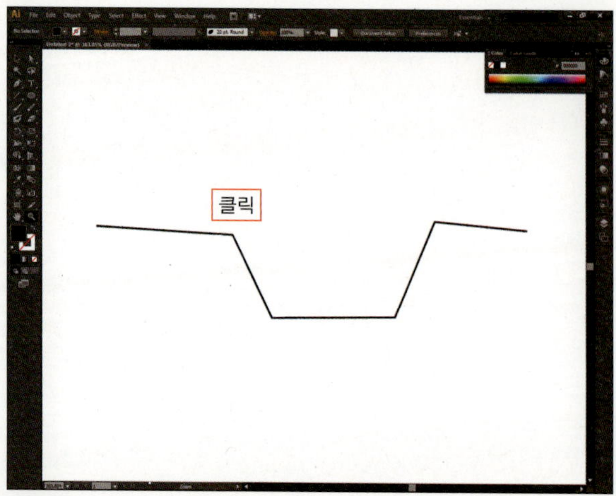

04. 차례로 직선이 되어가면서 직선이 완성되었습니다.

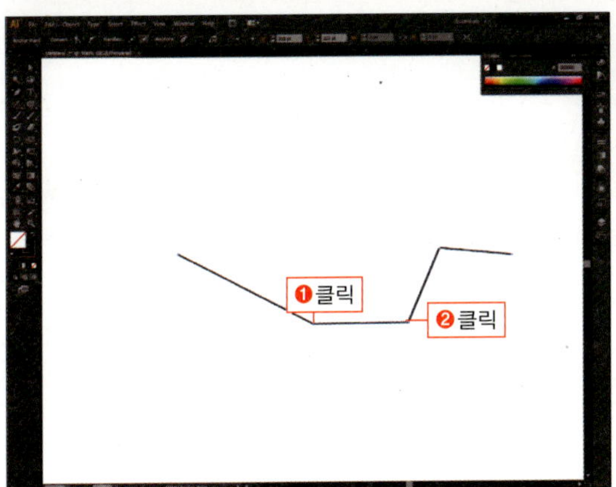

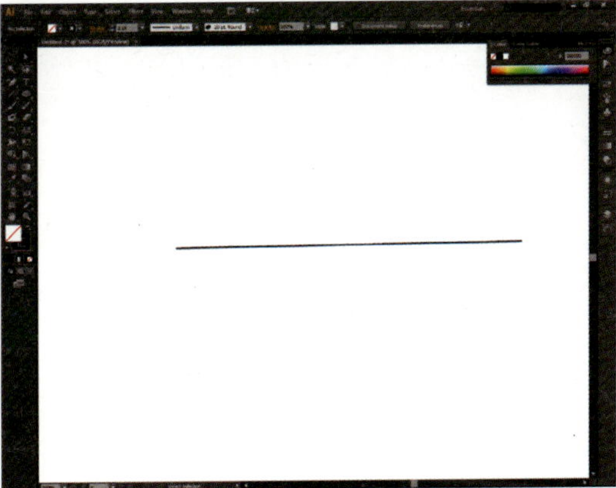

TIP : 기준점 추가 툴도 기준점 삭제 툴과 마찬가지로 진행하는데 반대로 기준점이 추가되는 차이점이 있습니다. 기준점이 추가되면 직접 선택 툴로 클릭&드래그로 점을 이동할 수 있습니다. 직선을 곡선이나 도형으로 바꿀 수 있습니다.

기준점 추가 툴과 방향 전환 툴을 이용하여 직선을 지그재그로 만든 후 곡선으로 바꾸어보겠습니다.

01. 직선을 반대로 지그재그로 만들어봅니다. 펜 툴로 직선을 그린 후, 기준점 추가 툴( )로 기준점을 추가합니다.

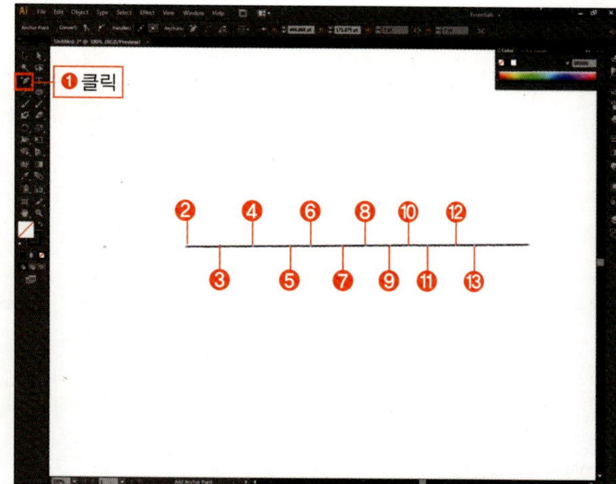

TIP : 새로이 업그레이드된 CC 버전의 경우 지그재그 형태의 각이 있는 선이나 오브젝트는 코너 조절 포인트를 이용하여 간단하게 곡선으로 바꿀 수 있습니다.

02. 직접 선택 툴( )을 선택하고 기준점을 클릭하여 드래그합니다.

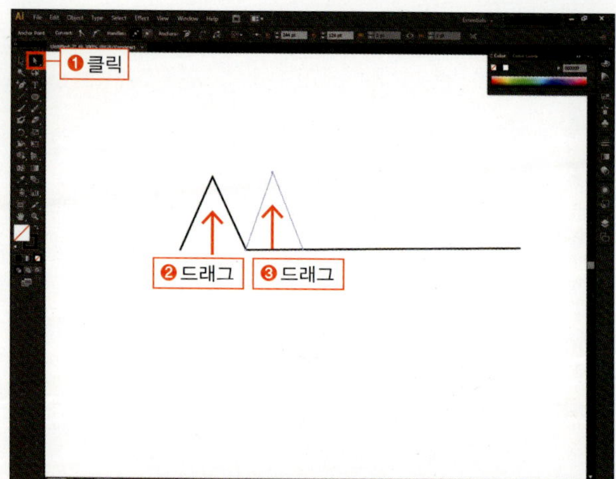

03. 직접 선택 툴( )을 선택하고 포인터를 잡아 드래그합니다.

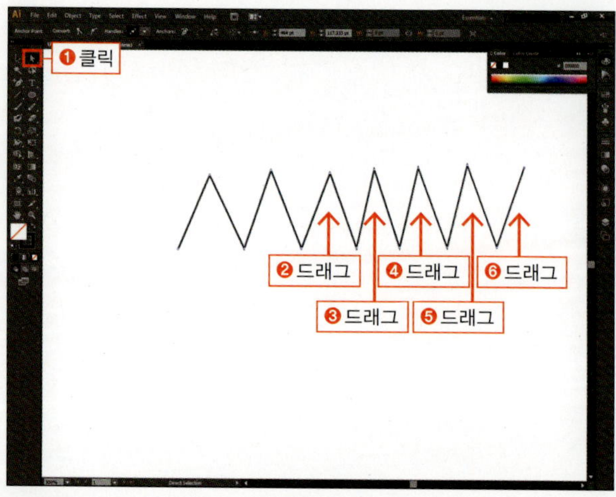

04. 좌측 또는 우측으로 드래그하면 직선은 곡선으로 바뀝니다.

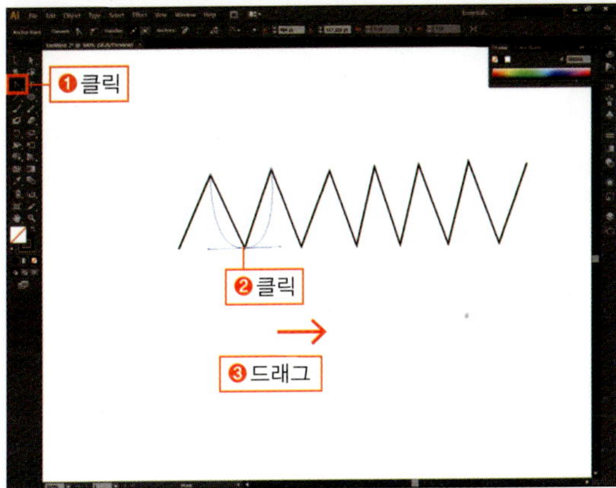

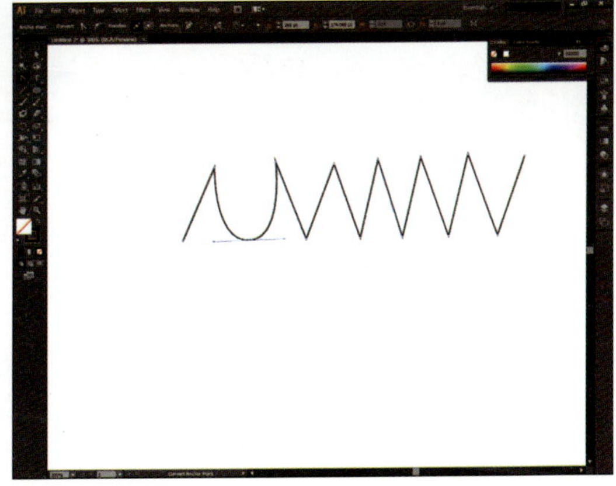

05. 이런 방법으로 이미 그려진 직선을 곡선으로 바꿀 수 있습니다.

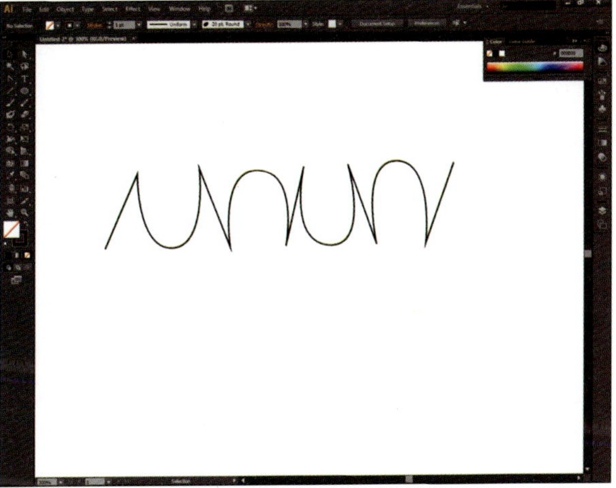

반전, 패스파인더, 다단 복제
이용하여 꽃 오브젝트 만들기

펜 툴을 이용하여 실무에서 작은 오브젝트 등을 만들어 쓰는 경우가 많습니다. 펜 툴과 오브젝트의 변형 등으로 원하는 오브젝트를 만들어 사용합니다. 그림과 같이 펜 툴을 간단히 사용하는 것 만으로도 변형 오브젝트를 만들 수 있습니다.

01. 원하는 컬러를 지정하고 Stroke(⬚) 상태에서 ❺번 위치를 펜 툴로 클릭하여 수직으로 아래 ❻번 위치를 클릭합니다. 그 상태로 드래그하여 좌측 아래로 밀어 우측 상단으로 활처럼 휘어지게 합니다.

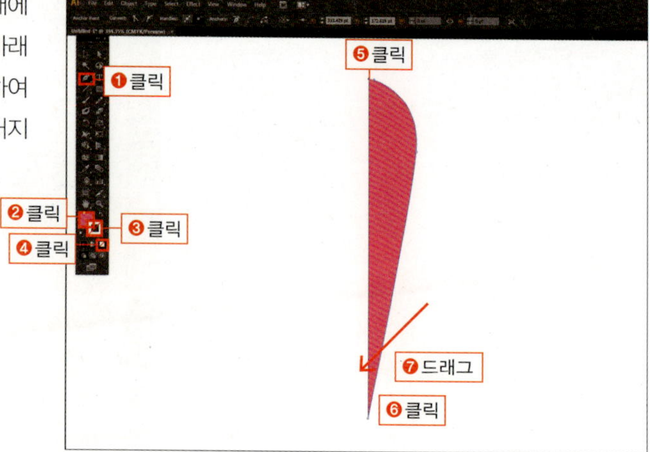

02. [Object]–[Transform]–[Reflect] 메뉴를 선택하여 반전 대화상자를 열어 [Vertical]로 체크하고 [Copy]를 클릭한 후 반전된 오브젝트를 만듭니다.

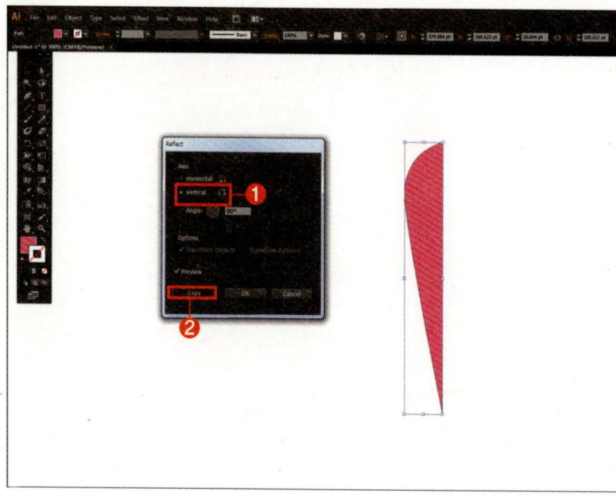

03. 키보드에 방향키를 이용하여 오브젝트를 우측으로 이동시켜 그림과 같이 하나의 도형을 만듭니다.

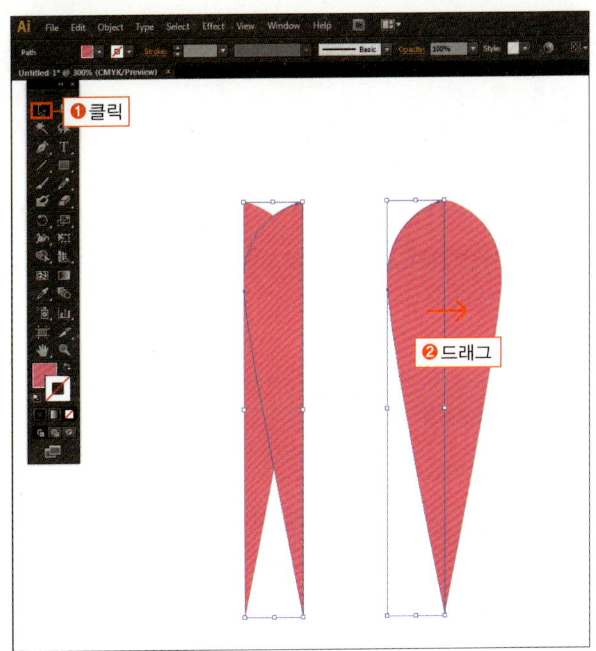

04. 선택 툴로 전체를 드래그로 선택하고 회전 툴( )로 회전 중심축을 만들어주고 Alt 를 누른 상태에서 드래그로 일정한 간격을 두고 복제합니다.

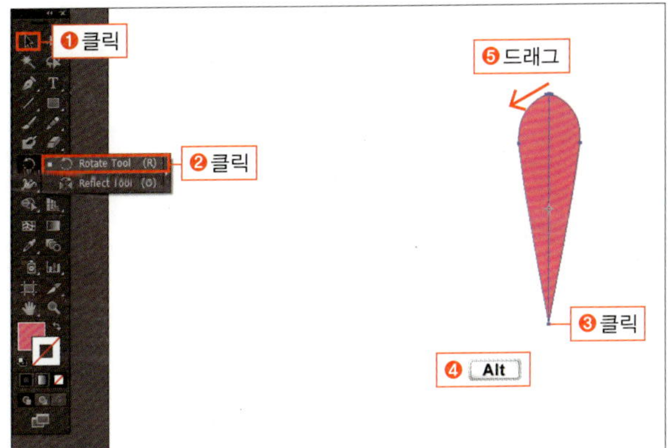

05. 복제된 상태에서 Ctrl + D 를 눌러 다단 복제합니다. 이렇게 간단히 펜 툴을 사용하여도 다양한 변형 오브젝트를 만들 수 있습니다.

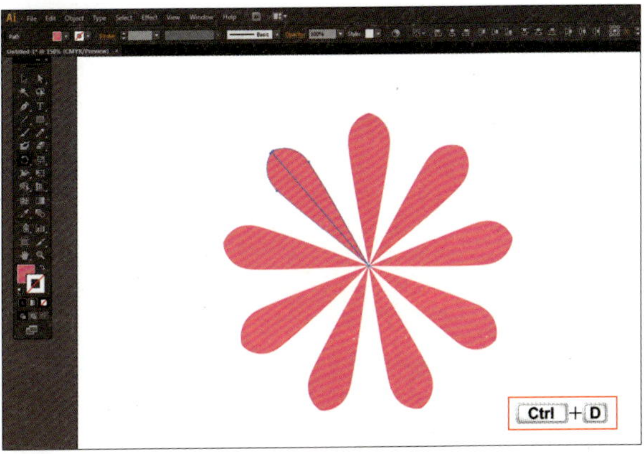

02 오브젝트의 변형과 수정 툴 알기

오브젝트를 지우거나 자르고 변형 혹은 변경하는 방법에 대해 알아봅니다.

기초탄탄 ▶ 수정 툴 알아보기

지우개 툴, 가위 툴, 나이프 툴에 대해 알아보고 사용 방법을 알아봅니다.

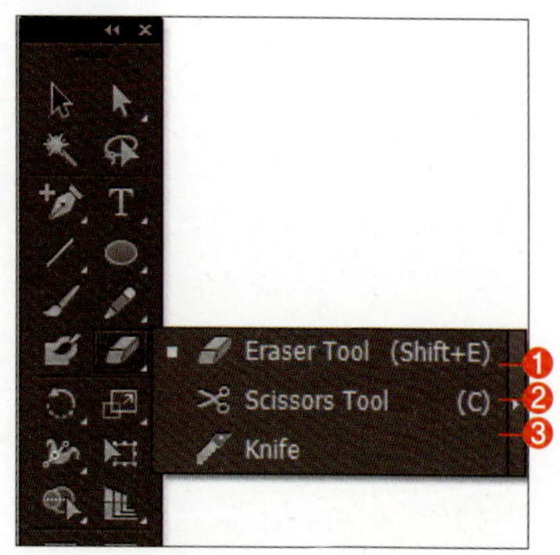

❶ 지우개 툴( ) : 오브젝트를 선택한 상태에서 원하는 부위만을 드래그로 지워줍니다.

❷ 가위 툴( ) : 패스로 연결된 Stroke(선) 부분을 클릭으로 잘라줍니다.

❸ 나이프 툴( ) : 오브젝트가 선택된 상태에서 드래그하여 선과 면을 한번에 분리합니다.

지우개 툴( )은 자체적인 지우개의 크기와 모양을 설정하는 [Eraser Tool Options] 대화상자를 가지고 있습니다. [Eraser Tool Options] 대화상자는 툴을 더블클릭하면 나타납니다.

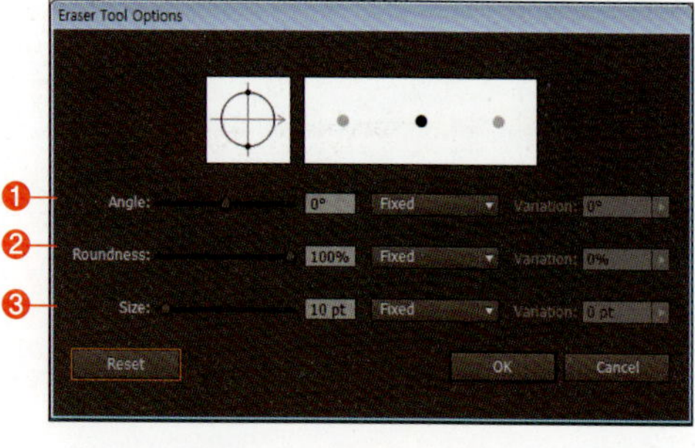

❶ Angle : 지우개 툴의 기울기를 설정합니다.

❷ Roundness : 둥근 정도를 정합니다.

❸ Size : 크기를 정합니다.

지우개 툴( )은 **Alt** 를 누르고 드래그하면 선택된 부분이 사각형 모양으로 지워지고 나이프 툴( )은 **Alt** 를 누르면 시작점이 고정되어 원하는 곳을 정확한 직선으로 자를 수 있습니다. 가위 툴과 나이프 툴은 설정 대화상자가 없습니다. 두 툴 간의 차이는 Stroke(선)을 자르는 것과 Fill(면)을 잘라내는 차이가 있습니다. 각각 선과 면에 적용됩니다.

지우개 툴을 이용하여 오브젝트를 지우는 연습을 해보겠습니다.

예제 파일 | DVD₩Part03₩apple.ai   **완성 파일 |** DVD₩Part03₩apple f.ai

01. 'apple.ai'를 불러옵니다. 선택 툴( )로 사과 전체를 선택하고 지우개 툴( )을 선택합니다.

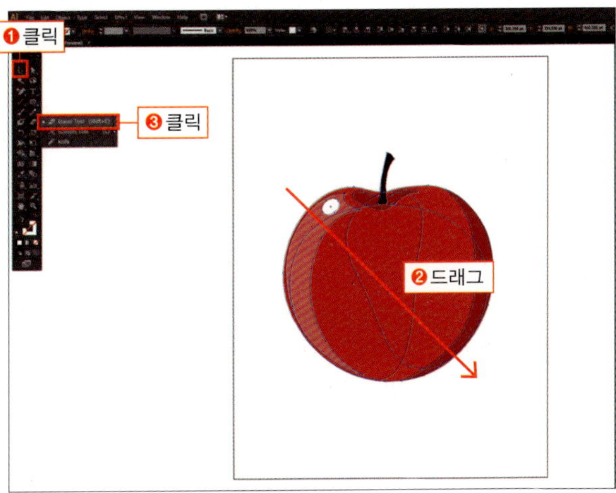

02. 사과의 하단 부분을 클릭하여 그림과 같이 지웁니다. 지우개의 크기는 **Ctrl** + **[** 로 줄이거나 **Ctrl** + **]** 로 크게 할 수 있습니다.

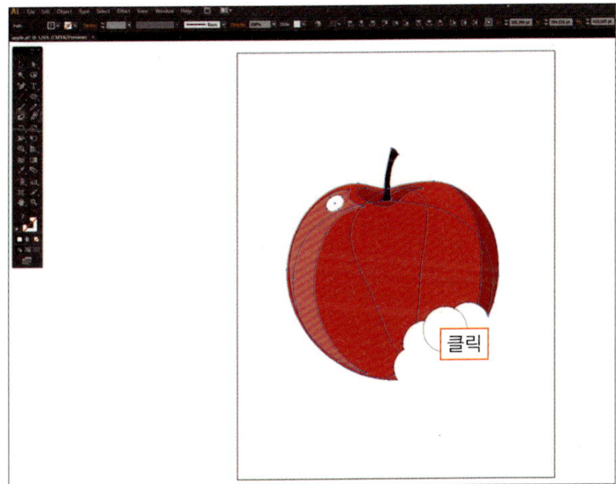

가위 툴로 라인을 자르는 연습을 해보겠습니다.

01. 사과의 지워진 부분에 라인을 잘라냅니다. 사과를 선택한 상태에서 가위 툴( )을 선택합니다.

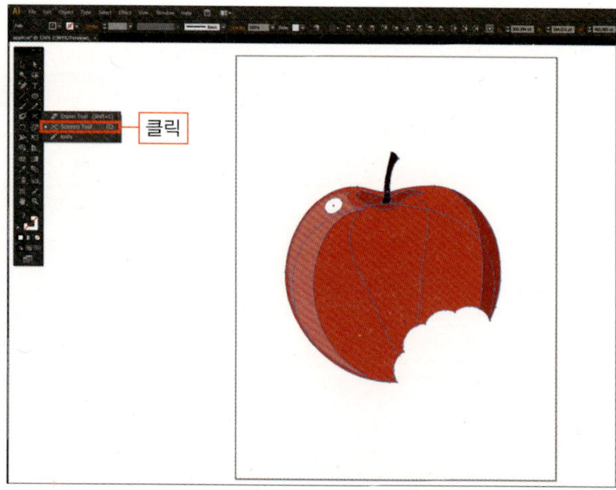

02. 사과를 선택한 상태에서 Ctrl + + 로 오브젝트를 확대합니다. 가위 툴( )을 선택하여 지워준 양쪽을 클릭합니다.

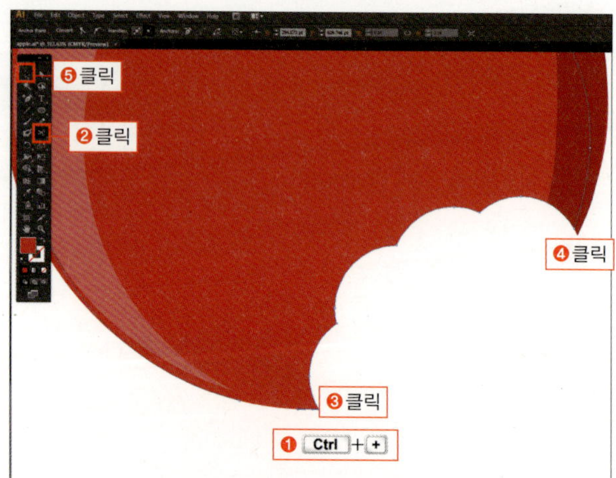

03. 우측도 클릭하여 잘라주고 직접 선택 툴로 드래그하여 선택합니다. Delete 를 눌러 삭제합니다.

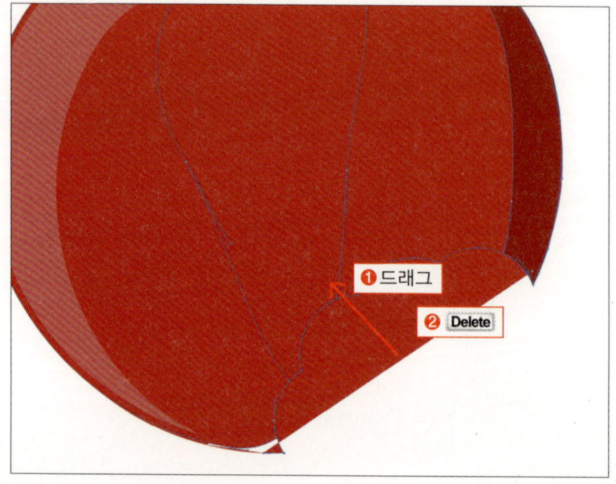

끊긴 패스를 [Anchor Point]를 사용하여 이어주는 연습을 해보겠습니다.

01. 펜 툴(　)을 선택한 후 삭제한 부분에 가져가면 그림과 같이 계속 진행 가능 표시가 나타납니다.

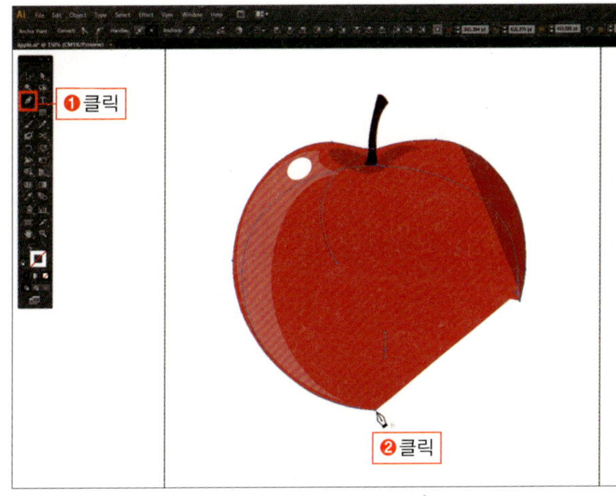

02. 클릭하여 반대편 선과 연결합니다.

03. 바깥쪽에 어두운 부분도 다시 만들어줍니다. 사과에 외곽을 따라 둥글게 드로잉 합니다.

다시 완성된 오브젝트를 나이프 툴로 자르는 연습을 해보겠습니다.

01. 다시 복구된 오브젝트 전체를 선택 툴( )로 선택합니다.

02. Alt 를 누른 상태에서 나이프 툴( )을 선택하고 원하는 방향으로 드래그하여 자릅니다.

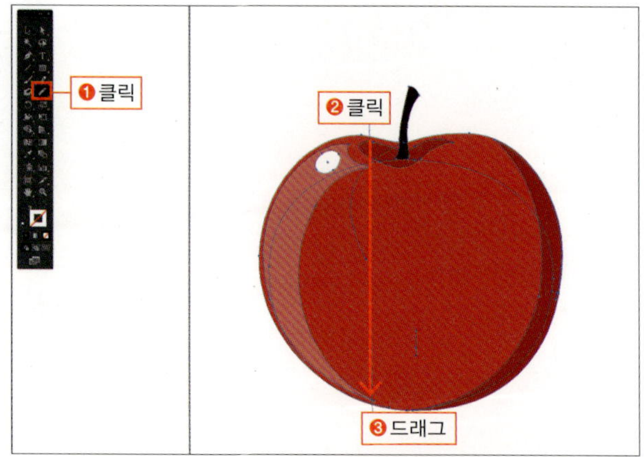

03. 잘려진 부분을 선택 툴( )로 드래그하여 선택한 후 우측으로 이동시킵니다.

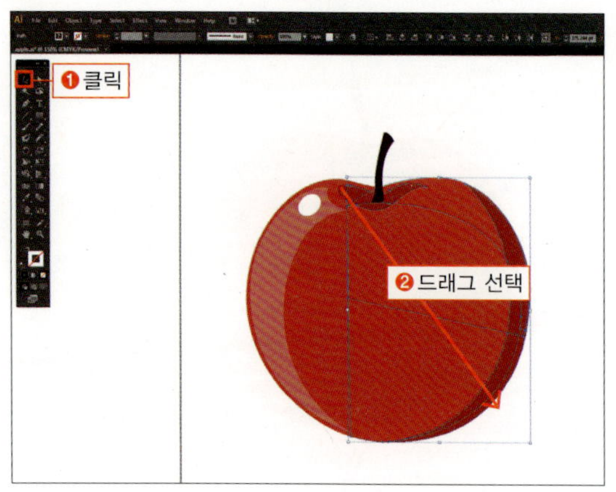

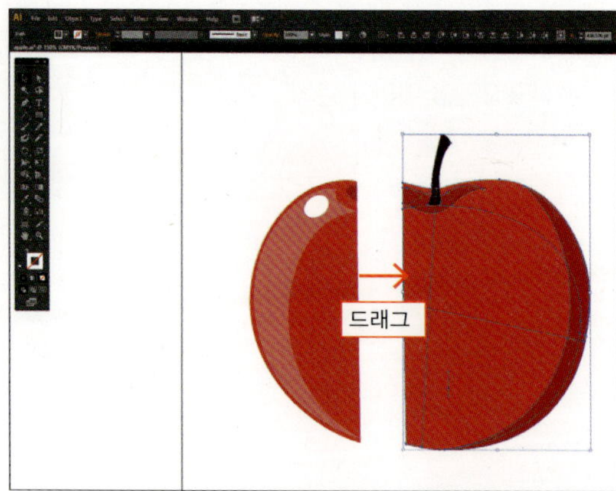

일러스트레이터는 컬러를 변경하기는 매우 쉽지만 상대적으로 형태를 변경하기는 어렵습니다. 한 번 완성해놓은 일러스트를 원하는대로 변경하여 사용할 때도 많은데 빠르고 쉽게 변경하는 방법을 알아봅니다.

예제 파일 | DVD₩Part03₩CHILDREN.ai   **완성 파일 |** DVD₩Part03₩CHILDRENf.ai

01. 완성된 파일 'CHILDREN.ai'를 불러옵니다. 옷의 무늬 형태를 변경하기 위해 오브젝트 전체를 선택합니다. [Object]-[Ungroup] 메뉴를 선택하여 그룹을 해제합니다. 선택 툴( )로 윗옷과 옷의 팔 부분을 선택한 후 **Ctrl** + **C** 를 누릅니다. 다시 **Ctrl** + **V** 로 옷을 복제합니다.

02. 복제된 옷이 선택된 상태에서 지우개 툴( )을 선택하고 더블클릭합니다. [Eraser Tool Options] 대화상자에서 [Size]에 '12'를 입력한 후 [OK] 단추를 클릭합니다.

03. 복제한 옷 위를 중간 중간 클릭하여서 땡땡이 모양을 만듭니다.

04. 원래 옷을 선택하고 [Fill.& Stroke]의 [Fill] 부분을 더블클릭한 후 [Color Picker] 대화상자에서 컬러를 화이트로 설정합니다.

05. 복제한 옷을 이제 원래 있던 곳으로 이동하여 땡땡이 옷을 정확히 맞춰줍니다.

06. [Object]—[Arrange]—[Send to Back] 메뉴를 선택하여 윗 옷을 맨 뒤로 보냈다가 Ctrl +] 을 30번 정도 누르면 옷이 안쪽으로 들어갑니다.

07. 드래그로 얼굴 전체와 머리와 Shift 를 동시에 누른 상태에서 배경을 클릭합니다. Ctrl + Shift +] 를 눌러 얼굴 전체와 머리를 맨 위로 올려주고 옷의 어둠을 선택하고 [Control] 패널에서 [opacity]를 '50%'로 설정합니다.

08. 오브젝트 전체를 건드리거나 흔들리지 않게 하고 원하는 부분만을 선택적으로 변경해 보았습니다.

지우개 툴과 그라디언트 툴로 별이 뜬 밤하늘 만들기

완성 파일 I DVD\Part03\midnight.ai

01. 새로운 창을 A4 사이즈로 만들고 먼저 밤하늘에 어울릴 만한 배경을 만들기 위해 사각 도형 툴(▣)을 선택한 후 사각 도형 툴을 더블클릭합니다. [Rectangle] 대화상자에서 [Width]는 '210', [Height]는 '297'을 입력한 후 [OK] 단추를 클릭하여 아트보드(Artboard)에 맞게 사각형을 만듭니다. 아트보드에 맞게 이동시키고 선택한 상태에서 그라디언트 툴(▣)를 클릭하면 그라데이션이 적용됩니다.

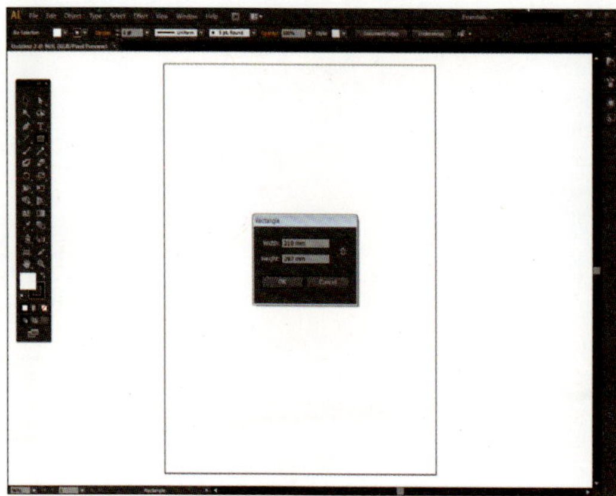
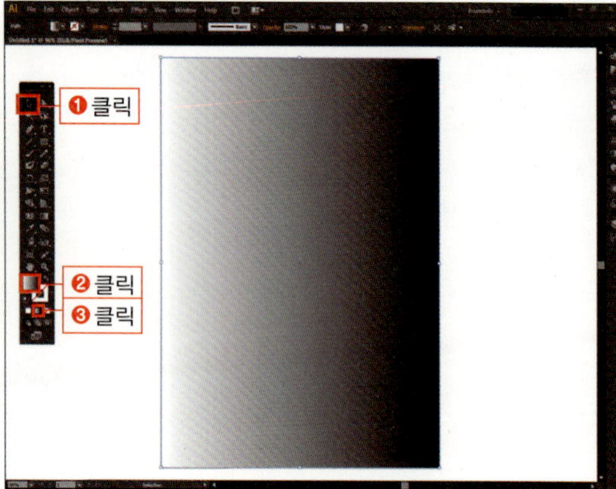

TIP : 오브젝트가 선택된 상태에서는 상단의 path 콘트롤 판넬이 나타나는데 이곳에서 'Align to Artboard' 항목을 이용하면 아트보드의 원하는 위치에 오브젝트를 위치시킬 수 있습니다.

02. 그라디언트 툴(▣)을 선택하고 Shift 를 누른 상태에서 수직으로 드래그하여 그라디언트의 방향을 수직으로 변경합니다.

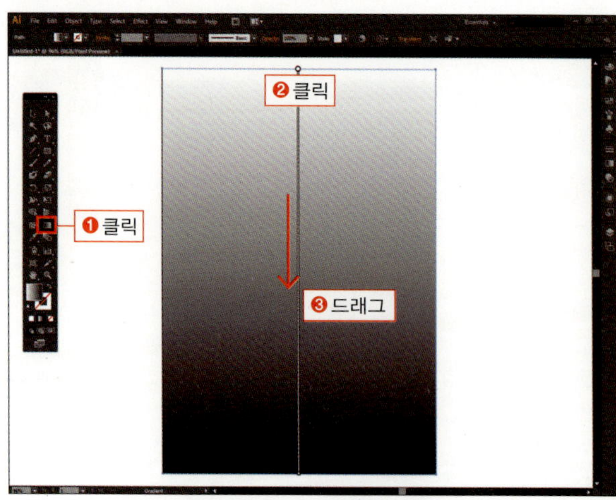

03. [Gradient] 패널을 열어 좌측 탭을 'R : 79, G : 55, B : 87'로 설정하고 우측 탭을 'R : 0, G : 0, B : 55'로 설정합니다.

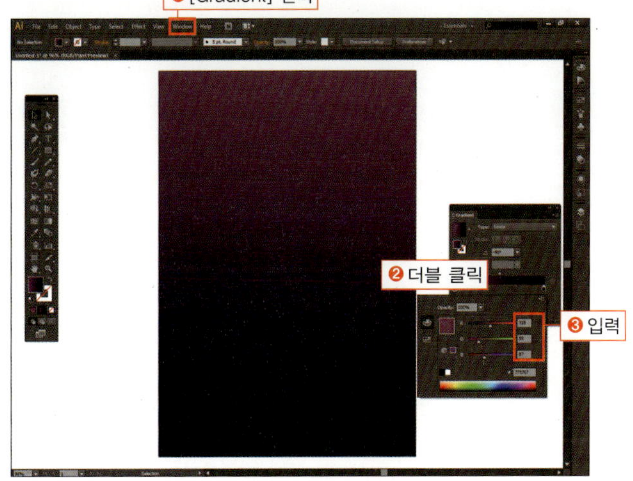

04. 배경이 선택된 상태에서 지우개 툴(　)을 선택하고 옮겨가며 사이즈를 　와 　로 조절합니다. 크고 작게 바꿔가며 하얀 동그라미를 찍어서 지워줍니다.

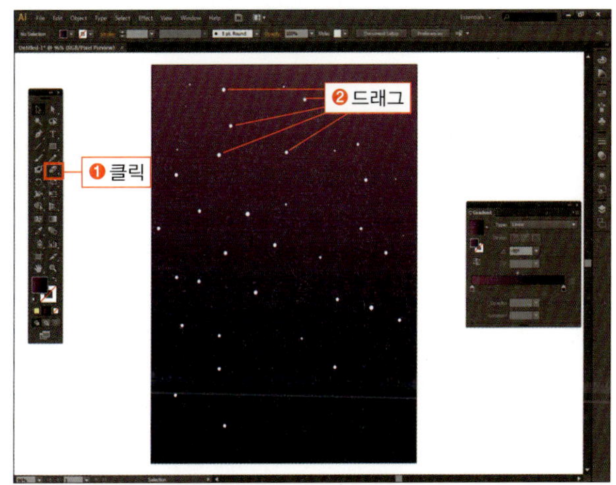

05. 스포이드 툴(　)로 바닥을 클릭하여 화이트 색상 상태로 만든 후 [Swap Fill & Stroke](　)을 클릭해 [Stroke]을 화이트로, [Fill]을 [None](　) 상태로 설정합니다. 라인 툴(　)을 선택해 십자 모양을 만들고 [Stroke] 패널을 열어 두께를 '2pt'에, [Width Profile]을 양쪽이 좁아지는 형태로 설정합니다.

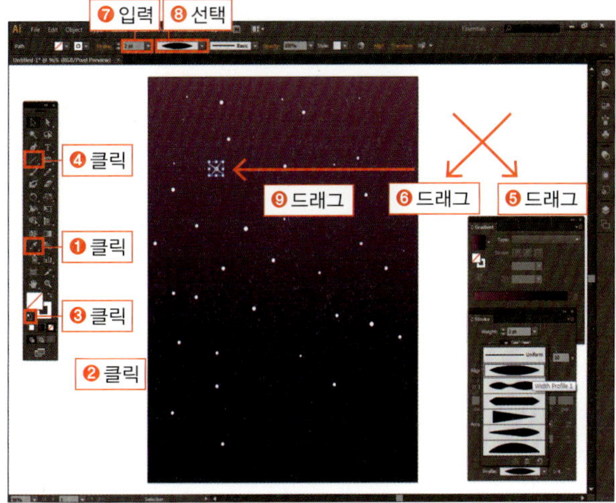

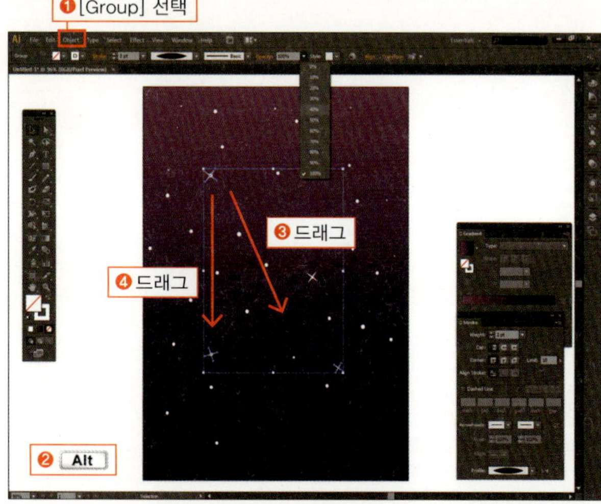

06. 두 개의 라인을 선택하고 메뉴 바에서 [Object]–[Group] 메뉴를 선택하여 묶어주고 이동하여 [Bounding Box]를 조절하여 크기를 줄이거나 늘립니다. **Alt** 를 누르고 드래그로 복사해서 다른 곳에 여러 개를 배치합니다. 그리고 각각의 라인 오브젝트 중 몇 개를 선택하여 상단의 [Control] 패널에서 [Opacity]를 조절합니다.

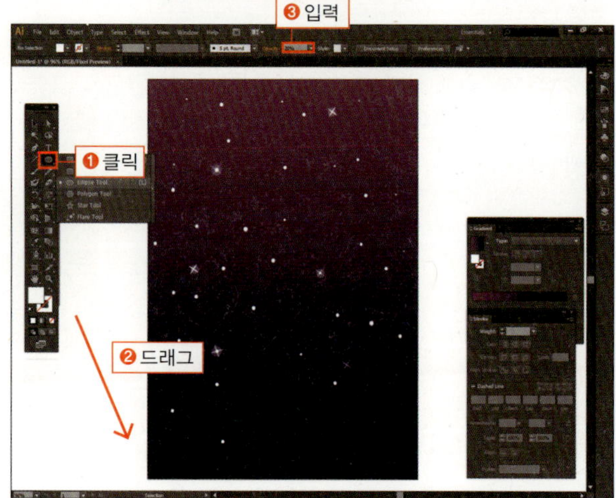

07. [Fill]을 하얀색으로 설정한 상태에서 원형 툴을 선택한 후 **Shift** 를 누르고 드래그하여 원을 만듭니다. 같은 방법으로 [Opacity]를 조절하여 투명도를 준 후에 곳곳에 앉혀줍니다.

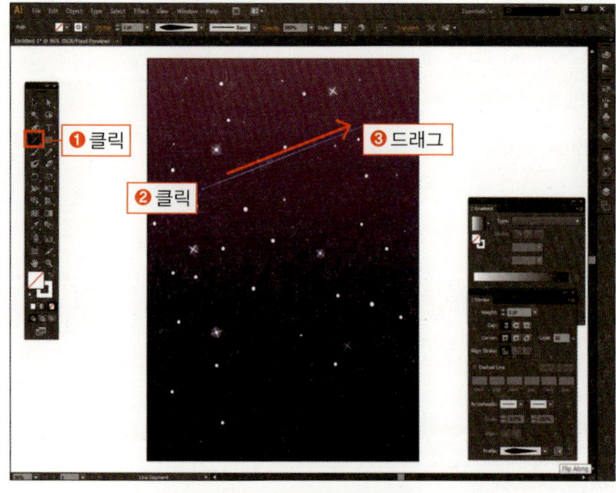

08. 라인 툴( )을 선택한 후 긴 직선을 한 개 만들고 [Stroke] 패널의 [Width Profile]에서 좌측에서 우측으로 좁아지는 모양으로 만듭니다.

09. 원형 툴(◉)을 선택하여 작은 원을 만든 후 돋보기 툴로 확대하여 좌측 끝에 앉혀주고 직접 선택 툴(▶)을 드래그해서 물방울 모양을 만듭니다. Ctrl + 0 로 눌러 전체 창의 크기에 맞춥니다.

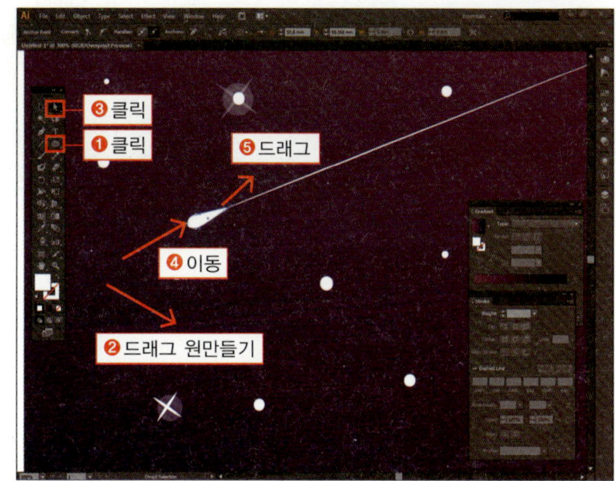

10. 처음과 같은 방법으로 같은 사이즈의 사각형을 만들고 컬러를 'R : 255, G : 255, B : 110'으로 설정한 후 Ctrl + Shift + [을 눌러 맨 뒤로 보내서 겹쳐줍니다.

11. 배경으로 쓸 수 있는 일러스트를 만들어 보았습니다. 이와 같이 지우개 툴을 이용하여 뒷면에 그라데이션을 주는 방법 등으로 다양한 효과를 줄 수 있습니다.

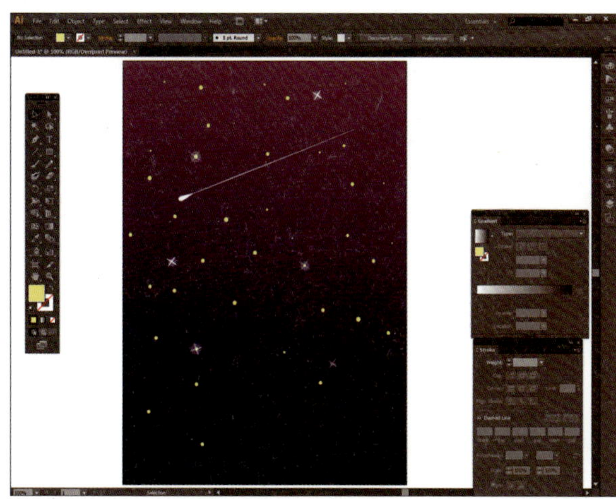

메쉬 툴과 손으로 그린 스케치 벡터화하기

펜 툴을 이용하여 오브젝트를 그린 후 자연스럽고 디테일한 일러스트가 가능한 메쉬 툴을 이용하여 케이크를 스케치하고 일러스트화해 보겠습니다.

기초탄탄 ❯ 메쉬 툴 알아보기

■ 메쉬 툴이란

메쉬 툴(🔲)은 일러스트레이터에서 Fill(면)에 적용되는 툴 중 가장 디테일한 표현이 가능합니다. 메쉬(Mesh)라는 뜻은 그물이라는 말로 그물 모양의 포인트 라인이 생성되고 각각의 포인트들마다 컬러를 정하고 모두 그라이디언트(Gradient)를 줄 수 있어 자연스러운 그림이 가능하게 해줍니다. 전체 오브젝트의 선택은 선택 툴(🔲)로 하지만 각각의 메쉬 툴(Mesh Tool)로 생성된 포인트들은 하나하나 모두 직접 선택 툴(🔲)로 선택합니다. 여러 개를 선택할 때는 **Shift** 를 누른 상태에서 하나씩 클릭하여 선택합니다.

삭제할 때 역시 직접 선택 툴(🔲)로 클릭하여 선택하고 **Delete** 를 눌러 삭제합니다. 포인트와 메쉬는 투명한 라인이라서 선택된 상태일 때만 보여집니다. 드래그로 여러 개의 포인트를 선택할 수 있습니다. 또한 각각의 포인트들에 방향선이 있어서 직접 선택 툴로 그라데이션을 움직일 수도 있습니다. 가능하면 디테일한 작업일 경우에는 도형 툴 등으로 도형을 만들고 [Create Gradient Mesh]로 포인트를 만들어 사용하면 더욱 디테일한 작업이 가능합니다.

> **TIP :** 펜 툴로 만들어 메쉬(Mesh)를 넣으면 원하는 대로 메쉬 포인트가 조절되지 않는 경우가 있어 디테일한 표현이 어려운 경우가 많습니다.

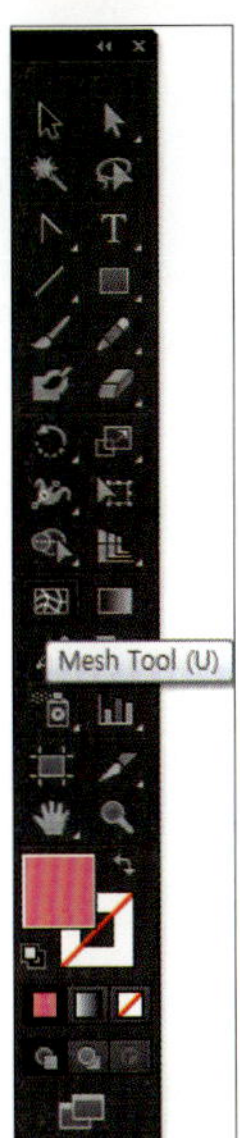
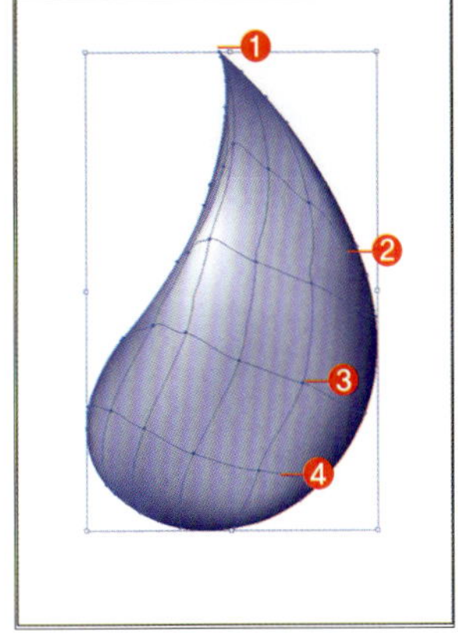

❶ Anchor Point : 오브젝트의 외곽 조절점입니다.

❷ Mesh Patch : 메쉬 툴을 이용하여 만들어진 그물망 같은 오브젝트의 면입니다.

❸ Mesh Point : 메쉬 툴을 이용하여 망과 망 사이에 생성된 조절 포인트입니다.

❹ Mesh Line : 메쉬 툴을 사용할 때 생겨나는 그라데이션에 기준이 되는 라인입니다.

■ [Create Gradient Mesh] 메뉴 알아보기 190p

Create Gradient Mesh 메뉴는 간편하게 정확한 위치에 원하는 메쉬 포인트를 만들 수 있게 해줍니다.

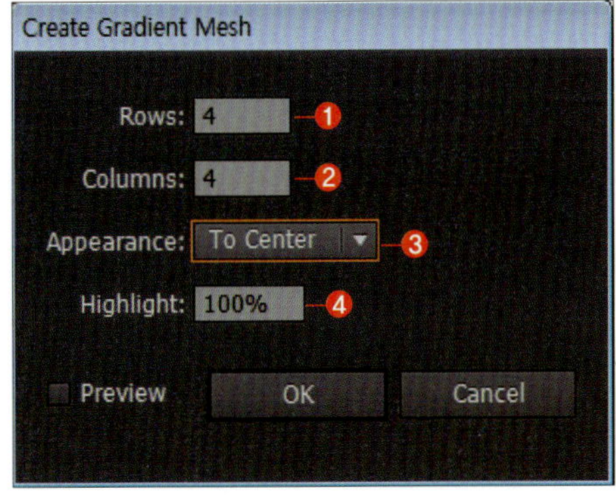

❶ Rows : 가로 메쉬의 개수를 지정합니다.

❷ Columns : 세로 메쉬의 개수를 지정합니다.

❸ Appearance : 라이트의 위치를 정합니다.

❹ Highlight : 하이라이트의 정도를 설정합니다.

도형 툴과 기준점 추가 툴, 기준점 변환 툴을 이용해 형태를 만들고 메쉬 툴을 이용하여 세밀한 그라데이션이 적용된 일러스트를 만들어 봅니다.

완성 파일 | DVD₩Part03₩hartmesh.ai

01. [Size]가 A4인 새로운 창을 만듭니다. [Tool] 패널에서 사각 도형 툴(■)을 선택하고 바닥을 클릭합니다. [Rectangle] 대화상자에서 [Width]와 [Height]를 각각 '400'으로 입력한 후 [OK] 단추를 클릭합니다.

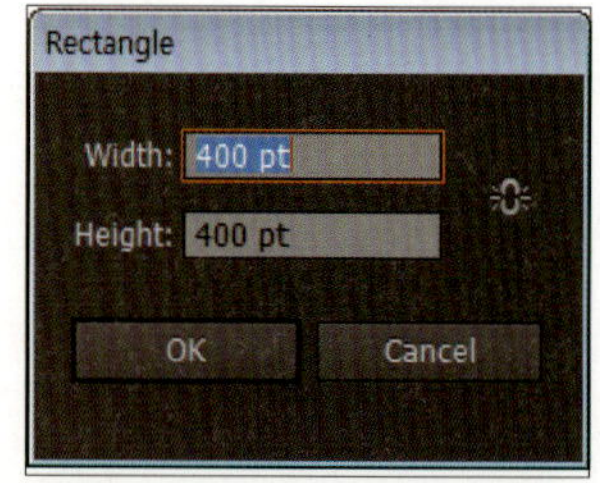

02. 만들어진 사각형을 중앙에 놓이게 하고 펜 툴 중 기준점 변환 툴(ᐃ)을 클릭합니다.

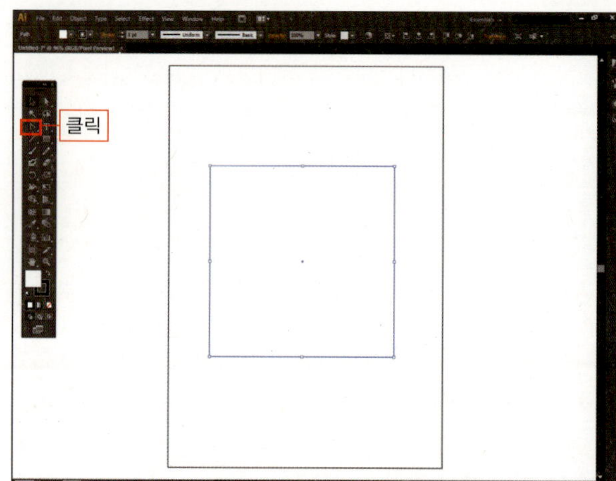

03. 네 개의 모서리를 각각 기준점 변환 툴(ᐃ)로 클릭하고 드래그하여 곡선을 만듭니다.

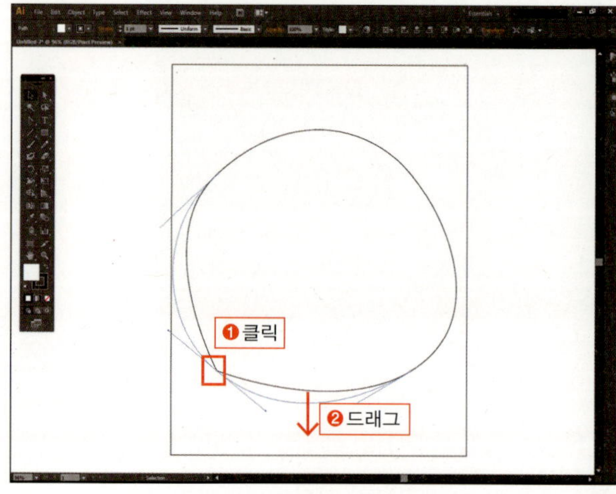

04. [Fill]을 클릭하고 [Color] 패널을 열어 'R : 202, G : 129, B : 138'로 설정하고, [Stroke]은 [None]으로 설정하여 컬러를 변경합니다.

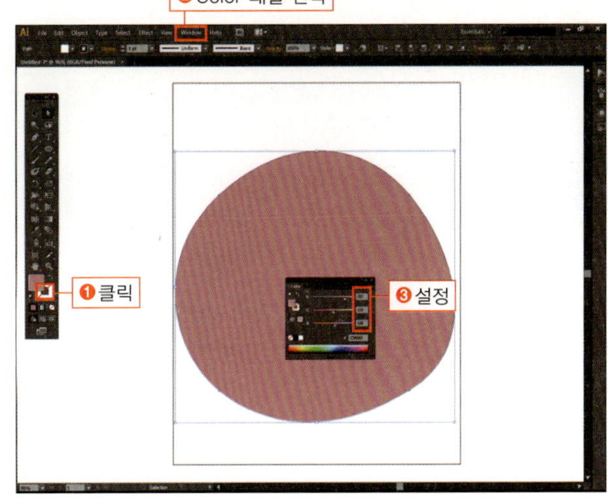

05. 기준점 추가 툴( )로 기준점을 두 개 클릭 하여 추가합니다.

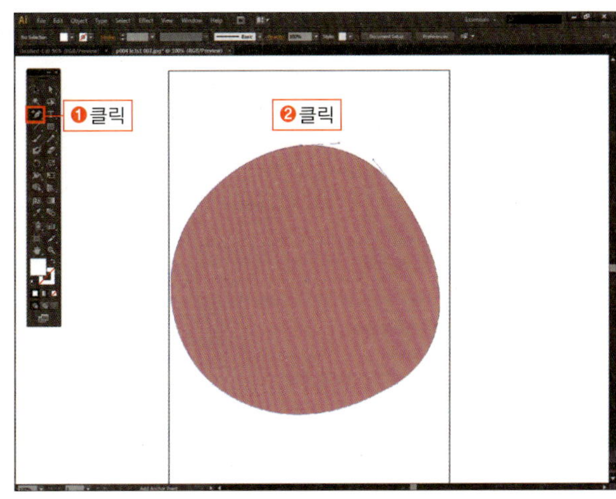

06. 직접 선택 툴( )로 중앙에 포인트를 선택 하여 밑으로 드래그한 후 양 옆의 방향선을 움직 여 둥글게 만듭니다.

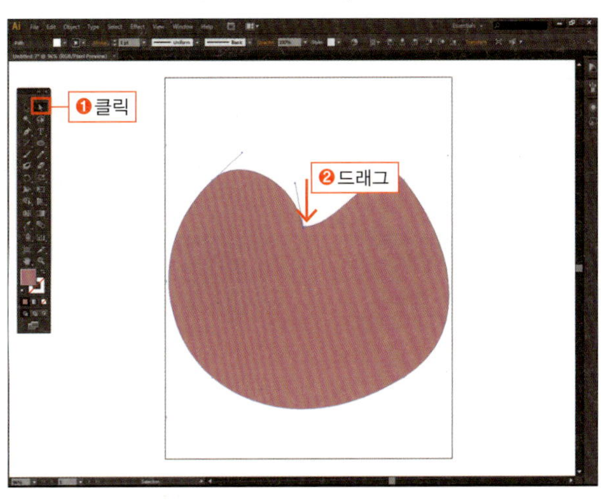

TIP : 일러스트레이터 CC 버전에서는 기준점 변환 툴( )로 각의 크기를 자유자재로 조절할 수 있어 더 욱 쉽게 작업할 수 있습니다.

07. 직접 선택 툴(　)로 방향선이나 포인터들을 하나하나 움직여 하트 모양으로 만듭니다.

08. 그림과 같이 기준점 추가 툴을 선택한 후 밑 부분에 포인트를 추가합니다. 세세한 부분을 만져 가며 좌우 균형이 맞도록 하트 모양을 만듭니다.

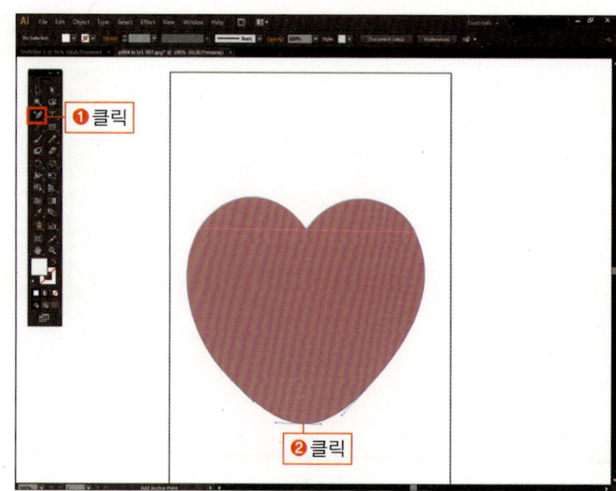

09. 직접 선택 툴로 포인트를 움직여 최대한 하트 모양을 다듬고 [Object]–[Create Gradient Mesh] 메뉴를 선택합니다.

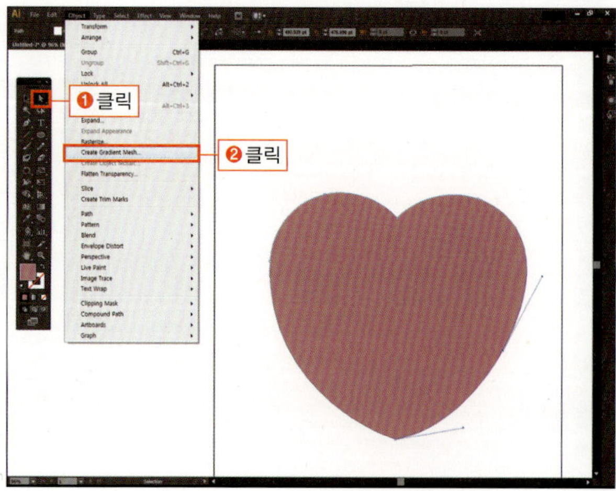

10. [Create Gradient Mesh] 대화상자에서 [Rows], [Columns]는 각각 '5'를 선택하고 [Appearance] 항목을 'To Center'로 설정한 후 [OK] 단추를 클릭합니다.

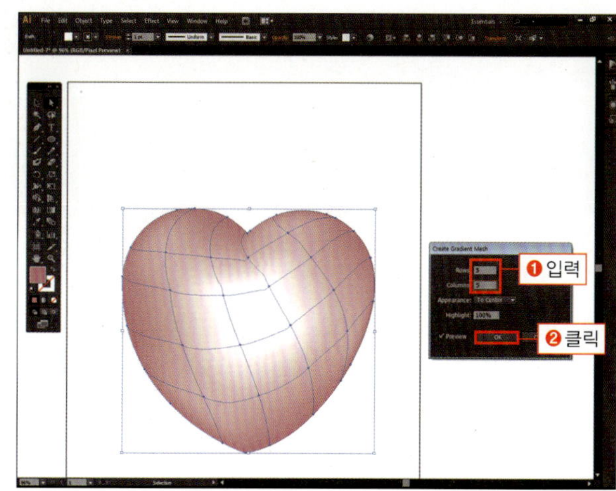

11. 직접 선택 툴( )로 입체감이 나도록 포인트를 드래그하여 이동합니다. 라이트 부분도 직접 선택 툴( )이 선택된 상태에서 스포이드 툴( )로 라이트 부분을 클릭하여 컬러를 추출하여 밝기를 변경합니다.

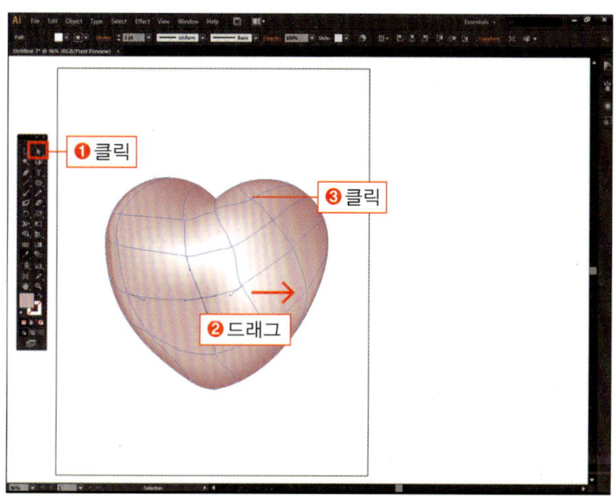

12. 직접 선택 툴( )로 Shift 를 누른 상태에서 클릭하여 여러 개의 포인터를 선택합니다. [Fill & Stroke]( )에 [Fill]을 더블클릭하여 [Color Picker] 대화상자를 열어 한 번에 원하는 색을 선택하여 여러 개의 컬러를 변경합니다.

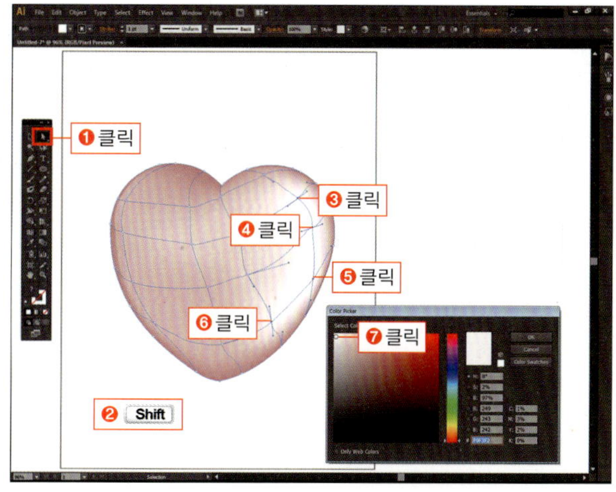

13. 같은 방법으로 중간 톤의 컬러를 만들어 줍니다. 여러 개의 포인터를 선택하여 [Fill]을 더블클릭하여 [Color Picker] 대화상자에서 중간 톤을 'R : 234, G : 133, B : 156'으로 설정한 후 [OK] 단추를 클릭합니다.

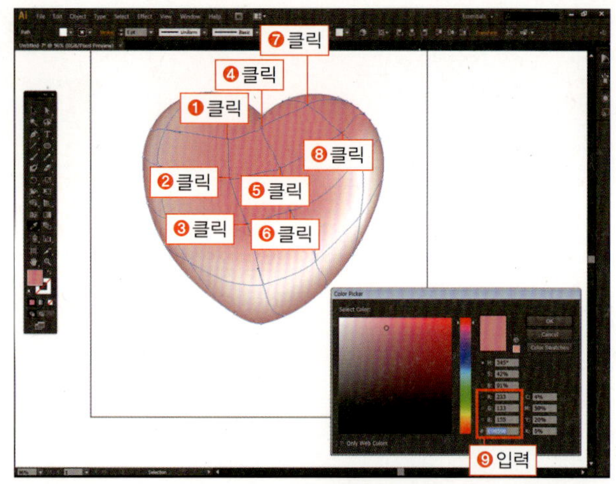

14. Shift 를 누른 상태에서 클릭 또는 드래그하여 왼쪽 외곽의 [Anchor Point]를 하나씩 선택하고 [Fill]을 더블클릭하여 [Color Picker] 대화상자에서 어두운 컬러를 찾아 입체감을 줍니다.

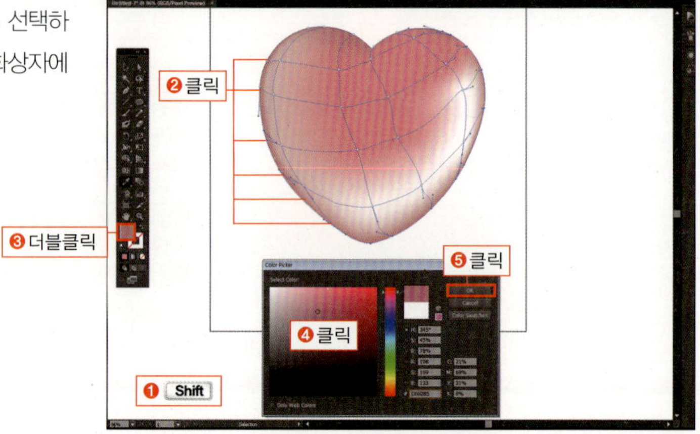

15. 툴 패널에서 메쉬 툴을 선택하고 클릭하여 메쉬를 추가하고 위와 같은 방법으로 외곽의 어두운 부분과 가운데 들어간 곳의 컬러를 어둡게 합니다.

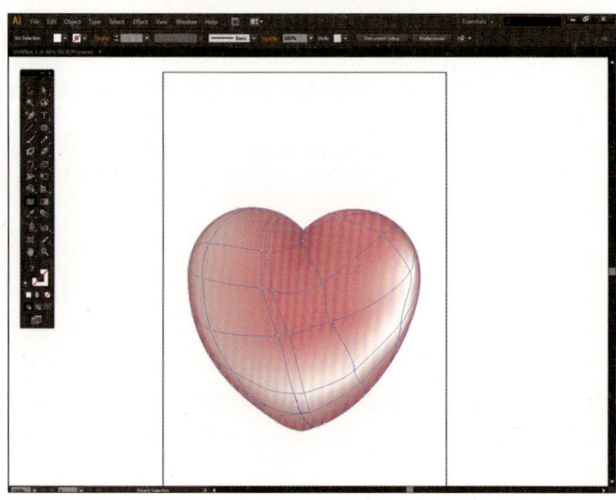

TIP : 이 부분에서 툴 패널에 매쉬 툴로 메쉬를 추가할 때 한번만 클릭하면 세로줄 메쉬 포인트 여러 개가 자동으로 추가됩니다.

16. 직접 선택 툴(　)과 메쉬 툴(　)을 이용하여 전체를 입체감이 나도록 움직이고 컬러를 조절합니다.

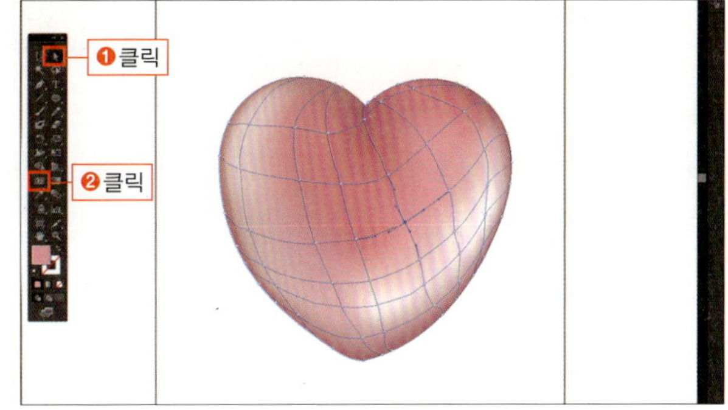

17. 직접 선택 툴로 굴곡이 있는 외곽선을 정리한 후 선택을 해제합니다.

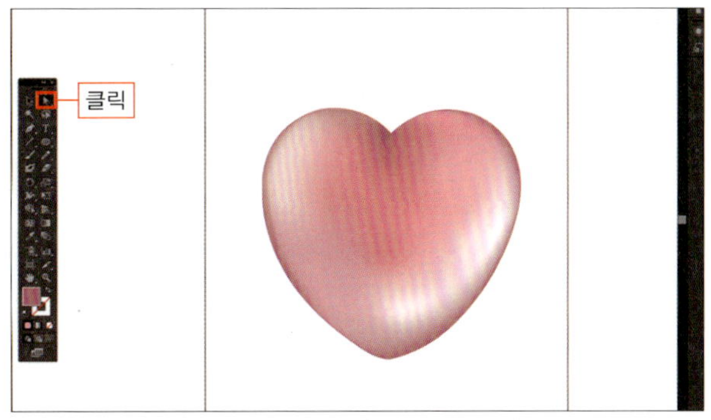

18. 컬러를 'R : 227, G : 154, B : 180'으로 설정한 후 사각 도형 툴(　)을 선택하고 드래그하여 아트보드에 맞게 사각형을 만들고 **Ctrl** + **Shift** + **[** 을 눌러 뒤로 보냅니다.

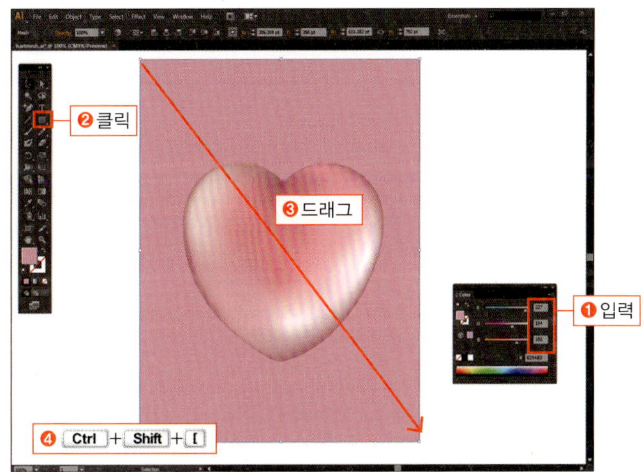

19. 메쉬 툴(　)을 선택하고 하트의 윗부분 배경을 클릭하여 메쉬를 만듭니다. 포인트를 직접 선택 툴(　)로 선택하여 컬러를 'R : 239, G : 211, B : 222'로 설정합니다.

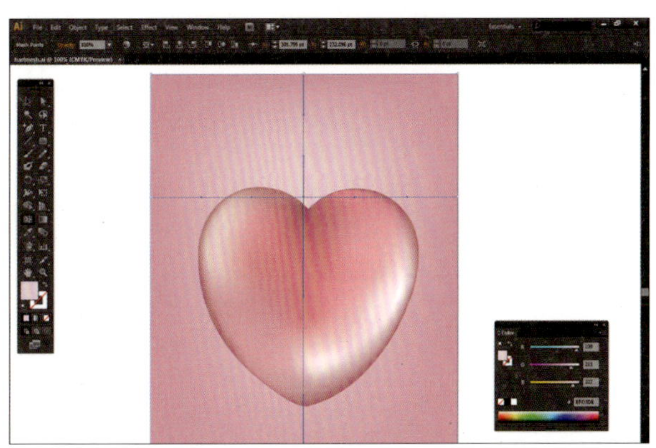

20. 선택을 해제하고 끝냅니다. 이와 같이 다수
의 메쉬 포인트(Mesh Point)를 이용하여 부드럽고
자연스러운 디테일의 오브젝트를 만들 수 있습니
다. 심지어 인물까지도 가능합니다.

원하는 이미지를 펜 툴로 드로잉하고 메쉬 툴로 원하는 명암을 넣어 입체감을 주는 방법을 알아봅니다.

완성 파일 | DVD₩Part03₩RIBONE.ai

01. 새로운 창에서 A4 사이즈에 [Width]는 '841', [Height]는 '595'인 도큐먼트를 만듭니다. 컬러를 지정하기 위해 [Window]–[Color] 메뉴를 선택한 후 [Color] 패널에서 [Fill]은 'R : 198, G : 44, B : 24' 로 설정하고 [Stroke]는 [None]( )으로 지정합니다.

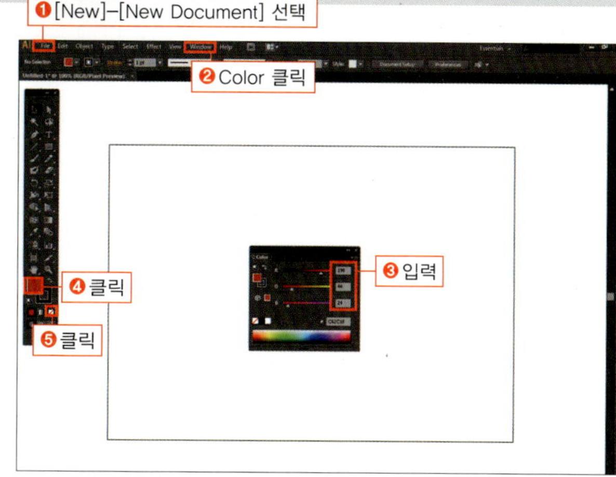

02. 펜 툴( )을 선택하고 a에서 시작하여 b, c, d를 거쳐 a에서 연결되는 하나의 오브젝트를 드로잉합니다.

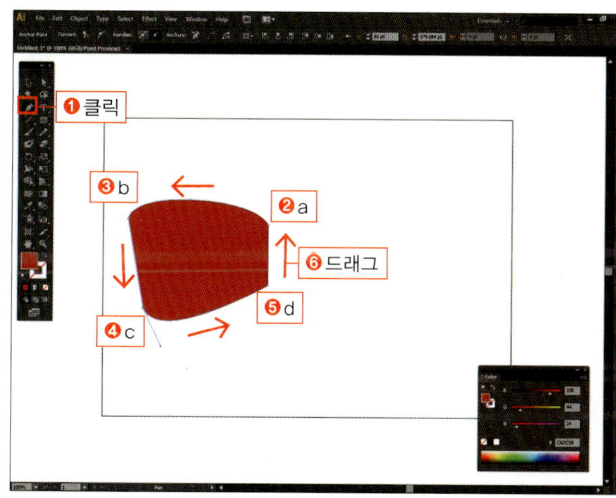

> **TIP :** CC 버전에서는 기준점 변환 툴( )로 곡선을 간단히 조절하여 원하는 곡선을 빠르게 만들 수 있습니다.

03. 선택 툴( )로 오브젝트를 선택하고 [Object]–[Transform]–[Reflect] 메뉴를 선택합니다.

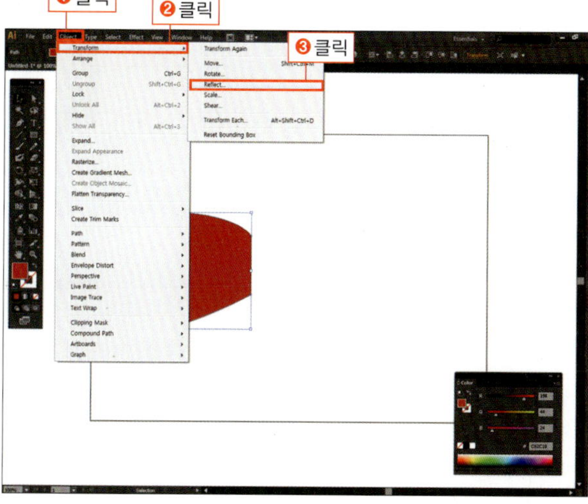

04. [Reflect] 대화상자에서 [Vertical]를 클릭하여
체크하고 [Copy] 단추를 클릭합니다.

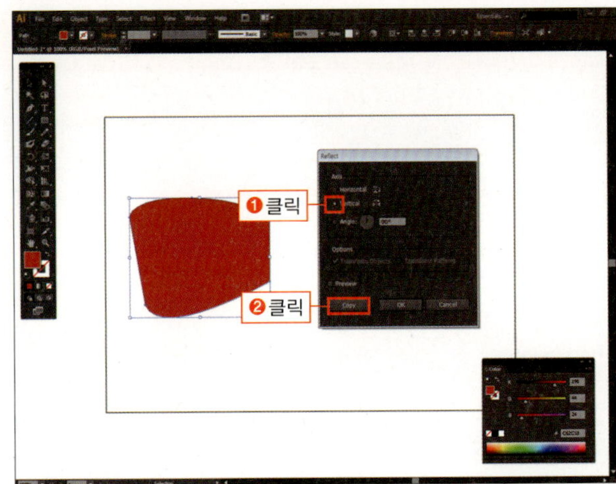

05. 생성된 오브젝트를 선택한 상태에서 방향
키 →를 우측으로 일정한 간격을 벌려준 후 전
체를 눌러 선택합니다.

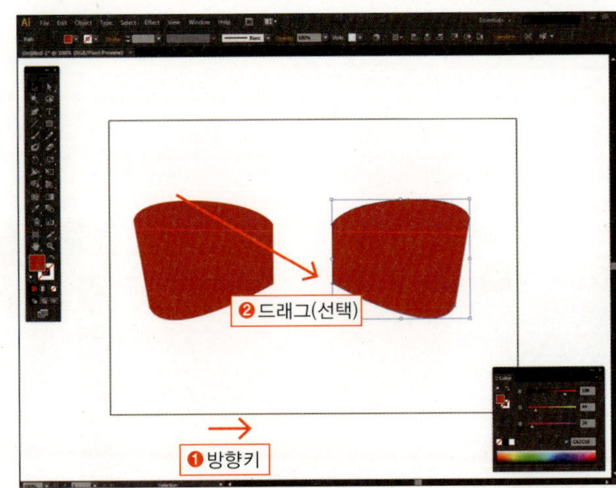

06. [Control] 패널에서 [Align] 항목을 클릭하여
[Vertical Align Center]로 수평을 맞춥니다.

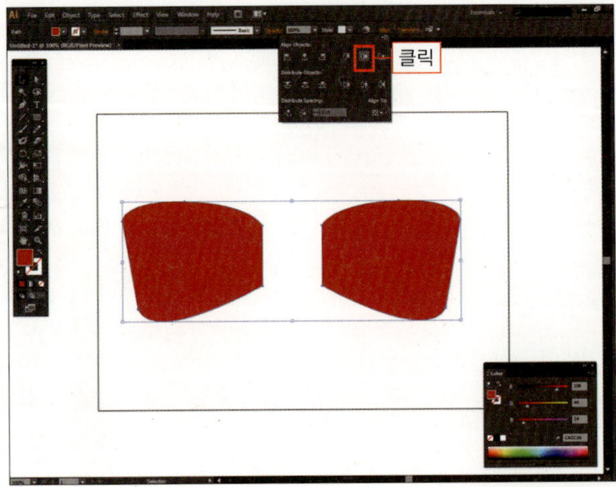

07. 메쉬 툴( )을 선택하고 상단의 3분에 1 지점에 클릭하여 메쉬 포인트(Mesh Point)를 추가합니다. 그 상태로 [Color] 패널에서 'R : 103, G : 9, B : 0'으로 조절합니다.

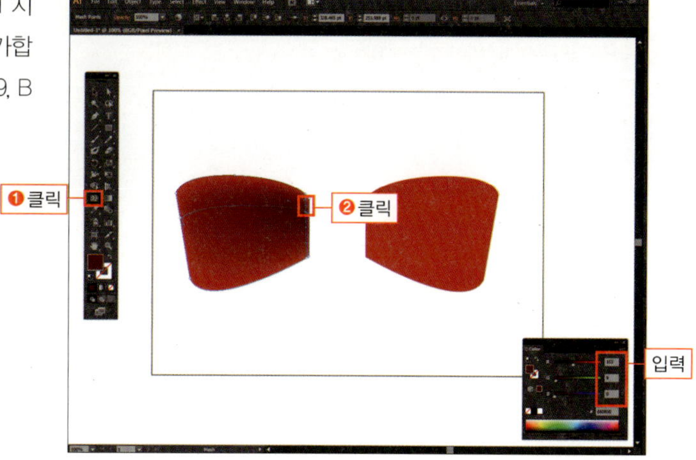

08. 그 상태 그대로 메쉬 툴( )을 선택해 아래에서 3분의 1 지점의 세로 라인에 클릭하여 추가합니다.

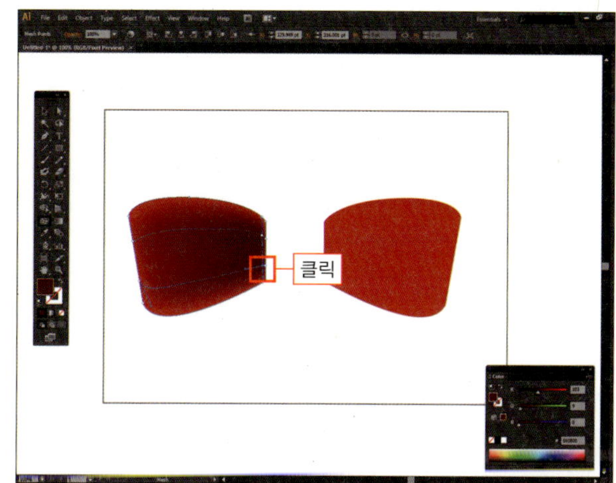

09. 같은 방법으로 메쉬 툴로 중간의 3분의 1 지점을 클릭하고 그 상태에서 [Color] 패널에서 'R : 182, G : 37, B : 0'으로 지정합니다.

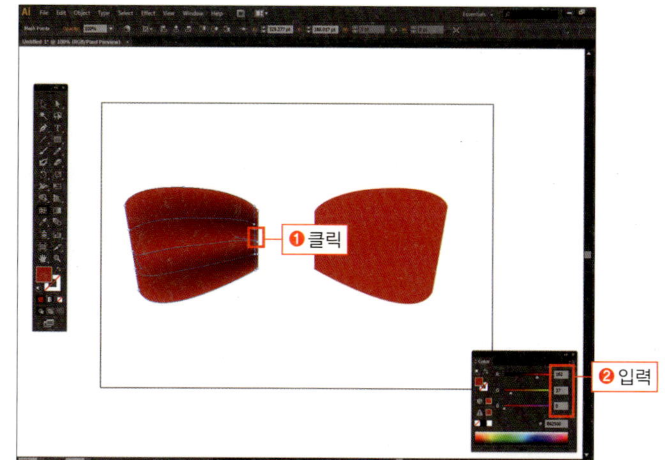

10. 오른쪽의 오브젝트를 선택 툴( )로 클릭하여 컬러를 추출합니다. 펜 툴( )을 선택한 후 왼쪽 리본의 위쪽을 라운드 형태로 드로잉하여 새로운 오브젝트를 만듭니다. 라운드 형태로 오브젝트 위에 새로운 오브젝트를 만듭니다.

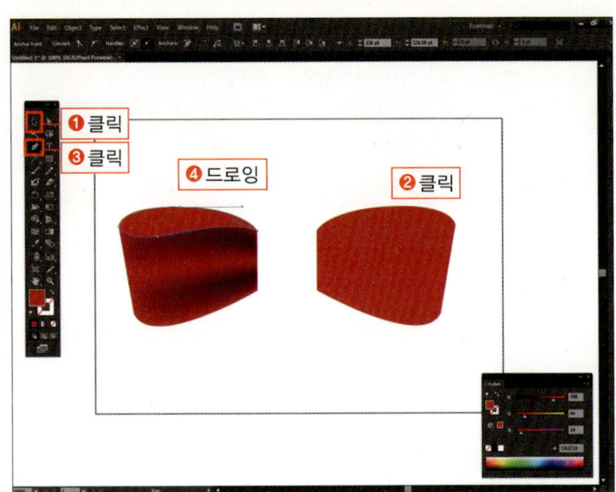

11. 돋보기 툴( )로 드래그하여 확대하고 다시 메쉬 툴( )을 선택한 후 오른쪽의 둥근 부분을 클릭하여 포인트를 추가합니다.

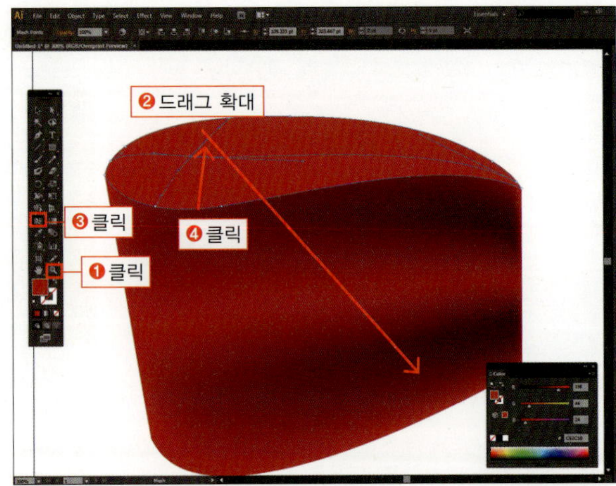

12. 직접 선택 툴( )을 선택하고 상단에 포인트를 클릭하여 선택합니다.

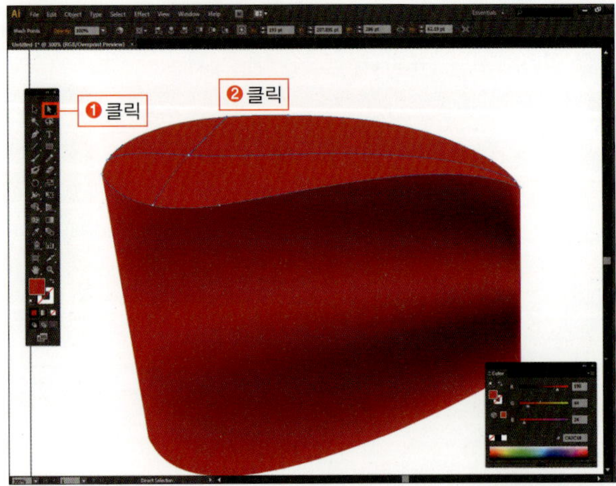

13. 포인트가 선택된 상태에서 툴 패널의 스포이트 툴( )을 선택하여 이미 만들어 놓은 곳의 어둠을 넣어준 부분을 클릭합니다.

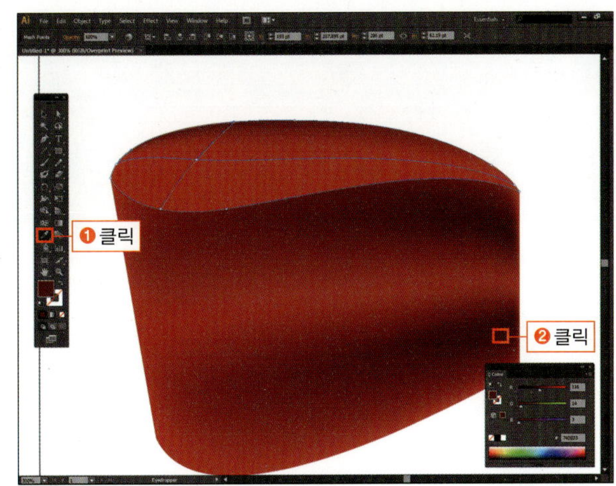

14. 이제 직접 선택 툴( )로 중앙에 포인트 하나만을 선택하여 [Color] 패널에서 'R : 154, G : 33, B : 25'로 지정하여 어둠을 줍니다.

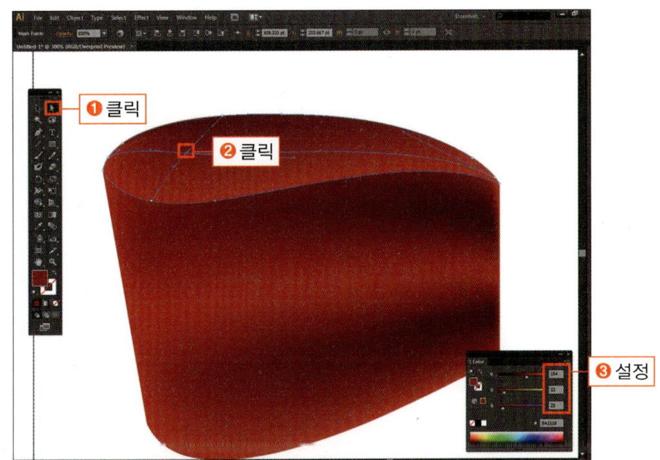

15. 만든 부분을 선택 툴로 선택하고 앞에서와 같이 [Object]–[Transform]–[Reflect] 메뉴를 선택하여 만든 오브젝트를 선택한 후 반전하여 복제합니다. 우쪽의 오브젝트 위에 겹치도록 놓아줍니다. 원래 리본 컬러 (R : 198, G : 44, B : 24)를 지정하고 라운드 사각 툴( )로 그림과 같이 드래그하여 적당한 크기의 사각형을 중앙에 놓이게 합니다.

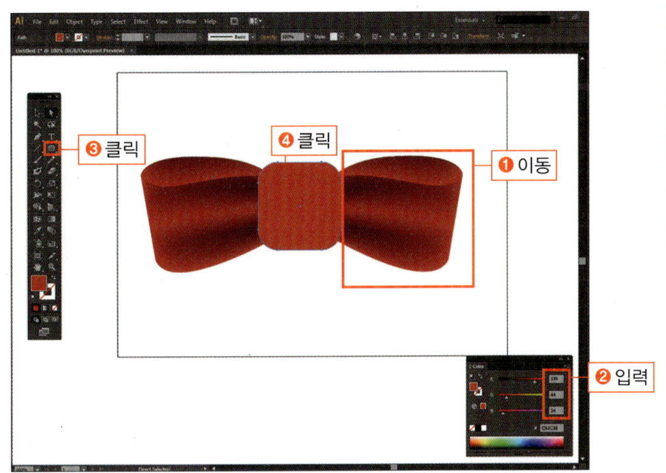

TIP : CC 버전은 다른 버전과 달리 이 부분에 라운드 사각 툴( )을 사용하지 않고 사각형 툴( )로 그립니다. 직접 선택 툴( )로 선택한 후 생겨난 코너 조절 포인트를 조절하여 간단하게 원하는 모서리에 모양을 만들 수 있습니다.

16. 그림과 같이 펜 툴( )로 곡선을 따라 사각형을 그립니다.

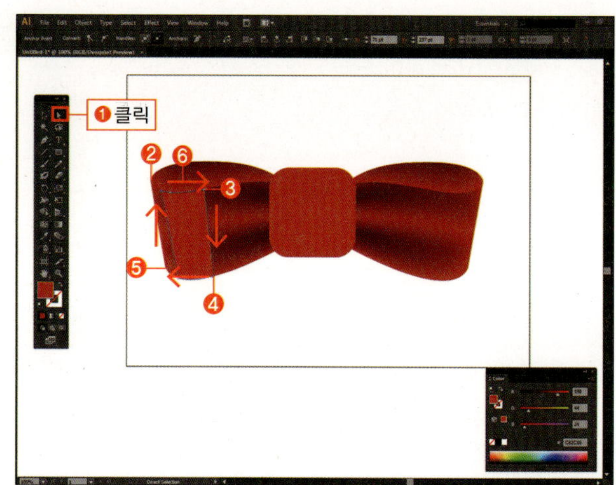

17. 메쉬 툴( )로 중간 부위를 클릭하여 새로운 메쉬 포인트를 추가합니다.

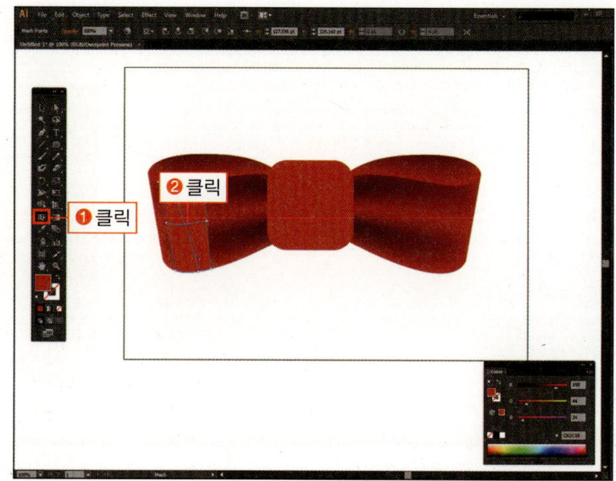

18. 추가한 중간의 포인트에 컬러를 'R : 242, G : 97, B : 85'로 설정하고 윗부분의 포인트를 직접 선택 툴( )로 선택한 후 색상은 스포이드 툴로 컬러 패널에서 색상을 화이트로 설정합니다.

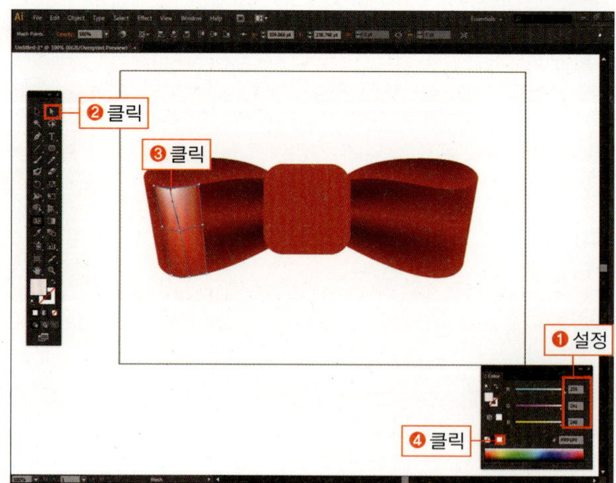

19. 이제 직접 선택 툴( )을 선택하고 **Shift** 를 누른 상태에서 방금 컬러를 지정한 두 개의 포인트를 제외한 모든 포인트를 선택합니다.

> **T I P :** 오브젝트가 선택되면 그림과 같이 둥근 포인트 모양의 안쪽을 채워집니다. 반대로 선택되지 않은 포인트는 하얗게 보여집니다.

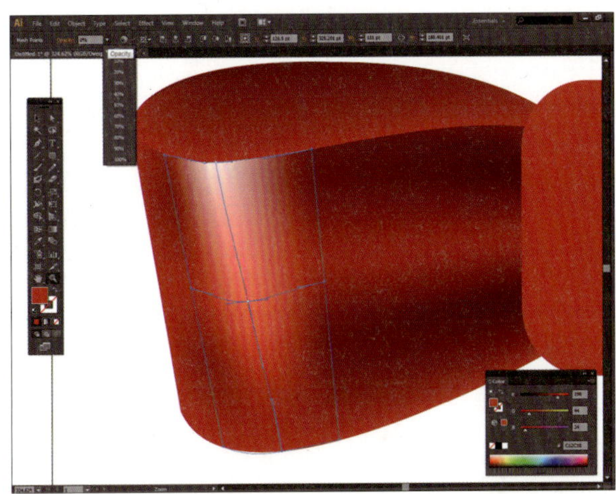

20. 이제 [Control] 패널에서 [opacity]를 '0'으로 설정합니다.

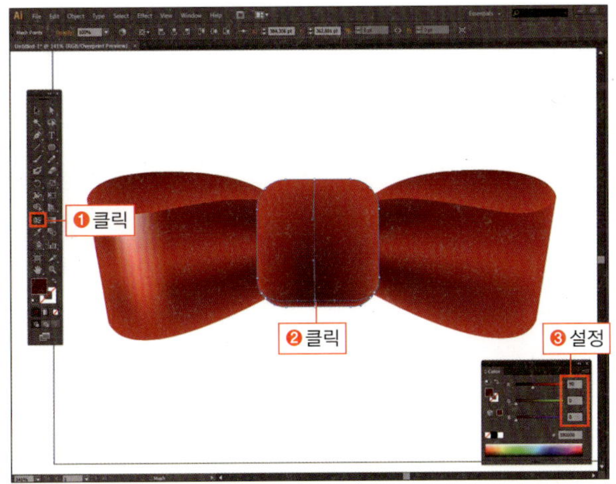

21. **Ctrl** + **0** 를 눌러 전체 화면으로 바꿔주고 메쉬 툴( )로 가운데 사각형의 아래 부분에 메쉬 포인트를 만들고 컬러를 'R : 90, G : 0, B : 0'으로 설정합니다.

22. 이번에는 윗부분에 다시 메쉬 포인트를 만들고 컬러를 'R : 255, G : 207, B : 207'로 설정합니다.

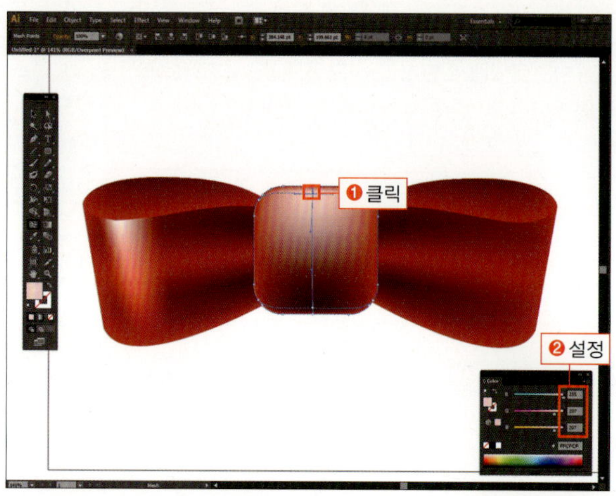

23. 이제 좌측의 라이트를 선택 툴(   )로 선택한 후 [Object]-[Transform]-[reflect]-[Vertical]을 클릭해 반전하고 복사합니다. 오른쪽 부위와 같은 부위에 드래그로 이동합니다.

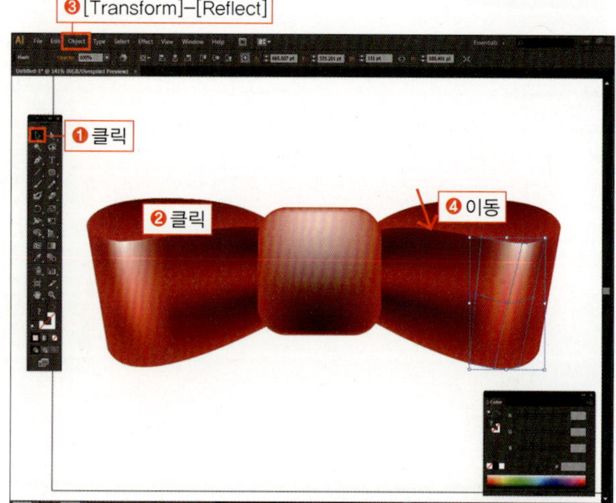

24. 오브젝트의 선택을 해제하고 끝냅니다. 이와 같은 방법의 메쉬 포인트를 잘 활용하면 복잡한 명암의 일러스트를 손쉽게 작업할 수 있습니다.

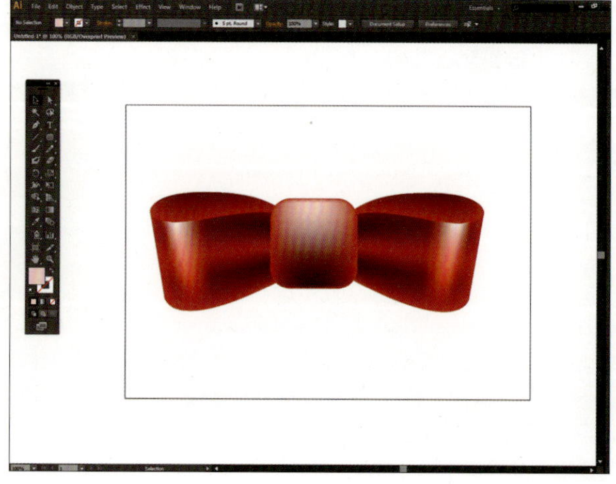

클리핑 마스크 알아보기

간단하게 마스크를 적용할 수 있는 클리핑 마스크(Clippping Mask)의 사용 방법에 대해 알아보겠습니다.

예제 파일 | DVD\Part03\cliping.ai

01. 'cliping.ai' 파일을 불러옵니다. 검은 실루엣을 선택하고 드래그하여 문양 위로 이동합니다.

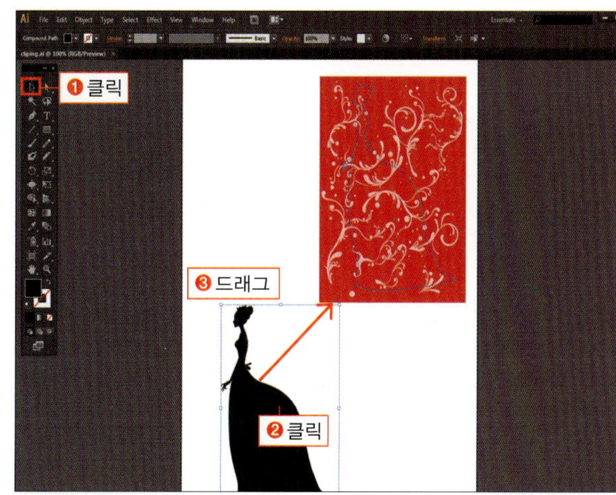

02 선택 툴( )로 드래그하여 두 개의 오브젝트를 동시에 선택합니다.

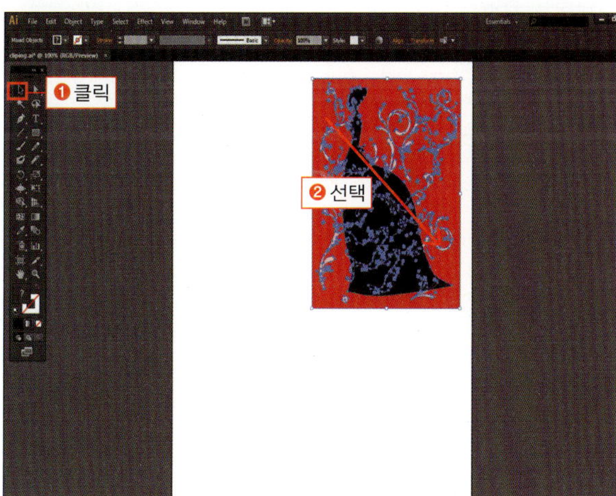

03 마우스 오른쪽 버튼을 클릭해 [Make Cliping Mask] 메뉴를 선택합니다.

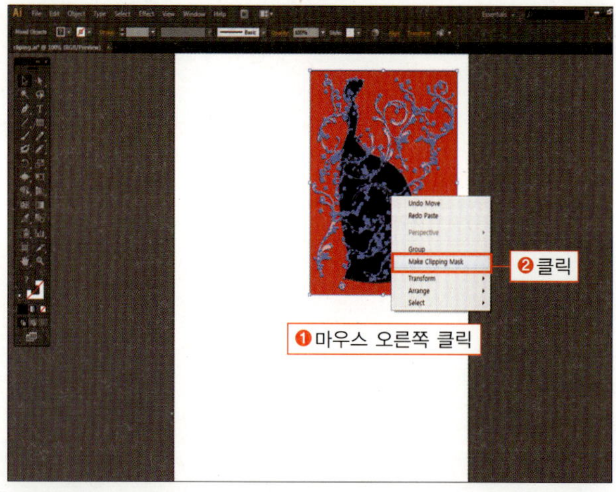

04 마스크가 적용됩니다.

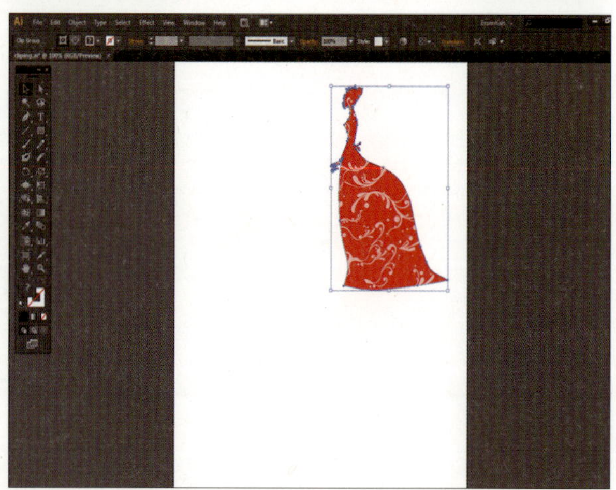

05 이와 같은 방법으로 마스크를 간단히 적용시켜 오브젝트의 문양을 입힐 수 있습니다.

- 기준점 추가 툴(　)은 중간 세그먼트에 앵커 포인트(Anchor Point)를 추가합니다.

- 기준점 삭제 툴(　)은 이미 생겨난 앵커 포인트(Anchor Point)를 삭제합니다.

- 펜 툴(　) 사용 시에 가장 까다로운 것은 곡선 방향의 변경입니다. 바로 방향점(Direction Point)의 정확한 사용법이 매우 중요합니다. 방향점의 한쪽을 삭제하고 진행하는 것과 드래그하여 방향을 전환하는 것이 핵심 포인트입니다. 167p

- 가위 툴(　)은 오브젝트를 분리하고, 지우개 툴, 나이프 툴은 오브젝트를 지우고 끊어줍니다. 177p 180p

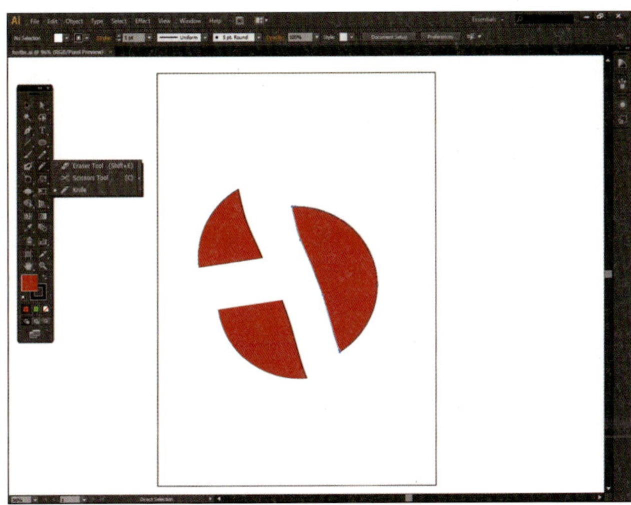

- 메쉬 툴(　)은 자연스러운 그라데이션을 만들 때 사용합니다. [Create Gradient Mesh] 메뉴를 이용하면 손쉽게 정확한 메쉬를 만들 수 있습니다. 190p

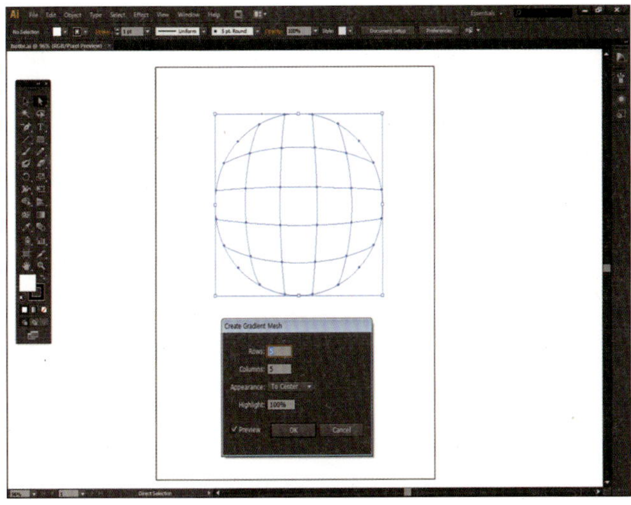

01 Creat Gradient Mesh 메뉴를 이용한 메쉬 일러스트 만들기

완성 파일 : DVD₩Selftest₩Part03₩hotbr.ai   **동영상 파일** : DVD₩Selftest₩Part03₩p03self01.avi

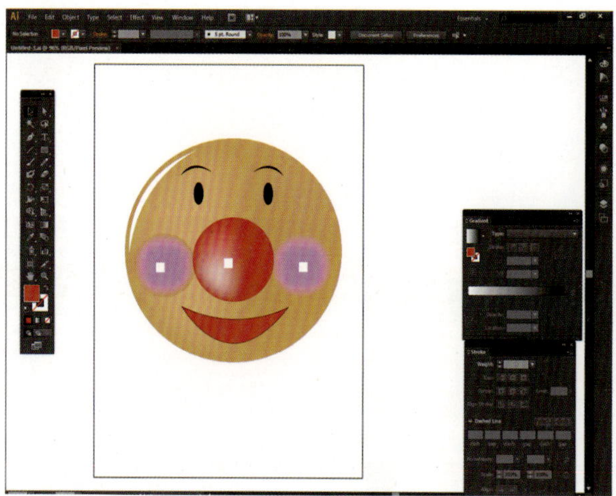

02 기초 드로잉 연습하기

예제 파일 : DVD₩Selftest₩Part03₩Pen Tool 연습.ai   **완성 파일** : DVD₩Selftest₩Part03₩Pen Tool 연습 완료.ai
동영상 파일 : DVD₩Selftest₩Part03₩p03self02.avi

HINT

펜 툴을 클릭하고 드래그하면서 지그재그, 원, 삼각형 등 자유로운 곡선을 그려봅니다.

03 실제 프리 드로잉하기

예제 파일 : DVD₩Selftest₩Part03₩IMG.JPG **완성 파일** : DVD₩Selftest₩Part03₩여성 실루엣woman.ai
동영상 파일 : DVD₩Selftest₩Part03₩p03self03.avi

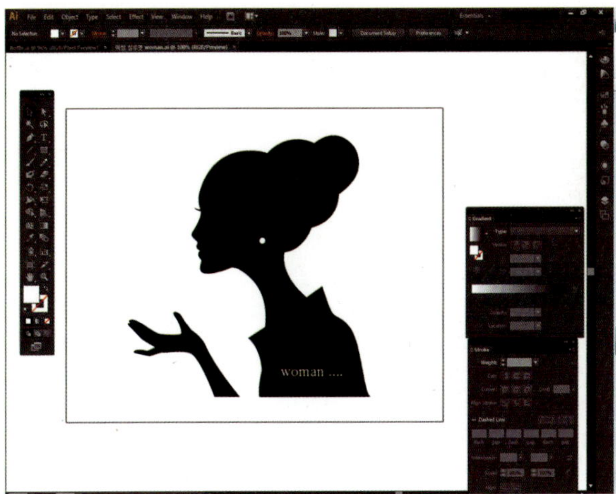

HINT

연습 드로잉에 기본인 펜 툴을 사용하여 곡선, 직선, 원을 드로잉하고 프리 드로잉으로 실제 연필로 그린 그림을 일러스트화합니다.

04

프리 드로잉 툴 알아보기

프리 드로잉 툴에 대해 알아보고 Blur와 투명도
조절과 같이 면을 자연스럽게 만드는 메뉴들에
대해 알아봅니다.

드로잉을 더욱 자유롭게 하는
패널과 메뉴 알아보기

선의 속성을 통제하거나 변형하는 [Stroke] 패널과 투명도를 조절하거나 마스크를 만드는 [Transparency] 패널, 선을 면으로 변환하여 사용하는 [Outline Stroke] 메뉴와 같은 속성에 도형 오브젝트를 정확한 규격과 거리로 복제하여 생성해주는 [Offset Path] 기능을 알고 실행해 봅니다.

기초탄탄 ▶ [Stroke] 패널과 [Transparency] 패널, [Outline Stroke], [Offset Path] 기능 알아보기

■ [Stroke] 패널 알아보기 `217p`

선의 다양한 속성을 지정하고 변경하는 패널로 여러 가지 새로운 패턴이나 스타일 그리고 속성을 지정할 수 있습니다.

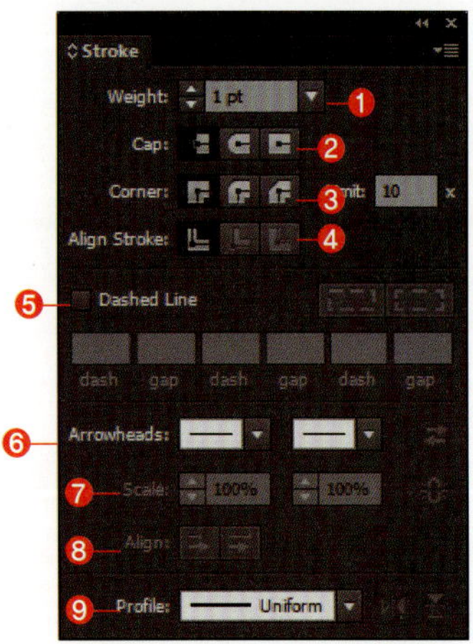

❶ Weight : 선의 두께를 지정합니다.

❷ Cap : 선의 끝의 형태를 정합니다.

❸ Corner : 선이 꺾이는 부분의 형태를 정합니다.

❹ Align Stroke : 라인 안에 패스선의 위치를 정합니다.

❺ Dashed Line : 점선을 만들고 속성을 정합니다. Dash란은 점선의 크기를, Gap은 간격의 크기를 정하고 그 패턴도 결정할 수 있습니다.

❻ Arrowheads : 화살표를 만들고 머리와 꼬리 모양을 결정합니다.

❼ Scale : 화살표의 머리와 꼬리의 크기를 결정합니다. 또한 머리와 꼬리의 비율을 유지하게 합니다.

❽ Align : 화살표 모양이 패스의 끝에 위치하게 할지, 안쪽에 위치하게 할지를 결정합니다.

❾ Profile : 선이 화살표가 아닌 선일 때 선의 폭의 형태를 결정합니다.

■ **[Transparency] 패널 알아보기** `217p`

[Transparency] 패널은 오브젝트에 마스크를 적용하거나 투명도를 주어 평이한 이미지를 다양한 느낌을 적용할 수 있게 합니다.

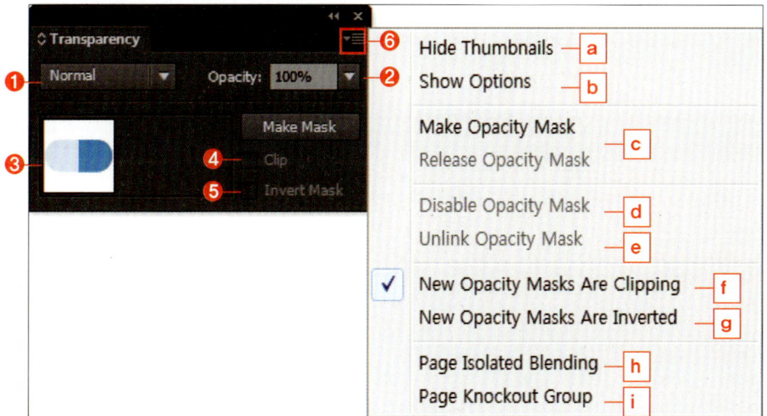

❶ Blending Mode : 두 개의 오브젝트를 동시에 선택할 때 두 오브젝트가 혼합되는 방식을 설정합니다.

❷ Opacity : 오브젝트의 투명도를 지정합니다.

❸ 원본을 미리 보여주거나 적용된 마스크의 상태를 표시합니다.

❹ Clip : 오브젝트와 마스크 사이의 링크를 설정합니다.

❺ Invert Mask : 마스크가 적용된 영역의 반대되는 영역에 적용합니다.

❻ 세부 옵션 항목

    a. Show or Hide Thumnail : 썸네일 미리보기를 감추거나 보여줍니다.

    b. Show or Hide Options : 하위 옵션을 보여주거나 가립니다.

    c. Make or Release Opacity Mask : 마스크를 만들거나 해제합니다.

    d. Enable or Disable Opacity Mask: 마스크를 감추거나 보이지 않게 합니다.

    e. Link or Unlink Opacity Mask : 선택 오브젝트와 마스크를 연결하거나 해제합니다

    f. New Opacity Masks Are Clipping : 마스크와 오브젝트를 하나로 연동합니다.

    g. New Opacity Masks Are Inverted : 마스크를 반대로 적용합니다.

    h. Page Isolated Blending : 오브젝트에 블렌딩되는 범위를 정합니다.

    I. Page Knockeout Group : 오브젝트와 그룹으로 묶인 작업을 보이지 않게 합니다.

■ **[Outline Stroke] 메뉴 알아보기** `217p`

[Object]–[Path]–[Outline Stroke] 메뉴는 라인으로 지정된 Stroke에 속성을 Fill(면)의 속성으로 변화
시킵니다.

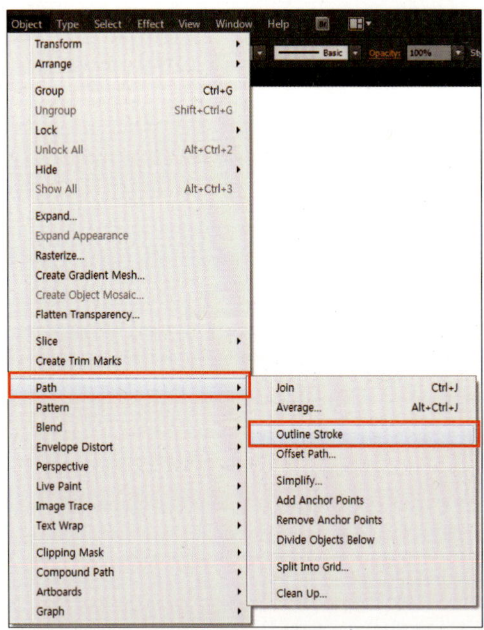

TIP : Outline Stroke 메뉴로 문자와 도형을 작동해보면 그림으로 된 도형은 외곽라인이 면과 분리되는 걸 알 수 있습니다. 하지만 글자는
차이가 없는 걸 알 수 있습니다. 문자는 면과 선이 따로 존재하지 않기 때문입니다.

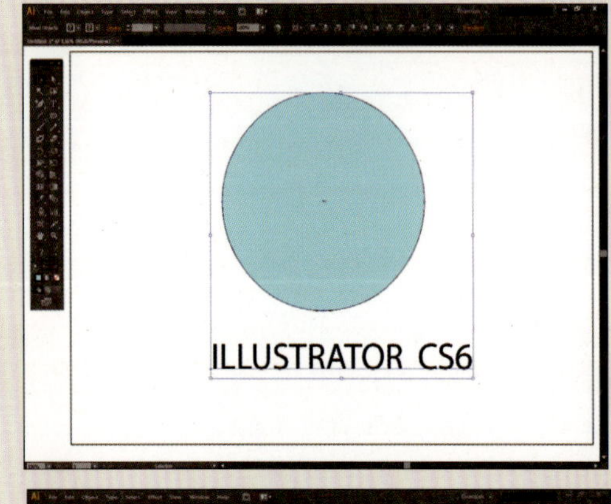

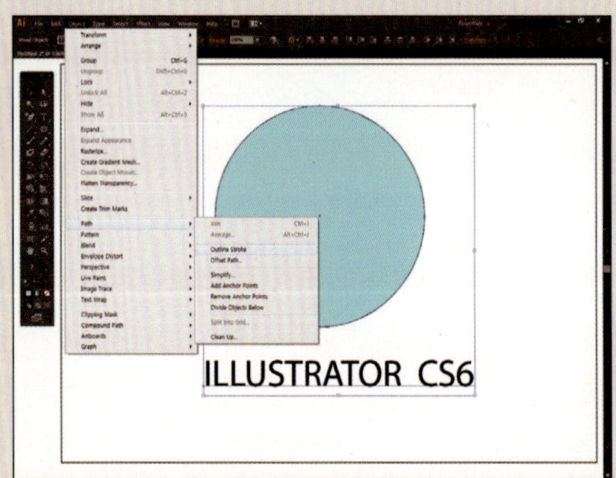

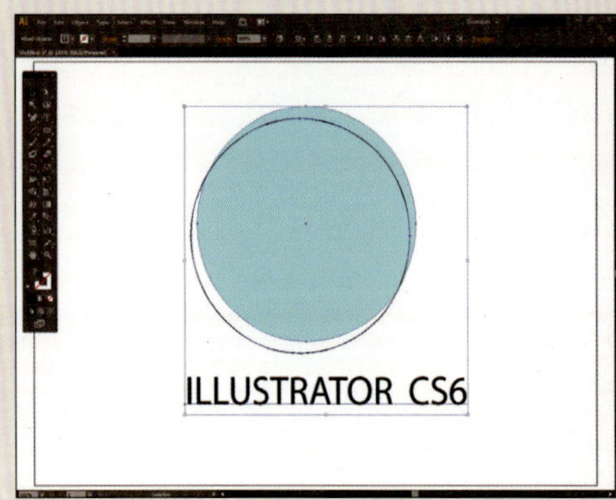

■ [Object]–[Path]–[Offset Path] 기능 알아보기 `223p`

오브젝트와 동일한 거리와 비율을 유지한 채로 축소 확대가 가능한 기능입니다. 오브젝트를 같은 간격과 거리로 정확한 수치를 입력하여 생성함으로 테두리를 만들 때나 라운드된 도형 등을 간단히 만들 수 있습니다.

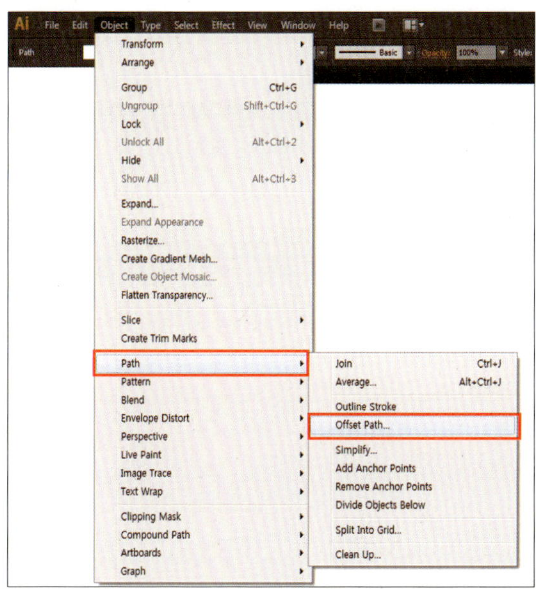

TIP : Outline line Stroker과 같은 원 그림을 Offset Path를 적용해봅니다. 대화상자가 나타나면 'offset : 10pt, Joins : Miter, Miter Limit : 4'로 설정하고 [OK] 단추를 클릭합니다. 기존 원보다 10pt 큰 원이 생겨납니다.

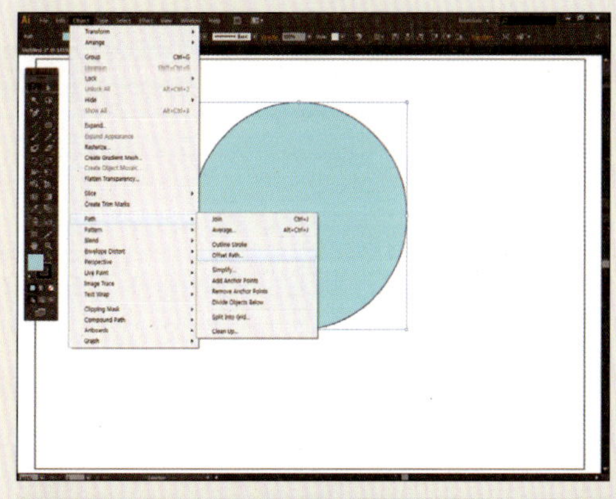

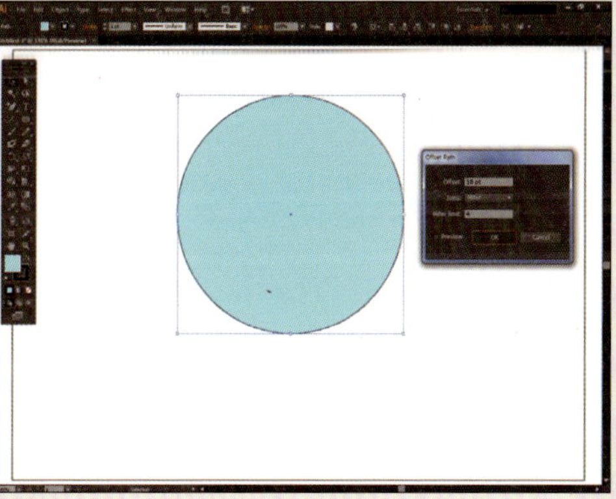

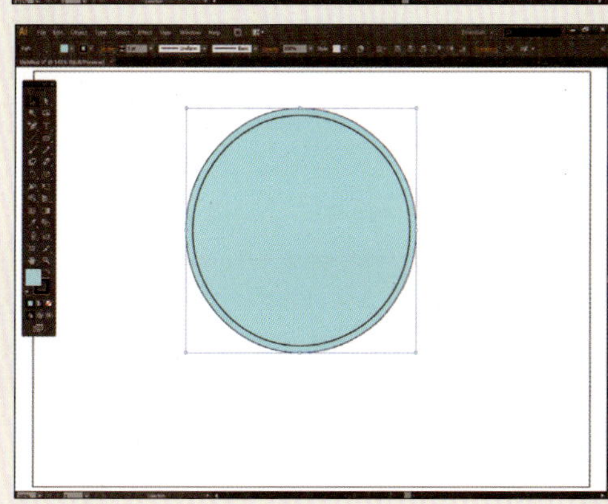

[Offset Path] 대화상자 알아보기

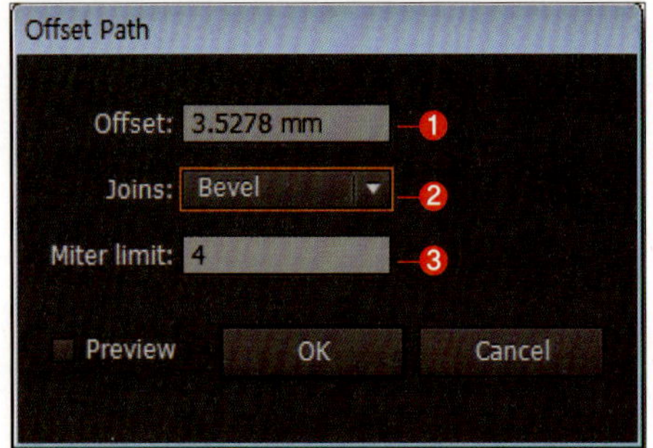

❶ Offset : 패스의 축소 확대 값을 결정합니다.

❷ joins : 모서리의 형태를 결정합니다.

❸ Miter limit : 모서리에 각의 수치를 결정합니다.

[Outline Stroke] 메뉴와 [Stroke] 패널에서 속성을 조절하여 간단한 방법으로 심플한 오브젝트를 만들어 봅니다.

완성 파일 | DVD₩Part04₩drug.ai

01. 새로운 도큐먼트 창을 만들고 라인 툴(✏)을 선택합니다. 작업 화면의 바닥을 클릭하여 [Line Segment Tool Options] 대화상자에서 [Length]를 '118'로 [Angle]은 'o'으로 설정한 후 [OK] 단추를 클릭합니다.

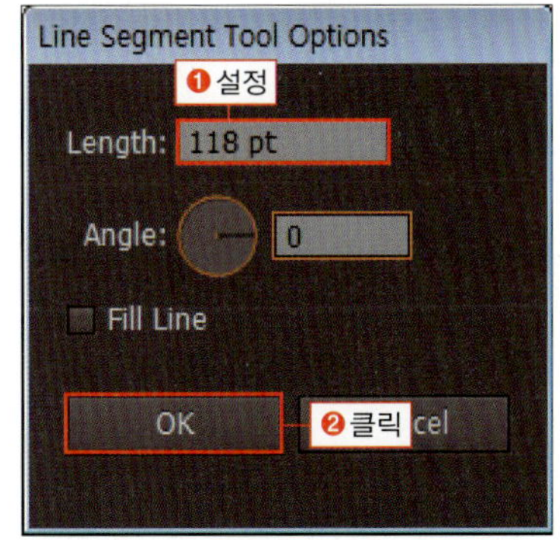

02. 라인이 선택된 상태에서 [Window]–[Stroke] 메뉴를 클릭한 후 [Stoke] 패널에서 [Weight]를 '100pt'로 설정합니다.

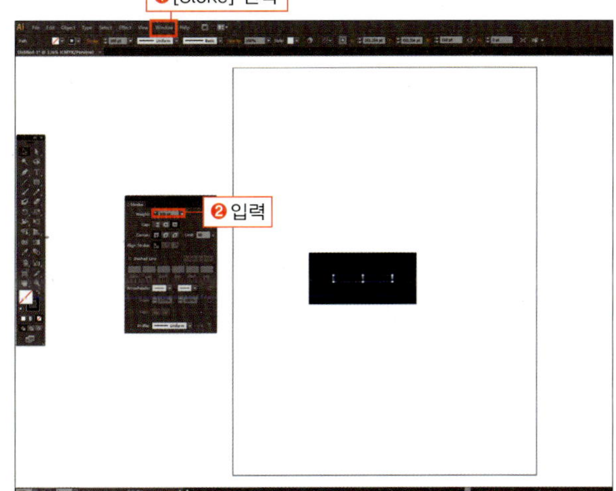

03. [Stoke] 패널의 [Cap]에서 [Round Cap]을 클릭합니다. 라인의 좌우가 둥글게 변합니다

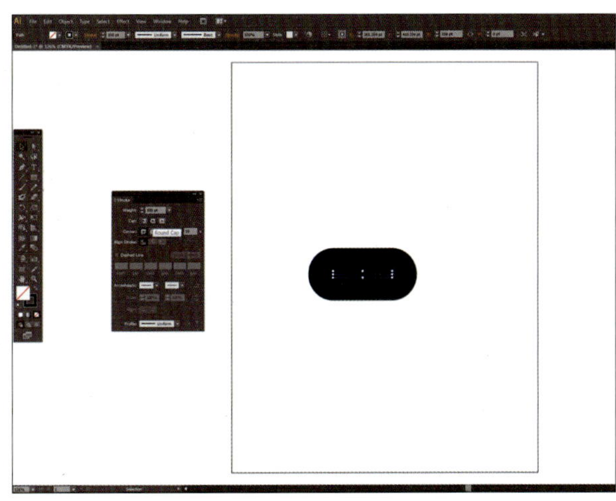

04. [Object]-[Path]-[Outline Stroke] 메뉴를 실행합니다. Path는 사라지고 Fill(면)만 남게 됩니다.

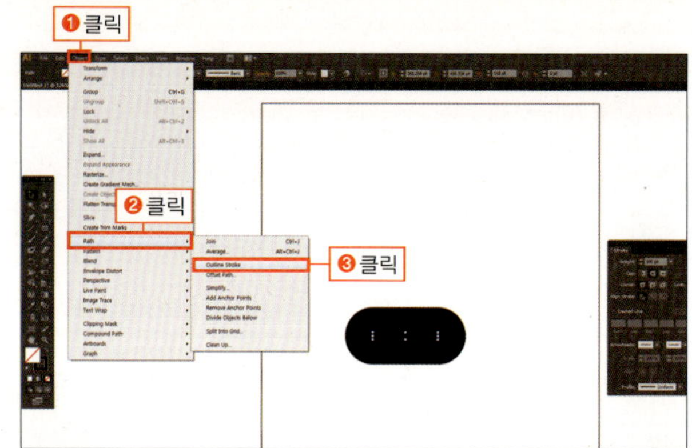

05. [Fill & stroke]( )에서 [Fill]의 [Color]를 선택한 후 [Color] 패널에서 'R : 35, G : 159, B : 218'로 설정합니다.

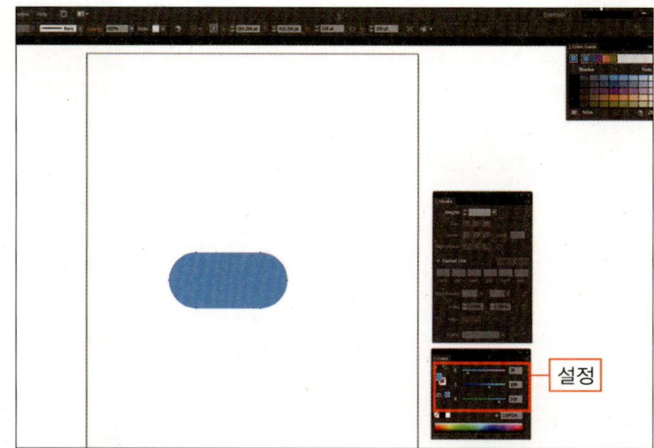

06. 오브젝트의 선택을 해제하고 [Fill & Stroke]( )에서 [Default Fill & Stroke]( )을 클릭해 기본 설정으로 전환하고 [Fill] 컬러를 [None]( )으로 바꿔줍니다.

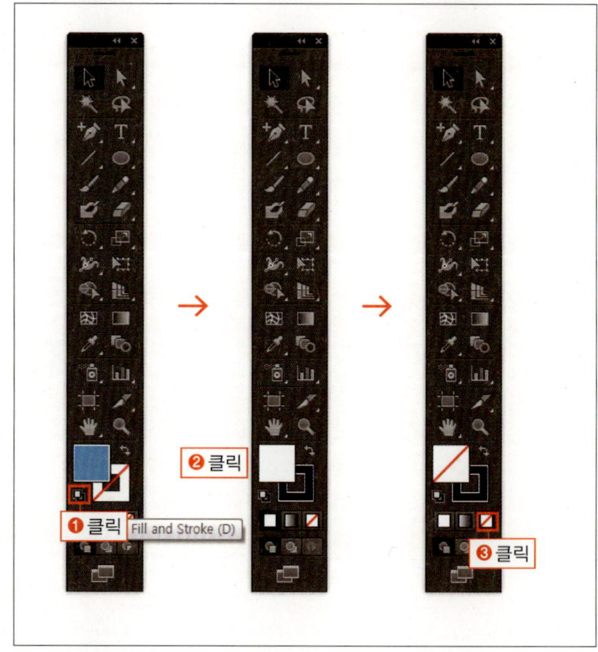

07. 라인 툴(　)을 선택하고 **Shift** 를 누르고 위에서 아래로 드래그하여 수직선을 만듭니다.

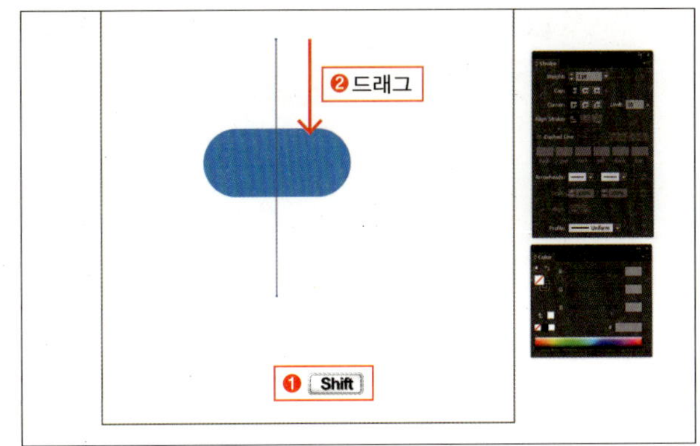

08. 선택 툴(　)로 드래그하여 두 개의 오브젝트를 선택하고 상단의 [Control] 패널의 [Align]에서 [Align] 항목의 [Horizontal Align Center]를 클릭하여 중앙에 정렬합니다.

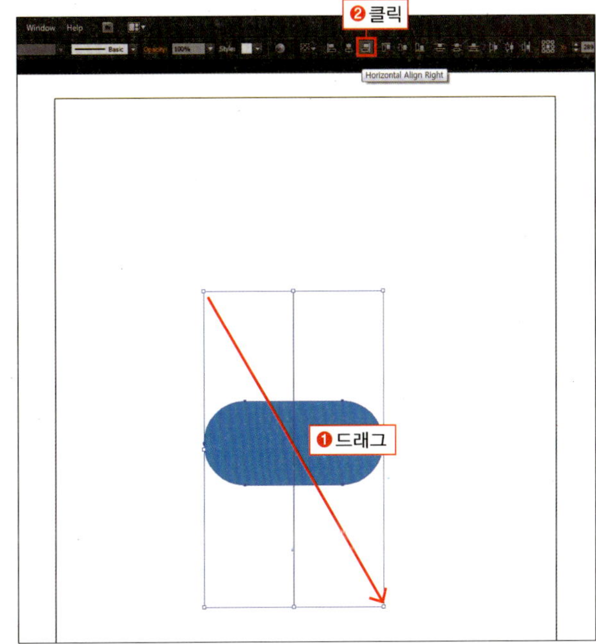

09. [Tool] 패널에서 나이프 툴을 선택하고 수직선을 따라 윗부분에 **Alt** 를 누른 상태에서 드래그하여 밑부분에 직선으로 맞춰 잘라냅니다. 이때 정확한 위치는 좌측에 생기는 화살표로 지정합니다.

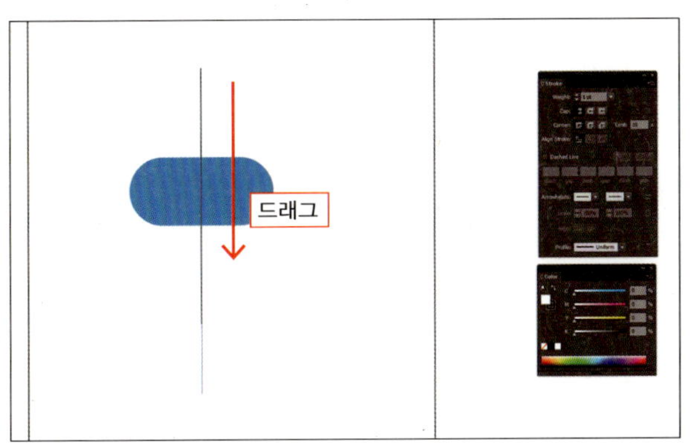

10. 선택 툴( )로 수직선을 선택하여 삭제하고 왼쪽의 오브젝트를 선택하여 'R : 223, G : 232, B : 246'으로 설정합니다.

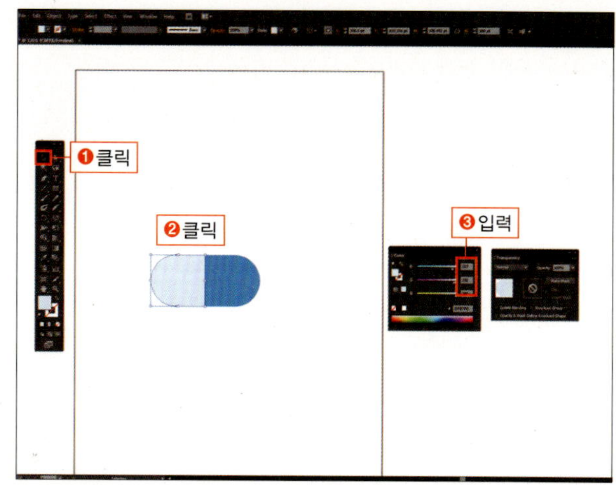

11. 드래그하여 두 개의 오브젝트를 선택한 후 복사하여(Ctrl + C) 붙여넣기(Ctrl + V) 합니다.

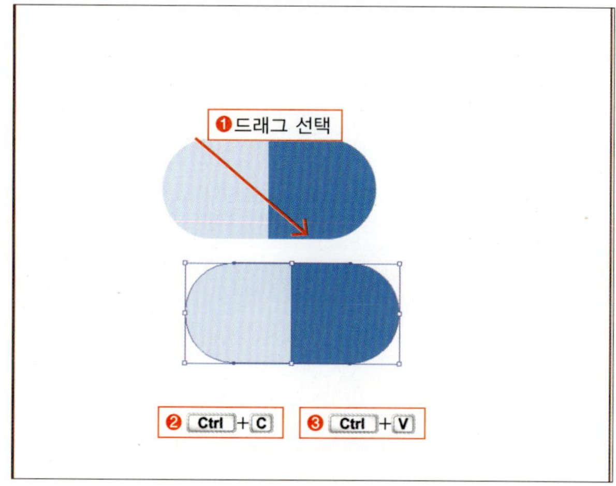

12. [Window]–[Gradient] 메뉴를 선택한 후 [Gradient] 패널을 열어 [Angle]을 '90°'로 하고 탭을 각각 0%, 60%, 80%, 100%로 설정하여 네 개를 만듭니다. [Type]을 [Liner]로 선택하고 [RGB] 값을 0%, 100%는 'R : 2, G : 14, B : 6'으로 하고 60%는 'R : 196, G : 198, B : 215'로, 80%는 'R : 255, G : 255, B : 255'로 설정합니다.

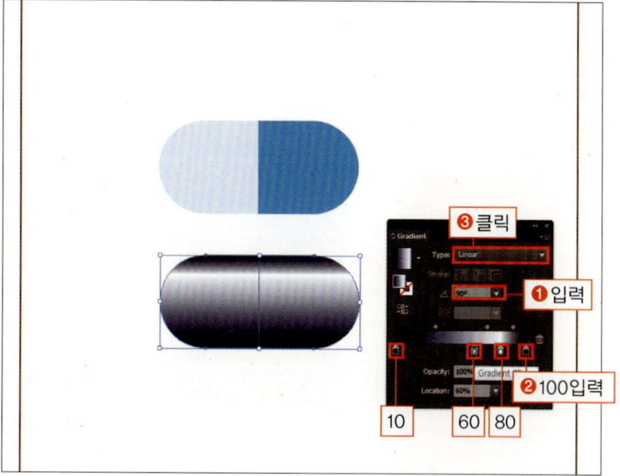

13. 왼쪽 끝에 슬라이더를 클릭하여 추가한 후 [Location]에서 '15%'로 설정하고 슬라이더를 더블 클릭하여 컬러 대화상자를 열고 'R : 0, G : 0, B : 15'로 설정합니다.

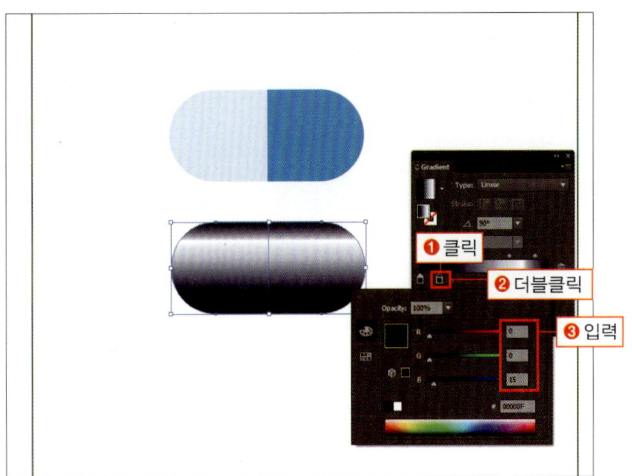

14. 그라디언트를 적용한 오브젝트를 드래그하여 선택한 후 [Transparency] 패널에서 [Opacity]를 '50%'로 설정합니다.

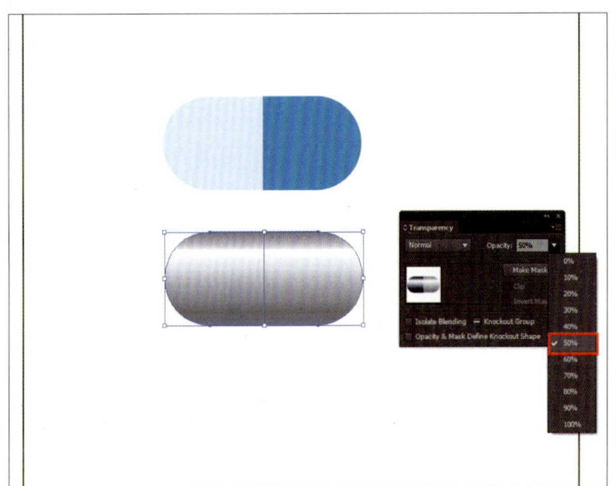

15. 두 개의 오브젝트를 [Object]-[Group] 메뉴 (Ctrl + G)를 선택하여 묶어줍니다.

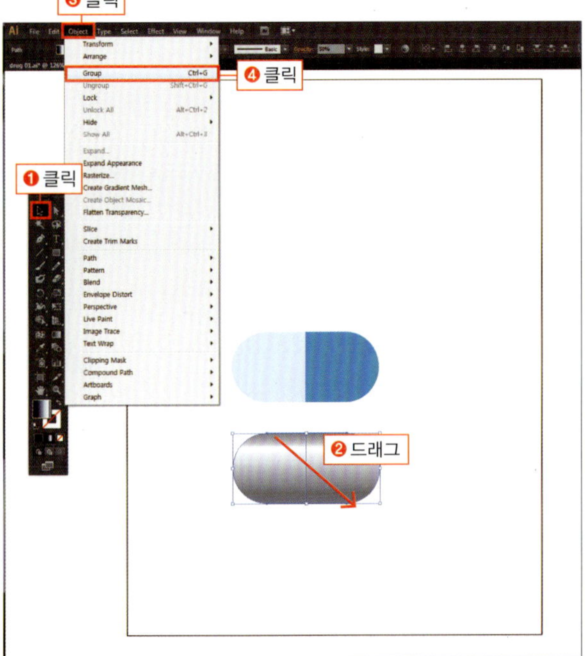

16. 먼저 만든 오브젝트를 선택하여 위로 올려
서 위의 오브젝트와 겹치도록 합니다. 돋보기 툴
(🔍)로 전체를 드래그하여 확대한 후 정확히 맞춰
줍니다.

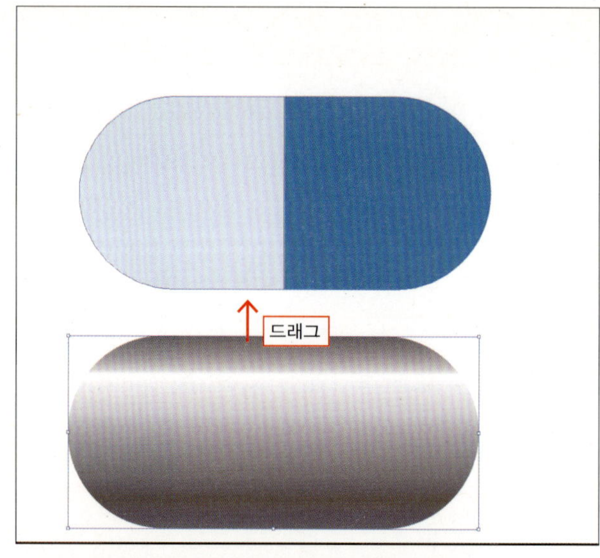

17. 전체를 확인하고 끝냅니다. 간단한 오브젝
트를 만드는 과정을 통해 [Stroke] 패널에서 라인
의 두께 모양을 통제하고 [Stroke] 선을 [Fill] 면으
로 만드는 방법은 [Transparency] 패널에서 투명
도를 조절해야 합니다.

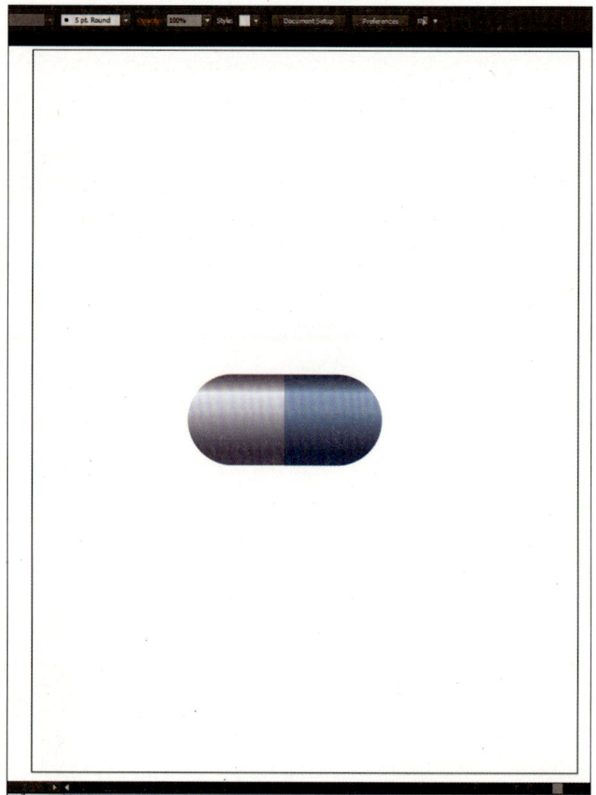

[Object]−[Path]−[Offset Path] 기능을 이용하여 표적을 만들어 보겠습니다. 가로 세로 비율을 유지한 상태에서 오브젝트를 축소하거나 크게 확대하는 것과는 달리 일정한 거리를 유지하여 작아지고 커지는 방법으로 정확한 간격을 가지고 생성되므로 매우 편리합니다.

완성 파일 | DVD₩Part04₩target.ai

01. A4 사이즈에 창을 열어줍니다. 원형 툴을 선택하고 작업 화면의 바닥을 클릭하여 [Elipse] 대화상자에서 [Weight]는 '351', [Height]는 '346'을 입력한 후 [OK] 단추를 클릭하여 원을 만듭니다.

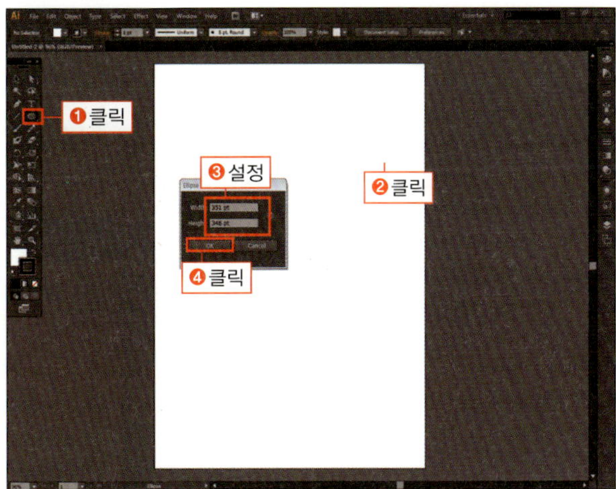

TIP : 컬러는 기본 컬러 Fill−White, Stork−Black입니다.

02. [Object]−[Path]−[Offset Path] 메뉴를 선택합니다.

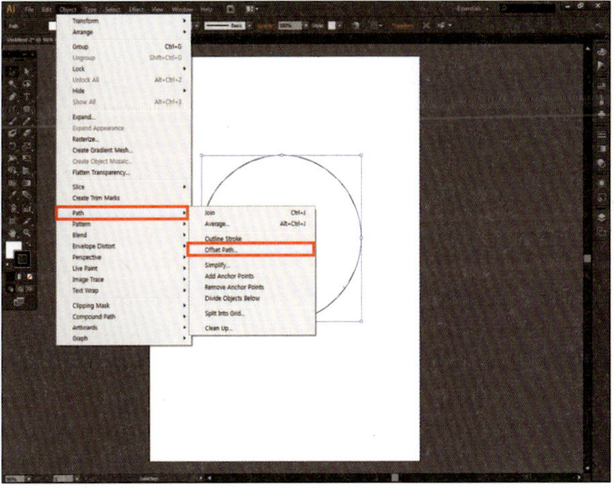

03. [Offset Path] 대화상자에서 [Offset]을 '-50'으로 입력한 후 [OK] 단추를 클릭하여 새로운 작은 원을 만듭니다.

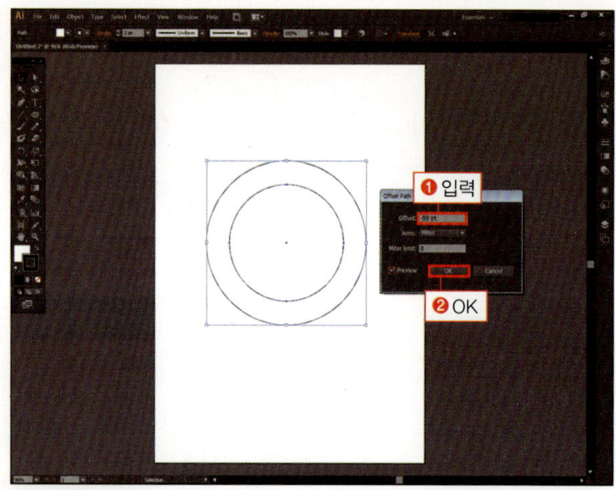

04. 같은 방법으로 [Offetset]을 '58'로 설정하여 두 개의 원을 더 만들고 가장 안쪽에 원이 선택된 채로 [Fill & Stroke]에서 면과 선의 컬러를 바꿔줍니다.

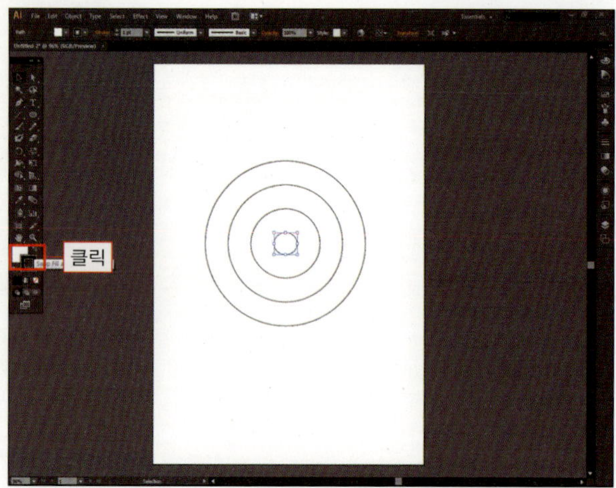

05. 간단한 표적이 완성되었습니다. 이와 같은 기능을 이용하여 다양한 버튼이나 웹용 아이콘을 보다 손쉽게 만들 수 있습니다.

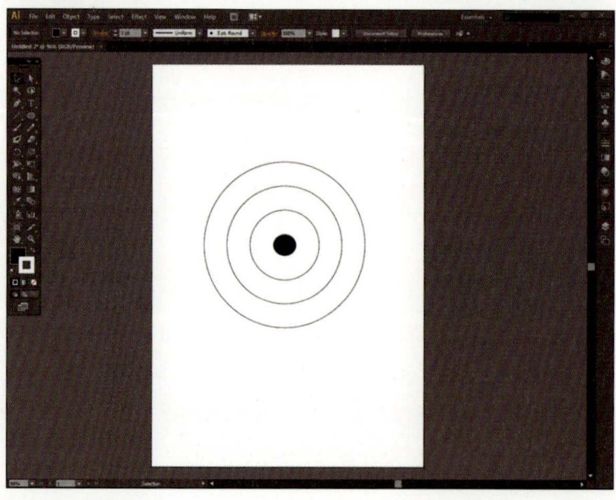

타블릿 펜을 이용한 자연스러운 드로잉 하기

일러스트레이터에서 마우스를 사용하여 드로잉하는 것은 펜 툴( )로 정형화된 오브젝트를 만들 때 외에 자연스러운 드로잉을 하기는 불가능합니다. 그래서 타블릿을 사용하여야 자연스러운 드로잉을 할 수 있습니다.

01. 타블릿을 설치하고 [Tool] 패널에서 브러쉬 툴( )을 먼저 선택합니다.

02. [Window]–[Brush Libraries]–[Artistic]–[Artistic Calligraphic] 메뉴를 선택합니다.

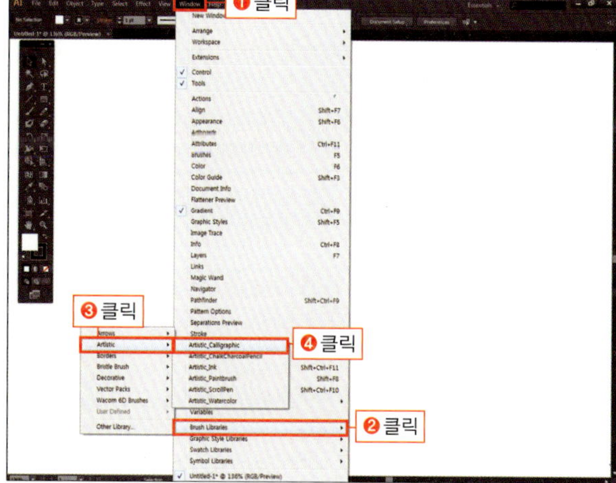

03. 열린 패널에서 임의의 사이즈를 클릭하면 [Control] 패널의 브러쉬 항목에 등록됩니다. 등록된 브러쉬 사이즈를 더블클릭하면 [Calligraphic Brush Option] 대화상자가 나타납니다.

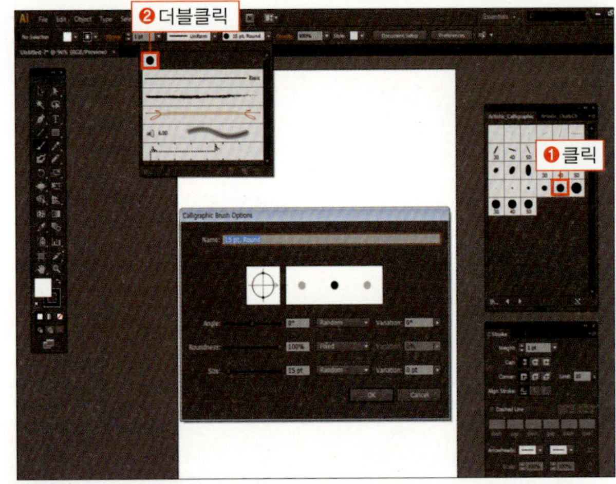

04. [Calligraphic Brush Option] 대화상자에서 [Size]와 [Variation]을 설정하고 [OK] 단추를 클릭합니다.

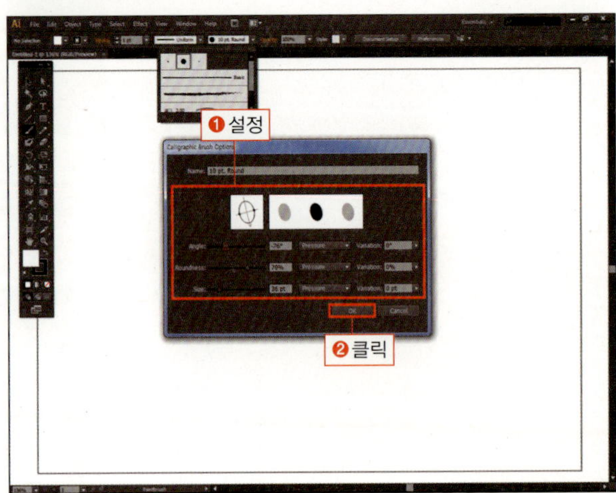

05. 이제 타블릿으로 드로잉합니다. 타블릿의 각도와 방향에 따라 각각 다른 굵기의 선이 그려집니다.

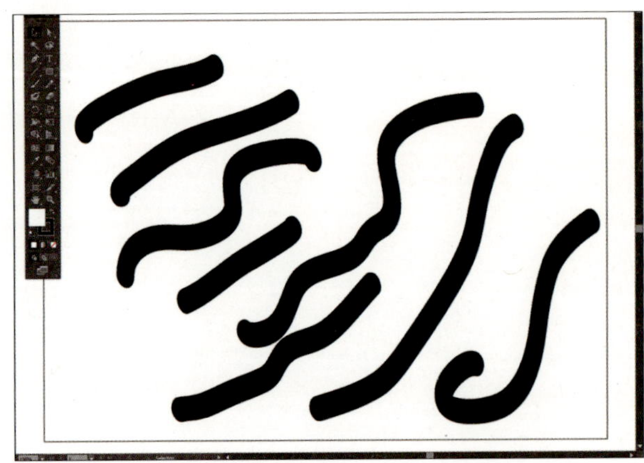

자유 곡선 툴과 블러 알아보기

연필과 같이 자연스러운 라인을 그리는 툴로 세 가지의 툴이 있습니다. 프리 드로잉(Free Drawing Tool)의 세 가지 툴의 대화상자와 각각의 특성을 살펴본 후 예제를 통해 실습해 보겠습니다.

기초탄탄 ▶ 프리 드로잉 툴과 블러 메뉴 알아보기

■ 연필 툴( ) 알아보기 `237p`

연필 툴은 연필과 같이 자연스러운 선을 그릴 수 있는 것이 특징이며, 면과 선 두 가지를 동시에 표현할 수 있습니다. [Stroke] 패널에서 [Width]나 [Width Profile]을 조절하여 다양한 스타일을 표현하거나 [Window]–[BrushLibraries]–[Artistic]–[Artistic]에서 다양한 스타일을 선에 적용할 수도 있습니다.

TIP : 일러스트레이터 CS6 드로잉에는 펜 툴로 드로잉하는 것 외에도 자유롭게 드로잉할 수 있는 프리 드로잉 툴이 있습니다.

연필 툴( )을 클릭하고 그 상태를 유지하면 세 가지 메뉴가 나타납니다.

드로잉하는 연필 툴( )과 각지거나 모가 난 부분을 부드럽게 하는 스무스 툴( ), 그리고 패스를 지우는 패스 삭제 툴( )이 있습니다. 연필 툴과 스무스 툴은 툴 부분을 더블클릭하면 각각의 대화상자가 나타납니다.

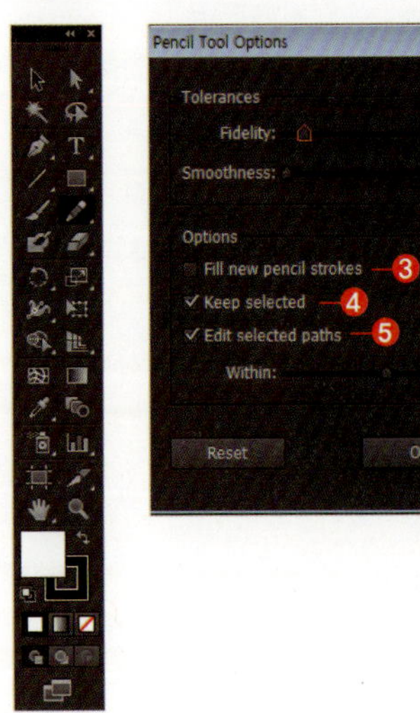

[Pencil Tool Options] 대화상자

❶ Fidelity : 포인트 사이사이의 간격을 설정합니다. 이 값이 높아지면 포인트의 숫자는 점차적으로 적게 만들어집니다.

❷ Smoothness : 선을 부드럽게 연결하는 정도를 설정합니다. 수치가 클수록 각이 줄어들고 라인이 완만해집니다.

❸ Fill New Pencil Stroke : 체크 시에는 Fill(면)에 지정된 색이 라인 안으로 나타납니다. 반대로 체크를 해제하면 라인으로만 그려집니다.

❹ Keep Selected : 체크되면 드로잉한 후 오브젝트가 선택된 상태로 되어 있어서 다른 작업을 이어서 할 수 있습니다.

❺ Edit Selected Path : 먼저 그려진 패스 위에 또 다른 패스를 겹쳐 그릴 경우 자연스럽게 이어지도록 설정합니다.

❻ Within : [Edit Selected Path] 항목에 이어서 그려갈 때 이어 그려가는 거리를 설정합니다. 이때 거리에 따라 이어지고 이어지지 않고를 결정하는 항목입니다. 그 가능 여부는 펜 툴(   ) 아래의 ✖자 표시로 알 수 있는데 ✖자는 적용이 안 되는 것을 표시합니다. 이 여부는 다른 적용 시에도 마찬가지로 적용합니다.

■ 스무드 툴

스무드 툴(Smooth Tool)(   )은 연필 툴로 그려진 라인을 수정하는 툴로 선택 상태에서 드래그하면 재수정할 수 있습니다. 항목은 연필 툴과 비슷합니다.

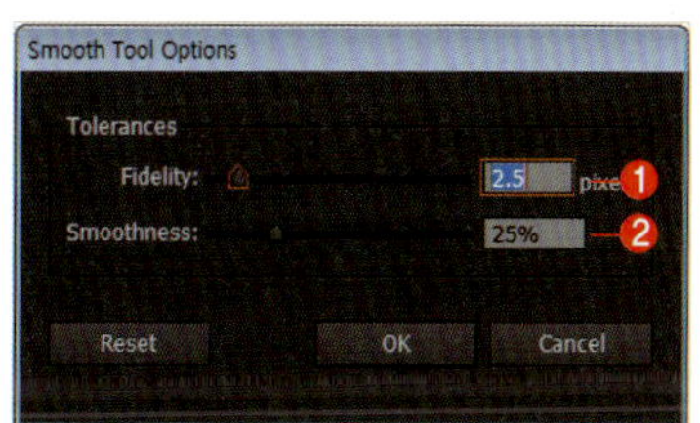

❶ Fidelity : 포인트 사이의 간격을 설정합니다. 이 값이 높아지면 포인트의 숫자는 점차적으로 적게 만들어집니다.

❷ Smoothness : 선을 부드럽게 연결하는 정도를 설정합니다. 수치가 클수록 각이 줄어들고 라인이 완만해집니다.

■ 패스 삭제 툴

마치 지우개와 같이 라인을 지우는 툴입니다. 라인을 선택하고 라인230을 따라 드래그하면 선은 사라집니다.

면에도 적용되지만 특성상 선으로 동양화를 그리듯이 주로 선에만 적용하며 동양적인 느낌이 강합니다.
[Window]–[Brush Libraries]–[Artistic]–[Artistic]에서 다양한 스타일을 적용할 수 있습니다.

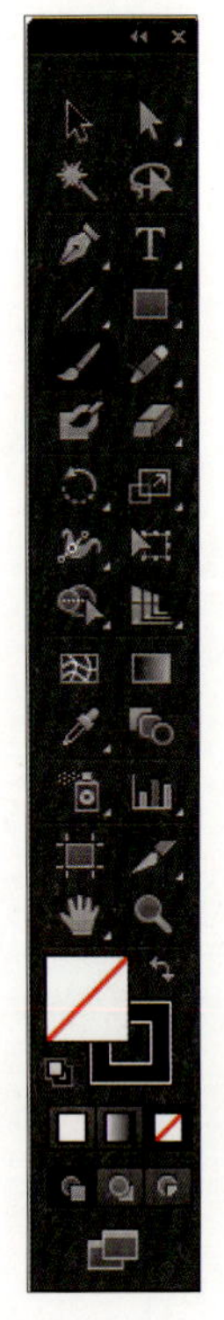

브러쉬 툴(　)은 이 자체만으로 붓의 느낌을 표현하거나 글씨체와 손으로 그린 느낌을 줄 수 있는 매우
중요한 툴 중 하나입니다. 브러쉬 툴을 선택하고 더블클릭하면 연필 툴과 마찬가지로 환경 설정 대화상
자가 나타나는데 위에서 설명한 연필 툴과 내용은 모두 같습니다.

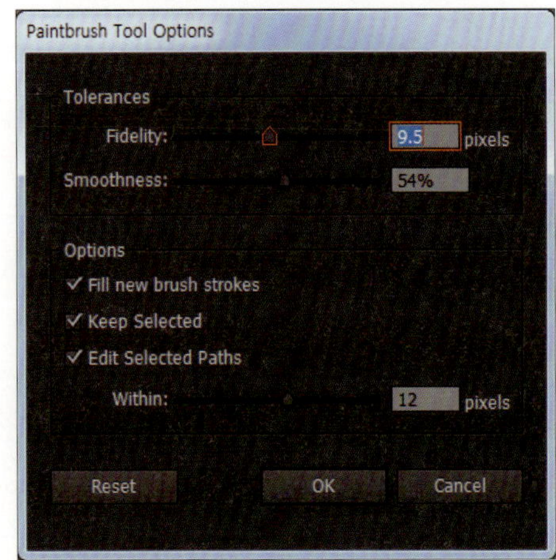

연필 툴( )과 다른 점은 붓 질감을 선택하고 그 느낌의 브러쉬로 드로잉할 수 있다는 것입니다. 라인 형태의 적용은 [Stroke] 패널에 Profile에서 적용할 수 있습니다.

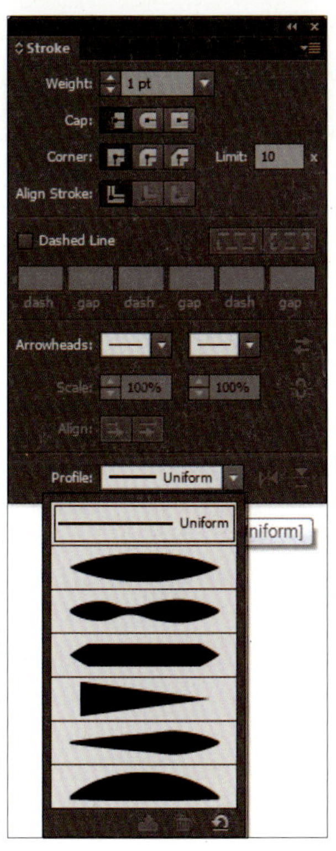

브러쉬 스타일의 적용은 [Window]–[Brush Libraries]–[Artistic]–[Artistic_ChalkCharcoalPencil] 메뉴를 열어 Brush Libraries를 이용하여 적용합니다. 그 외에도 Brush Libraries이 모든 스타일을 시용할 수 있습니다.

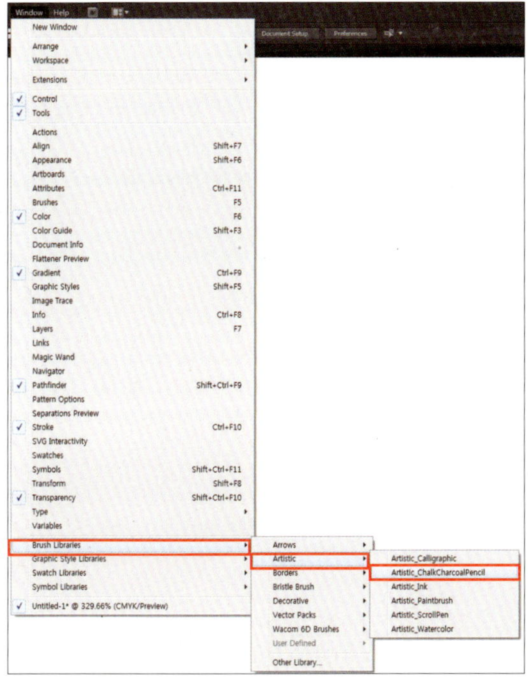

231

블럽 브러쉬 툴(　)은 Stroke으로 드로잉하는 다른 툴과 달리 Fill(면)로 드로잉됩니다. 오로지 면에만 적용되는 브러쉬로 브러쉬 툴과는 반대입니다.

[Blob Brush Tool Options] 대화상자

블럽 브러쉬 툴(　)을 더블클릭하여 [Blob Brush Tool Options] 환경 설정 대화상자를 열어봅니다.

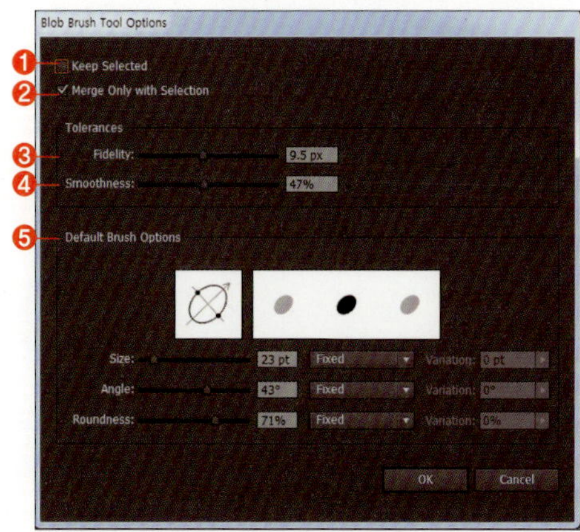

❶ **Keep Selected** : 드로잉한 후 선택된 상태를 유지합니다.

❷ Merge Only With Selected : 이 설정이 활성화되어 있을 경우 새로 그려지는 드로잉은 겹쳐질 경우, 이 메뉴가 활성화되면 하나의 오브젝트가 됩니다. 반대로 비활성화되면 분리되어 그려집니다. 그림에서 A는 활성화된 상태이고, B는 비활성화 상태입니다.

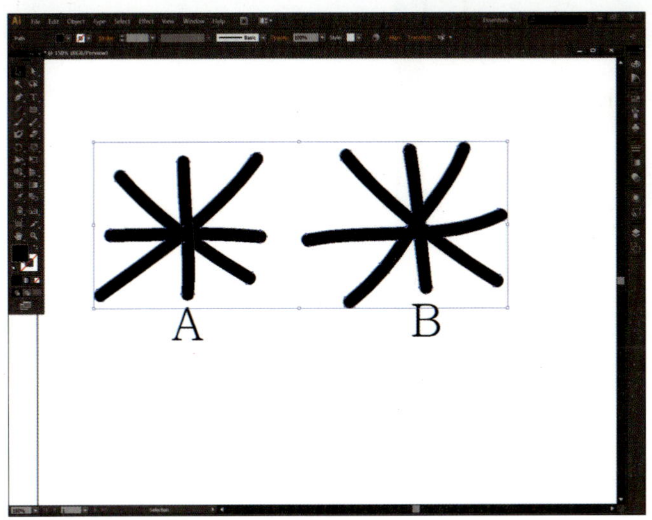

❸ Fidelity : 포인트 사이에 간격을 설정합니다. 이 값이 높아지면 포인트의 숫자는 점차적으로 적게 만들어집니다.

❹ Smoothness : 선을 부드럽게 연결하는 정도를 설정합니다. 수치가 클수록 각이 줄어들고 라인이 완만해집니다.

❺ Default Brush Option : Size, Angle, Roudness 메뉴는 크기 조절, 기울기, 원의 타원 정도를 지정합니다. 이제 선택 상태로 드로잉합니다. 이 툴도 마찬가지로 Shift 를 누른 상태에서 드로잉하면 45도나 직선은 정확한 각도를 자동으로 찾아 그립니다.

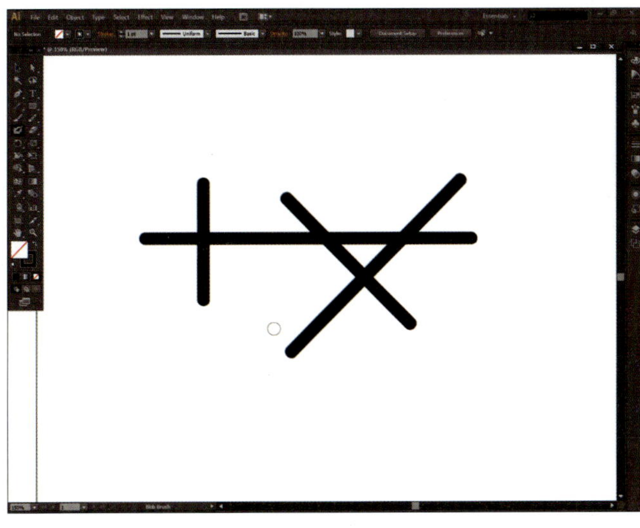

이 툴은 기존의 라인의 개념이 아니고 드로잉 상태가 면으로 그려지는 유일한 툴입니다.
[를 누르면 작아지고] 를 누르면 커집니다.

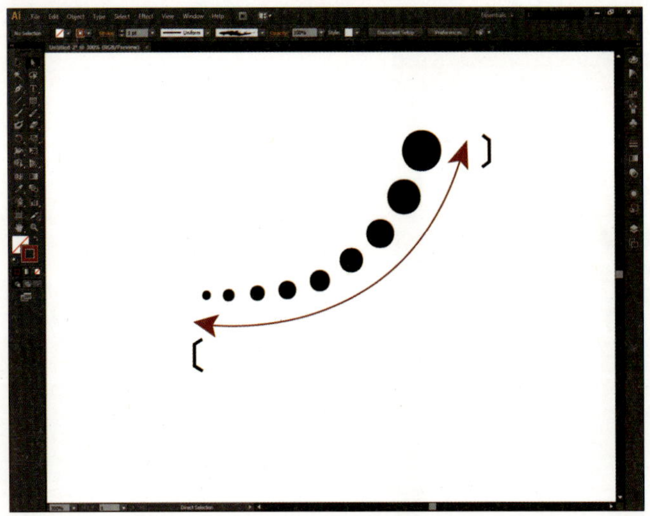

■ 오브젝트를 뽀사시하게 하는 블러 메뉴 알아보기

블러(Blur) 메뉴는 오브젝트 위에 새로운 오브젝트를 올려서 자연스럽게 그라데이션을 주거나 자연스럽
게 색상을 퍼져나가게 하거나 오브젝트의 색상을 흐릿하게 사라지게 할 때 사용합니다. Effect 메뉴의
Blur를 클릭하면 세 가지 세부 메뉴가 나타납니다.

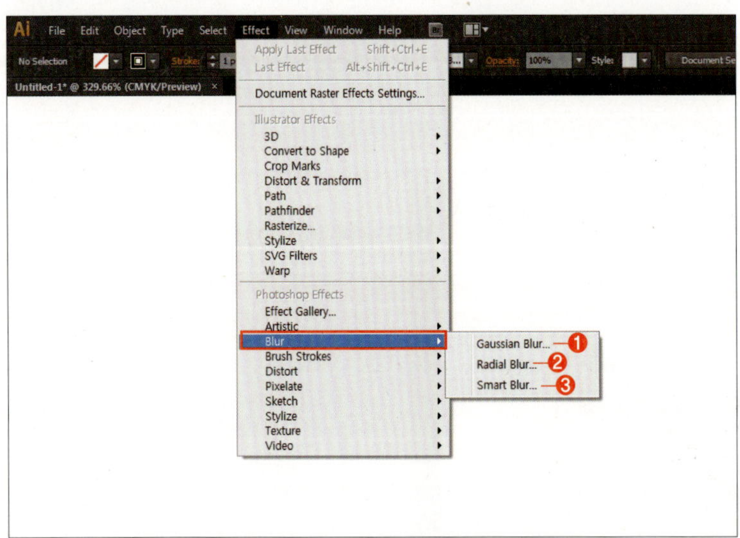

❶ Gaussian Blur : 일반적인 블러를 말합니다. Gaussian Blur는 프리뷰 메뉴와 지름을 지정하는 Radius 메뉴가 있습니다. 우측으로 픽셀의 수치를 올릴수록 더 강하게 그리고 넓게 분포됩니다.

❷ Radial Blur : 방사형 블러를 말합니다. Radial Blur는 반지름 방향의 방상형 블러로 가운데부터 밖으로 퍼져나가는 형태로, Amount로 효과의 강약을 조절합니다.

그림에서 보면 블러의 차이에 따라 세 가지 수준의 방법이 있습니다.

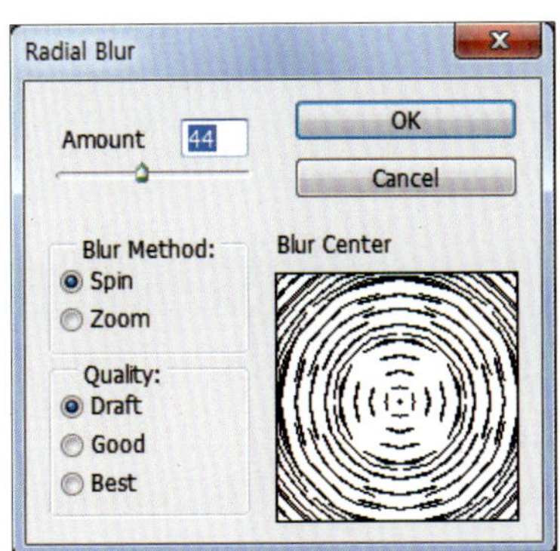

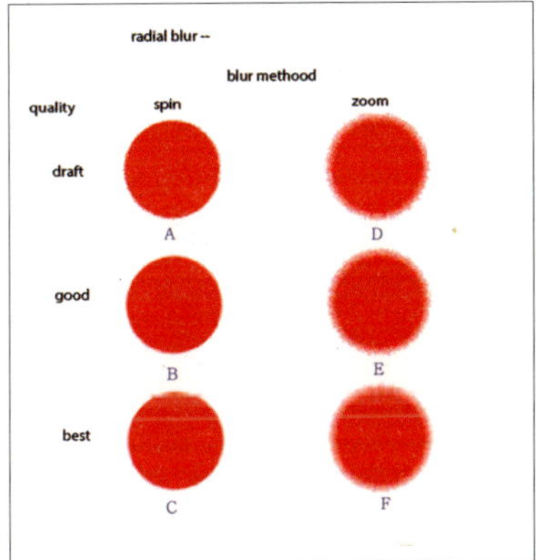

작은 그림의 상태로는 정확한 차이를 느끼기 힘들지만 Spin과 Zoom의 차이는 확연히 보입니다. 세밀하게 보기 위해 확대하여 블랙으로 컬러를 설정해보면 그 차이는 확연합니다.

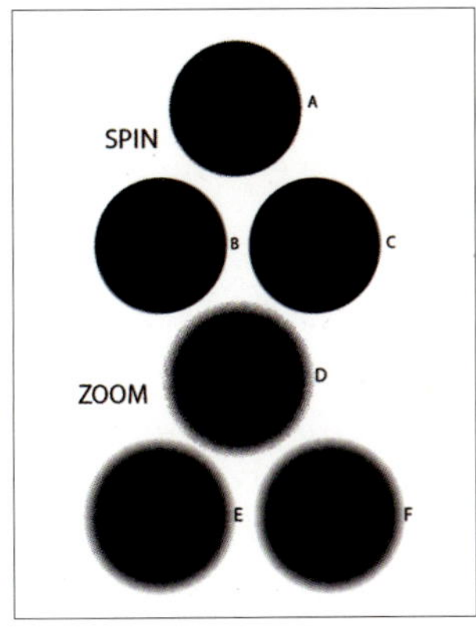

❸ Smart Blur : 다소 복잡한 블러를 실행할 수 있습니다.

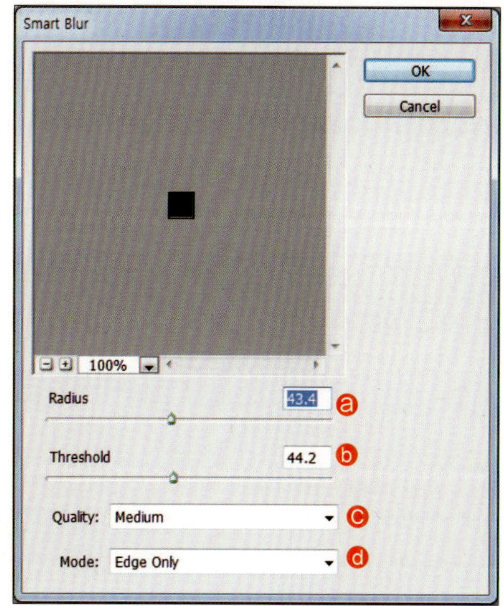

ⓐ Radius : 지름을 설정합니다.

ⓑ Threshold : 한계점을 지정합니다.

ⓒ Quality : 수준을 지정합니다.

ⓓ Mode : 끝부분 적용과 오버레이 등의 모드 선택이 가능합니다.

효과는 다소 난해하고 두 가지 블러에 비해 활용성은 없습니다.

프리 드로잉의 기본 툴인 연필 툴의 세 가지 툴을 사용해보고 차이점을 알아봅니다. 타블릿을 사용하는 것이 가장 좋지만 일러스트레이터는 대부분 마우스를 사용하므로 마우스를 드래그하여 그려봅니다.

■ 연필 툴(🖊)로 드로잉

01. 연필 툴(🖊)을 선택하고 [Fill]은 [None](🗌)으로 제거하고 [Stroke]는 검은색으로 지정합니다.

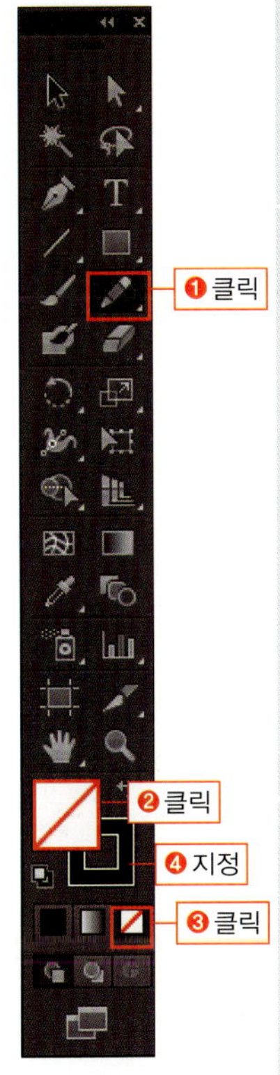

02. 연필 툴(🖊)을 선택하고 드래그하여 자유로운 곡선을 그립니다.

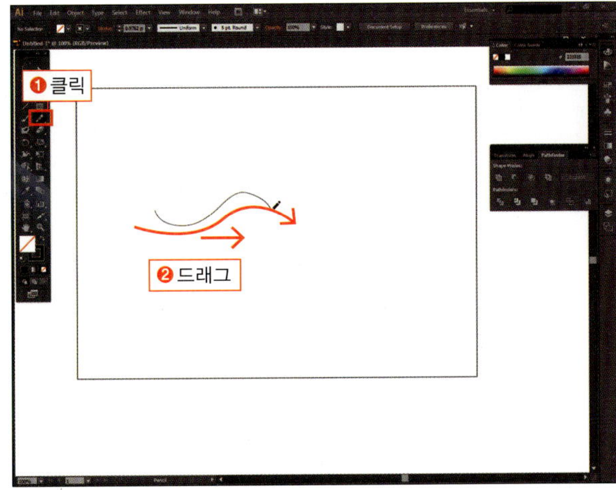

03. 드래그한 후 손을 떼면 드래그한 모양대로 그려집니다. 또한 그려진 자유 곡선을 이어서 그리려고 할 때는 선택된 상태에서 이어 그리려는 부분에 연필 툴( )로 이어서 그립니다.

> **TIP :** 자유 드로잉이기 때문에 원하는 곡선을 그리기 어렵습니다. 그럴 때 수정을 해야 하는데 직접 선택 툴( )로 일일이 방향점이나 방향 선을 선택하여 조절할 수도 있지만 편리하게 수정하여 부분 부분을 고쳐 그릴 수도 있습니다. 그림과 같이 골뱅이 모양을 그릴 경우 자연스럽지 못한 부분은 선택한 상태로 부분 부분을 드로잉하여 새로 그립니다.

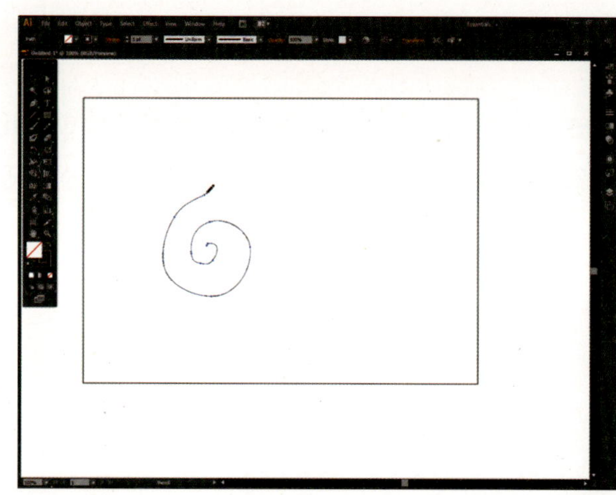

04. 그림과 같이 모가 난 부분을 드로잉하여 부드럽게 다듬습니다.

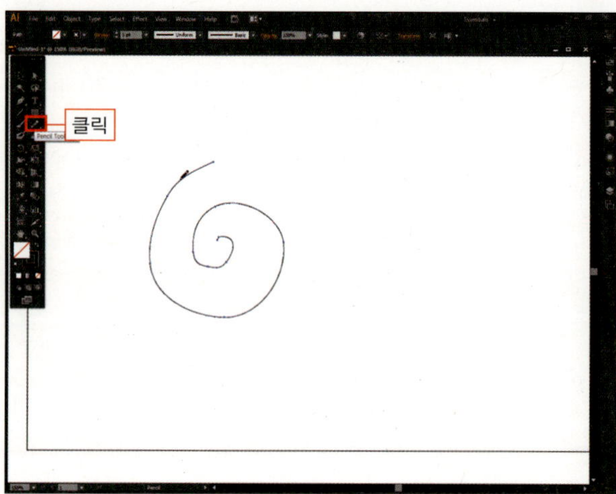

05. 가까운 거리에서 원하는 라인을 그리면 새로 그려진 라인으로 그려집니다.

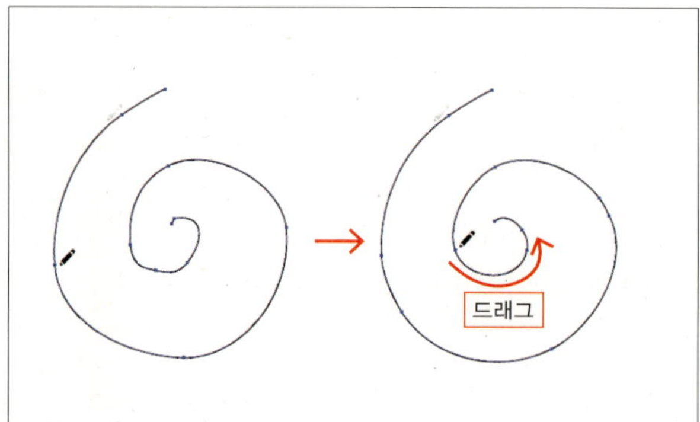

■ 스무스 툴 사용하기

01. 스무스 툴(￼)은 연필 툴(￼)로 그려진 부드럽지 못한 곡선을 선택 상태에서 드래그하여 부드럽게 만들어줍니다. 선택된 상태에서 스무스 툴로 드래그하면 포인트가 줄면서 부드러운 라인으로 바뀝니다.

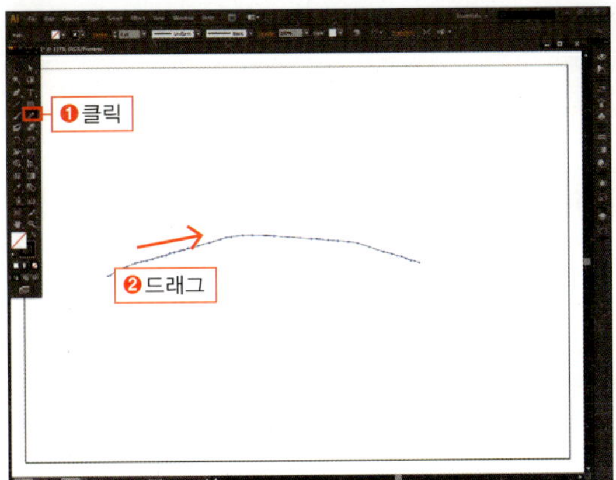

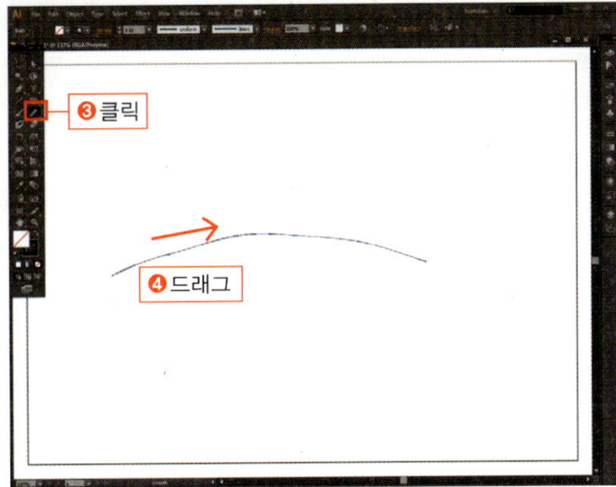

■ 패스 삭제 툴로 패스 지우기

01. 패스 삭제 툴은 선택 상태에서 패스의 일부를 드래그하면 드래그한 부분의 패스가 지워집니다. 선택 툴로 그려진 패스를 선택합니다.

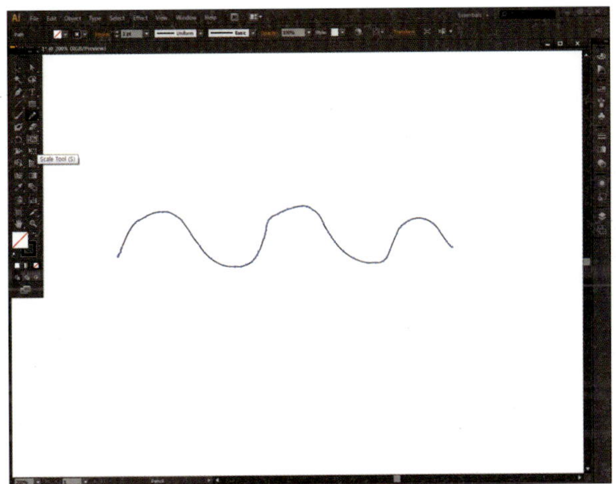

02. 패스 삭제 툴(￼)을 선택하고 화살표 방향으로 드래그합니다. 그림과 같이 패스가 지워진 것이 보입니다.

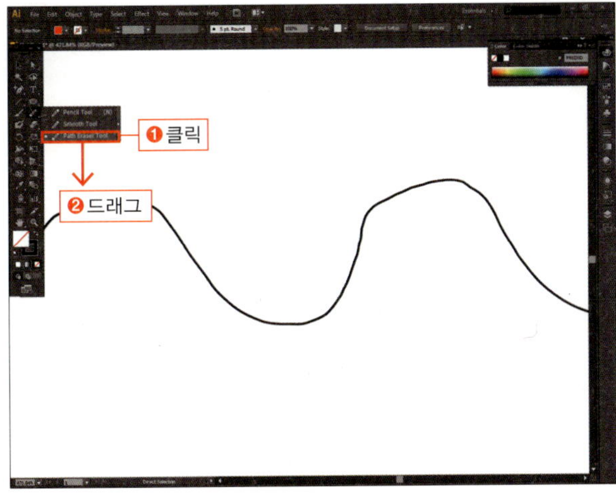

브러쉬 툴을 사용하여 드로잉하고 두께(폭) 툴(Width Tool)을 이용하여 변형해 보겠습니다. 드로잉 시에 가장 좋은 환경은 타블릿을 이용한 드로잉이 좋지만 마우스로도 가능합니다.

완성 파일 I DVD\Part04\widthbrush.ai

01. 새로운 창을 열고 브러쉬 툴( )을 선택합니다.

02. [Window]–[Brush Libraries]–[Artistic]–[Artistic_ChalkCharcoalPencil] 메뉴를 선택합니다.

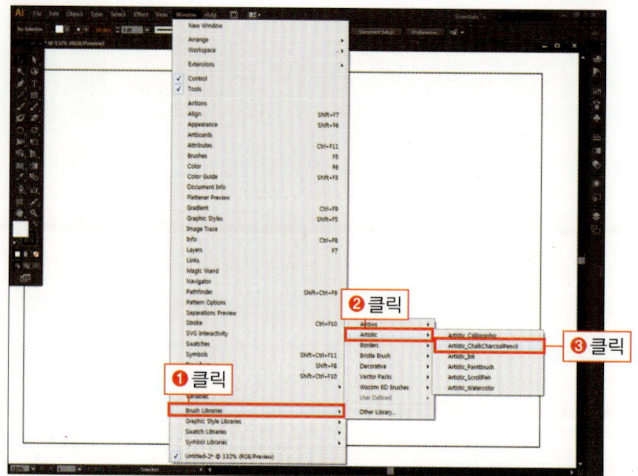

03. [Artistic_ChalkCharcoalPencil] 패널에서 원하는 효과를 가진 브러쉬를 선택하고 프리 드로잉 합니다. 여기서는 'Charcoal Pencil'을 선택했습니다.

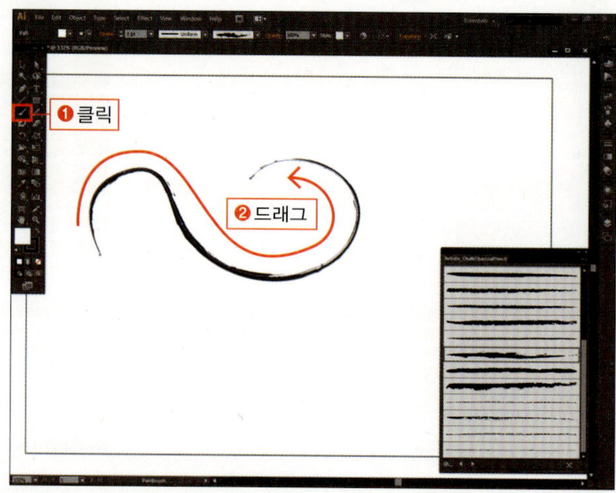

04. [Tool] 패널에서 두께(폭) 툴( )을 선택합니다.

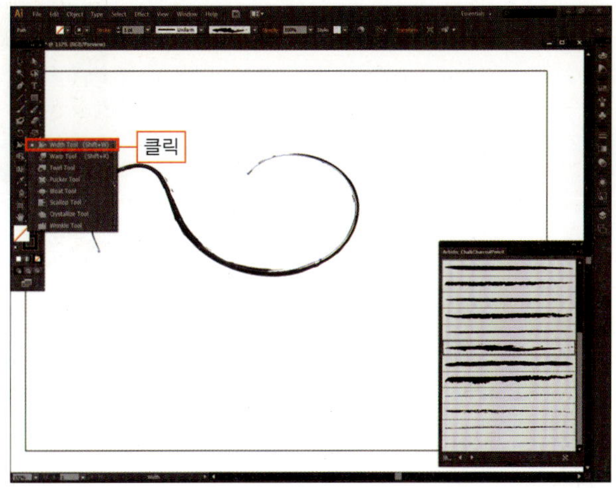

05. 가운데 부분을 클릭하고 드래그합니다.

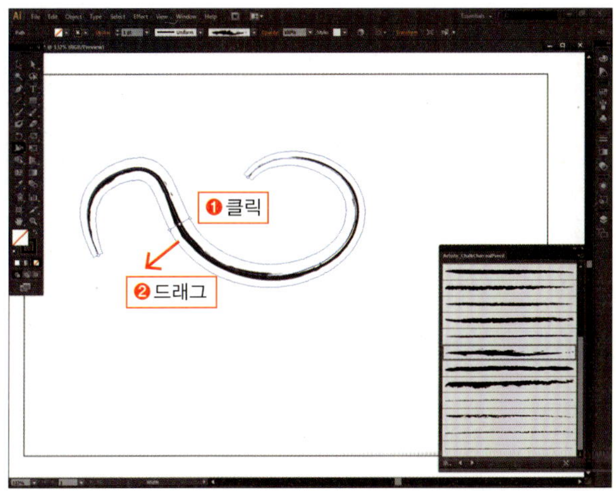

06. 드래그를 선의 중앙으로 드래그하면 좁아지고 바깥쪽으로 드래그하면 좁아집니다.

07. 우측도 같은 방법으로 드래그하여 변형합니다.

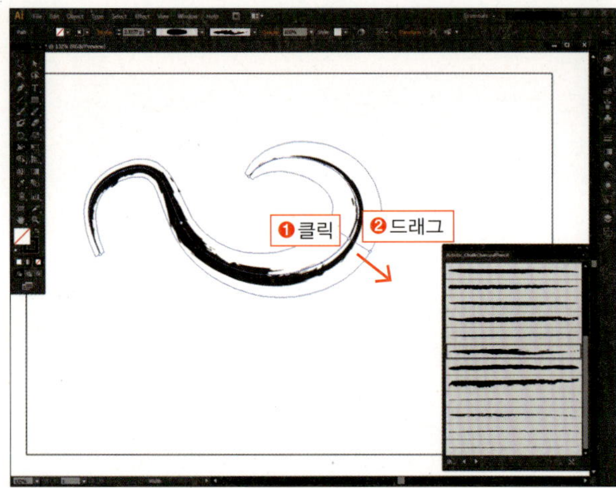

08. 전체적인 느낌이 달라졌습니다.

완전한 픽셀 같은 수채화는 아니지만 투명도를 조절하는 방식으로 면을 채워 이미지를 만드는 과정을 알아봅니다.

예제 파일 I DVD₩Part04₩m1p05001.jpg   완성 파일 I DVD₩Part04₩m1p16.ai

■ 수채화 브러쉬 설정과 바탕색 칠하기

01. 우선 그리기에 좋은 자료를 구합니다. 예쁜 사과입니다.

02. 이세 새로운 도큐민트를 민들고 앞에시와 같이 [File]-[Place] 메뉴를 클릭해 자료(m1p05001.jpg)를 불러옵니다. [Object]-[Lock]-[Selection](**Ctrl** + **2**) 메뉴를 선택하여 고정한 후 작업합니다.

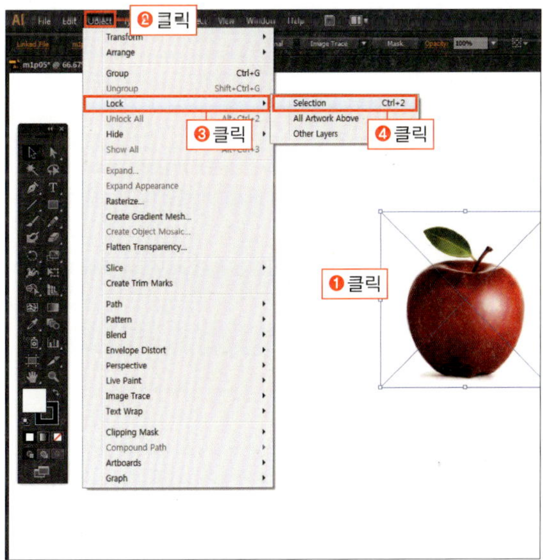

03. 이제 왼쪽 자료를 토대로 기본 바탕부터 드로잉합니다. 우선 모든 컬러에 베이스로 깔리는 노란색을 기본 컬러로 설정합니다. [Blob Brush Tool]을 선택합니다.

> **TIP :** 키보드에서 **[** 와 **]** 를 누릅니다. 정해진 브러쉬의 크기가 작아지거나 커지는 것이 보입니다. 때때로 크기를 줄이거나 키워서 작업해야 하므로 우선 알아야 하는 키입니다. 다음은 상단에 보이는 [Control] 패널 상에 보여지는 [Opacity]입니다. 수채화는 투명해야 하기 때문에 기본적으로 여기에서 작업 시에는 30% 정도로 합니다.

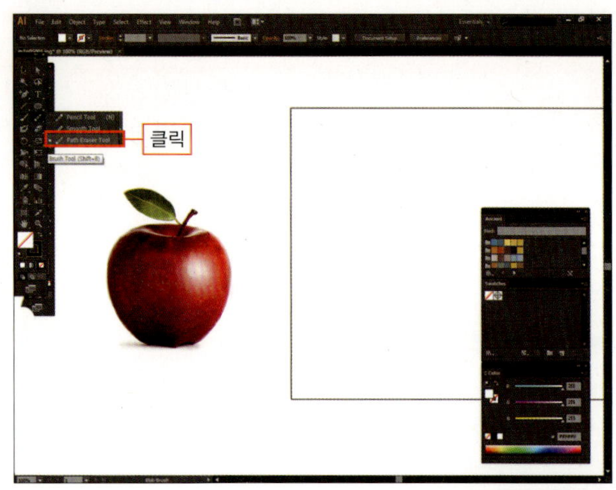

04. 컬러를 'R : 237, G : 234, B : 136'으로 설정합니다.

05. 이제 더블클릭으로 [Blob Brush Tool] 대화상자에서 [Keep Selected] 항목이 체크되어 있는지 확인합니다. 수채화를 작업하려면 이 항목은 체크되어 있지 않아야 합니다.

> **TIP :** 나머지 항목들은 앞에서 설명한 바 있습니다. 브러쉬가 둥근 것이 불편하거나 다른 모양의 브러쉬를 원할 때 기울기나 크기를 조절할 수 있습니다.

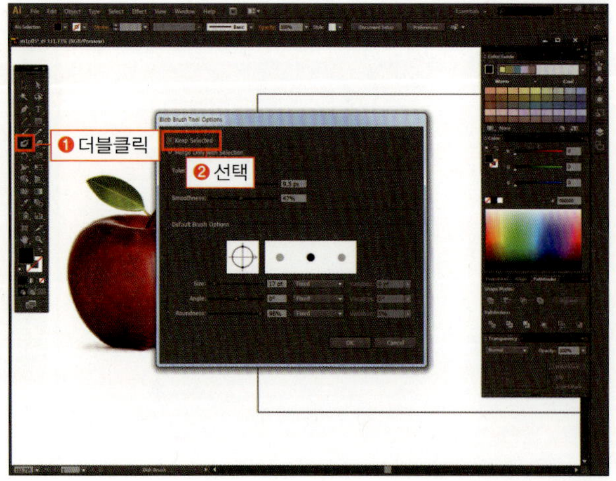

■ 바탕색으로 기본 바탕그리기

01. [Control] 패널에서 [Opacity]를 50%로 설정
합니다. 이제 정해진 컬러로 투명도가 30%로 보
이는 사과를 보면서 바탕을 드로잉합니다. 정확한
형태보다는 전체적인 느낌을 잡아줍니다.

02. 형태가 마음에 안들거나 외곽으로 삐져나온
선들을 지우개 툴( )로 지워가며 형태를 잡습니
다.

> **TIP :** 잘못 그려졌을 때는 [Ctrl]+[Z]나 마우스 오
> 른쪽 버튼을 클릭해 돌이켜서 다시 그릴 수도 있습니
> 다. [Space Bar]로 손바닥 툴( )을 만들어 이동하며 그
> 려갑니다.

03. 어느 정도 형태가 잡아지면 이제 색상을 오
렌지색 톤(R : 225, G : 66, B : 62)으로 바꿉니다.

04. `[` 또는 `]`를 눌러서 브러쉬 크기를 조금 크게 조절하고 위에 덧입힙니다.

■ 붉은 계통색으로 천천히 색을 올리기

01. 브러쉬 크기는 조절해가며 세로로 그립니다. 형태는 지우개 툴( )로 잡아나가며 그립니다. 기본적으로 일반 붓이나 연필로 그리는 것과 비슷합니다. 물론 어느 정도 드로잉 능력이 있어야 가능합니다.

02. 이제 좀 더 어두운 컬러를 'R : 188, G : 27, B : 30'으로 설정하고 위에 덧입힙니다.

03. [Opacity]를 10%로 조절하여 'R : 188, G : 27, B : 30'과 'R : 225, G : 66, B : 62' 두 컬러를 번갈아 사용하여 중간 톤을 만들어 경계를 부드럽게 합니다.

04. 컬러 'R : 233, G : 150, B : 148'로 라이트를 조금씩 찾아줍니다. [Opacity]를 10%로 조절하여 'R : 188, G : 27, B : 30'과 'R : 233, G : 150, B : 148' 로 번갈아가며 좀 더 어두운 부분의 라이트를 찾아주며 브러쉬 크기를 줄여 디테일하게 합니다.

■ 중간톤 올려 주기

01. 컬러 'R : 234, G : 39, B : 38'로 중간 톤을 풍부하게 합니다.

02. 컬러 'R : 71, G : 5, B : 6'으로 강한 어둠과 디
테일한 곳을 그립니다.

03. 'R : 154, G : 7, B : 10'으로 어두운 부분에 중
간 톤과 밝은 톤을 설정합니다.

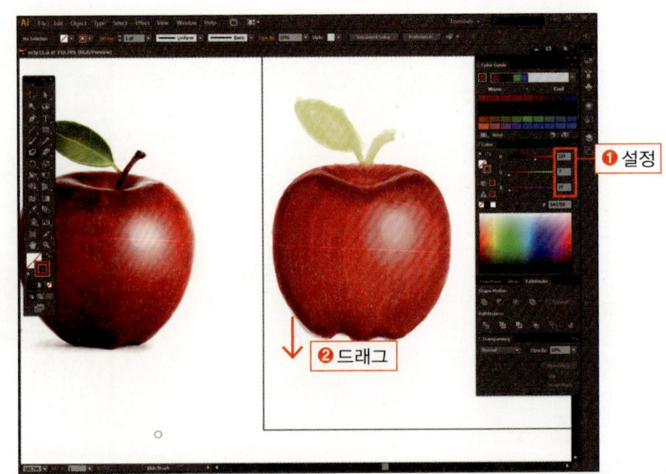

04. [Tool] 패널의 [Fill]에서 컬러를 더블클릭하여
컬러피크(Color Picker)를 꺼내어 상단 부분을 클
릭하여 점점 밝은 곳으로 이동하여 라이트를 강
하게 줍니다.

■ 라이트 찾아가며 디테일하게 잡아가기

01. 중간 중간 밝은 점들을 찍어서 표현합니다.

02. 'R : 249, G : 88, B : 88'로 작은 점들을 찍어줍니다. 투명도는 50%로 하고 크기는 작게 만들어 실행합니다.

03. 'R : 142, G : 164, B : 41'로 잎을 그립니다. 컬러피크를 열어 점점 어두운 컬러로 디테일을 찾아갑니다.

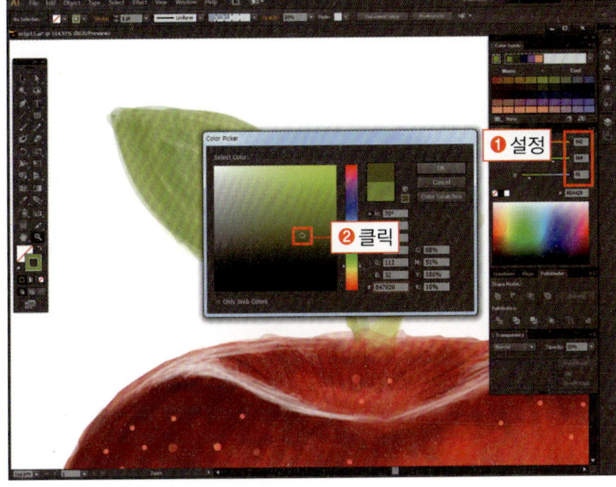

투명도를 조절하며 어둠을 넣어 입체감 주기

01. 진짜 수채화는 아니지만 한 번에 컬러를 내려하지 말고 연한 색으로 투명도를 주고 여러 차례 칠하여 색을 표현합니다. 원본과 같을 이유는 없습니다.

02. 'R : 156, G : 37, B : 28'을 기본으로 컬러피크를 꺼내 어둠과 라이트를 넣어 입체감을 줍니다.

03. 디테일을 찾아가고 라이트와 어둠이 대비되도록 넣어줍니다. 전체적으로 어두운 부분과 그림자를 정리하고 지우개로 지저분한 곳을 지워주어 깔끔하게 정리하고 끝맺습니다.

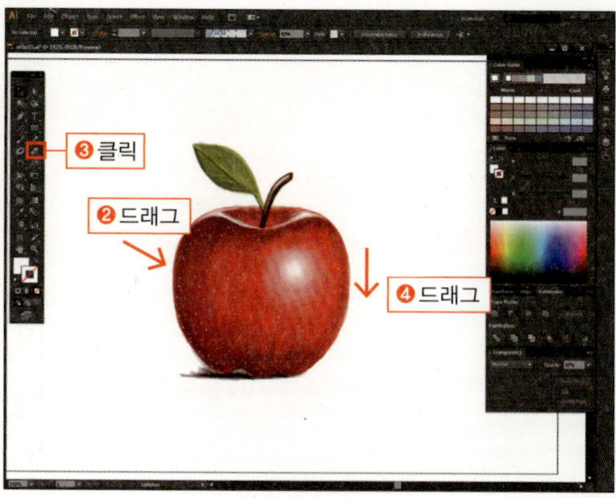

명확한 선과 면을 손 그림과 같은 느낌의 일러스트로 그려내는 프리 드로잉 방법을 예제를 통해 알아봅니다.

예제 파일 | DVD₩Part04₩pimant.jpg　　**완성 파일** | DVD₩Part04₩piment.ai

01. 먼저 가로 A4 사이즈에 도큐먼트를 만든 후 'pimant.jpg' 파일을 불러옵니다. 불러온 파일의 이미지를 선택하고 Ctrl + C 로 복사한 후 창을 닫습니다.

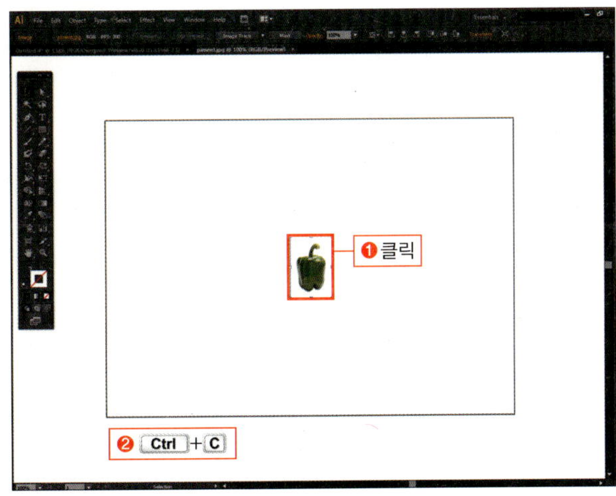

02. 만들어놓은 도큐먼트 창에 Ctrl + V 로 붙여주고 [Object]–[Transform]–[Scale] 메뉴를 선택한 후 [Scale] 대화상자에 [Uniform]을 300%로 입력하여 크게 만들어줍니다.

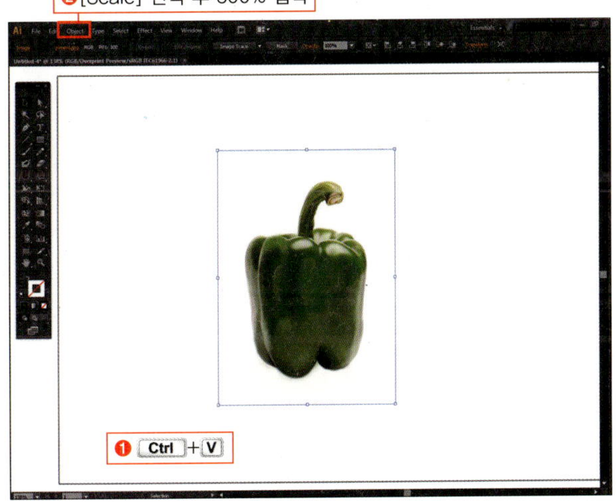

03. 불러온 이미지를 선택한 상태에서 [Object]–
[Lock]–[Selection](Ctrl + 2) 메뉴를 선택하여
고정시킵니다.

04. [Tool] 패널에서 브러쉬 툴을 선택하
고 [Window]–[Brush Libraries]–[Artistic]–
[Artistic ChalkCharcoalPencile] 메뉴를 클릭하고
[Charcoal–Smooth] 브러쉬 스타일을 선택합니다.

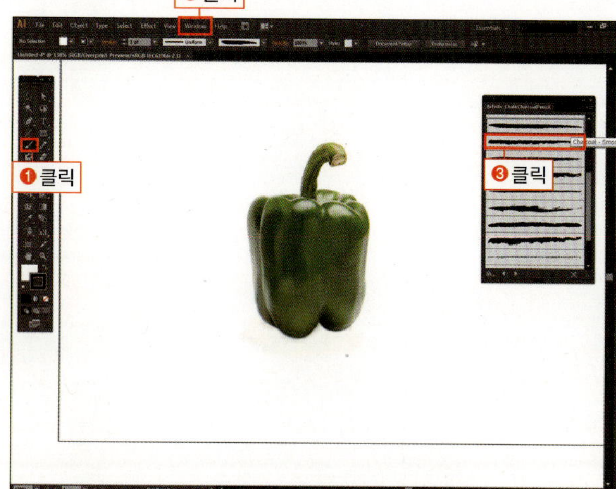

05. 브러쉬 툴(　)을 더블클릭하여 [Paint
Brush Tool Options] 패널을 열어 [Fidelity]는 '4'
[Smoothness]는 '0%'로 설정하고 [option]은 다음과
같이 체크합니다.

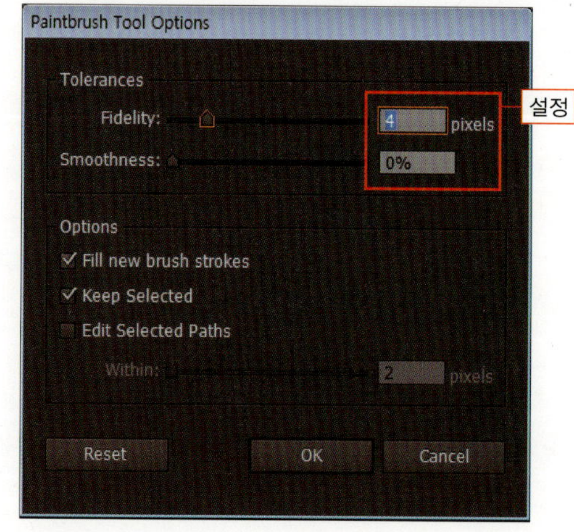

06. [Fill]은 [None]으로 하고 [Stroke]는 [Control] 패널에서 '1pt'로 설정한 후 드로잉합니다.

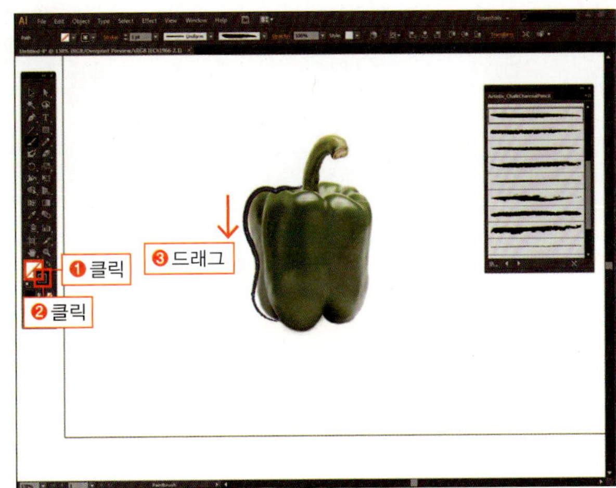

07. 계속 외곽과 홈을 따라 드로잉하고 드로잉한 오브젝트 전체를 선택한 후 [Control] 패널에서 [Variable Width Profile]을 [Width Profile1]로 설정합니다.

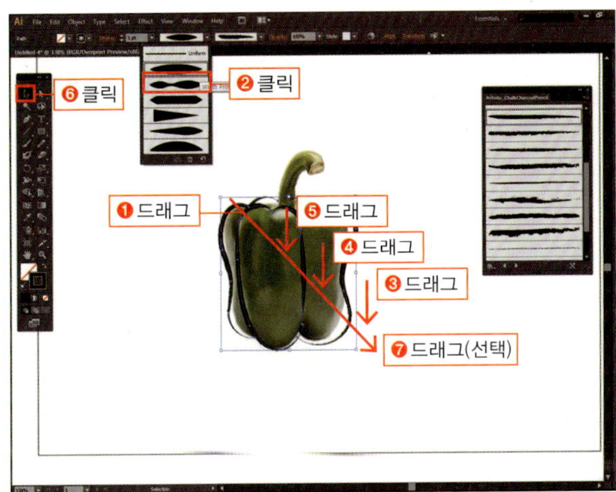

08. [Control Panel]에서 [Stroke] 두께를 '0.5pt'로 변경하고 꼭지 부분을 그립니다.

09. [Object]–[UnlockAll] 메뉴를 선택해 락을 해
제하고 **Delete** 를 눌러 원본 사진을 삭제합니다.

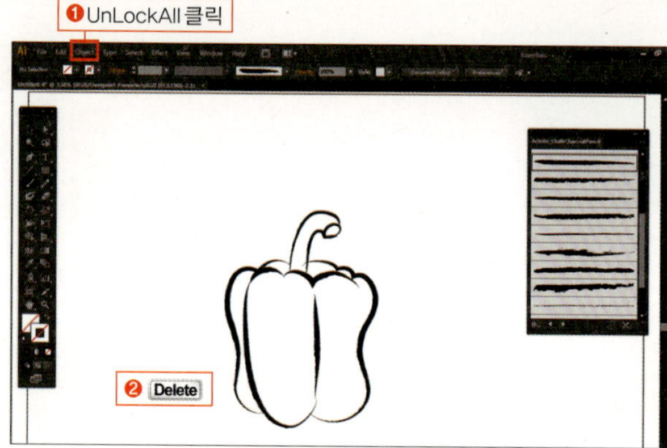

10. [Window]–[Layers] (**F7**)메뉴를 선택하여 레
이어 패널을 열어줍니다.

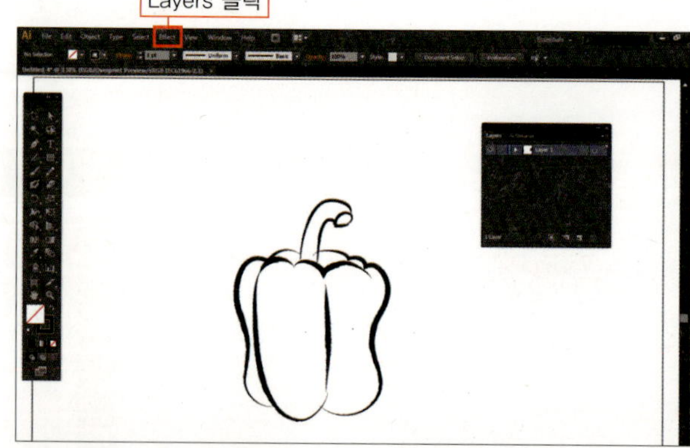

11. 새로운 레이어를 추가하기 위해 [Create
New Layer]를 클릭해 추가하고 선택하고 밑으로
드래그하여 내립니다.

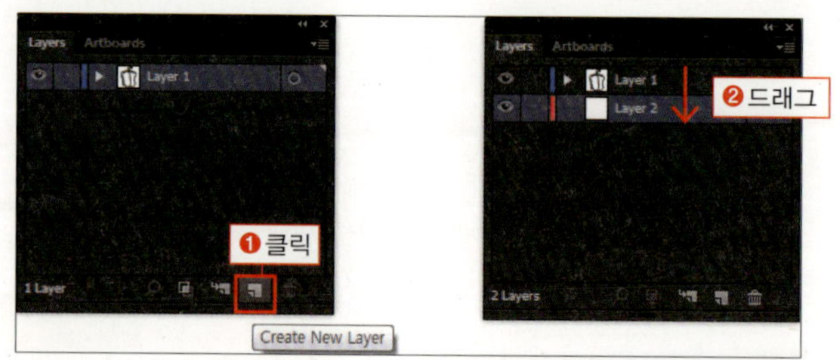

12. 블롭 브러쉬 툴(   )을 선택한 후 컬러를 'R :
121, G : 229, B : 99'로 조절하고 색칠합니다.

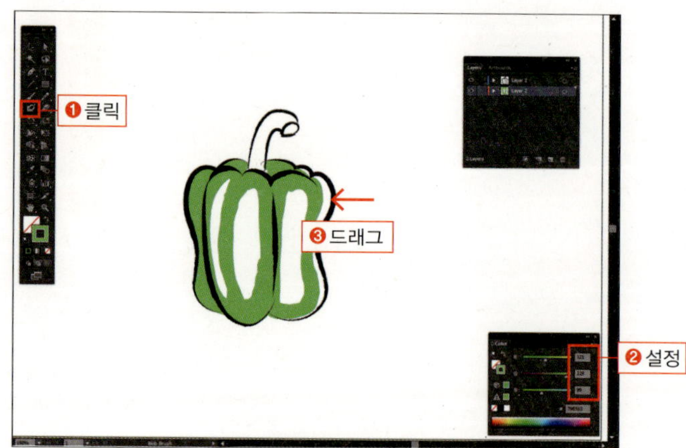

13. 지우개 툴(　)과 블롭 브러쉬(　) 툴을 사용하여 라이트를 넣어줍니다.

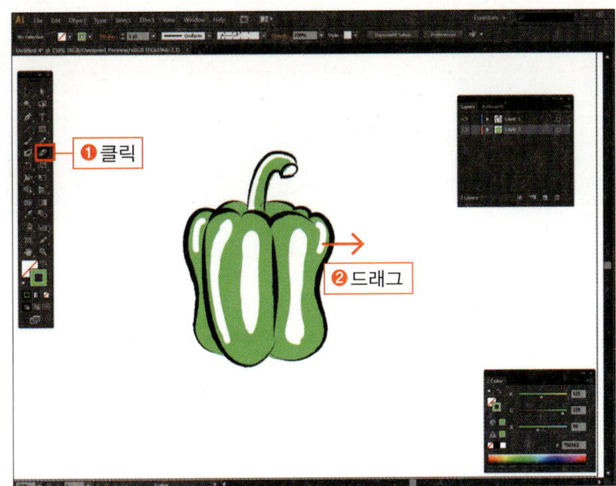

14. 'R : 77, G : 188, B : 49'로 컬러를 지정하고 [[ ]나 [ ]]로 브러쉬 사이즈를 조절하여 어둠을 넣어줍니다.

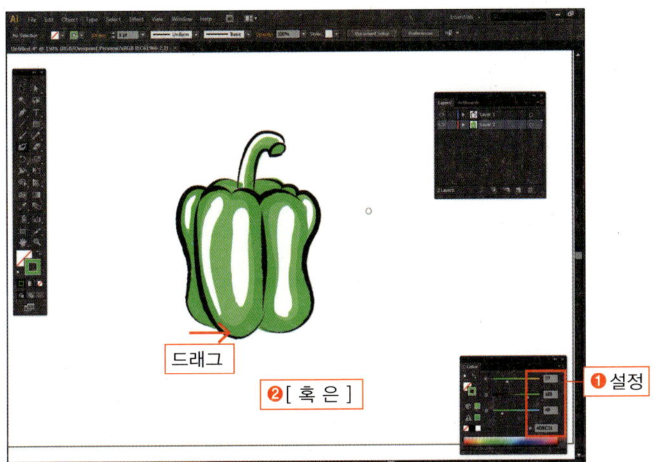

15. 세세한 부분들을 확대하여 정리해주고 끝냅니다.

일러스트레이터는 오브젝트에 간단히 블러(Blur)를 이용하여 그라데이션을 줌으로써 입체적인 오브젝트를 만들 수 있습니다.

완성 파일 | DVD₩Part04₩bowling.ai

01. 새로운 A4 사이즈 도큐먼트를 열고 컬러를 'R : 1, G : 13, B : 23'으로 지정하고 [Tool] 패널에서 원형 툴(◉)을 선택한 후 바닥을 클릭하여 원형 툴(◉) 대화상자를 열고 [Width], [Height]가 각각 485인 타원을 만듭니다.

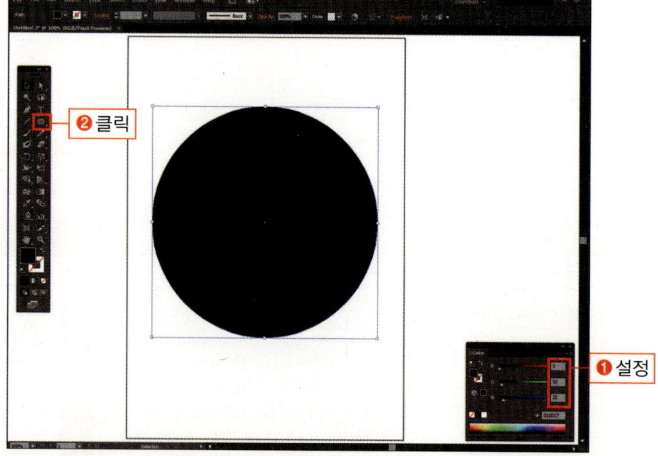

02. [Object]-[Path]-[Offset Path] 메뉴를 선택하여 [Offset Path] 대화상자에서 [Offset]을 '-45' 크기로 설정하고 오브젝트를 만들고 컬러를 화이트로 바꿔줍니다.

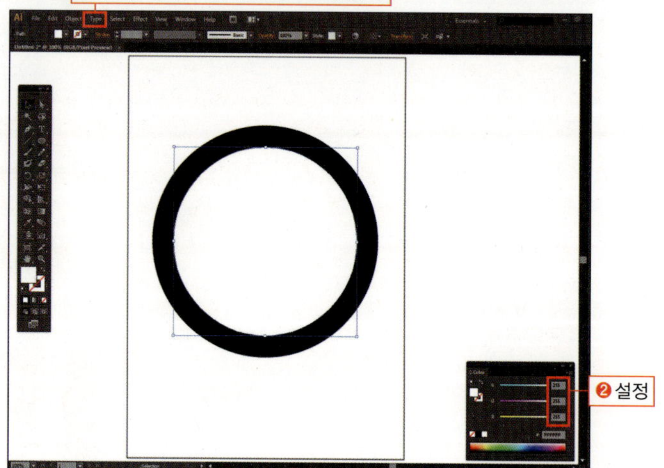

03. `Alt`를 누르고 드래그하여 같은 오브
젝트를 복제하여 그림과 같은 위치에 놓이게 합
니다. 흰색의 오브젝트 두 개가 선택된 상태에서
[Window]-[Pathfinder] 메뉴를 클릭하여 [Minus
front]를 선택합니다.

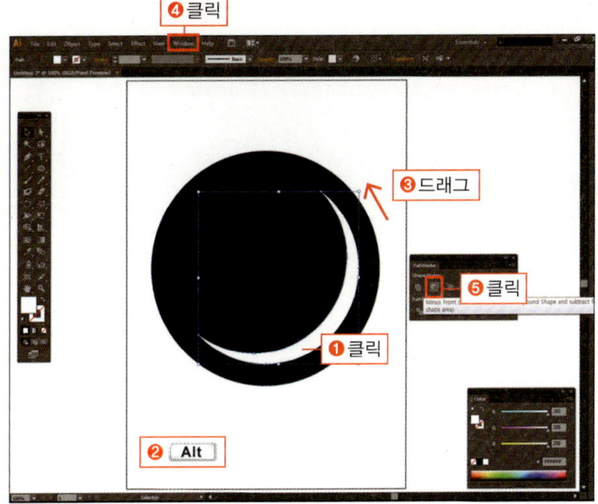

04. [Effect]-[Blur]-[Gaussian Blur] 메뉴를 선
택하여 [Gaussian Blur] 대화상자에서 [Radius]
를 '17.3'pixel로 블러를 주고 [Control] 패널에서
[Opacity]를 '40%'로 조절합니다.

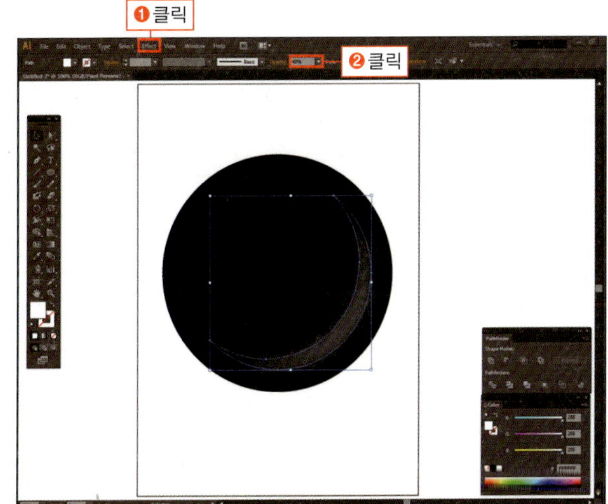

05. 다시 원형 툴(◉)을 선택한 후 바닥을 클릭
하여 [Ellipse Tool] 대화상자에서 100*100의 타원
을 만듭니다.

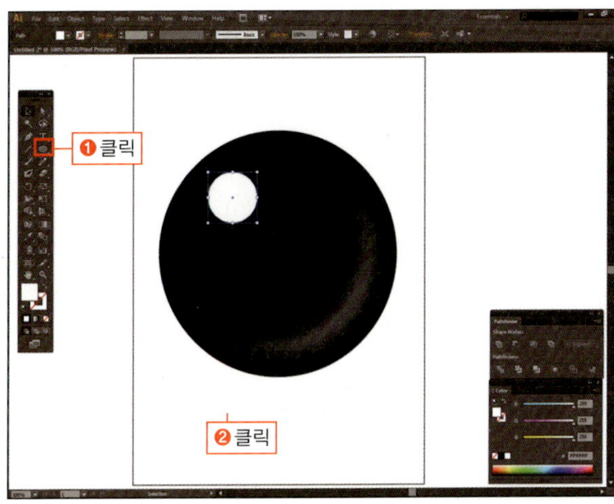

06. [Effect]–[Blur]–[Gaussian Blur] 메뉴를 선택
한 후 [Gaussian Blur] 대화상자에서 [Radius]를
'19.5 pixel'로 설정하여 블러를 줍니다.

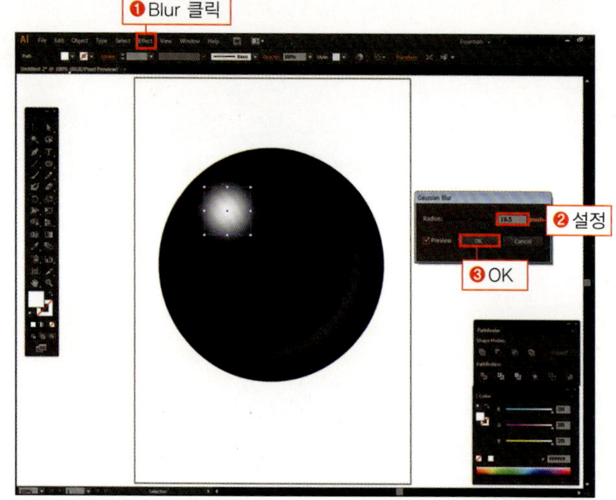

07. [Fill&Stroke]에서 기본 컬러를 이용하여 컬
러를 블랙으로 설정하고 원형 툴(◉)을 클릭해
[Ellipse] 대화상자에서 59*39에 타원을 만듭니다.
드래그하고 [Bounding Box]를 이용하여 회전하여
그림과 같이 위치시키고 Alt 로 두 개를 복제
하여 위치시킵니다.

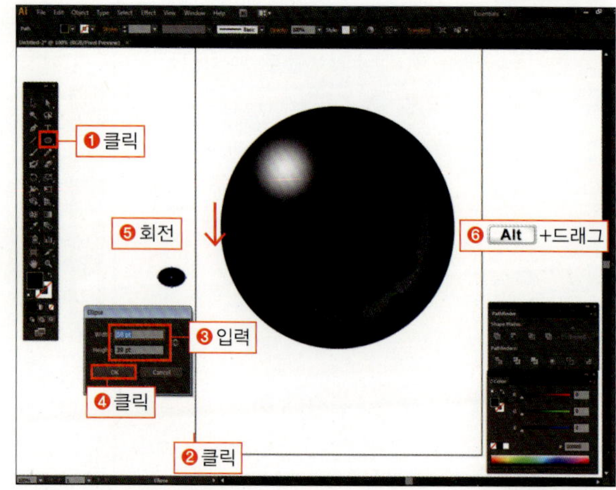

08. 이렇게 블러를 이용하면 다양한 입체감이나
그라데이션을 만들 수 있습니다.

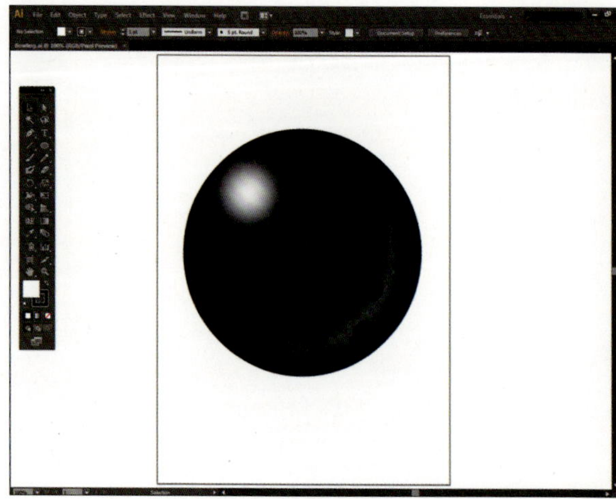

프리 드로잉에 편리한 드로잉 모드

[Tool] 패널에 있는 모드로 프리핸드 작업 시에 편리하게 작업 영역을 지정할 수 있습니다.

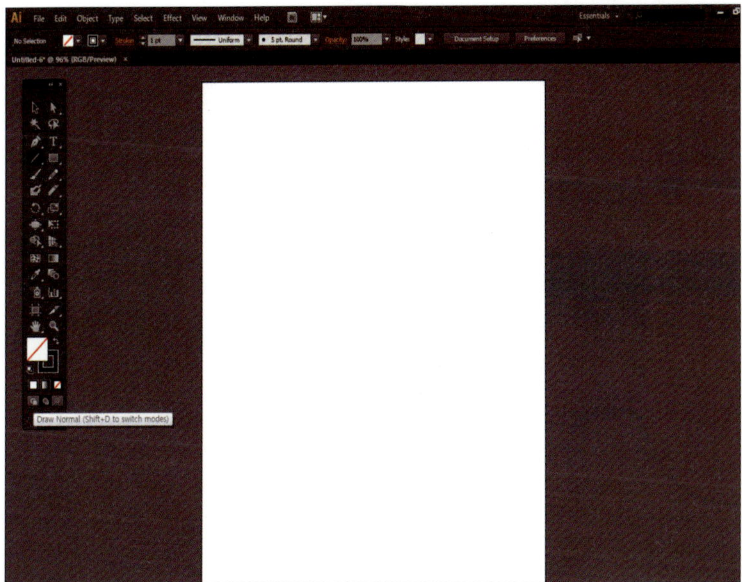

그림과 같은 네모박스의 오브젝트를 예로 들어 Draw Nomal은 일반적인 드로잉 모드이고, 두 번째 Draw Behind 모드는 네모박스의 뒤쪽으로 그려지고, 마지막 Draw Inside 모드는 네모 안으로민 그려 집니다.

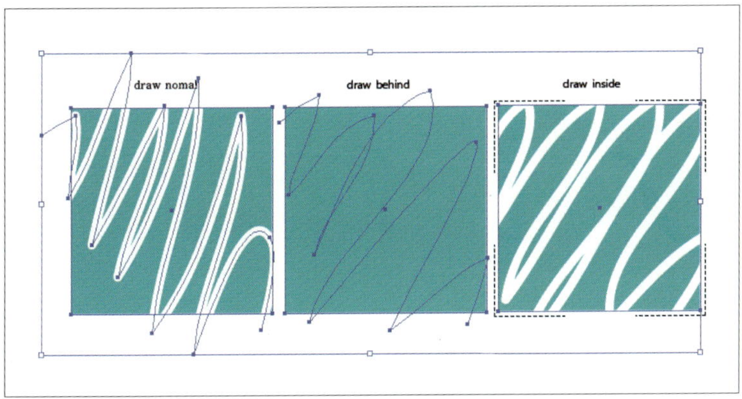

이와 같은 설정은 프리 드로잉이나 자연스러운 패턴을 만들 때 매우 편리합니다.

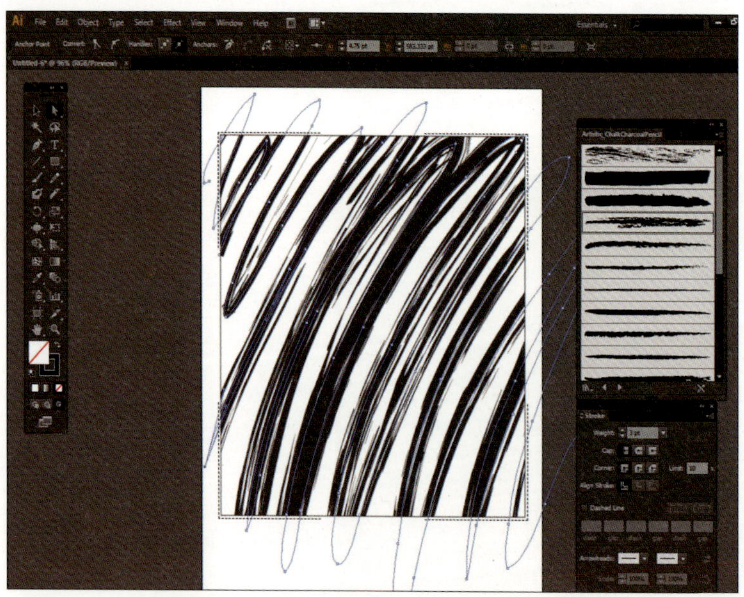

TIP : 프리로 질감이나 재질감을 표현할 때 제한된 표현 영역을 지정하여 자유로운 느낌의 표현을 통제하여 사용할 수 있도록 해주는 기능입니다.

■ [Stroke] 패널의 여러 가지 메뉴를 통해 [Stroke]에 속성을 변경하는 방법을 알아보고 [Transparency] 패널과 오브젝트에 투명도와 마스크 기능을 조절하는 [Transparency] 패널 메뉴를 알아봅니다. **217p**

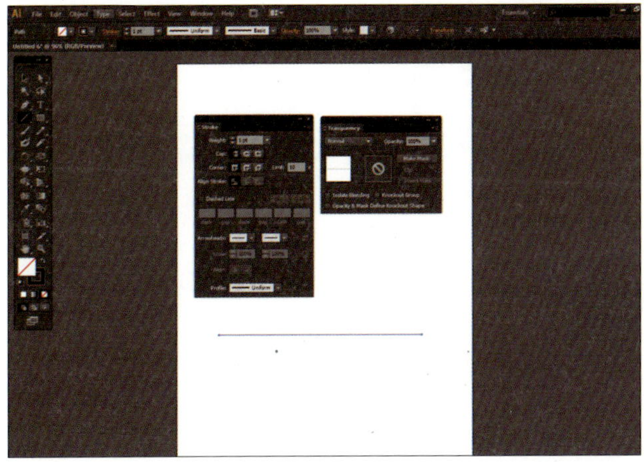

■ 오브젝트의 Stroke를 면으로 변경해주는 [Outline Stroke] 기능, 그리고 같은 비율에 오브젝트를 작거나 크게 또는 라운드를 조절하여 복제하는 [Offset Path] 기능에 대해 알아봅니다. **223p**

■ 브러쉬 라이브러리의 활용과 연필 툴의 대화상자 설정하기를 통해 프리 드로잉합니다. [Pencil Tool] 대화상자에 대한 자세한 설명은 이미 앞장의 연필 툴 대화상자에서 자세히 알아보았습니다. 브러쉬 라이브러리의 다양한 스타일들은 특히 Artistic 메뉴를 하나 하나 꺼내어 어떤 스타일이 있는지 미리 알아두고 필요한 때 떠올려 적용합니다. **237p**

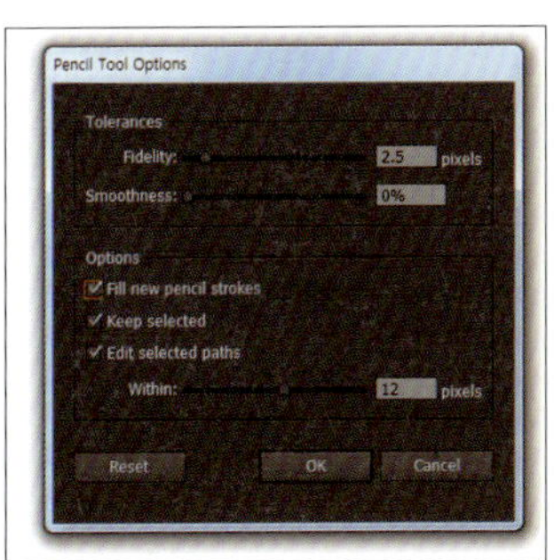

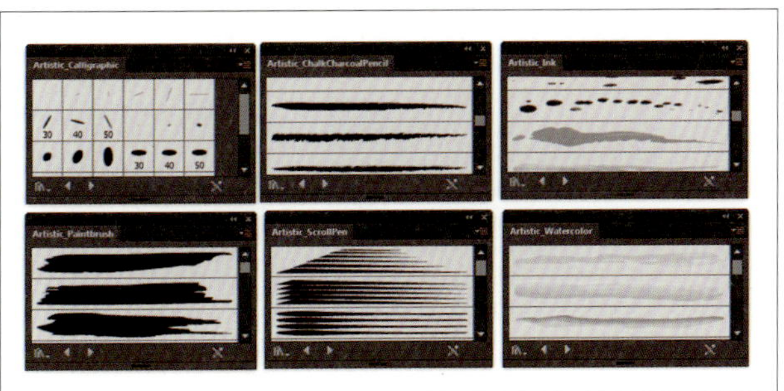

■ **프리 드로잉 툴들의 차이점 알기**

각각 연필 툴, 브러쉬 툴, 블럽 브러쉬 툴의 특성과 스타일을 정확히 알아둡니다.

01 브러쉬 툴과 Brush 라이브러리 두께(폭) 툴을 이용한 동양화 흉내내기

완성 파일 : DVD₩Selftest₩Part04₩pa04st01.ai　　　**동영상 파일** : DVD₩Selftest₩Part04₩pa04self01.avi

HINT

브러쉬 툴을 선택하고 [Window]–[Brush Libraries]–[Artistic]–[Artistic Chalk Charcoal Pencil] 메뉴를 선택하고 [Brush Libraries]를 꺼냅니다. 이중 원하는 효과를 가진 브러쉬를 선택하고 프리로 드로잉한 후 [Tool] 패널에서 두께(폭) 툴을 선택합니다.

02 [Blur] 블러, [Effect] 이펙트 효과를 이용한 날씨 안내창 만들기

완성 파일 : DVD₩Selftest₩Part04₩pa04st02.ai　　　**동영상 파일** : DVD₩Selftest₩Part04₩pa04self02.avi

HINT

[Tool] 패널에서 원형 툴을 선택하여 달과 그림을 그린 후에 [Effect]–[Blur]–[Gaussian Blur] 메뉴를 선택하여 [Gaussian Blur] 대화상자에서 크기와 opacity 값을 설정합니다.

05

문자 툴과 각종 측정
메뉴 알아보기

일러스트레이터에서 문자를 입력하고 조절하는
패널과 다양한 측정 메뉴에 대해 알아봅니다.

문자 입력 툴의 종류와 기능 알아보기

문자 툴(Type Tool)의 여러 가지 스타일과 관련된 패널과 기능에 대해 알아보겠습니다.

기초탄탄 ▶ 6가지 스타일의 문자 입력 툴과 문자 관련 패널 알아보기

■ 문자 입력 툴의 개념과 종류 `271p`

일러스트레이터에서 문자를 입력하기 위해 사용하는 문자 입력 툴의 여러 가지 사용 방법을 알아봅니다.

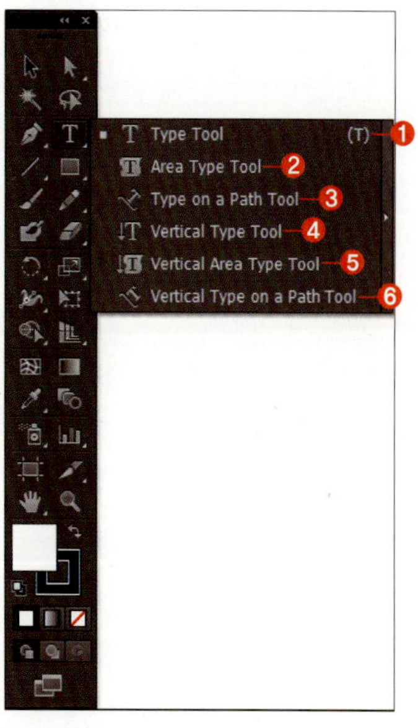

❶ Type Tool(T) : 기본 문자를 입력합니다.

❷ Area Type Tool(T) : 정해진 구역에서 문자를 입력합니다.

❸ Type on a Path Tool( ) : 패스를 따라 문자를 입력합니다.

❹ Vertical Type Tool(T) : 세로 쓰기로 문자를 입력합니다.

❺ Vertical Area Type Tool(T) : 정해진 구역에서 세로 쓰기로 문자를 입력합니다.

❻ Vertical Type on a Path Tool( ) : 패스를 따라 세로 쓰기로 입력합니다.

TIP : 이 부분에 일러스트레이터 CC는 새로운 Touch Type Tool이 추가되었습니다.

■ **[Type on a Path Options] 대화상자 알아보기** `273p`

패스를 따라 글자를 입력한 후 다양한 변화를 줄 수 있는 대화상자입니다. [Type]–[Type on a Path]–
[Type on a Path Options] 메뉴를 선택하여 [Type on a Path Options] 대화상자를 열어줍니다.

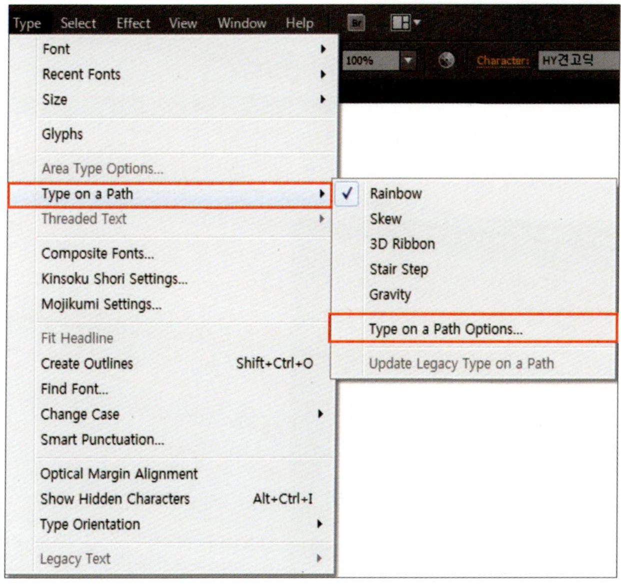

> **TIP :** Type on a Path 메뉴는 Type on a Path Tool로 오브젝트나 패스 위에 글자를 쓰고 나서야 활성화되어 적용합니다.

[Type on a Path Options] 대화상자

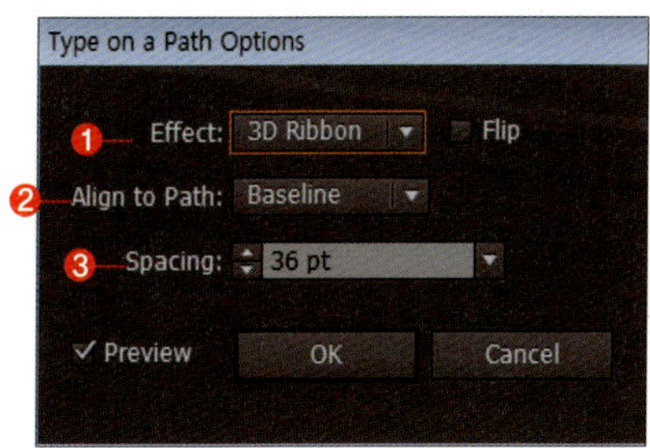

❶ Effect : 효과의 종류를 설정합니다. Flip은 상하를 반전하여 뒤집어줍니다.

❷ Align To Path : 패스를 기준으로 상, 하, 중앙의 정렬을 설정합니다.

❸ Spacing : 문자 사이의 간격을 설정합니다.

[Character] 패널은 문자를 조정하고 통제하는 기능을 가지고 있습니다. [Tool] 패널에서 문자 툴 (Type Tool T)을 선택하면 상단의 [Control] 패널의 속성은 [Character Control] 패널로 변경됩니다. [Character Control] 패널은 다양한 문자와 관련된 설정을 컨트롤합니다. 자세한 설명은 앞 장의 기초 알기 패널을 참고하기 바랍니다.

[Window]-[Type]-[Character] 메뉴를 선택하여 [Character] 패널에 대해 살펴봅니다.

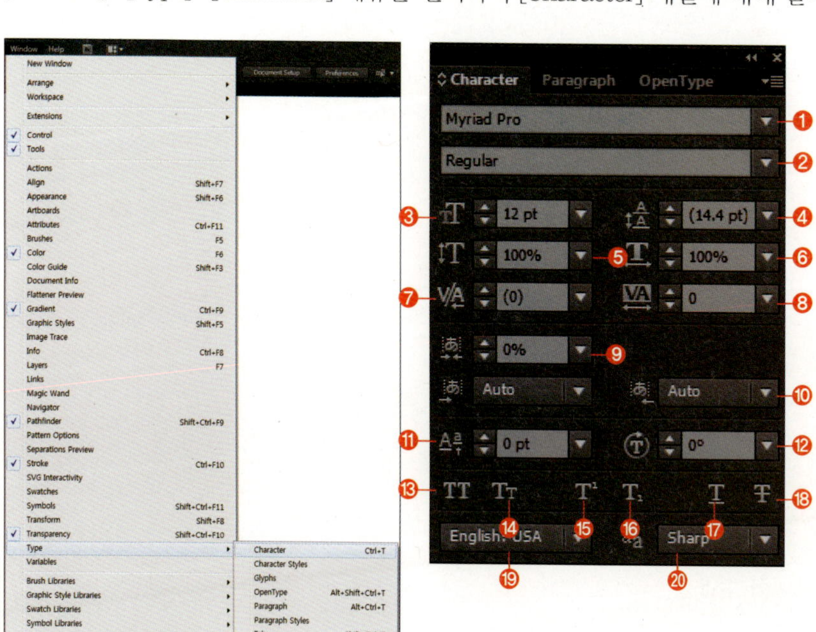

❶ Set the front Family : 서체를 선택합니다.

❷ Set the front Style : 서체 스타일을 선택합니다.

❸ Set the front Size : 글자의 크기를 조절합니다.

❹ Set the leading : 글자의 세로 행간 비율을 조절합니다.

❺ Vertical Sclae : 글자의 높이의 크기를 정합니다.

❻ Horizontal Scale : 글자의 좌우폭을 조절합니다.

❼ Set the Kerning between two characters : 원하는 곳을 선택하여 자간을 조절합니다.

❽ Set the tracking for the selected charater : 텍스트의 자간을 조절합니다.

❾ Tsume : 자간을 조절합니다.

❿ InsertAki (Right / Left) : 글자의 자간 폭을 좌우측으로 좁혀 조절합니다.

⓫ Set the baseline Shift : 글자의 기준점을 위아래로 변경합니다. 원하는 글자를 선택하고 수정합니다.

⓬ Charater Rotation : 텍스트를 선택하여 회전시킵니다.

⑬ All Caps : 모든 문자를 대문자로 표현합니다.

⑭ Small Caps : 대문자없이 소문자로만 표현합니다.

⑮ Uperscript : 어깨 글자를 씁니다.

⑯ Subscript : 아래글자를 사용합니다.

⑰ Underline : 아래 선을 만듭니다.

⑱ Strikethrough : 중간선을 만듭니다.

⑲ Language : 언어를 선택합니다.

⑳ Set the anti_alising method : 글자의 외곽을 날카롭게 하거나 강하게 하는 등 이미지를 정합니다.

■ 문장 정렬 설정을 위한 [Paragraph] 패널 알아보기

문장을 원하는 대로 정렬하거나 행을 컨트롤하는 패널입니다. [Window]-[Type]-[Paragraph] 메뉴를 선택하여 열어줍니다.

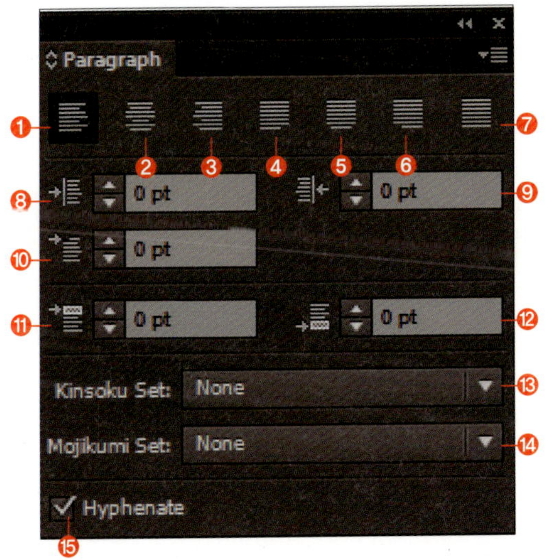

❶ Align Left : 문장을 왼쪽으로 정렬합니다.

❷ Align Center : 문장을 중앙으로 정렬합니다.

❸ Align Right : 문장을 오른쪽으로 정렬합니다.

❹ Justify with last line aligned left : 마지막 줄을 왼쪽으로 정렬합니다.

❺ Justify with last line aligned center : 마지막 줄을 중앙으로 정렬합니다.

❻ Justify with last line aligned right : 마지막 줄을 오른쪽으로 정렬합니다.

❼ Justify all lines : 양쪽 끝 모두 강제 정렬합니다.

❽ Left indent : 왼쪽 들여쓰기를 합니다.

❾ Right indent : 오른쪽 들여쓰기를 합니다.

❿ First line left indent : 첫 줄 들여쓰기를 합니다.

⑪ Space before paragraph : 단락 앞 간격 넣기를 합니다.

⑫ Space after paragraph : 단락 끝 간격 넣기를 합니다.

⑬ Select kinsoku shiori set : 일본어 문자의 행 분할을 지정합니다.

⑭ Select mojikumi set : 일본어 문자의 간격을 지정합니다.

⑮ Automatic hyphenation : 단어가 아랫줄로 넘어갈 때 자동 하이픈을 설정합니다.

■ 문단 정렬 설정을 위한 [Tab] 패널 알아보기

[Tab] 패널은 탭을 조절하여 문단의 줄과 간격 여백을 조절하고 문자 사이의 간격을 조절합니다.
[Window]–[Type]–[Tab] 메뉴를 선택하여 열어줍니다.

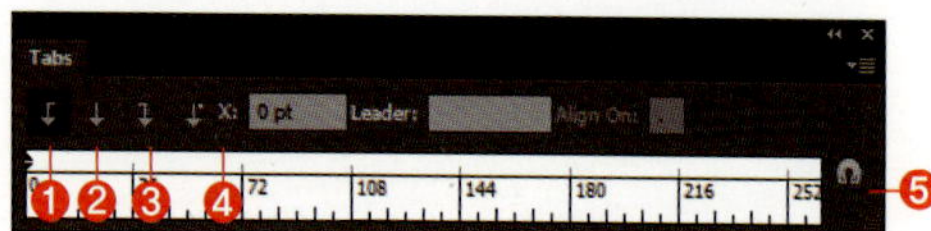

❶ Left tab : 문자를 왼쪽으로 정렬합니다.

❷ Center tab : 문자를 중앙으로 정렬합니다.

❸ Right tab : 문자를 오른쪽으로 정렬합니다.

❹ Decimal point tab : 소수점 기준으로 정렬합니다.

❺ Position panel above text : 탭을 눈금 지점까지 이동할 때 자동으로 붙게 합니다.

■ 텍스트를 오브젝트로 만드는 [Create Outlines] 메뉴 알아보기

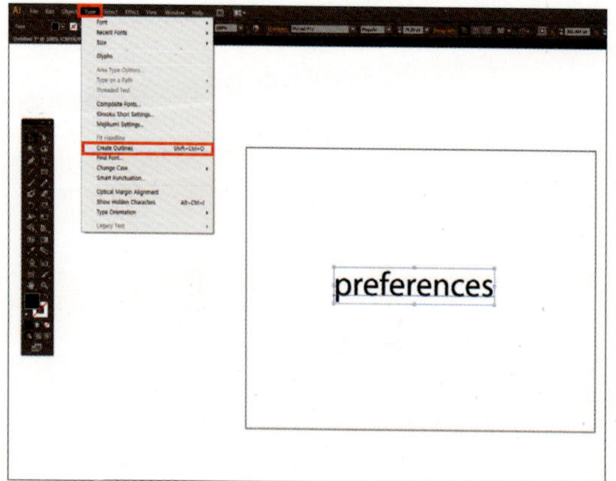
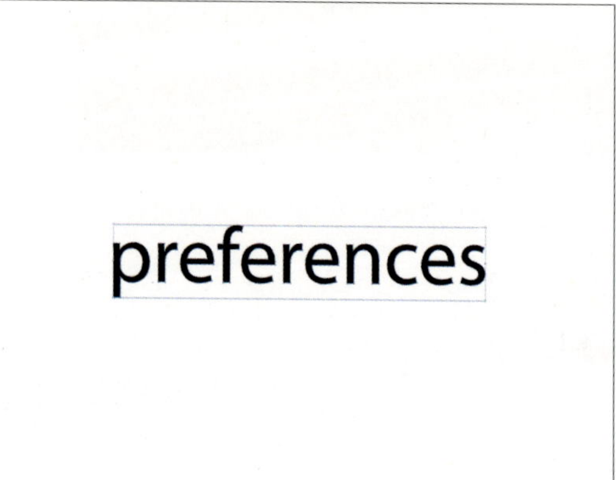

[Create Outlines] 메뉴에서 문자를 변형하여 디자인을 하거나 인쇄 시에 서체가 변형되는 것을 방지하기 위해 문자를 오브젝트로 바꿀 수 있습니다. 간단하게 메뉴를 선택하면 변경됩니다.

문자 툴로 텍스트를 입력하여 속성을 설정하고 변경해봅니다.

완성 파일 I DVD₩Part05₩text01.ai

01. 새로운 A4 창을 만듭니다. 문자 툴(T,)을 선택하고 클릭하여 커서를 만들고 깜박거릴 때 'illustrator'라고 입력합니다.

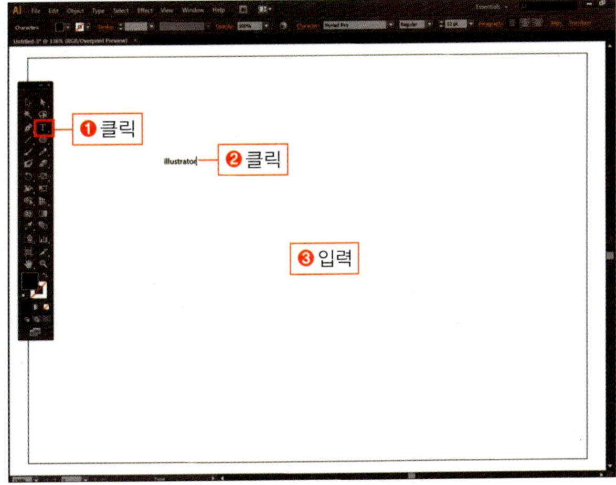

02. 문자 툴(T,)로 문자를 드래그하여 그림과 같이 검게 선택합니다.

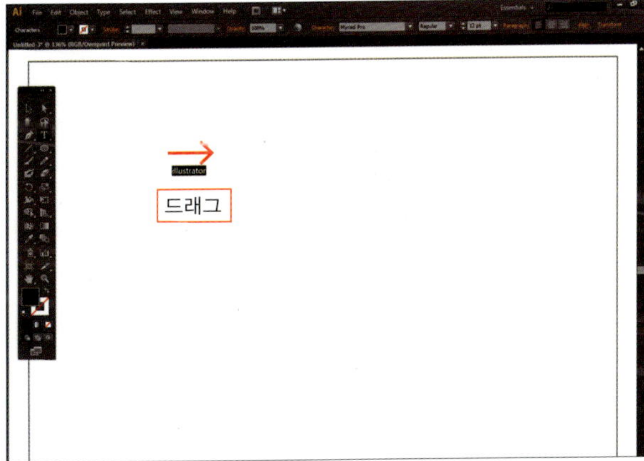

03. [Type]–[Font]–[Adobe 고딕 Std B] 메뉴를 선택합니다.

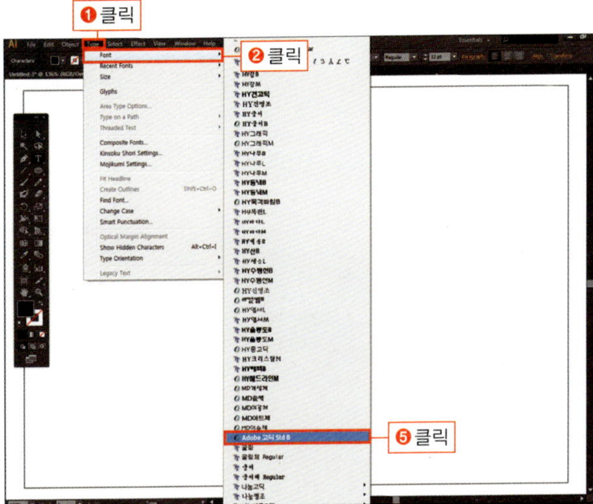

04. [Type]-[Size]-[72pt] 메뉴를 선택합니다.

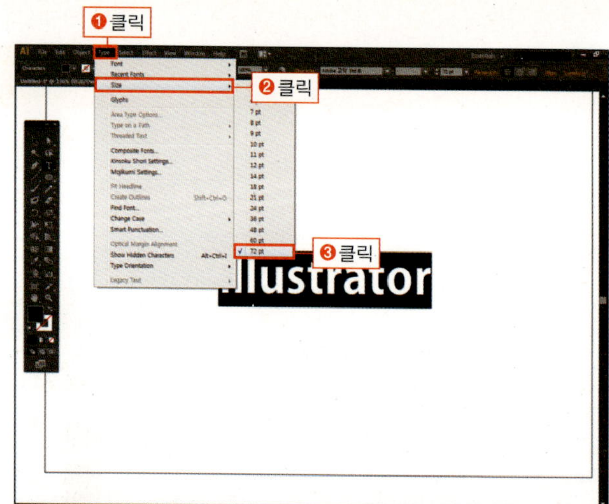

05. 텍스트가 선택된 상태에서 [Color] 패널을 열
고 'R : 167, G : 30, B : 38'로 설정합니다.

TIP : 일러스트레이터 CC에서는 이렇게 전체 글씨에 크
기와 서체 컬러를 변경하는 것은 물론 새로 추가된 터치 타
입 툴을 이용하면 각각의 글자 하나하나를 전체와 달리 크
기, 컬러, 서체 그리고 좌, 우, 상, 하에 폭을 조절하거나 회전
까지도 편집할 수 있습니다.

06. 선택 툴을 선택한 후 바닥을 클릭하여 선택
을 해제하면 컬러가 변경된 것이 보입니다.

타입 온 패스 툴(Type on Path Tool)로 자유로운 곡선 위의 문자를 path를 따라 흐르게 하는 방법을 알아봅니다.

예제 파일 I DVD₩Part05₩paris.ai **완성 파일** I DVD₩Part05₩parisf.ai

01. 'paris.ai' 파일을 불러옵니다. [Fill & Stroke] (▢) 위에 펜 툴(✎)로 윗부분 원을 따라 원을 그립니다.

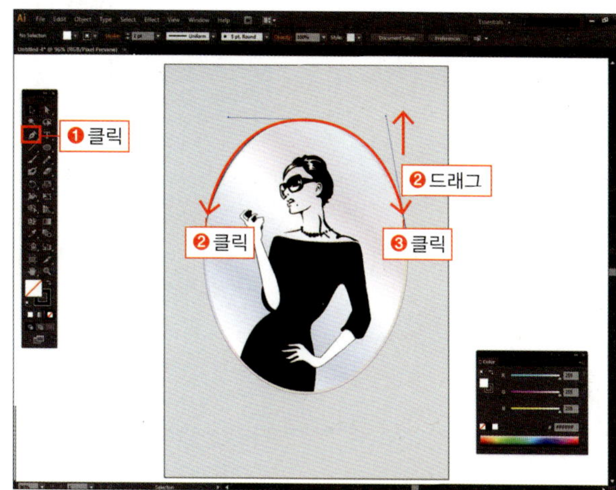

02. 타입 온 패스 툴(↘)을 선택하고 Path 위를 클릭합니다. 커서가 깜박거릴 때 'The scent of Paris'라고 입력합니다.

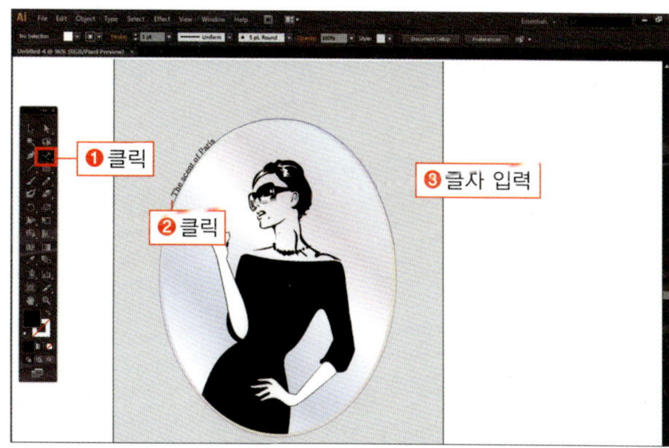

03. 타입 온 패스 툴(↘)로 문자를 드래그합니다. [Type]─[Size]─[48pt] 메뉴를 선택합니다.

04. [Type]-[Font]-[Adobe 고딕 Std B] 메뉴를 선택합니다.

05. 타입 온 패스 툴(　)을 해제하기 위해 선택 툴(　)을 선택합니다.

06. 선택 툴로 문자를 선택하고 [Type]-[Create Outlines] 메뉴를 선택하면 문자가 오브젝트로 변경됩니다.

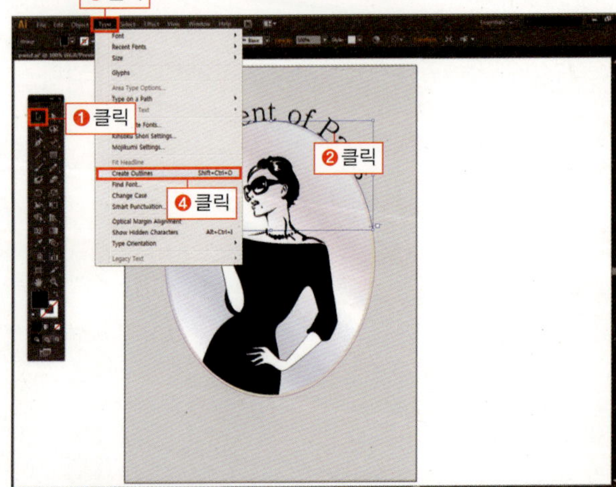

07. [Window]–[Gradient] 메뉴를 선택한 후 [Gradient] 패널의 [Type]–[Radial]을 선택하고 [location]을 각각 '100%', '0%'로 설정합니다. [0% 슬라이더]에서 RGB 값을 'R : 208, G : 21, B : 255'로 설정합니다.

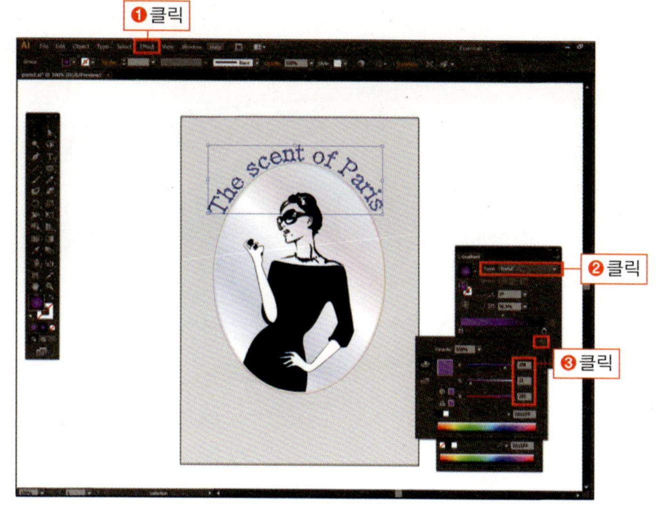

08. 선택 툴(　)을 선택한 후 바운딩 박스 (Bounding Box)를 조절하여 이동하고 크기를 조절하고 선택을 해제합니다.

09. 이와 같은 방법으로 오브젝트와 문자를 하나의 디자인 작업물로 조합합니다.

문자 툴과 펜 툴, 두께 툴 등을 이용한 문자 디자인을 해봅니다.

완성 파일 | DVD₩Part05₩m2p3.ai

■ 문자 입력하기

01. 먼저 새로운 창을 만든 후 [Type]–[Font]–[궁서] 메뉴를 선택합니다.

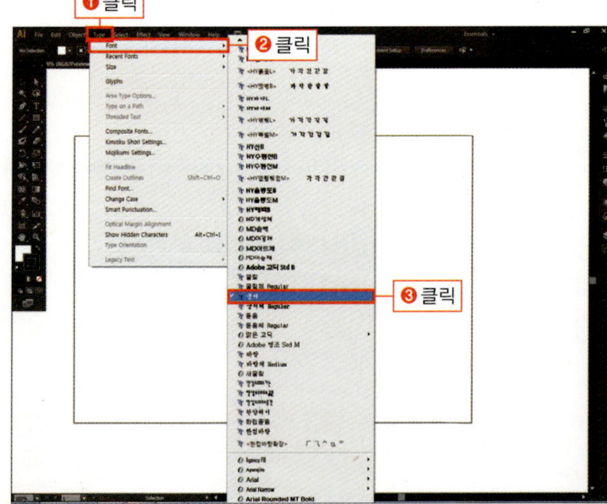

02. [Type]–[Size]–[72pt] 메뉴를 선택합니다.

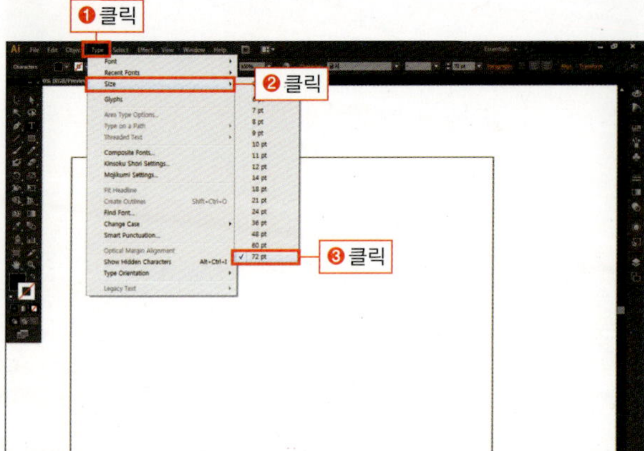

03. 문자 툴을 선택한 후 이제 원하는 곳을 클릭하여 위치를 정하고 글씨를 입력합니다. 커서가 깜박일 때 '힘내라 대한민국!'이라고 입력합니다.

04. 선택 툴(　)을 클릭한 후 '대한민국 힘내
라'을 선택하여 이동합니다. [Object]–[Lock]–
[Selection] (　Ctrl 　+ 2) 메뉴를 선택하여 고정시
킵니다.

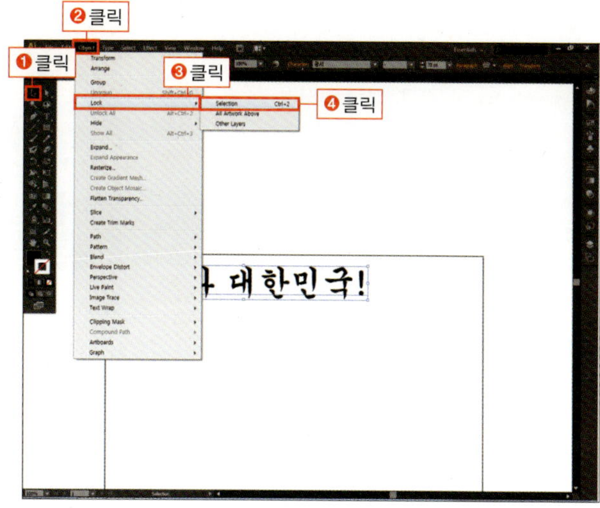

■ 서체 따라 펜 툴로 라인 그리기

01. 이제 펜 툴(　)로 글씨체를 따라 라인을 그
립니다. 이때 라인 색상은 화이트로, 면은 [None]
(　)으로 하여 눈에 잘 보이도록 그려나갑니다.

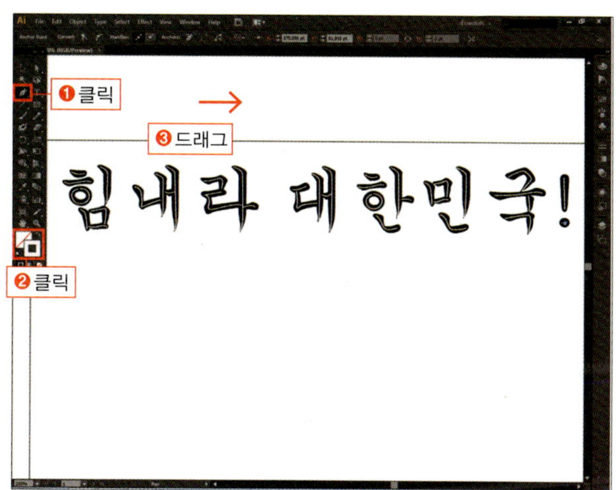

02. 선택 툴(　)로 전체를 선택하여 이동합니다.

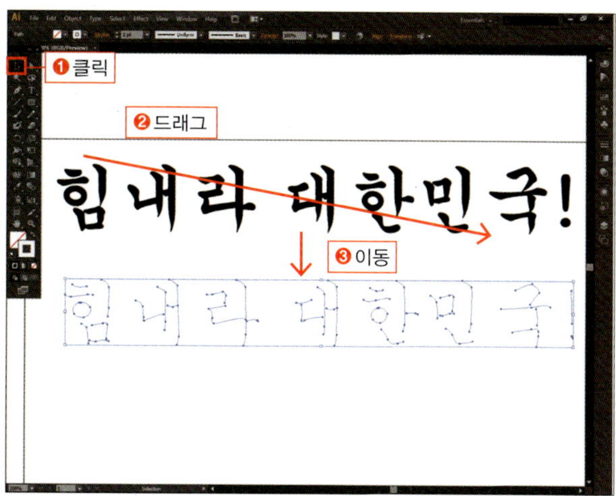

03. [Tool] 패널에서 [Stroke]를 더블클릭하여 [Color Picker] 대화상자에서 컬러를 블랙으로 설정합니다.

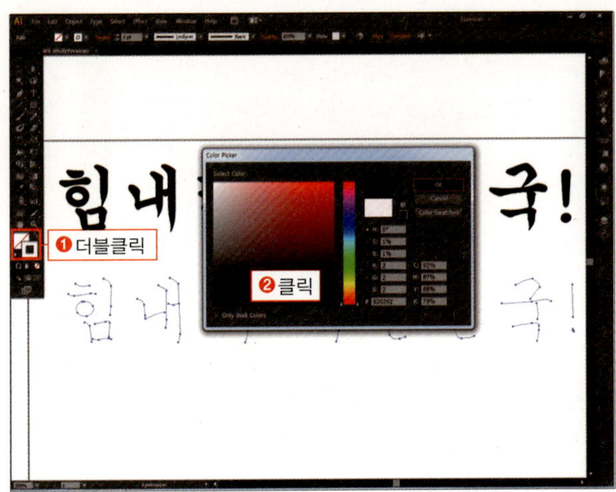

■ 펜 툴( )로 그린 라인, 글자 모양에 맞게 조절하기

01. [Window]–[Brush Libraries]–[Artistic]–[Artistic–ChalkCharcoalPencil] 메뉴를 선택한 후 [Artistic–ChalkCharcoalPencil] 창에서 [Charcoal Smooth]를 선택하여 라인을 바꿔줍니다.

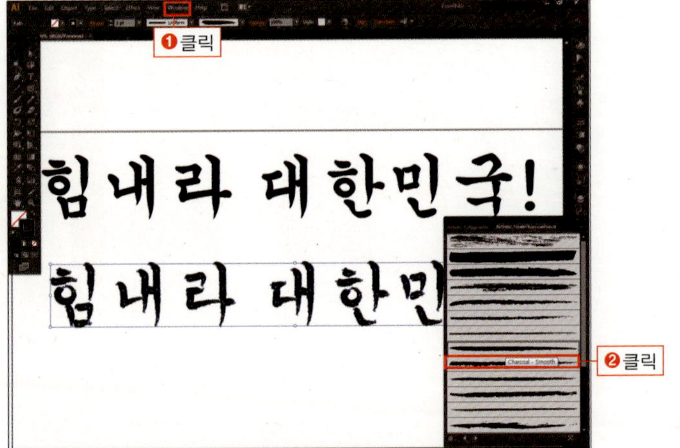

02. 이제 [Object]–[Unlock All] 메뉴를 선택한 후 잠금을 풀어주고 먼저 쓴 글자를 Delete 로 지워줍니다. 세밀한 부분을 세세히 조절하고 각 글자에 맞게 형태를 조절합니다.

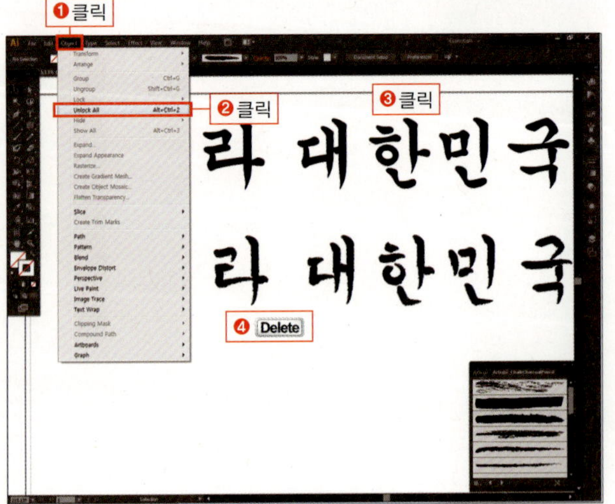

03. 그리고 직접 선택 툴로 방향점과 방향선 기준점 등을 조절하여 형태를 잡습니다. 돋보기 툴로 글자를 확대한 후 세밀한 부분을 조절합니다.

■ 두께(폭)로 글자 모양 만들기

01. 상단의 [Control] 패널 중 [Variable Width Profile]의 6가지 라인 메뉴가 나타납니다. 그중 한 가지를 선택하여 원하는 형태를 조절합니다.

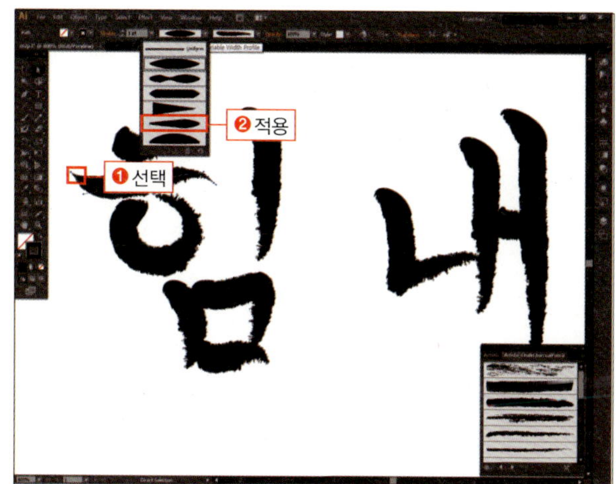

02. 이때 전체를 선택하여 적용하는 방법도 있지만 각각의 라인들을 선택하고 원하는 모양으로 바꿔주는 방법도 있습니다. 전체 또는 부분 등을 크기 또는 형태를 조절하여 다양한 디자인을 만들 수 있습니다. 좀 더 디테일한 형태의 변형을 원할 때는 [Tool] 패널에서 두께(폭) 툴(Width Tool)로 원하는 부분의 두께를 조절할 수 있습니다

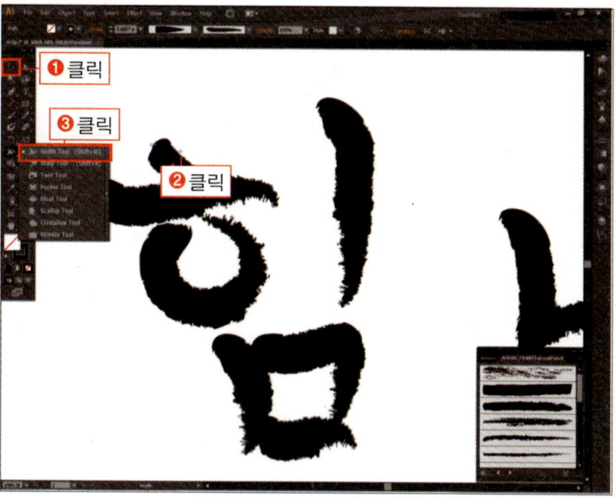

03. 강한 느낌이 들도록 굵은 곳은 더욱 굵게 하고 얇은 곳은 더욱 얇게 하여 스피드감을 줍니다.

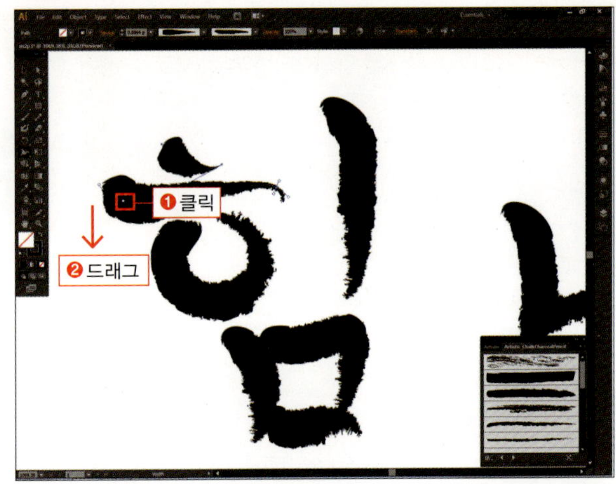

04. 다른 글씨도 같은 방법으로 약간의 강약을 줍니다.

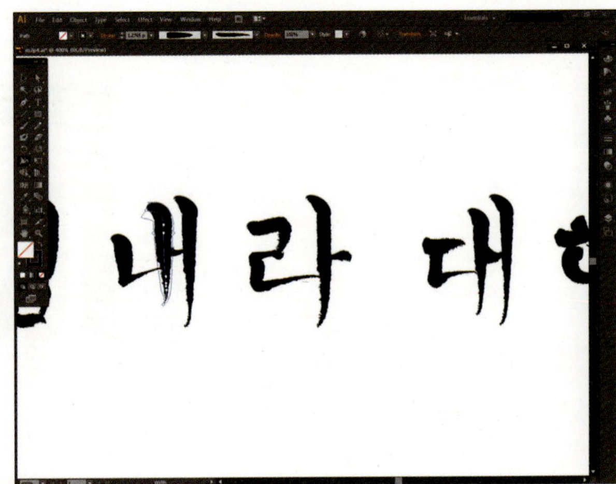

■ 크기나 비율에 맞게 조절하고 심볼 라이브러리(Symbol Libraries) 사용하기

01. 크기나 위치를 변경하여 다양한 느낌으로 바꿔줄 수 있습니다.

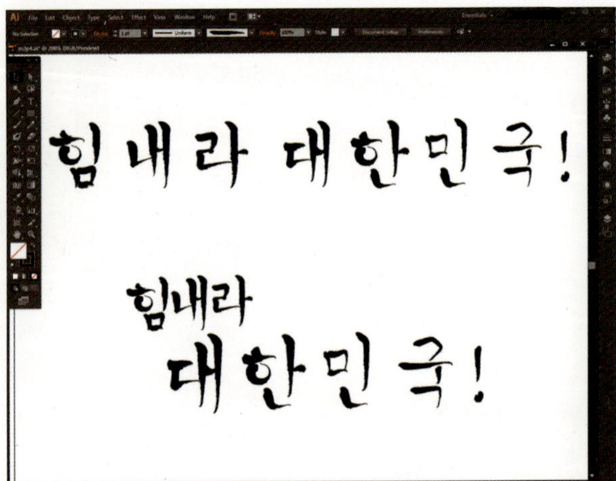

02. 이제 좀 더 역동적인 느낌을 주기 위해 [Window]-[Symbol Libraries]-[Grime Vector Pack] 메뉴를 선택합니다.

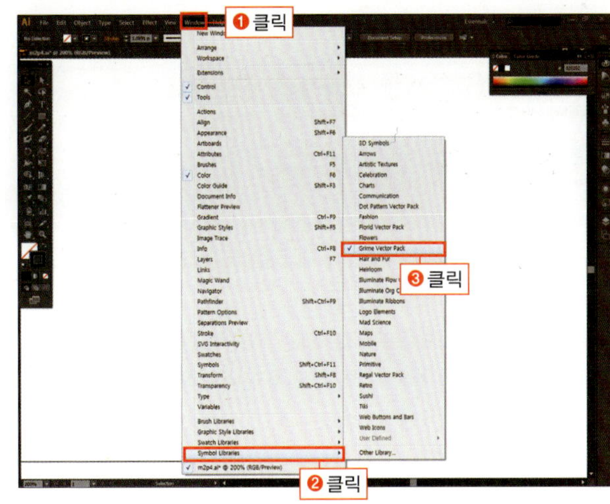

03. 어울릴 것 같은 심볼을 드래그로 꺼내 글씨와 조화시킵니다.

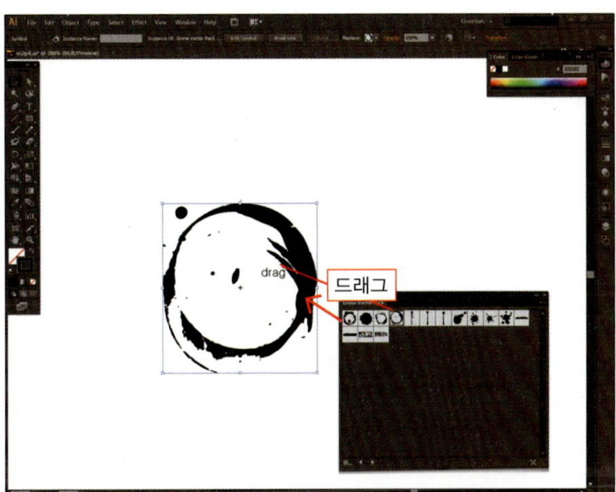

TIP : 바운딩 박스를 조절하여 글자를 가운데 위치하게 하거나 회전, 크기를 조절합니다.

오브젝트에 맞게 문자 변형하여 넣어주기

문자 툴(T)만으로는 오브젝트에 라인을 따라 그릴 수는 있지만 형태에 맞게 글자를 넣을 수는 없습니다. 이때 Envelope Distort 기능을 사용하면 가능해집니다.

예제 파일 | DVD₩Part05₩type.ai   **완성 파일** | DVD₩Part05₩typea.ai

01. 'type.ai' 파일을 불러옵니다. 기본 컬러로 원형 툴(◯)을 더블클릭하여 [Ellipse Tool] 대화상자에서 [Width]는 '365', [Height]는 '365'를 설정하여 원을 만듭니다. 만들어 놓은 글자와 새로 만든 원을 **Shift** 를 눌러 동시에 선택한 후 [Object]–[Envelope Distort]–[Make with Top Object] 메뉴를 선택합니다.

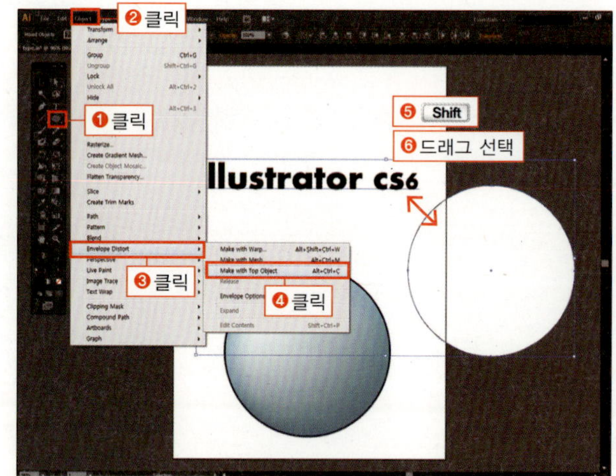

02. 오브젝트 안에 글자가 맞도록 변형되었습니다.

03. 선택하고 드래그하여 입체구 안에 앉혀주고 [Control] 패널에서 [Align]–[Horizon Align Center]와 [Vertical Align Center]를 선택하여 중앙에 오브젝트들을 모아줍니다.

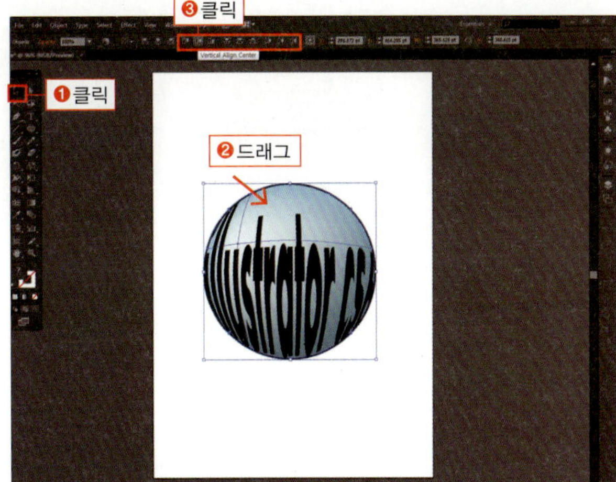

TIP : 메쉬 툴로 라이트를 주거나 플레어 툴로 라이트를 줄 수도 있습니다.

04. 이와 같은 방법으로 다양한 모양의 오브젝트에 글자 모양을 만들 수 있습니다.

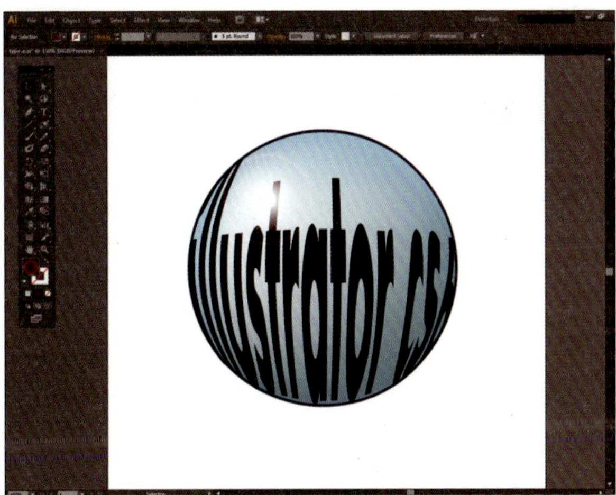

측정자 가이드선의 종류와 기능 알아보기

인쇄 시에 정확한 인쇄물 사이즈를 측정하고 기준을 삼는 다양한 가이드선에 대해 알아보겠습니다.

기초탄탄 ▶ 다양한 수치 측정 메뉴 알아보기

Rulers, Guide, Smart Guide, Grid 등 메뉴의 차이점과 사용 방법을 알아봅니다.

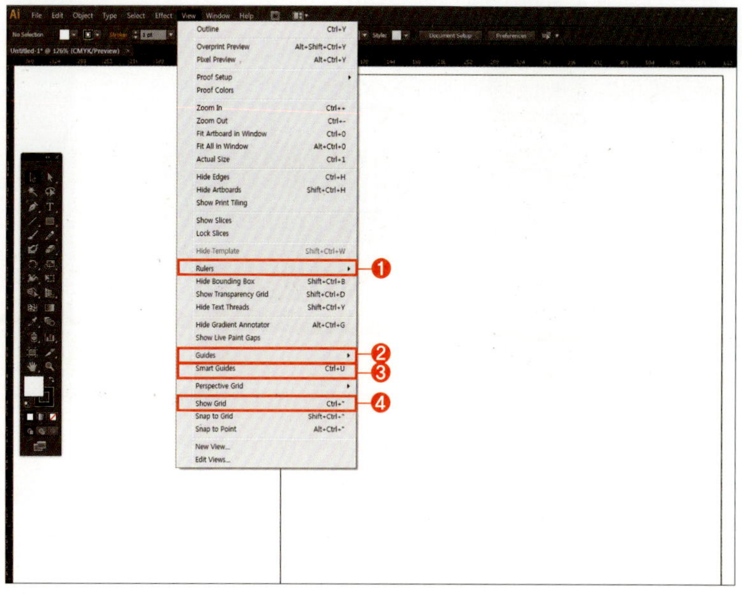

모든 기준선이나 격자 안내선 등은 View 메뉴에 있습니다. 종류로는 ❶ 'Rulers : 평행자', ❷ 'Guides : 기준선', ❸ 'Smart Guides : 만능 가이드선', ❹ 'Grid : 격자'가 있습니다.

- **Rulers** `291p`

[View]−[Rulers]를 선택하면 나타나는 메뉴에서 'Show Rulers'를 클릭하면 자를 열어 보여주고, 'Change to Art Board Rulers'는 아트보드에 맞게 자 눈금을 조정합니다. 'Show Video Show Rulers'는 비디오 눈금자를 표시합니다. 'Show Rulers'를 선택하면 다음과 같이 눈금자가 나타납니다.

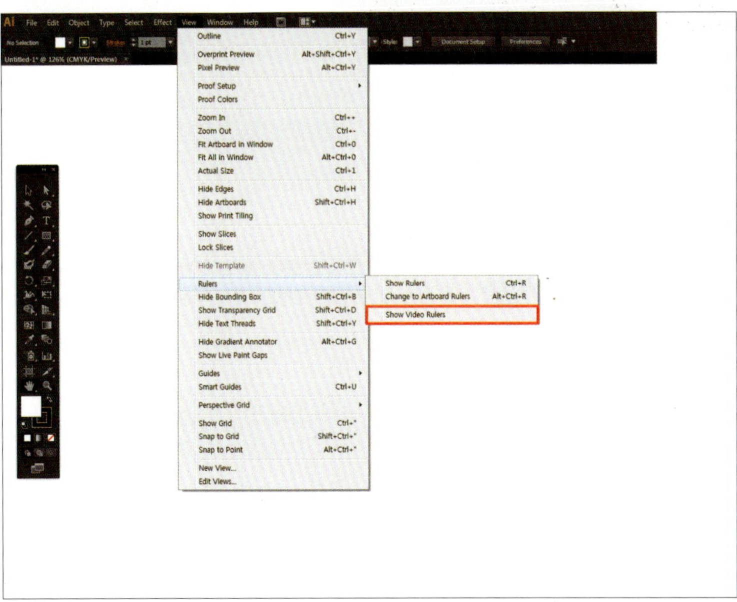

가이드선 꺼내기

Show Rulers 상태에서 눈금자 부분을 클릭하고 드래그하면 얇은 선에 가이드선을 꺼내어 사용할 수도 있습니다.

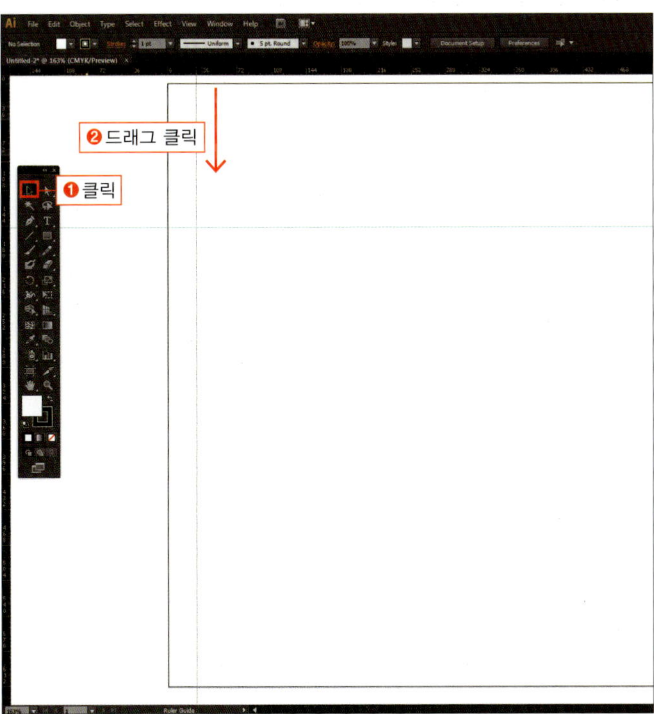

눈금자 기준점 변환

눈금자의 기준선을 변환하는 것도 가능합니다. 눈금자의 우측 모서리 부분은 십자 모양의 표시가 있고 클릭하여 드래그하면 변환되고, 더블클릭하면 다시 원래대로 변환됩니다.

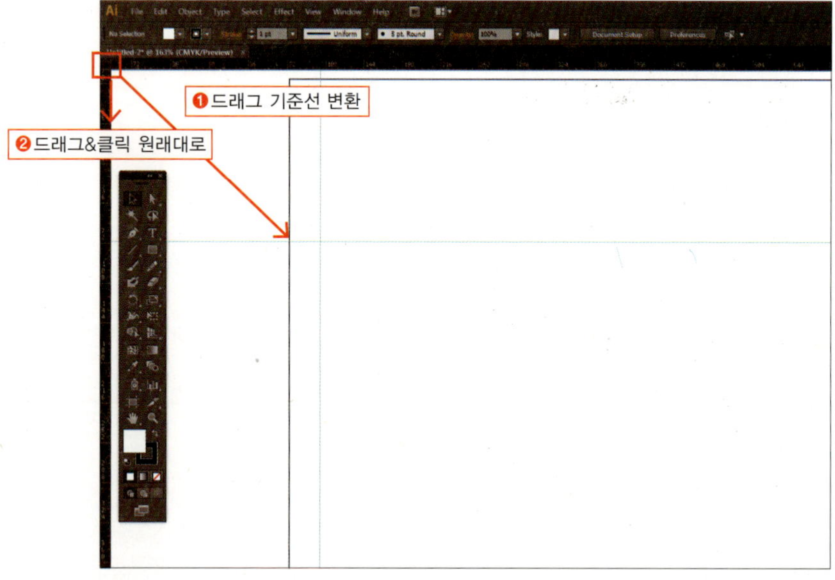

눈금자의 단위 설정

눈금자 위에서 마우스 오른쪽 버튼을 클릭하면 단위 설정을 위한 여러 가지 단위들이 나타나고 원하는 단위를 선택합니다.

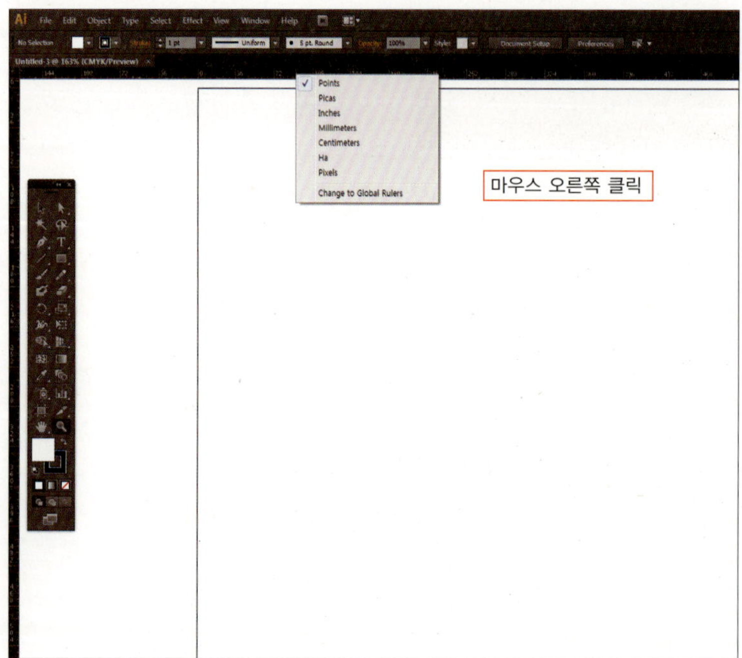

Guide 선

Guide 선 기능은 원하는 도형 등을 변형하여 가이드선으로 바꿀 수 있습니다.

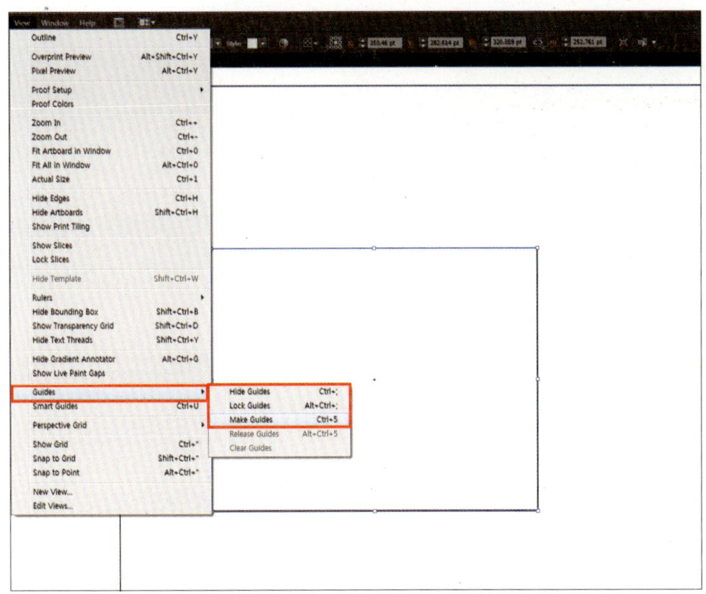

Make Guide는 만들기, Lock Guide는 가이드선 고정, Hide Guide는 감추기, Clear Guide는 가이드 지우기, Release Guide는 가이드 해제 등이 있습니다. 원하는 형태의 가이드선은 도형 툴로 만들 수 있는 선은 모두 만들 수 있습니다.

Smart Guide

스마트 가이드는 말 그대로 스마트한 가이드로 커서나 툴을 이동하면 좌표와 명칭 좌우에 선의 위치를
수치로 읽기 쉽게 만듭니다. Hide Guide로 감출 수 있습니다.

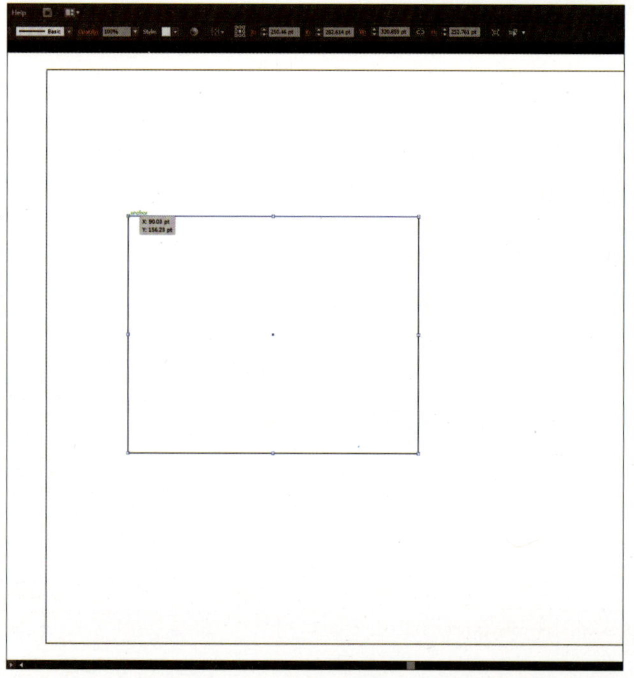

TIP : 정확한 수치를 요하는 작업외에는 켜지 않는 것이 좋습니다. 작업에 집중하기 어렵게 만듭니다.

Show Grid : 격자 보여줌

Hide Grid : 격자 감추기

Grid : 격자

모눈종이 모양의 격자로 작업물의 위치와 정확한 크기를 확인하며 작업할 수 있게 합니다.

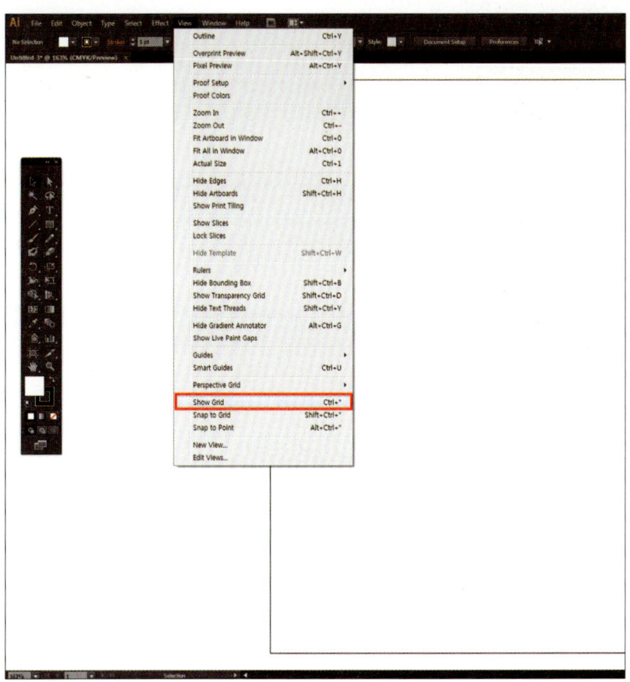

자세한 설정은 [Edit]-[Preferences]-[Guides & Grid] 메뉴를 선택하여 세부 대화상자에서 눈금과 선의 색상 등에 속성을 설정할 수 있습니다.

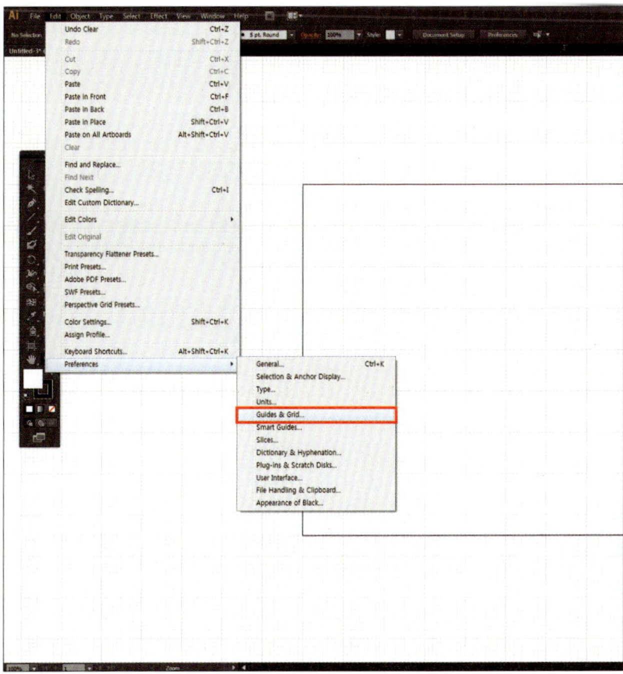

사각 도형 툴을 이용하여 가이드선을 만드는 방법을 알아봅니다.

01. 새로운 도큐먼트 창을 열고 가로를 [A4]로 설정합니다. [Tool] 패널에서 사각 도형 툴(▣)을 선택하고 바닥을 클릭하여 [Rectangle] 대화상자에서 [Width]는 '10'과 [Height]는 '6'을 입력한 후 [OK] 단추를 클릭합니다.

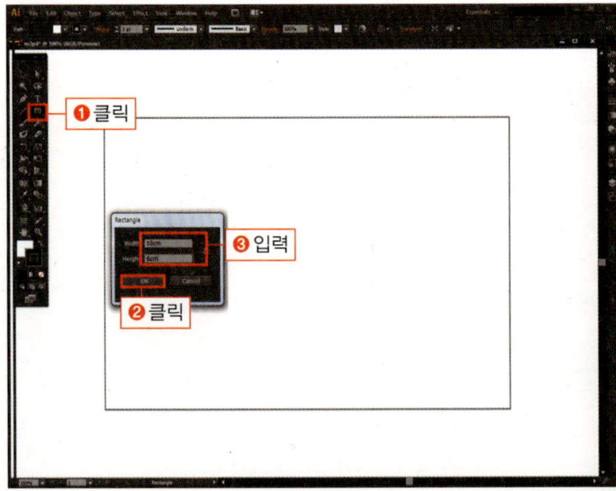

02. 선택 툴(▶)을 선택한 후 중앙으로 이동해서 [View]–[Guides]–[Make Guides] 메뉴를 선택하여 가이드선을 만듭니다. 가이드선 위에 [Rectangle] 대화상자에서 [Width]는 '10cm'와 [Height]는 '6cm'를 입력하여 새로운 사각형을 만들어 포개어 줍니다.

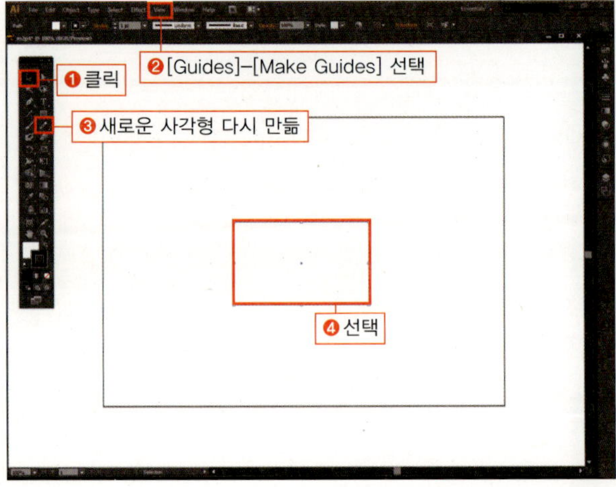

눈금자를 사용하여 가이드선을 만들고 가이드선으로 재단선을 만드는 방법을 알아봅니다.

01. 이제 [View]-[Rulers]-[Show Rulers] 메뉴를
선택하여 눈금자를 꺼냅니다.

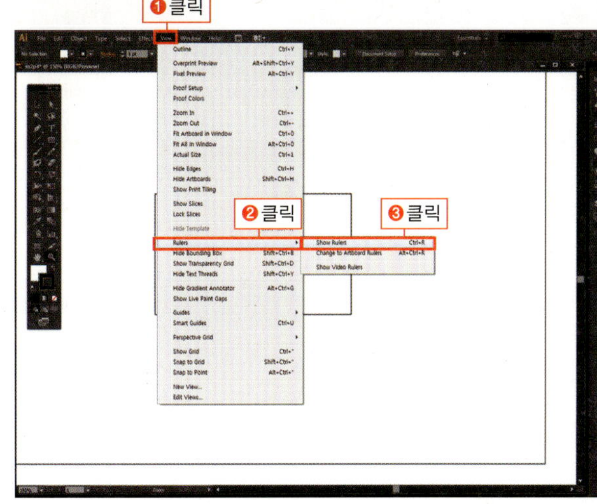

02. 선택 툴로 가이드선을 드래그하여 사각형의
윗선에 맞춥니다.

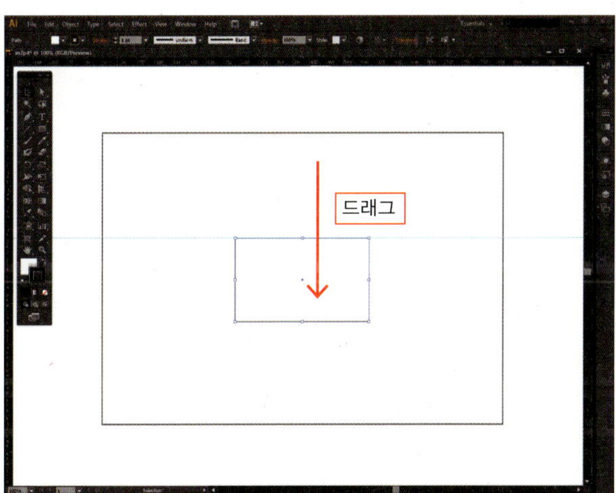

03. 같은 방법으로 다른 면도 드래그하여 가이
드선을 꺼내 맞춰줍니다.

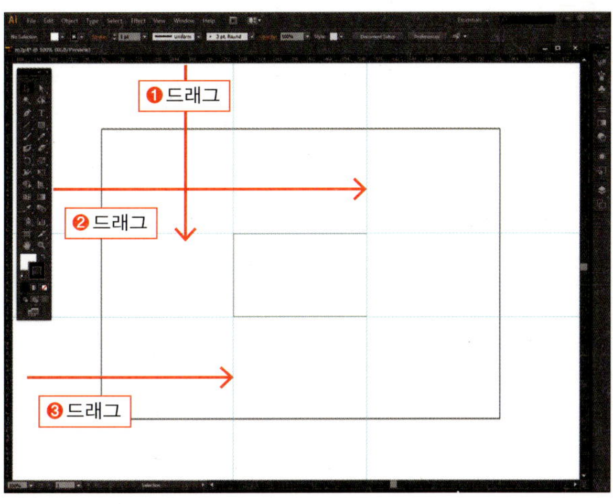

04. 이제 확대하여 사방에 5cm 간격을 주는 가
이드선을 꺼냅니다. 그리고 0.2cm의 재단선을 만
들어 줍니다.

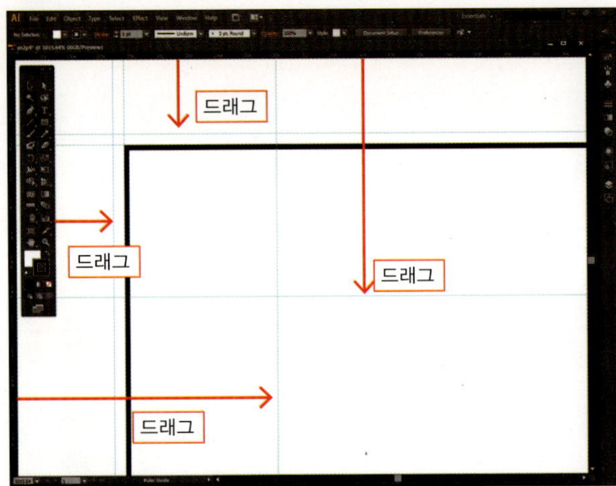

05. 사방으로 0.2cm씩 재단선과 안으로 안내선
을 5cm씩 만들어졌습니다.

TIP : 수치를 확인하고 정확한 위치에 맞춰 정확한 간격을 주고 선을 만듭니다.

[Create Outliness] 메뉴를 사용하여 글자를 오브젝트로 바꿔주고 각 글자에 컬러를 지정하고 이동하여 원하는 로고를 만든 후에 적당한 모양으로 만들어봅니다.

01. 이제 로고를 만들어봅니다. 문자 툴(T)을 선택한 후 작업 화면 바닥에서 클릭합니다. 커서가 깜박이고 [Type]-[Size]-[21pt] 메뉴를 선택하고 [Type]-[Font]-[Adobe 고딕 Std B] 메뉴를 선택합니다.

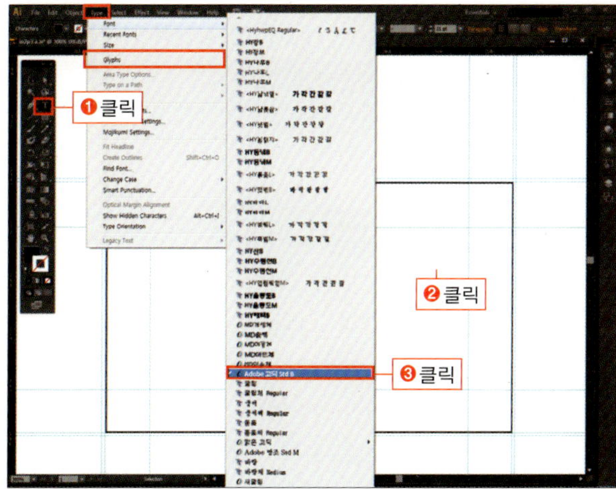

TIP : [Create Outliness] 메뉴를 사용하지 않아도 일러스트레이터 CC 버전에서는 글자 하나 하나에 다양한 편집을 할 수 있습니다. 그런 편집은 모두 텍스트 상태에서 편집하므로 여기에서와는 다른 방식입니다. 간단하고 손쉽게 편집할 수 있는 반면, 이곳에서의 편집은 글자를 오브젝트화함으로써 글자 간에 간격이나 폭 등에 구애받지 않는 자유로운 이동과 편집을 할 수 있습니다.

02. 'ARTJAM'이라고 대문자로 입력한 후 선택 툴로 선택된 상태에서 [Type]-[Create Outlines] 메뉴를 선택하여 글자를 오브젝트로 바꿉니다.

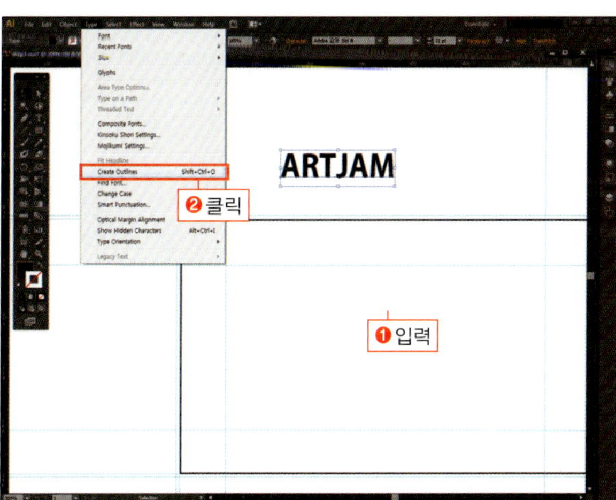

03. [Object]-[Ungroup] 메뉴를 선택하여 그룹을 해제합니다.

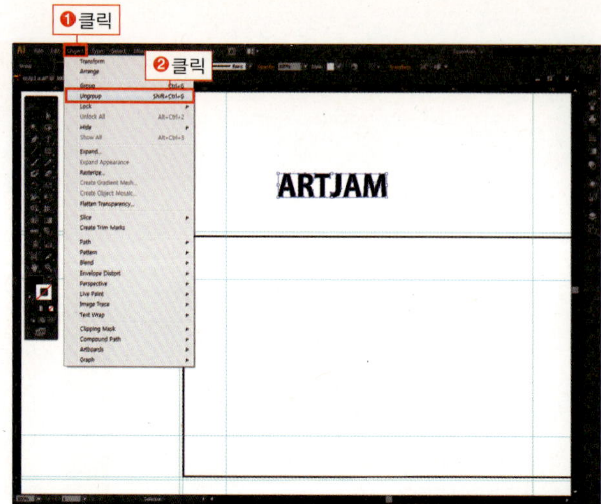

04. 선택 툴( )을 클릭한 후 Shift 를 누른 상태에서 'A' 자와 'M' 자를 선택하고 컬러를 회색으로 바꿔줍니다.

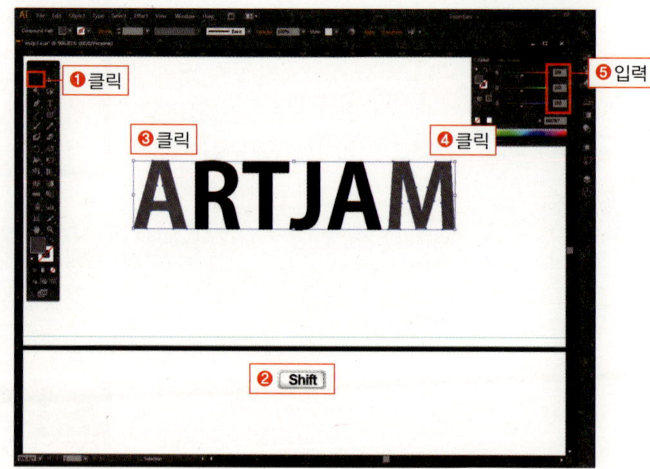

05. 'R' 자와 'J' 자를 선택하여 붉은색으로 바꿔줍니다.

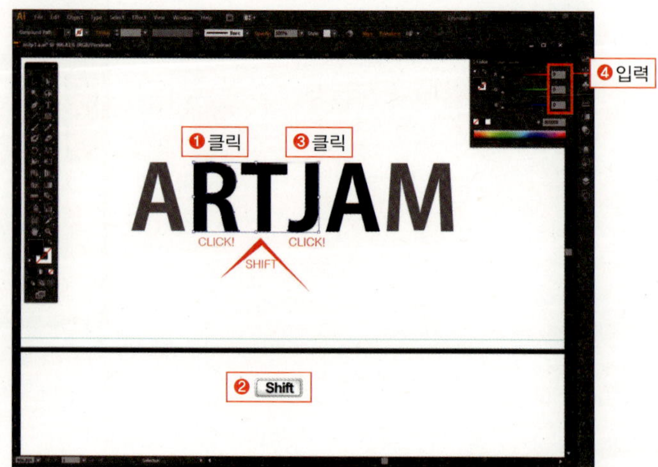

06. 선택된 두 글자의 컬러가 붉은색으로 바뀐
상태입니다.

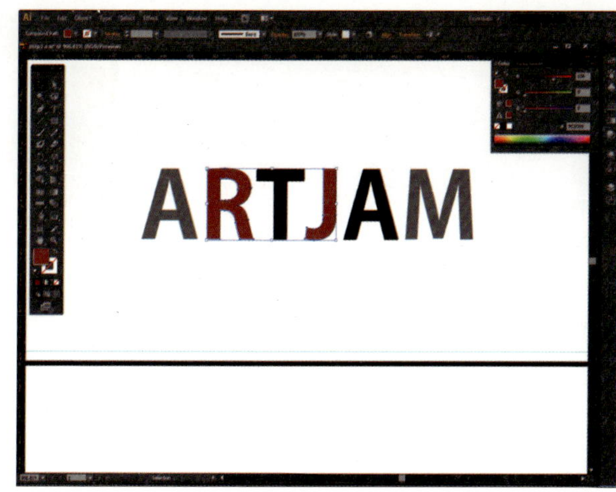

07. 이번에는 Shift 를 누른 상태에서 'T, A, M'
자를 선택한 후 [Object]-[Transform]-[Scale] 메뉴
를 선택합니다.

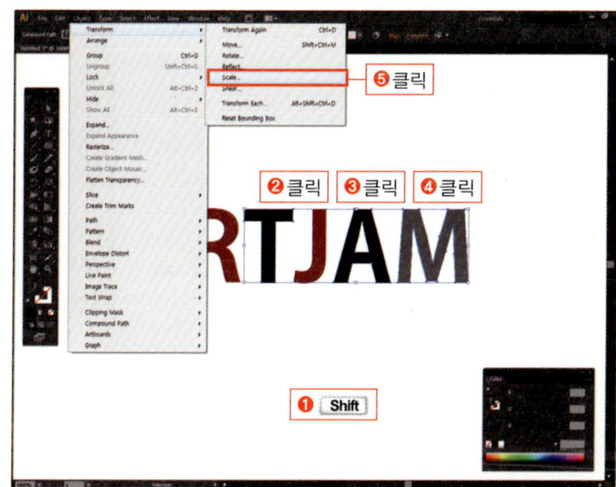

08. [Scale] 대화상자에서 [Uniform]을 '50%'로 설
정한 후 [OK] 단추를 클릭합니다.

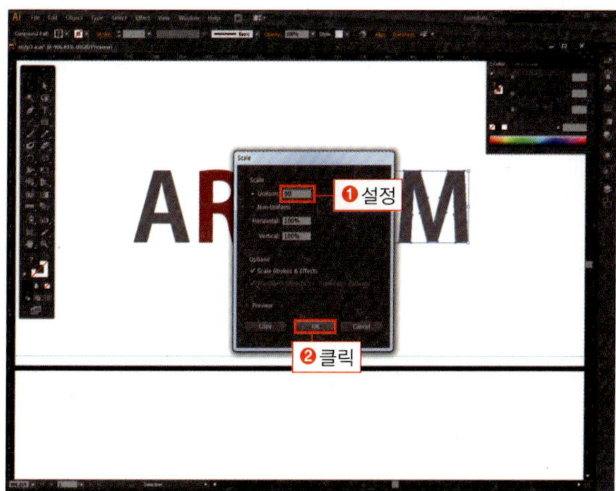

09. 작아진 글자 전체가 선택된 상태에서 앞의
'T' 자를 방향키 ➡로 'J' 자에 붙여줍니다.

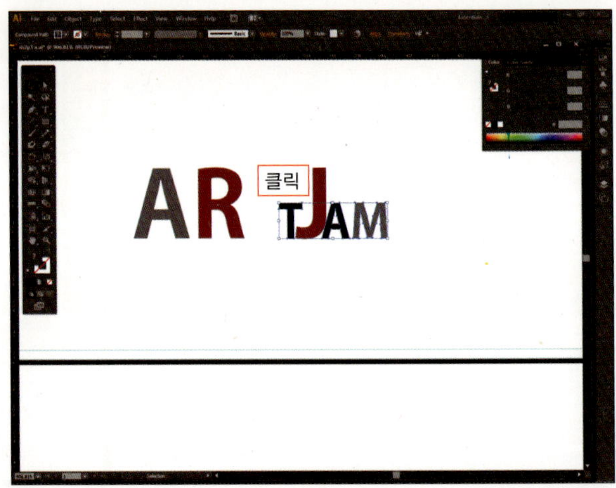

10. 이제 'R' 자를 선택하여 'T' 자 옆에 방향키
➡로 붙여줍니다. 방향키 ➡를 7번 눌러서 붙여
줍니다.

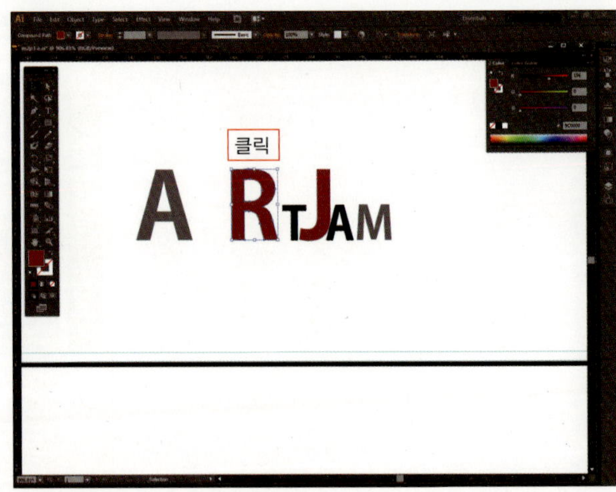

11. 'A' 자를 선택하고 [Object]–[Transform]–
[Scale] 메뉴를 선택합니다. [Scale] 대화상자에서
[Uniform]을 '180%'로 설정한 [OK] 단추를 클릭하
면 글자가 커집니다.

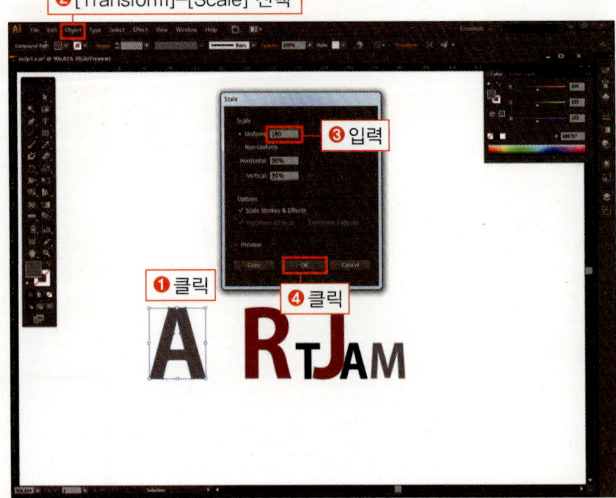

12. 키워진 글자를 우측 R 자에 방향키 ➡ 를 눌러 붙여줍니다.

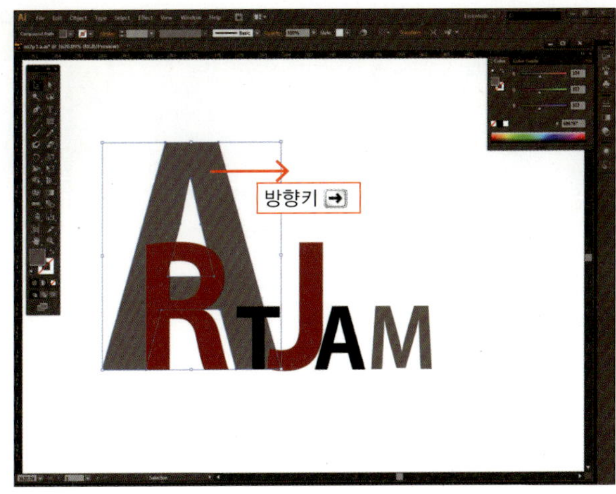

13. 이제 [Stroke]의 컬러를 회색으로 한 후 [Tool] 패널에서 라인 툴(✎)을 선택하고 **Shift** 를 동시에 누른 상태에서 라인을 수평으로 만들어 중앙에 앉혀줍니다. [Stroke]는 '0.5'로 설정하고 수평선을 만듭니다.

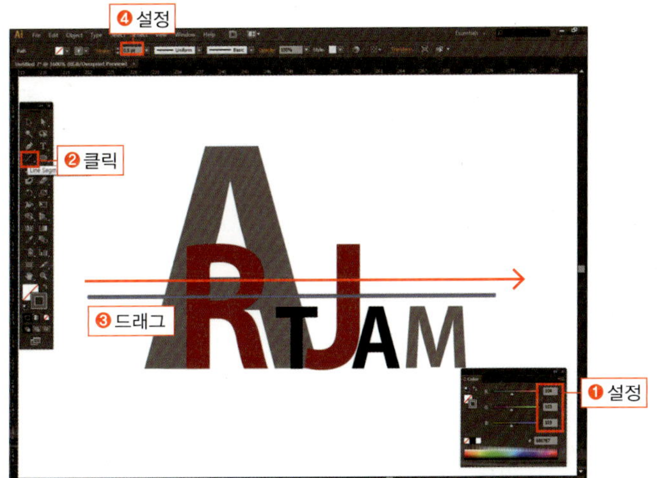

14. 라인이 선택된 상태에서 [Object]-[Path]-[Outline Storke] 메뉴를 선택하여 [Fill] 상태로 만들어줍니다.

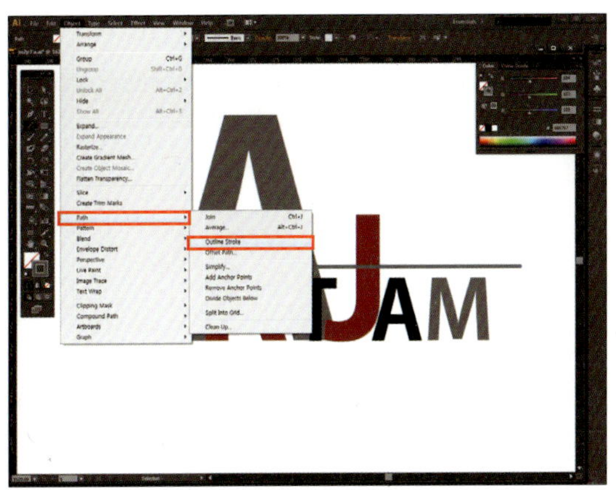

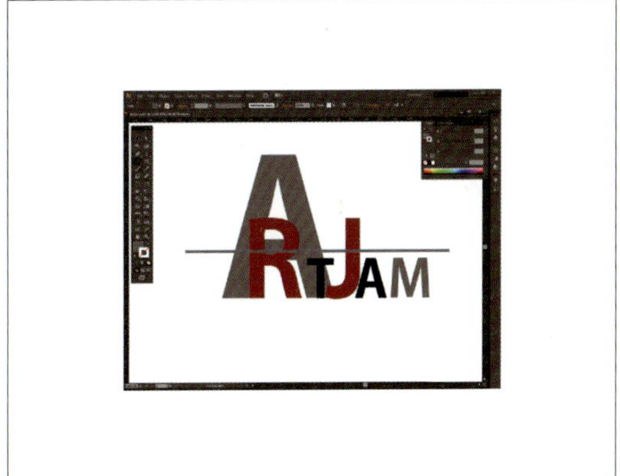

15. 라인을 선택하고 원래 메뉴 바 [Shift] +[Ctrl]+[[]을 선택하여 맨 뒤로 보냅니다. 전체를 드래그하고 선택하고 [Object]-[Group] 메뉴를 선택하여 묶어줍니다.

16. 이렇게 하여 간단한 로고를 만들어 보았습니다. 이 상태에서 다양한 형태를 변형하여 자신만의 로고를 손쉽게 만들 수 있습니다.

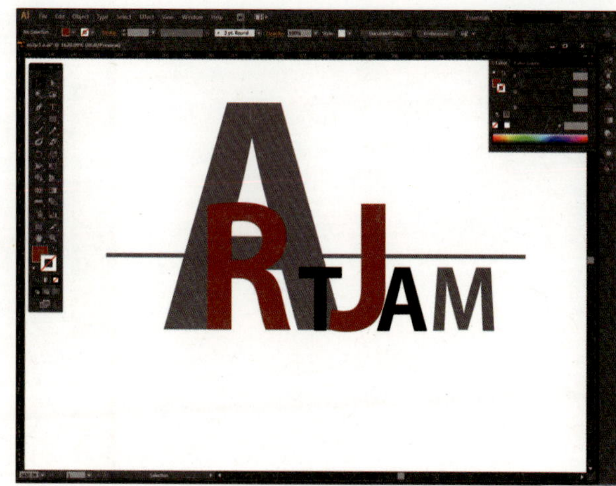

17. 이제 로고를 사각형 오브젝트의 우측에 배치합니다. 우측 안내선에 J 자 윗부분을 맞춰줍니다. A 자와 M 자 사이의 중간에 맞춰줍니다. [Ctrl]+[-]로 축소하여 위치를 확인합니다.

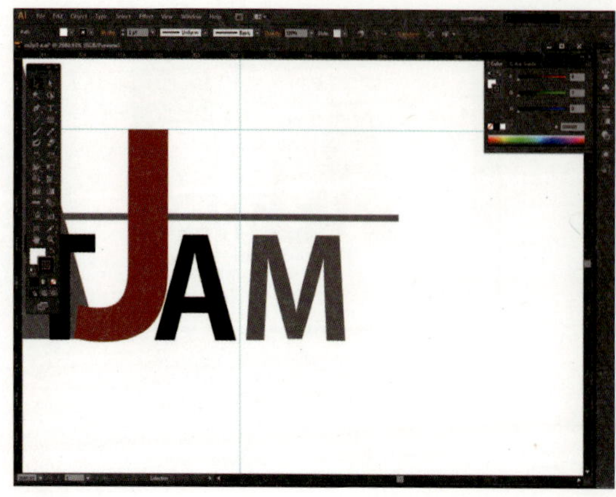

격자를 꺼내서 로고를 복제하고 기준선을 추가하여 같은 간격의 라인을 만들어봅니다.

01. 격자를 꺼내 로고를 `Alt`+드래그하여 아래 붙인 것의 라인선까지의 라인에 수평으로 기준선을 추가로 꺼냅니다.

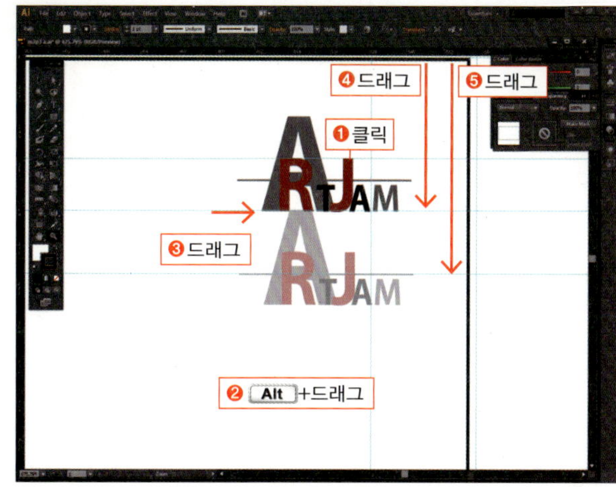

02. 다시 `Alt`+드래그로 복사하고 그 밑으로 거의 같은 간격의 격자를 만들고 다음은 두 배의 간격에 라인을 만듭니다.

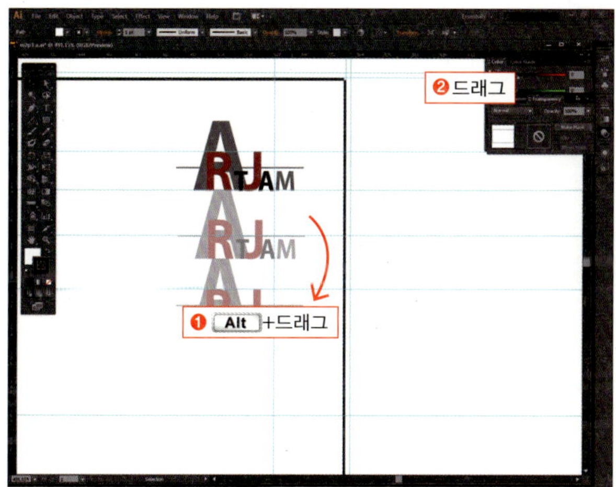

03. 계속 복사하여 밑으로 같은 간격의 라인을 만듭니다. 복사한 로고만 선택하여 `Delete`로 삭제합니다.

> **TIP :** 로고를 복제하는 이유는 세로의 높이에 맞는 기준선을 그어주기 위한 것으로, 선을 그어준 다음 삭제합니다.

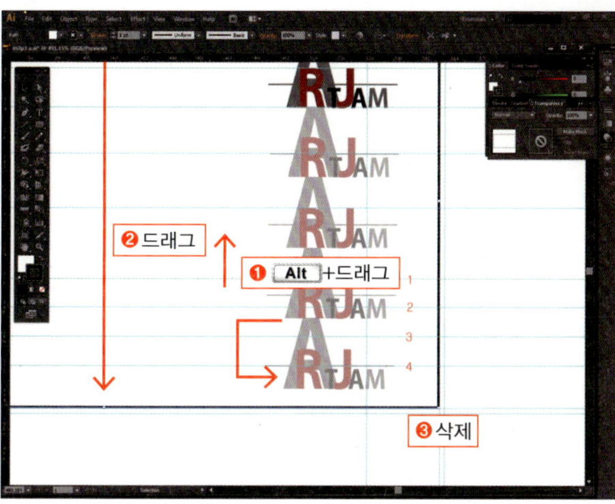

한글과 영문을 적절히 사용하여 텍스트를 입력하고 적절한 폰트와 라인으로 조절해봅니다.

01. 이제 텍스트를 입력합니다. 우선 제일 위의 라인에는 이 명함의 주인이 어떤 직업인지를 입력합니다. [Type]–[Size]–[7pt]를 선택하여 같은 폰트로 크기를 설정한 후 한글과 영어를 적절하게 사용하거나 한 가지 언어로 사용합니다.

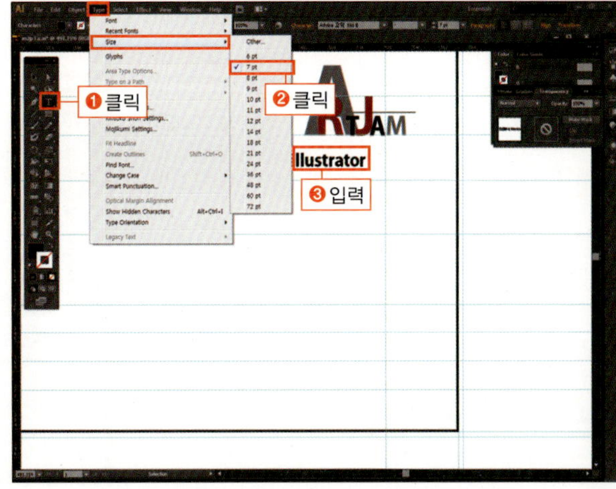

02. 쓰여진 글자를 라인에 맞춰줍니다. 다음은 이름과 연락처를 기입합니다. 이름은 9pt로 하고 영문 이름은 7pt로 설정하고, 다시 연락처는 9pt로 설정하여 강약을 주어 중요한 이름과 연락처를 강조해줍니다.

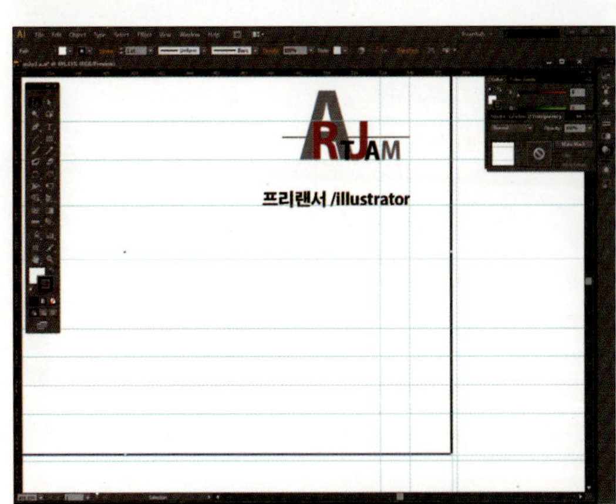

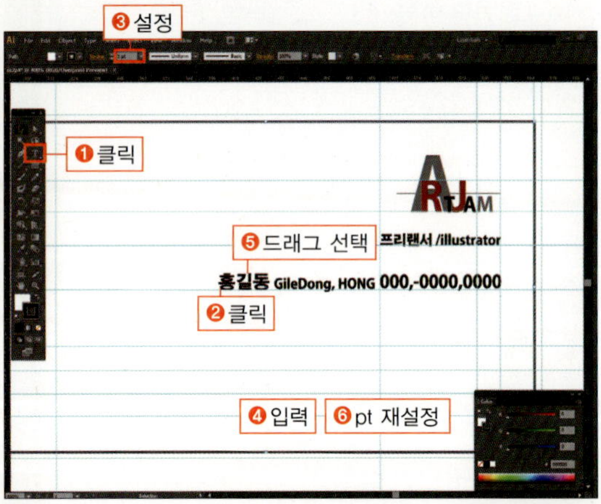

03. 이제 다음 라인은 주소, 다음은 영문 등을 적는데 사용한 후 이메일 주소 등을 넣습니다. 주소는 6pt로 설정하고, 영문은 조금 더 작은 글씨로 쓰고 이메일 주소 등은 다시 6pt로 씁니다.

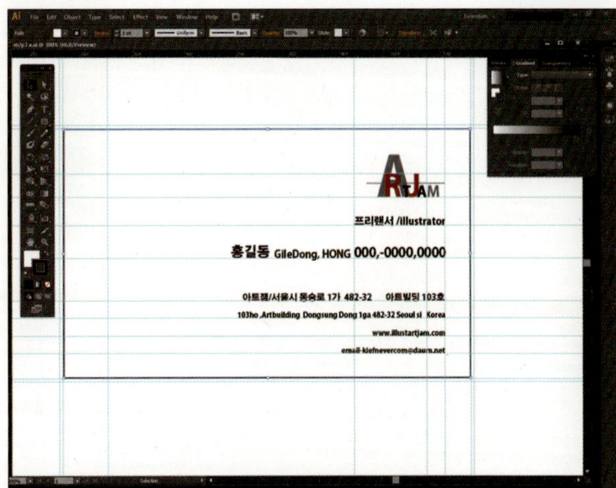

만들어 놓은 이미지를 불러와 원하는 자리에 배치합니다.

예제 파일 | DVD₩part05₩tsp−0012.ai

01. 'tsp−0012.ai'를 불러옵니다. 드래그하여 선택한 후 **Ctrl** + **V** 를 눌러 복사합니다.

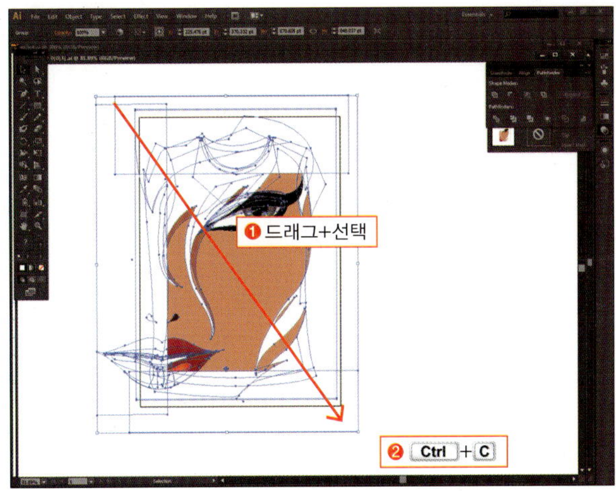

02. 이제 원래 작업하던 파일로 돌아가서 **Ctrl** + **V** 를 눌러 복사했던 파일을 붙여줍니다.

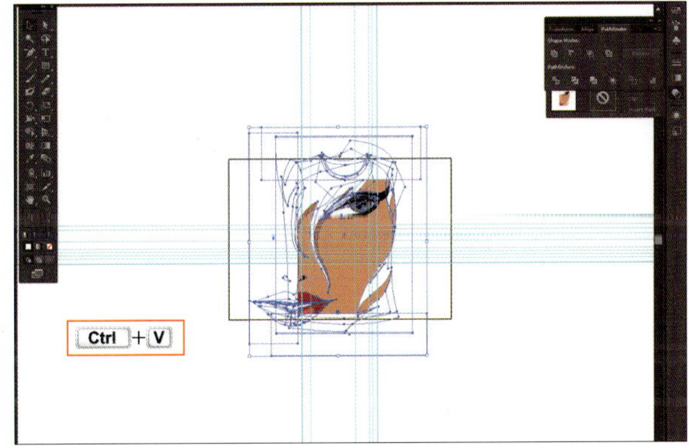

03. 이제 복사해서 붙인 이미지를 [Object]−[Transform]−[Scale] 메뉴를 선택한 [Scale] 대화상자에서 [Uniform]을 '35%'로 설정하여 축소합니다. 재단선에 맞춰 앉쳐줍니다.

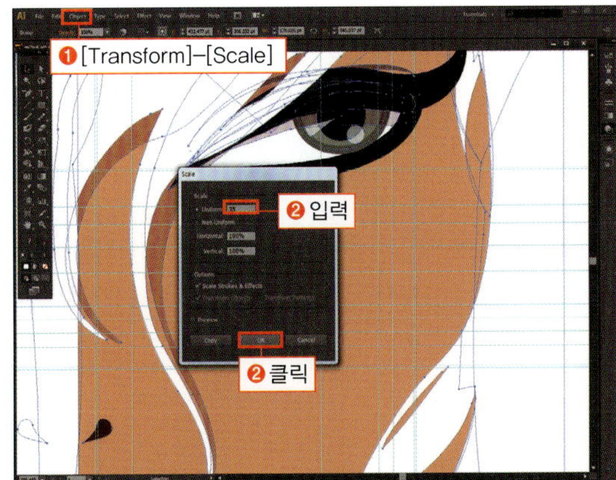

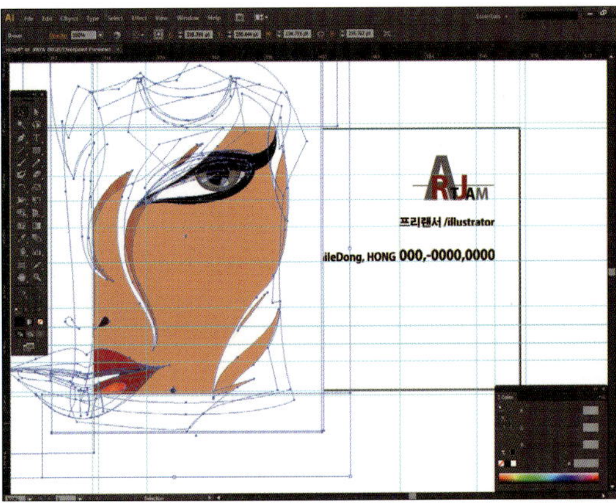

외곽 라인을 삭제하고 가이드라인을 감춰서 명함을 완성합니다.

완성 파일 | DVD\part05\LS02\m2p4.ai

01. 이제 처음 만든 사각형을 선택하고 외곽 라인을 삭제합니다.

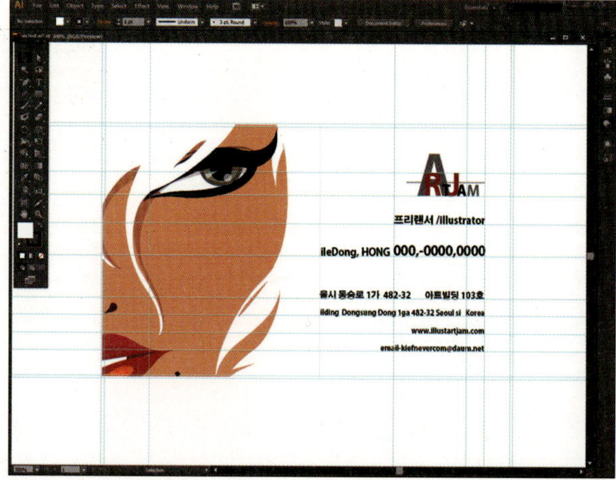

02. 이미지와 방금 라인을 없앤 사각형을 같이 선택하고 `Ctrl` + `Shift` + `[` 을 눌러 맨 뒤로 보냅니다.

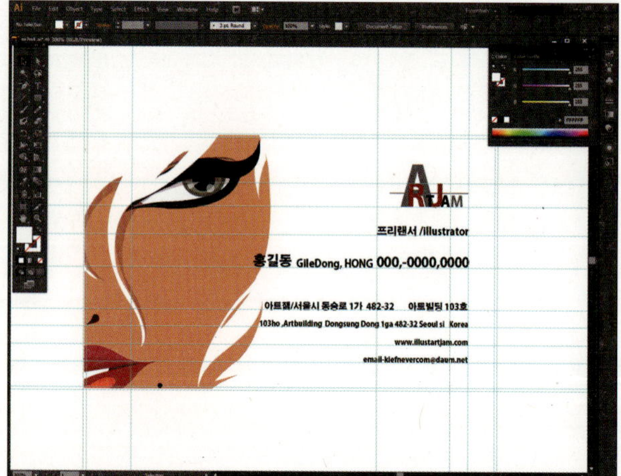

03. 이제 [View]—[Guides]—[Hide Guides] 메뉴를 선택하여 가이드를 감춰줍니다.

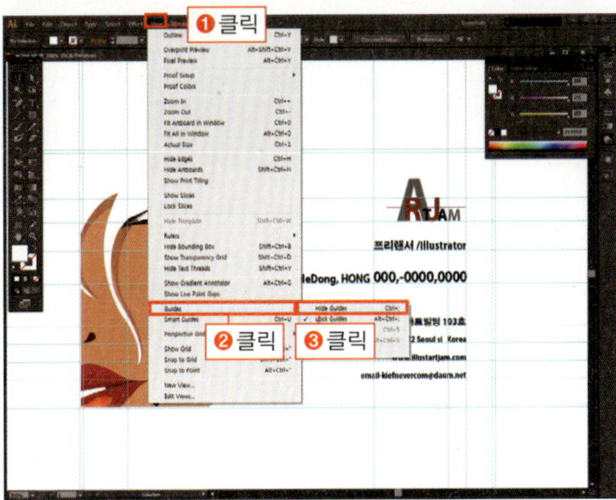
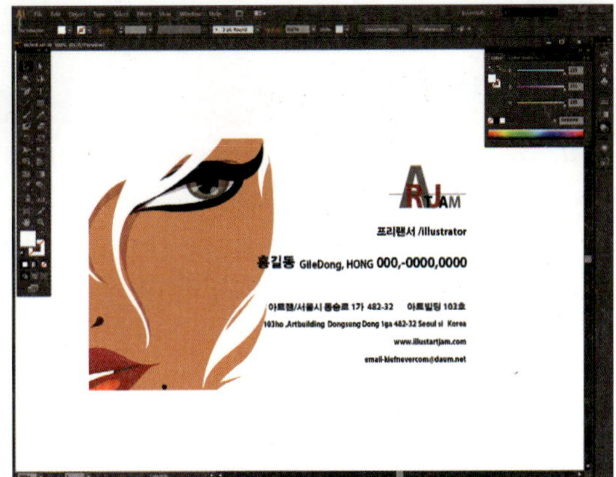

04. 이렇게 해서 간단한 명함을 만드는 방법을 알아보았습니다. 명함을 인쇄할 때 가장 많은 문제를 일으키는 경우는 폰트 문제인데, 대부분 그런 문제를 방지하기 위해 모든 텍스트를 [Type]—[Create Outlines] 메뉴를 선택하여 문자를 오브젝트로 바꾸어 놓습니다.

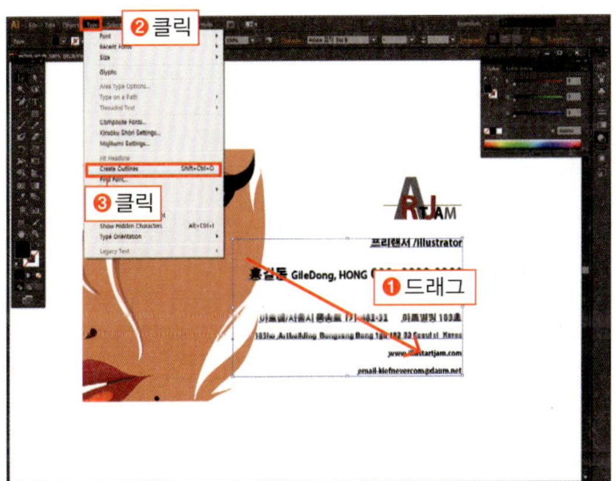
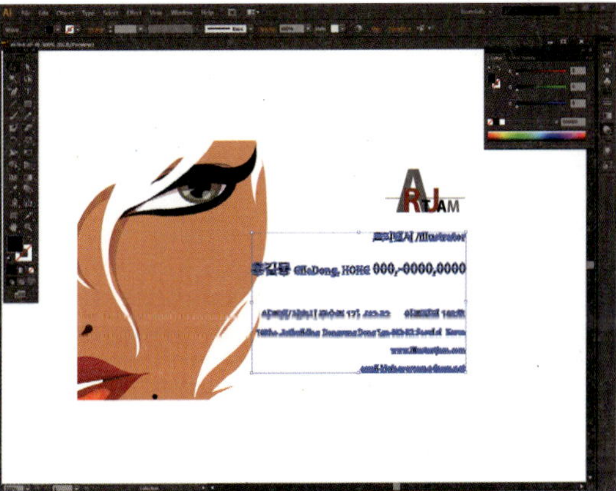

TIP : 파일을 옮기거나 이동하고 변형하고 출력하는 중에 서체가 깨어지거나 바뀌는 문제를 미연에 방지하는 방법입니다.

안정된 출력을 위한 [Attributes] 패널과 [Separations Preview] 패널

[Window]–[Attributes] 메뉴를 선택하면 [Attributes] 패널이 나타나고 [Window]–[Separations Preview] 메뉴를 선택하면 [Separations Preview] 패널이 나타납니다. 이 항목들은 실제로 인쇄를 실행할 때 문자의 오류나 컬러가 오류가 생길 수 있는 부분을 미리 찾아보는 항목입니다.

■ [Attributes] 패널

[Attributes] 패널은 인쇄와 관련된 메뉴입니다. 명함이나 리플릿 등 인쇄 시에 나타나는 컬러나 문자의 오류를 미리 체크합니다.

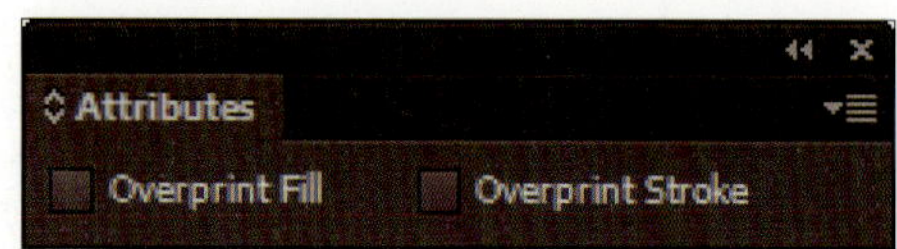

[Overprint Fill](중복 인쇄 설정) 항목을 체크하면 검은 글씨 등을 겹쳐서 사용했을 때 테두리의 흰 테두리 라인이 인쇄 시에 나타나지 않습니다. 하지만 해제된 상태에서는 두께처럼 흰색의 두께가 나타납니다. 흰색 글자는 [Overprint Fill] 체크 시 나타나지 않습니다.

■ [Separations Preview] 패널

인쇄는 사이안(CYAN), 마젠타(MAGENTA), 블랙(BLACK), 옐로우(YELLOW) 이렇게 네 가지 감산 혼합으로 표현하는 방식의 모드로서 출력 시에 이와 같은 상태로 분판된 상태에서 인쇄가 가능합니다. 이 메뉴는 분판을 미리 보는 역할을 합니다. 이와 같은 기능으로 인쇄 시에 발생할 문제 등을 미리 알아볼 수 있게 합니다. Overprint Preview로 각각의 컬러를 제외하면 문제가 발생할 여지가 있는 부분을 찾아낼 수 있습니다.

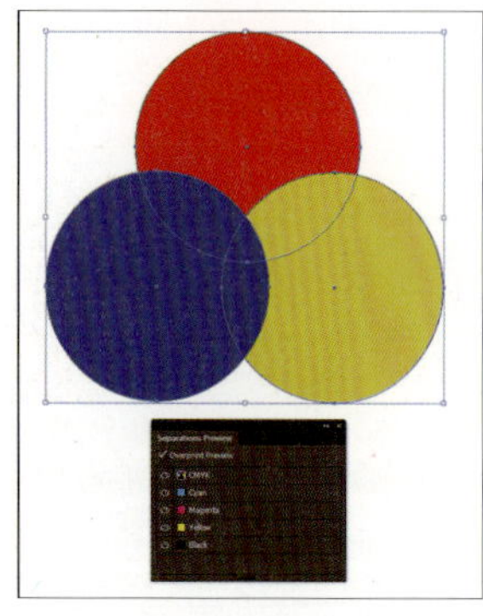
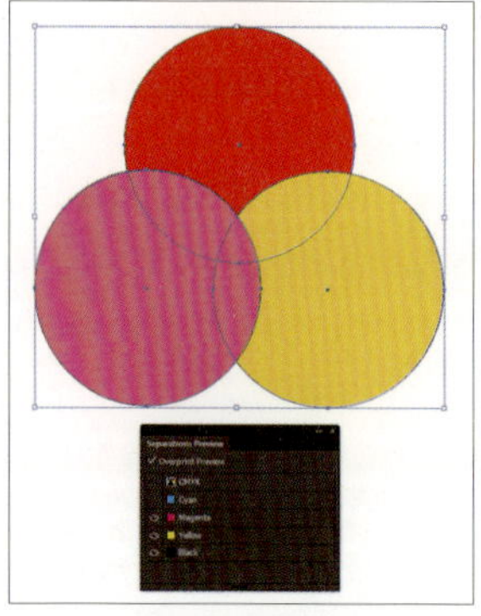

■ 안전한 출력을 위한 print 항목 미리보기

실무에서는 이와 같이 정밀한 격자 등을 사용하여 최대한 실수가 없도록 하여 디자인이나 일러스트를 그려도 나중에 인쇄하면 수정할 곳이 생기게 마련입니다. 그래서 보통 미리 출력을 통해 작업물을 확인하는데 출력물을 미리보는 방법을 알아야 합니다.

먼저 Print 항목으로 대화상자를 열어 출력할 작업물을 차례로 보여줍니다. 그리고 아트보드 전체를 출력할지 아니면 작업물만을 인쇄할지를 선택합니다. 클릭하여 출력합니다.

이런 순서로 출력하여 작업물에 이상이 있는지 확인해봅니다. 생각 외로 무심히 보았던 오류들이 보이곤 합니다. 4번 [Setup]을 클릭해 설정을 바꿀 수도 있습니다.

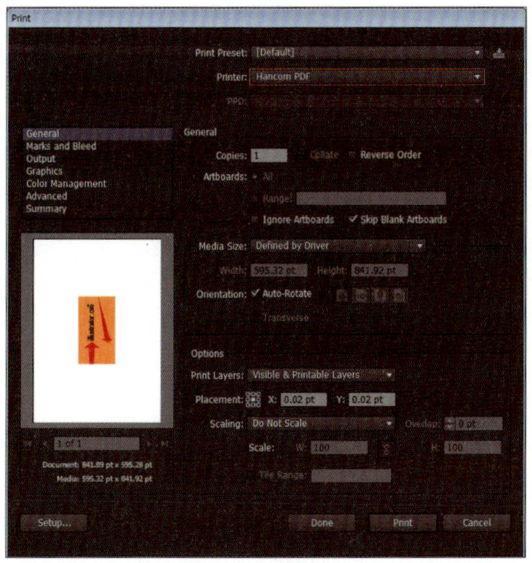
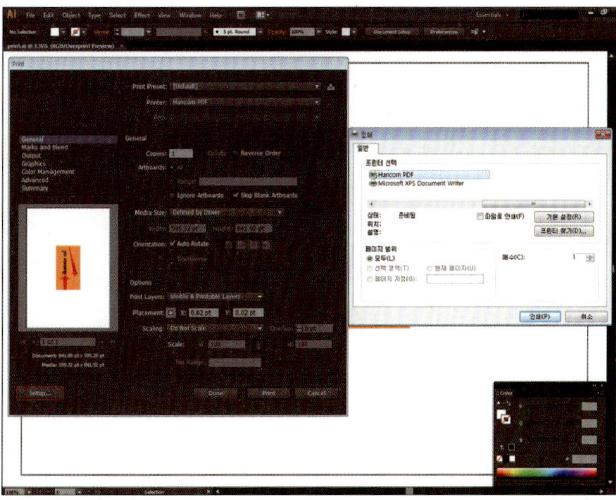

Make Trim Marks 메뉴를 이용한 자동 재단선 만들기 기능

재단선은 인쇄하고자 하는 오브젝트에 재단선을 만들어줘야 오브젝트와 공간을 정확하게 확보합니다. 이 메뉴를 활용하여 오브젝트를 정확하고 간단하게 만들고 삭제할 수 있습니다.

예제 파일 | DVD₩Part05₩trim.ai   **완성 파일 |** DVD₩Part05₩trimr.ai

01. 'trim.ai'를 불러옵니다. 인쇄하고자 하는 오브젝트를 드래그하여 선택하고 [Object]–[Create Trim Marks] 메뉴를 선택합니다.

02. 정확한 간격과 규격의 재단선이 생성됩니다.

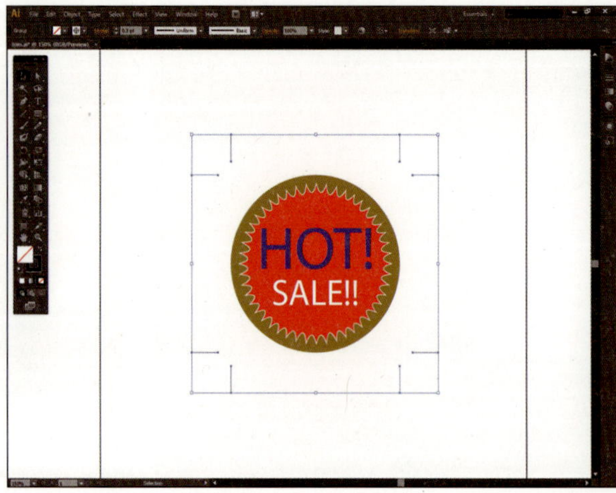

03. 원하는 규격의 재단선을 원할 때는 사각 격자 툴(▦)을 이용하여 사각형의 라인을 만들고 Align을 이용하여 중앙에 맞춰주고 같은 방법으로 실행합니다.

04. 원하는 규격의 재단선이 만들어집니다.

05. 재단선을 삭제할 때는 재단선을 선택하고 Delete를 누릅니다.

■ 다양한 문자 툴의 종류와 다양한 방식의 스타일을 지정하고 연습을 통해 서체와 크기 등을 정해 문자를 쓰고 컨트롤하는 방법을 알아봅니다.

■ 문장과 문자를 조절하는 [Character] 패널, [Paragraph] 패널, [Tab] 패널에 대해 알아봅니다. `271p`

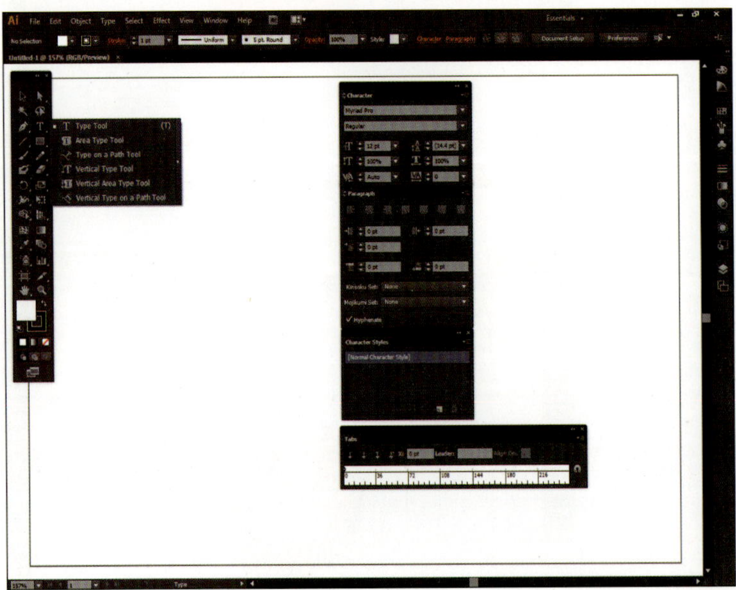

■ 텍스트를 하나의 오브젝트로 만들려면 Creat Outline 메뉴를 통해 다양한 오브젝트 효과를 줄 수 있습니다. `293p`

■ 측정 가이드선(guide)과 격자(Rulers)의 종류와 쓰임새의 사용 방법을 알아봅니다. `291p`

■ 지금까지 배운 기능들과 측정 도구를 이용하여 간단한 명함을 만들어 봅니다.

01   타입 온 패스 툴을 이용한 라운드별 표지 만들기

완성 파일 : DVD₩Selftest₩Part05₩star.ai   **동영상 파일 :** DVD₩Selftest₩Part05₩pa05self01.avi

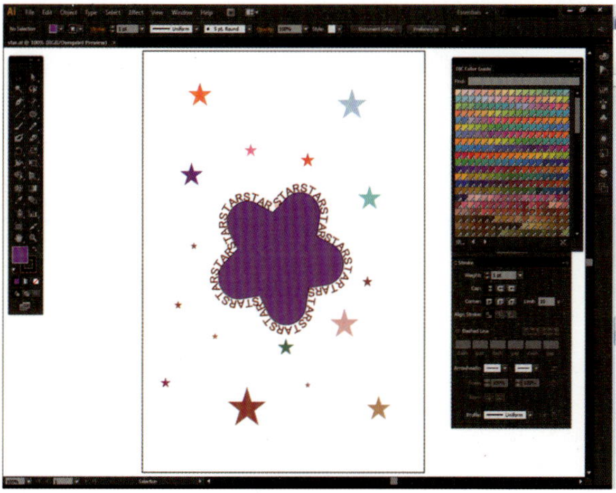

HINT

스타 툴(Star Tool)로 별을 만들고 path 항목의 기능을 이용하여 라운드별을 만들고 타입 툴(Type Tool)에 기능을 이용하여 텍스트를 추가합니다.

02   측정 도구로 정확한 사이즈에 규격 봉투 도안 제작하기

완성 파일 : DVD₩Selftest₩Part05₩guide.ai   **동영상 파일 :** DVD₩Selftest₩Part05₩pa05self02.avi

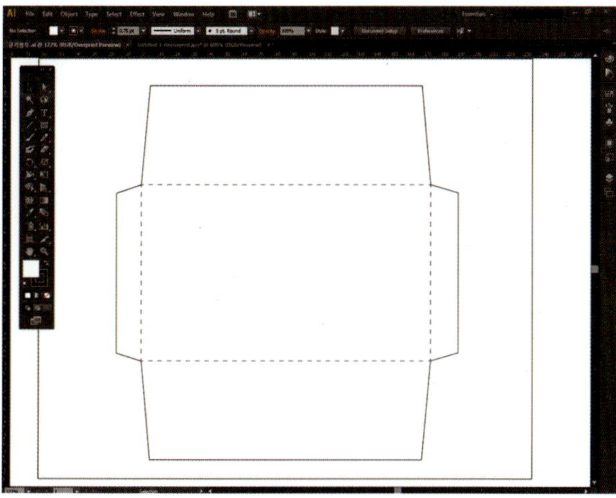

HINT

격자와 가이드선을 이용하고 격자 맞추기를 활용 확대하여 세밀한 수치를 맞춰 선을 수치에 맞게 그어줍니다.

06

3D 툴과 패턴, Symbol 알아보기

ILLUSTRATOR · CC&CS6

3D 투시도법을 이용한 3D 격자 툴과 이미지를
회전하거나 반전하여 그 궤적을 이미지화하는
3D Effect 메뉴에 대해 알아보겠습니다. 하나의
오브젝트로 반복적인 패턴을 등록하고 활용하는
방법과 손쉽게 다양한 그래프를 만드는 방법을
알아보겠습니다.

기초탄탄 ▶ 3D 투시도법 격자 툴, 3D Effect 메뉴 종류와 대화상자 알아보기

■ 투시도법

투시도법은 2D에서도 표현 가능한 3D입니다. 공간을 부여하는 개념으로 가장 중요한 것은 소실점입니다. 소실점은 아주 멀어져서 사라지는 한 점을 말하는 것으로, 인위적으로 만들어주는 점이고 투시도법의 기준입니다. 투시에는 1점, 2점, 3점 투시가 있는데 1점은 중앙에 하나의 소실점, 2점은 양쪽 끝에 각각 하나씩에 소실점이, 3점은 2점 투시의 하나에 소실점이 상하로 추가되는 방식입니다.

■ Perspective Grid 메뉴 알아보기

[View]-[Perspective Grid] 메뉴를 선택하면 하위 메뉴들이 나타납니다.

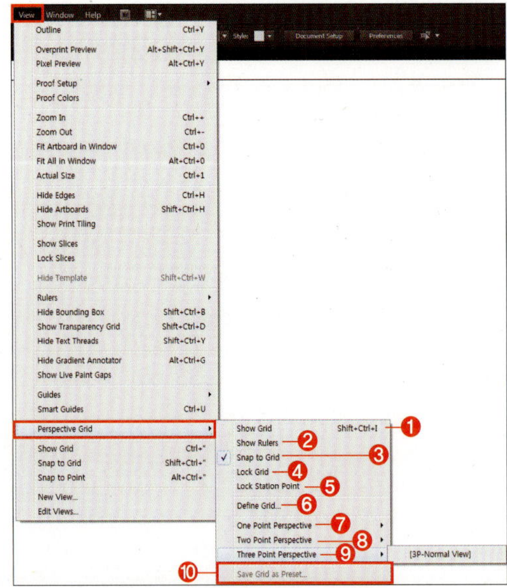

❶ Show&Hide Grid : 격자를 가리거나 보여주는 역할을 합니다.

❷ Show Rulers : 눈금을 보여주어 실측을 가능하게 해줍니다.

❸ Snap to Grid : 오브젝트를 그리거나 이동 시에 격자에 자동으로 붙어 세밀한 곳에 일일이 확대하여 붙여줄 필요가 없게 합니다.

❹ Lock Grid : 격자가 고정되게 하는 기능을 합니다.

❺ Lock Station Point : 격자를 하나 드래그하여 움직일 때 다른 격자들도 같이 이동하게 합니다.

❻ Define Perspective : 격자 설정 대화상자를 열게 합니다.

❼ One Point : 1점 투시를 선택합니다.

❽ Two Point : 2점 투시를 선택합니다.

❾ Three Point : 3점 투시를 선택합니다.

❿ Save Grid as Preset : 설정한 격자를 저장해줍니다.

격자 설정 대화상자 알아보기

[View]-[Perspective Grid]-[Define Gride] 메뉴를 클릭하면 열립니다.

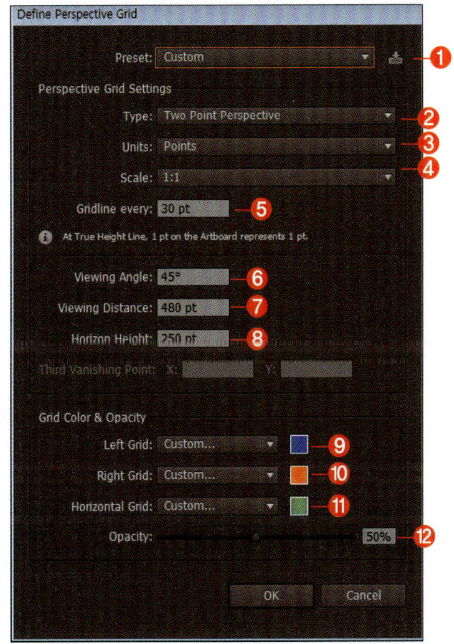

❶ Define Grid Name : 격자의 이름을 설정합니다.

❷ Type : 투시점법을 선택합니다.

❸ Units : 격자의 단위를 설정합니다.

❹ Scale : 크기의 비율을 선택합니다.

❺ Gridline every : 격자 간의 간격을 설정합니다.

❻ Viewing Angle : 관찰점의 각도를 설정합니다.

❼ Viewing Distance : 관찰점 간의 거리를 지정합니다.

❽ Horizon Height : 수평선의 최고점을 지정합니다.

❾ Left Grid : 좌측 격자의 컬러를 지정합니다.

❿ Right Grid : 우측 격자의 컬러를 지정합니다.

⑪ Horizontal Grid : 지평선 격자의 컬러를 지정합니다.

⑫ Opacity : 격자 전체의 투명도를 결정합니다.

격자 위젯 알아보기

격자 위젯(Grid Tool Widget)은 격자를 간단히 통제하는 툴입니다. 격자 위젯을 살펴보면 다음과 같습니다.

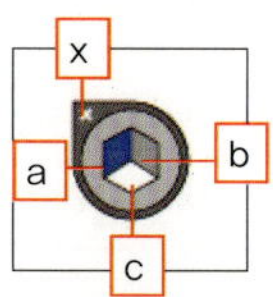

a는 좌측면 적용을 할 수 있게 하고, b는 우측면을, c는 아래쪽을 적용하게 합니다. 왼쪽 기호 표를 클릭하면 전체 위젯과 격자를 보이지 않게 합니다. 위의 View 메뉴의 Hide Gride와 같은 역할을 합니다.

■ 투시도 격자 툴 알아보기 `322p`

[Tool] 패널에서 투시도 격자 툴(Perspective Grid Tool ▨)을 선택하고 더블클릭하면 [Perspective Grid Tool Options] 설정 옵션 대화상자가 나타납니다.

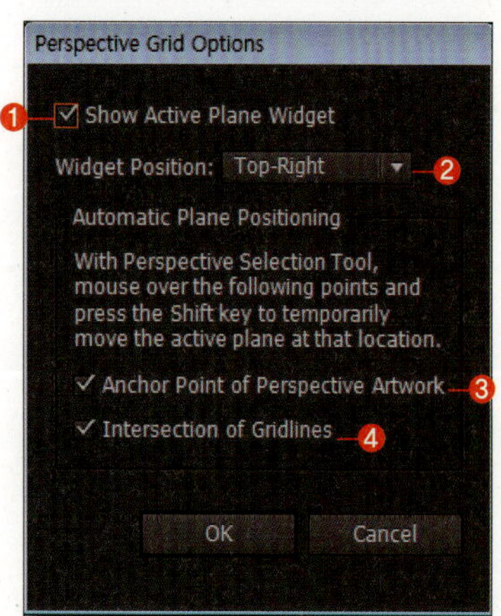

❶ Show Active Plane Widget : 위젯을 실행할지, 실행하지 않을지를 결정합니다.

❷ Widget Position : 위젯의 위치를 정합니다.

❸ Anchor Point of Perspective Artwork : 앵커 포인트(Anchor Point)를 시야의 기준점으로 합니다.

❹ Intersection of Gridlines : 눈금선이 교차합니다.

툴은 수평적인 방향을 이동하거나 전체를 이동할 수 있는 투시도 격자 툴(Perspective Grid Tool ▨)과 수직적인 이동과 변경을 가능하게 하는 원근감 선택 툴(Perspective Selection Tool ▸) 이렇게 두 가지가 있습니다.

투시도 격자 툴(Perspective Grid Tool)을 선택했을 때 다음 그림과 같이 나타납니다.

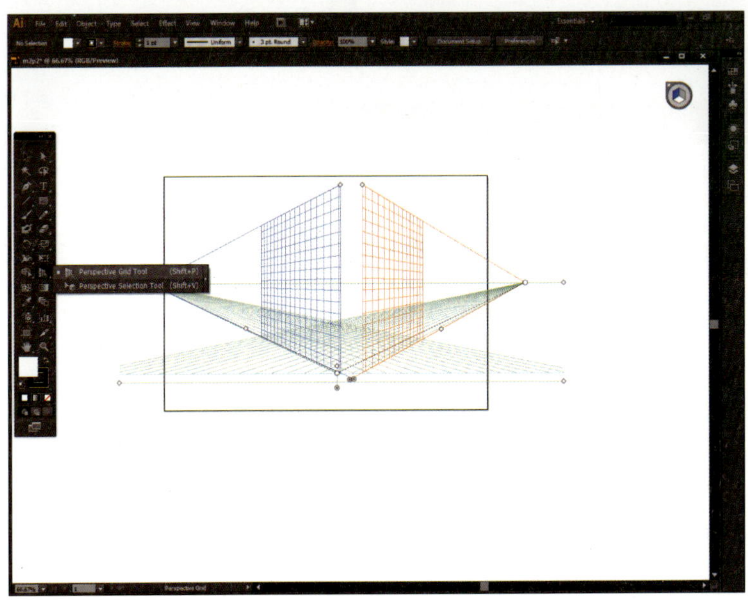

원근감 선택 툴(Perspective Selection Tool)을 선택했을 때 다음 그림과 같이 나타납니다.

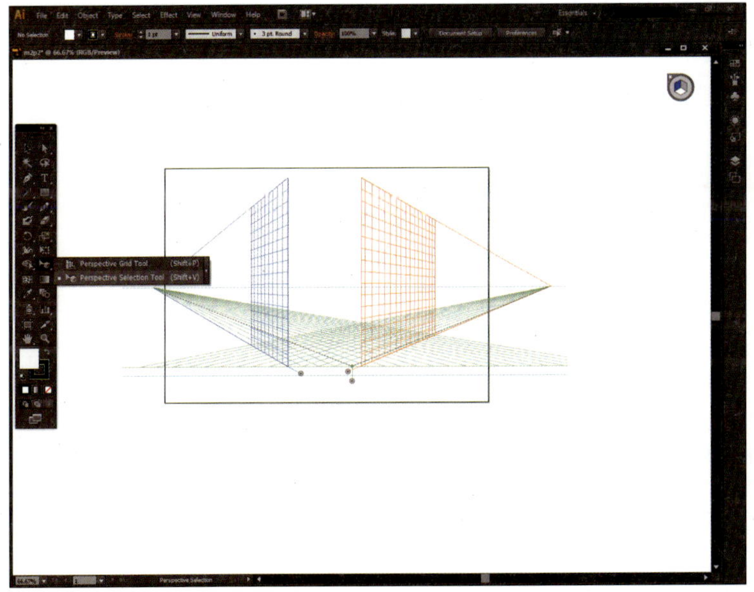

투시도 격자 툴 이동 방법

❶ 전체를 이동하기 위해서는 투시도 격자 툴(Perspective Grid Tool ▦)로 그림과 같이 동그란 지점을 드래그로 이동합니다. 우측의 같은 점도 마찬가지로 이동 가능합니다.

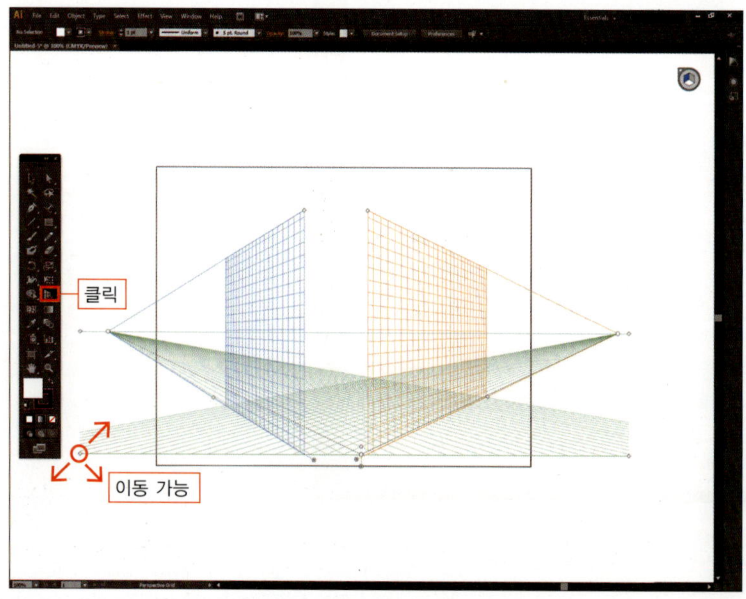

❷ 좌측이나 우측의 소실점을 수직 이동할 때 역시 우측 끝이나 좌측 끝의 소실점에 연결된 포인트를 상하로 드래그합니다.

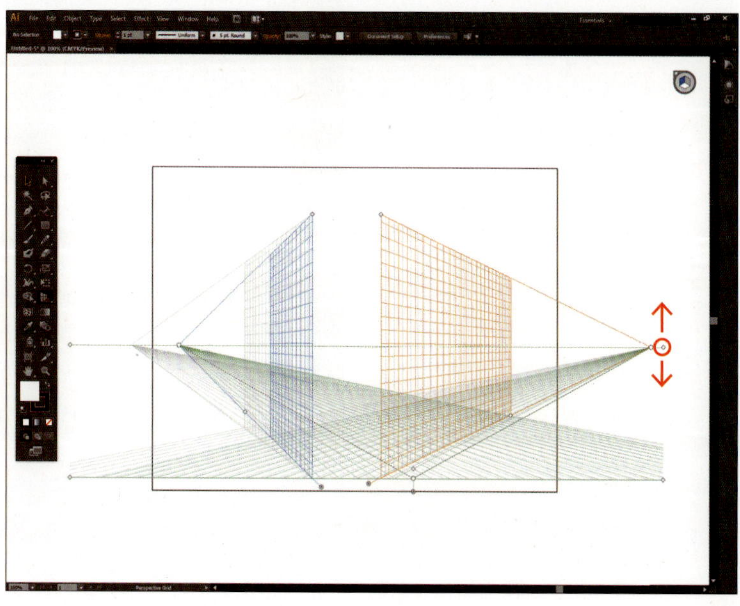

❸ 소실점 역시 이동 가능한데, 좌우로 드래그하여 수평 이동합니다.

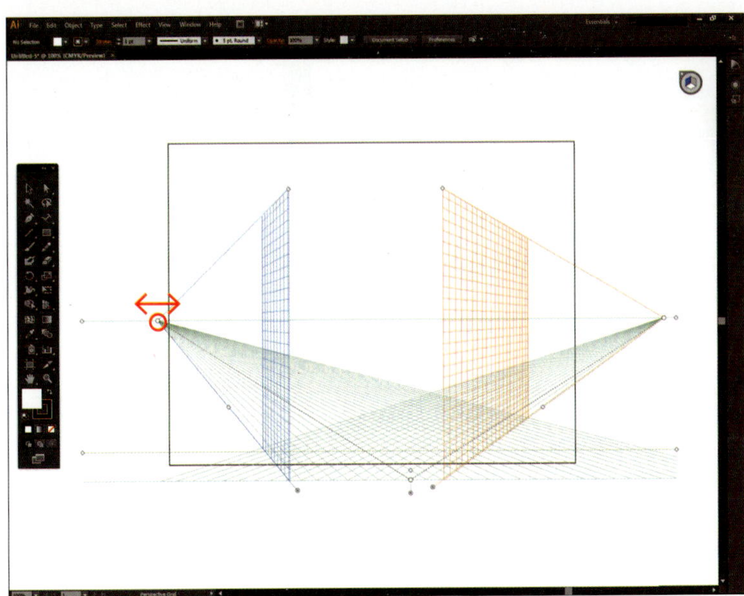

❹ 밑부분에 중앙의 마름모 모서리 같은 점은 관찰점으로 이 역시 상하로 이동 가능한데, 나머지 하단 관찰점도 같이 움직여집니다.

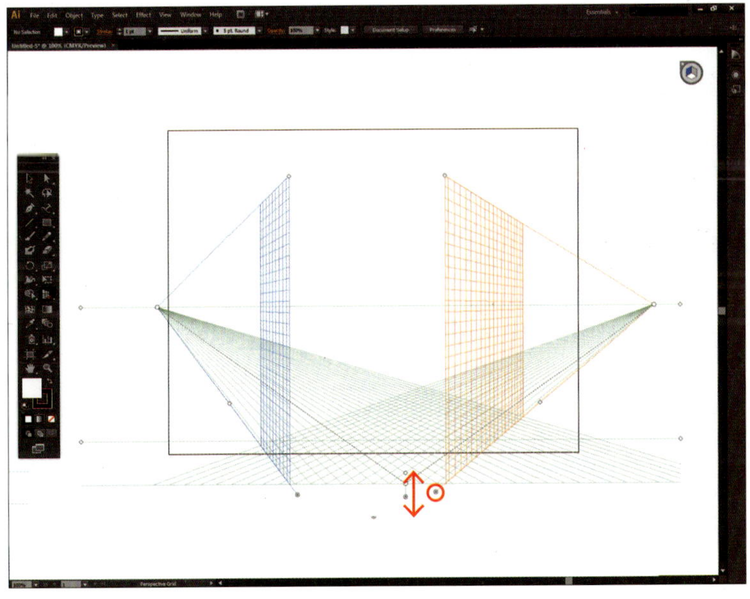

❺ 또 각각의 좌우 관찰점 역시 수평으로 이동할 수 있습니다.

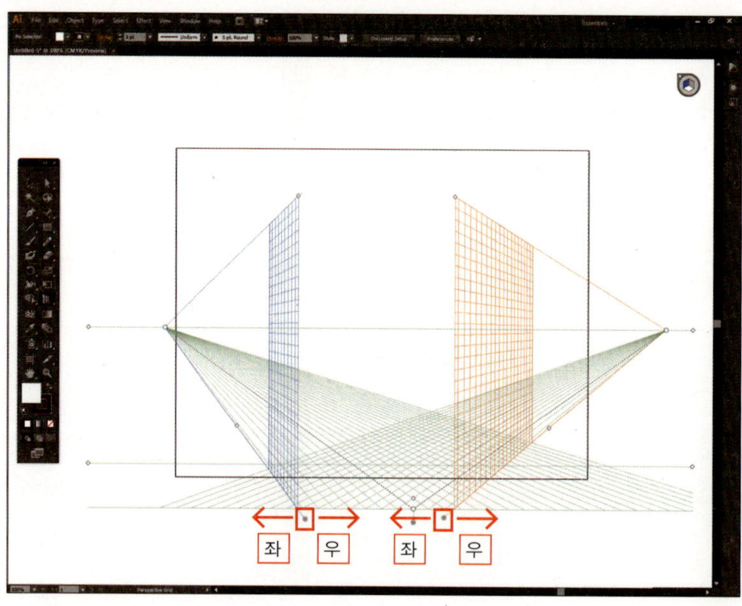

원근감 선택 툴 이동 방법

원근감 선택 툴(Perspective Selection Tool)의 이동 방법을 살펴보면 밑부분에 세 개의 관찰점만 활성화되어 있는 것이 보입니다. 움직이는 방향은 투시도 격자 툴(Perspective Grid Tool)에서와 같습니다. 중간의 관찰점은 상하로 움직이고 전체를 같이 이동시키며 나머지는 각각 움직이는데 좌우로 이동합니다. 격자에 활성 평면을 이동하려면 투시도 격자 툴로 모눈 격자 밑부분을 클릭하여 누른 상태로 드래그합니다.

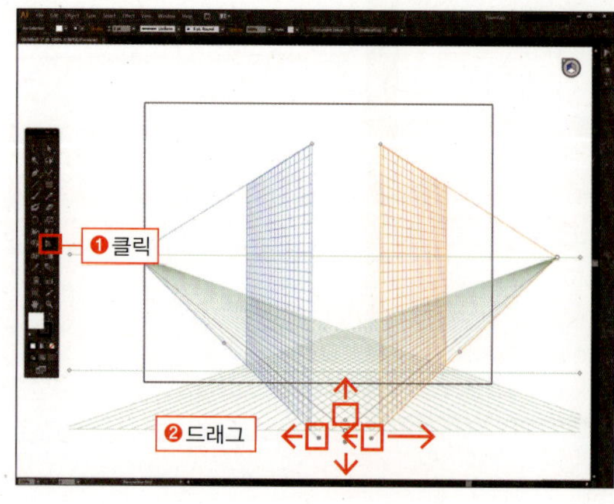

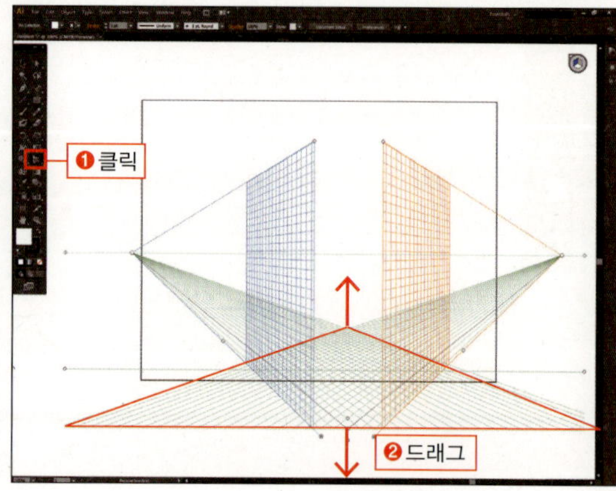

■ 3D Effect의 종류와 대화상자 알아보기 `336p`

일러스트레이터의 3D Effect에는 세 가지 회전 방향에 따라 다른 Effect가 있습니다. ❶ 첫 번째는 좌측이나 우측 또는 밑으로, 위로 형태를 틀어서 두께를 만들어주는 Extrude & Bevel, ❷ 두 번째 좌우 회전으로 형태를 만드는 Revolve, ❸ 세 번째는 회전시키는 Rotate가 있습니다.

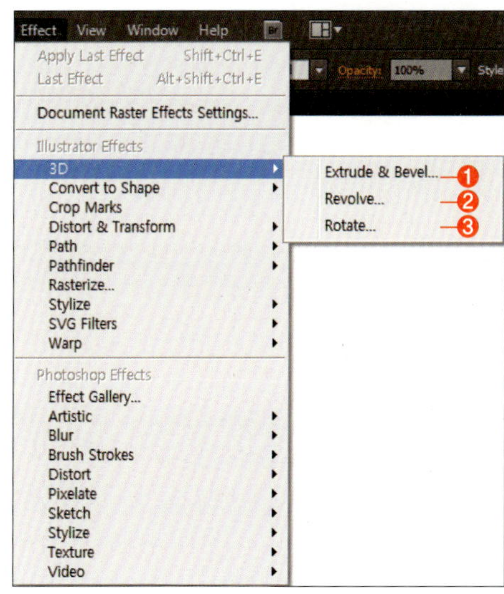

[3D Extrude & Bevel Options] 설정 대화상자

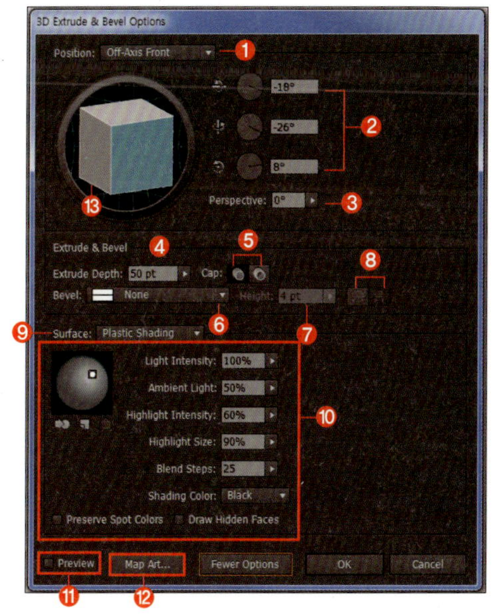

❶ Position : 오브젝트의 방향을 정합니다

❷ 시점 Preview 수치 입력창 : 수치로 정확한 각도와 좌표를 지정합니다.

❸ Perspective : 원근법을 적용합니다.

❹ Extrude Depth : 입체 형태의 두께를 정합니다

❺ Cap : 오브젝트에서 테두리만 남기거나 면만을 나타나게 지정합니다.

❻ Bevel : 입체 형태의 다양한 형태를 결정합니다.

❼ Height : 모서리의 두께 정도를 조절합니다.

❽ Bevel Extend in & out : 결정된 형태의 두께 정도와 적용 범위를 안과 밖으로 정합니다.

❾ Surface : 표면의 성질을 정합니다.

❿ Detail Highlight Preview : 하이라이트와 어둠을 디테일하게 조절합니다.

⓫ Preview : 미리보기 기능을 활성화합니다.

⓬ MapArt : 맵 아트 기능으로 맵핑을 가능하게 합니다.

⓭ 각도 설정 Preview : 마우스로 드래그하여 각도를 조절합니다.

[3D Revolve Options] 설정 대화상자

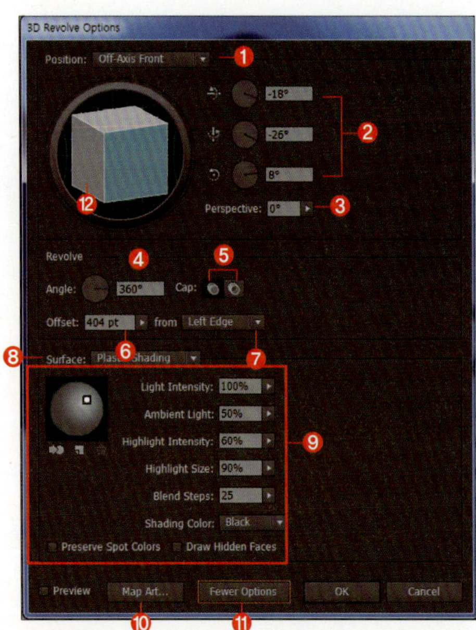

❶ Position : 오브젝트의 방향을 정합니다.

❷ 시점 Preview 입력창 : 수치로 정확한 각도와 좌표를 지정합니다.

❸ Perspective : 원근법을 적용합니다.

❹ Angle : 회전각을 정해줍니다.

❺ Cap : 오브젝트에서 테두리만 남기거나 면만을 나타나도록 지정합니다.

❻ Offset : 회전축을 중심으로 회전체에 공간을 주는 범위를 지정합니다

❼ From : 회전축의 위치를 설정합니다.

❽ Surface : 표면의 성질을 전합니다.

❾ Detail Highlight View : 하이라이트와 어둠을 디테일하게 조절합니다.

❿ MapArt : 맵 아트 기능으로 맵핑을 가능하게 합니다.

⓫ Fewer Options : 옵션창을 축소합니다.

⓬ 각도 설정 Preview : 마우스로 드래그하여 조절합니다.

[3D Rotate Options] 설정 대화상자

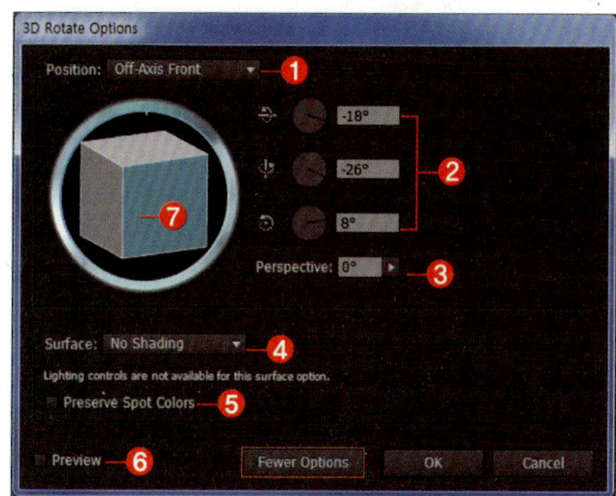

❶ Position : 오브젝트의 방향을 정합니다.

❷ 시점 Preview 입력창 : 수치로 정확한 각도와 좌표를 지정합니다.

❸ Perspective : 원근법을 적용합니다.

❹ Surface : 음영을 넣을지를 정해줍니다. Diffuse Shading을 선택하면 음영 선택 사항이 나타납니다.

❺ Perspective Spot Colors : 체크하면 표면에 라이트 컬러를 유지합니다.

❻ Preview : 미리보기 메뉴입니다.

❼ 각도 설정 Preview : 마우스로 드래그하여 조절하는 기능입니다.

일러스트레이터에 있는 그래프 툴 대신 3D 격자 툴을 이용하여 입체감 있는 그래프를 만들어 봅니다.

완성 파일 | DVD₩Part06₩3dgraph.ai

01. 새로운 창을 엽니다. [View]–[Perspective Gride]–[Snap to Grid]를 선택합니다. [Two Point Perspective]에서 이점 투시 격자 [2P–Nomal View]를 선택하여 열어줍니다.

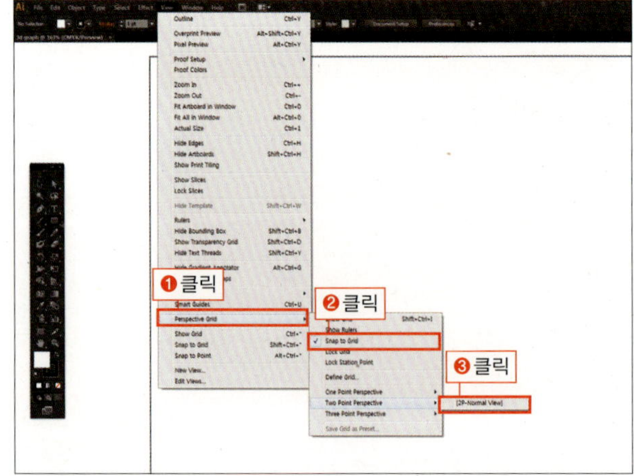

02. 라인 툴(／)을 선택하고 맨 밑 격자의 라인을 따라 왼쪽 소실점에 클릭하고 드래그하여 라인을 만듭니다.

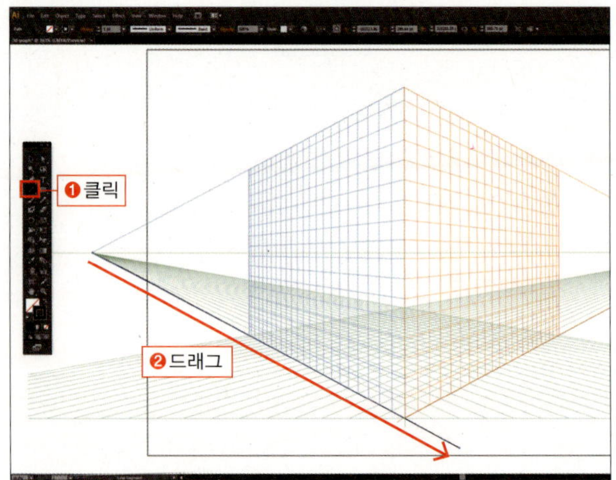

03. 컬러는 'R : 204, G : 59, B : 58'로 설정하고 [None(□)]으로 지정합니다. 사각 도형 툴(□)로 드래그하여 맨 왼쪽에 세로로 그려줍니다(먼저 위젯(Widget)의 왼쪽 면이 선택된 상태입니다).

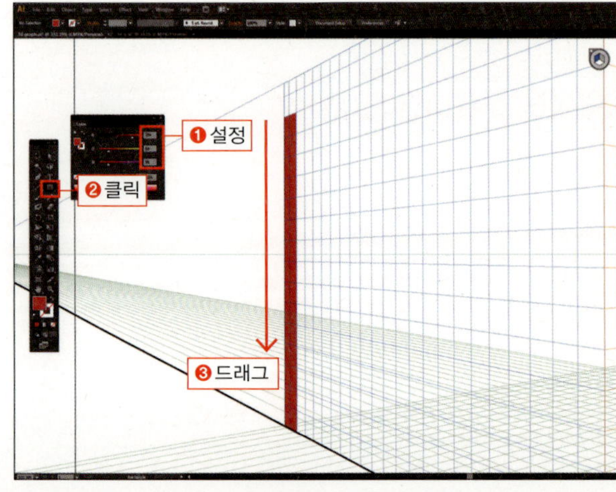

04. 컬러를 'R : 114, G : 23, B : 21'로 변경 설정하여 위젯의 오른쪽 면이 선택된 상태로 역시 두 칸을 차지하도록 드래그하여 그려줍니다.

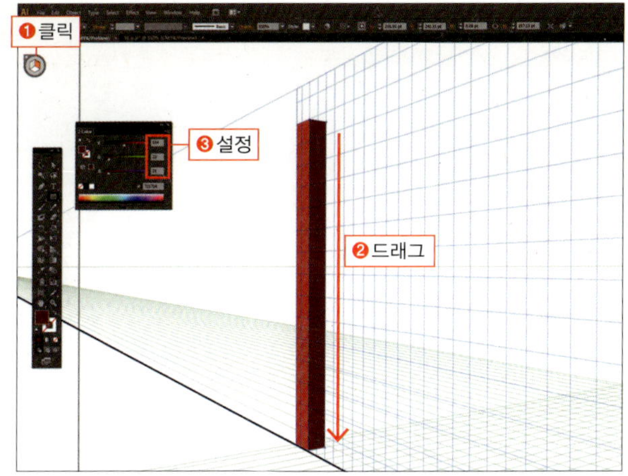

05. 같은 방법으로 두 칸씩 띄우고 그려갑니다.

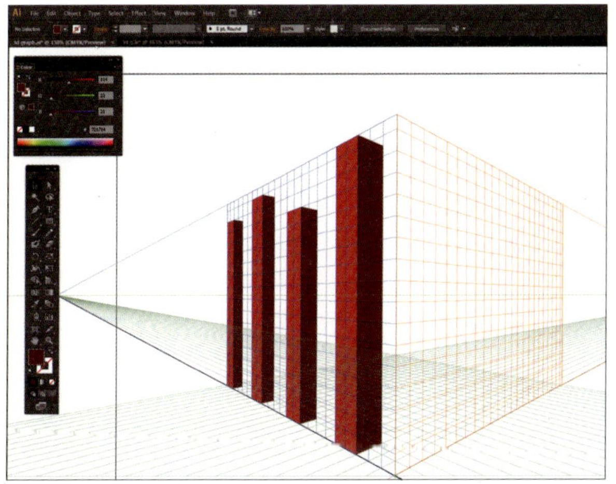

06. 우측도 마찬가지로 그려줍니다. 우측 끝부분부터 차츰 중앙으로 그려줍니다.

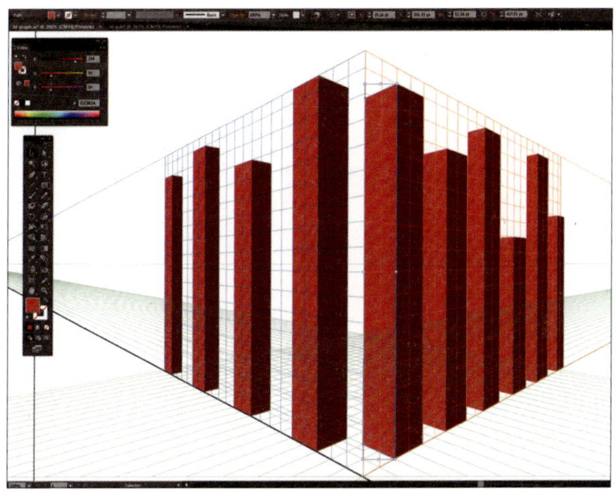

07. [View]–[Perspective Grid]–[Hide Gride] 메뉴를 선택하여 격자를 감춰줍니다.

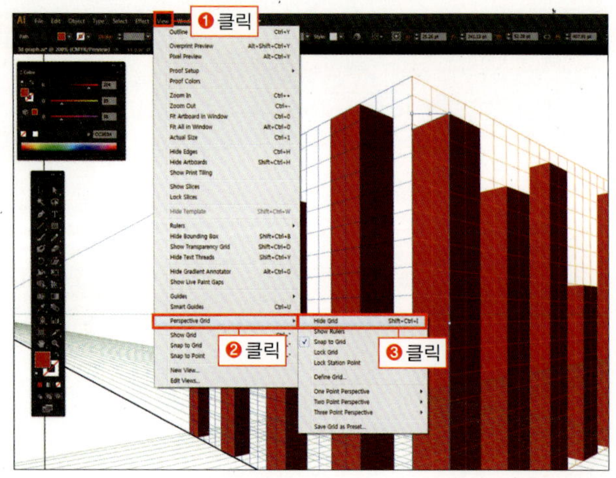

08. 손쉽게 3D 입체감이 있는 그래프를 그렸습니다. 글자 등을 넣고 수치 라인 등을 추가하여 완성합니다.

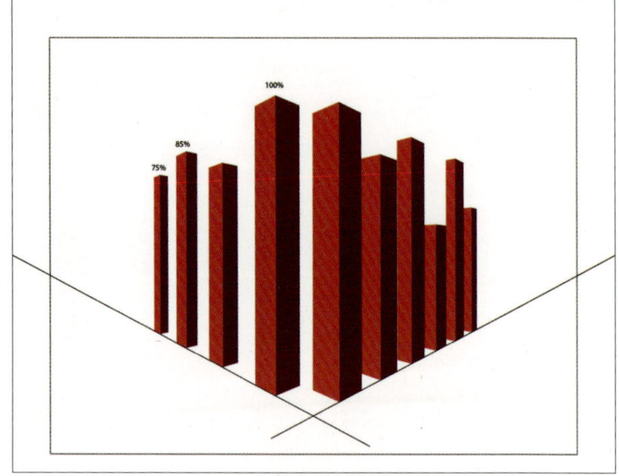

스케치한 파일을 불러온 후 투시도 격자 툴을 사용하여 격자 창에 맞춰보겠습니다.

예제 파일 | DVD₩Part06₩m2p2014.jpg

01. 그림과 같이 스케치할 때 머릿속에 대충 있는 그림을 그려줍니다. 우선 중심과 좌우 각을 잡아주고 [File]–[Place] 메뉴를 선택하고 'm2p2014.jpg' 파일을 불러옵니다.

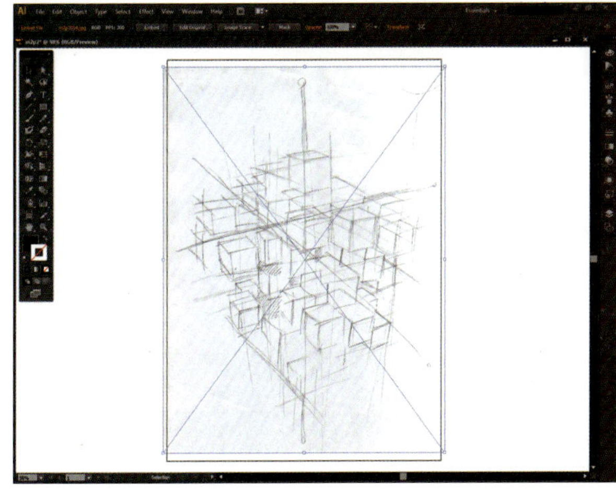

02. 제일 중요한 것은 중앙에 상하로 그은 선이고 좌우의 각도입니다. 그 외에는 작은 사각형들이 모여 있는 것이라고 생각하고 잡았습니다. 불러온 상태로 고정하고 배운 대로 각각의 소실점이나 관찰점을 이동하여 대충 각을 잡기 위해 위치를 잡고 고정합니다. [Object]–[Lock]–[Selection] 메뉴를 선택하고 격자 설정을 [View]–[Perspective Grid]–[Define Grid] 메뉴를 선택하여 열어줍니다.

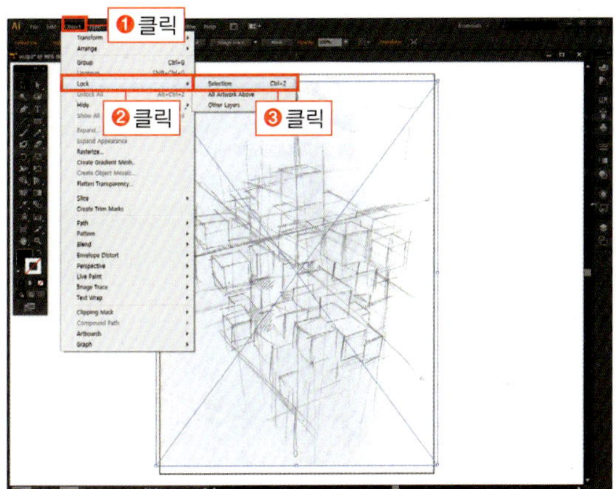

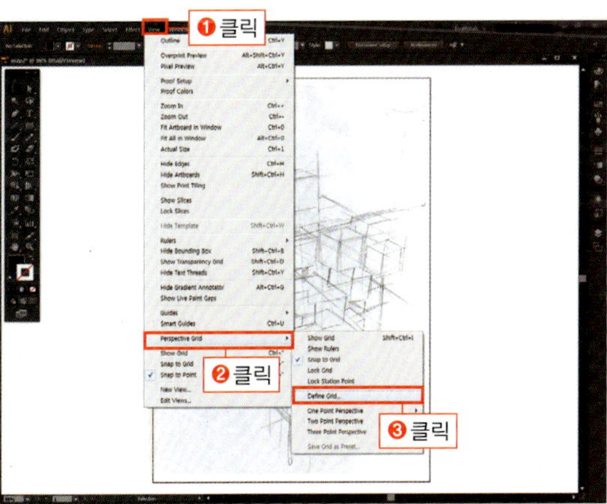

03. [Define Perspective Grid] 대화상자에서 [Type]–[Three Point Perspectives] 메뉴를 선택하여 삼점 투시를 꺼냅니다.

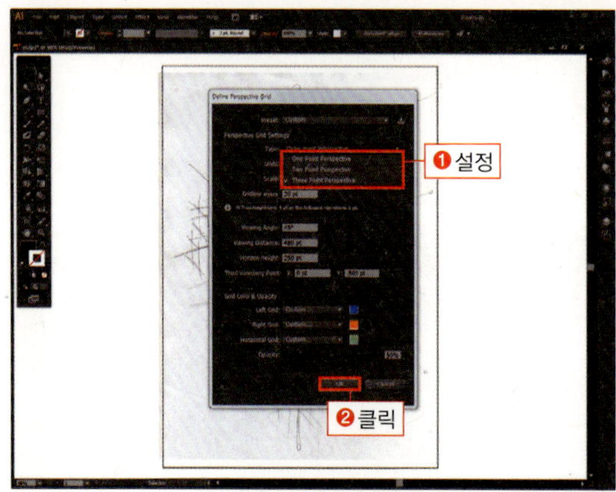
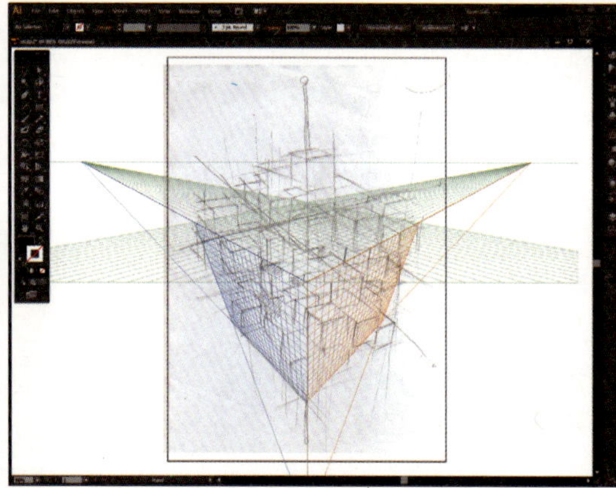

04. 이제 두 가지 툴을 이용하여 스케치된 그림의 각도와 맞춰지게 조절합니다. 전체를 투시도 격자 툴(　)로 잡아주고 원근감 선택 툴(　)로 세밀한 부분을 맞춥니다.

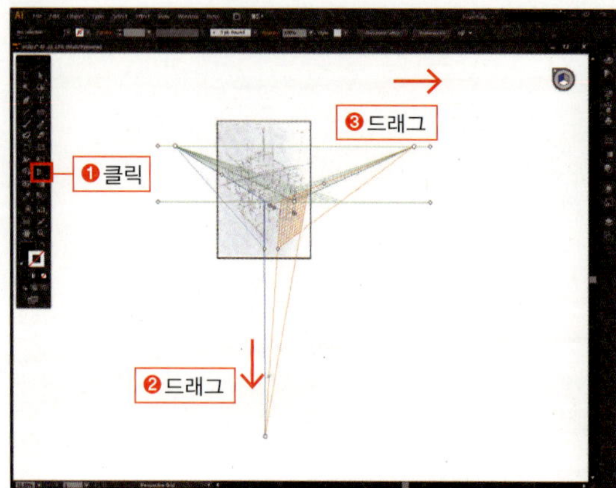
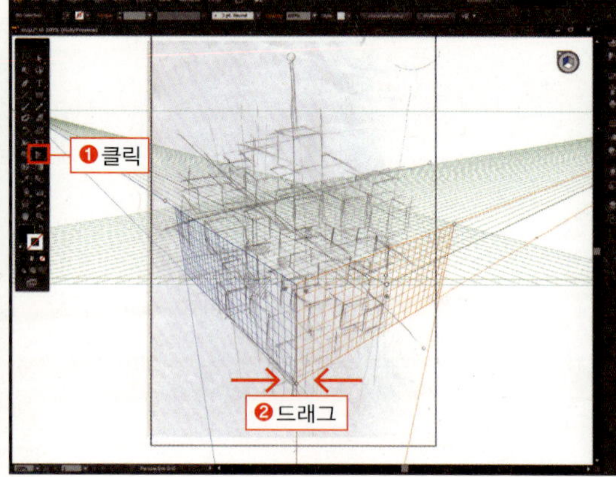

05. 투시도 격자 툴(　)로 중앙 아래 관찰점을 드래그해서 범위를 넓혀 그림에 맞게 합니다.

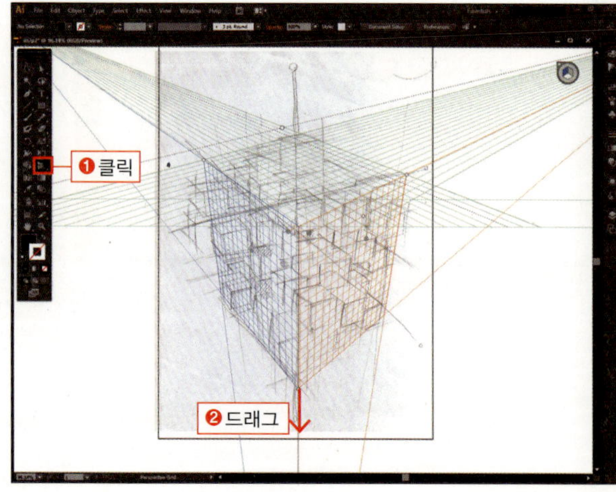

사각도형 툴을 이용하여 드래그하여 도형을 만들면서 입체 큐브를 그려보겠습니다.

01. 이제 위젯에서 좌측을 적용 범위 상태로 사각도형 툴(■)로 범위 안에서 드래그하여 도형을 만듭니다. 컬러는 'R : 146, G : 190, B : 236'으로 정하고 드래그하여 여섯 칸의 사각형을 그립니다.

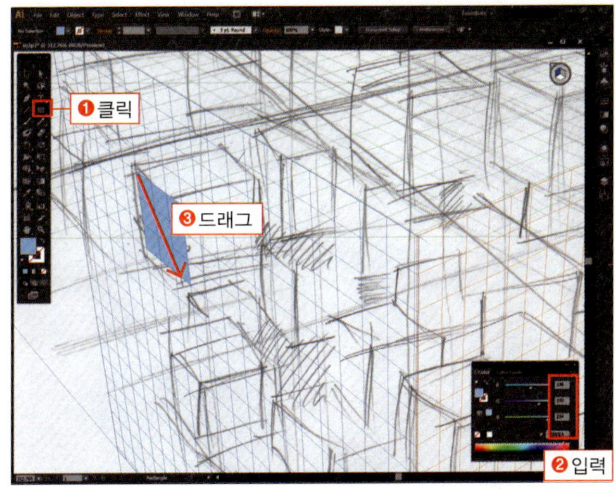

TIP : 도형 툴에서 비율 유지 상태로 도형 그리기

여러 개의 도형 툴들은 드래그하여 다양한 도형을 그릴 수 있는데 이때 Shift 를 누른 상태로 드래그하면 비율을 유지한 상태로 정확한 정사각형이나 정원 등을 그려낼 수 있습니다.

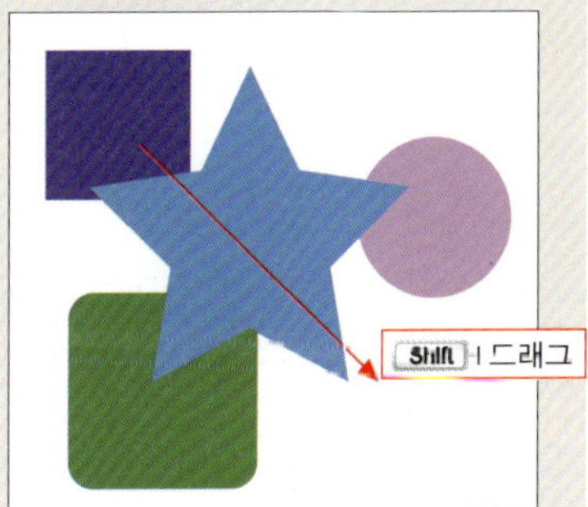

02. 위젯에서 우측을 클릭하여 지정해주고 사각도형 툴로 'R : 199, G : 223, B : 242'로 하며 사각형을 그려 넣어줍니다. 사각형의 비율을 유지하기 위해 Shift 를 누른 상태에서 드래그하여 정사각형의 비율을 유지합니다.

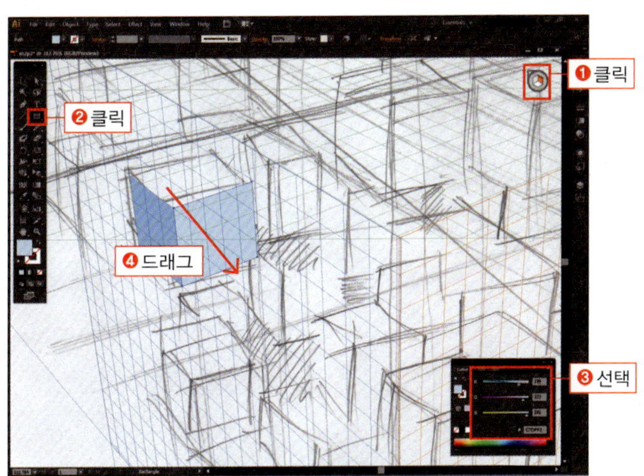

03. 이제 다시 투시도 격자 툴을 선택하고 위젯에서 아랫부분을 클릭하여 범위로 만들고 윗부분의 사각형을 사각도형 툴(■)로 드래그하여 만듭니다. 물론 이 부분은 시각적 차이로 직사각형이 아니므로 Shift 를 누르고 그리지는 않습니다. 컬러는 'R : 186, G : 213, B : 232'로 합니다.

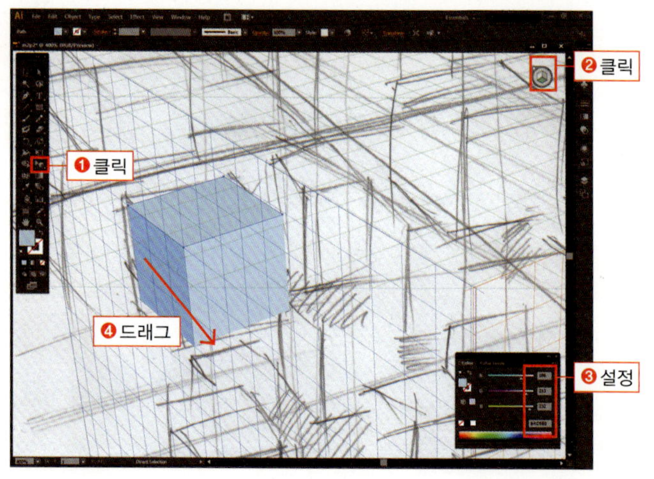

04. 여러 개의 사각 큐브 형태를 만드는데 칸수를 맞춰 그리면 위치에 따라 크기가 달라집니다. 그림과 같이 작은 형태는 원근 감상 시야에서 멀어져야 하므로 작은 형태를 선택하고 Ctrl +] 또는 Shift + Ctrl + [를 눌러 맨 뒤로 보내어 원근감을 지켜줍니다.

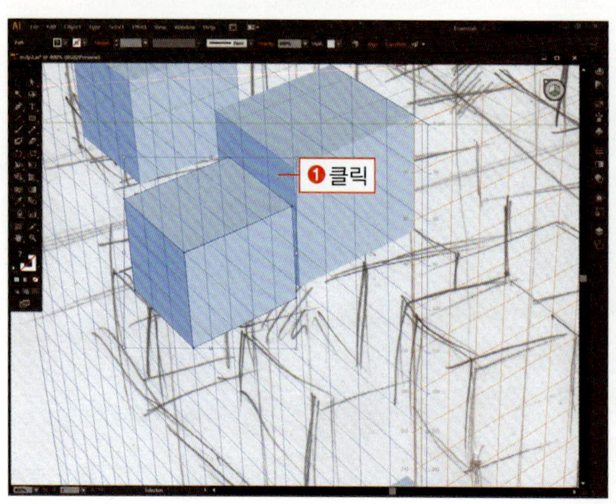

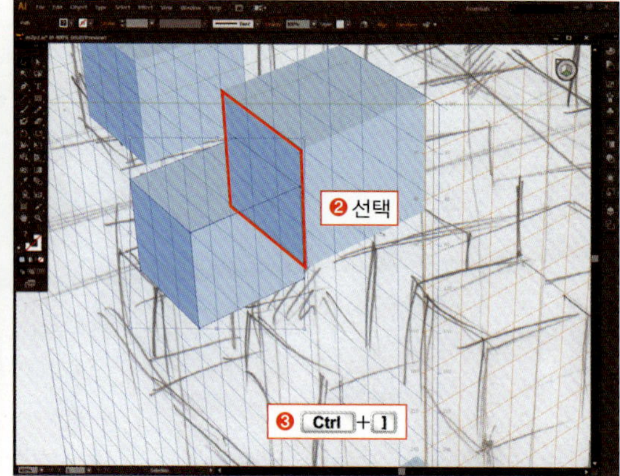

05. 사각도형 툴(■)로 하나씩 그려나갑니다.

06. 펜 툴을 선택하여 겹친 부분은 컬러 'R : 75, G : 91, B : 102'로 정하고 어둠을 넣습니다. 그리고 [Opacity]로 투명도를 '30'으로 조절합니다.

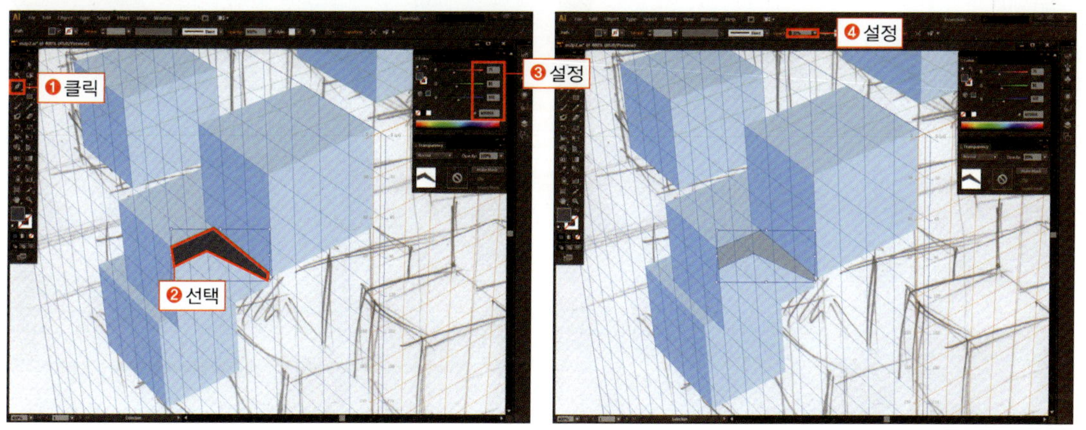

07. 전체를 균형있게 잡아 배치합니다. 중요한 것은 크기로 인한 원근감이므로 감안하여 표현합니다.

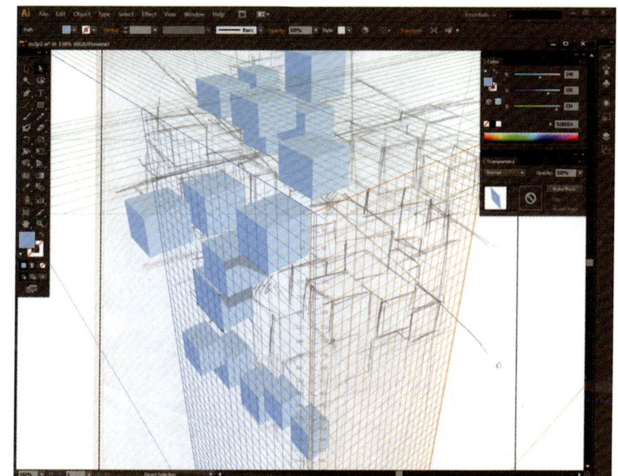

08. 중앙의 관찰점을 중심으로 입체감있게 배치합니다.

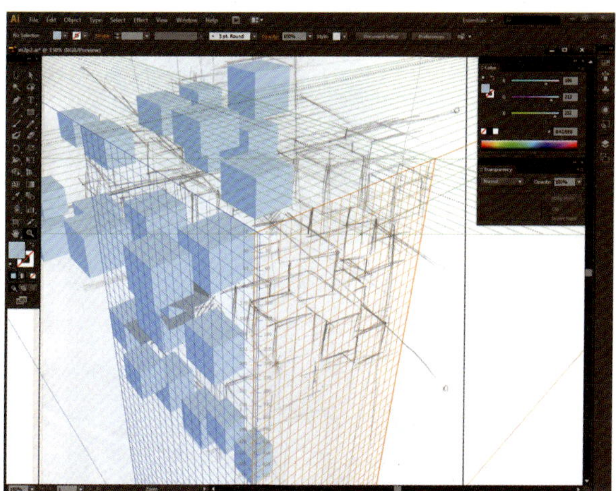

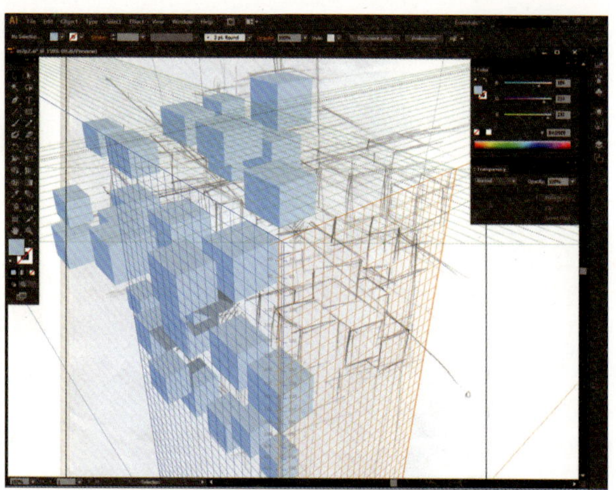

09. 안쪽의 큐브들도 채워나갑니다.

10. 부분 부분의 틈을 그림과 같이 만들어 `Shift`+`Ctrl`+`[`으로 맨 뒤로 보낸 후 `Ctrl`+`]`로 앞으로 보내 틈을 메워줍니다. 이때 컬러는 기존 컬러에서 한톤 낮춰줍니다.

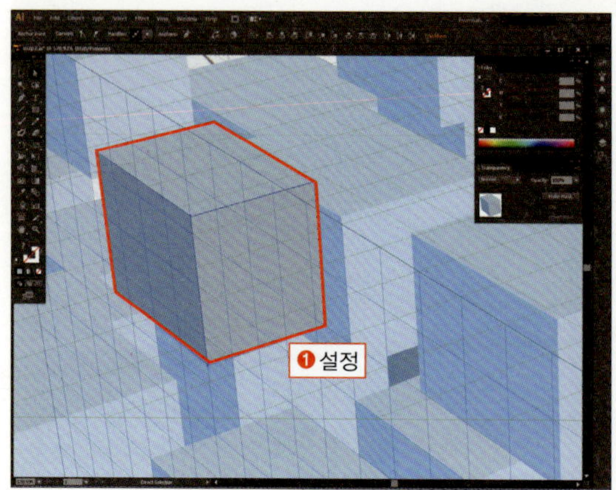

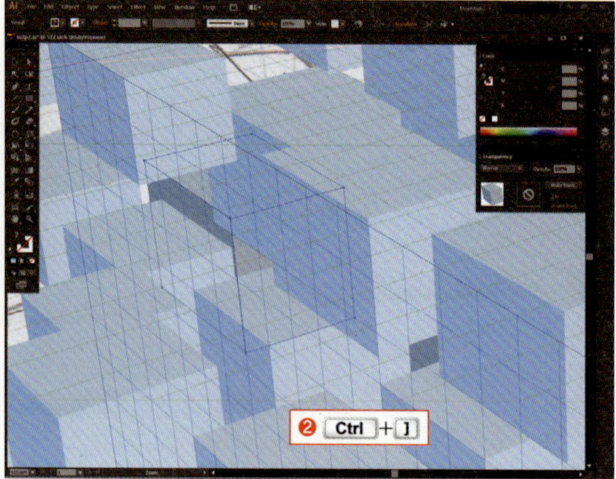

11. 이제 오른쪽도 같은 방법으로 만들어갑니다.

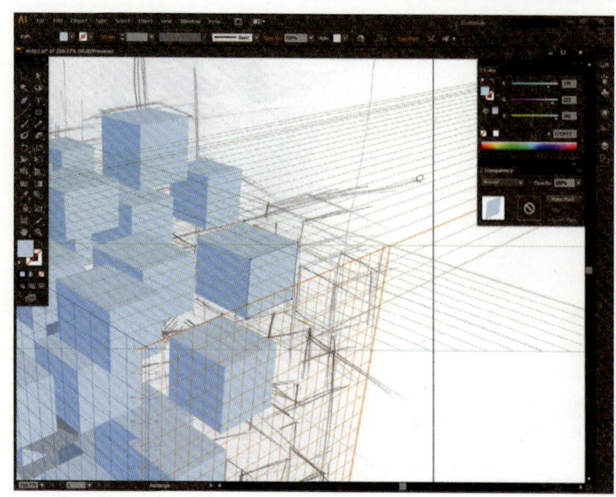

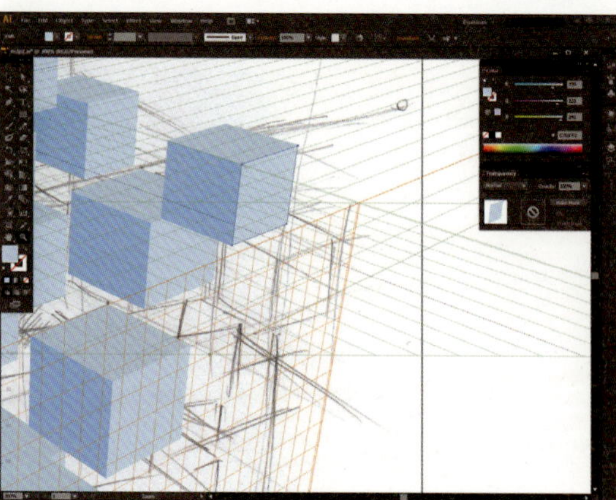

12. 작은 박스는 Shift + Ctrl + [을 눌러 맨 뒤로 보낸 후 스케치한 종이 위로 Ctrl +] 를 눌러 앞으로 보내줍니다.

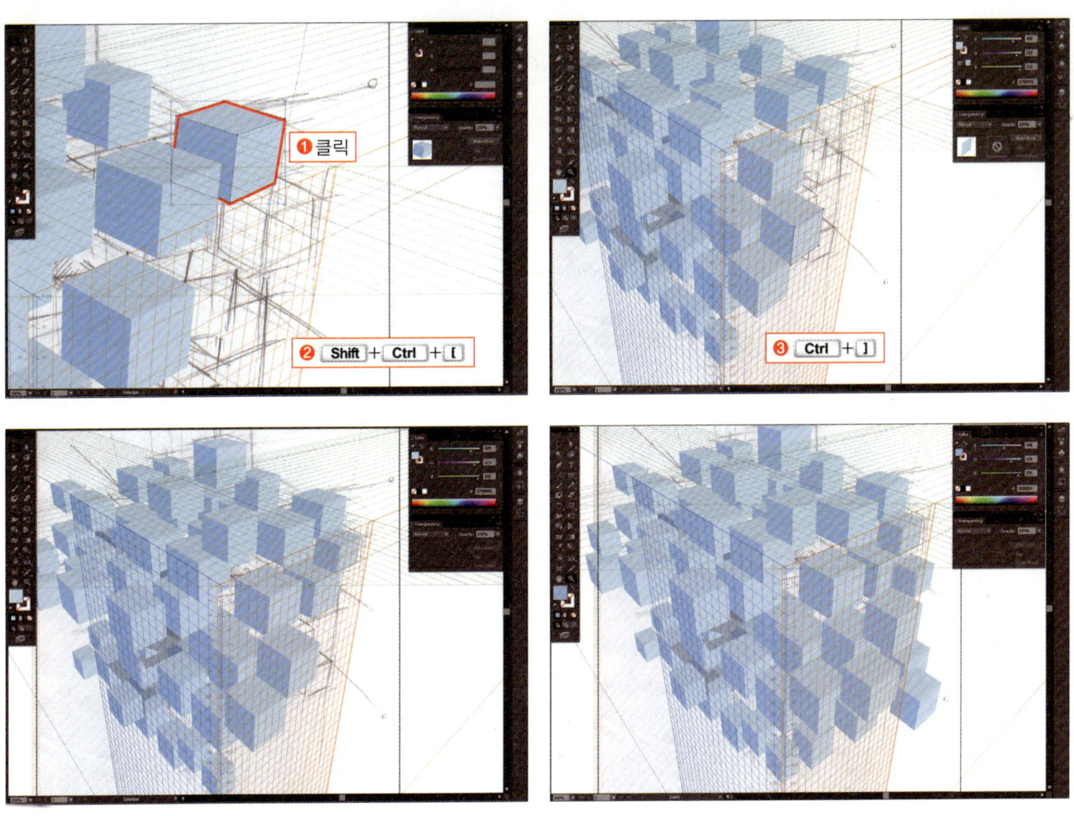

13. 어느 정도 완성되면 반대쪽과 같이 뒤편에 어두운 컬러로 틈을 채워 넣습니다.

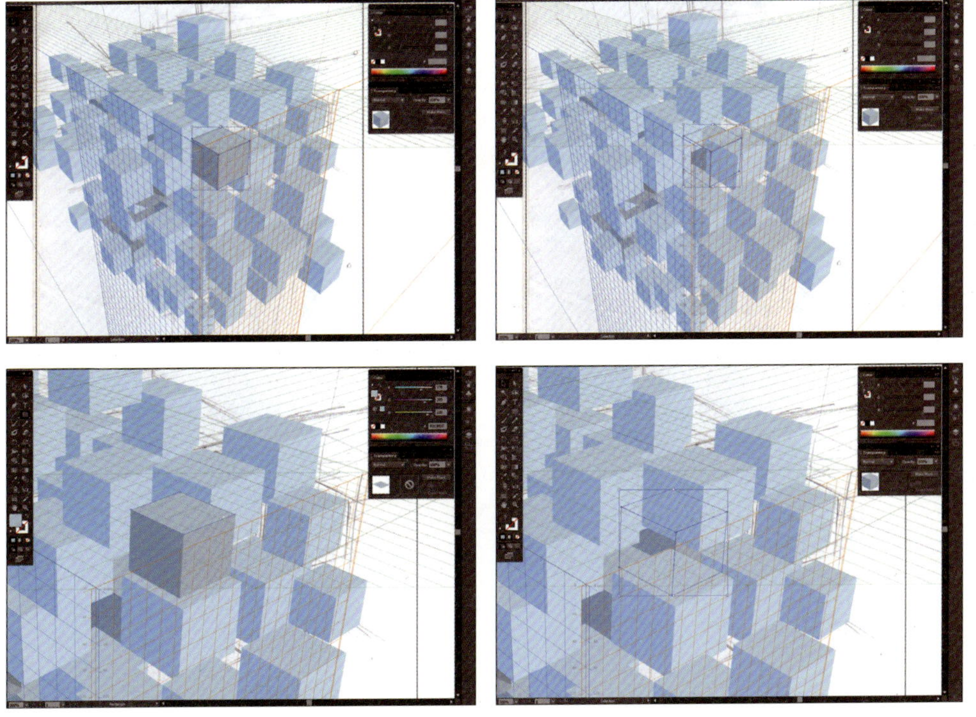

격자를 가리고 스케치를 삭제한 후 투명도와 그림자, 컬러를 넣어줍니다.

01. 전체 틈새를 매우고 전체를 살핍니다. [View]-[Perspective Grid]-[Hide Gride] 메뉴를 선택하여 격자를 가려줍니다.

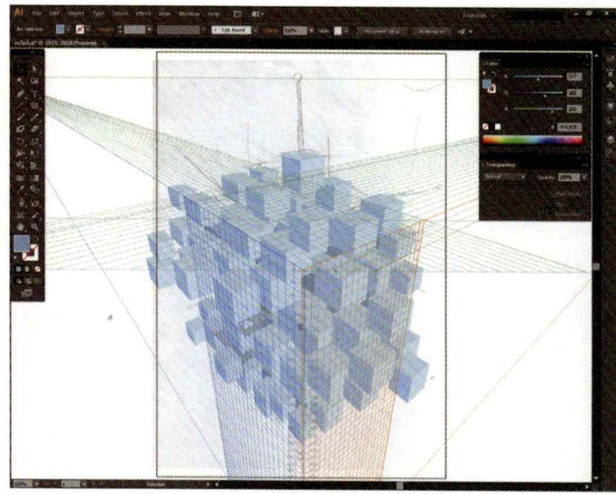
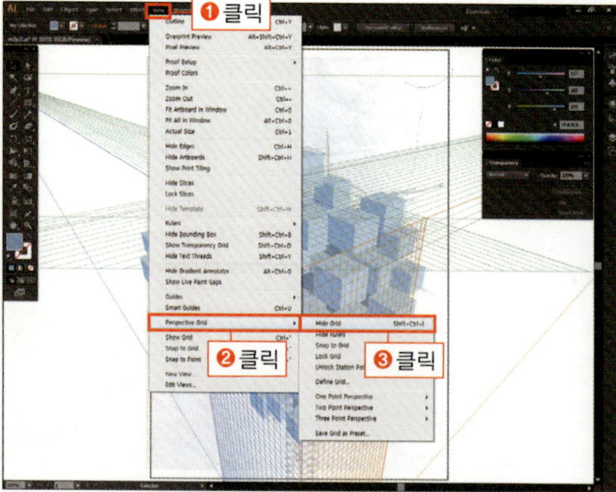

02. [Object]-[Uunlock All] 메뉴를 선택하여 잠금을 해제하고 Delete 로 스케치를 삭제합니다.

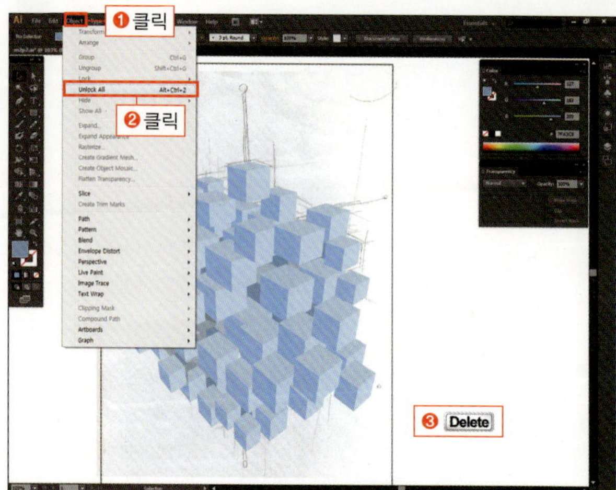

03. 펜 툴을 선택하고 이제 겹치는 부분을 찾아 아랫부분과 경계를 주어 그림자를 찾아 넣습니다.

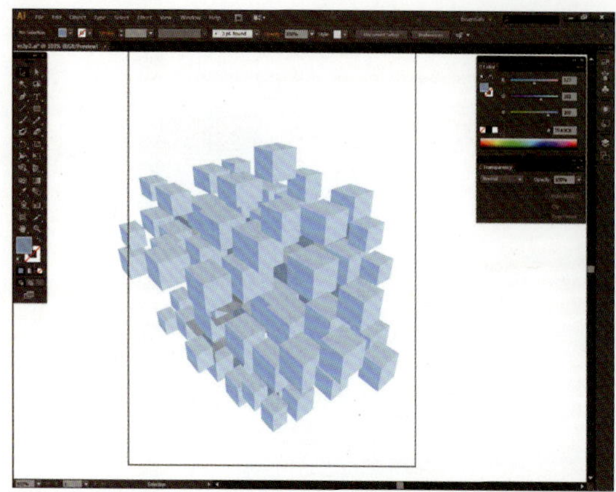
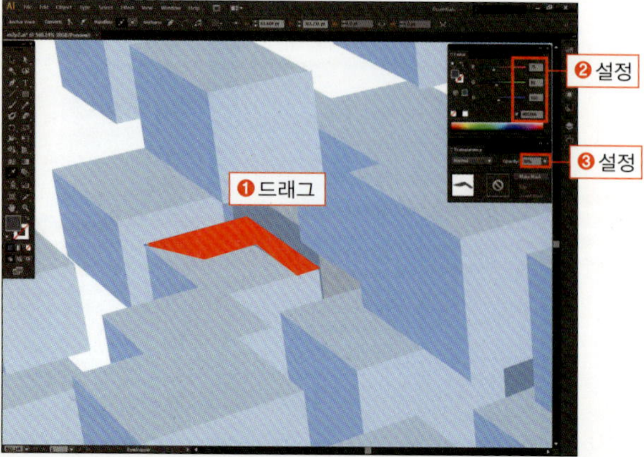

04. 구분이 명확하지 않은 곳만 그림자를 넣고 투명도를 줍니다. 컬러는 'R : 329, G : 122, B : 16'으로 설정하고 [Tool] 패널에서 사각도형 툴(■)을 선택한 후 여백을 클릭하여 [Rectangle Tool] 대화상자에서 [Height]는 '600', [Width]는 '700'의 사각형을 만들어 **Shift** + **Ctrl** + **[** 을 눌러 맨 뒤로 보냅니다.

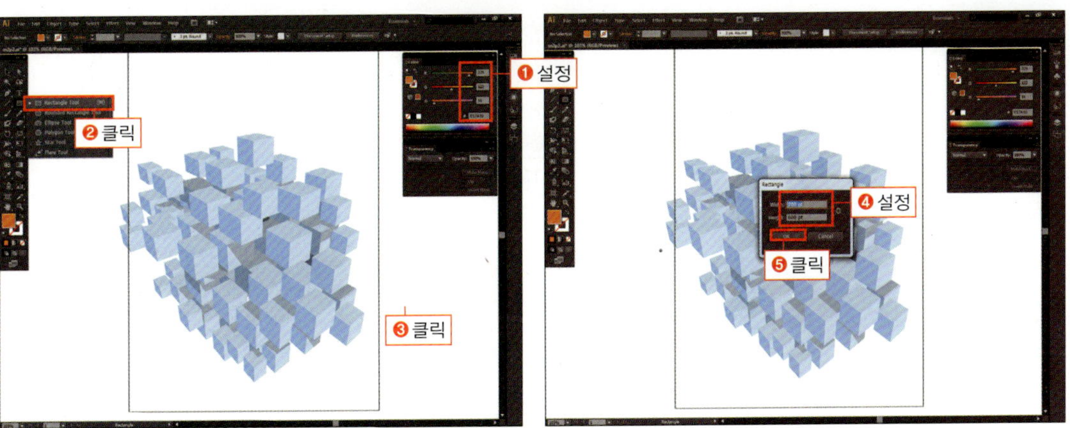

05. 중앙에 맞춰 큐브들의 컬러가 눈에 띄게 합니다. 그리고 **Ctrl** + **Shift** + **[** 로 맨 뒤로 보냅니다.

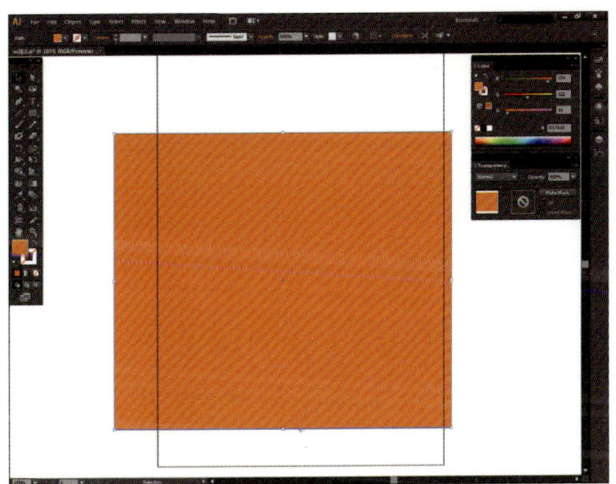
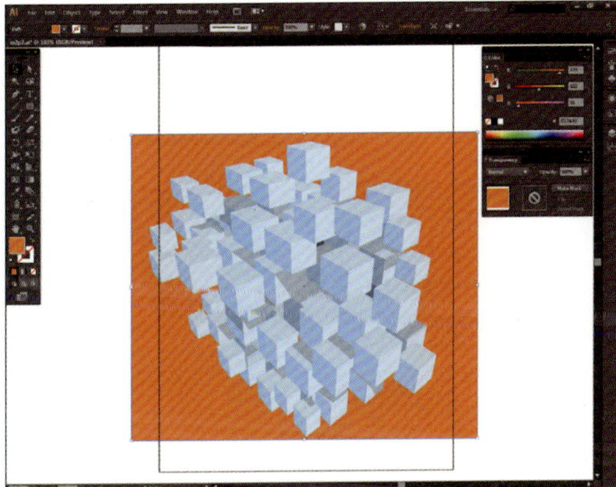

아트보드를 조절한 후에 특성에 맞게 디자인된 입체적인 오브젝트를 만듭니다.

완성 파일 ㅣ DVD₩Part06₩m2p2.ai, m2p2ex01.ai, m2p2ex02.ai, m2p2ex03.ai

01. 이제는 아트보드 라인에 이미지 오브젝트를 맞춰주기 위해 [Tool] 패널에서 아트보드 툴로 조절합니다. 아트보드 툴(■)을 클릭하면 그림과 같이 조절 포인트가 생기고 드래그하여 조절합니다. 사방으로 약간의 여백을 두고 아트보드를 조절한 후 선택 툴 등 다른 툴을 선택하면 고정화됩니다.

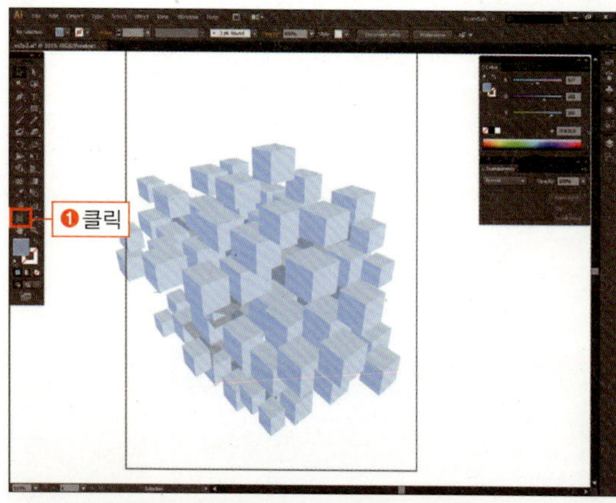

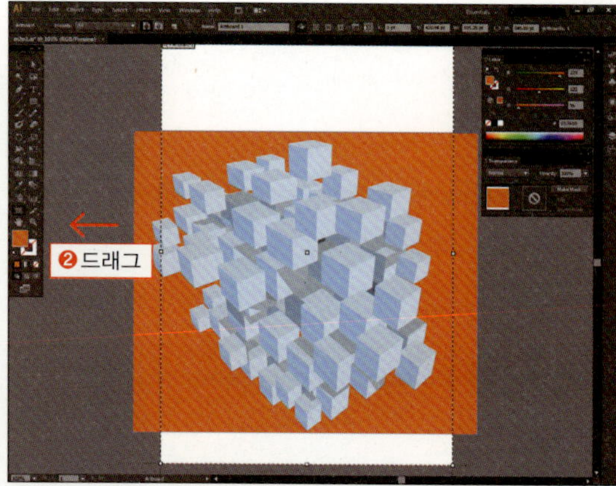

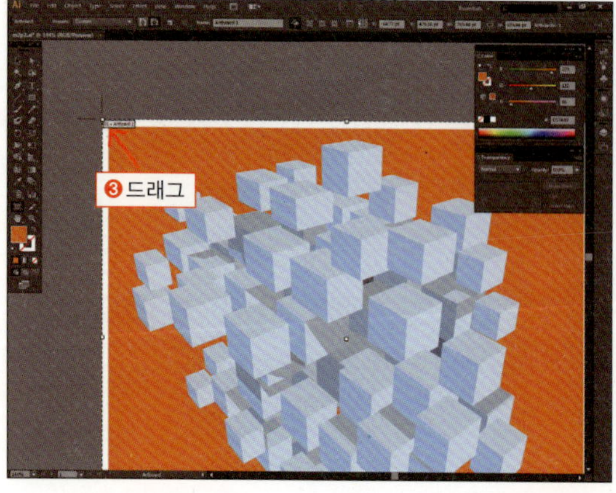

02. 이렇게 하여 만들어진 이미지들은 다양한 디자인 작업에 사용됩니다. 전체를 흐리게 하여 백그라운드로 쓰이기도 하고 라인이나 박스를 넣어 텍스트를 넣거나 가운데 하나의 큐브만 컬러를 달리하여 차별화를 강조한 이미지를 만들 수도 있습니다.

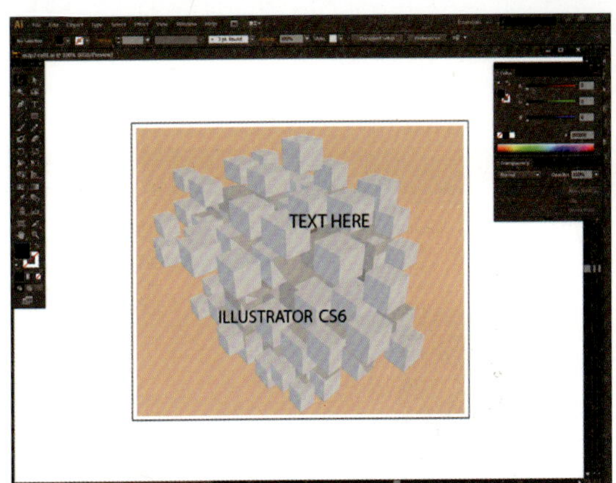

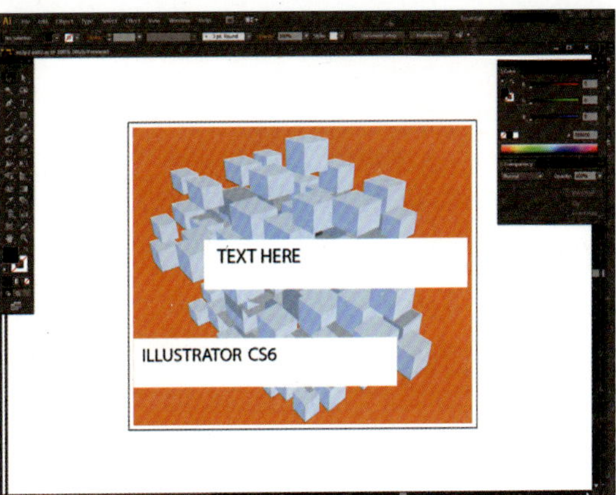

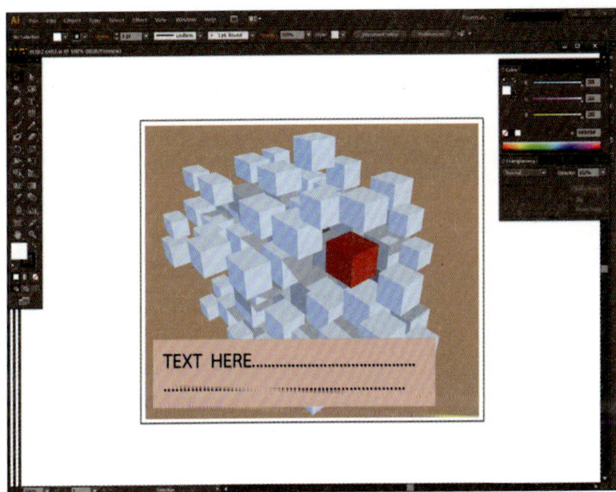

손쉽고 간단히 3D Effect를 사용하여 3D 달러 마크를 만들어봅니다.

완성 파일 ┃ DVD\Part06\DOLLAR.ai

01. 새로운 A4 세로창을 열고 [Type]–[Font]–[Adobe 명조 서체] 메뉴를 선택합니다. 문자 툴(🅣)을 클릭하여 커서를 만들고 S 자를 쓰고 [Windows]–[Type]–[Character] 패널에서 [Size]를 '300pt'으로 입력합니다.

> **TIP** : Control Panel에서 간단히 사이즈를 300pt로 해도 됩니다.

02. 선택 툴(▶)을 선택하고 [Type]–[Create Outlines] 메뉴를 선택하여 글자를 오브젝트로 변경합니다.

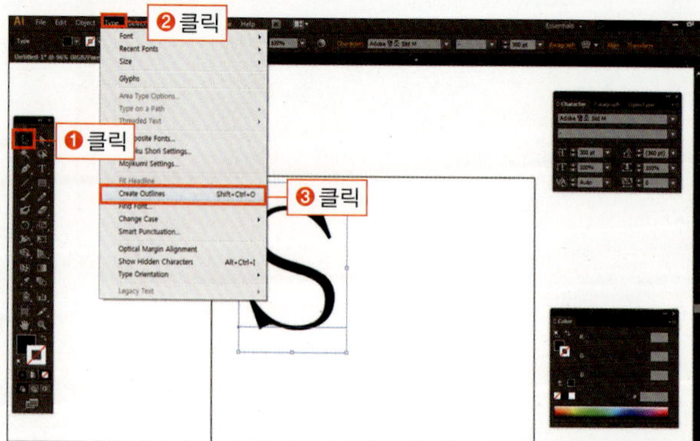

03. [Color] 패널에서 [fill] 컬러를 'R : 251, G : 176, B : 64'로 설정합니다.

04. 사각도형 툴(■)로 바닥을 클릭하고 [Rectangle Tool] 대화상자에서 [Weight]는 '13', [Height]는 '170'을 입력한 후 [OK] 단추를 클릭합니다.

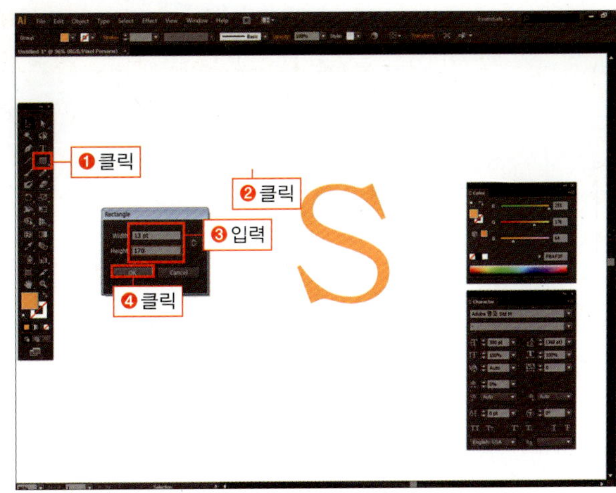

05. 만든 오브젝트를 [Alt]를 누른 상태에서 드래그하여 복사하여 두 개로 만듭니다.

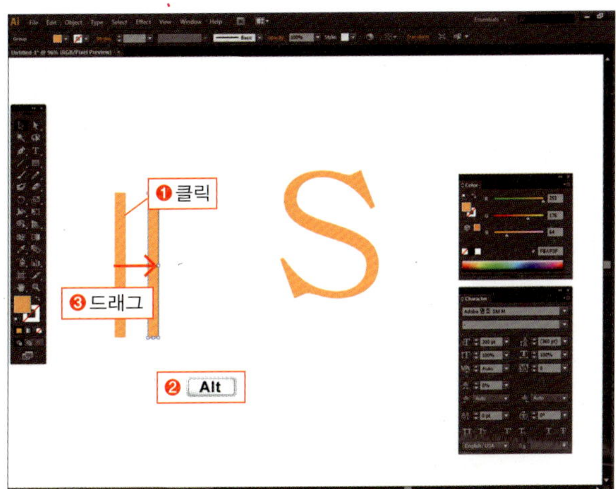

06. 오브젝트 두 개를 동시에 선택하여 드래그하여 위로 올리고 [Control] 패널의 [Align]에서 [Vertical Align Center]로 상하를 정렬합니다.

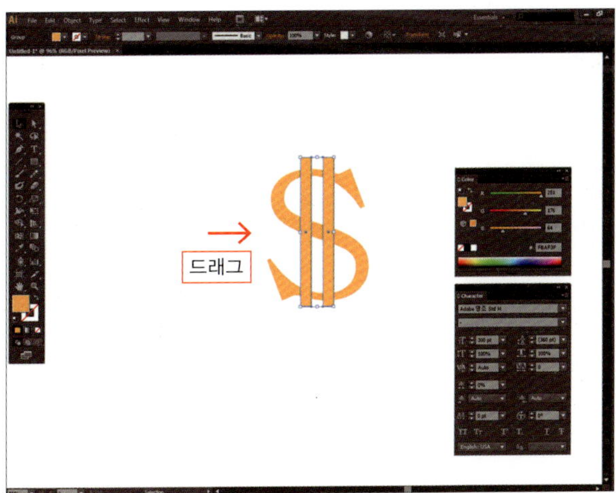

07. 오브젝트를 선택한 상태에서 [Object]–
[Group] 메뉴를 선택하여 묶어줍니다.

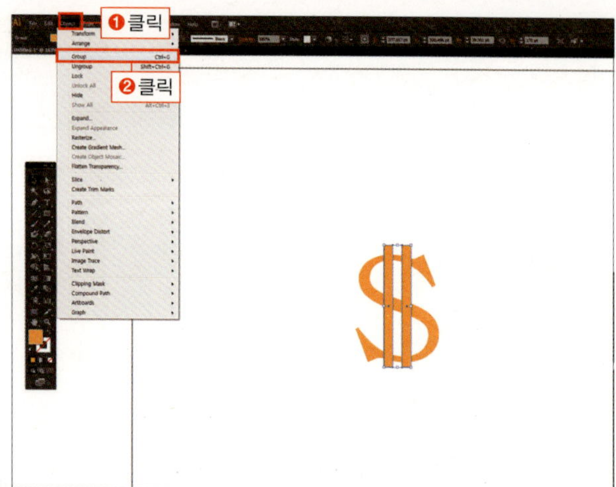

08. 오브젝트 전체를 선택하고 [Control] 패널에서
[Horizontal Align center] 메뉴를 선택하여 중앙에 사
각형이 오게 합니다.

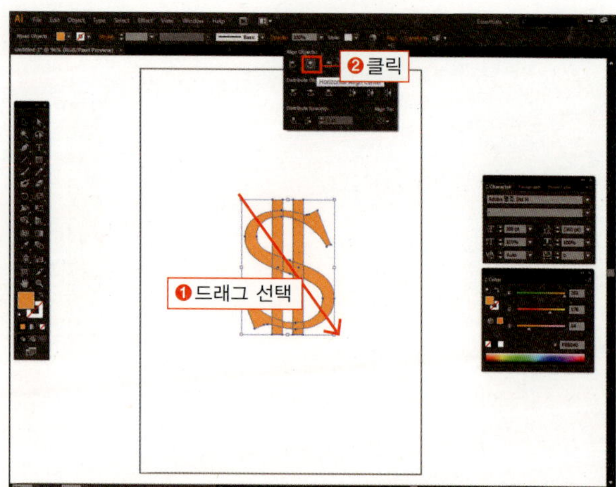

09. 오브젝트 전체를 [Pathfinder] 패널에서 [Unit]
을 선택하여 하나의 오브젝트로 만듭니다.

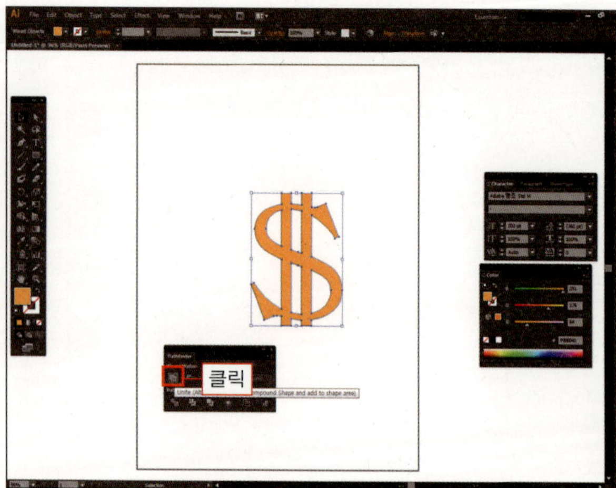

10. [Effect]–[3D]–[Extrude & Bevel Option] 메뉴를
선택합니다.

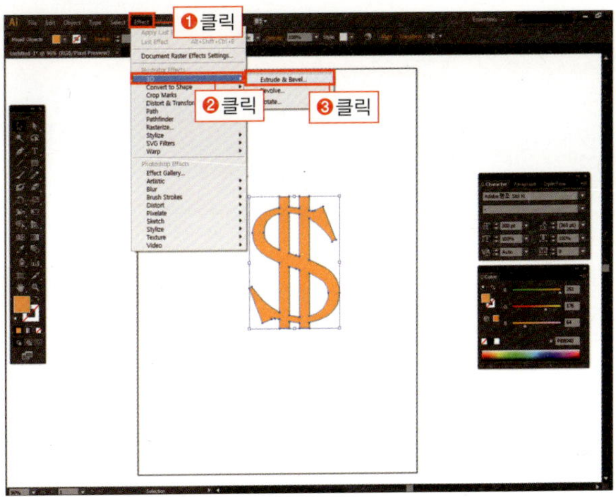

11. [3D Extrude&Bevel Options]의 대화상자에서
Specify rotation around the y axis 항목을 '35'로 입
력하고 나머지는 '0'으로 설정한 후 [OK] 단추를 클
릭하여 적용합니다.

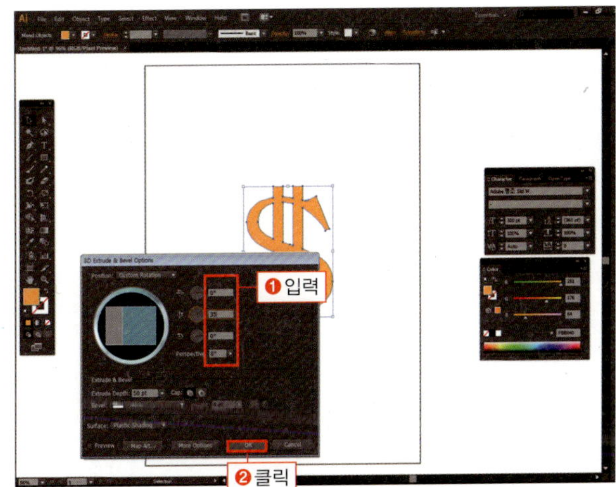

12. 입체 모양의 달러 표시가 만들어졌습니다.
간단하지만 이러한 오브젝트는 많은 곳에 다양하
게 사용할 수 있습니다.

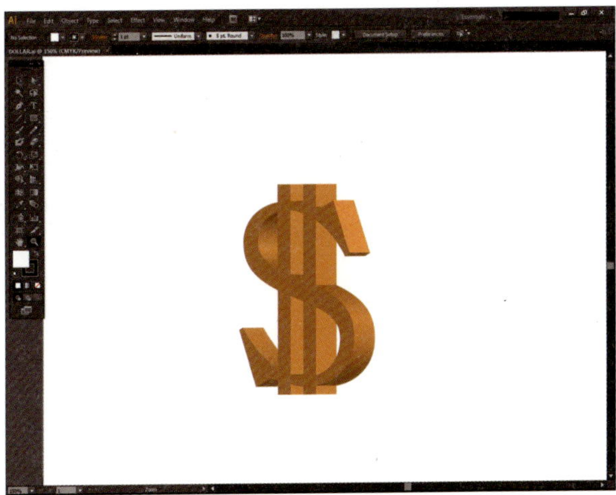

339

세계 지도 파일을 불러온 후에 심볼을 등록하고 3D 맵핑을 해보겠습니다.

예제 파일 | DVD₩Part06₩worldmap.ai　**완성 파일 |** DVD₩Part06₩worldmapMAPING.ai

01. 'worldmap.ai' 파일을 불러옵니다. [Window]–
[Symbols] 메뉴를 선택하여 심볼 팔레트를 열어줍
니다.

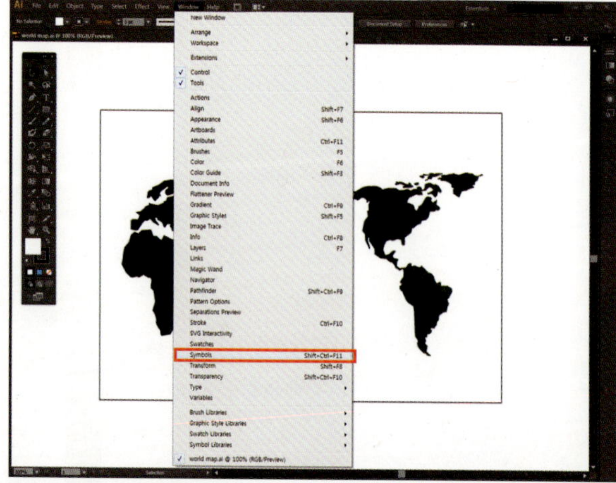

02. 지도 오브젝트를 선택하고 드래그하여
[Symbols] 팔레트로 옮겨줍니다.

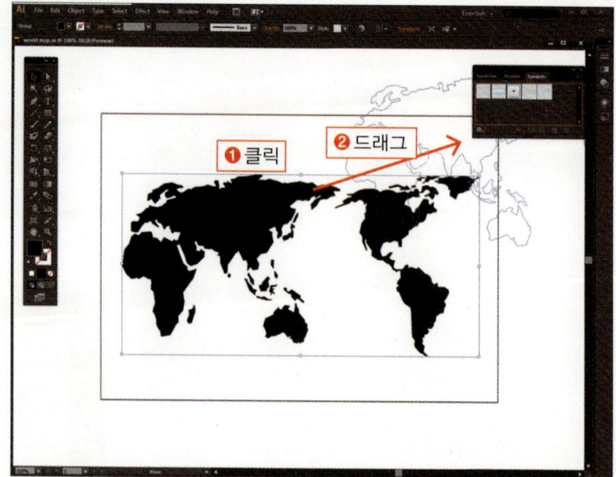

03. [Symbols Options] 대화상자에서 [name] 항목
에 'world map'이라고 입력하고 [Type]을 [Gaphic]
으로 설정한 후 [OK] 단추를 클릭합니다.

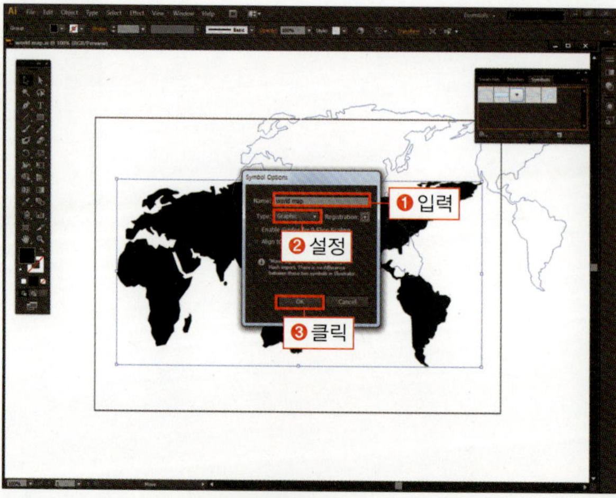

04. 이제 심볼 팔레트에 심볼이 등록된 것을 확인합니다. 그러기 위해 우선 원본 오브젝트를 선택하여 삭제하고 심볼 팔레트에서 드래그로 끌어서 가져와 확인해봅니다. [Stroke]를 [None]( )으로 설정하고 [Fill]을 'R : 113, G : 182, B : 244'로 설정합니다. 그리고 [Tool] 패널의 원형 툴( )을 선택하고 화면을 클릭하여 [Ellipse] 대화상자의 [Weight]는 '500', [Height]는 '500'을 입력한 후 [OK] 단추를 클릭합니다.

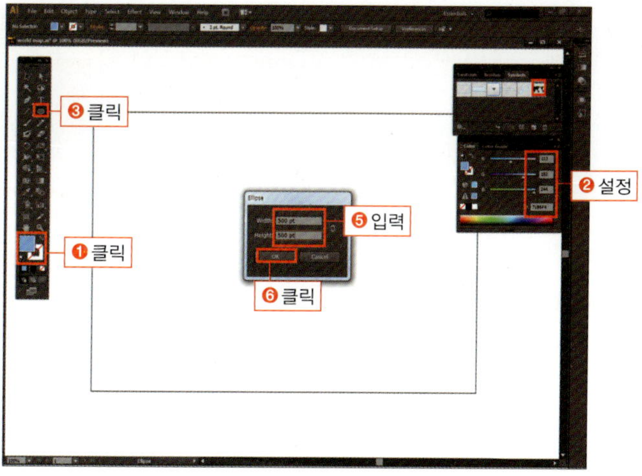

05. 직접 선택 툴( )을 선택하고 원의 오른쪽 포인터를 드래그로 선택하고 삭제합니다.

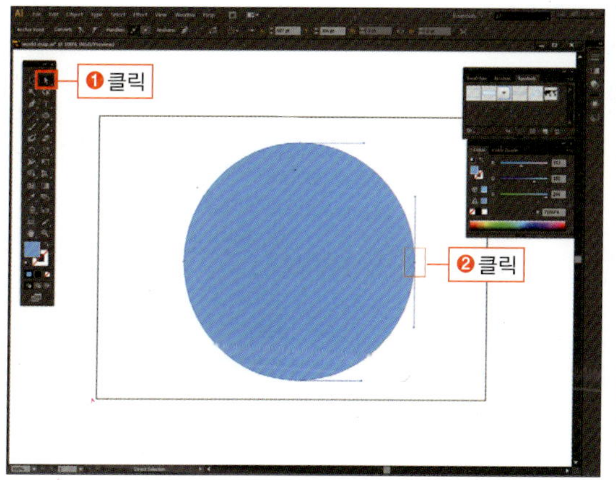

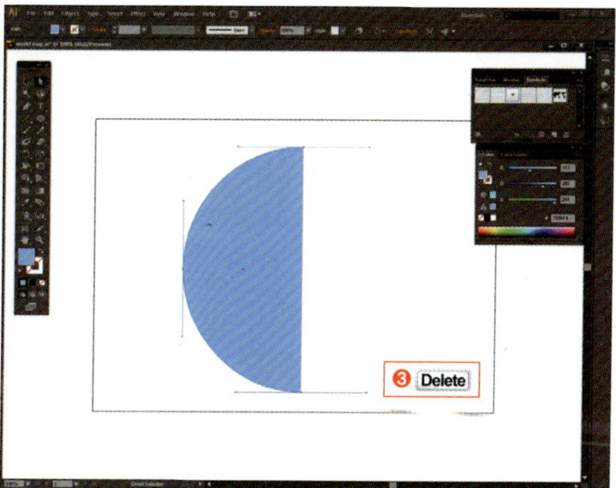

06. 이제 반원 상태인 오브젝트를 선택된 채로 [Effect]-[3D]-[Revolve] 메뉴를 선택합니다.

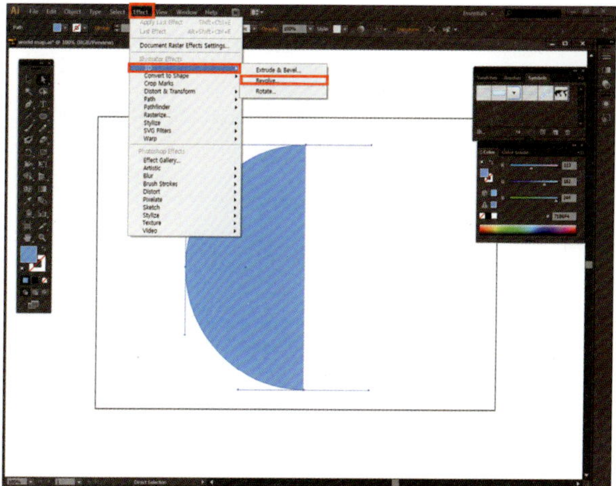

07. [3D Revolve Options] 대화상자가 나타나면
아래 중앙의 [More Option]을 클릭하여 다음과 같이
차례로 설정하고 [Standing Color] 메뉴를 [Custom]
으로 설정합니다.

❶ position 항목을 off axis front

❷ a : Specify rotation around the X axis 항목을 −18

　 b : Specify rotation around the y axis 항목을 −26

　 c : Specify rotation around the Z axis 항목을 8

❸ Angle 항목을 360

❹ offset 항목을 0

❺ From 항목을 Right Edge

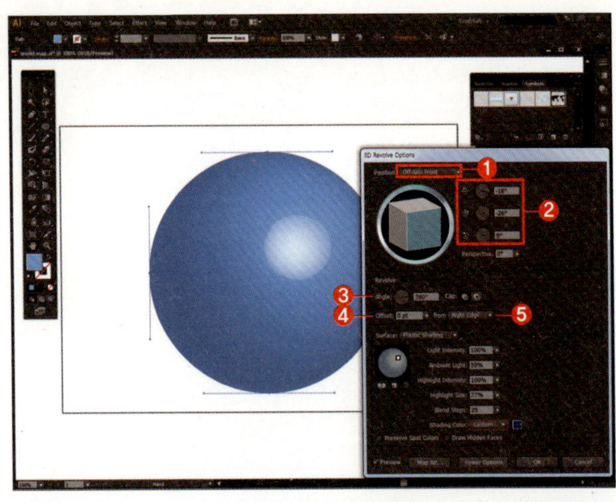

08. [Shadingcolor] 컬러 부분을 클릭하여 Custom
으로 컬러를 그림과 같이 설정해주고 [OK] 단추를
클릭하여 지정한 후 미리보기 [Preview] 기능을 활
성화합니다. 컬러의 상태 등을 확인한 후 [OK] 단
추를 클릭하여 확정합니다.

C : 94%

M : 75%

Y : 37%

K : 2%

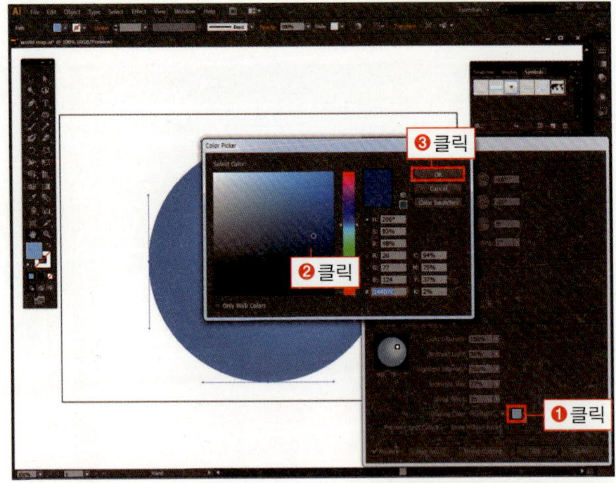

09. 원하는 컬러가 아닐 경우 컬러 탭을 이용하
여 선택 상태에서 조절할 수 있습니다.

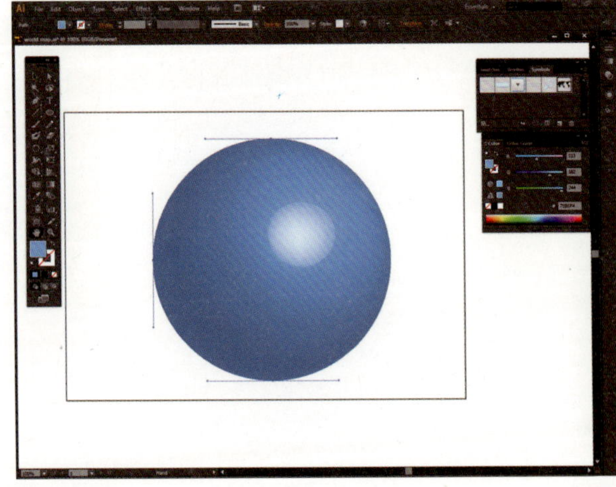

10. 이제는 지도를 구에 입히는 Map Art 기능을 적용합니다. 우선 같은 설정을 동일하게 적용하기 위해 [Window]–[Appearance] 메뉴로 패널을 선택합니다.

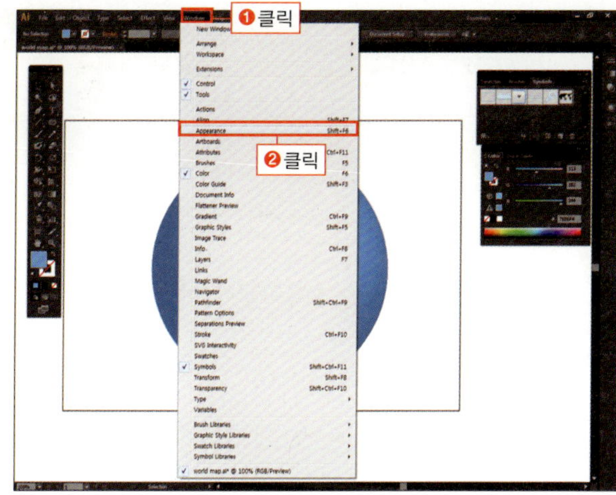

11. [Appearance] 패널에서 3D Revolve 항목을 찾아 클릭하면 설정했던 모든 항목이 다시 나타납니다.

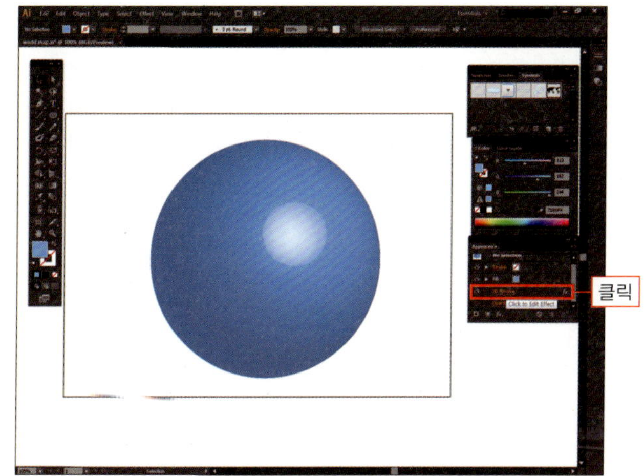

12. 이 상태에서 맵핑을 위해 [Map Art] 단추를 클릭합니다.

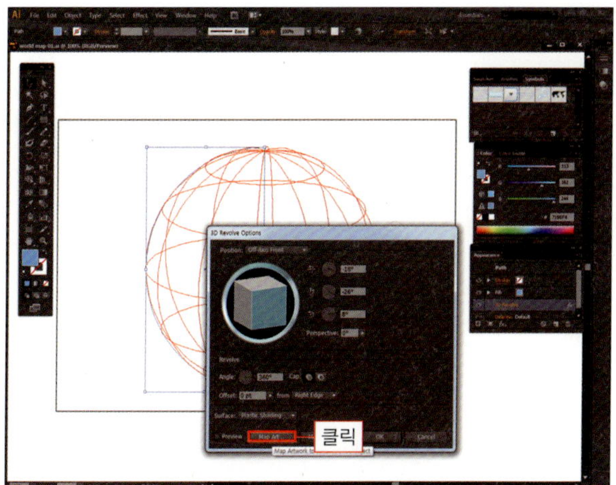

13. [Map Art] 대화상자가 나타나고 등록해 둔 [world map] 심벌을 선택합니다.

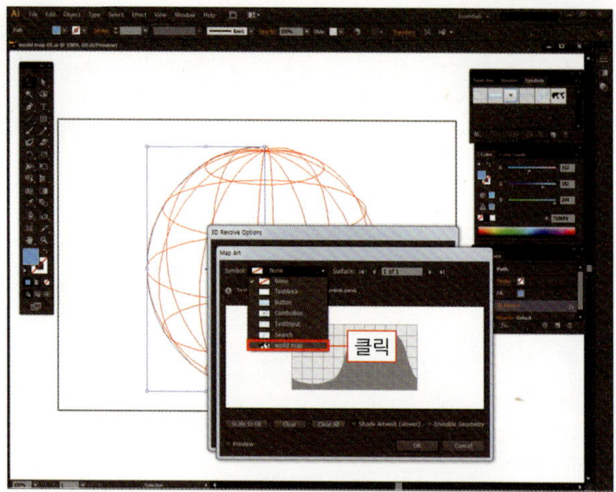

14. 선택하면 그림과 같이 전체를 채워지는 상태로 나타나지 않고 작게 보입니다.

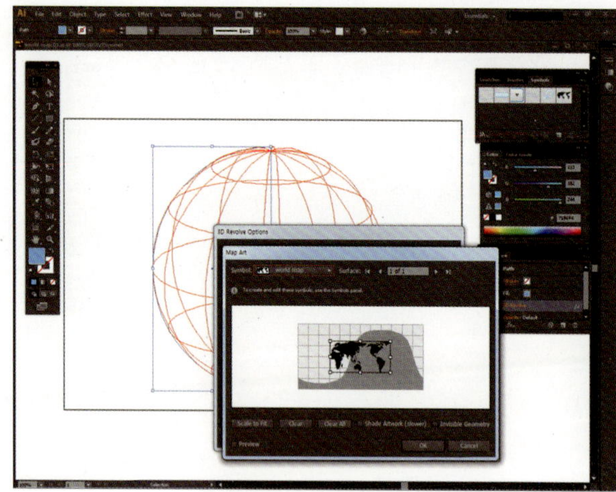

15. 밑부분에 [Scale To Fit]을 클릭하여 전체에 맞춰줍니다. 이제 [OK] 단추를 클릭하여 적용시킵니다.

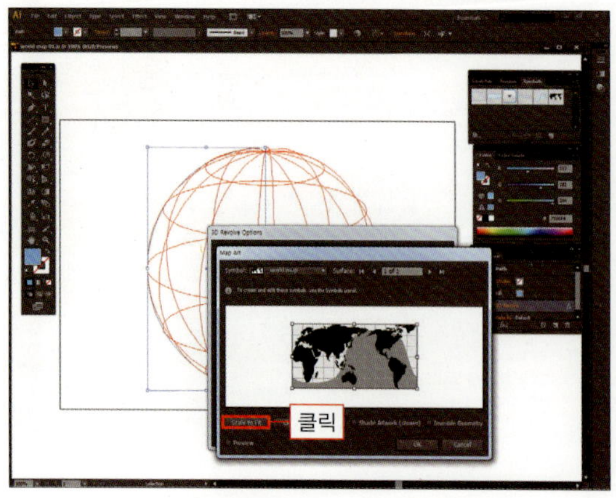
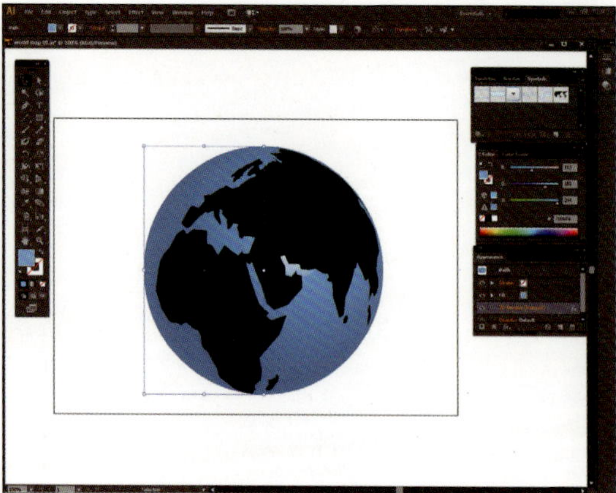

투시도에 대한 이해와 투시도 격자 툴 이용하여 글자에 입체감주기

■ 투시도법과 원근감

투시도법은 공간감이 있는 그림을 그리기 위해 꼭 필요한 방법입니다. 아무리 디테일과 느낌이 좋은 그림도 투시도법에 어긋나면 어색하고 이상해 보이기 때문입니다. 투시도법에서 중요한 것은 소실점입니다.

소실점이란 자연 상태의 입체를 평면으로 표현할 때 각각 사물이나 배경 등이 원근감에 따라 크기의 변화가 있고 그로 인해 생기는 한 점을 말합니다. 우리 주변은 사방으로 무한한 정도로 넓기 때문에 점으로까지 보이지는 않지만 모든 연장선으로 연결하면 그 끝은 모두 한 점에 모이게 됩니다. 그래서 임의로 한 점을 만들고 그 점을 토대로 주변 배경이나 메인을 입체적으로 그려주는 방법을 투시도법이라고 합니다.
지구는 둥글기 때문에 구의 형태의 특성으로 우리 앞에서 시작하여 바라보이는 지평선의 한 점까지 끝없이 가까워지면서 진행하는 라인이 생기는데, 그 선을 기준으로 사물 또는 그려내고자 하는 것들의 원근감을 표현하게 됩니다.

이 같은 방법은 세 가지로 나뉘는데 기준은 소실점의 개수로 나뉩니다. 첫째는 일점 투시도 하나에 소실점을 가지고 원근감을 나타내는데 한곳으로 집중하는 효과로 집중 효과를 보고 싶거나 속도감 있는 그림이거나 한 점으로 인한 긴장감 등을 표현할 때 사용하면 좋은 효과를 봅니다. 이점 투시도법은 두 개의 소실점을 사용하는데 소실점은 평행의 양쪽에 위치하고 중앙이 가장 근거리에 위치하게 되는 방법입니다. 건물 등이 밀집한 도시나 좌우로 이동 간 평면적인 넓이감을 표현하고자 할 때 주로 사용합니다.
마지막으로 소실점이 세 개인 삼점 투시도법은 위아래 양 옆에 위치하는데 가장 3D적인 입체감을 표현하게 합니다. 높은 곳에 표현하여 내려다보거나 올려다보는 곳에 시선 입체감의 강조 등을 표현할 때 유리합니다.

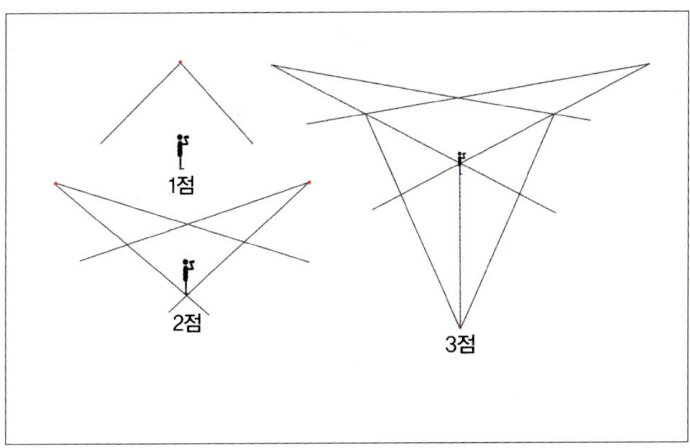

요즘은 3D 시대라 해도 과언이 아닐 정도라서 3D 오브젝트는 좋은 디자인적인 요소이며 좋은 소스가
됩니다. 원근감을 알아서 적용시켜 아주 간단하게 3D 투시도를 통해 입체적인 소스나 일러스트를 만들
기 쉽게 해주는 Perspective Grid 격자는 그 점에서 매우 유리한 요소입니다.

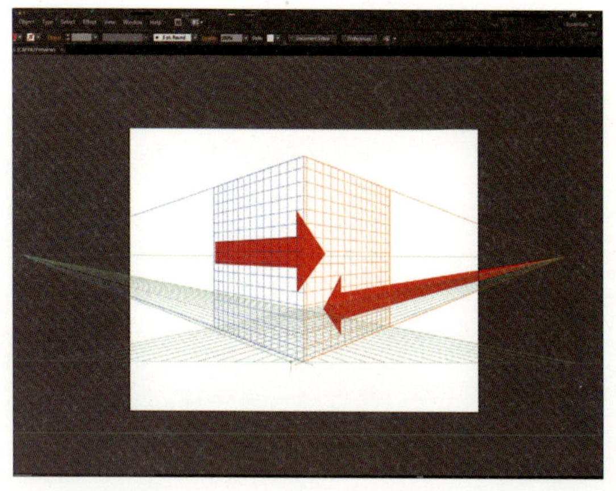
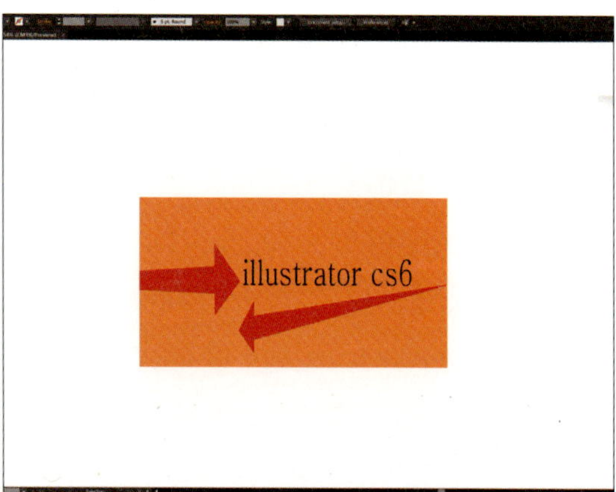

글자 또한 텍스트를 입력한 후에 투시도 격자 툴(▦)로 드래그하여 옮기면 적용할 수 있습니다.

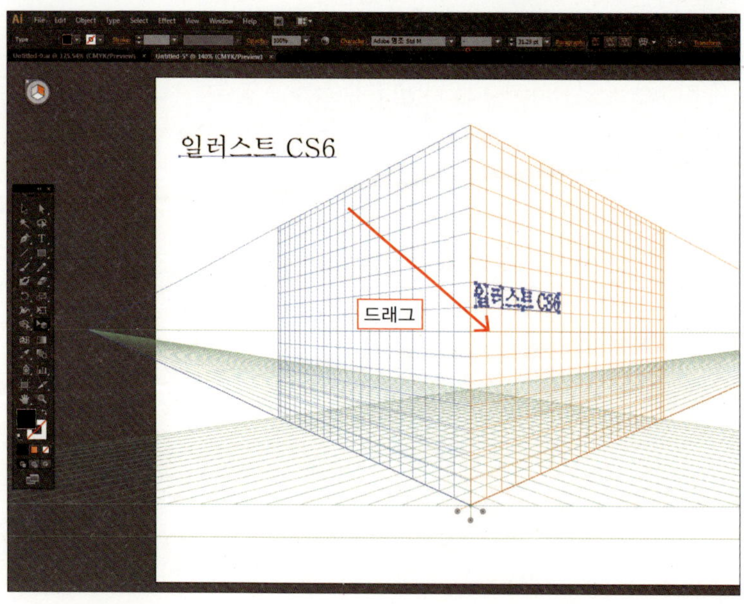

패턴과 심볼 알아보기

복잡하고 까다로운 작업을 손쉽게 할 수 있도록 하는 패턴(Pattern)과 심볼(symbol)에 대해 알아봅니다. 하나의 오브젝트를 일정한 기준을 정해주고 규칙적인 정렬을 하는 패턴의 사용법을 예제를 통해 배워보겠습니다.

기초탄탄 ▶ [Pattern Options] 패널과 [Symbol Options] 패널

■ [Pattern Options] 패널 알아보기 354p

[Window]−[Pattern Options] 메뉴를 선택하면 [Pattern Options] 패널이 열립니다.

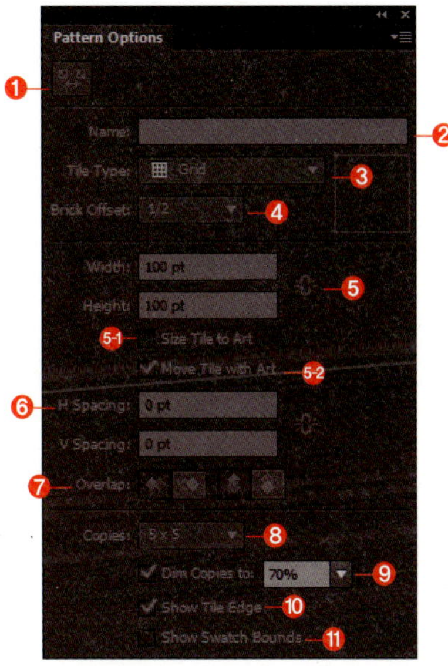

❶ **Pattern Tile Tool** : 패턴 타일 도구로 더블클릭하면 패턴 입력창을 수정할 수 있습니다.

❷ **Name** : [Swatch] 패널 저장 시에 이름을 입력합니다.

❸ **Tile Type** : 패턴 타일의 스타일을 정합니다.

❹ **Brick Offset** : 패턴 스타일이 벽돌 타입일 때 반복되는 패턴에 위치를 정합니다.

❺ **Width & Height** : 타일의 높이와 폭의 크기를 정합니다.

5-1 Size Tile to Art : 여백 없이 배열합니다.

5-2 Move Tile with Art : 패턴 구성창이 전체 패턴과 같이 움직일지 따로 움직일지를 결정합니다.

❻ **H/V Spacing Size Title to Srt** : 항목이 활성화될 때 각각 타일 사이에 간격을 정합니다.

❼ **Overlap** : 타일이 겹칠 때 오브젝트 중에서 상위로 보내는 것을 결정합니다.

⑧ Copies : 복제될 패턴의 수를 결정합니다.

⑨ Dim Copies To : 패턴의 투명도를 결정합니다.

⑩ Show Tile Edge : 타일의 테두리를 보여줍니다.

⑪ Show Swatch Bounds : 패턴의 타입에 모양이 나타납니다.

패턴 편집모드 알아보기

[Object]-[Pattern] 창에서 [Make]를 클릭하면 [Pattern Option] 패널과 왼쪽 상단의 패턴 편집모드가
나타납니다.

❶ New Pattern : 새 패턴을 만듭니다.

❷ Save a Copy : 복사본을 저장합니다.

❸ Done : 패턴 편집을 끝냅니다.

❹ Cancel : 패턴 편집을 취소합니다.

■ [Symbols] 패널 알아보기 `351p`

[Window]-[Symbols] 메뉴에서 선택하면 [Symbols] 패널이 열립니다.

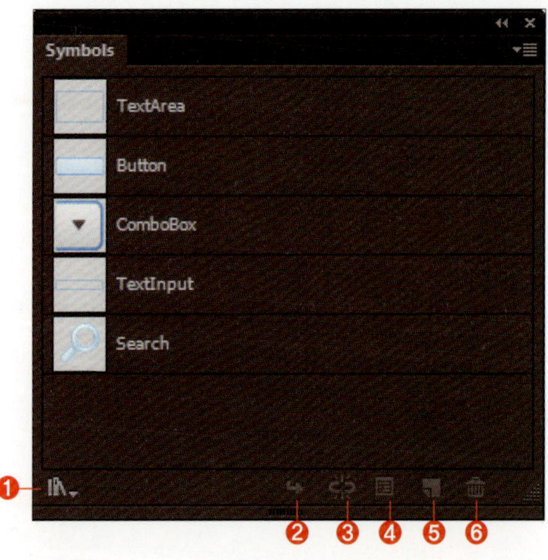

❶ Symbol Libraries Menu : 심볼 라이브러리를 표시합니다.

❷ Place Symbol Instance : 패널에 저장한 심벌이 화면에 나타납니다.

❸ Break Link to Symbol : 심벌의 속성을 해제시킵니다.

❹ Symbol Option : 대화상자를 열어줍니다.

❺ New Symbol : 새로운 심벌을 등록합니다.

❻ Delete Symbol : 패널에 등록된 심벌을 삭제합니다.

[Symbol Options] 대화상자 알아보기

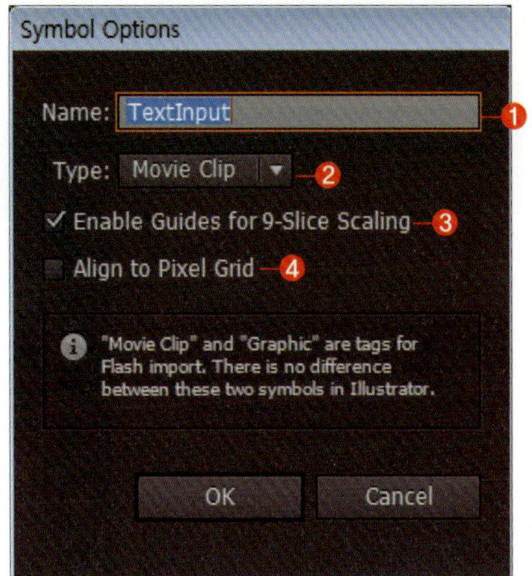

❶ Name : 심벌 이름을 입력합니다.

❷ Type : 심벌 타입을 정합니다.

❸ Enable Guides for 9-Slice Scaling : 플래시와 연동 시 무비클립 심벌에 스타일 비율을 설정합니다.

❹ Align to Pixel Grid : 그리드 픽셀에 정렬을 설정합니다.

[Symbolism Tools Options] 대화상자 알아보기

[Tool] 패널 상에 심벌 툴(Symbol Spray Tool)을 더블클릭하면 나타나는 [Symbolism Tools Options] 대화상자입니다.

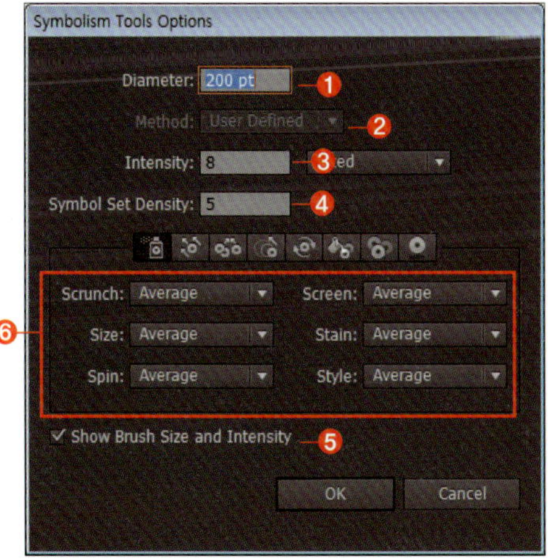

❶ Diameter : 스프레이 브러쉬에 크기를 정합니다.

❷ Method : 스프레이 적용 방법을 정합니다. 평균, 임의 적용, 무작위가 있습니다.

❸ Intensity : 스프레이를 뿌릴 때 분사되는 양을 결정합니다.

❹ Symbol Set Density : 서로 가까운 정도를 조절합니다.

❺ Show Brush Size and Intensity : 적용되는 범위를 화면에 표시해줍니다.

❻ Symbol 브러쉬 속성 조절 메뉴 : 다양한 브러쉬 속성을 세밀하게 조정합니다.

심벌 툴 알아보기

[Tool] 패널에 심벌 툴(Symbol Spray Tool)을 클릭하면 나타나는 세부 툴 메뉴를 살펴봅니다.

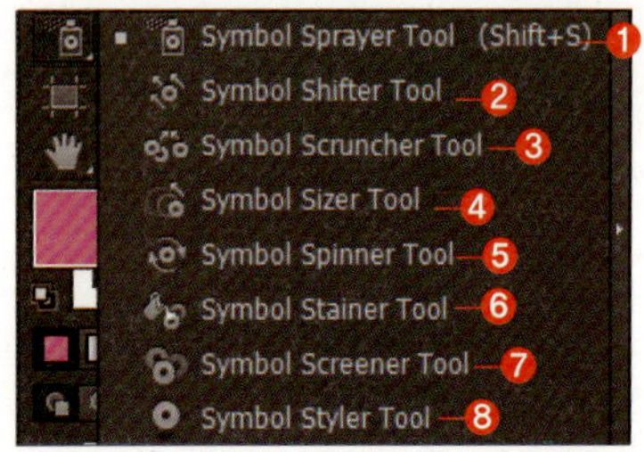

❶ 심벌 툴(Symbol Spray Tool) : 스프레이처럼 선택한 후 드래그로 표현합니다.

❷ 심벌 위치 변환 툴(Symbol Shifter Tool) : 심벌들을 드래그하는 쪽으로 이동하게 합니다.

❸ 심벌 집중 툴(Symbol Scruncher Tool) : 심벌들을 모으거나 흩어지게 합니다.

❹ 심벌 사이저 툴(Symbol Sizer Tool) : 심벌들의 크기를 줄이거나 키워줍니다.

❺ 심벌 회전 툴(Symbol Spinner Tool) : 심벌들을 회전시킵니다.

❻ 심벌 컬러 변환 툴(Symbol Stainer Tool) : 심벌들의 컬러를 조절합니다.

❼ 심벌 투명도 툴(Symbol Screener Tool) : 심벌들의 투명도를 조절합니다.

❽ 심벌 스타일 툴 (Symbol Style Tool) : 심벌들의 스타일을 조절합니다.

광선 툴 사용법과 플래어 툴 설정에 옵션 보기

광선 툴(Flare tool)은 렌즈 플래어 효과를 표현합니다. 한 번 클릭하여 주광원을 다시 클릭하고 후광을 표시합니다. 설정 대화상자를 통해 수치로 만들 수도 있습니다.

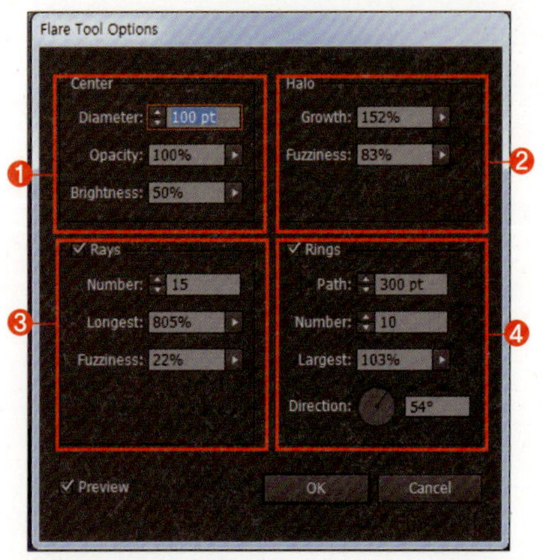

❶ Center : 주광원과 관련된 메뉴로 지름, 투명도, 밝기를 정합니다.

❷ Halo : 후광에 관여하는 메뉴로 크기 배율, 흐릿한 정도를 정합니다.

❸ Rays : 광선에 관여하는 메뉴로 숫자, 거리, 흐릿한 정도를 정합니다.

❹ Rings : 광원에 관여하는데 거리를 숫자, 크기 그리고 각도를 설정합니다.

적정한 효과를 위한 상황은 RGB 모드에서이고 어두운 컬러에서 가장 효과적인 효과를 가져옵니다.

간단한 오브젝트로 심벌을 등록하고 심벌 툴( )을 사용해보겠습니다.

예제 파일 ┃ DVD\Part06\symbol.ai

01. Size를 'A4'로 설정하여 새로운 도큐먼트 창을 연 후 'symbol.ai'를 불러옵니다. 오브젝트들을 드래그하여 전체를 선택하고 Ctrl + C 을 눌러 창을 닫습니다. 그리고 만들어 놓은 창에 Ctrl + V 를 눌러 붙여줍니다.

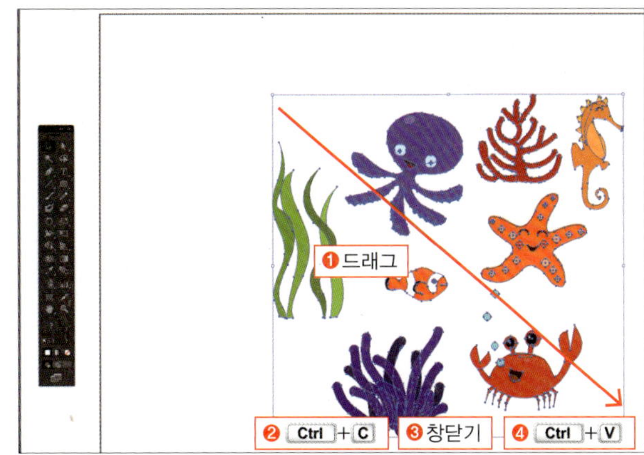

02. [Window]–[Symbols] 메뉴를 선택하여 하나 하나의 오브젝트를 드래그합니다. [Symbols] 패널의 [name] 창에 오브젝트의 이름을 입력합니다.

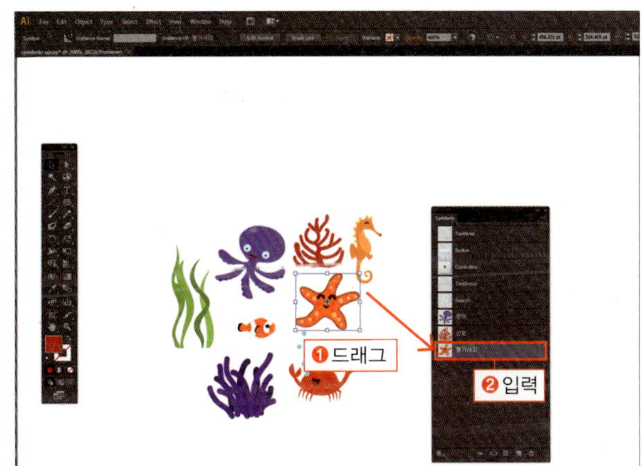

03. 불러온 오브젝트들을 Delete 로 삭제하고 하나의 Symbol을 선택한 후 Symbol Sprayer Tool로 드래그하여 심벌을 뿌립니다. 브러시의 크기는 [는 작게,]는 크게 만듭니다.

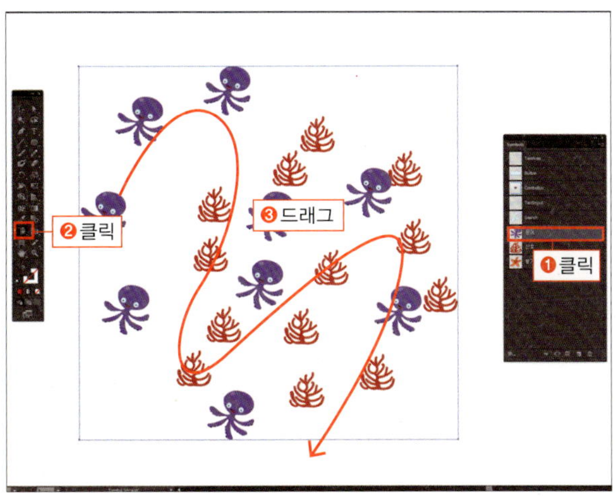

04. 심벌 위치 변환 툴(　)을 선택하여 드래그로
원하는 곳으로 이동합니다.

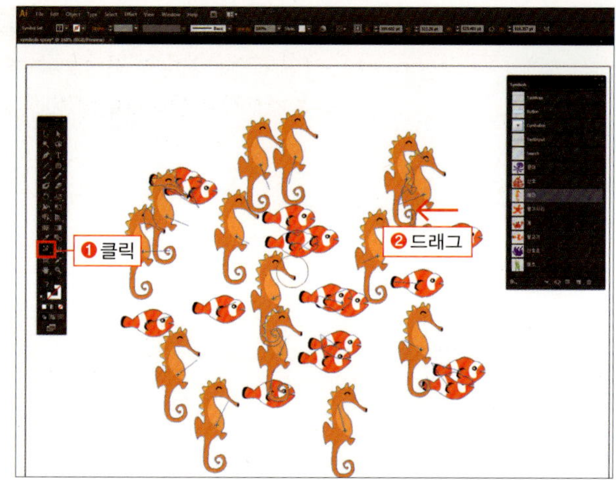

05. 심벌 집중 툴(　)로 심벌들을 모으거나 흩어
지게 합니다. [Alt]를 누르면 분산됩니다.

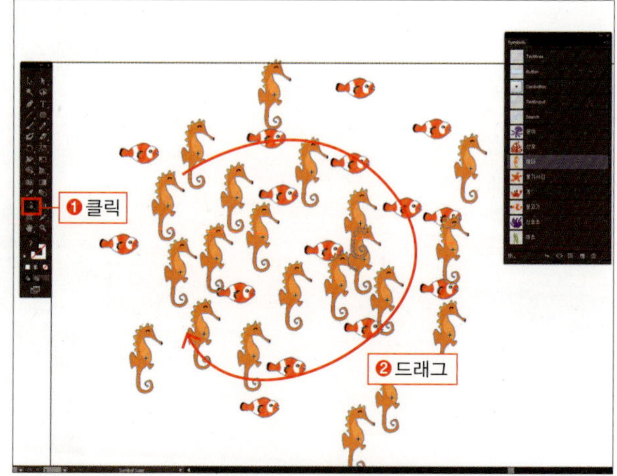

06. 심벌 사이즈 툴(　)로 심벌들의 크기를 줄이
거나 키워봅니다. [Alt]를 누르면 축소됩니다.

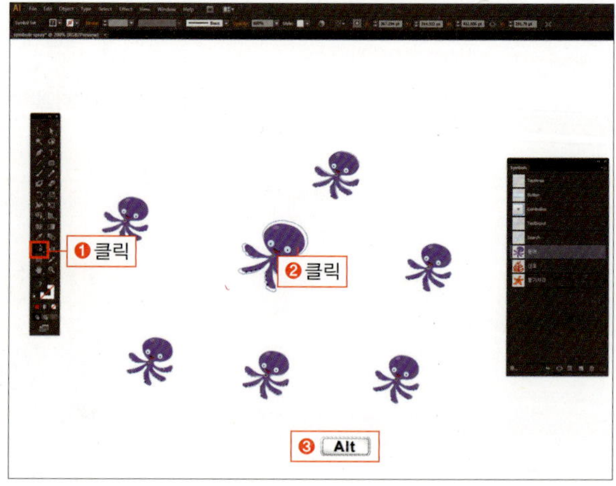

07. 심벌 회전 툴( )로 클릭하면 화살표가 나타나고 드래그로 심벌들을 회전시킵니다.

08. 심벌 컬러 변환 툴( )로 심벌들의 컬러를 조절합니다. 오브젝트를 클릭하면 컬러가 변합니다.
심벌 투명도 툴( )로 심벌들의 투명도를 조절합니다.

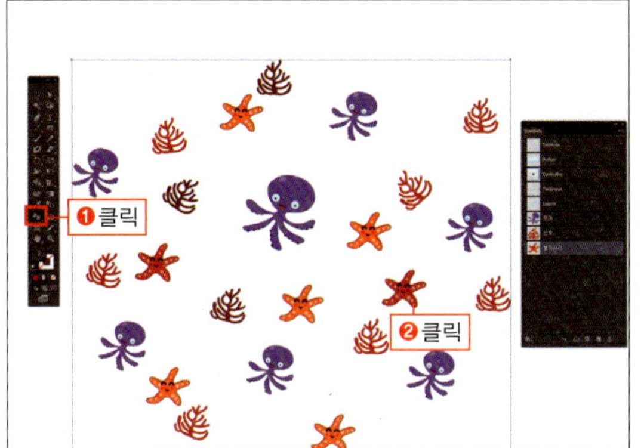

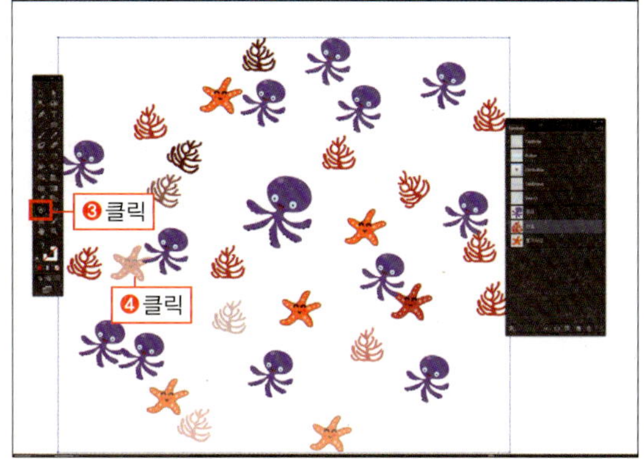

09. 심벌 스타일 툴( )은 [Window]–[Graphic Style Libraries] 메뉴에서 'Graphic Style'을 선택하고 클릭하면 스타일을 적용합니다.

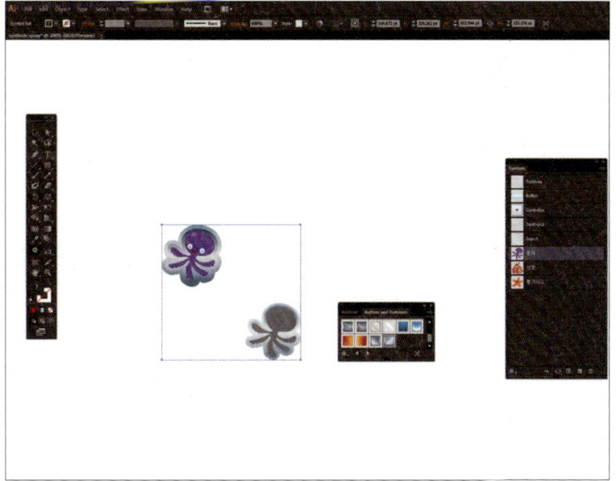

간단한 오브젝트로 패턴을 만들고 적용해봅니다.

예제 파일 l DVD₩Part06₩pattern.ai   **완성 파일 l** DVD₩Part06₩patternf.ai

01. 'pattern.ai' 파일을 불러옵니다. 열어준 파일에 배경으로 쓸 패턴을 만들기 위해 새로운 창을 열어 줍니다.

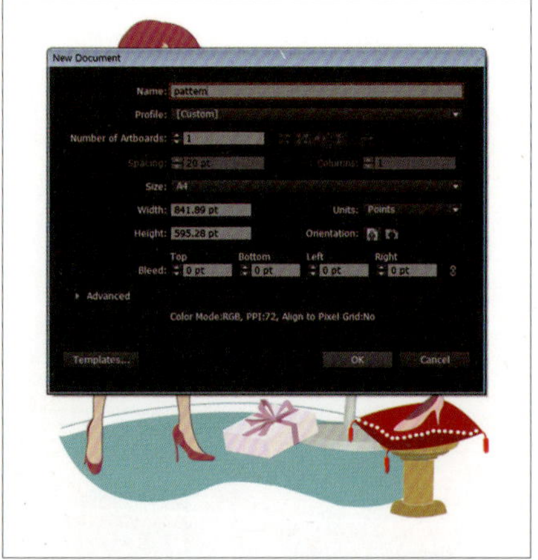

02. 새로운 창에서 [Object]–[Pattern]–[Make] 메 뉴를 선택합니다.

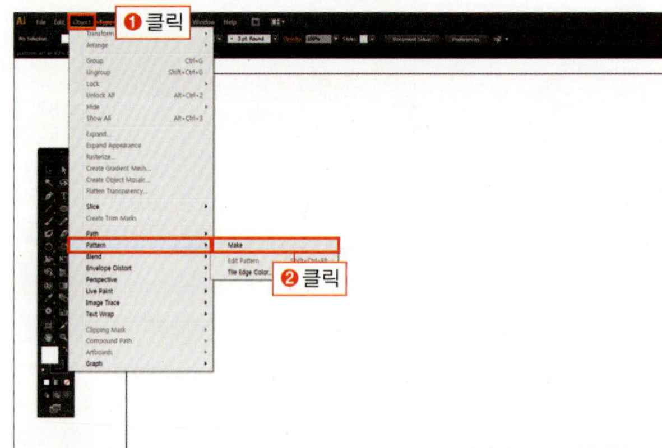

03. 새로운 패턴을 추가한다는 안내 창과 [option] 대화상자가 나타나면 [OK] 단추를 클릭합니다.

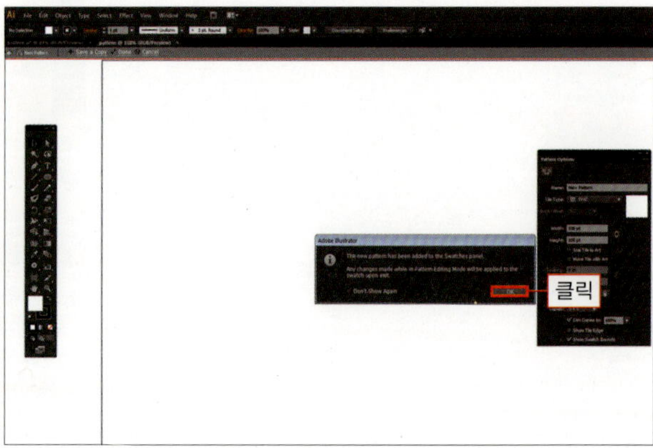

04. 반복할 영역 창을 [Height]는 '300', [Weight]는
'300'으로 설정하여 변경합니다.

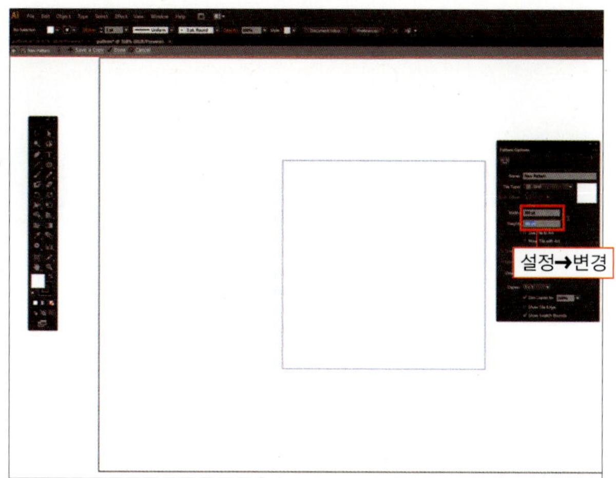

05. 컬러를 'R : 229, G : 60, B : 60'으로 하고 블럽
브러쉬 툴(　)을 이용하여 자연스러운 느낌의 꽃을
그립니다.

06. 같은 컬러로 외곽을 먼저 그려주고 안쪽을
채워 갑니다.

07. 'R : 198, G : 72, B : 153'으로 하고 꽃 수술 부분도 보라색 등으로 그려넣습니다.

08. **Alt** +드래그로 카피하여 여러 개의 꽃을 만들고 컬러를 다르게 합니다.

09. [Tool] 패널에서 회전 툴(　)을 클릭한 후 각 각의 꽃들을 선택하고 회전시킵니다.

10. 오브젝트를 전부 선택한 후 드래그하여 타일 에 정렬시킵니다.

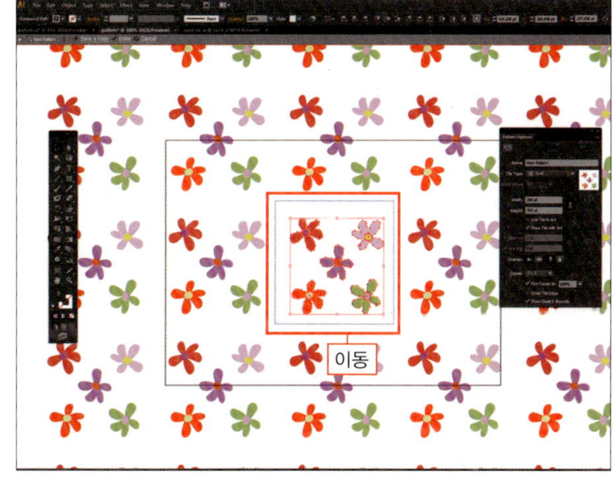

11. [Pattern Options] 대화상자에 [Name]은 'flower'라고 입력하고 [Type]을 [Bricky by Column] 으로 설정하고 [Size Tile to Art]와 [Move Tile with Art]에 체크하여 활성화시킵니다.

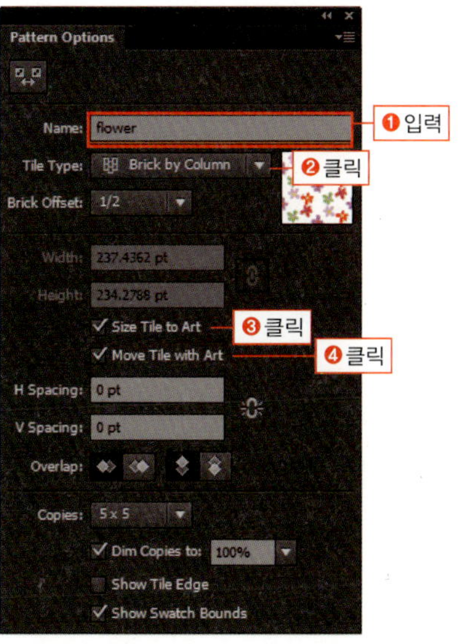

12. 패턴 편집 바에서 [Done]을 눌러 편집을 종료
하면 [Swatch] 패널에 자동으로 패턴이 저장됩니
다.

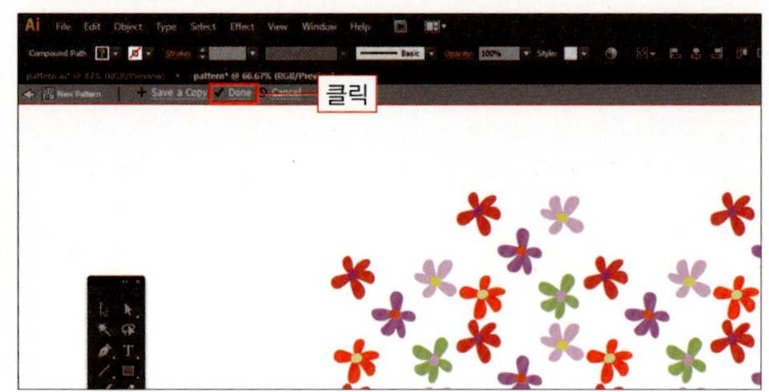

13. 이제 Pattern 도큐먼트에 펜 툴(　)로 그림과
같은 오브젝트를 만듭니다.

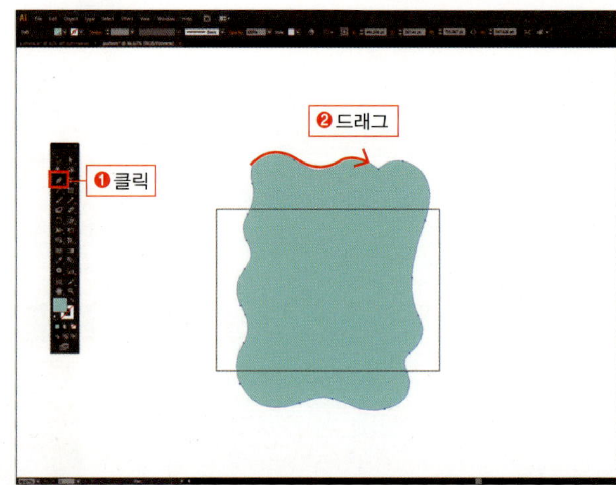

14. 이제 오브젝트가 선택된 상태로 자동 저장된
패턴을 클릭하면 패턴이 적용됩니다.

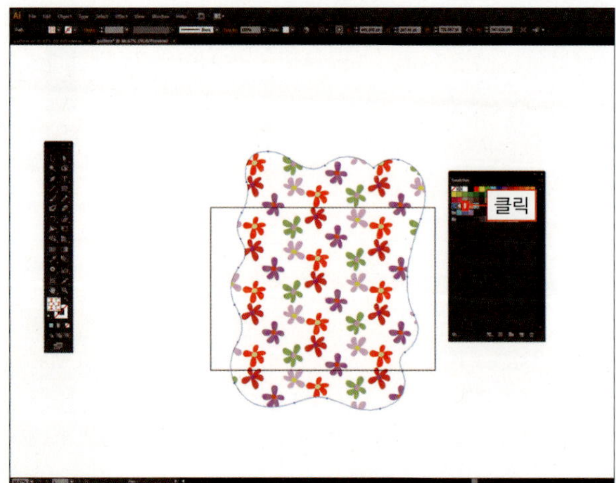

15. 이제 오브젝트를 선택하고 Ctrl + C 를 눌러 도큐먼트를 닫고 열어놓은 여성 일러스트레이터에 Ctrl + V 로 붙여주고 Shift + Ctrl + [을 눌러 맨 뒤로 보냅니다.

16. [Window]–[Brush Libraries]–[Artistic]–[Artistic_Paintbrush] 메뉴를 선택하여 [Artistic_Paintbrush] 대화상자에서 [Brush2]로 적용합니다.

T I P : 라인(Stroke)의 컬러는 꽃의 색인 중 하나를 스포이드 툴로 선택하여 정합니다. Stroke 두께는 1pt입니다.

3D 이펙트 기본 적용과 사용하기

■ 3D Effect 세 가지 메뉴 기본 적용 알아보기

3D Effect의 세 가지 모드를 실무에 적용하기 위해 기본 적용 방법에 대해 알아봅니다. 3D 일러스트레이터 툴은 간단히 말해 2D로 된 평면의 그림을 입체 형태로 바꿔주는 기능을 말합니다. 다음과 같이 세 가지 모드가 있습니다.

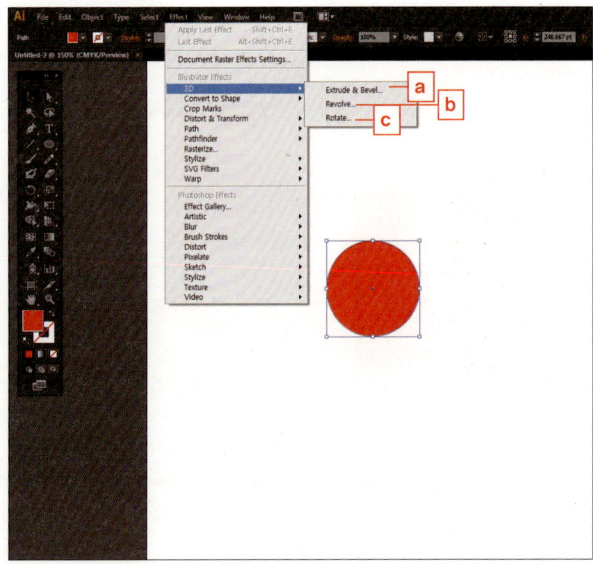

a : Extrude & Bevel : 오브젝트에 두께를 주는 방법으로 오브젝트를 입체화합니다.

b : Revolve : 세로 축을 기준으로 회전하는 방식으로 입체화합니다.

c : Rotate : 면을 추가하지 않고 오브젝트만 입체로 투시합니다.

이렇게 원하는 방식으로 선택하면 대화상자가 나타나고 옵션을 지정하여 적용합니다. Preview로 미리 적용된 상태를 보고 원한다면 [OK] 단추를 클릭합니다.

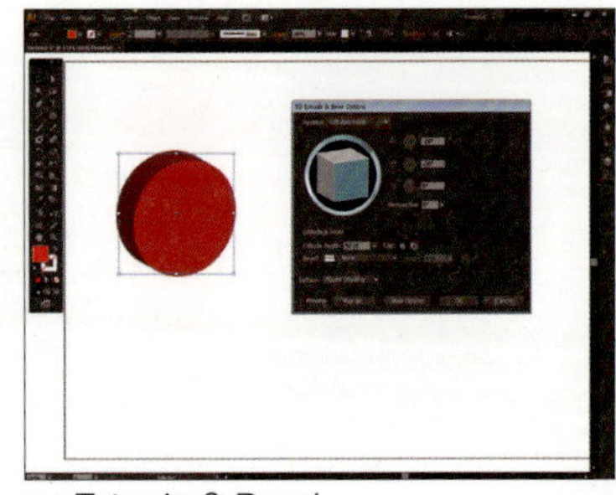

a : Extrude & Bevel

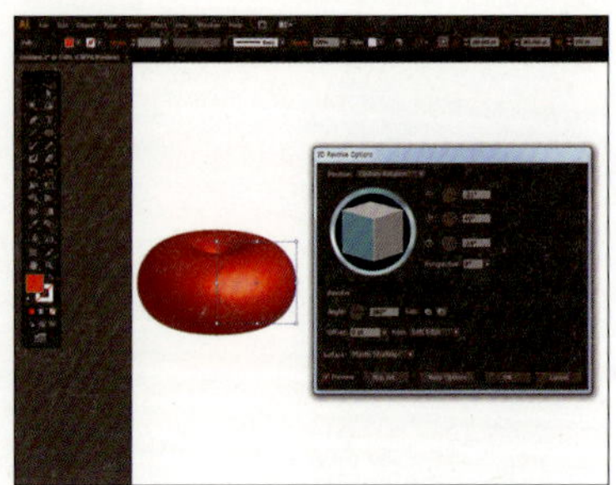

b : Revolve

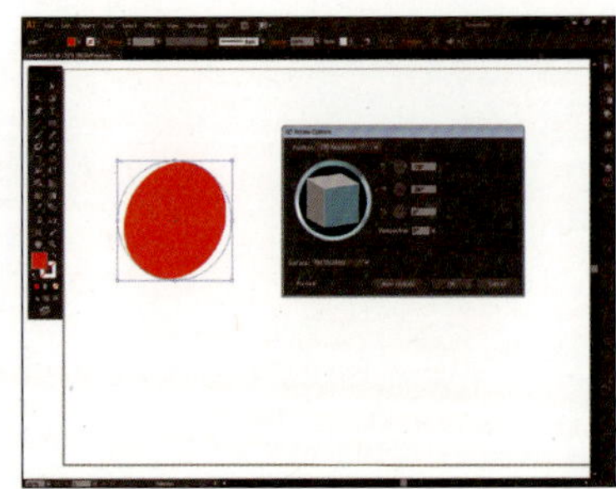

c : Rotate

■ 실무에서 사용 범위

사용 범위는 현수막 또는 간판 등에 한정하여 간단한 타이틀에 넣거나 로고 등 눈에 끄는 효과를 위해 사용됩니다. 종종 디테일한 일러스트도 작업하지만 자연스러운 효과를 가지지 못한 이유로 많은 용도에 사용되지는 못합니다.

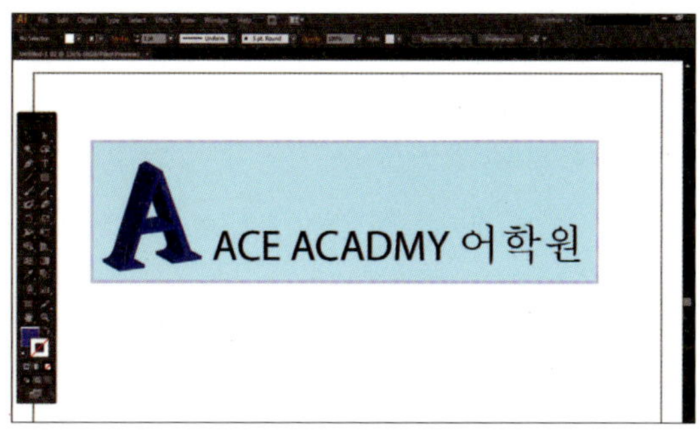

■ Symbol과 Swatch 팔레트를 이용한 3D 맵핑

3D 적용의 기초와 Map Art 항목을 통한 맵핑을 알아보았습니다. 3D 메뉴에 있는 Map Art를 눌러 Symbol에서 패턴을 찾고 어둠을 주어 입체감을 주는 것이 핵심입니다. Symbol을 적용하기 위해 Swatch 팔레트의 활용 또한 중요합니다.

일러스트에서의 3D 맵핑은 복잡하거나 구와 같은 오브젝트에 맵핑할 때 많은 컴퓨터 메모리를 필요로 하고 의외로 많은 시간을 필요로 합니다. 저사양일수록 많은 시간이 걸리는 단점이 있습니다. 그래도 짧은 시간에 간단한 3D 효과를 내기에는 효율 면에서 매우 탁월합니다.

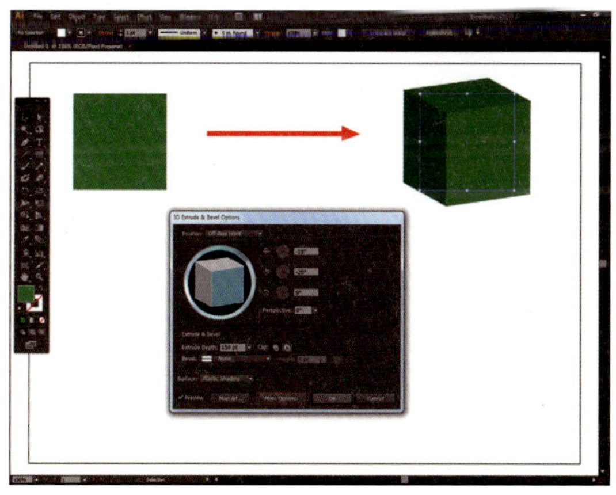

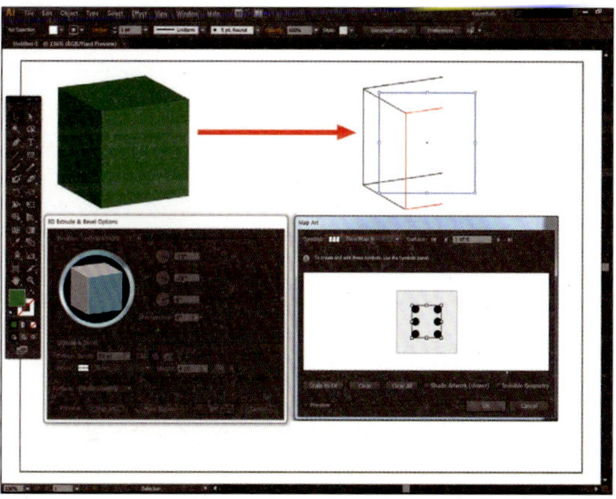

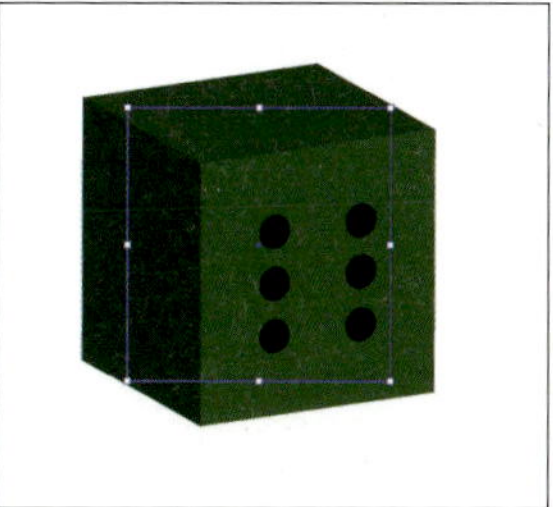

■ 투시도 툴에 대해 알아보고 위젯의 기능과 투시도 격자 툴(Perspective Grid Tool)과 원근감 선택 툴
(Perspective Selection Tool)을 사용하여 이동하고 조절하여 원하는 형태를 만들 수 있습니다. **322p**

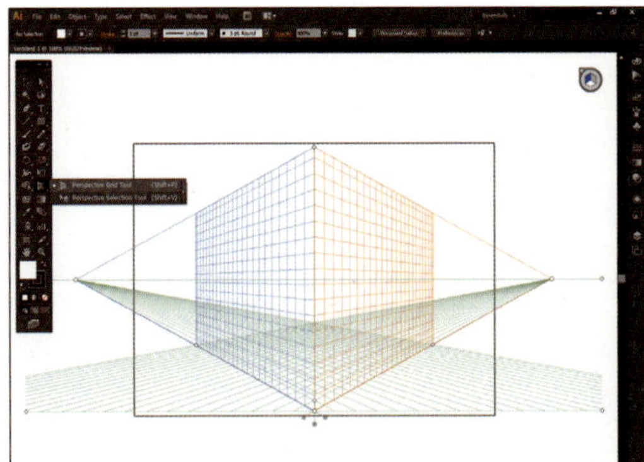

■ 간단하게 3D 상태로 만들어주는 세 가지 Effect가 있습니다. 첫 번째는 좌측이나 우측 또는 밑으로 회전하는
Extrude & Bevel, 좌우 회전으로 형태를 만드는 Revolve, Rotate 메뉴가 있습니다. **336p**

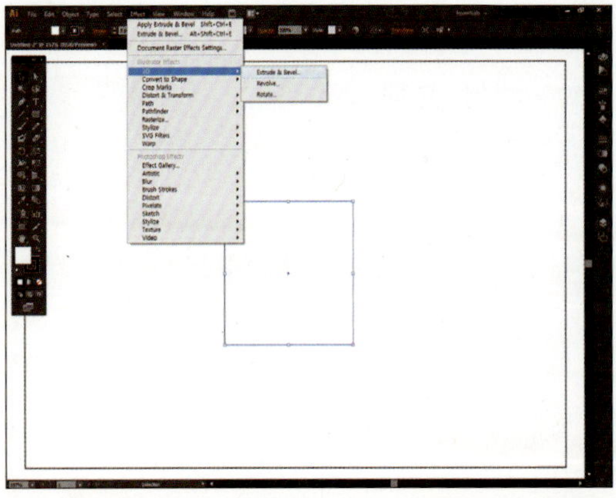

■ 패턴(Pattern)과 심볼(symbol)을 이용하면 복잡하고 까다로운 작업을 손쉽게 할 수 있습니다. 하나의 오브젝트
를 일정한 기준을 정해주고 규칙적인 정렬을 하는 패턴의 사용법을 익혀 다양한 예제를 만들 수 있습니다. **340p**

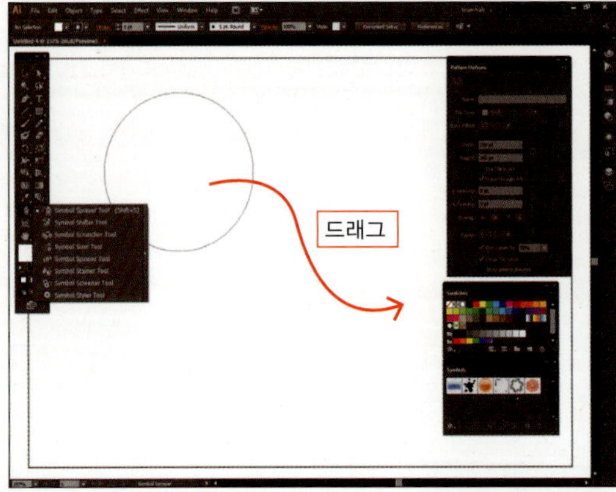

01 3D 이펙트를 이용한 3D 오브젝트 만들기

완성 파일 : DVD₩Selftest₩Part06₩crown.ai
동영상 파일 : DVD₩Selftest₩Part06₩pa06self01.avi

HINT

EFFECT 3D 기능에 Revolve 메뉴를 사용하여 회전시켜 주고 오브젝트를 만든 후 조절합니다.

02 [Stroke] 패널과 두께(폭) 툴, 문자 툴, 그리고 3D 이펙트를 이용한 손쉬운 반지 만들기

완성 파일 : DVD₩Selftest₩Part06₩ring.ai
동영상 해설 : DVD₩Selftest₩Part06₩pa06self02.avi

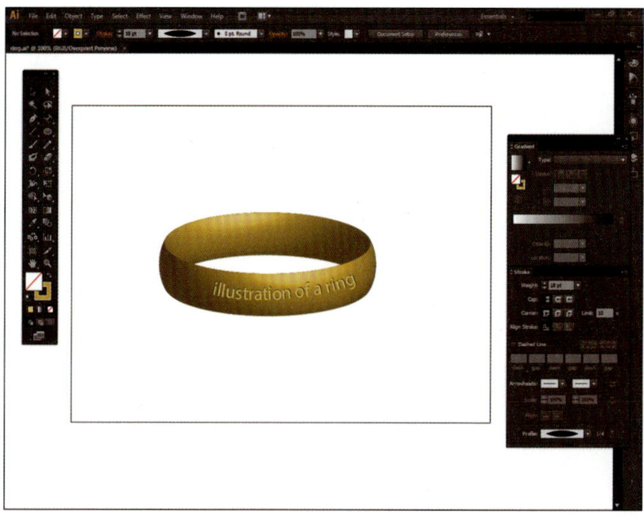

HINT

[Object]−[Path]−[Outline Stroke] 기능과 Revolve 메뉴의 Offset 기능을 이용합니다.

07

작업을 손쉽게 도와주는
다양한 기능

그래프를 손쉽게 그릴 수 있게 해주는 그래프 툴과 반복적인 작업을 반복 실행해주는 Action 기능, 복잡한 작업을 가능하게 하는 레이어의 개념과 픽셀 이미지를 스타일 있는 벡터 이미지로 바꿔주는 Image Trace, 오브젝트에 자연스러운 효과를 주는 scribble 이펙트에 대해 알아봅니다.

그래프 툴 알아보기

레 벨 ● ○ ○

그래프 툴의 다양한 종류와 각각의 설정 창의 메뉴들에 대해 알아보겠습니다.

기초
탄탄 ● 그래프 툴과 설정 창 알아보기

■ 그래프 툴의 종류

기본적인 막대 그래프부터 분할 그래프, 바 그래프, 라인 그래프, 영역 그래프를 그리는 툴에 대해 알아봅니다.

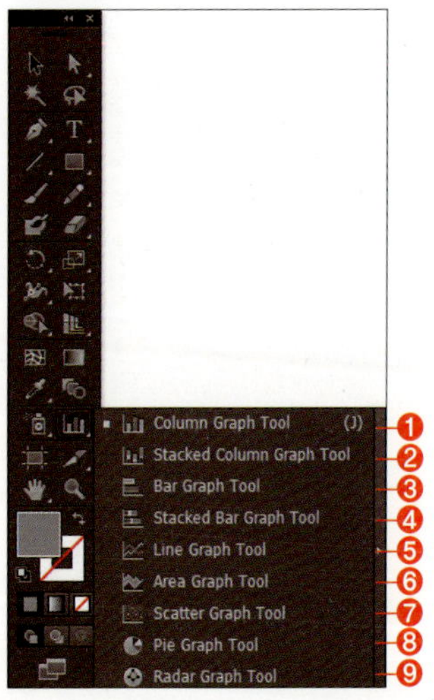

❶ 막대 그래프 툴(Column Graph Tool) : 기본적인 막대 그래프 형태입니다.

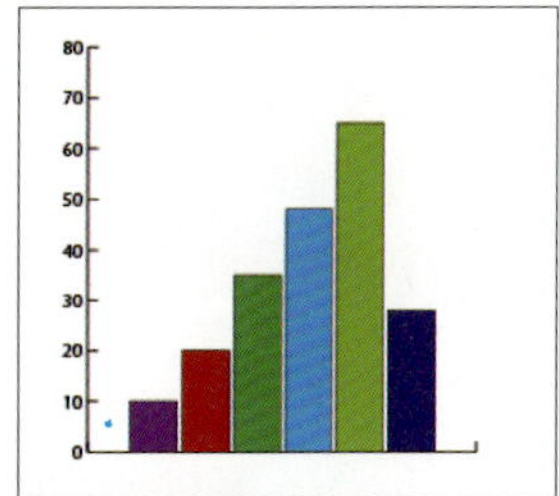

❷ **분할 그래프 툴(Stacked Column Graph Tool ▦)** : 2가지 변수를 한꺼번에 표시할 수 있는 막대가 세로로 쌓인 모양의 그래프입니다.

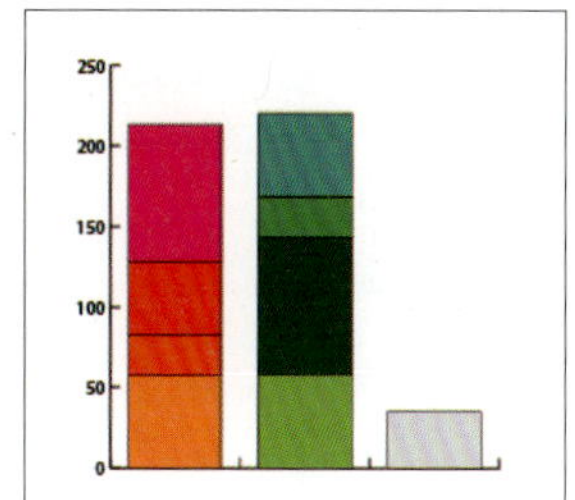

❸ **바 그래프 툴(Bar Graph Tool ▦)** : 가로 막대 형태의 그래프입니다.

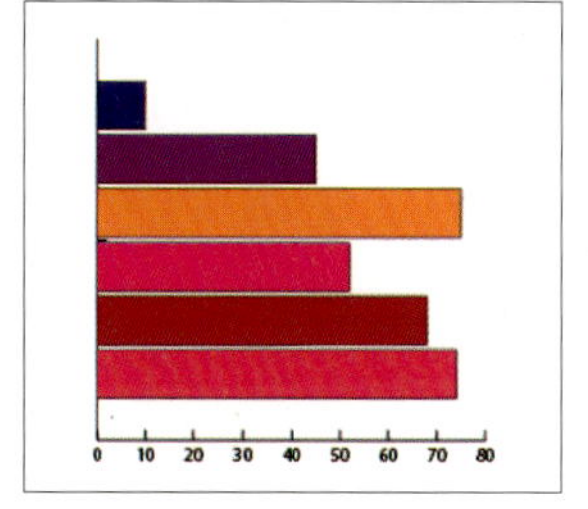

❹ **분할 바 그래프 툴(Stacked Bar Graph Tool ▦)** : 2가지 변수를 한꺼번에 표시할 수 있는 막대가 가로로 쌓여있는 모양의 그래프입니다.

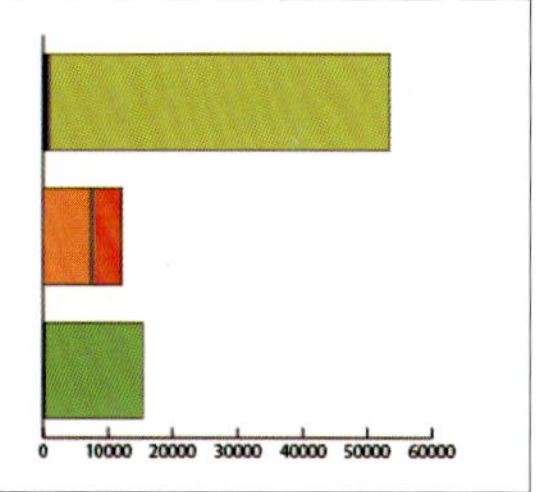

❺ **라인 그래프 툴(line Graph Tool ▦)** : 점과 점 사이를 라인으로 연결하여 그려진 그래프입니다.

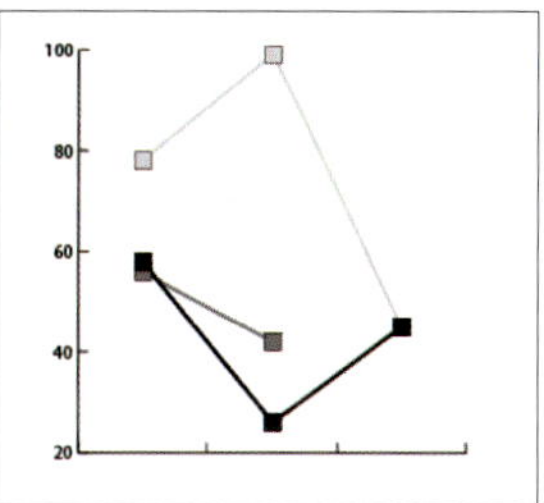

❻ **영역 그래프 툴(Area Graph Tool ▦)** : 영역을 면으로 그린 라인 그래프입니다.

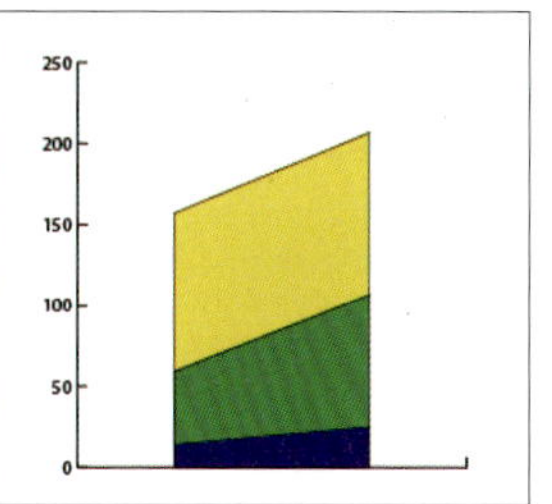

❼ **분산 그래프 툴(Scatter Graph Tool ▦)** : 분산 형태의 그래프입니다.

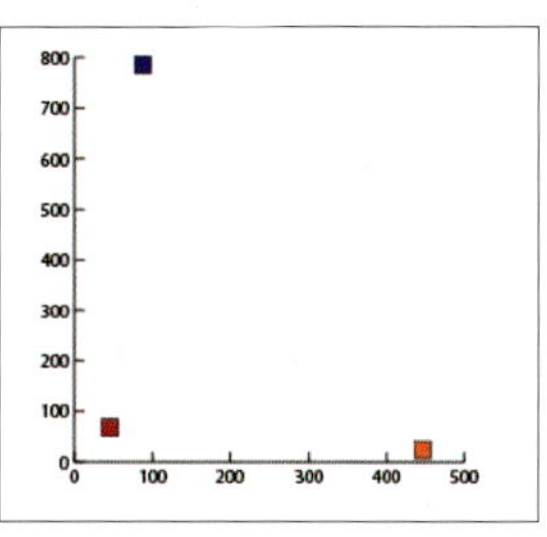

❽ 파이 그래프 툴(Pie Graph Tool ) : 비율을 알아보기 쉬운 원형의 그래프입니다.

❾ 레이더 그래프 툴(Radar Graph Tool 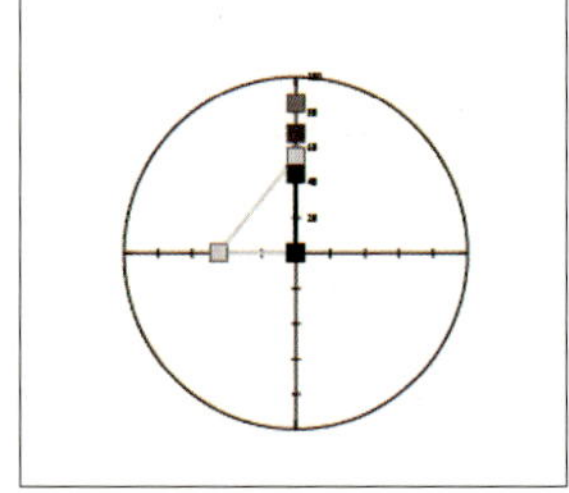) : 데이터 변화를 알아보기 쉬운 레이더 형태의 그래프입니다.

■ 그래프 데이터 입력 대화상자 메뉴

그래프 툴을 선택하고 바닥을 클릭하면 설정창이 나타나고 입력한 후 [OK] 단추를 클릭하면 그래프와 대화상자가 나타납니다. 대화상자의 메뉴들을 알아봅니다.

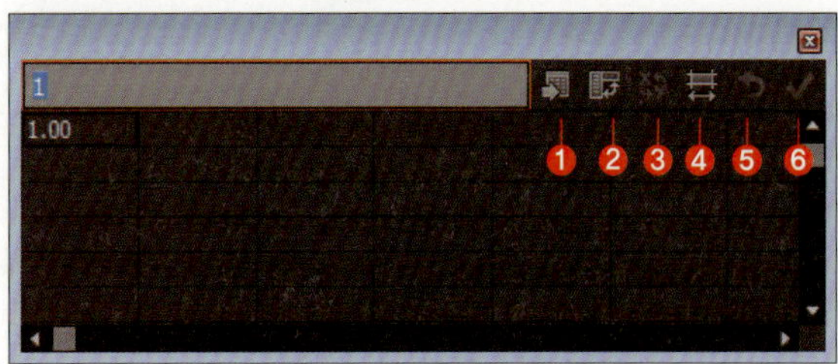

❶ Import Data : 데이터를 불러올 때 사용합니다.

❷ Transpose Row/Column : 입력 대화상자의 가로세로 배열을 변경 시 사용합니다.

❸ Switch X/Y : 분산형 그래프일 때 X와 Y가 서로 교체됩니다.

❹ Cell Style : 셀의 크기를 조절할 때 사용합니다.

❺ Revert : 초기 상태로 되돌아갑니다.

❻ Apply : 그래프의 설정 값을 적용합니다.

■ [Graph Type] 설정 대화상자

그래프의 형태를 선택하거나 다양한 옵션을 설정하는 대화상자로 [Object]-[Graph]-[Type] 메뉴를 클릭해 그래프의 형태를 선택합니다.

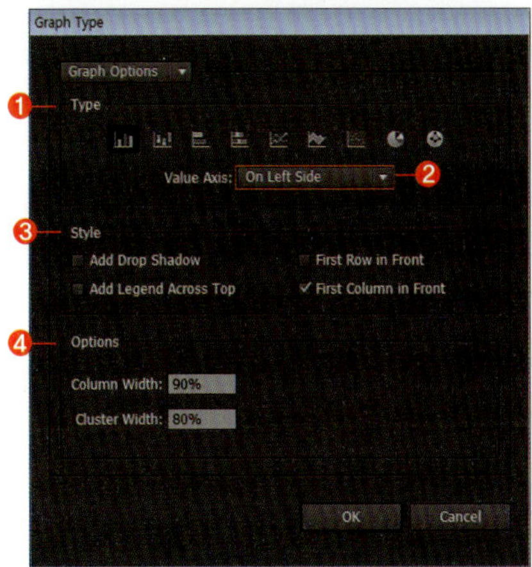

❶ Type : 그래프의 종류를 선택합니다.

❷ Value Axis : 축의 위치를 결정합니다.

❸ Style

    a. Add Drop Shadow : 그래프에 그림자를 넣습니다.

    b. First Row in Front : 그래프의 범위가 서로 겹치는 방식을 조절합니다.

    c. Add Legend Across Top : 그래프의 종류 표시가 나타나는 위치를 위쪽으로 설정합니다.

    d. First Column in Front : 데이터 입력 대화상자에 입력한 처음 열을 맨 위로 옮깁니다.

❹ Options : 그래프 옵션의 설정 그래프 형식에 따라 다른 옵션이 나타납니다.

■ **[Graph Design] 설정 대화상자**

그래프 디자인을 만들고 등록하여 사용합니다. 그래프를 만들고 선택된 상태에서 [Object]−[Graphic]−
[Design] 메뉴를 선택하여 열어줍니다.

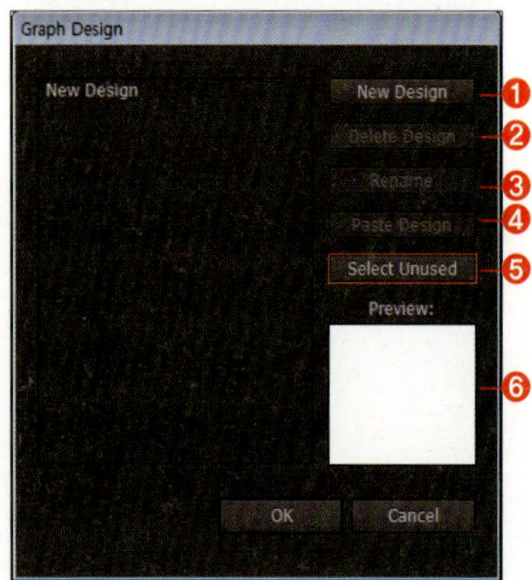

❶ New Design : 오브젝트를 이용하여 새로운 그래프 디자인을 등록합니다.

❷ Delete Design : 디자인을 삭제합니다.

❸ Rename : 그래프 디자인의 이름을 재설정합니다.

❹ Paste Design : 디자인을 변경하여 다시 등록할 때 사용합니다.

❺ Select Unused : 사용하지 않은 디자인을 선택합니다.

❻ Preview : 미리보기를 해줍니다.

■ [Graph Column] 설정 대화상자

그래프에 디자인을 적용할 때 다양한 옵션을 설정하는 대화상자로 디자인 설정창과 묶어 시각적인 요소를 결정합니다. [Object]-[Graphic]-[Column] 메뉴를 선택하여 열어줍니다.

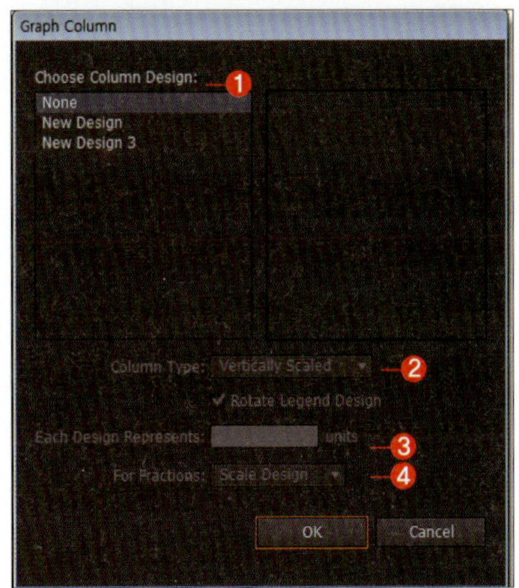

❶ Choose Column Design : 등록한 디자인 목록을 선택합니다.

❷ Column Type : 선택한 디자인을 어떤 타입으로 적용할지를 결정합니다.

　a. Vertically Scale : 세로로 커지는 타입입니다.

　b. Uniformly Scaled : 크기 전체가 커지는 타입입니다.

　c. Repeating : 수치에 따라 반복되어지는 타입입니다.

　d. Sliding : 수치에 따라 늘어나는 타입입니다.

❸ Each Design Represents : Repeating 반복 타입으로 했을 때 디자인 하나의 단위당 크기를 말합니다.

❹ For Fractions : Repeating 반복 타입으로 했을 때 소수점은 어떻게 보이게 될지를 결정합니다.

사용하려는 의도에 맞는 오브젝트로 그래프를 디자인에 적용하면 의도에 맞는 적절한 그래프를 만들 수 있습니다. 그래프를 만들고 수치대로 입력하고 그래프 디자인을 등록하고 적용하여주는 방법을 알아봅니다.

예제 파일 | DVD₩Part07₩pencil.ai **완성 파일 |** DVD₩Part07₩graphdesign.ai

01. 가로로 새로운 창을 만듭니다. 막대 그래프 툴(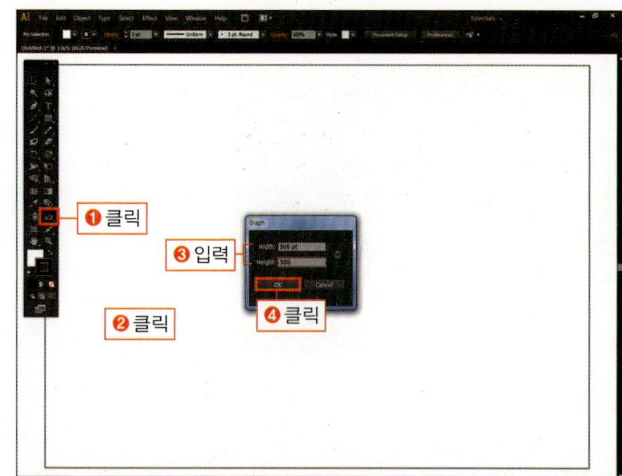)을 선택하고 바닥을 클릭하여 [Graph] 대화상자가 나타나면 [Weight]는 '500pt', [Height]는 '500pt'을 입력한 후 [OK] 단추를 클릭합니다.

02. 입력 대화상자와 그래프가 나타나고 입력칸에 '10'을 입력하고 Enter 를 누른 후, 다음 옆 칸을 클릭하고 '20'을 입력하고 Enter 를 누릅니다. 이런 방법으로 5개의 그래프를 만듭니다. 입력이 끝나면 [Apply]를 클릭해 끝냅니다.

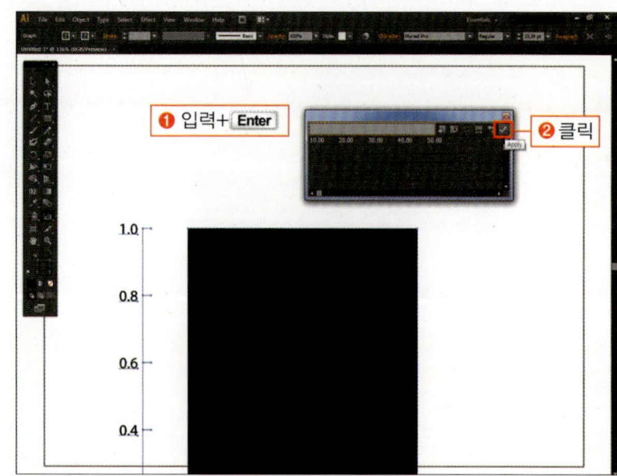

03. 그래프가 만들어지면 그 상태로 입력 대화상자를 닫습니다.

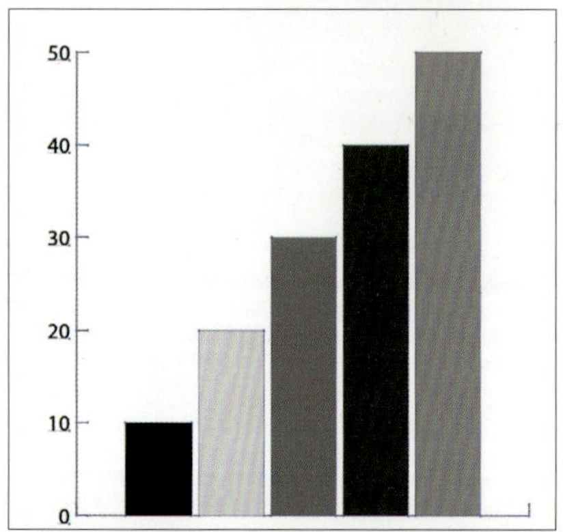

04. 그래프 디자인을 등록하기 위해 'Pencil.ai' 파일을 불러옵니다. [Ctrl]+[C]로 만들어 놓은 그래프 도큐먼트 파일에 [Ctrl]+[V]로 붙입니다. 열려진 파일에 선택 툴(   )로 오브젝트를 선택하고 [Object]-[Graph]-[Design] 메뉴를 선택합니다. [Graph Design] 대화상자에서 [New Design]을 클릭한 후 [OK] 단추를 클릭합니다.

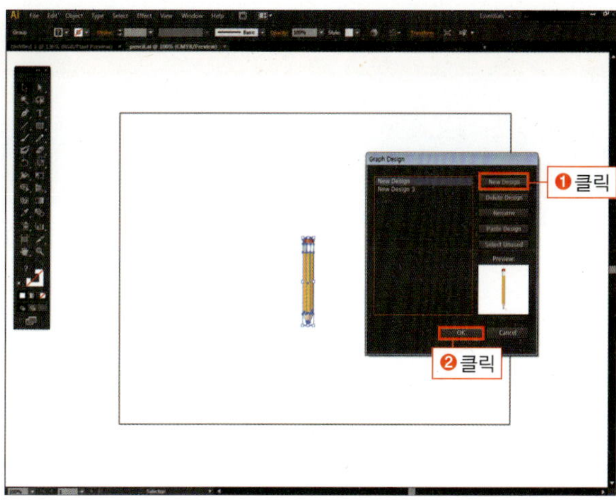

05. 이제 그래프에 디자인을 등록합니다. 아까 만들어 놓은 그래프를 선택하고 [Object]-[Graph]-[Column] 메뉴를 선택합니다.

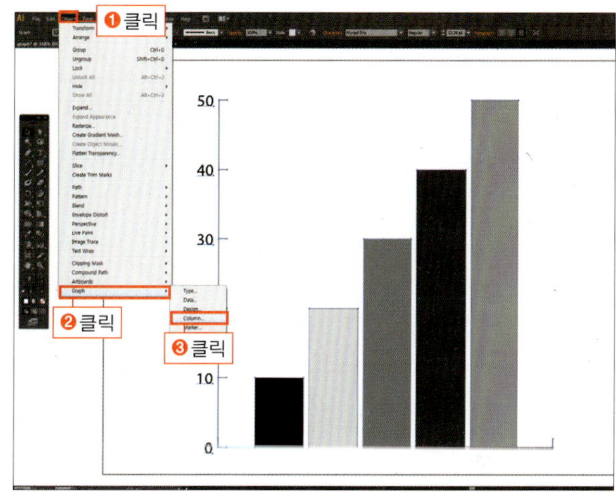

06. [Graph Column] 대화상자에서 [New Design]을 선택하고 [Column Type]을 [Uniformly Scaled]로 선택한 후 [OK] 단추를 클릭합니다. 디자인이 적용된 그래프가 완성되었습니다. 이와 같은 방식으로 다양한 오브젝트를 이용한 그래프를 완성할 수 있습니다.

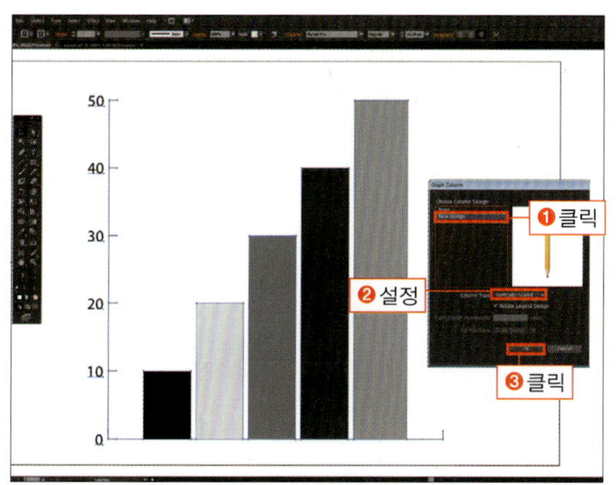

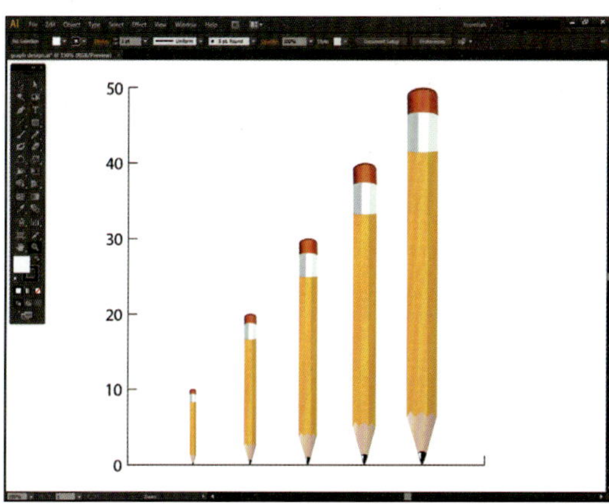

2차원적인 그래프를 만들고 수치를 입력하여 컬러를 바꾸고 알아보기 쉽게 3D화하는 방법을 알아봅니다.

완성 파일 | DVD\Part07\3DGRAPH.ai

01. 새로운 창을 열고 [Tool] 패널에서 파이 그래프 툴( )을 선택하고 바닥을 클릭합니다. [Graph] 대화상자에서 [Width]는 '100', [Height]는 '100'을 설정하고 [OK] 단추를 클릭해 새로운 그래프를 만듭니다.

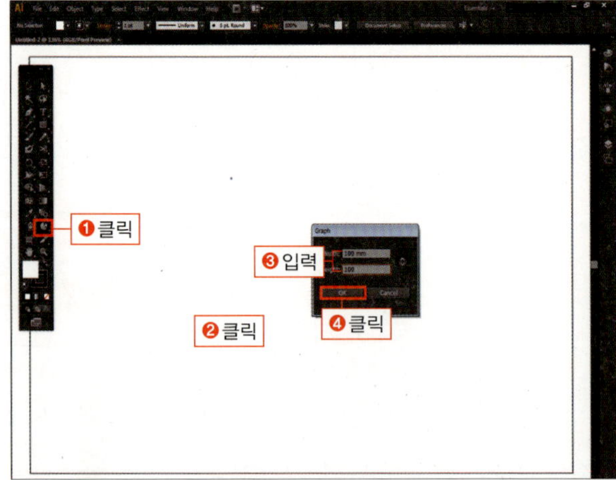

02. 입력 대화상자에 차례대로 '30', '28', '52'를 각각 Enter 를 눌러 입력하고 우측에 apply를 클릭하면 그래프에 적용됩니다.

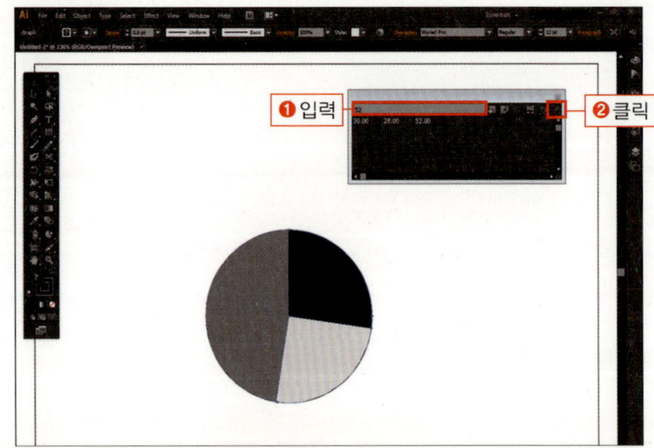

03. 이제 직접 선택 툴( )로 각각 영역을 선택하고 [Window]–[Swatch] 패널에서 메뉴를 선택합니다. [Swatch] 패널에서 클릭으로 각 영역에 컬러를 바꿔줍니다.

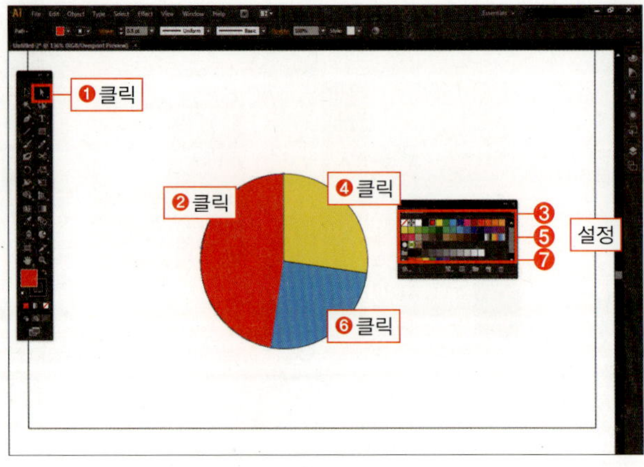

04. 전체를 선택 툴로 선택하고 [Fill & Stroke]( )을 [None]( )으로 설정합니다.

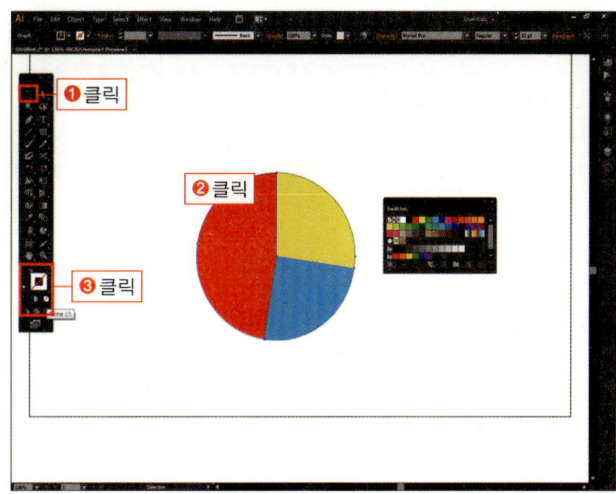

05. 이제 3D 이펙트 효과를 주기 위해 [Effect]–[3D]–[Extrude & Bevel] 메뉴를 선택하여 [3D Extrude & Bevel Options] 대화상자를 열고 프리뷰 기능을 활성화합니다. [Custom Rotation] 상태로 차례로 '52°', '0°'. '0°'으로 입력하고 [Extrude Depth]를 '50pt'로 설정한 후 [OK] 단추를 클릭합니다.

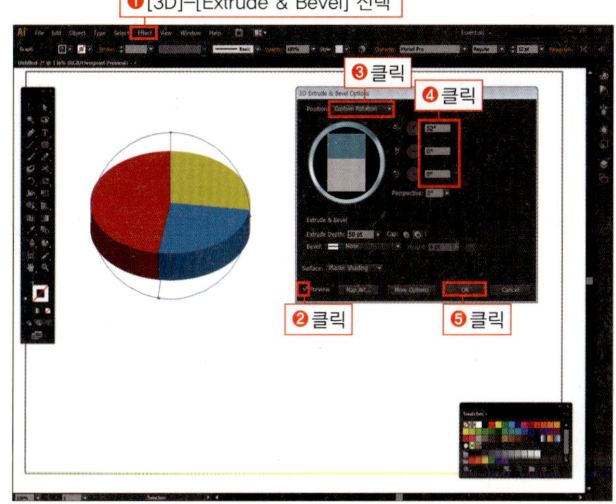

06. 직접 선택 툴( )로 클릭하고 드래그로 분리합니다. 서체는 견고딕으로 '21pt'로 해서 문자 툴(T)로 각각의 면에 퍼센트를 입력합니다.

TIP : 하나의 퍼센트를 입력하고 선택 툴( )로 드래그하고 다시 문자 툴(T)로 클릭하여 입력합니다.

복잡한 작업이나 반복 작업을 손 쉽게 해주는 Layer, Action 기능

레이어(Layer)의 개념을 이해하고 [Layers] 패널의 각 메뉴에 대해 알아보고 Action 기능과 실행방법을 알아봅니다.

기초탄탄 ▶ Layer와 Action 알아보기

■ 레이어의 개념

레이어의 메뉴를 알기 위해서는 레이어의 개념을 먼저 알아야 합니다. 레이어는 포토샵에서 매우 중요한 개념으로 거의 모든 것이라고 할 수 있지만 픽셀로 이미지를 만드는 것이 아니므로 일러스트레이터에서는 조금 다릅니다. 일러스트레이터에서는 복잡한 그림이나 각각의 이미지를 구별하고 오브젝트를 분리해야 할 이유가 있을 때 사용됩니다.

한 레이어 안에서 일러스트레이터는 레이어 개념이 없이도 여러 개의 오브젝트가 중첩되므로 눈에 보이는 이미지를 만들기도 하기 때문이므로 일러스트레이터에서도 이 레이어 개념은 중요하지만 실제로 기능적으로는 크게 중요하지는 않습니다.

그 개념은 투명한 얇은 비닐 같은 것이 여러 장이고 그 비닐마다 다른 그림이 그려져 전체로 하나의 이미지를 만드는 것을 말합니다. 예를 들어 선택하고 그 레이어만 떼어내어 삭제하거나 수정할 때는 편리하고 간단합니다. 아주 복잡한 이미지를 제작할 때에는 레이어에 각각의 네이밍을 해두면 한눈에 알 수 있기 때문에 유용합니다.

이 레이어의 개념은 일러스트레이터에서는 한 레이어 상에서 그대로 적용되는데, 투명도를 가지지 않는 오브젝트를 겹쳐서 아래 위치한 레이어를 가려주면 레이어와 같은 효과를 가지게 되는 것을 말합니다. 다음은 실제로 보여지는 레이어를 합쳐서 보는 그림입니다. 실제로 보여지는 그림은 다음과 같지만 일러스트레이터에서는 가려져서 다음 그림이 비쳐지지 않는다면 상관없습니다. 때문에 그림과 같이 보이지만 사실은 여러 가지 방법으로 보일 수 있습니다.

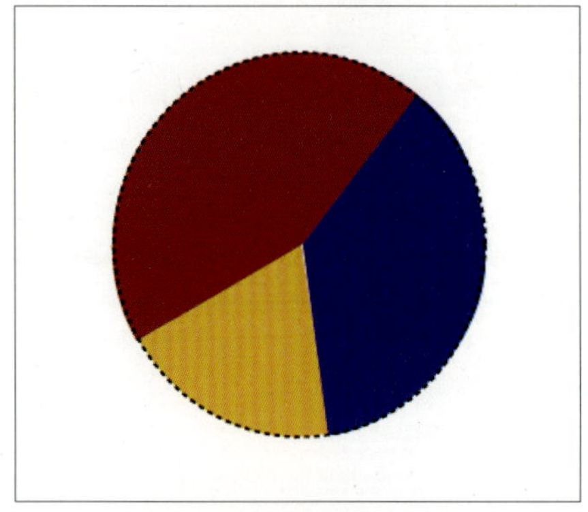

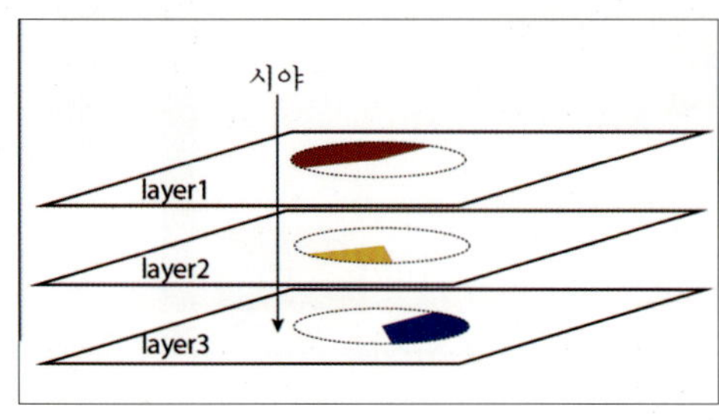

다음은 앞의 그림과 달리 Layer2, Layer3이 다른 모양이지만 실제로 보이는 이미지는 같기 때문입니다. 이런 이미지는 한 레이어 상에서도 같습니다.

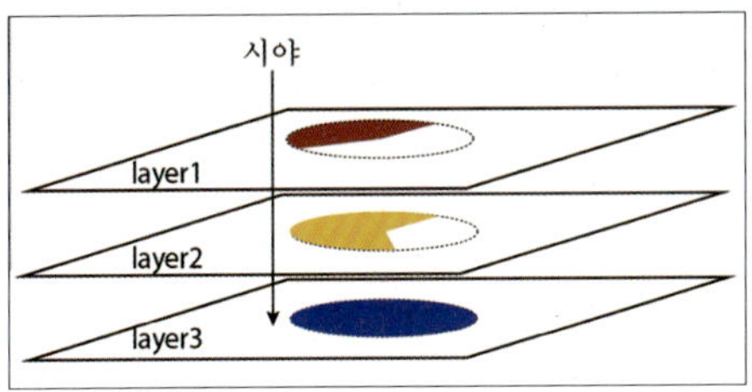

■ [Layers] 팔레트

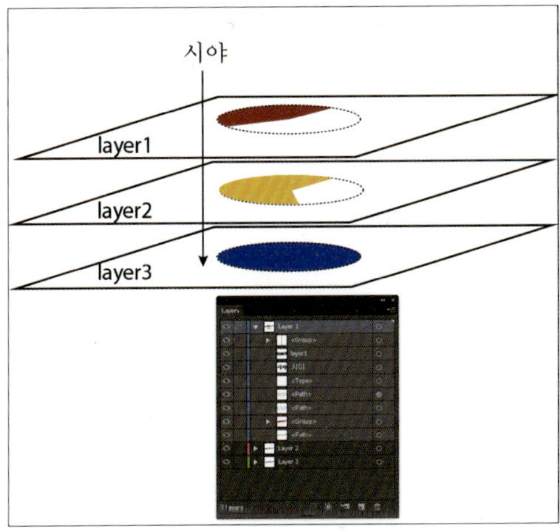

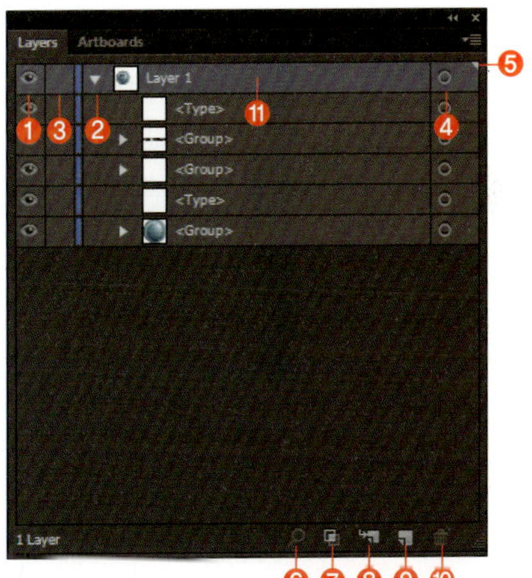

❶ Toggles Visibility : 눈 모양의 버튼으로 클릭하여 눈모양이 사라지면 레이어에 있는 모든 오브젝트가 눈에 보이지 않고 선택 또한 불가능합니다. 다시 클릭하여 나타나면 선택과 변형이 가능합니다.

❷ 하부 레이어 버튼 : 세모 모양의 버튼으로 클릭하면 하위 구성 요소가 보여지고 나타납니다.

❸ Toggles Lock : 클릭하면 자물쇠 모양의 아이콘이 나타나고 잠금 상태가 되고 변형이나 새로운 추가 작업 등이 모두 불가능합니다.

❹ 타겟 아이콘 : 레이어의 다양한 효과나 변형을 적용한 것을 나타냅니다.

❺ 선택 표시 아이콘 : 선택된 레이어에 표시됩니다.

❻ Locate object : 도큐먼트 상에서 선택된 레이어를 레이어 팔레트 상에서 찾아서 선택합니다.

❼ Make/Relese Clipping Mask : 선택된 오브젝트를 이용하여 마스크를 만들 때 사용합니다.

❽ Create New Sublayer : 선택된 레이어에 하위의 서브 레이어를 생성합니다.

❾ Create New Layer : 선택된 레이어와 같은 수준의 동등한 레이어를 생성합니다

❿ Delete Selection : 선택된 레이어를 삭제합니다. 오브젝트의 방향을 정합니다.

⓫ Layer : 레이어로 큰 단위와 작은 단위의 두 가지가 있고 세부 path 단위까지 나타납니다.

이중 다소 복잡한 레이어 메뉴는 타겟 아이콘으로 모양에 따라 각각 다른 상태를 알게 합니다. 기본 상태는 선택되지도 않았고 어떤 효과도 적용하지 않은 상태이고 원이 겹쳐 나타나면 오브젝트가 목표로 정해져 효과를 적용할 대상으로 되어 있음을 알립니다. 안쪽이 채워진 원은 설정되어 있음을, 이미 효과가 지정된 레이어를 다시 재설정하려 할 때는 다시 채워진 원 외곽에 큰 원이 나타납니다.

■ 레이어 팝업 메뉴

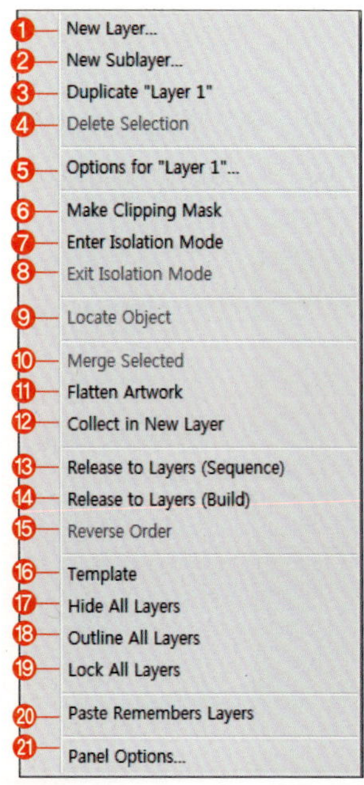

❶ New Layer : 새로운 레이어를 만들 때 사용합니다.

❷ New Sublayer : 하위 레이어를 생성합니다.

❸ Duplicate Layer : 선택 레이어와 동일한 레이어를 생성합니다.

❹ Delete Selection : 선택한 레이어를 삭제합니다.

❺ Options for Layer : 선택한 레이어에 옵션을 바꿉니다.

❻ Make Clipping Mask : 마스크 기능에 적용 해제를 합니다.

❼ Enter Isolation Mode : 선택된 레이어에 상위 메뉴를 하나의 레이어로 묶어 단순화시킵니다.

❽ Exit Isolation Mode : Iolation Mode에서 해제합니다.

❾ Locate Object : 선택된 오브젝트를 레이어 판넬 상에서 선택합니다.

❿ Merge Selection : 여러 개의 레이어 선택 시 하나의 레이어로 합칩니다.

⓫ Flatten Artwork : 도큐먼트 상의 모든 레이어를 하나로 합칩니다.

⓬ Collection in New Layer : 선택한 레이어를 새 레이어나 레벨에 배치합니다.

⓭ Release to Layers(Sequence) : 선택된 오브젝트의 모든 오브젝트를 각각의 레이어로 만들어 배치합니다.

⓮ Release to Layers(Build) : 선택된 오브젝트의 모든 오브젝트를 차례로 보여지는 형태로 만듭니다.

⑮ Reverse Order : 선택된 오브젝트들을 순서를 바꿔 거꾸로 해줍니다.

⑯ Template : 선택된 레이어를 선택과 변경 이동이 불가능한 Template Layer로 변경합니다.

⑰ Hide All Layer : 선택된 레이어 상의 오브젝트 외에 나머지 오브젝트를 보이지 않게 합니다.

⑱ Outline All Layer : 선택된 레이어 상의 오브젝트 외에 나머지 오브젝트를 패스만 보여지게 합니다.

⑲ Lock All Layer : 선택된 레이어 상의 오브젝트 외에 나머지 레이어를 모두 잠금 상태로 바꿔줍니다.

⑳ Paste Remembers Layers : 체크 상태로 오브젝트에 복사 시 다른 레이어에 옮기거나 붙여도 원본 레이어에 붙여진 상태를 유지합니다.

㉑ Panel Option : 레이어 팔레트 상에 환경을 조절하는 옵션입니다.

■ [Actions] 패널 알아보기 `384p`

[Actions] 패널에서 마우스 오른쪽 버튼을 클릭하여 팝업 메뉴를 열어 확인합니다.

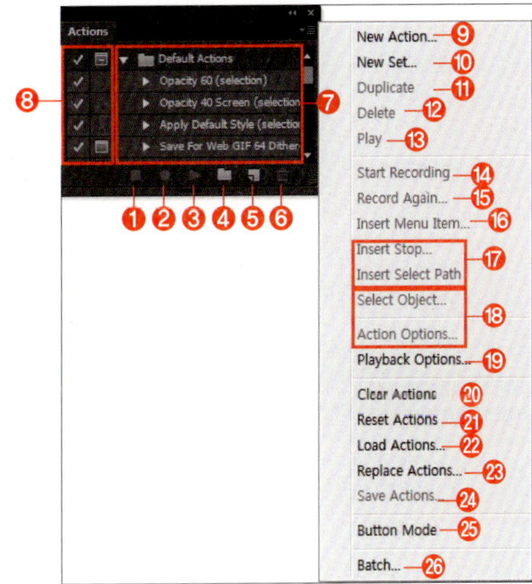

❶ Stop Playing/Recording : 정지 버튼으로 액션을 정지시킵니다.

❷ Begin Recording : 기록을 시작하게 하는 레코딩 버튼입니다.

❸ Play Current Selection : 기록된 내용을 실행시킵니다.

❹ Create New Set : 새로운 Set을 만들고자 할 때 사용합니다.

❺ Create New Action : 새로운 Action을 만들고자 할 때 사용합니다.

❻ Delete Selection : 선택되어진 액션들을 삭제합니다.

❼ 일반적인 폴더와 같이 여러 가지 액션을 모아 담아놓았습니다. 더블클릭하여 폴더의 이름을 변경할 수 있습니다.

❽ 실행체크 박스입니다. 체크되어 있으면 실행하게 되고 체크를 풀어 놓으면 건너뛰고 넘어갑니다. 이 부분을 체크에서 제외하면 액션 작업에서 이 항목은 제외됩니다.

❾ New Action : ❺번 새로운 액션 만들기 버튼과 같습니다.

⑩ ❹번의 새로운 Set 만들기 버튼과 같습니다.

⑪ 선택된 액션을 복제합니다.

⑫ ❻번과 같은 기능을 합니다.

⑬ ❸번 플레이와 같은 기능을 합니다.

⑭ ❷번 레코딩 플레이와 같은 기능을 합니다.

⑮ 선택된 액션의 속성을 변경할 때 사용합니다.

⑯ 메뉴 삽입 기능으로 메뉴 아이템 삽입 시에 사용합니다.

⑰ 메시지 입력창을 열어 액션 실행 시에 입력한 메시지가 나타나게 합니다. 실행 시에 안내 멘트 삽입과 같은 기능을 하게 합니다. 바로 밑 [Insert Select Path]는 복제 기능으로 선택된 오브젝트를 복사하여 생성합니다.

⑱ 액션 실행 중에 [Attributes] 팔레트(히스토리 기능 같은 것으로 내가 작업하는 중에 있는 모든 상황을 기록하고 보여줍니다)에 지정된 실행을 선택하여 액션을 실행시킵니다. Action Options는 선택된 액션의 이름이나 단축키를 변경시키기 위한 메뉴입니다.

⑲ 실행 단계를 순차적으로 할지를 결정합니다.

⑳ 액션 팔레트의 모든 액션을 삭제합니다.

㉑ 선택된 액션을 기본 액션으로 되돌립니다.

㉒ 기본적으로 프로그램에서 제공하는 액션을 불러들일 때 사용합니다.

㉓ 선택된 액션 대신 불러온 액션으로 대체합니다.

㉔ 액션을 팔레트에 저장합니다.

㉕ 액션 팔레트에 Set들을 버튼 형식으로 바꿔줍니다.

㉖ 원하는 폴더에 모든 파일을 Action으로 적용합니다.

■ 새로운 액션 대화상자

액션 패널 상에서 [Create New Action]을 누르면 나타나는 대화상자로 새로운 액션을 기록하도록 도와줍니다.

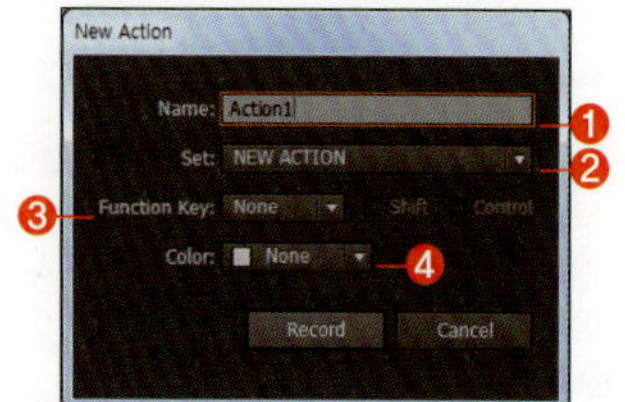

❶ Name : 액션에 이름을 지정합니다.

❷ Set : 지정 항목을 지정합니다.

❸ Function key : 버튼 모드로 펑션 키를 지정하거나 해제합니다.

❹ Color : 컬러 지정 창으로 버튼 모드일 때 해당하는 액션에 컬러가 정해집니다.

TIP : ALIGN 패널의 Align object 알아보기

오브젝트를 정렬하는 패널인 ALIGN 패널에 대해 자세히 알아봅니다. [Window]-[Align] 메뉴를 선택하여 패널을 열어 각각의 항목을 살펴보겠습니다.

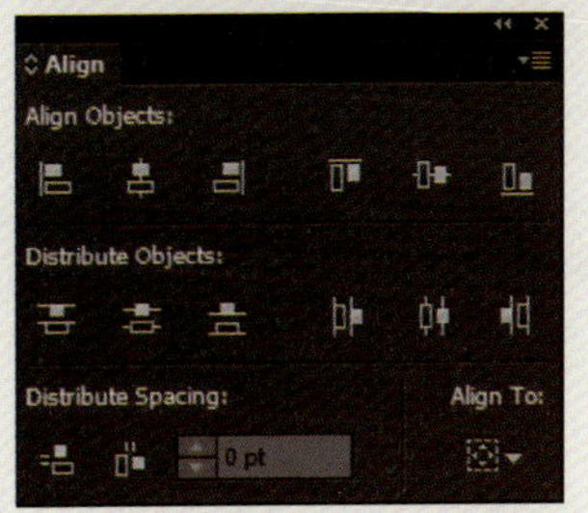

■ Align Object 항목

❶ Horizontal Align Left : 임의의 세로 기준선을 기준으로 왼쪽 정렬이 됩니다.

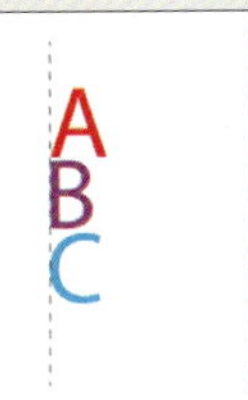

❷ Horizontal Align Center : 임의의 세로 기준선을 기준으로 중앙에 정렬됩니다.

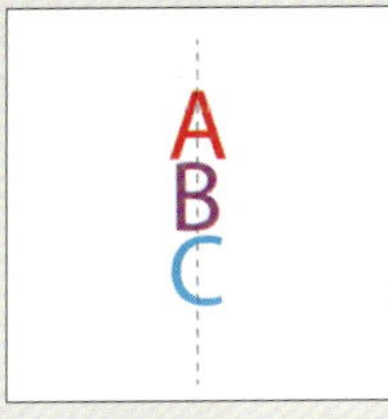

❸ Horizontal Align Right : 임의의 세로 기준선을 기준으로 좌측에 정렬됩니다.

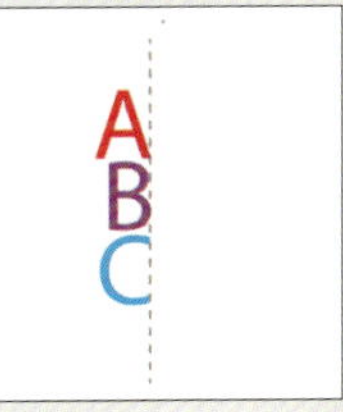

❹ Vertical Align Top : 임의의 가로 기준선을 기준으로 위쪽에 정렬됩니다.

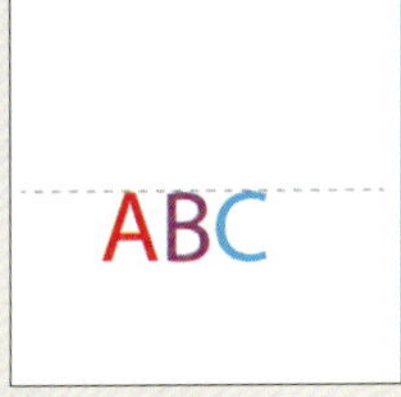

❺ Vertical Align Center : 임의의 가로 기준선을 기준으로 중앙에 정렬됩니다.

❻ Vertical Align Bottom : 임의의 가로 기준선을 기준으로 아래쪽에 정렬됩니다.

일단 제작된 일러스트는 오브젝트를 선택하고 이동하는 과정에서 형태를 변경할 수 있는데 레이어로 제작된 일러스트는 그런 점에서 매우 간단히 삽입과 삭제 등이 편리합니다.

예제 파일 | DVD₩Part07₩LAYER.ai, earring.ai **완성 파일 |** DVD₩Part07₩LAYER.ai

01. 'Layer.ai' 파일을 불러옵니다. [Window]–[Layers]에서 레이어 패널을 열고 돋보기 툴(🔍)로 얼굴을 확대하면 귀고리가 보입니다. 이제 웨딩드레스에 맞는 은색 진주의 화려한 귀고리로 바꿔보겠습니다.

02. 'earring.ai' 파일을 불러옵니다. 오브젝트를 선택하여 Ctrl+C를 눌러 복사합니다. 창을 닫고 LAYER.ai파일이 열린 도큐먼트로 돌아와 [layer] 패널에서 이미 있던 귀고리 오브젝트를 선택하고 눈 모양의 버튼을 눌러 보이지 않도록 합니다.

03. 그 상태로 아래 [New Layer]를 누르면 귀고리 레이어 위로 새로운 레이어 창이 추가되고 Ctrl+V를 누르면 새로운 귀고리를 붙일 수 있습니다.

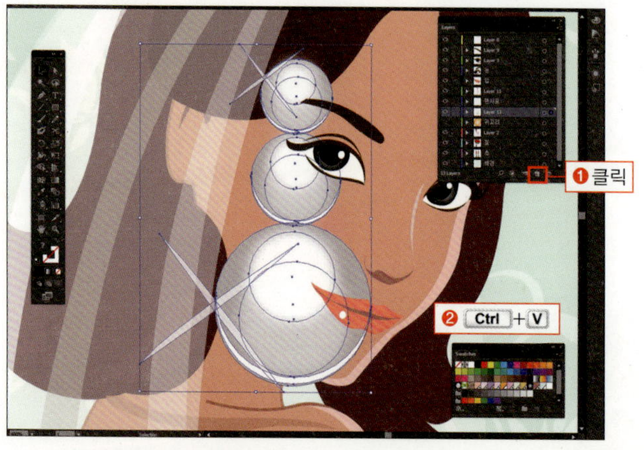

04. Bounding Box를 이용하여 사이즈를 조절하고 귀에 붙여줍니다. 레이어 판넬에서 레이어 네임을 'new ring'으로 바꿔줍니다.

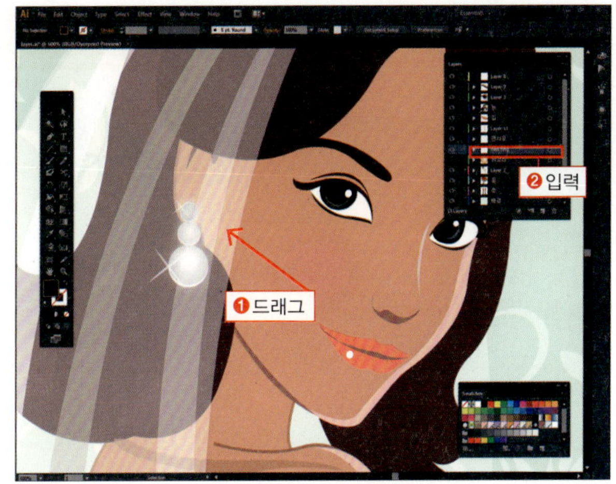

05. [layer] 패널에서 귀고리 레이어를 제외한 모든 레이어에 눈 모양 아이콘 옆의 네모 칸을 클릭하여 자물쇠 모양을 만들어줍니다. 선택하려는 오브젝트 외에 그 주변의 오브젝트는 모두 동일하게 합니다.

06. 선택 툴(　)을 선택하고 드래그하여 귀고리를 선택합니다. 자물쇠로 잠김 상태가 된 레이어들은 선택되지 않고 귀고리만 선택됩니다. 선택된 오브젝트를 **Shift** 를 눌러 비율이 유지된 상태에서 크기를 어울리게 줄여주고 선택을 해제합니다.

액션 패널을 이용하여 간단한 액션을 실행해봅니다.

완성 파일 | DVD\Part07\action.ai

01. 새로운 창을 만든 후 [Windows]–[Actions] 메뉴를 선택합니다. [Actions] 팔레트가 나타나면 [Creat New Set]을 클릭하여 새로운 폴더를 만듭니다.

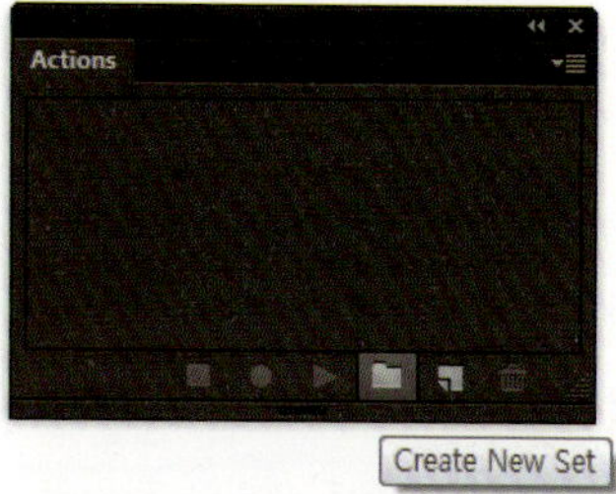

02. [New Set] 대화상자가 나타나면 [Name]에 'NEW ACTION'이라고 입력한 후 [OK] 단추를 클릭합니다. 새로운 액션 폴더가 생성되었습니다.

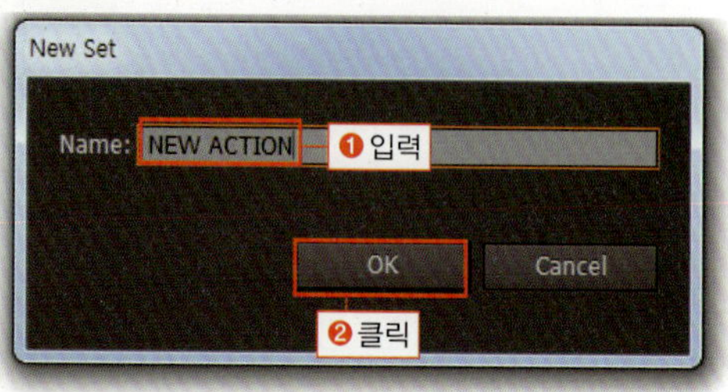

03. 이제 새로운 액션을 만들기 위해 [Create New Action] 단추를 클릭하여 새로운 Set을 만듭니다.

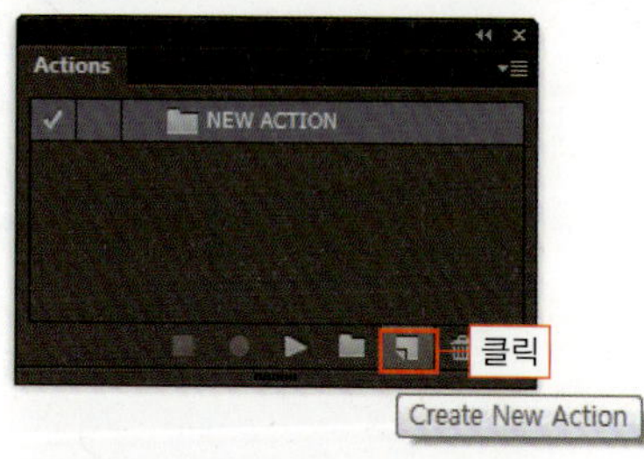

04. [New Action] 대화상자가 나타나고 [Name]에 'Action1'이라고 입력한 후 [Record] 단추를 클릭하면 기록이 진행됩니다.

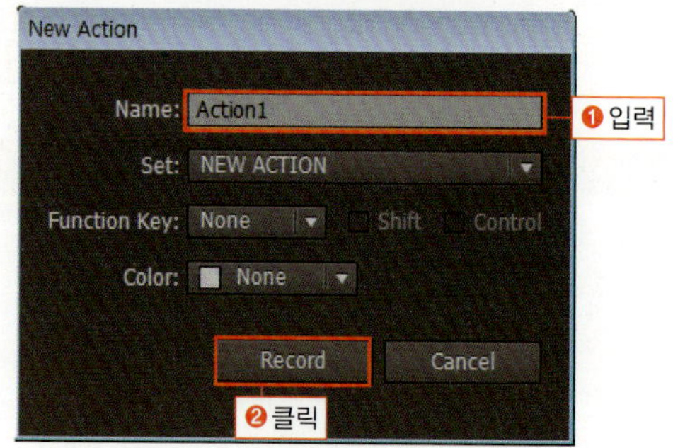

05. [Tool] 패널에서 다각형 툴( )을 선택하고 Shift 를 누른 상태에서 드래그하여 육각형을 만듭니다.

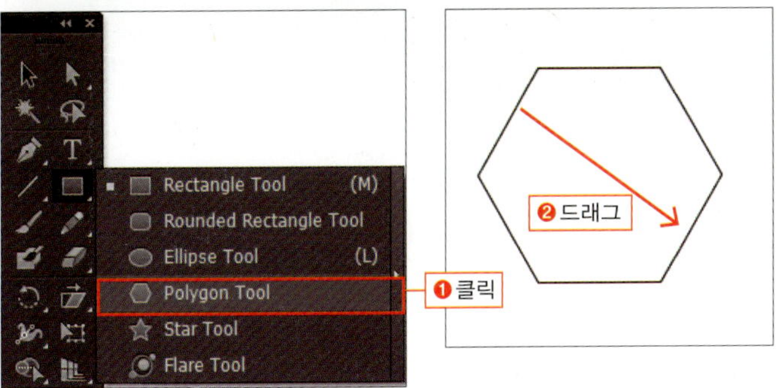

06. [Tool] 패널의 [Fill] 부분을 더블클릭하여 컬러 차트를 열고 붉은색을 지정합니다.

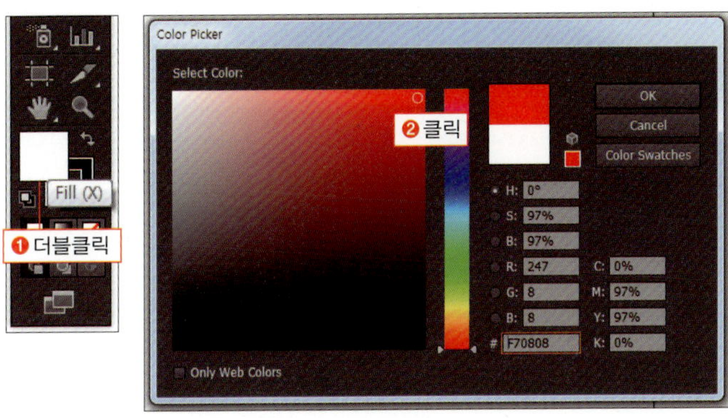

07. 이제 팝업 메뉴 글을 열기 위해 오른쪽 버튼을 클릭합니다. [Insert Menu Item]을 선택하면 [Insert Menu Item] 대화 상자가 나타납니다.

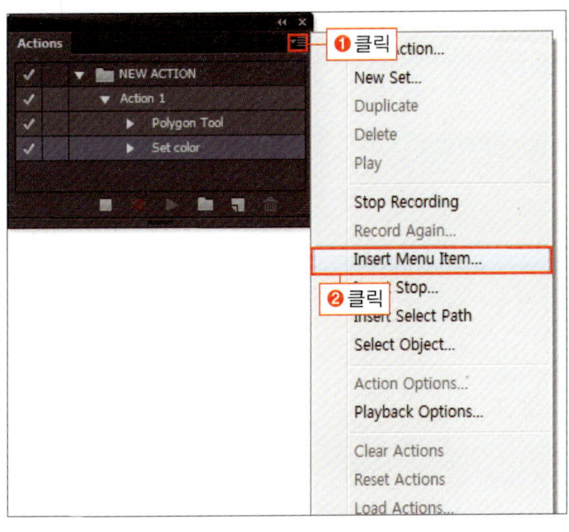

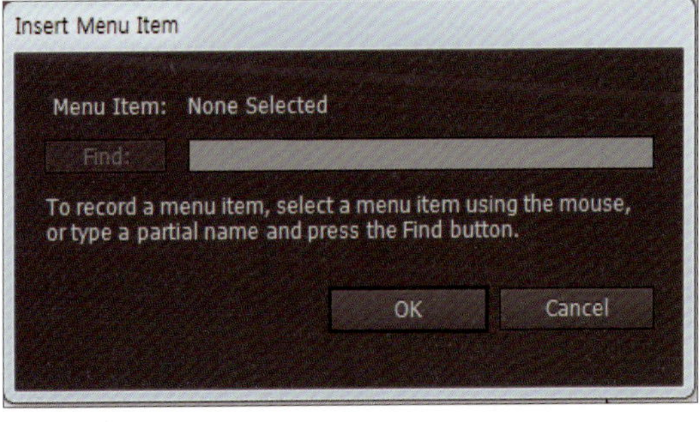

08. 이 상태에서 [Object]-[Transform]-[Rotate] 메뉴를 선택합니다. [Insert Menu Item] 대화상자에 그림과 같이 선택한 메뉴가 나타납니다.

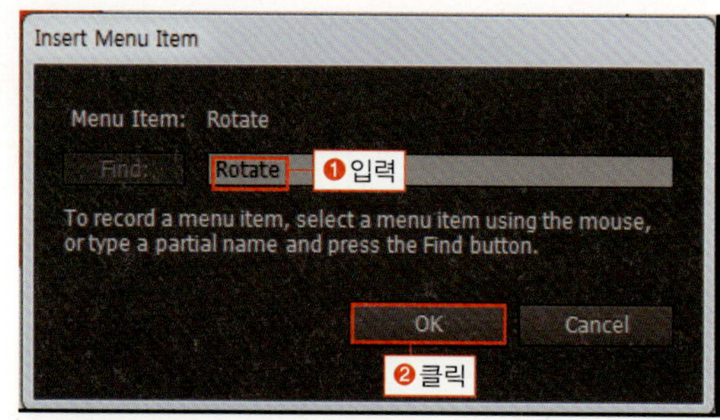

09. [OK] 단추를 클릭하고 [STOP] 버튼으로 기록을 정지합니다.

10. 이제 만든 오브젝트를 선택하고 삭제합니다. 간단한 액션이 만들어졌습니다. [Actions] 팔레트에서 [Actions 1]을 선택하고 [Play] 단추를 클릭하면 실행됩니다.

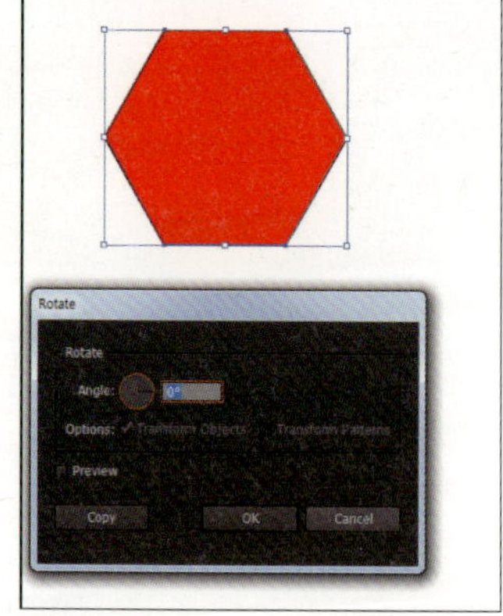

11. 만들었던 오브젝트가 그려지고 [Rotate] 대화상자가 나타납니다. [Rotate] 대화상자에서 [Angle]에 '15'를 입력한 후 [OK] 단추를 클릭합니다.

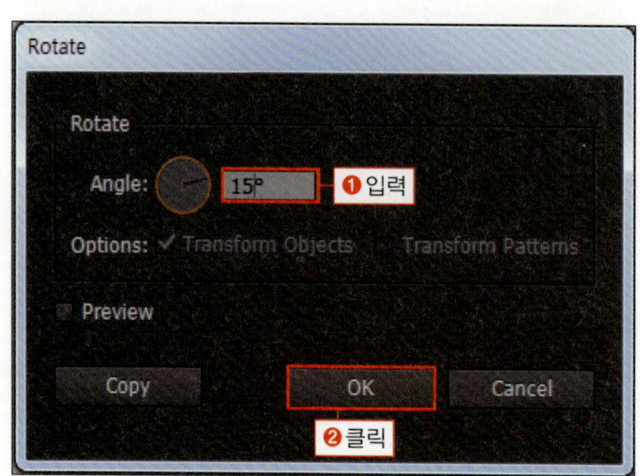

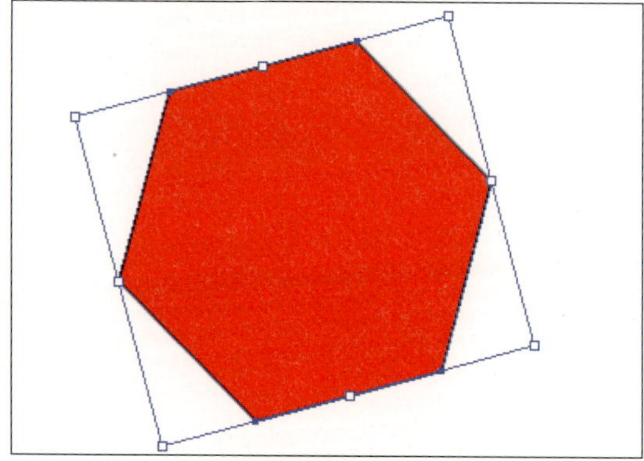

12. 그림과 같이 좌측으로 15도 기울어졌습니다. 이제 다시 액션 실행을 반복하면서 [Rotate] 대화상자의 [Angle]에 15도씩 높여 입력하면서 진행합니다.

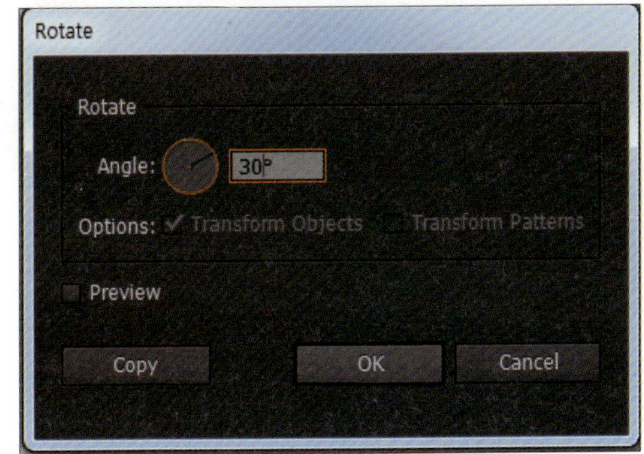

13. 그림과 같은 도형이 생겨납니다. 이와 같은 방법으로 반복적인 작업들을 기록하고 Action으로 실행할 수 있습니다.

기초탄탄 ▶ [Image Trace] 패널과 scribble 이펙트 기능 알아보기

■ Image Trace 기능 알아보고 적용하기 `395p`

[Image Trace] 패널을 살펴보려면 픽셀로 된 이미지를 불러와야 합니다. 이미지가 선택되면 메뉴들이 활성화됩니다. 이미지 트레이스는 픽셀로 된 이미지를 패스 상태의 벡터 이미지로 만들기 위한 기능입니다. 이 메뉴는 콘트롤 패널에서도 같은 기능을 합니다. 픽셀 이미지가 선택되면 콘트롤 바는 트레이스 콘트롤 패널로 바뀝니다.

그림과 같이 파일을 열고 패널 상단을 보면 6가지의 Trace 방법이 있습니다.

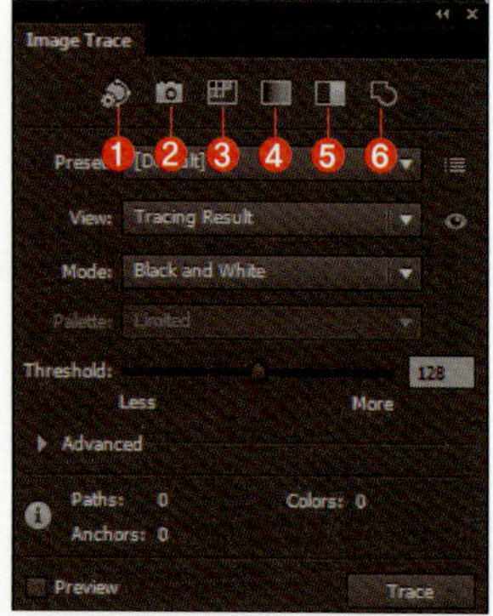

❶ Auto-Color : 자동으로 컬러를 나누고 분리합니다.

❷ High-Color : 거의 원본과 같은 수준의 디테일한 컬러로 분리합니다.

❸ Low-Color : 색의 분리 정도가 적습니다.

❹ Grayscale : 흑백으로 나누어 흑의 진한 정도로 그림을 구분합니다.

❺ Black & White : 극단적인 흑과 백으로 단순화하여 분리합니다.

❻ Outline : 외곽선만을 인식하여 나누어냅니다.

■ Preset의 다양한 트레이스 스타일

Preset은 다양한 트레이스 스타일이 나와 있습니다. 다양하고 디테일한 트레이스 옵션이 있습니다. 대부분 컬러나 특색으로 전체를 효과있게 나누어 패스로 만드는 방법 등입니다.

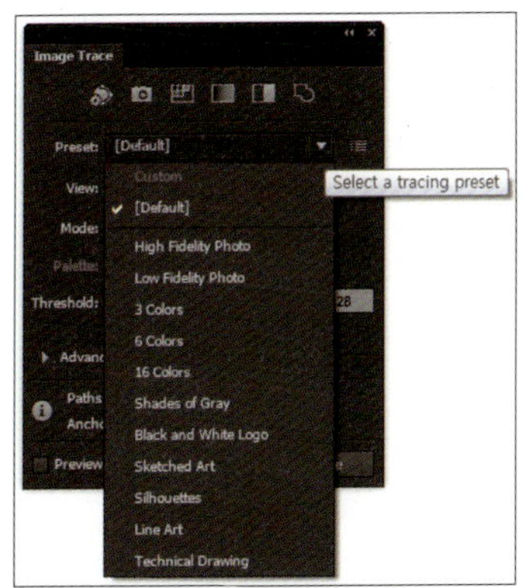

❶ 다음 View 메뉴는 먼저 열어온 픽셀 이미지를 [Auto-Color] 상태에 놓고 클릭하여 트레이스합니다. 진행창이 뜨고 그림과 같이 변합니다.

❷ 그 상태에서 오른쪽의 눈 모양을 누르고 있으면 트레이스하기 전의 상태를 보여줍니다. 다시 누른 상태를 해제하면 원상태로 돌아갑니다.

❹ 그 외에 미리보기 메뉴인 Preview와 Trace 명령 메뉴가 있습니다. 최종적으로 상단에 [Trace Cotrol Bar]에 [Expand]를 눌러 트레이스가 완료되었음을 확인합니다.

❺ 이 상태에서 각각의 오브젝트를 분리하길 원한다면 [Object]-[Ungroup] 메뉴를 선택하여 그룹을 해제합니다. 각각의 오브젝트가 모두 분리되어 있는 것을 볼 수 있습니다.

■ **scribble 이펙트 기능을 이용한 자연스러운 효과주기** `398p`

실제 디자인물에서 자주 쓰이는 기능으로 엽서나 포스터 디자인 등 여러 가지 인쇄물에 다양하게 사용되는 효과입니다. 일러스트레이터의 다소 딱딱한 느낌을 이펙트 기능을 통해 자연스러운 느낌을 주는 [Effect]−[Stylize]−[Scribble] 효과를 알아봅니다.

scribble 옵션 대화상자 알아보기

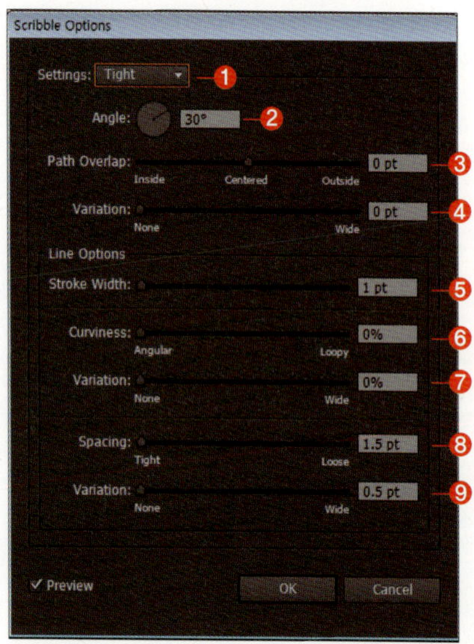

❶ Setting : 지정된 스타일에 흘려 그리기 스타일을 정합니다.

❷ Angle : 선의 각도를 지정합니다.

❸ Path Overlap : 선이 초기 오브젝트를 넘어서는 정도를 정합니다.

❹ Variation : 선이 넘어서는 정도에 따라 길이를 조절합니다.

❺ Stroke Width : 선두께를 지정합니다.

❻ Curviness : 선에 구부려진 정도를 설정합니다.

❼ Curviness Variation : 구부려진 선들에 곡선의 차이를 설정합니다.

❽ Spacing : 선들이 겹쳐진 간격을 설정합니다.

❾ Spacing Variation : 겹친 선들의 간격 차이를 설정합니다.

파도와 모래사장 부분만을 선택하고 [Effect]-[Stylize]-[Scribble] 메뉴를 선택하여 설정 대화상자를
열어줍니다.

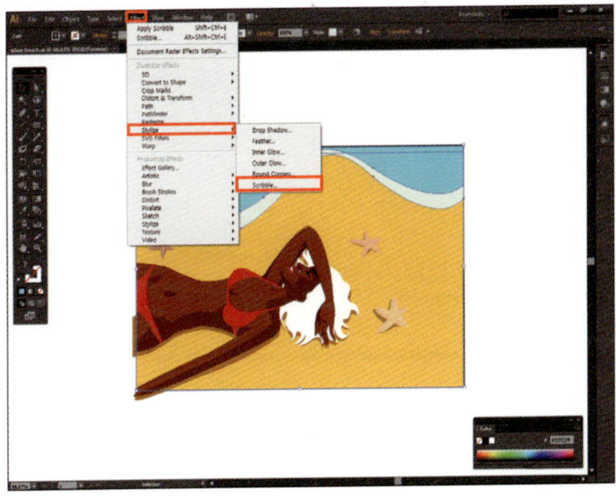

Childlike 스타일

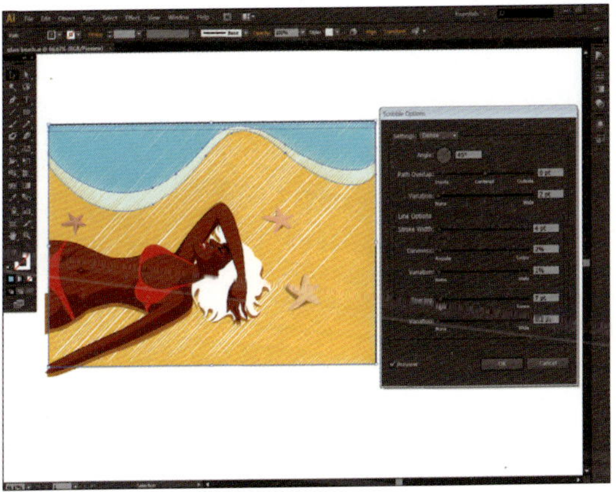

Dense 스타일

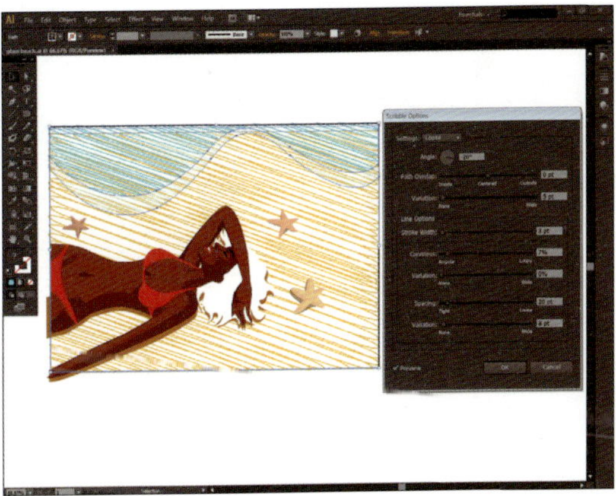

Loose 스타일

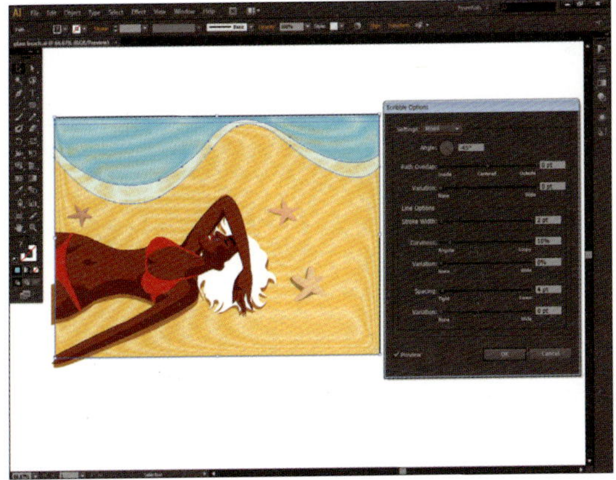

Moire 스타일

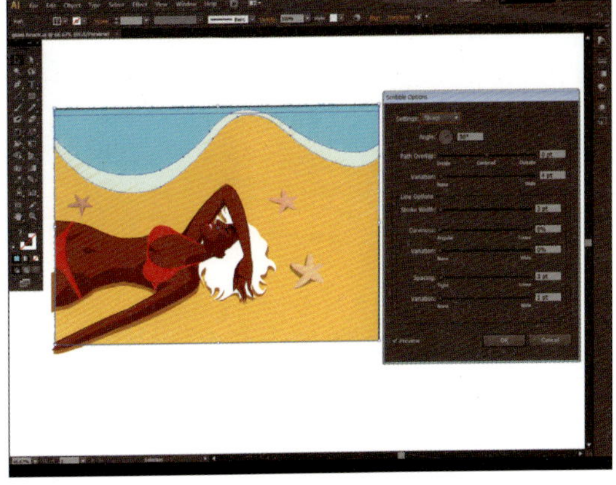

Sharp 스타일

Sketch 스타일

Snarl 스타일

Swash 스타일

Tight 스타일

zig zag 스타일

TIP : 이와 같은 기능들은 일러스트레이터의 단조롭거나 예리하고 딱딱한 선들이라는 단점을 보완하여 부드럽고 자연스러운 느낌을 주어 다양한 일러스트가 가능하게 합니다.

픽셀 이미지를 불러와 벡터 이미지로 바꿔 빈티지 스타일의 백그라운드를 만들어 보겠습니다.

예제 파일 | DVD\Part07\FLOWER.jpg **완성 파일** | DVD\Part07\FLOWERF.ai

01. 'FLOWER.JPG' 파일을 불러옵니다. 파일 전체를 보기 위해 **Ctrl** + **-** 로 창을 줄여주고 아트보드 툴( )로 아트보드를 이미지 전체에 맞춰줍니다.

> **TIP** : **Ctrl** + **-** 와 **Ctrl** + **O** 를 누르면 창에 맞도록 크기가 변경됩니다.

02. 이미지를 선택 툴( )로 선택하면 상단에 [Control] 패널은 이미지 [Control] 패널로 변경되고 이미지 트레이스 버튼이 나타납니다.

03. [Image Trace] 단추를 클릭하면 다양한 컬러로 이미지를 분할하는 메뉴창이 나타나고 '6 Color'를 선택합니다.

04. 진행창이 나타나고 기다리면 이미지가 6가지 컬러로 분할됩니다. 이제 선택 상태로 상단에 [Expand]를 클릭하면 모든 오브젝트가 벡터로 활성화됩니다.

05. 이제 선택 상태로 [Object]–[Ungroup] 메뉴를 선택하여 그룹을 해제합니다.

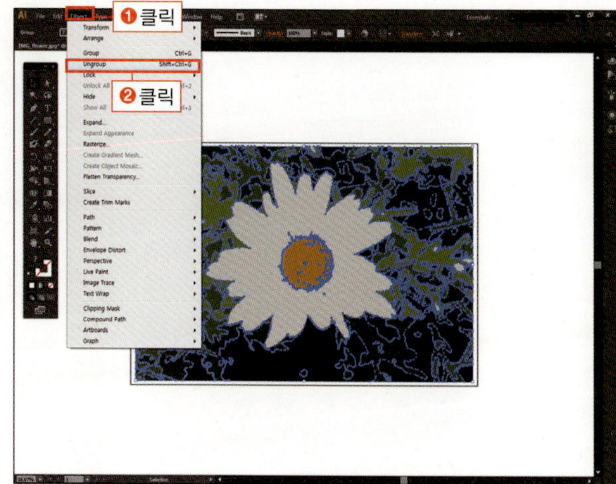

06. [Tool] 패널에서 마술봉 툴(　)을 더블클릭하여 마술봉 툴 설정 창을 열어 [Tolerance]를 '30'으로 하고 푸른 잎부분을 클릭하여 선택하고 선택 툴로 클릭하여 아래로 드래그하여 분리합니다.

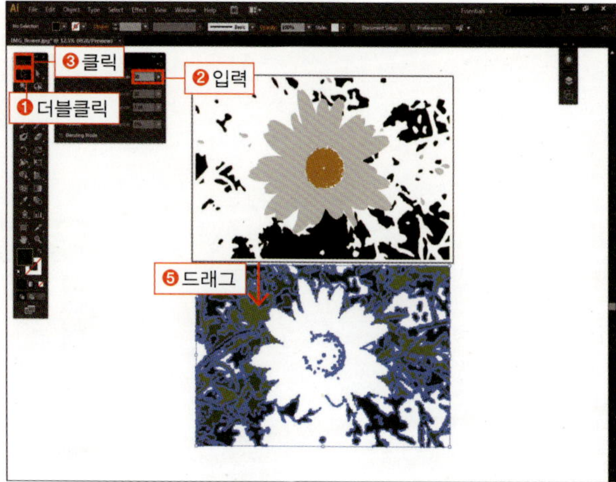

07. 사각도형 툴(￭)로 드래그하여 그림에 외곽에 맞는 사각형을 각각 그려주고 [**Shift**] + [**Ctrl**] + [**[**]을 눌러 맨 뒤로 각각 보냅니다.

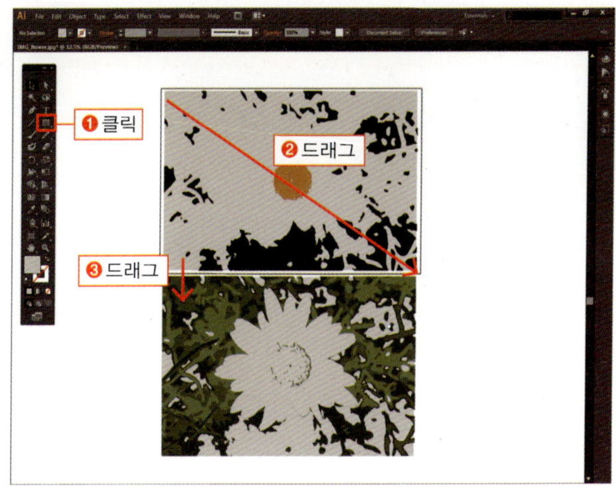

08. 위의 그림의 사각형을 선택하고 [color] 패널을 열어 'R : 244, G : 155, B : 12'로 설정하고 아래 그림은 'R : 249, G : 249, B : 0'으로 설정하여 빈티지한 그림으로 바꿔줍니다.

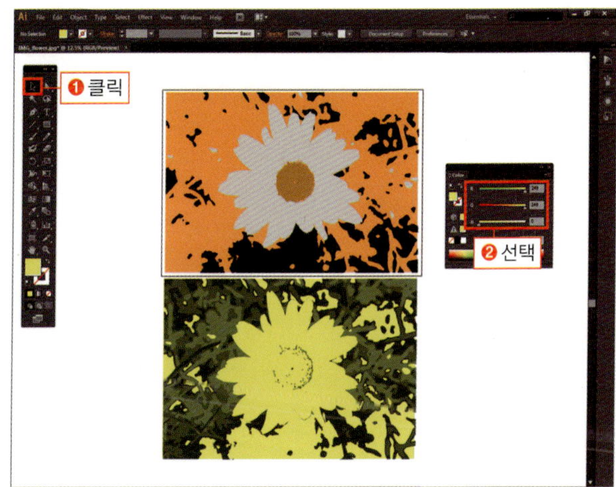

09. 어울리는 서체로 텍스트를 쓰고 크기를 조절하여 앉혀줍니다.

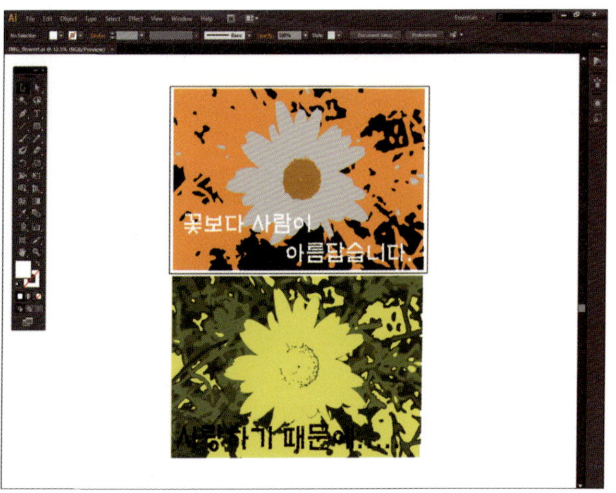

TIP : 여기서는 폰트를 HY목각파임B 서체를 사용하였습니다.

물속에 비친 모습은 물의 흐름 표현 때문에 자연스럽게 표현하기 어렵습니다. 하지만 이펙트 기능 중 scribble 이펙트를 사용하면 간단하게 표현할 수 있습니다.

예제 파일 | DVD₩Part07₩shadows on the water.ai **완성 파일** | DVD₩Part07₩shadows on the waterF.ai

01. 'shadows on the water.ai' 파일을 불러옵니다. 선택 툴(   )을 클릭하여 여자 오브젝트만을 선택하고 **Alt** 를 누른 상태에서 드래그하여 복사합니다.

02. [Bounding Box]에 부분을 클릭하여 드래그로 아랫부분을 지나 아래까지 드래그하여 반전시켜줍니다. 실제 이미지보다 다소 길게 늘여줍니다.

03. 자리를 잡아주고 [Effect]–[Stylize]–[scribble] 메뉴를 선택하여 [Scribble Options] 대화상자를 열고 Custom, 상태 [Angle]을 '0˚'으로 설정하고 [OK] 단추를 클릭합니다.

04. 오브젝트를 선택하고 상단의 [control] 패널에
서 [opacity]를 '50%'로 조절합니다.

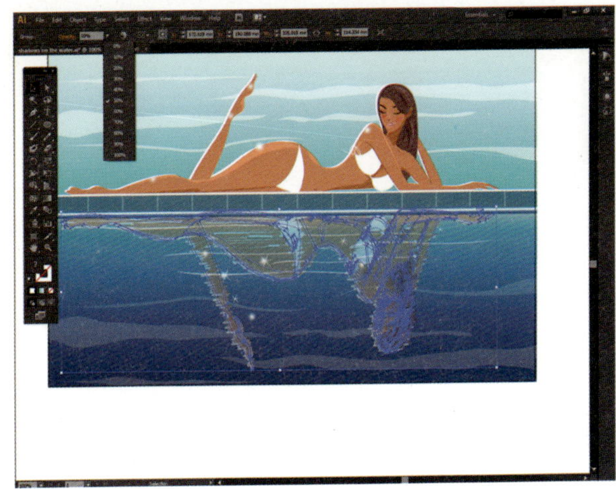

05. 선택을 해제합니다. 간단하게 물에 비친 그림
자가 완성되었습니다.

이미 만들어놓은 그래프에 속성 변경하기

실무에서 프리젠테이션 중에 그래프의 스타일이나 입력 수치 등을 변경해야 할 때가 있습니다. 그때 처음부터 다시 작업하는 것을 피하고 수정으로 시간을 단축하는 편리함을 위해 꼭 알아두어야 할 속성 변경하기에 대해 알아봅니다.

01. 완성된 그래프를 선택하고 [Object]–[Graph]–[Type] 메뉴를 선택하면 타입을 변경하는 대화상자가 나타납니다.

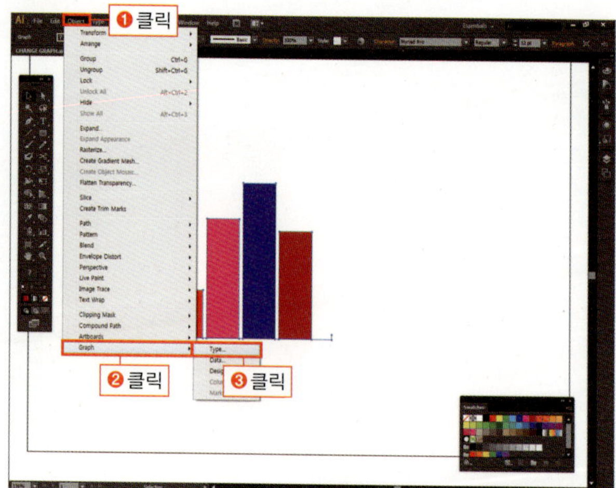

02. 원하는 스타일의 그래프를 선택하고 [OK] 단추를 클릭하면 선택한 그래프 형태로 변형됩니다. 여기서는 파이 그래프를 선택하고 [OK] 단추를 클릭합니다.

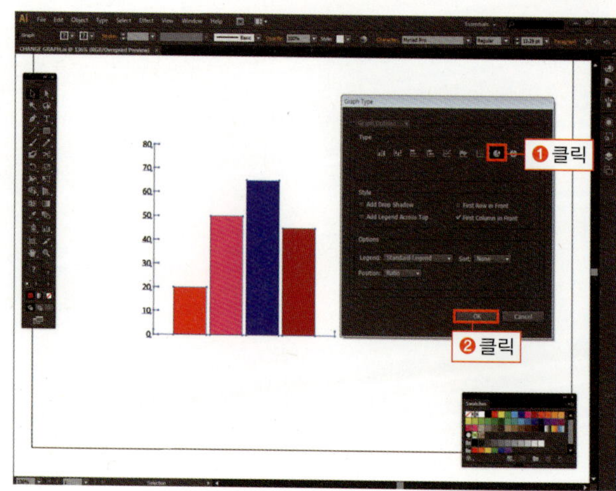

03. 파이그래프로 변경됩니다.

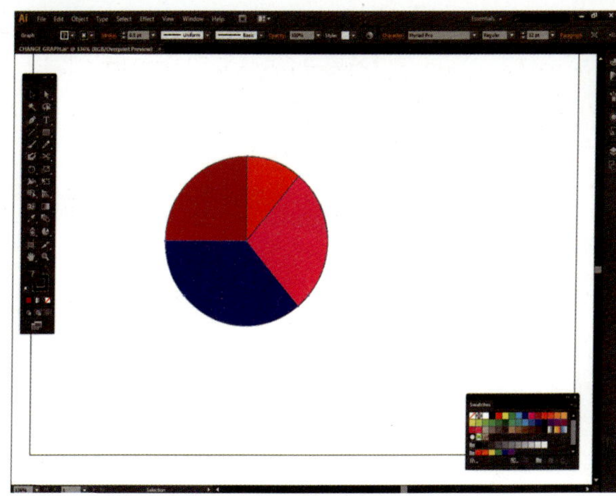

04. 이번에는 데이터를 수정해보겠습니다. 다시 [Object]–[Graph]–[Data] 메뉴를 선택하면 다시 수치 입력 대화상자가 나타나고 수치를 수정할 수 있습니다.

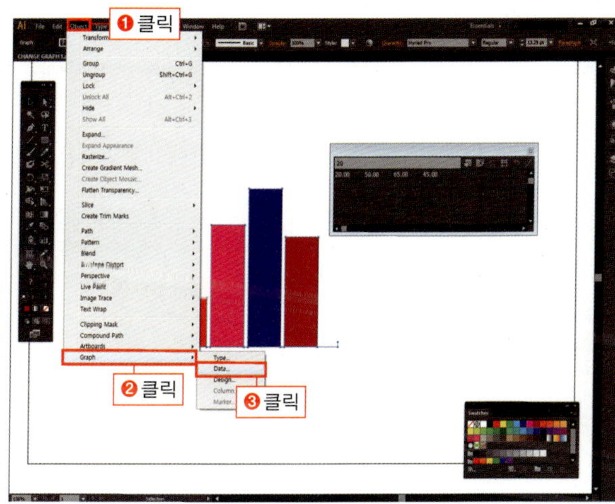

■ 그래프 툴에 따른 다양한 그래프를 알아보고 오브젝트를 그래프에 적용합니다. `372p`

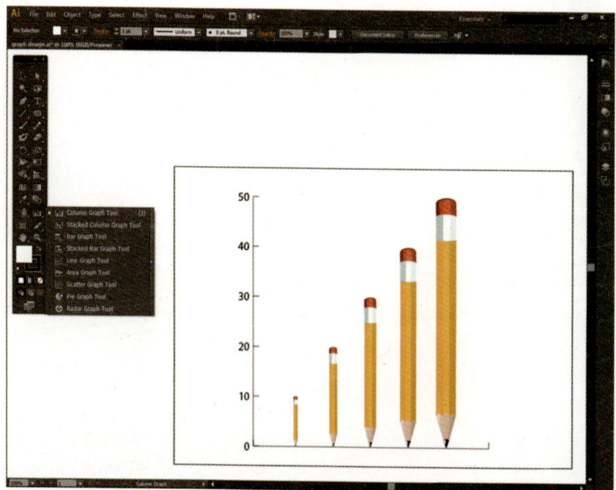

■ 레이어의 개념을 이해하면 복잡하고 세밀한 오브젝트를 쉽게 만들 수 있습니다. `382p`

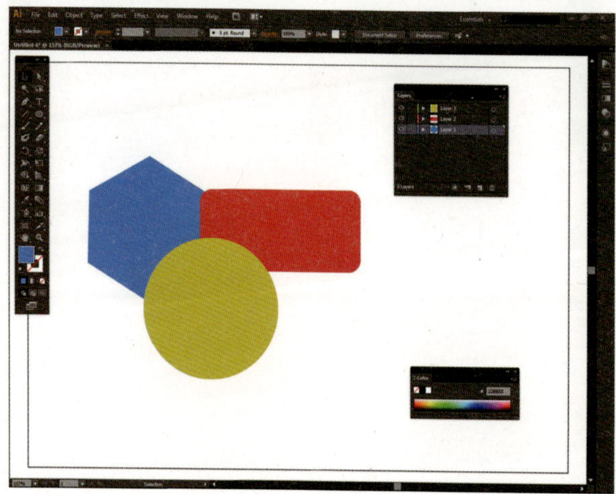

■ 반복되는 작업을 지정하고 저장하여 쉽게 사용하도록 도와주는 Action 패널에 대해 알아보고 Action을 만들고 저장하여 실행합니다. 384p

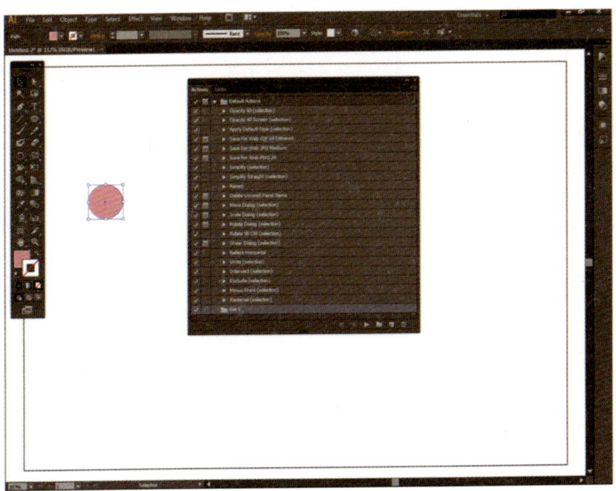

■ Image Trace 기능은 픽셀 이미지를 불러와 벡터로 바꾸어 자유롭게 디자인하게 합니다. 395p

■ scribble 이펙트 기능은 오브젝트에 다양한 효과로 스타일을 적용해줍니다. 398p

01 도형 오브젝트에 수치를 입력하여 원하는 이미지 만들기

예제 파일 : DVD₩Selftest₩Part07₩action st01.ai 완성 파일 : DVD₩Selftest₩Part07₩action st01f.ai
동영상 파일 : DVD₩Selftest₩Part07₩pa07self01.avi

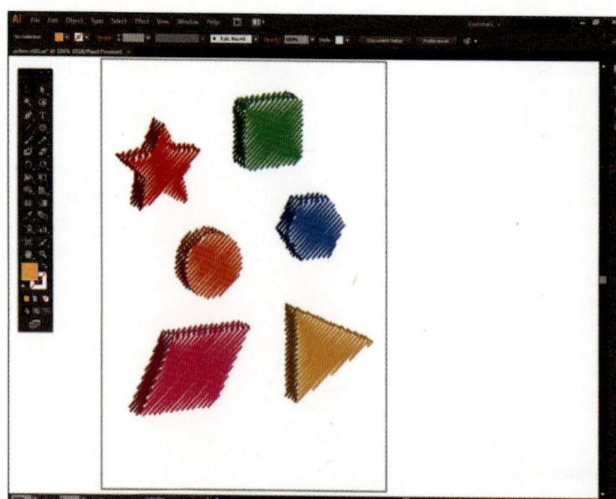
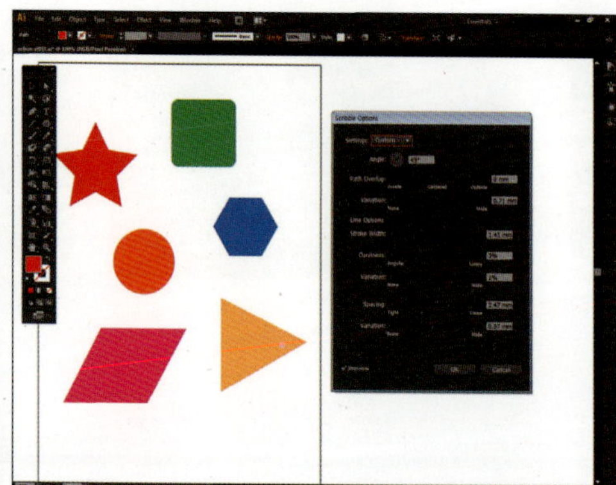

HINT

[Effect]-[Stylize]-[scribble] 메뉴를 선택하여 [scribble] 대화상자를 열고 미리보기를 통해 설정을 조절하여 원하는 이미지를 만듭니다. 설정 팁은 각각의 대화상자 수치입니다.

02 Column Graph로 만든 입체감 나는 그래프 만들기

예제 파일 : DVD₩Selftest₩Part07₩apartment.ai 완성 파일 : DVD₩Selftest₩Part07₩apartmentF.ai
동영상 파일 : DVD₩Selftest₩Part07₩pa07self02.avi

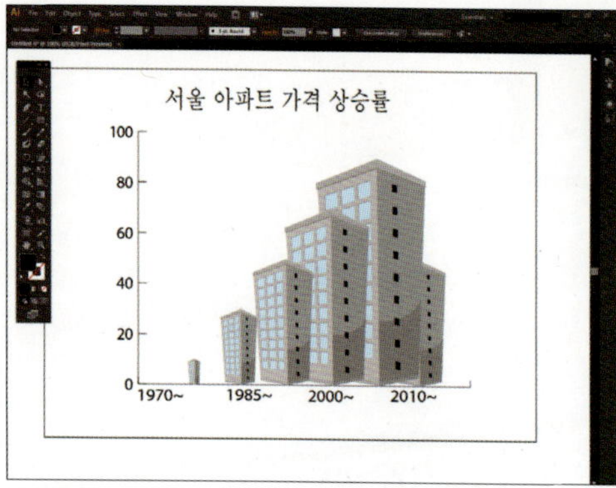

HINT

미리 만들어 놓은 일러스트레이터 오브젝트를 이용하여 입체감 나는 그래프를 만들어봅니다.
[Graph Design] 대화상자로 새로운 디자인을 등록하고 [Column] 메뉴를 이용하여 적용합니다.

08

실무를 통한 프로젝트 완성하기

직접 오더를 받아서 일러스트 관련 프로젝트를 진행할 때 발생하는 문제점과 해결 방법에 대해 알아봅니다.

실무에서 작업 의뢰를 받고 마무리하는 과정

실무를 통해 문제를 해결하고 주어진 프로젝트를 해결한 후 마무리하는 전 과정을 알아봅니다.

STEP 01 • 일러스트레이터가 되기 위해 필요한 것들

많은 분들이 그림을 업으로 삼는 일러스트레이터가 되고 싶어 하지만 현실은 녹록치 않습니다. 그래서 현실의 벽에 부딪혀 중도에 포기하고 전업하기도 합니다. 그만큼 이 일로 밥벌이를 하는 것이 쉽지 않다는 뜻이기도 합니다. 일러스트레이터가 되기 위한 과정은 매우 힘들지만 이 일을 좋아하고 사랑한다면 잘 견뎌낼 수 있을 것입니다.

일러스트레이터로 살기 가장 어려운 점 중 첫째는 경제적인 부분입니다. 혼자서 그림을 아무리 그려도 경제적으로 어려울 수 있으므로 자신의 작업물을 홍보하여 자신의 그림을 원하는 거래처를 만나는 것이 중요합니다.

홍보

요즘은 옛날보다 홍보할 수 있는 많은 환경이 좋아졌습니다. 자기 자신을 홍보하고 알리는데 아주 편하고 간단하고 쉬워졌기 때문입니다. 학연, 지연 등에 상관없이 진정한 실력만 있다면 시간은 좀 걸리더라도 분명 인정받을 수 있습니다.

실력

실력이 중요합니다. 적어도 내가 아니면 안 되어야 합니다. 다들 만만찮으니까요. 강호엔 고수들이 무수합니다. 살아남으려면 적어도 한 가지 뛰어난 스타일의 그림을 그려내는 능력이 있어야만 합니다. 하지만 외국과 비교해볼 때 시장 규모가 작고 저작권에 대한 인식 차이나 그림 그리는 일에 대한 인식 차이 때문에 우리나라에서 일러스트를 그리기 위해서는 보다 많은 다양한 스타일의 그림을 그릴 줄 알아야 인정받기가 유리합니다.

문제 해결 능력과 실전 능력

프로젝트나 실무에서 일을 처리하면서 필요한 문제 해결 능력과 실전 능력, 프로젝트를 맡고 완수하는 능력은 매우 중요합니다. 이런 능력들은 곧 실력과 밀접하게 연결됩니다.

요즘 학생들은 특히 주어진 질문의 정해진 답을 배우는 식의 공부를 하기 때문에 자유로운 사고나 자기 나름의 해결 방법을 찾는 능력은 현저히 낮은 편입니다. 이런 주입식 교육은 예술이나 문학 관련 일을 할 때 많은 장애를 주는 경향이 있습니다. 그러므로 주어진 문제를 해결하고 풀이해 나가는 문제 해결 능력은 실무에서 중요합니다. 특히 예술 계통은 누군가와 상의하거나 도움을 받기보다는 자신이 알아서 결정하고 판단하고 해결해야 하는 절대적으로 자신의 능력에 모두 의지해야 하는 일인 경우가 많습니다.

실무에서 일러스트레이터를 하면서 혼자 해결해야만 하는 문제가 발생했을 때 어떻게 대처해야 하는지 고민하는 분들이 많습니다. 그래서 이 파트에서는 필자의 경험을 토대로 자료를 구하고 정리하고 선별하면서 문제를 해결해나가는 방법을 설명하고자 합니다.

홍보의 구체적인 방법

거래처에서 일이 들어오는 경우는 대개 알고 있는 지인을 통해 연락이 오거나 인터넷이나 다른 경로를 통해 작가의 그림을 보고 연락을 해오는 경우가 있습니다. 요즘은 당연히 후자가 많은 편입니다.

그래서 자신을 홍보하기 위해 인터넷 홈페이지를 잘 만드는 것이 중요합니다. 돈을 주거나 자신이 직접 사이트를 만들어 개설하거나 각종 포탈에 있는 홈페이지 기능을 이용하거나 카페 블로그 등을 활용하여 홍보하는 방법도 좋습니다. 하지만 오랜 시간 인터넷에 시간을 할애해야 하는 단점이 있습니다.

다음은 인터넷 사이트 중에서 일러스트레이터 작가를 위한 홍보 사이트입니다. 여러 가지 종류의 많은 사이트들이 있는데 무료인 곳도 있고 유료인 곳도 있습니다. 가장 대표적인 곳이 산그림과 바이일러스트입니다. 각각 나름의 가입 기준을 가진 곳도 있고 없는 곳도 있는데 물론 기준이 높은 곳이 더 많은 클라이언트들이 의뢰를 해서 작가를 찾는 곳이라고 볼 수도 있습니다. 이렇게 해서 가입한 후 꾸준히 그림을 업데이트하고 실력을 닦고 내공을 쌓아 공부한다면 언젠가는 반드시 연락이 옵니다.

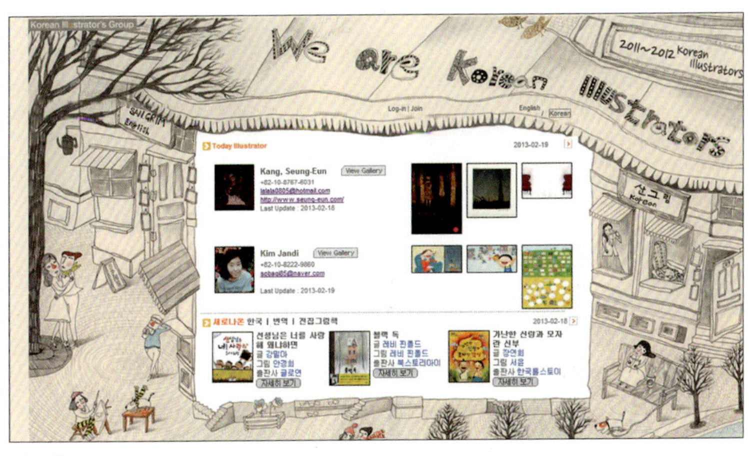

산그림

바이일러스트

일러스트 디비전

프로로서의 마음가짐

여기서 매우 중요한 것이 프로로서의 마인드입니다. 프로는 아마추어와 달리 대가를 지불 받고 그에 상응하는 그림을 그려내고 가치를 인정받아야만 합니다. 모든 디자이너가 그렇습니다. 프로라면 프로 정신을 갖춰야 합니다. 당당히 돈을 받고 또 그에 상응하는 최선의 노력을 기울여 장인정신을 가지고 작업해야 하고 거래처와 상의하여 정해진 일자는 목숨 걸고 지키겠다는 마음을 가져야만 합니다. 많은 분들이 이 부분에서 힘들어하고 많은 클라이언트들이 이 부분에서 믿을만한 작가를 찾기 힘들다고 토로합니다.

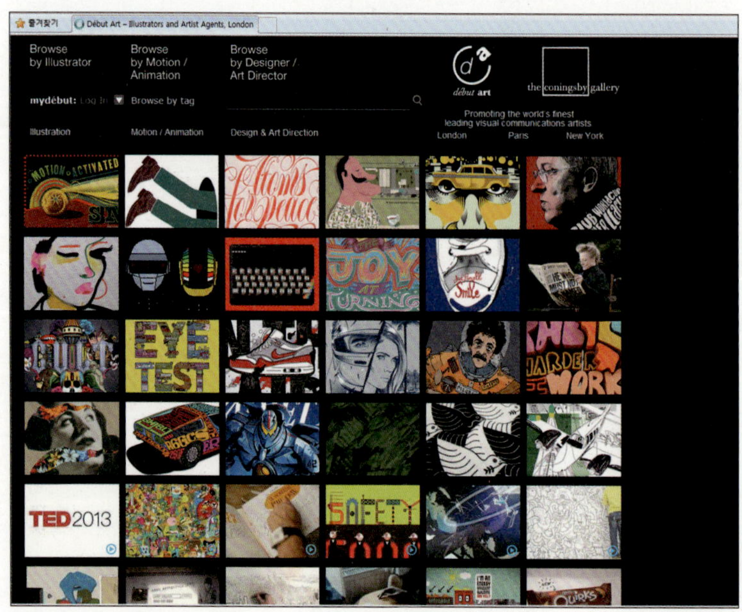

작품 갤러리

실무에서 클라이언트에게 연락이 온 후부터 작업물을 만드는 구체적인 방법들에 대해 알아봅니다.

의뢰를 받는 방법

의뢰 연락이 오면 우선 담당자의 이름과 상호, 정확한 연락처 그리고 담당자의 직통 연락처 등을 메모합니다. 사실은 거래처와 처음 전화 통화를 통해 작업물의 쓰임새와 그림을 그리려는 의도를 정확히 아는 것이 가장 중요합니다. 이것이 일의 절반이라고 해도 과언이 아닙니다.

작업물에 대한 공통적인 이미지 만들기

하지만 안타깝게도 아직 그려지지 않은 이미지를 서로의 대화를 통해 그 접점을 찾는 일은 매우 까다롭습니다. 이 부분에서 접점을 찾지 못하거나 머릿속에 상상되는 이미지가 상대가 원하는 이미지와 차이를 좁히지 못하면 나중에 많은 낭패스러운 일이 생길 수 있기 때문입니다. 계속된 수정이나 전면적인 수정으로 작업자가 지치고 피곤해질 수 있습니다. 어느 누구도 원치 않는 이미지를 돈을 지불하고 구매할 사람은 없습니다.

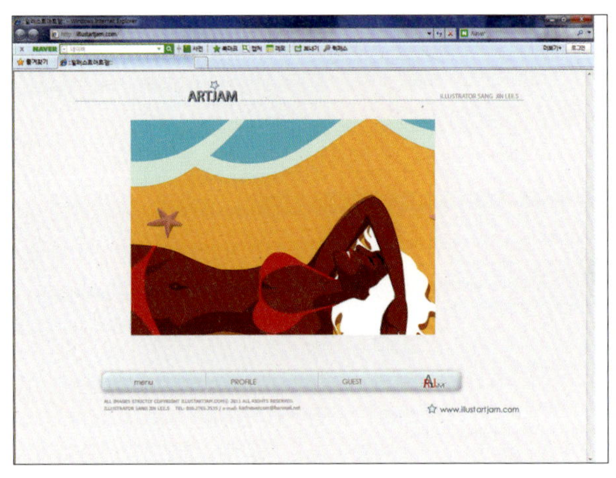

그래서 이 부분에서는 이미 그려진 이미지들을 자료로 사용해야 합니다. 작은 이미지들을 썸네일로 보고 이야기를 나누는 것은 저작권에 저촉이 되지 않습니다. 의뢰하는 쪽이 일러스트 작업을 많이 해왔던 업체라면 이 부분에서 좀 수월해집니다.

원하는 스타일과 이미지를 정확히 알고 있을 확률이 높습니다. 이때는 보통 그쪽에서 인터넷 등을 통해 이미지 자료를 찾아서 보여줄 것입니다. 여러 개의 이미지를 복합해서 이런 저런 설명을 들으면서 원하는 이미지를 구체적으로 머릿속에 그릴 수 있기 때문입니다. 하지만 많은 일러스트 작업을 하지 않은 거래처라면 일러스트레이터가 대화를 통해 그려지는 스타일과 형태를 인터넷 사이트 등을 통해 자료를 수집하고 정리하여 제시해야 합니다.

적절한 제출기한 확정

그래서 접점을 찾았다면 그 다음은 클라이언트와 작업물에 제출기한을 정확히 의논해야 합니다. 너무 많은 시간을 요구하는 것도 상대방에게 부담을 지우는 일이 되고 너무 적은 시간을 할당받는다면 작업물의 퀄리티나 그 작업을 위해 몸을 상하게 될 수도 있으므로 작업물의 분량, 스타일을 고려하고 난이도에 따라 적절한 시간을 상의하여

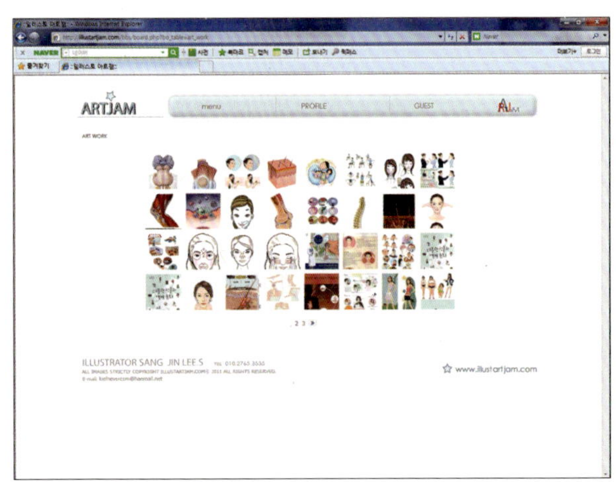

정해야 합니다. 작업물을 끝내고 피드백을 받고 수정하는 시간도 고려하여야 합니다.

적정한 대가 책정

이제 가장 중요한 부분을 의논해야 하는데 작업물에 대한 대가를 적정하게 정하는 것입니다. 물론 의뢰자는 적은 돈을 주길 원하고 작업자는 많은 돈을 받으려 하는데 작업자가 너무 많은 대가를 원하면 클라이언트는 다른 작가를 염두에 두고 계약을 결렬시킵니다. 작가의 입장은 사실 경험이 없을수록 더 많은 작업을 하기 위해 의뢰자의 요구를 따를 수밖에 없습니다. 하지만 최소한의 기준을 마음속에 가지고 그 이하의 가격선을 과감히 거절하는 마음도 필요합니다. 기준은 천차만별이지만 대부분 어느 정도 적정 가격은 정해져 있고 변동은 있지만 크게 달라지지는 않습니다. 그 기준은 앞서 언급한 사이트들에도 있고 여러 작가들이 모인 카페나 블로그 등에 적정표 등이 돌아다닙니다.

자료의 수집과 머릿속에서 형상화하기

모든 것들이 타결되면 작업에 들어가는데 이제부터는 최대한 그 작업물에 필요한 자료 등을 책이든 잡지에서든 인터넷이든 어디든지에서 구하고 머릿속에 구체적인 완성물에 대한 이미지를 만들어가고 자료를 모아 합성하는 이미지 트레이닝을 합니다. 머릿속으로 이렇게 작업하는 과정을 상상하고 그려보면 나중에 많은 아이디어나 밑그림을 만드는데 도움이 됩니다. 여기서 주의할 점은 좋은 자료와 나쁜 자료를 구분해내는 눈입니다. 욕심을 부려 화려하고 거창한 자료를 토대로 밑그림을 그려내면 작업도 어려울 뿐만 아니라 실제 인쇄물이나 인터넷상에 필요한 이미지이거나 자연스럽게 어울리지 못하는 경우도 다반사이기 때문입니다.

기본적인 스케치와 컬러링, 균형 잡기

그 다음은 자료를 토대로 스케치를 합니다. 여기서 중요한 것은 각각 자료들의 어울림입니다. 어색하지 않게 자료들을 조합하는 것이 중요합니다. 예를 들면 배경과 메인 이미지 그리고 작은 소품 등이 어울려야 하기 때문입니다. 각각 놓고 보면 좋은 이미지도 어울리지 않으면 소용없기 때문입니다. 또 중요한 것은 전체적으로 의뢰자가 원하는 바를 잘 표현하고 있는지를 살핍니다. 그래서 대략 스케치를 구성하면 가능하면 의뢰자에게 보여 피드백을 받음으로써 나중에 생길 수정작업을 미연에 줄이는 것이 좋습니다.

그런 후에 처음에 의뢰를 받은대로 전체적인 컬러 톤을 채색하고 강조할 부분이나 중요한 부분 위주로 일러스트를 표현합니다. 어느 정도 작업이 되면 스케일을 조절하고 메인과 배경 소품 등의 적정한 비례를 맞춰주고 균형을 맞춰줍니다. 또는 인체 등의 동작이나 자세에 어색함이 없는지 살펴봅니다. 이 부분은 매우 중요합니다. 그리고 많은 연습이 필요하고 공부도 필요한 부분입니다.

최종 작업물 보내고 피드백 받기

표현하고자 하는 텍스트나 포인트나 컬러 등이 있다면 넣어주고 정해진 날에 보내고 피드백을 받습니다. 다시 수정할 부분이 있다면 수정하고 없다면 작업을 마무리합니다.

사보나 잡지 단행본 책자 등의 인쇄물은 책이 나오면 지불을 받는 경우가 대부분인데 책이 나오면 한부씩 작가에게 보내는 것이 통례입니다. 은행계좌번호와 주민증사본 등을 보내주거나 세금문제를 논의하게 됩니다. 이 과정에서 간단하게 아르바이트 비용으로 처리하면 3.3%를 세금으로 제하고 지급받습니다. 사업자등록증을 세무서에서 발급받아 작업할 때는 세금계산서를 작성하여야 하는데 받는 대금의 10%를 더 받아야 합니다. 그래서 직접 세금을 부가세 명목으로 받아 세금을 냅니다. 일용직으로 처리하면 의뢰한 쪽에서 세금 신고를 하고 사업자를 가지고 있다면 부가세 10%를 받아서 직접 제출합니다. 대금을 지불받는데 보통은 기존의 거래처가 아닌 경우 30% 정도를 선불로 받는 경우가 많고 나머지는 인쇄용 사이즈를 보내고 받습니다.

인쇄용 사이즈와 썸네일로 보여줄 그림의 사이즈

여기서 인쇄용 사이즈는 보통 A4 사이즈일 때 RGB 50MB 이상을 말합니다. 그 정도 크기는 A4 사이즈에 인쇄할 때 무리 없이 인쇄할 수 있습니다. 이런 작업들은 가능하면 계약서를 작성하고 진행하는 것이 좋지만 작은 삽화 그림이나 소량의 작업물을 진행할 때는 계약서를 작성하기는 현실적으로 불가능한 경우가 많습니다. 마지막으로 작업비를 입금할 날짜를 약속받고 세금 관련한 서류를 교환하거나 보내서 매듭짓습니다. 일련에 과정이 무리 없이 진행되면 좋겠지만 만일 중도에 원하는 작업물을 얻지 못한다고 판단된 클라이언트에 의해 중도 파기되면 보통 30% 정도의 시안비를 받습니다. 마지막으로 정해진 날 입금을 확인하면 비로서 하나의 작업 진행이 끝나고 그 일이 하나의 일로 온전히 끝납니다. 이 과정을 정리하면 다음과 같습니다.

의뢰에서 마무리까지 실무 요약

실무에서 의뢰를 받고 그 프로젝트를 수행하여 마치기까지 사실적인 예를 통해 문제를 해결하는 방법을 설명합니다.

단계 1: 의뢰받은 내용과 정확한 의도를 알고 쓰임새와 여러 가지 가능성에 대해 연구하여 클라이언트의 성향을 이해하고 원하는 정확한 작업물이 무엇인지 파악합니다.

a. 의뢰자의 의도에 가장 가까운 이미지 요구하기(그림은 어차피 시각적인 작업물이므로 시각적인 작업물을 서로 보고 이해하여야 가장 가까운 작업물에 이르기 쉽습니다).

b. 제시한 이미지를 보고 서로 의견을 조율 가능한 표현 방법과 원하는 바를 조정하기(실제로 시간적으로나 기타 여건 등 불가능하거나 더욱 잘 표현할 수 있는 방법을 충분히 알고 작업에 들어간다면 많은 시간을 줄일 수 있습니다).

단계 2: 클라이언트의 의도에 맞는 자료와 각종 데이터를 모읍니다.

a. 자료가 충분하지 않은 상태로는 어떤 천재도 좋은 작업을 해낼 수 없습니다. 우리의 머릿속보다는 실제적인 시각적 자료를 믿는 자세가 중요합니다.

b. 자료를 비교하고 좋은 자료와 좋지 않은 자료를 가려냅니다(각도와 형태 등에서 자료는 천차만별이므로 이중 어떤 자료를 써야 할지를 골라내는 눈도 매우 중요하다).

c. 골라낸 자료를 요리의 소스와 같이 잘 가려서 다듬어내듯 필요로 하는 부분을 발췌하고 변형합니다.

단계 3: 잘 다듬은 자료를 토대로 기초적인 드로잉을 하고 부분 부분의 위치를 잡습니다.

a. 모은 자료를 토대로 연상되는 모든 표현법을 상상하고 머릿속에서 그려봅니다. 그중 가장 좋을 것 같은 아이디어를 스케치합니다.

b. 전체를 잘 살피며 의뢰자가 원하는 의도를 잘 표현하고 있는지를 살핍니다.

c. 대강의 전체적인 그림이 그려지면 크기 위치를 잘 잡아줍니다.

단계 4 : 이제 가장 중요한 부분(강조하거나 포인트가 될 부분)을 위주로 그려나갑니다.

a. 우선 전체적인 컬러 톤을 무엇으로 할지를 정합니다. 그림이 의도하는 또는 이 그림이 어느 곳에 쓰
   이는지를 고려하여 선택합니다.

b. 선택한 컬러 톤으로 전체를 드로잉하고 부분부터 세밀하게 묘사하여 나갑니다.

단계 5 : 전체를 그려나간 후 전체적인 균형과 강조할 부분에 크기를 축소할 부분에 크기를 고려해가며
크기 색감 등을 조절해줍니다.

a. 크기 조정을 통해 원근감이나 공간감을 줍니다(크게 원근감이 없어 보이는 그림도 약간의 조절로 많
   은 생동감을 가집니다).

b. 이제 자세나 운동감을 강조할 수 있게 동세를 보고 다시 잡아줍니다.

단계 6 : 표현하고자 하는 텍스트나 말풍선 등이 있다면 전체적인 균형과 크기 등을 넣어주고 표정 등과
조화를 보면서 조절합니다.

단계 7

a. jpg 파일 등으로 변환하여 주고 의뢰인에게 메일 등으로 피드백을 받습니다.

b. 수정사항이 있으면 수정하고, 아니라면 인쇄가 가능한 크기로 보냅니다.

이제 실제 사례를 통해 작업 과정을 알아보겠습니다. 이 작업은 의류업체로부터 실제로 의뢰받은 작업입니다. 신흥 의류 업체의 로고를 적절하게 활용하여 쇼핑백에 사용하고, 원하는 의류 이미지 캐릭터를 작업한 예입니다.

로미홀리 의류로고 시안 1.

로미홀리 의류로고 시안 2.

의뢰인은 대표적인 이미지를 캐릭터화하길 원했기 때문에 이 업체의 특성을 먼저 알아야 했습니다. 주 고객 대상의 연령대와 옷의 스타일은 대부분 파스텔톤의 여성의류로 대상은 20대 후반에서 30대 초반을 대상으로 하고 있습니다. 캐릭터는 어리고 발랄하고 매장의 옷들은 대부분 러블리하고 로맨틱한 스타일이었습니다. 우선 인터넷에서 주로 로맨틱한 스타일의 이미지를 찾아 검색하고 자료를 수집합니다. 간지나 레이아웃 연상 등에 도움이 될 만한 모든 이미지를 스크랩합니다. 이미지를 하나씩 눈여겨보고 기억해 놓습니다. 작업할 때 이 이미지 중 적절한 것을 때에 맞게 사용하기 위해서입니다.

평소의 다양한 자료를 눈에 띄는 대로 모으고 정리해둡니다.

자료를 필요에 따라 선별하고 모으기

먼저 얼굴에 맞는 스타일을 정하기 위해 얼굴 스타일 이미지를 찾아 모읍니다.

인물을 자료로 사용해야 할 때를 위해 여러 가지 스타일에 인물의 얼굴 스타일을 정리해둡니다.

화보에 들어갈 여자 캐릭터와 배경 만들기

앞에서 배운 내용을 바탕으로 자료를 가지고 눈과 머리, 몸통, 하체, 배경 등을 그리는 예제를 만들어보겠습니다.

STEP 01 • 자료를 토대로 눈 그려가기

완성 파일 | DVD\part08\m3p1여성패션캐릭.ai

01. 모은 이미지 중 눈의 스타일을 선택했습니다. 눈은 아무래도 캐릭터 느낌의 눈으로 하기 위해서 크고 간단한 스타일을 선택했습니다. 비슷한 이미지를 토대로 먼저 원형 툴로 눈동자를 만들기 위해 원을 만듭니다. 컬러는 갈색으로 합니다.

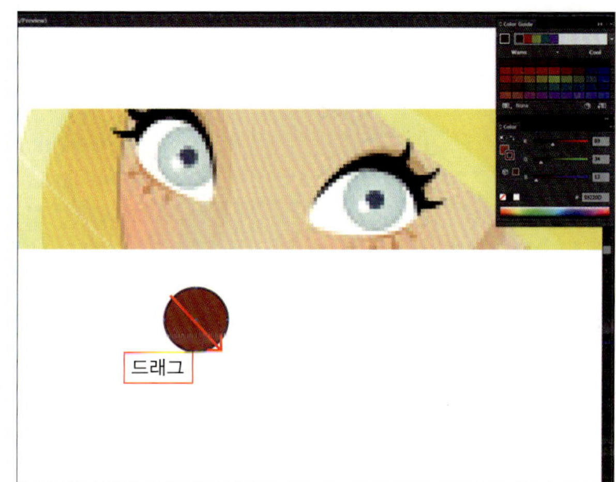

02. 외곽선은 그 갈색 톤에서 왼쪽 [Fill]을 드래그하여 우측 [Stroke]로 끌어오면 같은 컬러로 [Stroke]가 채워집니다.

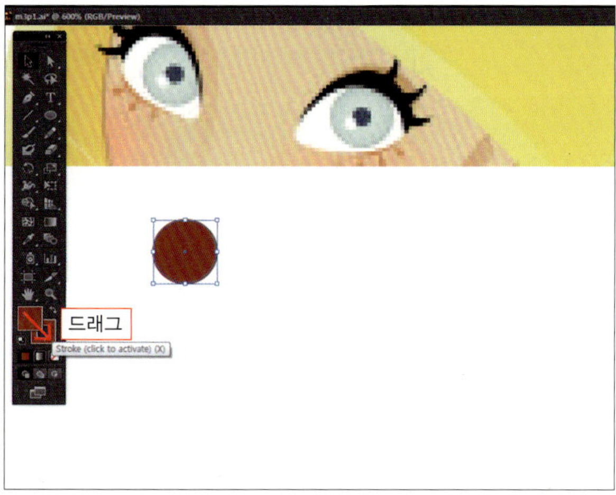

03. 이 상태에서 [Stroke]를 더블클릭하여 [Color Picker]를 열고 원색보다 어두운 색으로 지정합니다. 같은 계통의 색으로 지정하여 이질감이 없도록 하기 위해 컬러를 지정합니다.

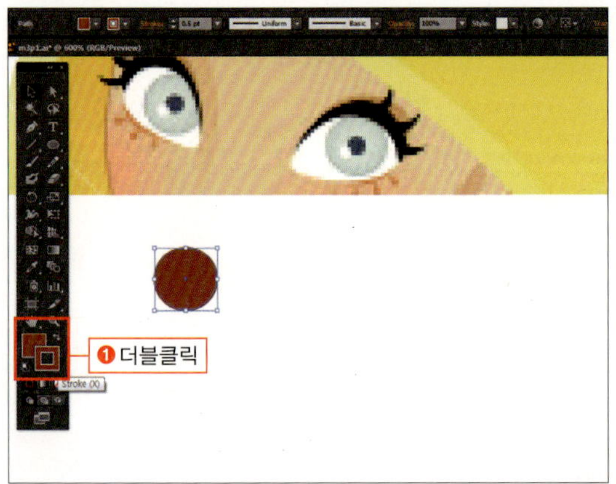

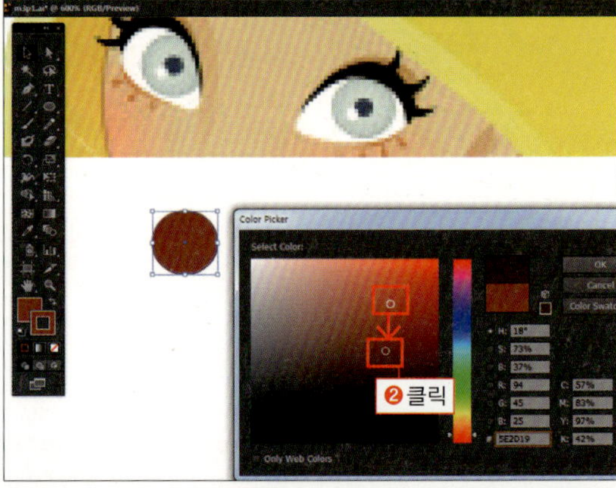

04. 컬러로 지정된 원을 [Alt]를 누른 상태에서 드래그하여 복사합니다.

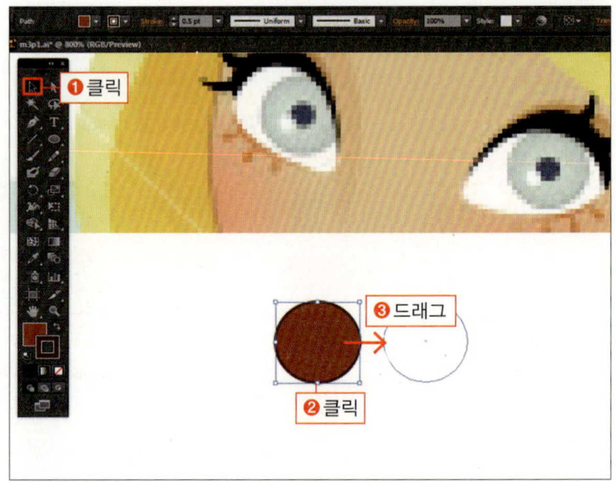

05. 새로 생성된 원의 [Fill]을 [None]( )을 클릭해 제거합니다.

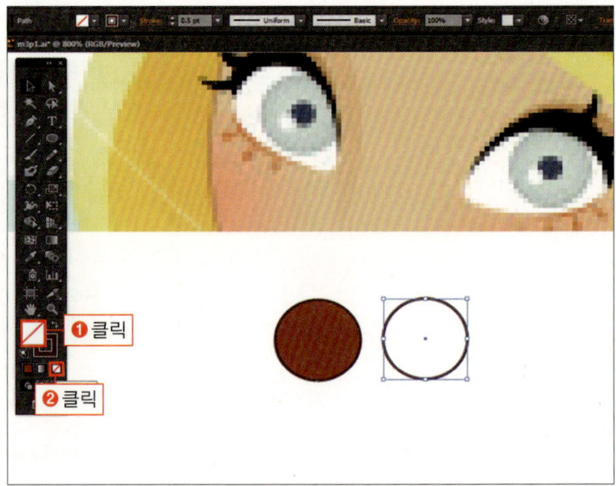

06. 왼쪽의 원을 선택하고 메쉬 툴()로 원의
우측 상단을 클릭합니다. 이때 원 외곽의 [Stroke]
는 사라집니다.

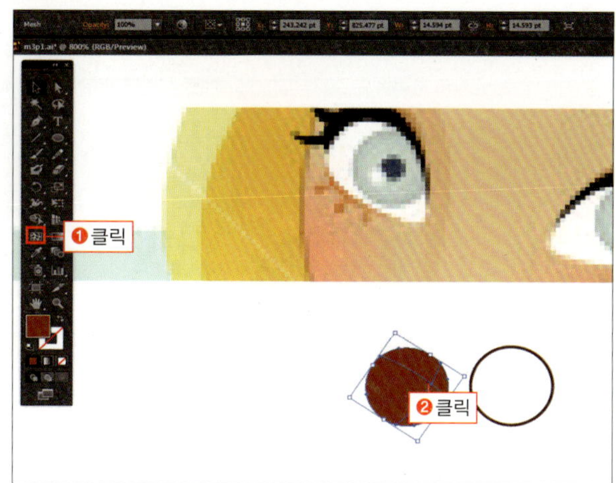

07. 오른쪽의 원 라인을 드래그하여 왼쪽으로
합하여 선택 툴()로 만든 원 안에 포인터를 선
택하고 [Color Picker] 대화상자를 열어 밝은 컬러
로 지정합니다.

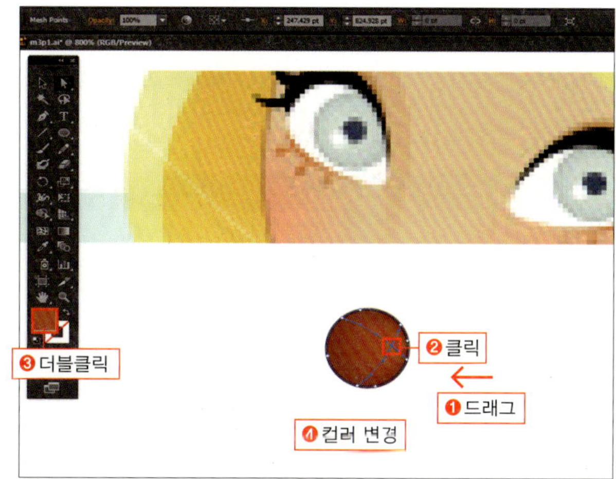

08. 원형 툴()로 원의 좌측 위에서 우측 아래
로 Shift 를 누르고 드래그하여 원의 55% 정도
의 작은 원으로 만듭니다. 스포이드 툴()로 외
곽의 테두리를 클릭하여 같은 컬러로 설정합니다.

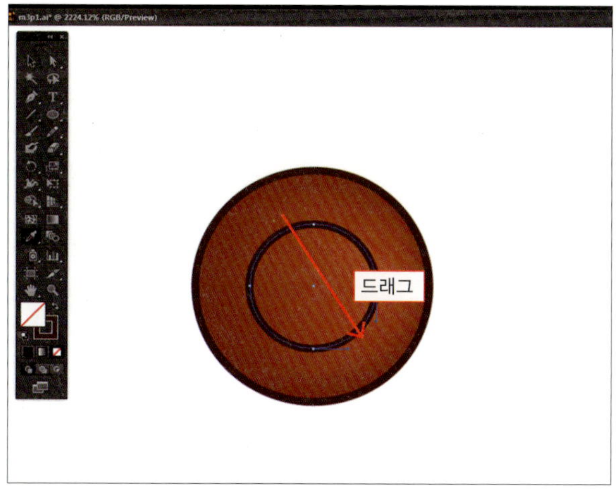

09. [Fill]과 [Stroke] 메뉴에서 [Swap Fill & Stroke]( )를 클릭하여 면과 선을 바꿔줍니다.

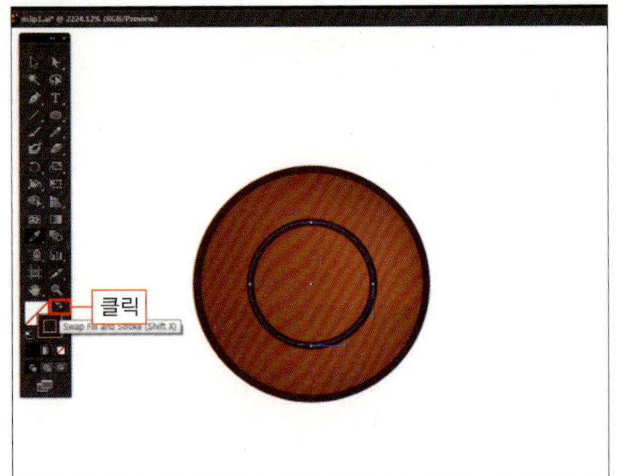
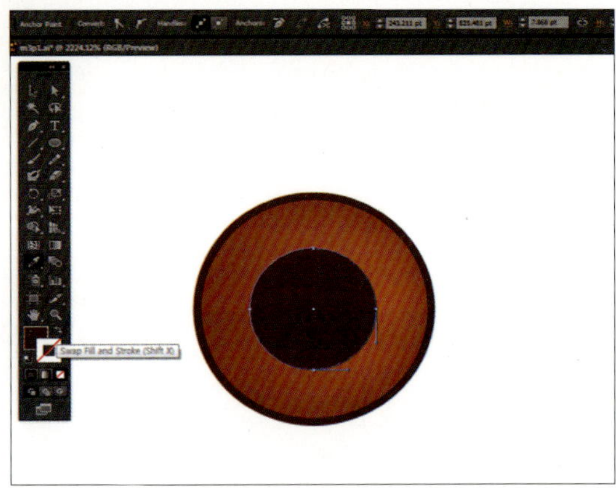

10. 선택 툴( )로 전체를 선택하고 상단의 [Control] 패널에서 [Vertical Align Center]를 클릭하여 중앙에 맞춰줍니다. 이때 두 번의 효과를 주는데 한 번은 상하를 줄 맞추기 위한 [Vertical Align Center]와 좌우를 조절하기 위한 [Horizontal Align Center]로 조절합니다.

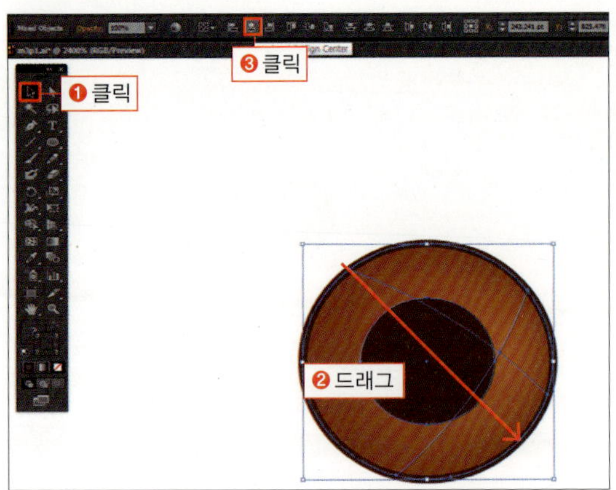

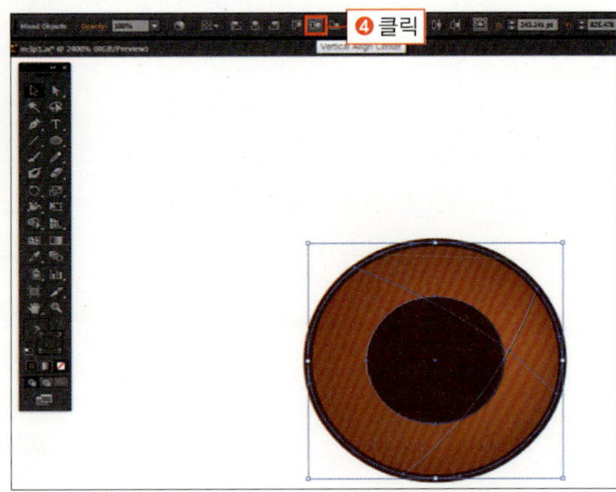

11. [Object]–[Transform]–[Scale] 메뉴를 선택하여 [Scale] 대화상자가 나타나면 [Uniform]을 '45%'로 설정한 후 [Copy] 단추를 클릭해 작은 원을 만듭니다. 우측 하단으로 위치하게 하여 라이트를 만든 후, 만든 원을 우측 하단으로 내려 그림과 같이 놓아줍니다.

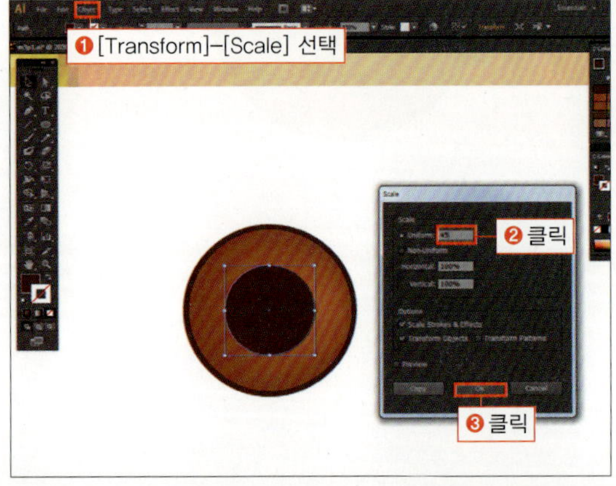

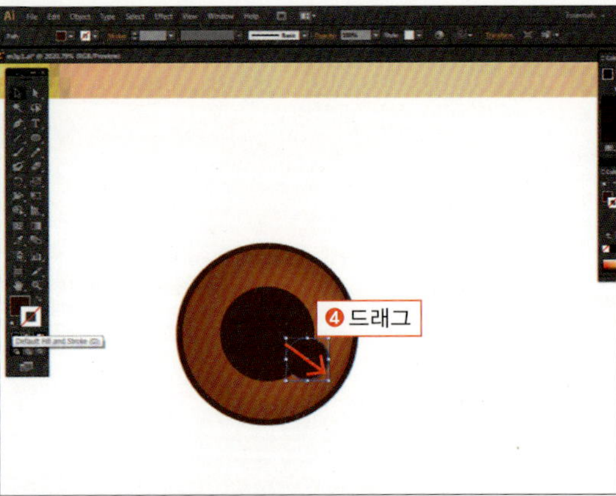

12. [Fill]을 선택하고 더블클릭하여 [Color Picker]
대화상자를 열고 화이트를 선택합니다.

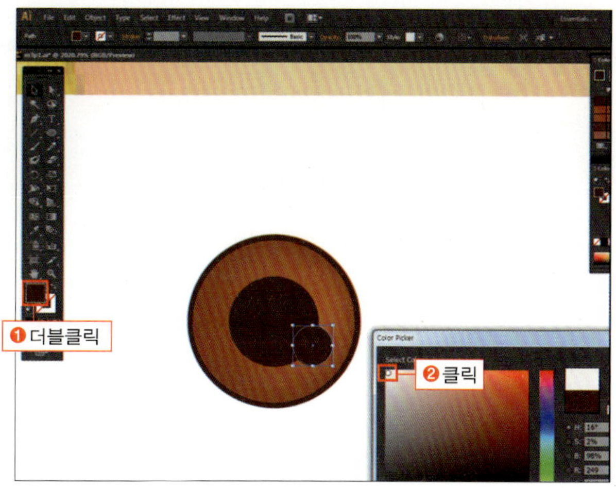

13. 펜 툴( )로 [Fill]에서 화이트 상태로 설정하여 아미 형태로 만들어 주고 Ctrl + Shift + [을 눌러 뒤로 보냅니다.

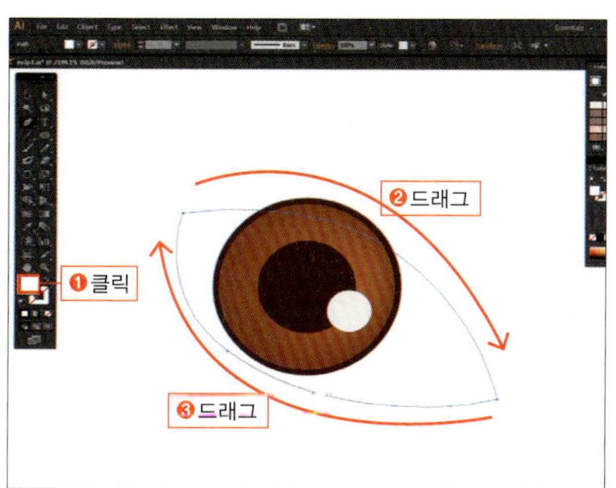

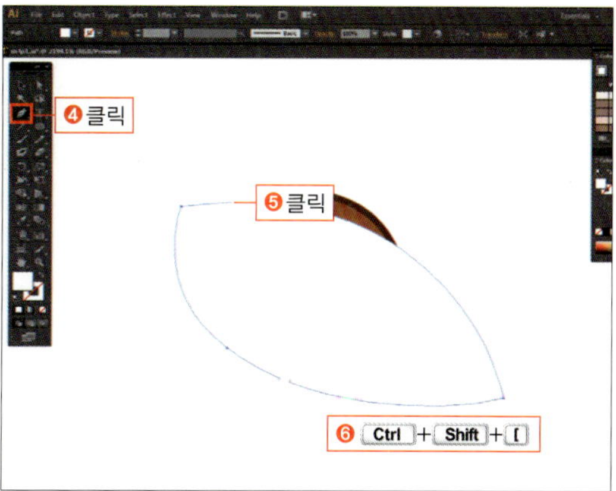

14. 외곽 라인을 보이게 하기 위해 [Stroke]를 더
블클릭하여 블랙으로 라인을 만듭니다.

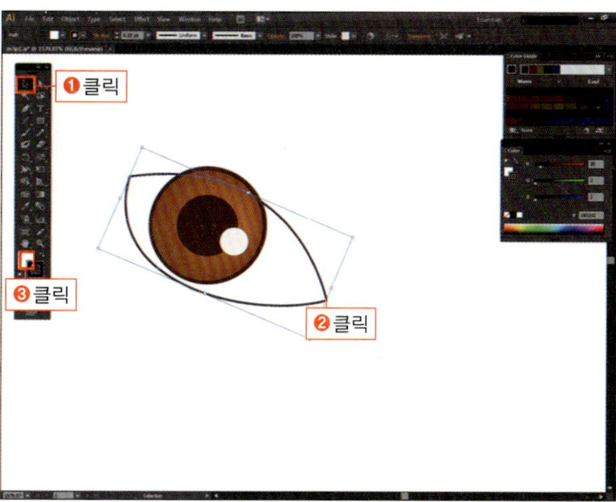

15. 펜 툴( )로 라인을 따라 속눈썹을 만들어
줍니다.

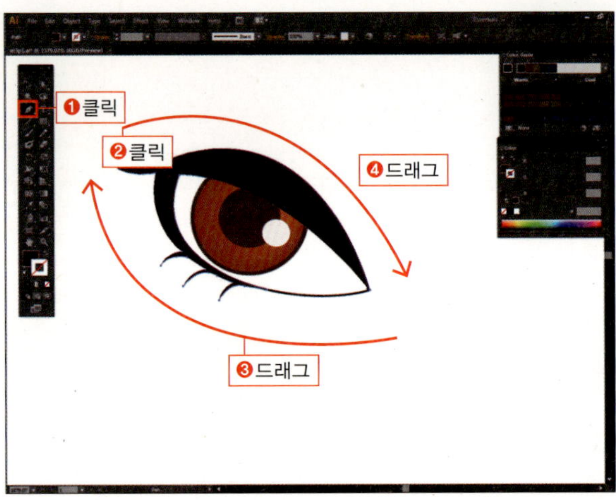

16. 전체를 선택하고 Shift 를 누른 상태로 드래그하여 눈동자만을 선택합니다. [Object]-[Group] 메뉴를 선택하여
그룹으로 묶어줍니다.

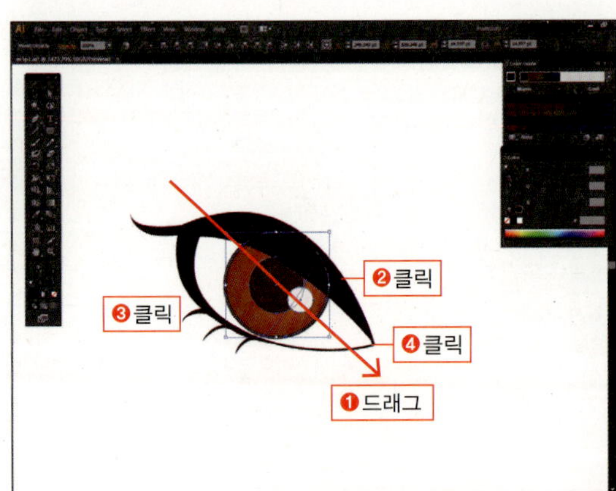

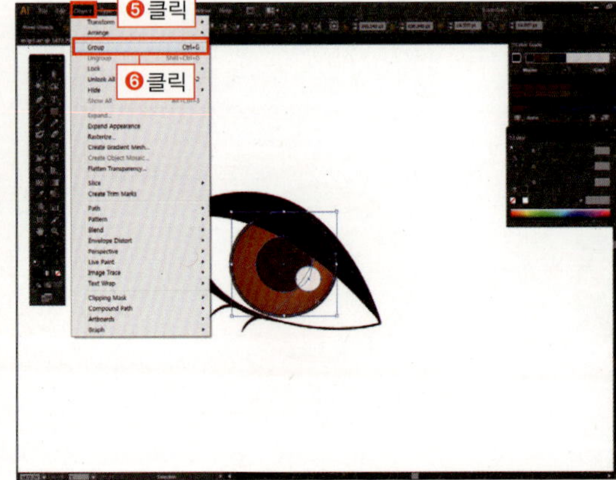

17. 눈동자를 중앙으로 옮기고 선택을 해제하고
컬러를 'R : 72, G : 0, B : 0'으로 설정한 후 펜 툴
( )로 눈 윗부분의 명암을 그립니다.

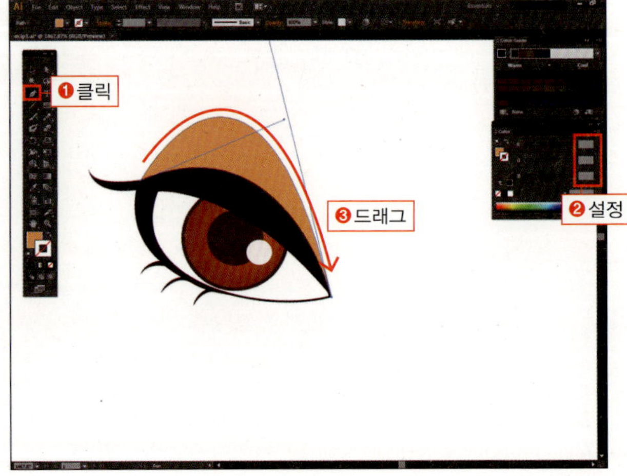

01. 원형 툴(●)을 누르고 바닥을 클릭하면 나타나는 [Ellipse] 대화상자에서 [Width]는 '93', [Height]는 '151'을 입력한 후 [OK] 단추를 클릭합니다. 컬러는 'R : 241, G : 205, B : 145'로 설정합니다.

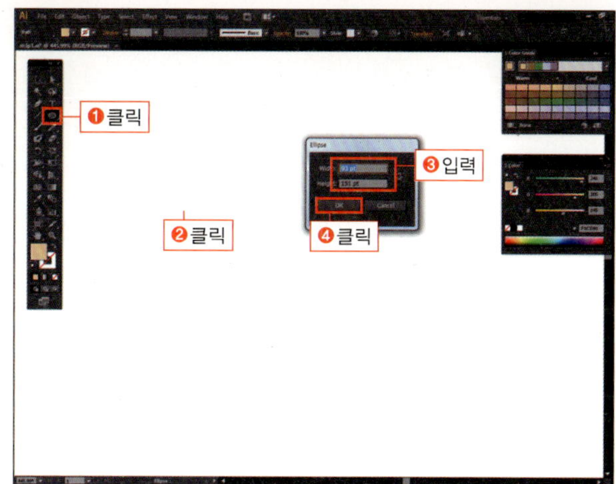

02. 만들어진 원에 펜 툴(✎)로 타원과 동일 색으로 눈과 코에 음영 부분을 그려줍니다. 위치는 전체의 반 아래를 위주로 그려줍니다.

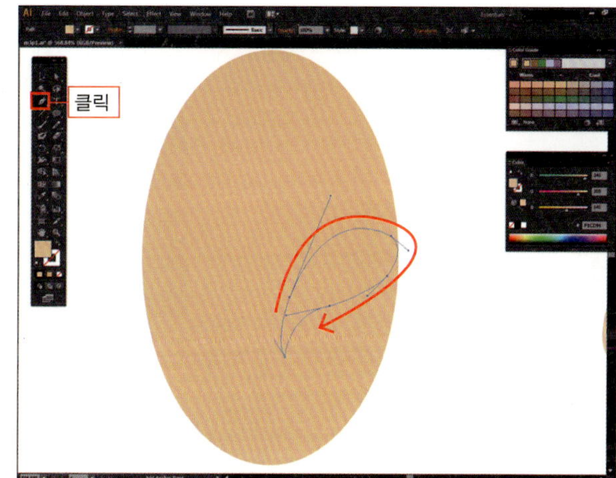

03. 앞에서와 같이 [Tool] 패널에서 그라디언트 툴(■)을 더블클릭하면 나타나는 [Gradient] 패널에서 그림과 같이 탭을 나누어 그라디언트를 줍니다.

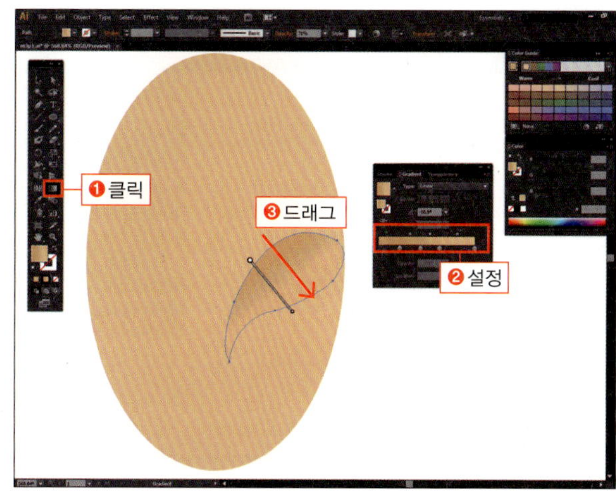

TIP : 그라디언트 탭을 더블클릭하여 컬러 대화상자를 열어 순차적인 컬러 차를 줍니다.

04. 같은 컬러로 원형 툴(　)로 드래그하여 작은 타원을 만듭니다.

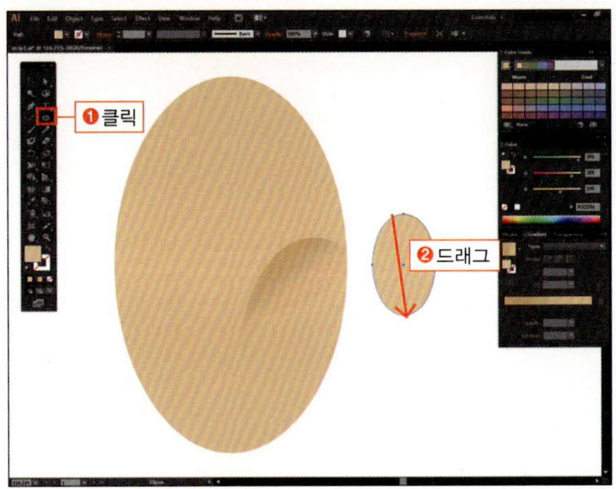

05. 메쉬 툴(　)을 클릭하여 도형의 가운데를 클릭한 후 그라디언트 포인트를 만듭니다. 직접 선택 툴(　)로 그라디언트 포인트를 선택하여 컬러를 'R : 237, G : 176, B: 134'로 설정합니다.

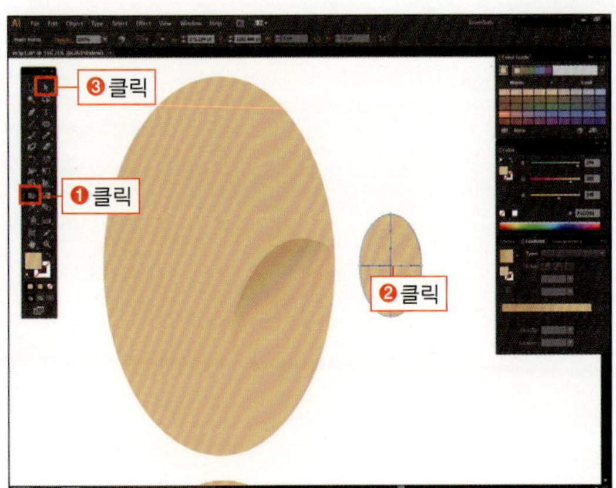

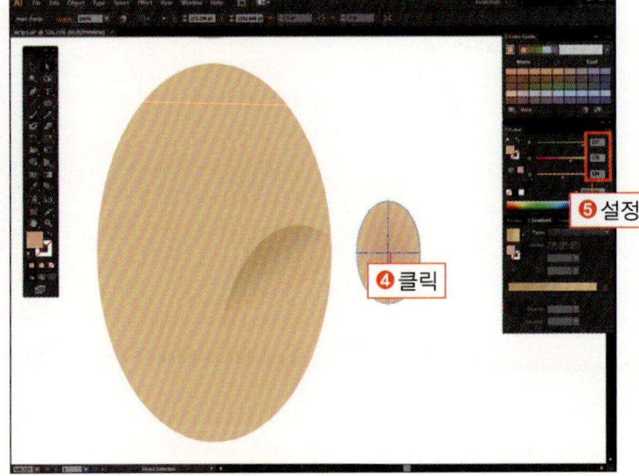

06. 타원을 드래그로 옮겨 볼 부분을 만듭니다. 회전 툴(　)로 우측으로 기울여 줍니다.

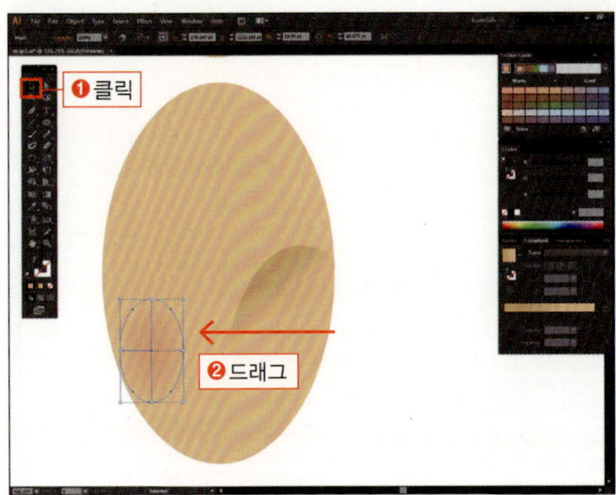

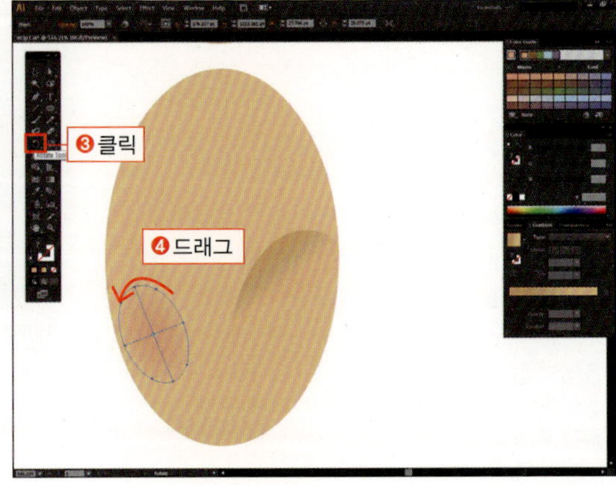

07. Alt 를 누른 상태에서 드래그하여 하나
의 같은 타원을 복제합니다. [Reflect] 대화상자에
서 [Vertical]로 선택한 후 [OK] 단추를 클릭하여 반
전합니다.

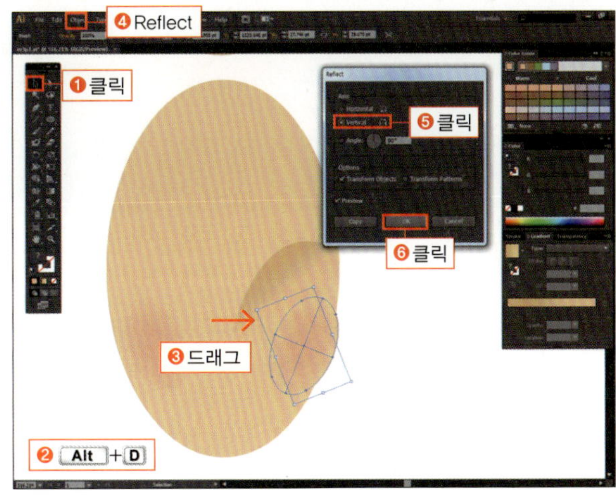

08. 선택 툴로 두 개의 오브젝트를 선택하고 좌우의 높이를 같게 하기 위해 상단의 [Control] 패널의 [Vertical Align
Center]를 눌러 맞춥니다. 컬러를 'R : 221, G : 175, B : 134'로 설정하여 코 부분을 만들어 줍니다.

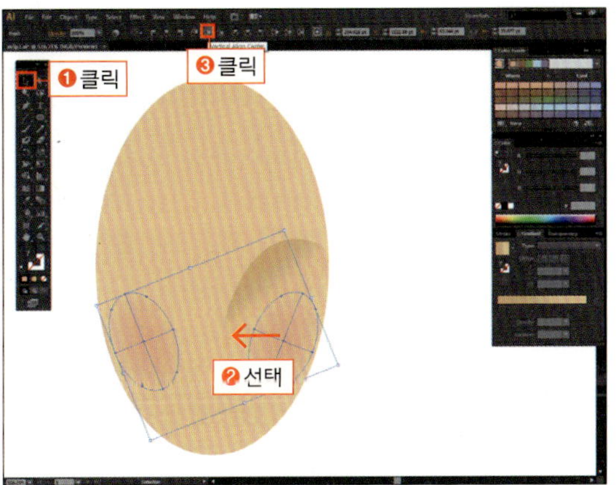

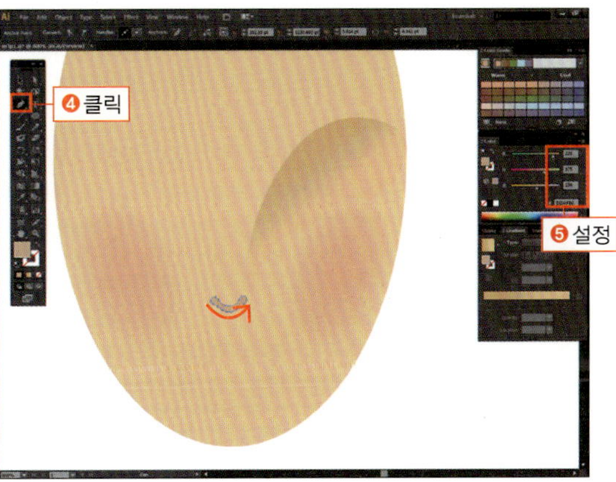

09. [Stroke] 'R : 241, G : 102, B : 108'과 [Fill]은 'R : 239, G : 158, B : 164'로 입술을 만든 후 직접 선택 툴( )로 조절합
니다. 다음은 화이트로 입 안쪽을 그려줍니다.

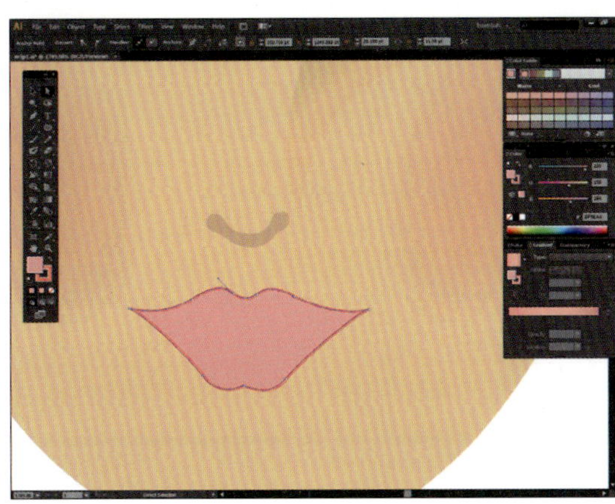

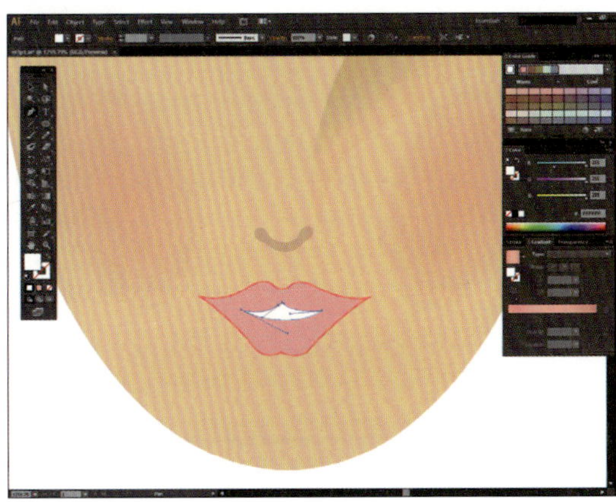

10. 직접 선택 툴( )로 조절하여 타원을 갸름
하게 얼굴 형태로 만들어 갑니다.

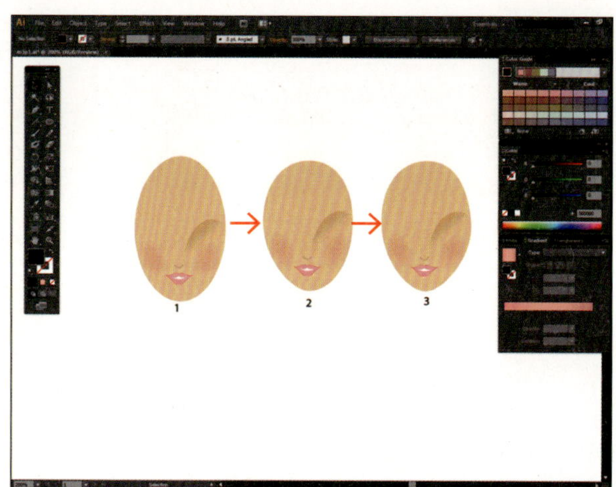

11. 만들어진 눈을 가져와 흰자 부분에 [Stroke]
를 [None]으로 없애고 사이즈를 줄여 앉히고 회전
하여 균형을 맞춰줍니다.

12. 선택 상태에서 [Object]–[Transform]–[Reflect] 메뉴를 선택하고 [Reflect] 대화상자를 열어 [Copy]를 클릭합니다. 위
치를 잡고 라이트 부분을 직접 선택 툴( )로 드래그하여 같은 위치에 놓이게 합니다.

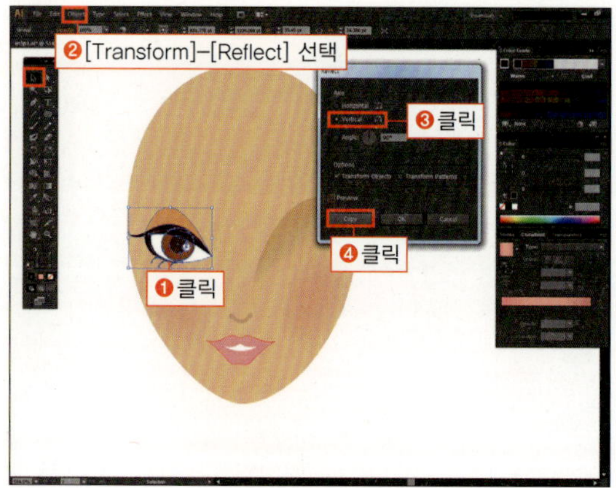

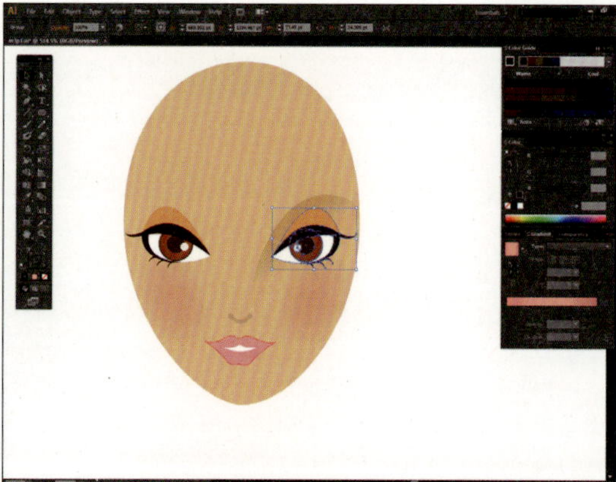

13. 눈동자를 선택하여 이동하면 작은 변화에도 다음과 같이 전혀 다른 느낌으로 달라질 수 있습니다.

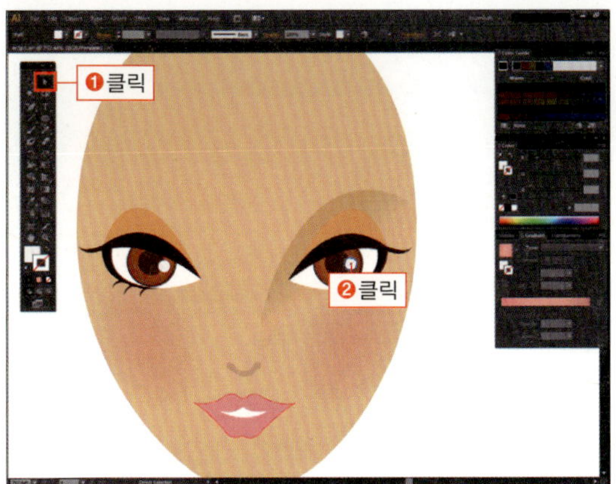

14. 작은 타원을 만들어 귀를 만듭니다.

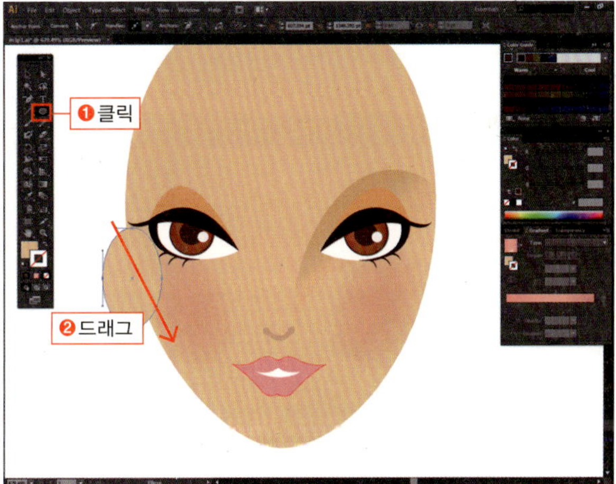

15. Ctrl + Shift + [을 눌러 맨 뒤로 보내고 기울여 우측으로 회전시킵니다. 'R : 173, G : 101, B : 35'로 설정하여 눈썹을 만듭니다.

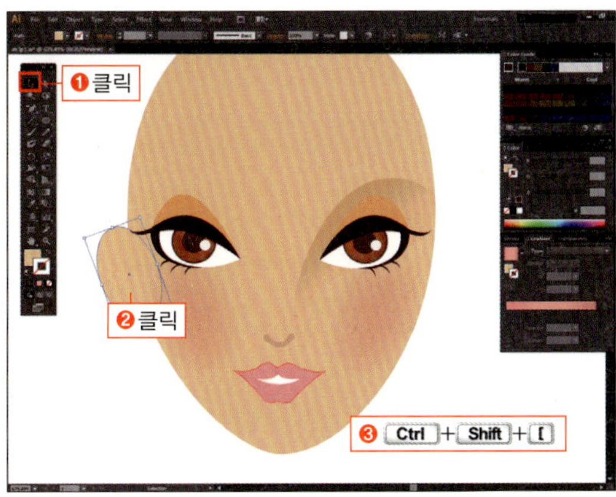

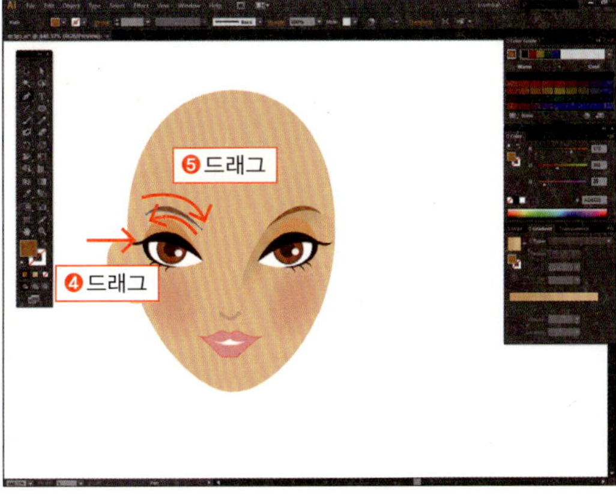

16. 원이나 별 등 도형 툴로 작은 데코레이션을 만듭니다. 'R : 96, G : 56, B : 19'로 설정한 후 머릿카락을 만드는데 바람에 날리는 느낌을 감안하여 표현합니다.

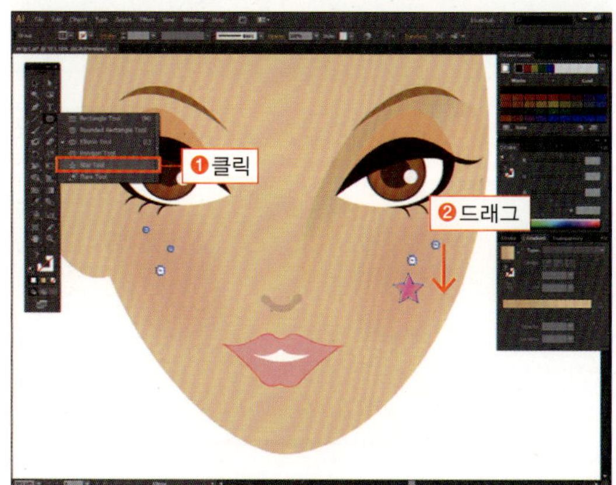
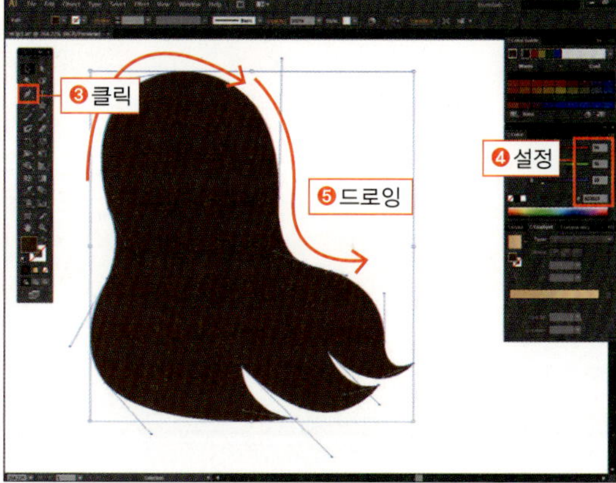

17. 만들어진 머리카락을 Ctrl + Shift + [으로 맨 뒤로 보냅니다. 같은 컬러로 앞머리를 만들어 줍니다.

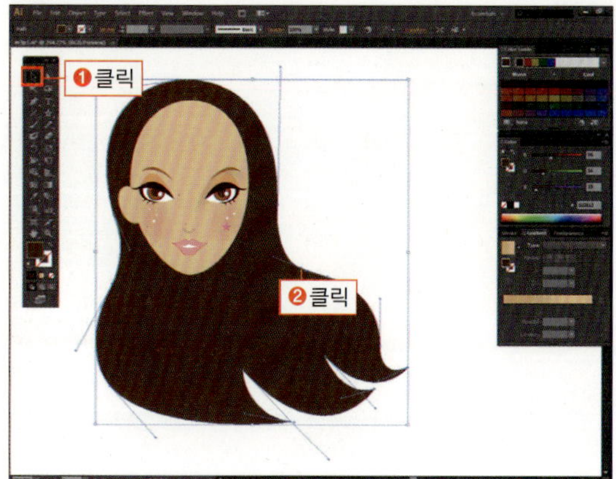

01. 몸에 실루엣과 목을 그려주는데 얼굴 전체의 느낌과 어울리게 목은 길게, 몸 역시 가늘고 긴 스타일이 어울립니다.

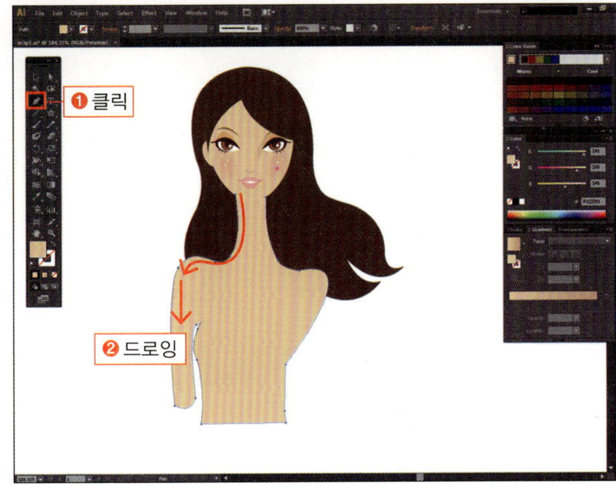

02. 뒤의 머리와 같이 선택하고 두 개의 오브젝트를 선택하여 뒤로 보내줍니다.

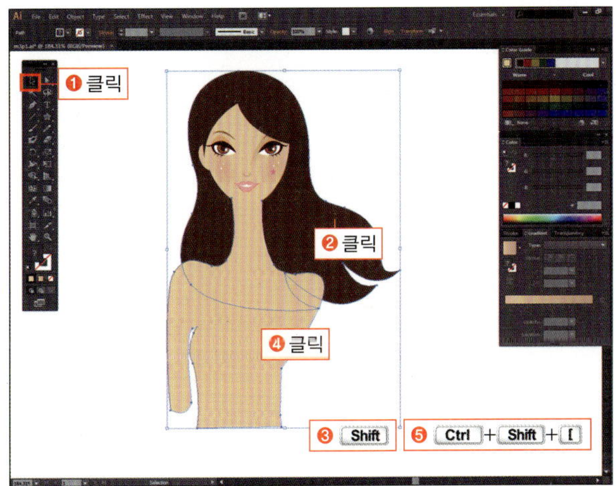

03. 목과 얼굴의 경계 부분에 그림자를 넣어줍니다. 컬러는 'R : 229, G : 169, B : 115'로 설정하여 그려줍니다.

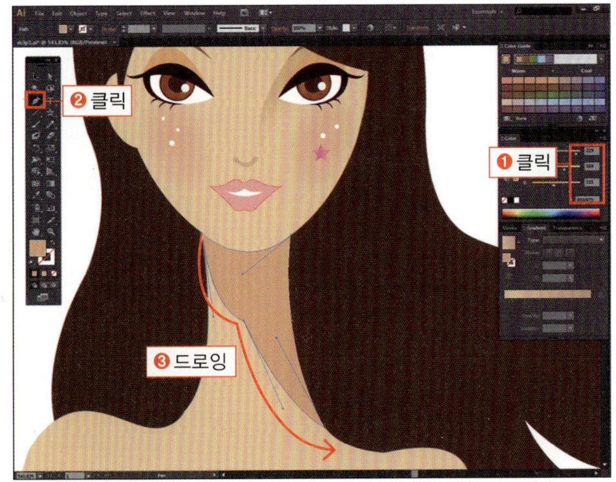

04. 머리카락 색깔로 앞머리 한가닥을 그려줍니다.

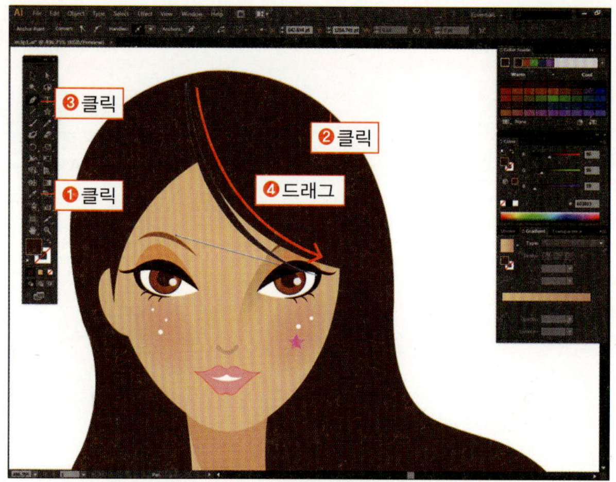

05. 목에 그림자 컬러를 이용해 쇄골 부분을 그려넣습니다.

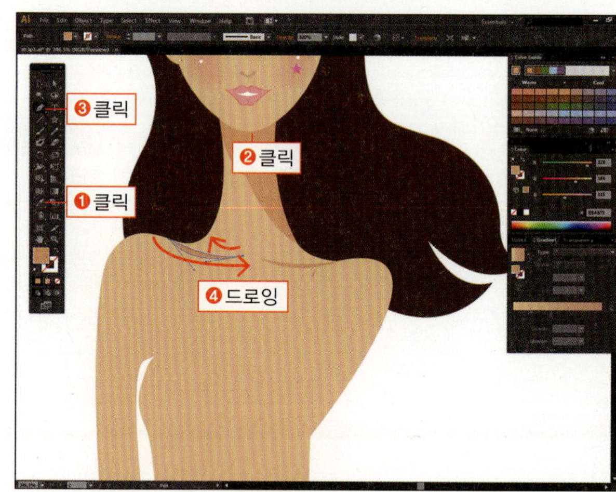

06. 연한 핑크색으로 옷을 그려줍니다. 컬러는 'R : 239, G : 211, B : 224'로 설정합니다.

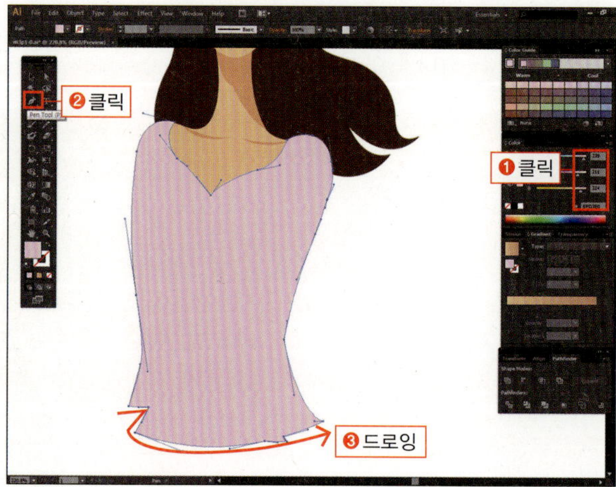

07. 'R : 232, G : 177, B : 205' 컬러로 팔과 몸통
을 구분해주는 라인을 그려넣습니다.

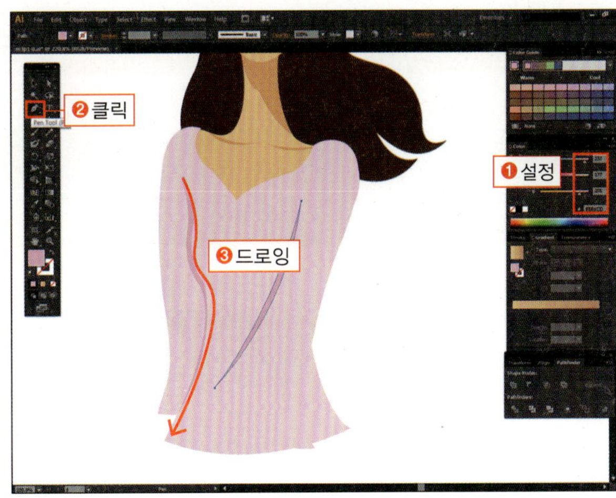

08. 같은 색으로 소매 부분을 그려줍니다.

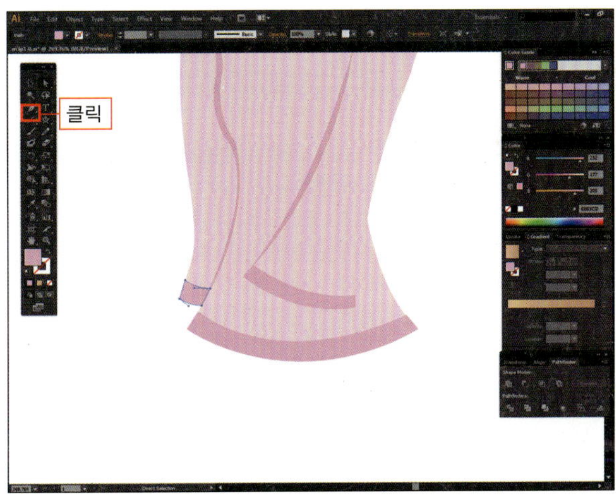

09. 펜 툴( )로 살색을 스포이드 툴( )로 클릭하여 컬러를 지정하고 팔을 만들어 줍니다. 그리고 [Ctrl] + [Alt]
+[ ]을 눌러 맨 뒤로 보냅니다.

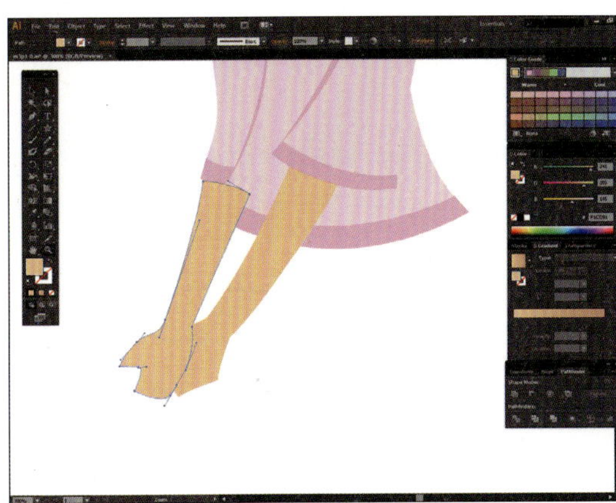

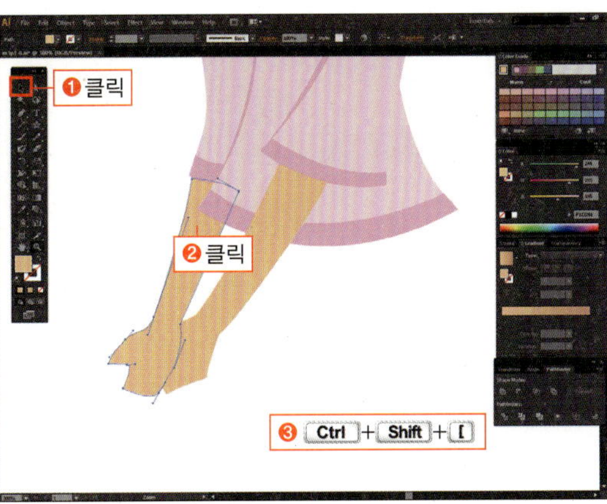

01. 이제 작은 꽃들을 만들어주는데 마우스보다는 타블렛을 사용하는 것이 더욱 자연스럽게 작업할 수 있습니다. 'R : 155, G : 133, B : 169' 컬러로 꽃잎을 만듭니다.

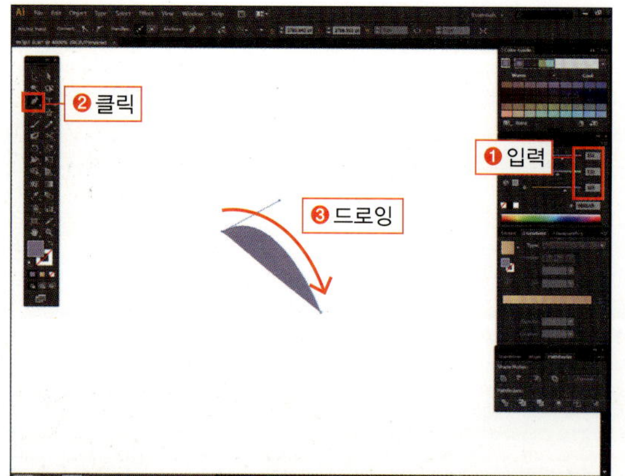
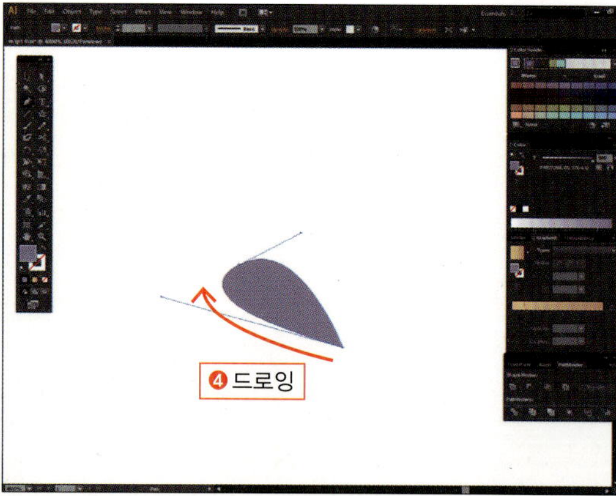

TIP : CS6 버전까지는 꽃잎을 그릴 때 펜 툴(◆)로 드로잉 시에 곡선에 모양을 만들어야 했지만 CC 버전에서는 라인 툴(◆)을 이용하여 직선을 그린 후 기준점 변환 툴(◆)로 선의 중간 부분을 드래그하여 호를 만들거나 대충 오브젝트를 만든 후 기준점 변환 툴(◆)로 조절하여 원하는 형태를 만들 수 있습니다.

02. 만든 꽃잎을 자유롭게 Alt +드래그를 눌러 복제하여 바운딩 박스(Bounding Box)를 조절하여 회전시켜서 위치시킵니다. 'R : 255, G : 141, B : 115' 컬러로 꽃의 수술 부분을 만들어줍니다. 원을 그리기 위해 원형 툴로 드래그하여 만듭니다. 이때는 정원을 그리기 위한 것이 아니니 타원을 만드는 방법으로 Shift 키를 누르지 않고 드래그로 만듭니다.

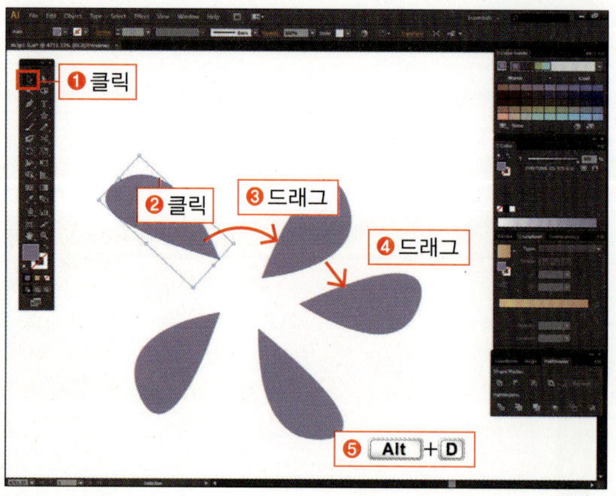
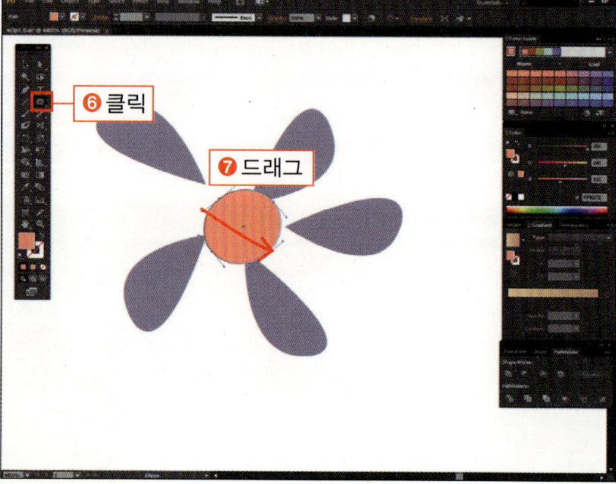

 다른 종류의 꽃들도 만듭니다. 라운드 사각 툴(■)과 [Reflect] 등을 이용하여 꽃잎을 만들고 복제하여 만들어줍니다. [Rotate]로 회전시키고 [Reflect]로 반전하면서 카피합니다.

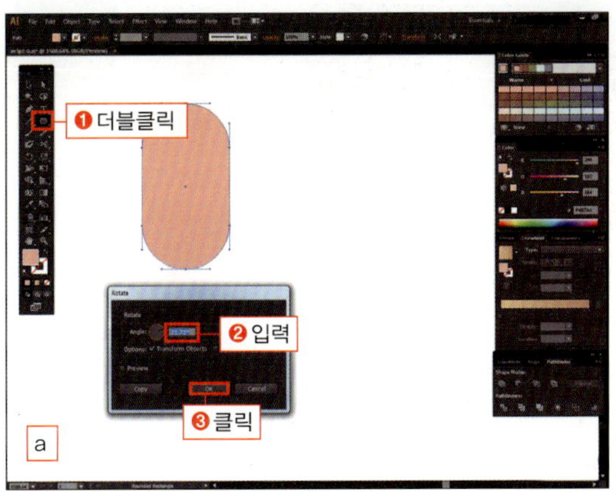
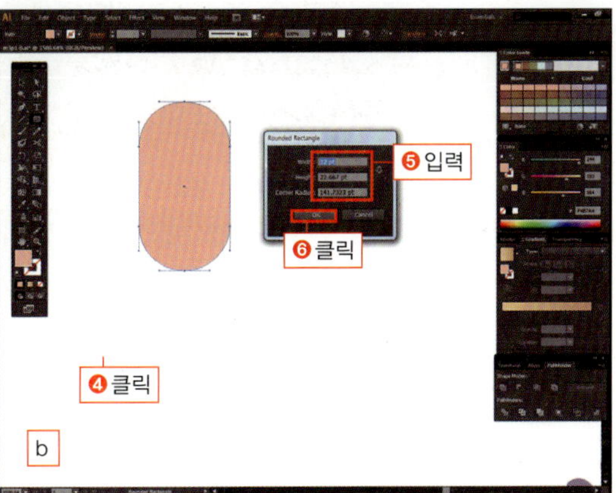

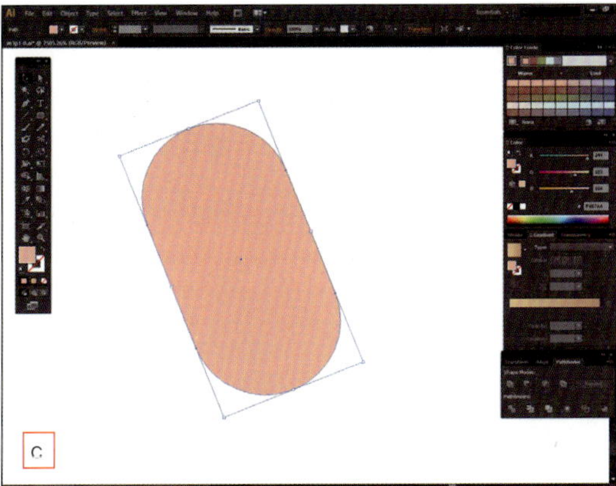
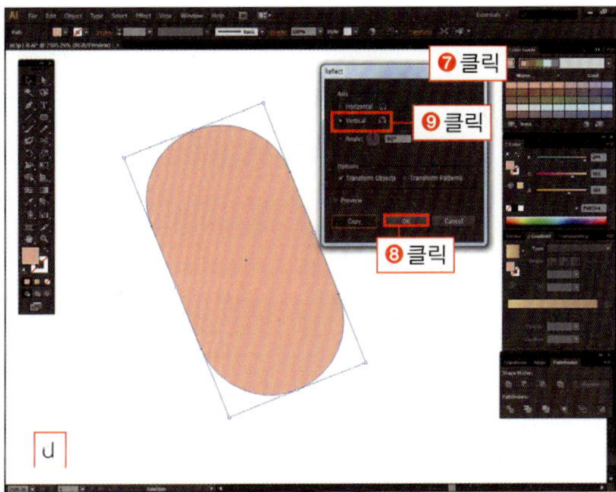

TIP : 그림과 같이 라운드에 사각형을 만들 때 기존에는 라운드 사각 툴(■)을 더블클릭하고 대화상자를 열고 수치를 입력하여 원하는 라운드의 오브젝트를 얻었지만 CC 버전은 직접 선택 툴(▶)로 오브젝트를 선택하기만 하면 각도 조절 포인터가 생겨나기 때문에 각각의 모퉁이에 일괄적이고 정확한 라운드를 골고루 똑같이 줄수 있게 되었습니다.

04. 복제된 꽃잎을 그룹으로 묶어 회전 툴(○)로 회전합니다. 중심축을 아랫부분에 찍어주고 [Alt]를 누른 상태에서 드래그로 회전하여 복제합니다.

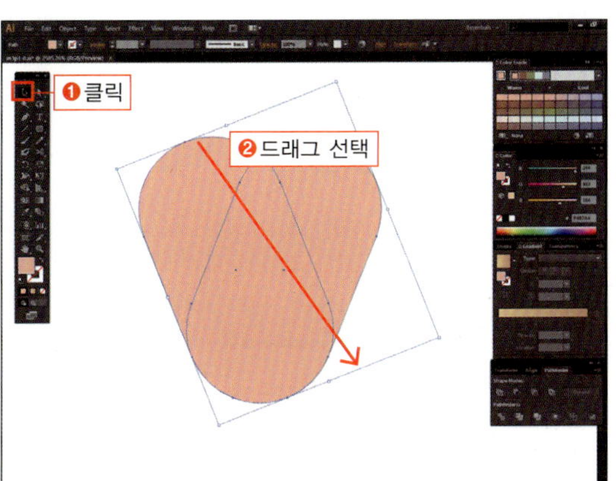
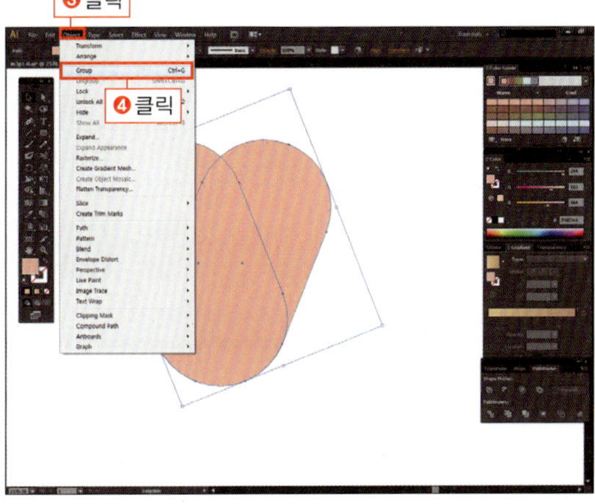

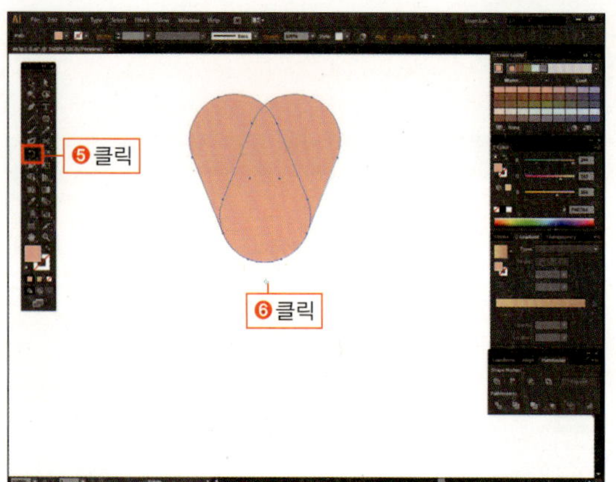

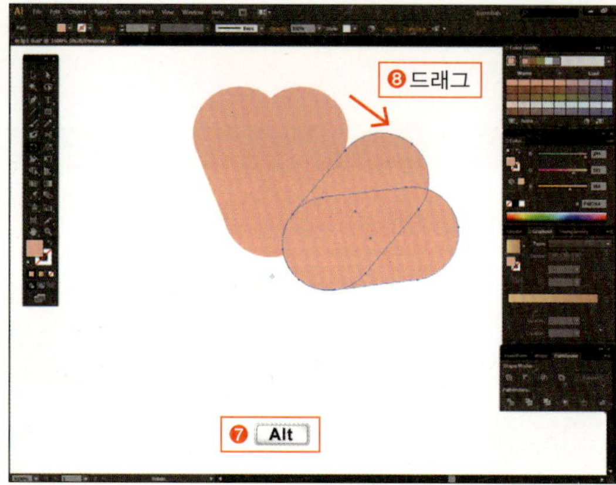

05. 복제된 상태로 Ctrl + D 를 눌러 다단복제를 4회합니다. 다각형 툴 로 중심 수술을 만듭니다.

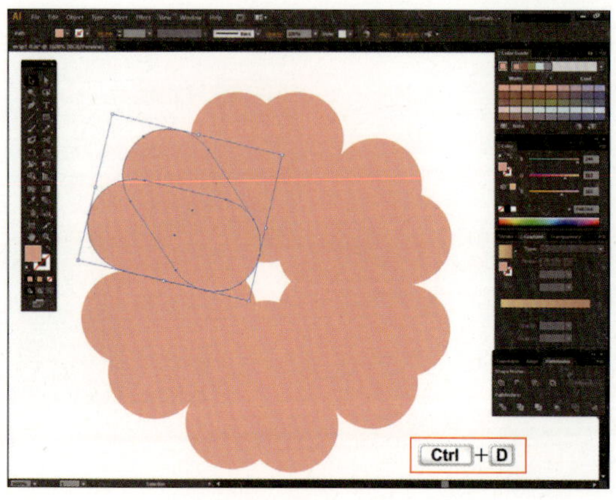

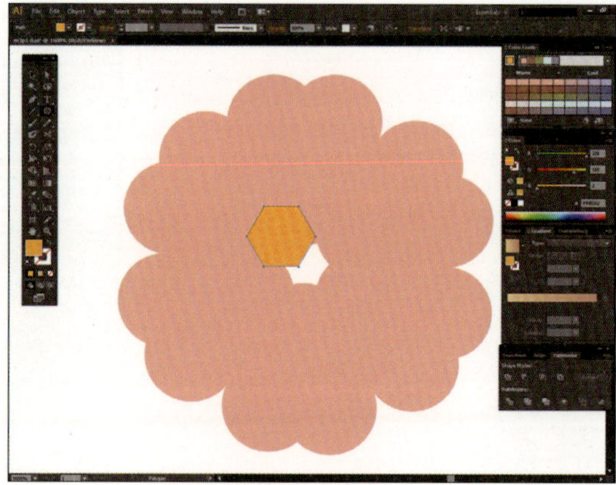

06. 같은 방법으로 꽃다발을 만듭니다. 잎을 만들어 크기를 조절하고 각도를 조절하여 다양하게 보이게 합니다. 다른 종류의 꽃들을 만들어 배치하고 크기를 달리하여 배치합니다. 만든 꽃다발을 손에 배치합니다.

01. 'R : 136, G : 180, B : 194'로 컬러를 지정하여 치마를 그려줍니다. 치마색의 어두운 컬러로 그림자를 넣습니다.

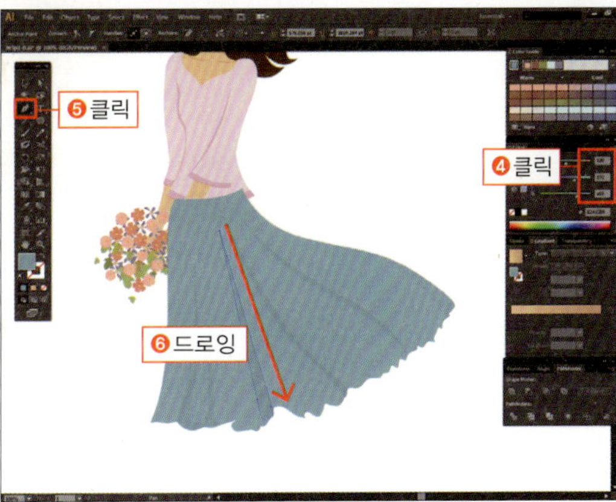

02. 'R : 113, G : 149, B : 160' 컬러로 치마에 주름을 그려넣습니다. 브러쉬 툴( )로 브러쉬 스타일을 선택하고 [Tappered Stroke] 타블렛 등으로 그려주면 자연스럽습니다.

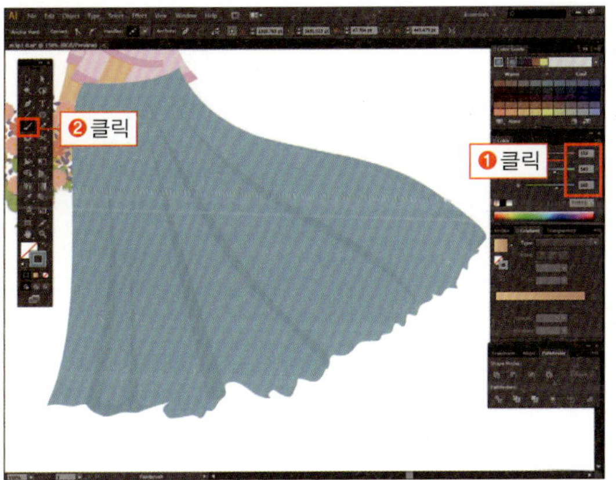

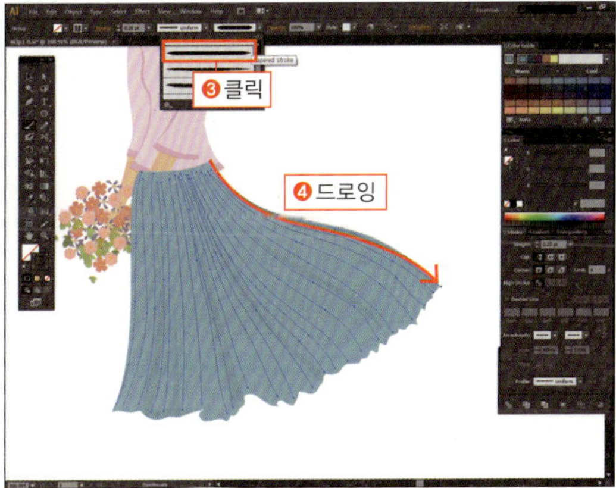

03. 만들어진 치마를 주름과 그림자까지 드래그로 선택하여 `Ctrl` + `[` 을 눌러 맨 뒤로 보냅니다.

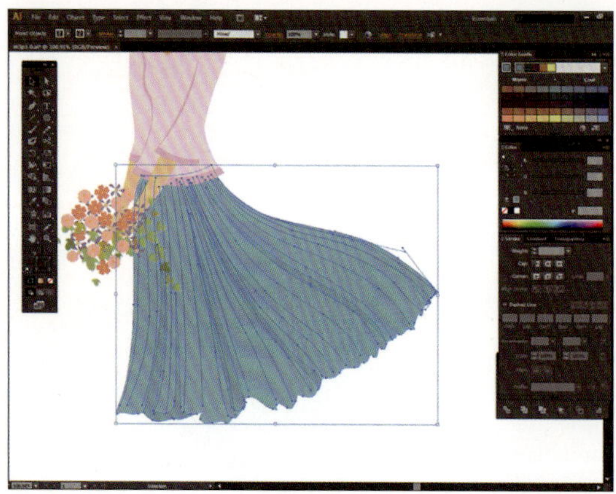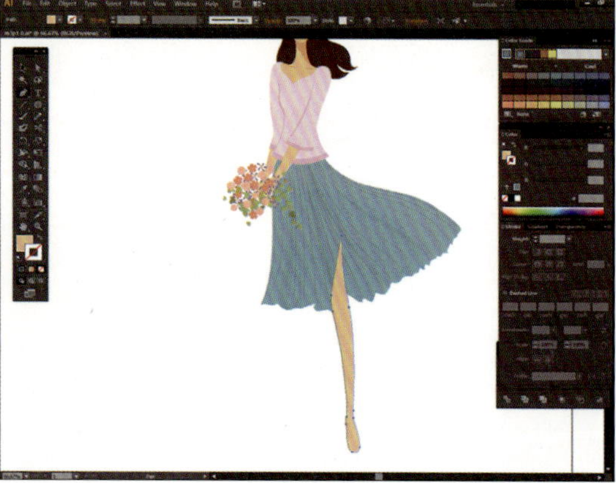

04. 다리 라인을 그려주고 카피하여 반대편 다리도 만들어 역시 뒤로 보냅니다.

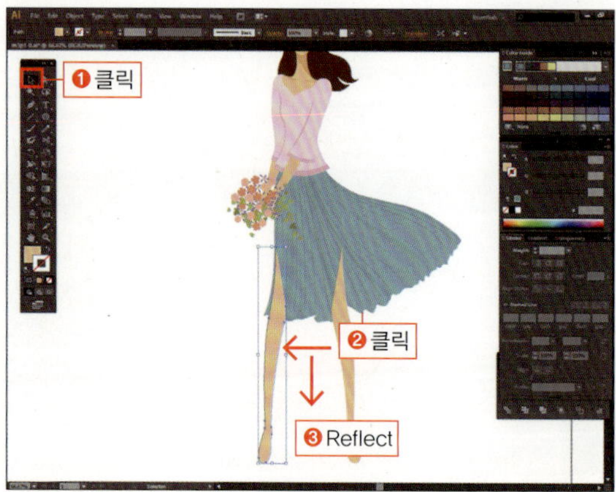

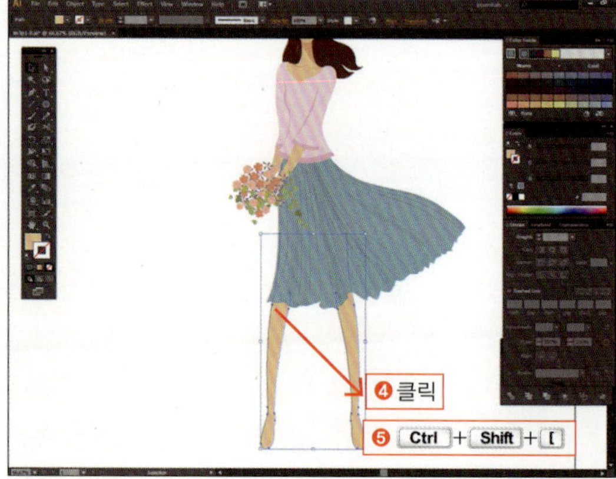

05. R : 194, G : 116, B : 117 컬러로 신발을 그려주고 좌우가 같게 카피합니다.

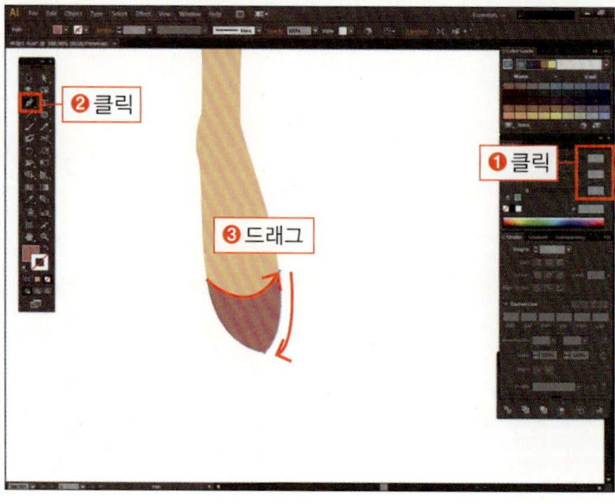

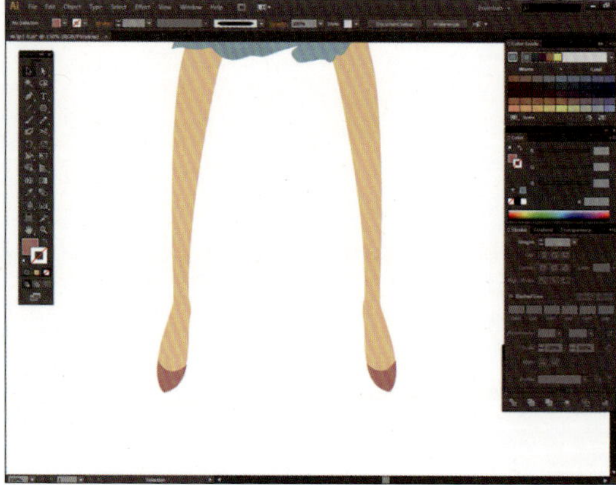

06. 무릎 위에 붉은색을 표현하기 위해 원형 툴(◯)로 피부색으로 타원을 만들고 메쉬 툴(▦)로 붉은색 그라디언트를 만듭니다. 직접 선택 툴(▶)로 포인트들을 움직여 무릎에 맞게 만들어줍니다.

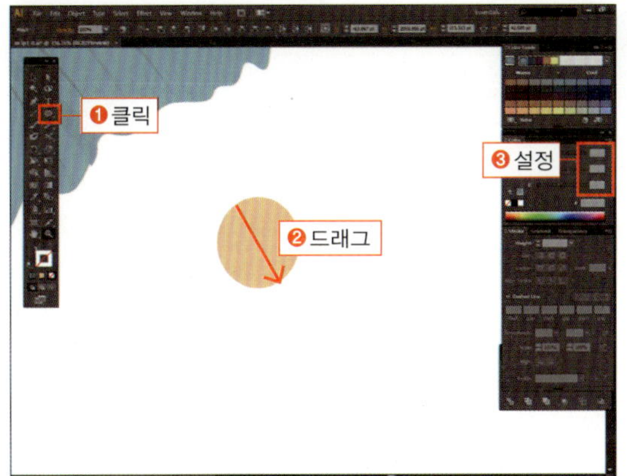

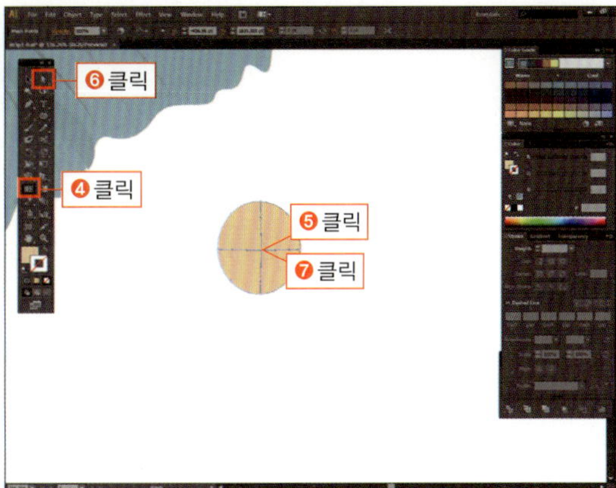

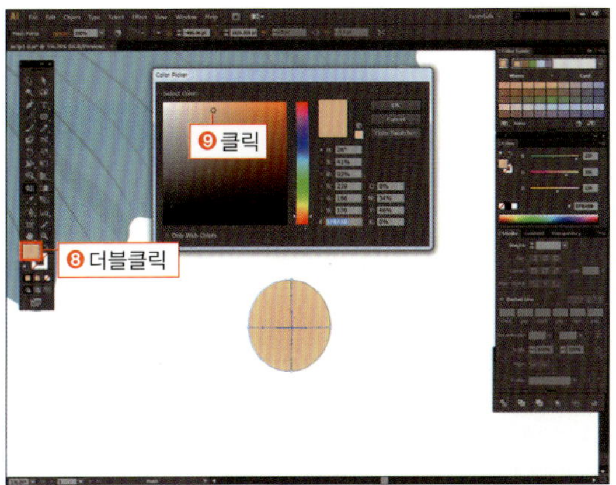

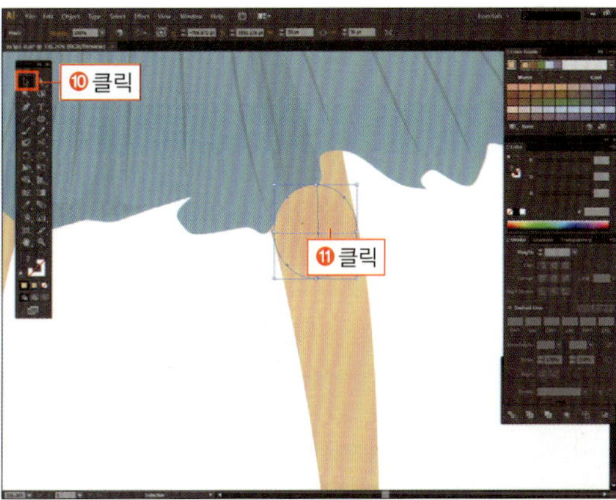

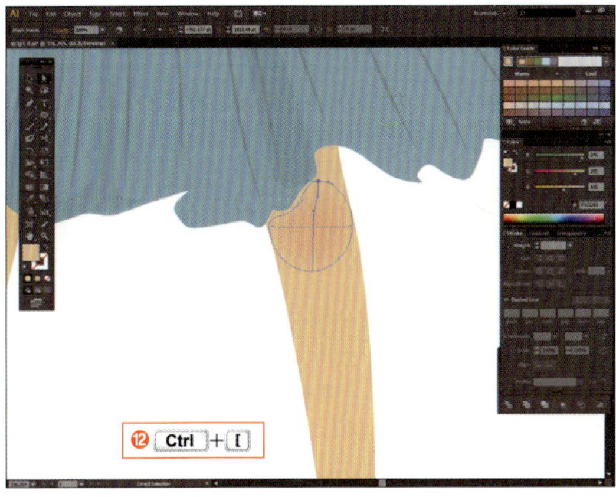

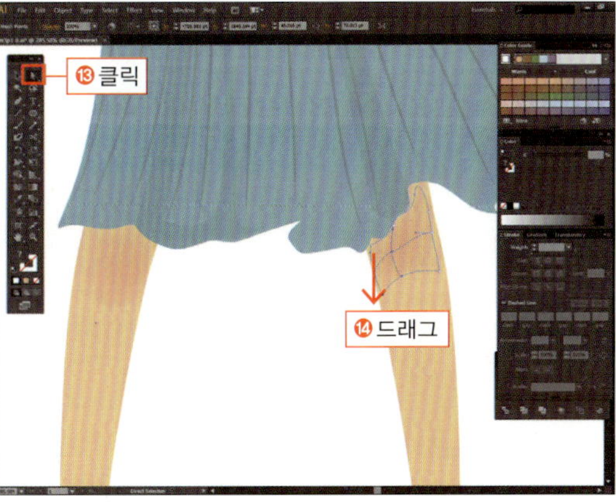

01. 크기와 배경 등을 조절하여 정리하고 앉혀 줍니다.

02. 이제 작업은 끝났습니다. 작업을 한 후에 클라이언트에게 웹 하드나 이메일을 통해 보내는데 보통 작업은 포토샵에서 열어 jpg 파일로 72dpi로 설정하여 보내고 확인한 후 피드백을 받습니다. 최종적으로 확정되면 인쇄용으로 가능한 300dpi 이상의 jpg 파일이나 psd 파일 혹은 일러스트 파일인 ai 파일로 보냅니다. ai 파일을 보낼 때에는 자신의 작업을 변형 수정하여 다른 작업에 활용될 수 있으므로 되도록 저작권을 보호하기 위해 보내지 않는 것이 좋습니다.

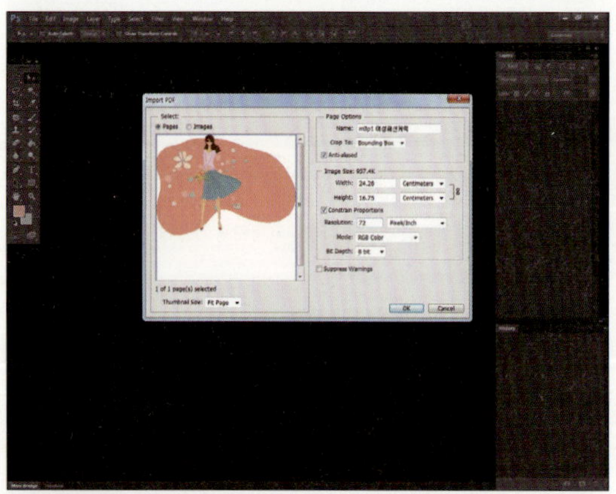

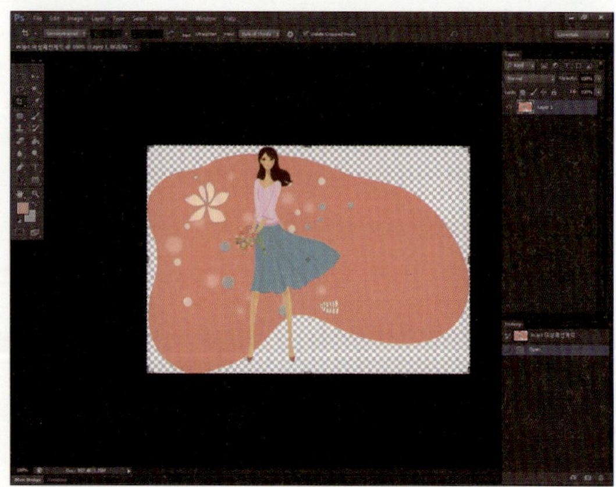

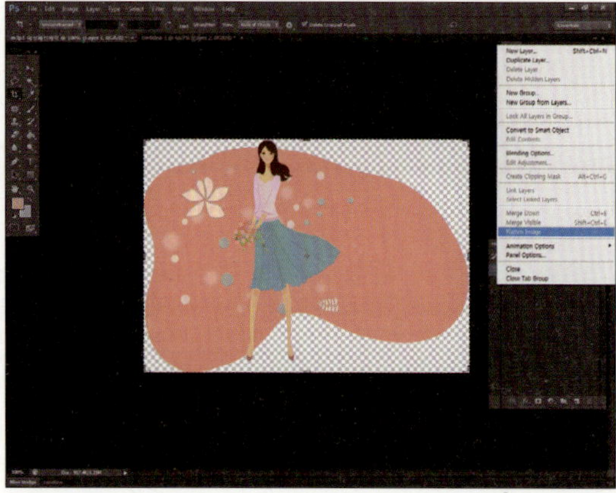

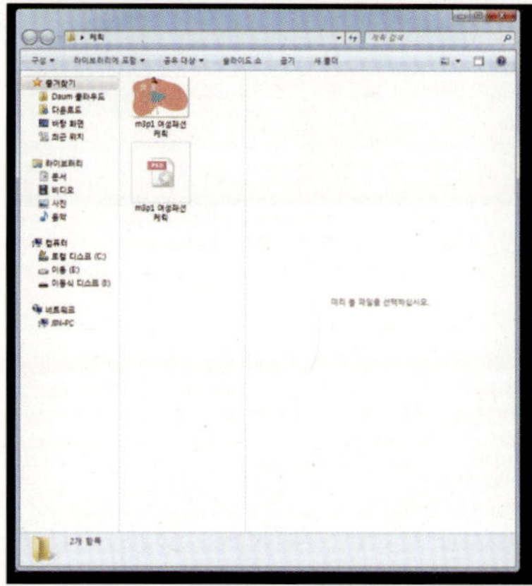

03
Path Finder와 Align을 이용한 캐릭터 일러스트 그리기

레 벨 ● ● ●

어떤 캐릭터를 만들 것인지를 생각하고 만들어가는 과정을 살펴본 후에 복잡한 여러 가지 기능을 익혀서 적용해보겠습니다.

완성 파일 I DVD₩Part08₩M2p1ch162.ai

STEP 01 • 새 창 만들고 도형 툴 사용하기

01. 자유자재로 Path Finder를 사용할수 있으면 도형을 활용하여 손쉽게 캐릭터를 만들 수 있습니다. 새로운 도큐먼트 창에서 [Size]는 'A4'로, [Name]은 'Character1'이라고 정하고 [Orientation]은 '가로'로 지정합니다. [New Document Profile]에서 'Basic RGB'로 선택하고 컬러는 'RGB'로 설정하여 새 창을 엽니다.

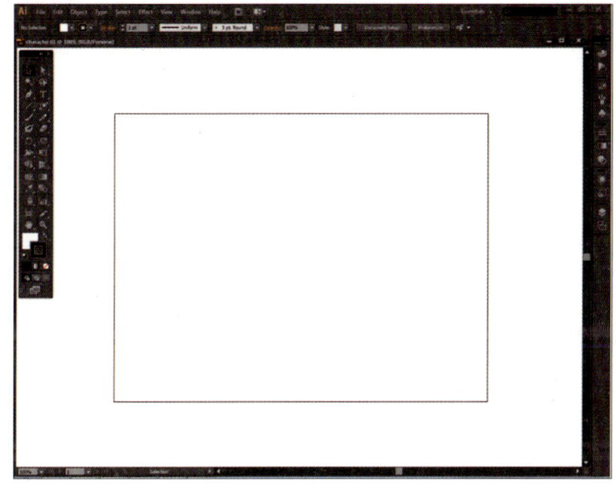

02. 원형 툴을 선택하고 [Color]에서 [Fill]을 'Black'으로 [Stroke]를 'none'으로 설정한 후 도큐먼트의 정중앙에서 클릭합니다.

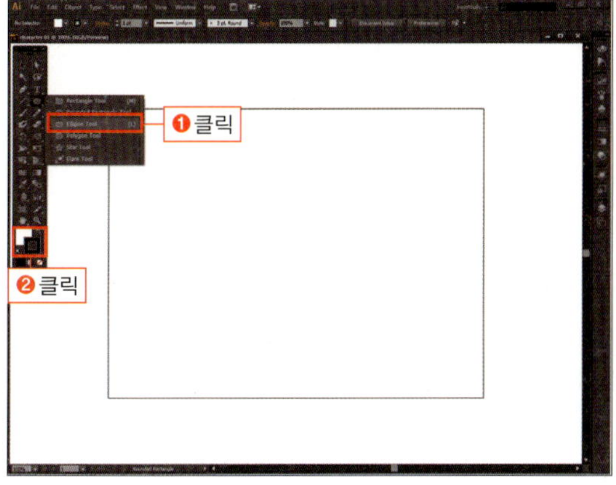

03. Ellipse 대화상자가 나타나고 [Ellipse] 대화상
자에서 [Width]는 '45mm', [Height]는 '55mm'로 입
력한 후 [OK] 단추를 클릭합니다.

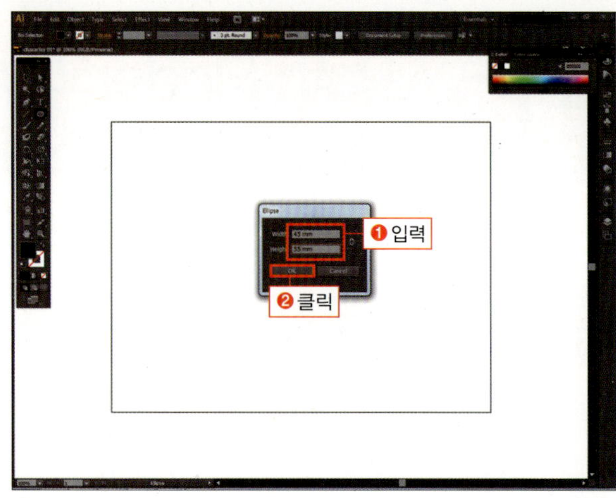

04. 이제 검은색 타원의 오브젝트가 생겼습니다. 선택 툴을 선택하고 검은 타원의 오브젝트를 클릭하여 작업하
기 좋은 곳으로 이동합니다.

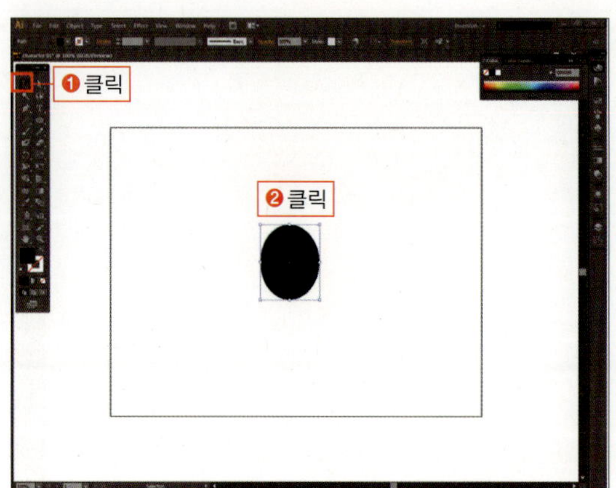

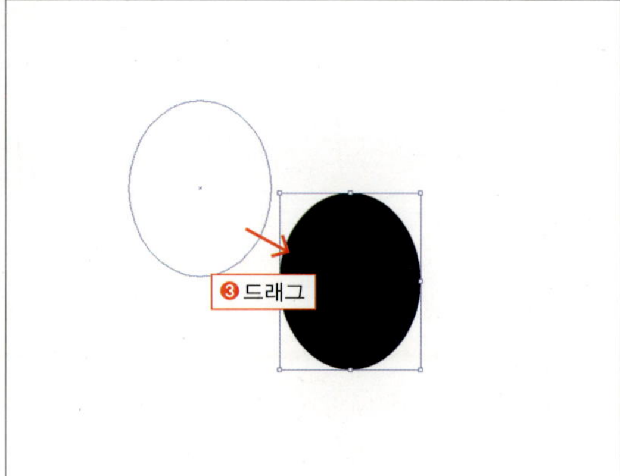

05. 돋보기 툴을 클릭하고 타원의 밑부분을 드래그하여 확대합니다.

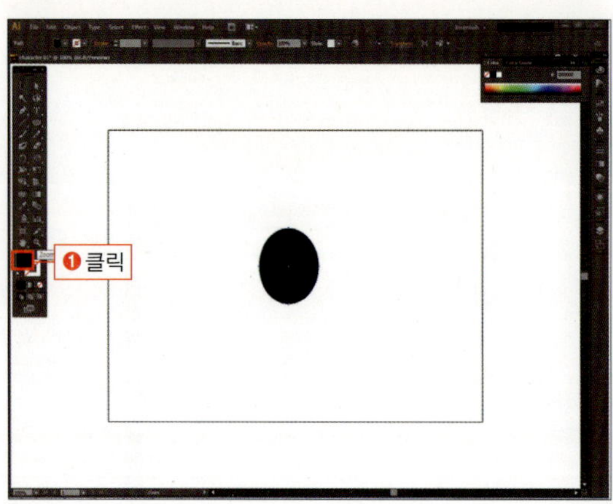

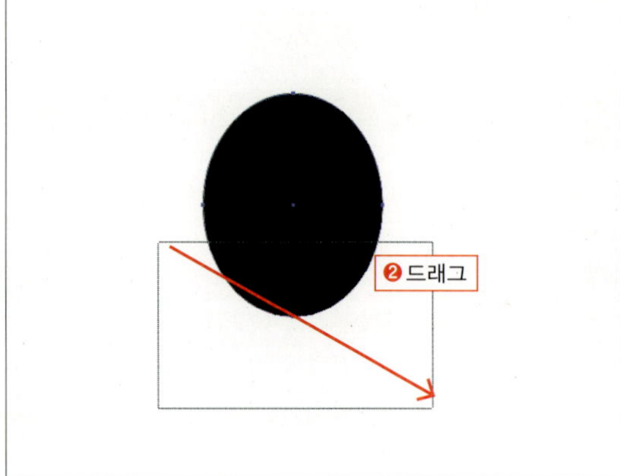

06. 순간순간 [Space Bar] 또는 손바닥 툴(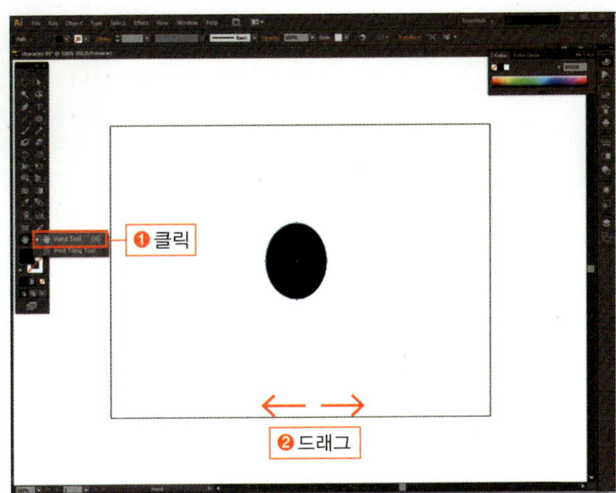)을 이용해 화면을 이동하며 작업합니다.

07. 먼저 정확한 위치 선정을 위해 [View]–[Show Grid] 메뉴를 선택하여 그리드를 생성합니다.

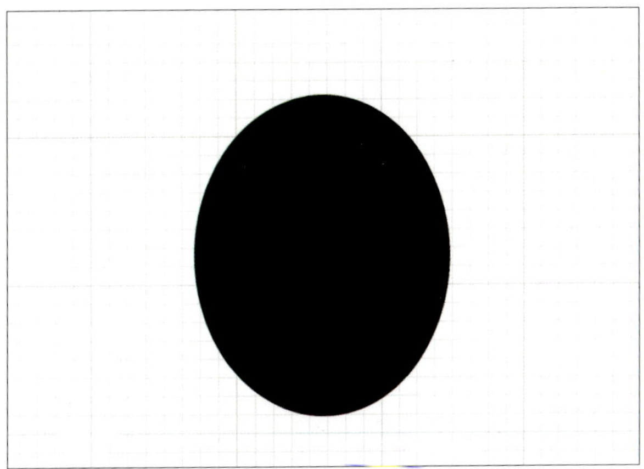

08. 선택 툴(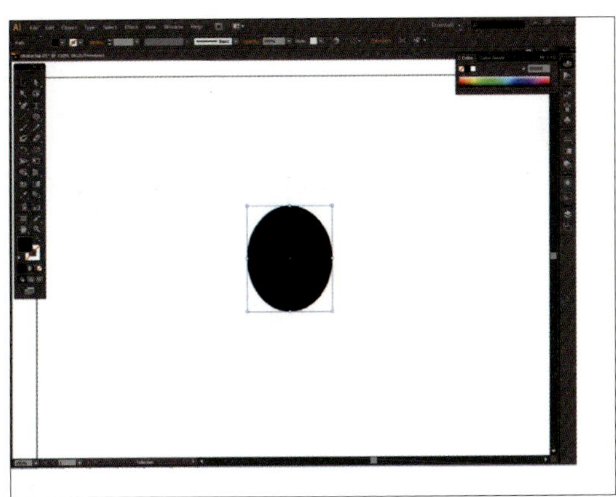)로 타원 오브젝트를 선택하여 밑부분을 최대한 확대하고 진한 선에 맞춥니다.

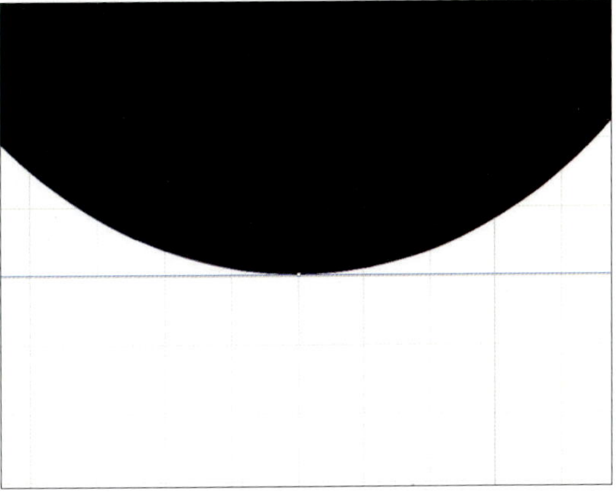

09. Grid 기준선을 근거로 좌우의 위치를 최대한 비슷하게 합니다.

10. 펜 툴( )을 길게 눌러 펜 툴 메뉴 중 기준점 추가 툴( )을 선택합니다.

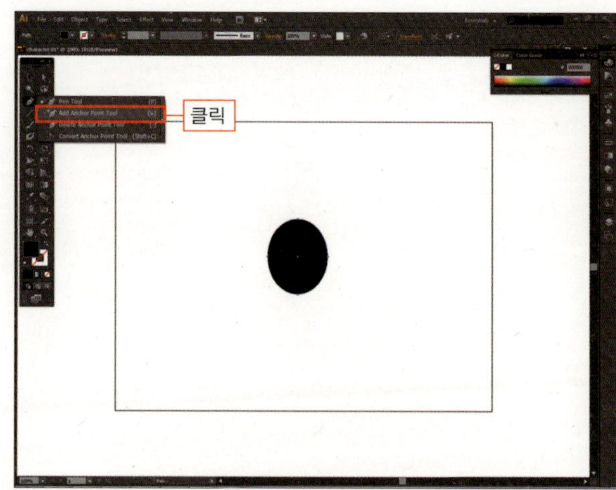

11. 좌측 기준점을 클릭하여 주가합니다.

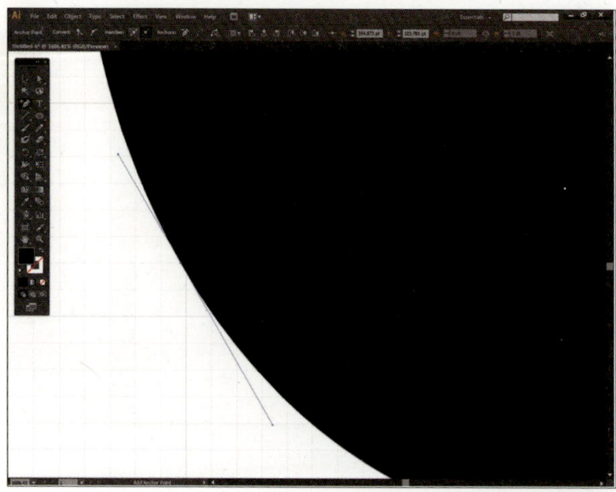

01. 이제 생성된 새로운 포인트에 직접 선택 툴로 방향점을 클릭 앤 드래그로 이동하여 형태를 왜곡합니다.

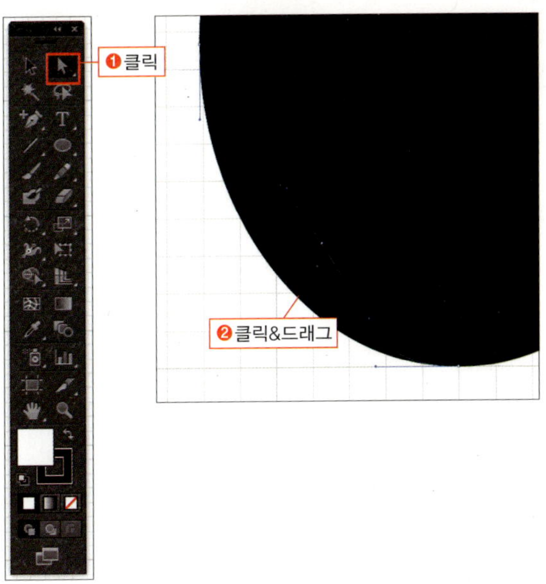

02. 반대쪽도 마찬가지로 변형합니다. Grid의 형태를 보고 양쪽을 비슷하게 해줍니다. [Ctrl] +[-]를 눌러 전체를 확인하고 균형을 확인합니다.

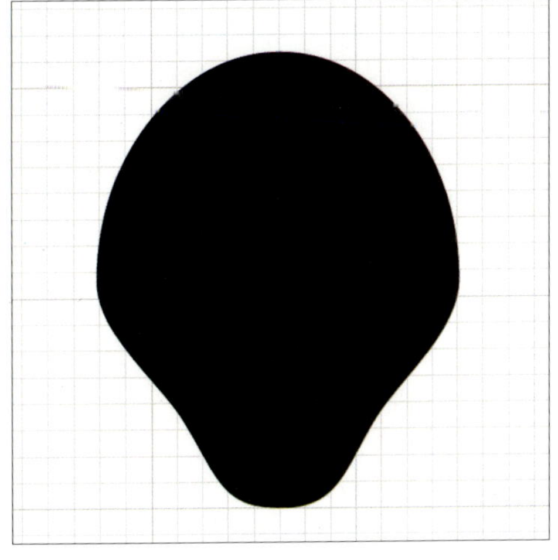

03. 이제 직접 선택 툴( )을 선택하고 타원 오브
젝트의 왼쪽의 끝 포인터에 윗쪽 방향점(Direction
Point)을 선택하여 윗쪽으로 당겨 그림과 같이 윗쪽
진한 선에 맞춰 둥근 모양으로 변형합니다.

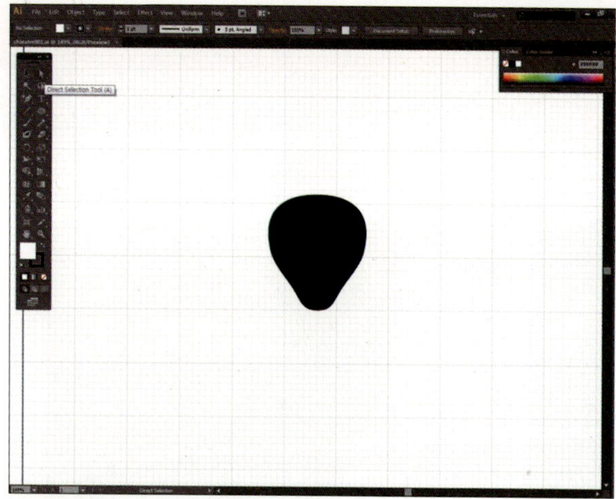

04. 반대편도 마찬가지로 설정합니다.

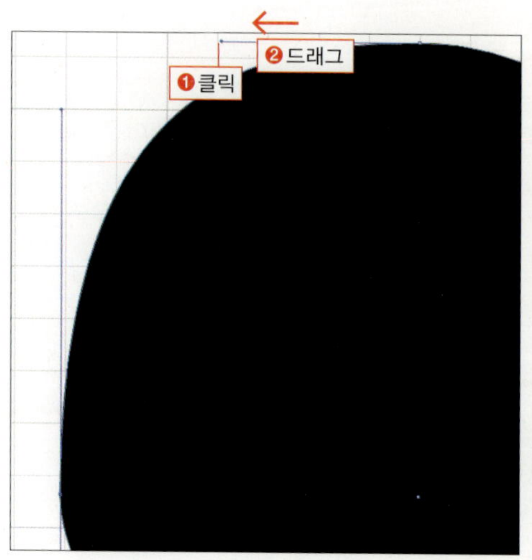

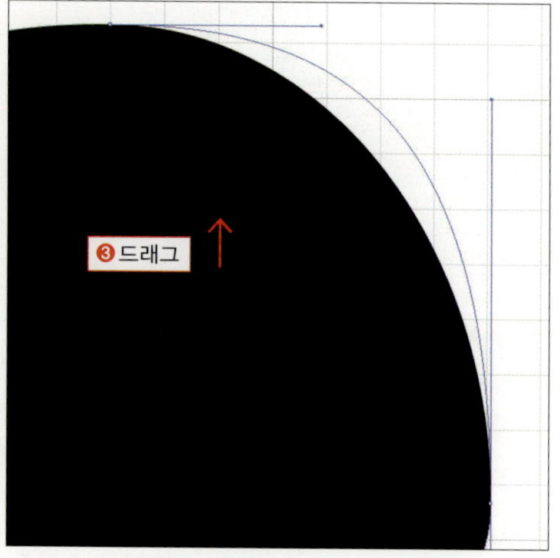

05. 전체적인 균형을 봅니다.

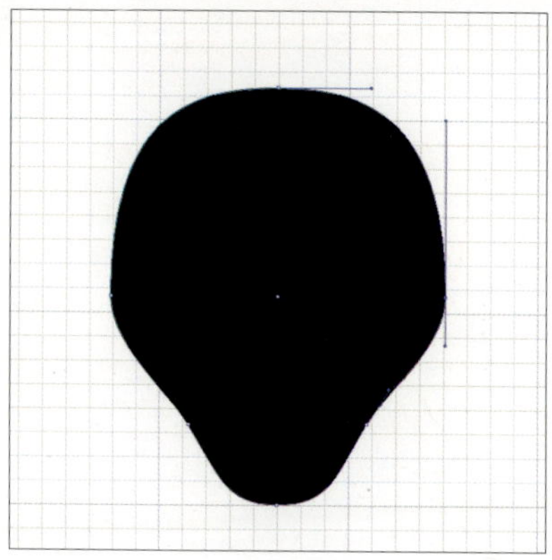

06. 이제 좀 더 곡선을 주기 위해 좀 전의 포인트를 선택한 후 방향점(Direction Point)을 선택하고 종전의 위치에서 Grid 2칸을 이동합니다.

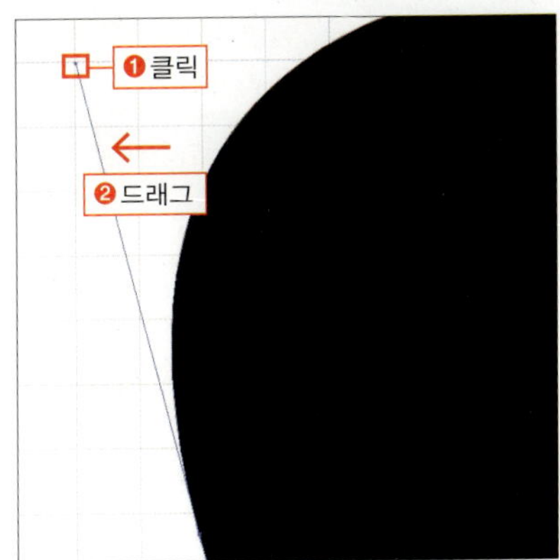

07. 반대쪽도 같은 방법으로 변형합니다.

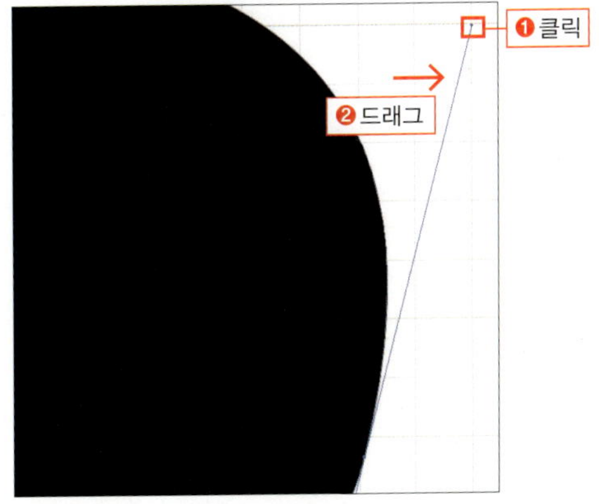

08. Ctrl + 0 을 눌러 전체를 봅니다.

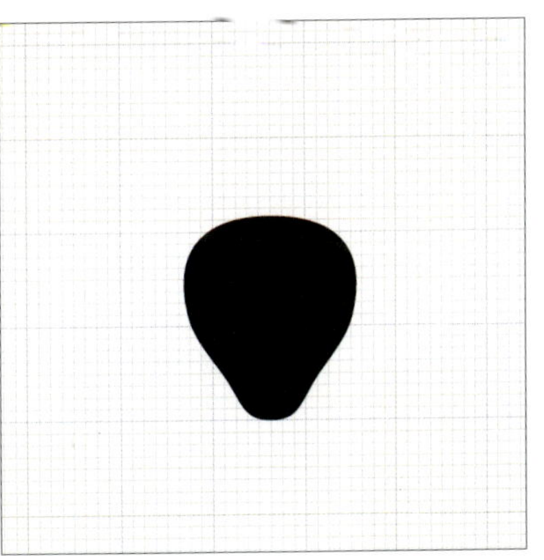

09. 원형 툴(◉)로 눈을 만들어 줍니다. [Fill]을 클릭하고 컬러는 'R : 255, G : 251, B : 220'으로 설정합니다.

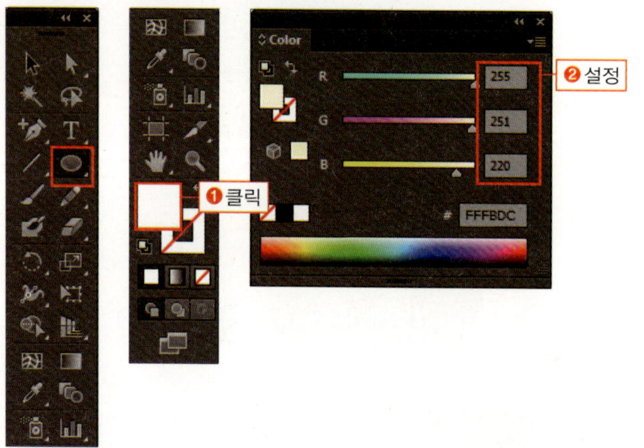

10. 원형 툴(◉)을 선택한 상태에서 바닥을 클릭하고 [Ellipse] 대화상자에서 [Width]는 '10mm', [Height]는 '10mm'를 입력한 후 [OK] 단추를 클릭합니다.

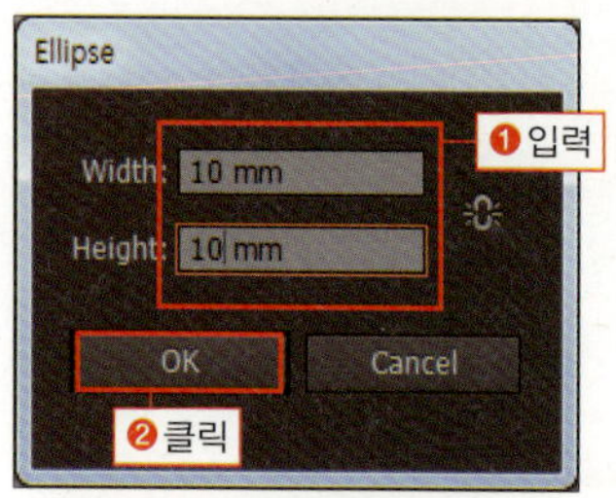

11. 생성된 원을 좌측 상단에 위치하도록 잡아주는데 그림과 같이 Guide 라인을 라인 툴(╱)로 Alt 를 눌러 직선을 상하로 그리고 작업하면 반대편 위치로 잡기 쉽습니다.

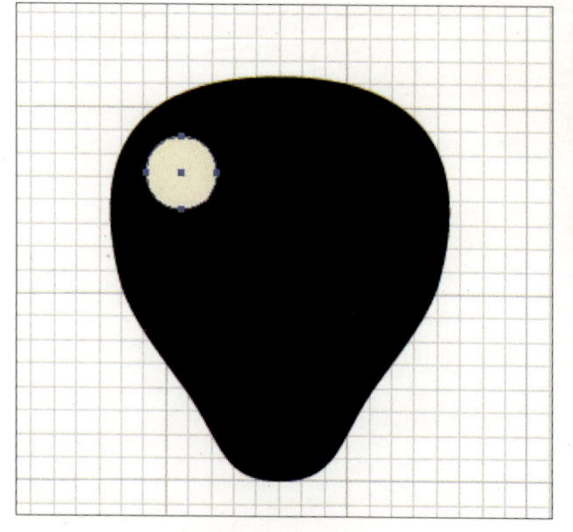

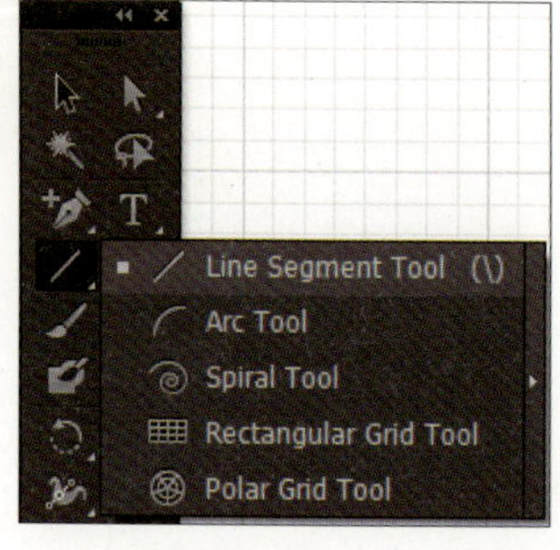

TIP : 가이드선을 사용해도 됩니다.

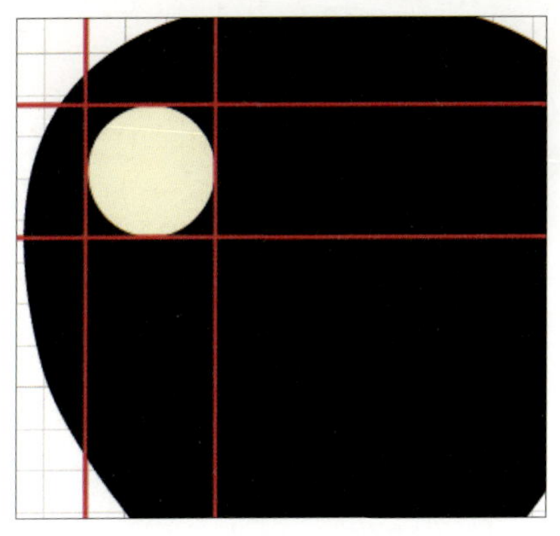 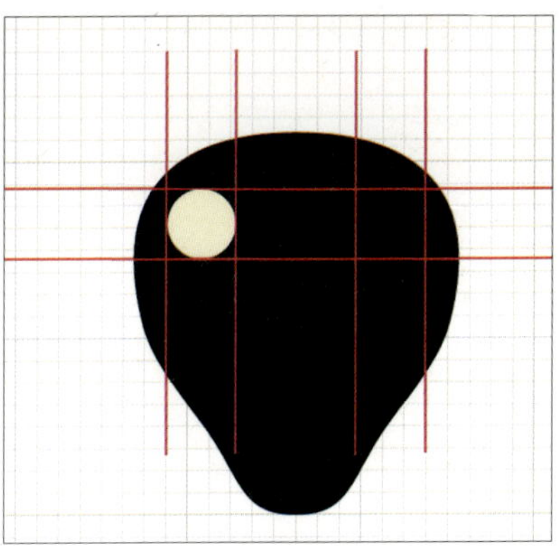

12. 이제 선택 툴( )로 왼쪽 원을 선택하고 `Ctrl` + `C`, `Ctrl` + `V`를 눌러 새로운 원을 복제하고 반대편 도 제 위치에 놓아줍니다.

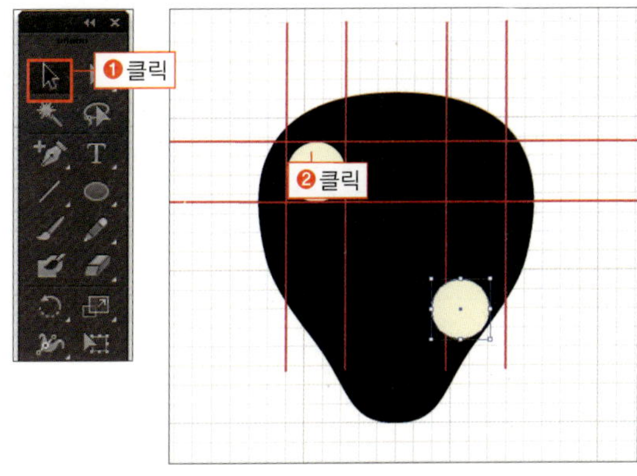

13. 돋보기 툴( )로 확대하여 제대로 된 위치 로 왼쪽과 비교하며 잡아줍니다.

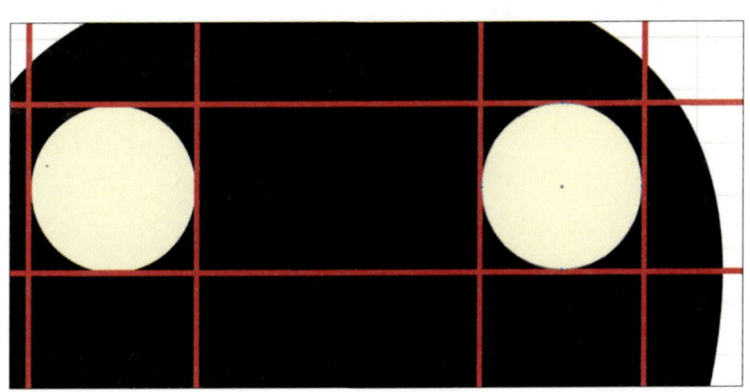

01. 다시 원형 툴( )을 클릭하여 [Ellipse] 대화 상자에서 [Width]는 '12mm', [Height]는 '12mm'를 입력한 후 [OK] 단추를 클릭합니다.

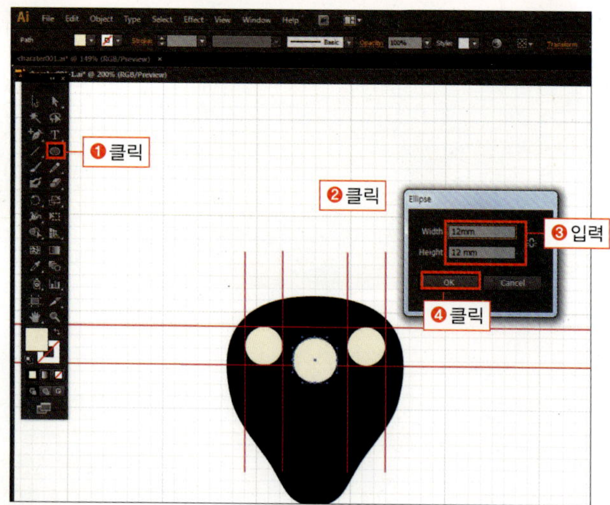

02. 컬러를 'R : 223, G : 0, B : 112'으로 지정해 줍니다.

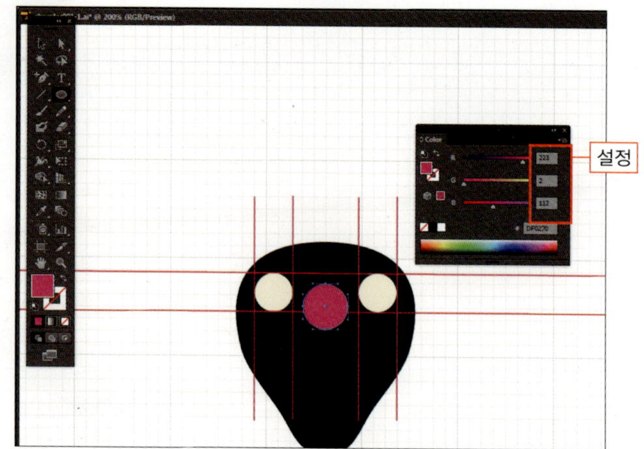

03. 이제 도형 툴에서 길게 클릭하여 라운드 사각 툴( )을 선택합니다. 바닥을 클릭하여 [Rounded Rectangle] 대화상자에서 [Width]는 '40', [Height]는 '47', [Corner Radius]는 '50'으로 지정하여 도형을 만듭니다.

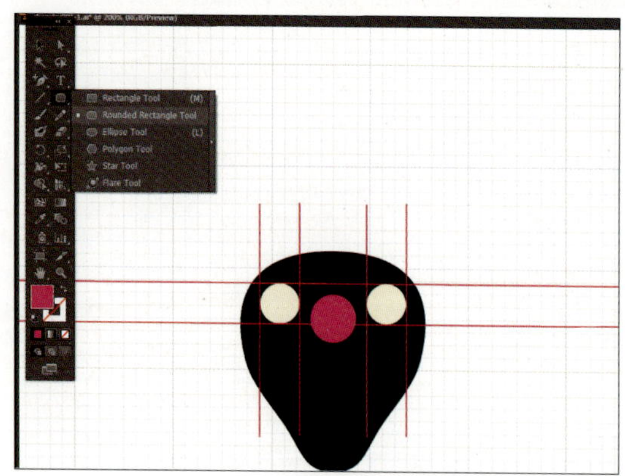

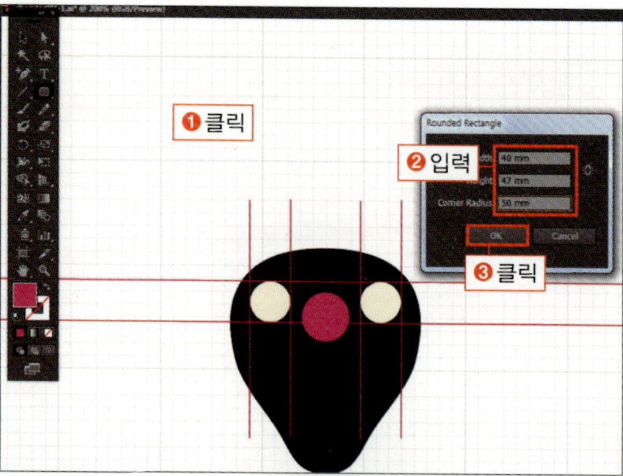

04. 컬러는 좀 전의 원과 같게 합니다.

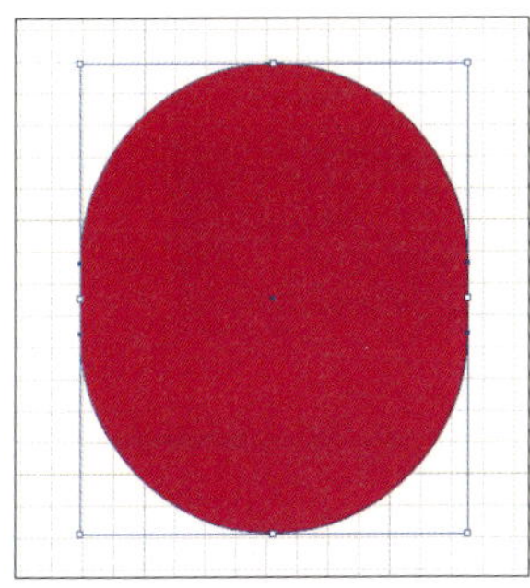
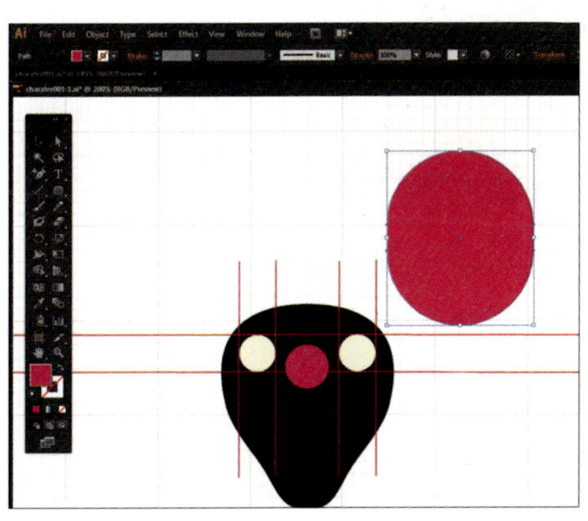

05. Ctrl + C , Ctrl + V 를 눌러 같은 도형을 하나 너 만듭니다.

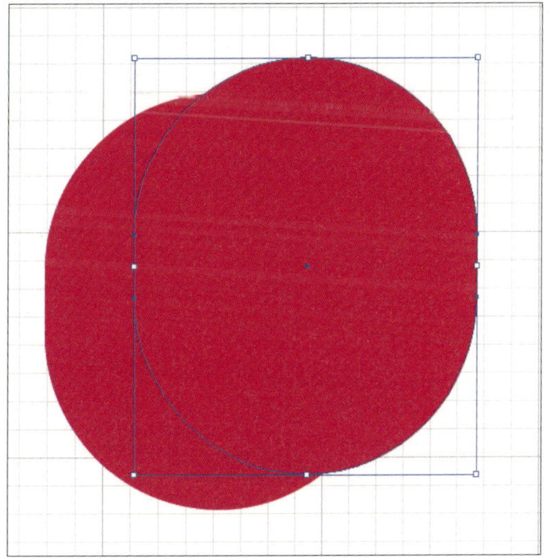

06. 새로 만들어진 도형과 그 전 도형 전체를 드래그해서 선택 툴로 동시에 선택합니다. 그 상태에서 [Window]–
[Align] 메뉴를 선택하여 [Align] 패널에서 [Horizontal Align Center]를 클릭하면 우측과 같이 좌우에 폭이 겹쳐집니다.

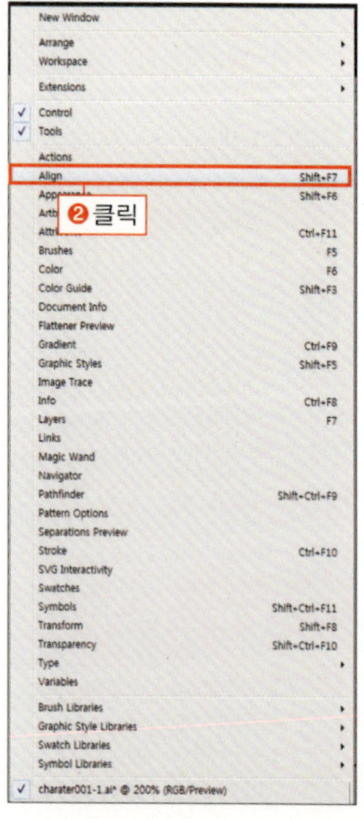

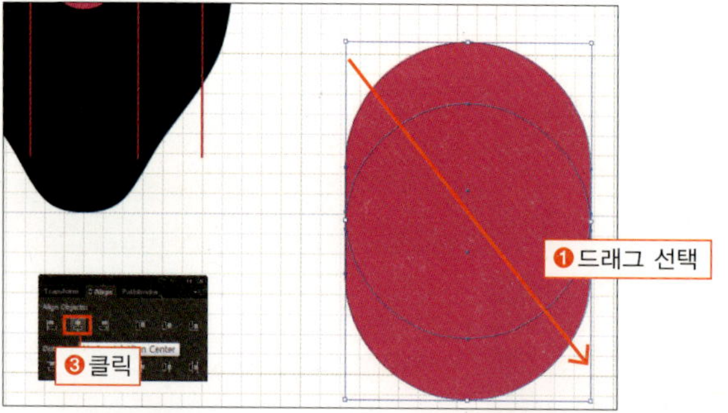

07. [Vertical Align Center]를 누르면 그림과 같이
두 개의 도형이 간단히 하나로 겹쳐집니다.

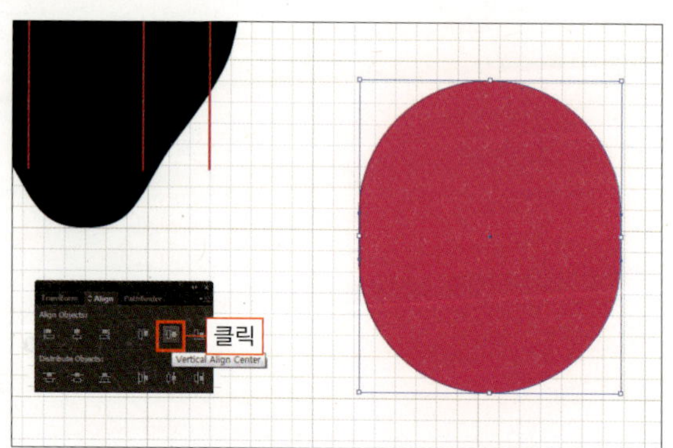

08. 이제 이 상태에서 선택 툴로 두 개의
도형을 드래그하여 모두 선택하고 두 개의 도형을
Grid의 중심선을 정해 맞춰줍니다.

09. 이제 그 상태로 바닥을 클릭하여 선택을 해
제한 후 다시 위쪽의 도형만 클릭하여 선택합니
다.

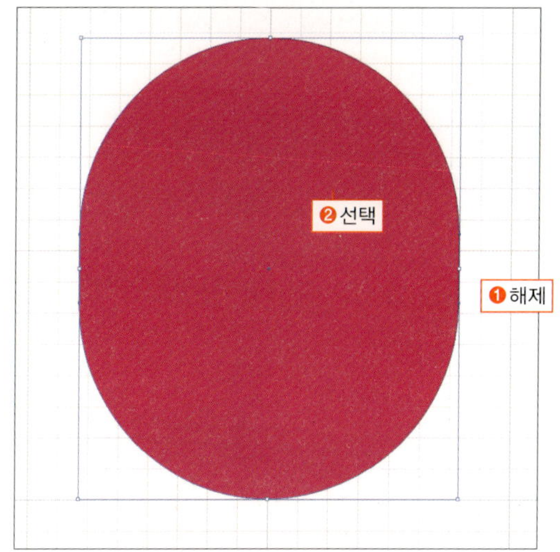

10. 이제 위쪽에 선택된 Bounding Box의 밑부분
의 포인터 부분으로 옮기면 그림과 같이 상하 표
시의 화살표가 화면에 나타납니다.

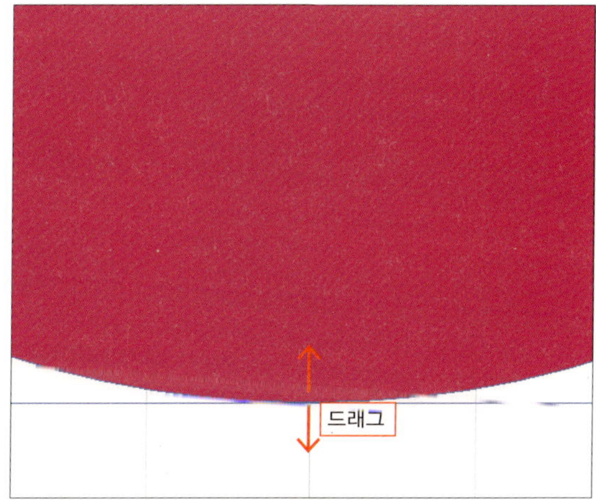

11. 이 표는 상하로 드래그할 때 위아래로 좁아
지고 넓어진다는 변형 가능 표시입니다. 이 상태
로 드래그하면 Bounding Box의 라인이 4번째 칸
으로 올라갑니다.

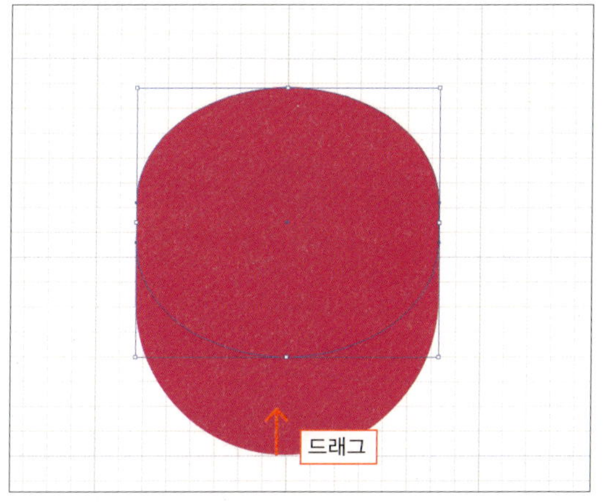

12. 이제는 마우스로 좌측 Bounding Box Point에 올려져 같은 방법으로 좌측으로 이동하고 우측으로 3칸씩을 드래그로 넓혀줍니다.

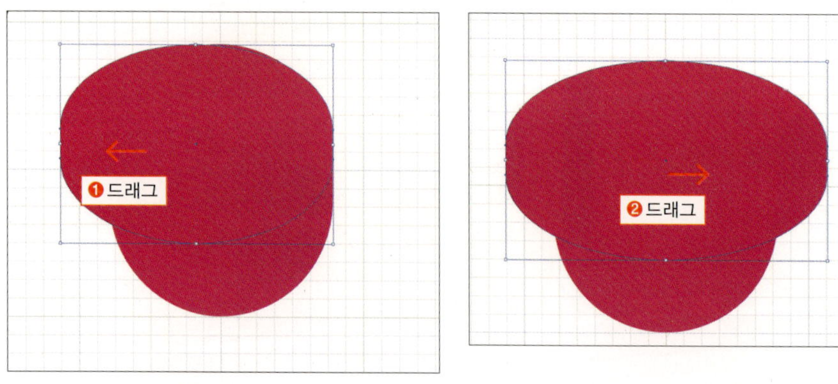

13. 이 상태에서 위쪽 오브젝트만 클릭하여 선택하고 방향 키로 위쪽으로 한 칸을 위 라인에 옮겨줍니다.

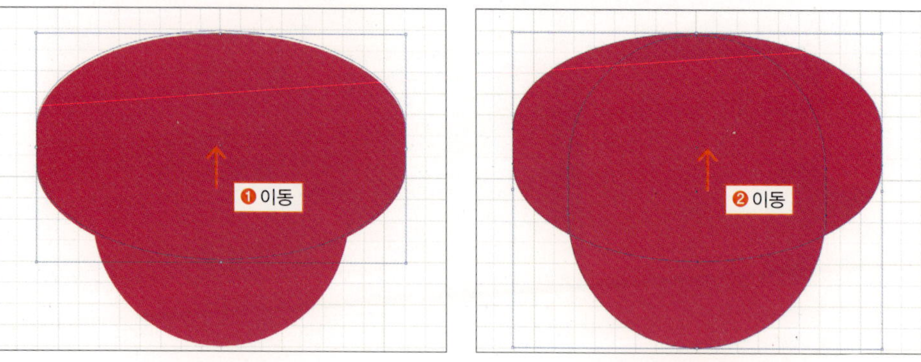

14. 이제 두 개의 오브젝트를 드래그하여 동시에 선택하고 [Window]―[Pathfinder] 메뉴에서 [Pathfinder] 메뉴를 열어 [Shape Modes]―[Minus Front] 메뉴를 클릭하여 잘라냅니다.

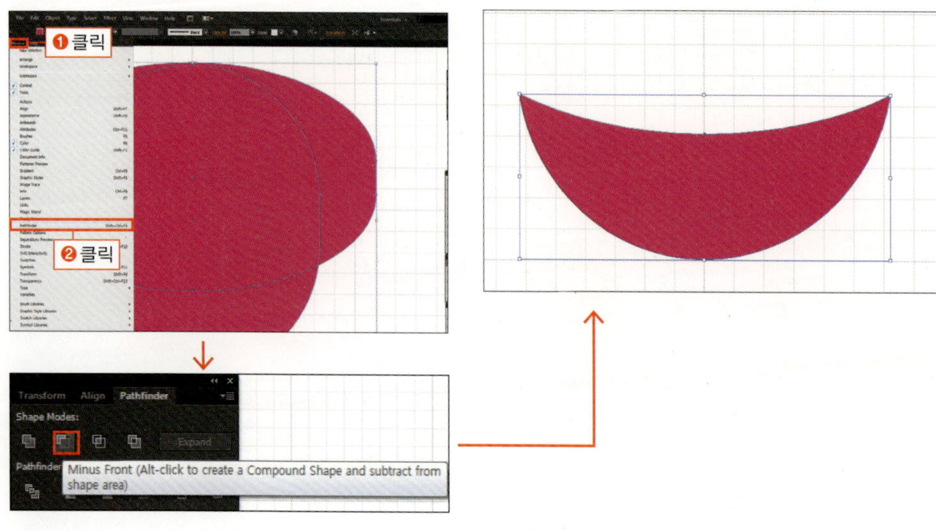

01. 이제 그려놓은 타원의 좌우 폭에 기준선을 가늠하여 중앙의 [Bounding Box] 상단에 라인이 닿는 정도로 위치시킵니다.

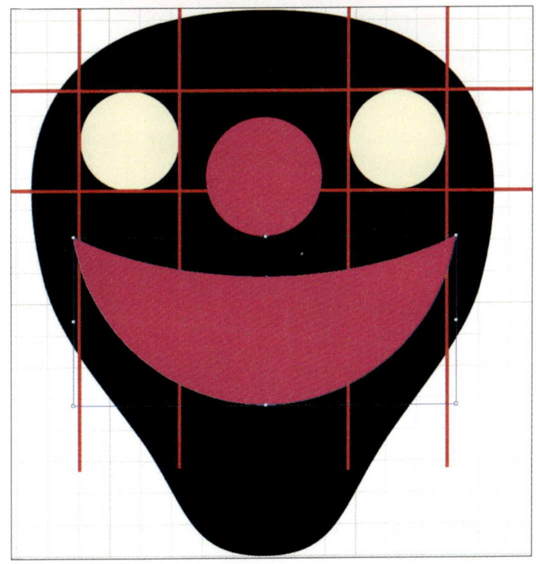

02. 이제 다시 원형 툴(●)를 선택하여 [Ellipse] 대화상자에서 [Width]는 '5mm', [Height]는 '5mm'를 클릭하여 원을 만듭니다. 이제 드래그하여 왼쪽 눈의 눈동자를 만듭니다.

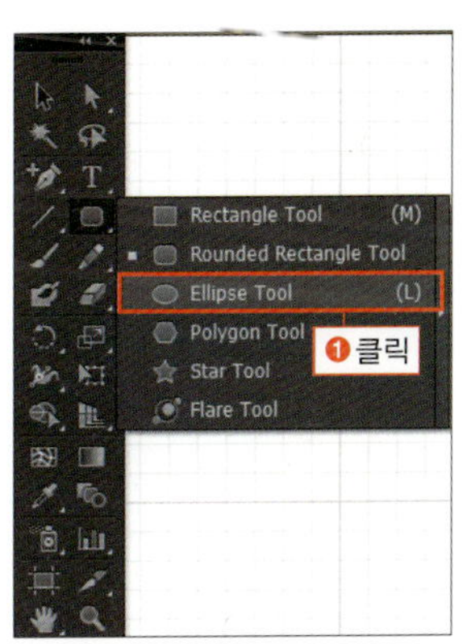

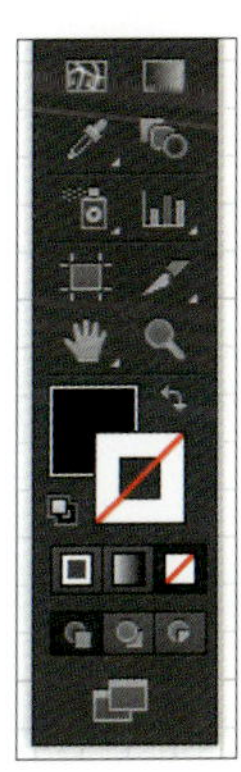

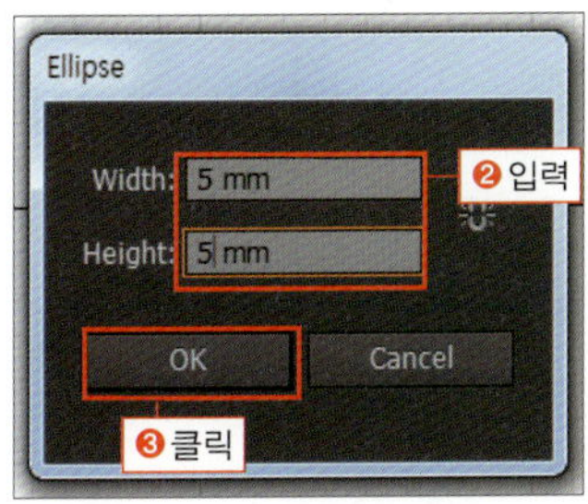

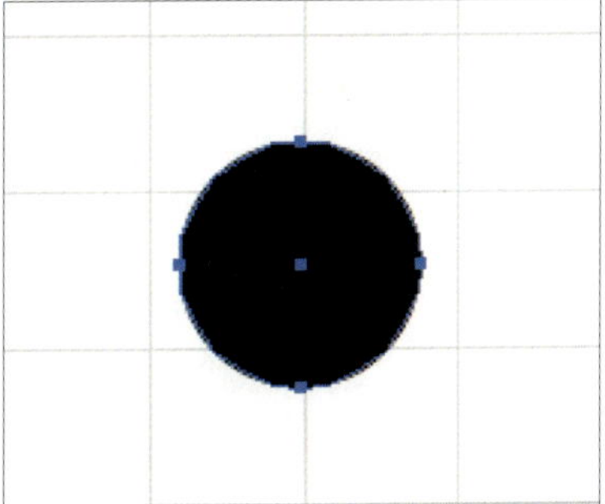

03. 원을 중앙에 놓고 센터에 정확히 맞추기 위해 원이 선택된 상태로 [Shift]를 누르고 밑의 동그라미 오브젝트를 클릭하여 두 개의 오브젝트로 전부 선택합니다.

04. 이제 Align을 통해 [Horizontal Align Center]와 [Vertical Align Center]로 정중앙에 놓이게 합니다.

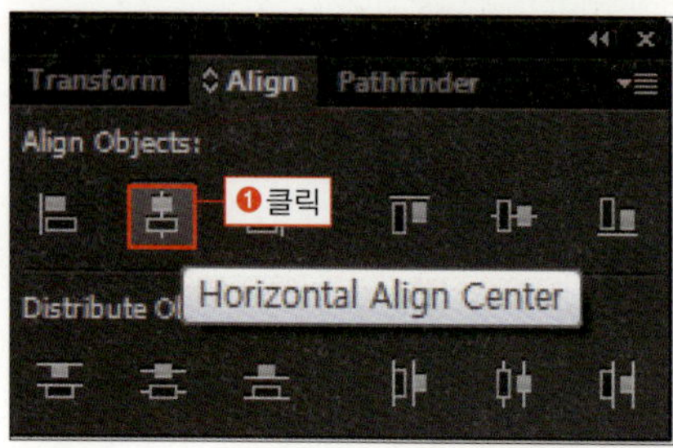

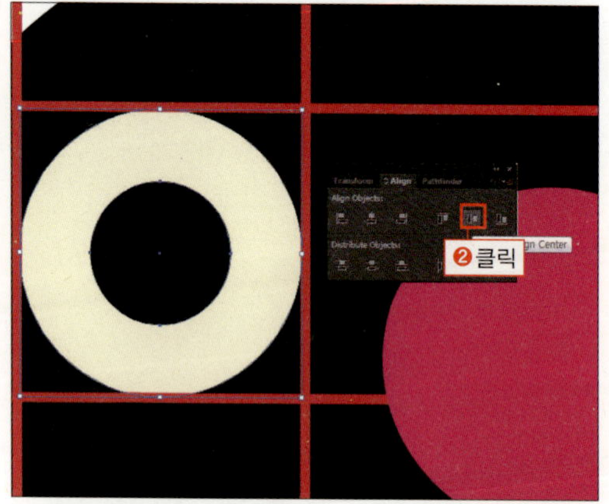

05. 같은 방법으로 오른쪽 역시 눈동자로 만듭니다.

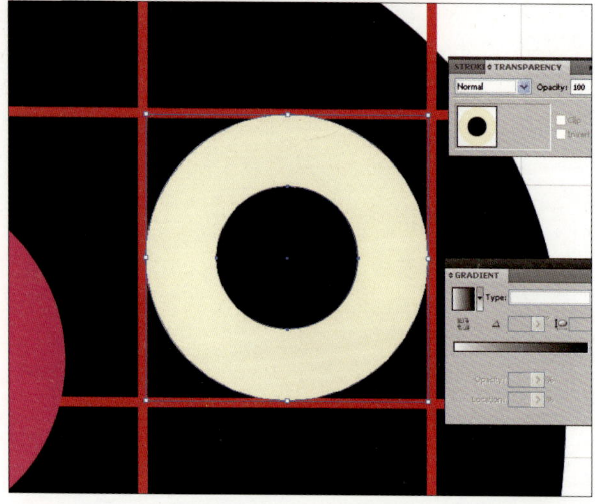

06. 이제 눈의 흰자와 같은 색인 'R : 255, G : 251, B : 220'으로 설정합니다. 라운드 사각 툴( )로 바닥을 클릭하여 [Rounded Rectangle] 대화상자에서 [Width]는 5mm, [Height]는 20mm, [Corner Radius]는 '50mm'로 입력한 후 [OK] 단추를 클릭합니다.

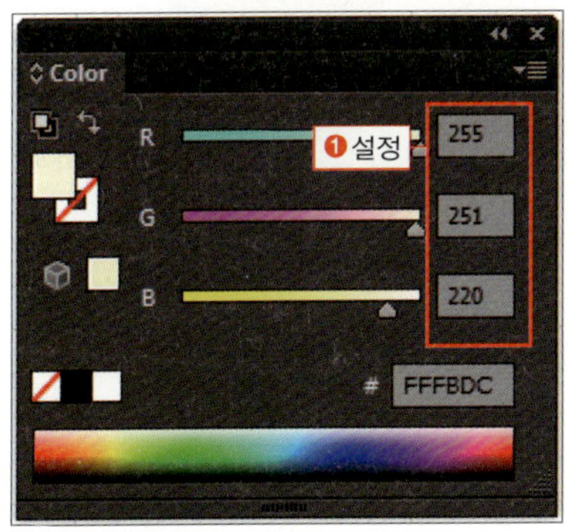

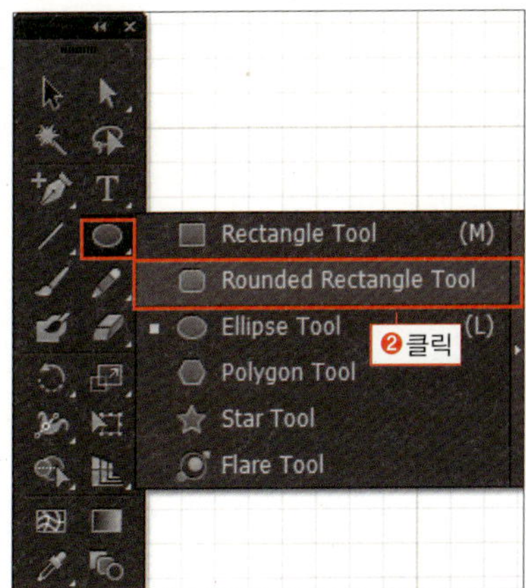

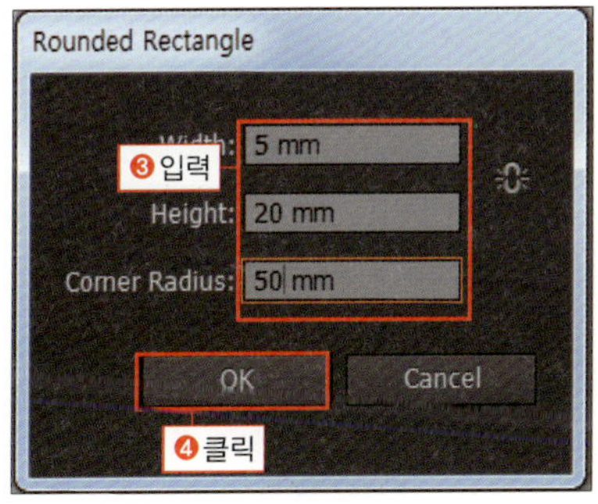

07. 이제 이 타원이 선택된 상태에서 [Object]–[Transform]–[Move] 메뉴를 선택합니다. [Move] 대화상자에서 [Horizontal]은 '5mm', [Vertical]은 '0mm'를 입력한 후 [Copy] 단추를 클릭합니다. 이제 같은 모양의 오브젝트가 하나 나란히 우측으로 생겨납니다.

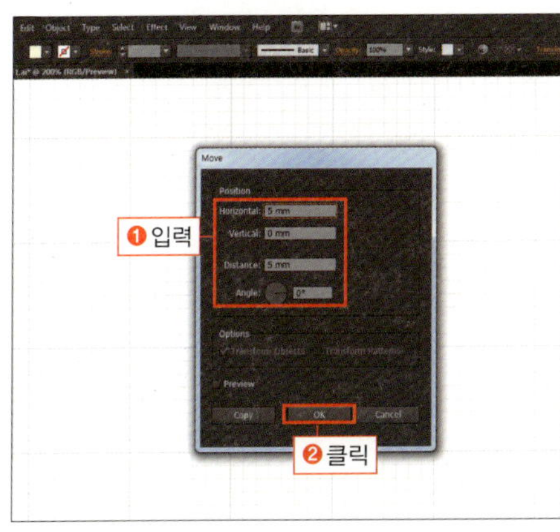

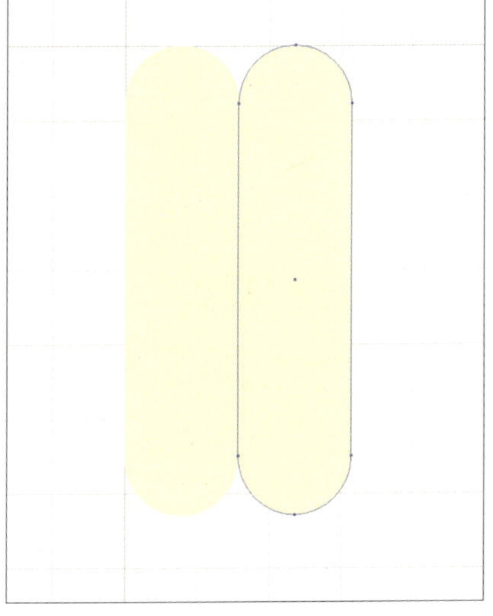

08. 드래그로 두 개의 오브젝트를 동시에 선택하고 [Window]–[Pathfinder] 메뉴를 선택합니다. [Pathfinder] 패널에서 [Shape Modes]–[Unite] 메뉴를 클릭하여 하나의 오브젝트로 만듭니다.

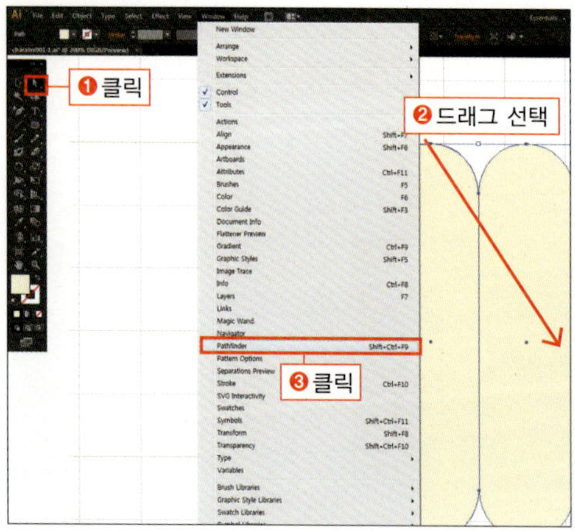

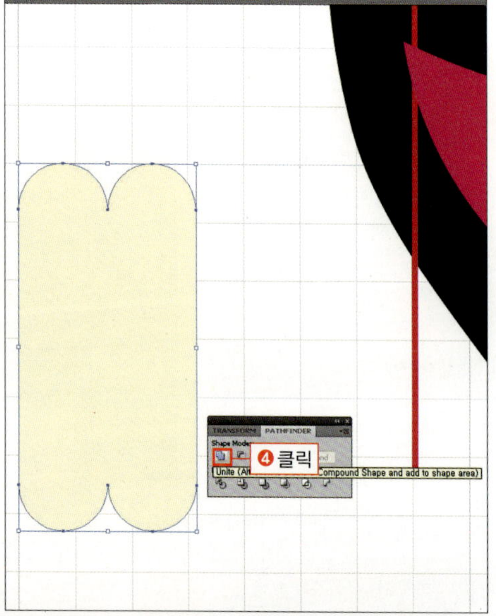

09. 드래그하여 그림과 같이 이동합니다. 윗부분이 위의 둥근 오브젝트의 상단에 닿도록 해줍니다.

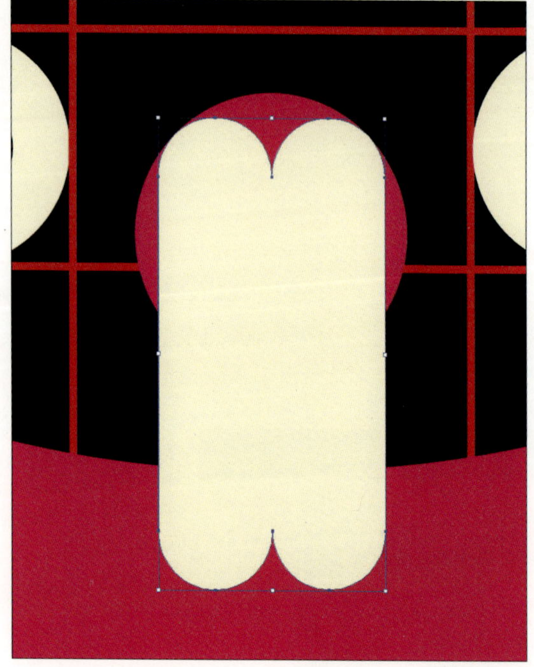

10. 다음은 그 상태로 `Shift`를 누르고 반달 모양 오브젝트를 선택하여 두 개의 오브젝트를 선택합니다. 이제 그 상태에서 `Ctrl`+`C`, `Ctrl`+`V`를 눌러 복제합니다.

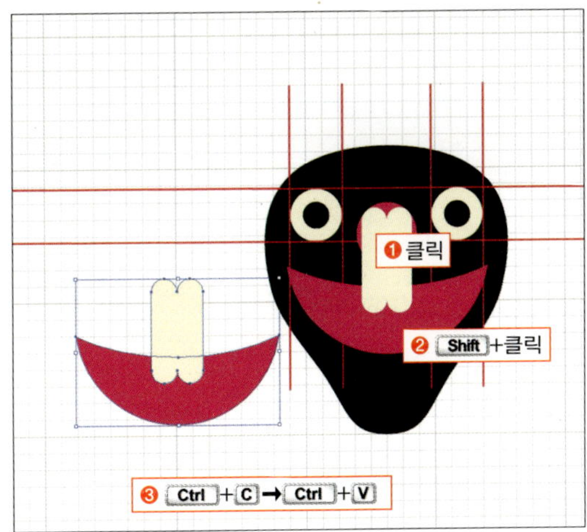

11. 이제 밑부분의 반달 모양 오브젝트만을 선택하고 컬러를 바꾸기 위해 스포이드 툴(🖊)을 선택한 후 위의 오브젝트를 선택하여 같은 컬러를 설정합니다. 색을 같게 맞춰주는 이유는 [Shape Modes]-[Intersect] 메뉴를 선택한 경우 두 개의 오브젝트의 색이 다를 때 위쪽에 놓인 색으로 재단된 오브젝트의 색이 결정되기 때문입니다

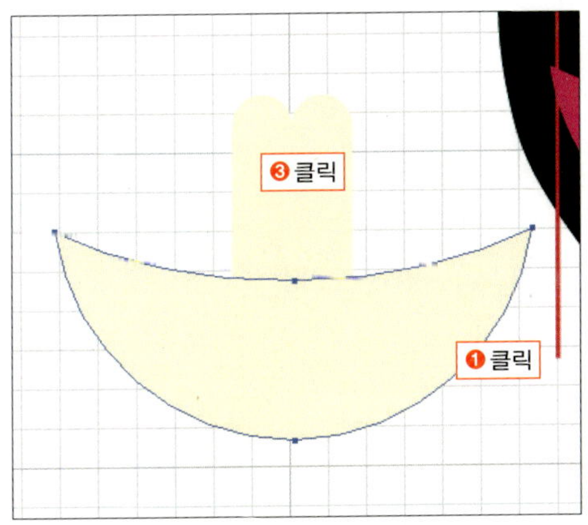

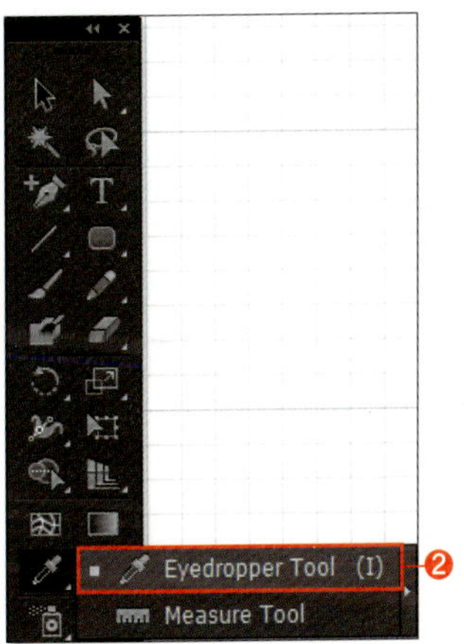

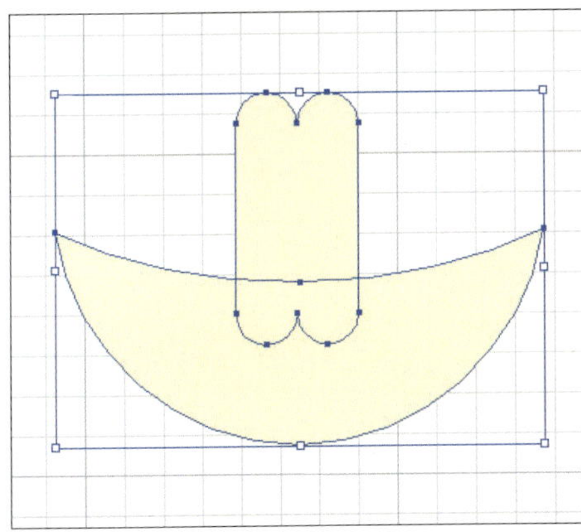

12. [Window]–[Pathfinder] 메뉴를 선택합니다. [Pathfinder] 패널에서 [Shape Modes]–[Intersect]를 클릭해 중간 겹치는 부분만 남기고 잘라냅니다.

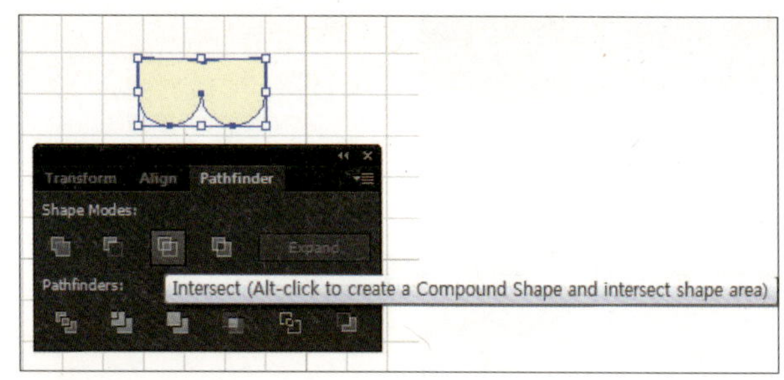

13. 이제 중앙에 복사했던 타원을 선택하고 **Delete** 를 눌러 삭제합니다.

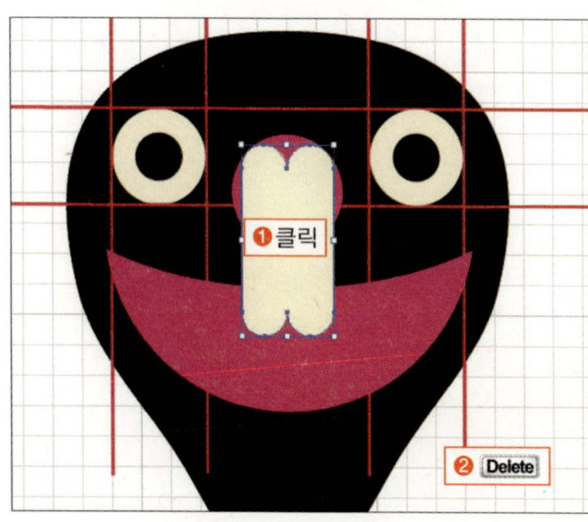

14. 정확한 위치를 잡기 위해 라인 툴( )로 세로 직선을 만들어 위치를 잡습니다. 이제 만들어 놓은 이빨 오브젝트를 입 오브젝트로 맞추어 놓습니다.

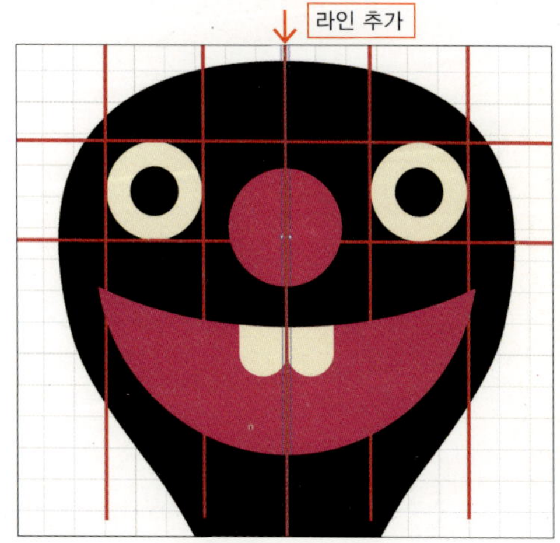

01. 라운드 사각 툴을 클릭해 [Rounded Rectangle] 대화상자에서 [Width]는 '8mm', [Height]는 '20mm', [Corner Radius]는 '50mm'로 입력한 후 [OK] 단추를 클릭합니다.

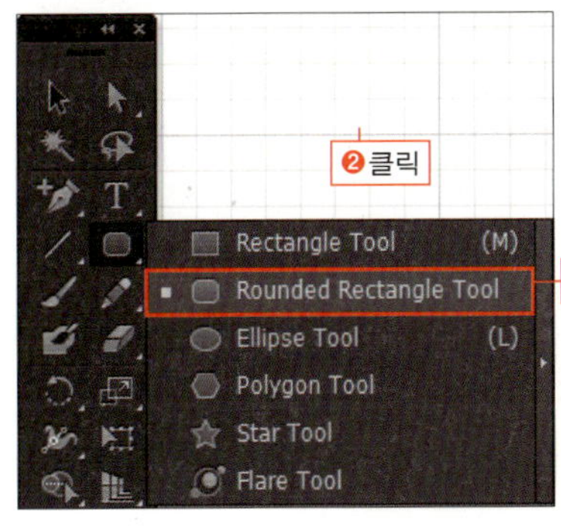

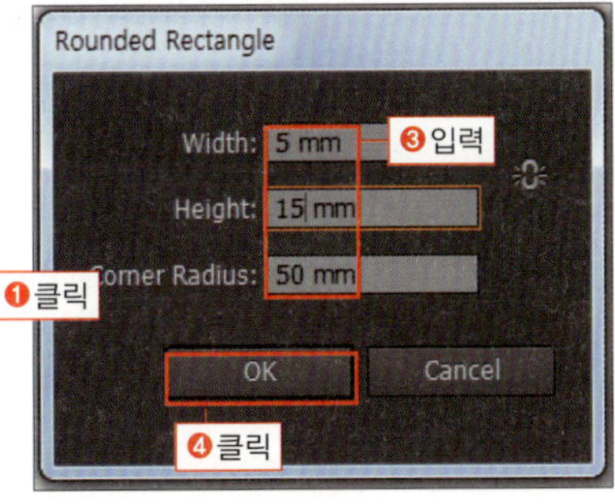

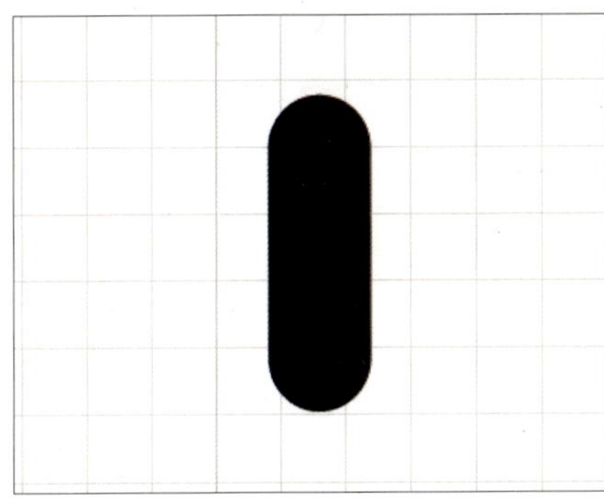

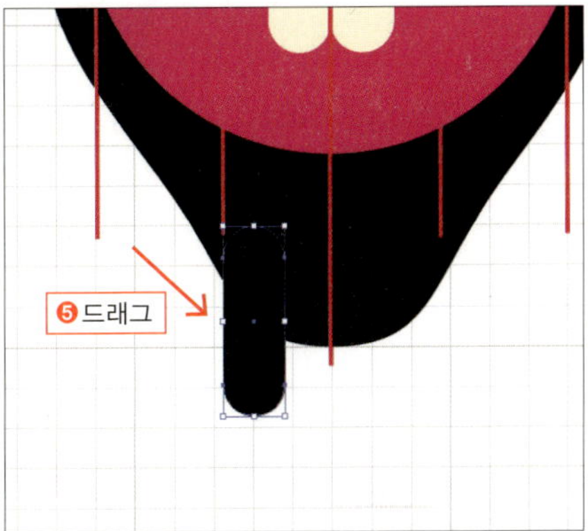

02. 생성된 오브젝트를 그림과 같이 기준라인에 맞춰 올립니다. 반대편도 역시 같은 방법으로 만들어줍니다.

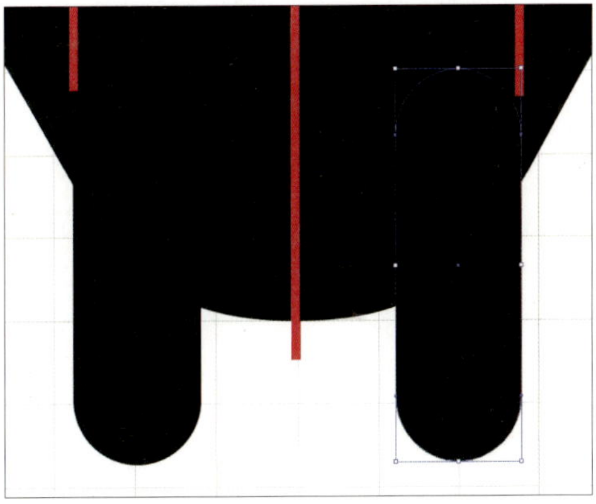

TIP : [Alt]+드래그로 복사하거나 reflect로 생성해도 됩니다.

03. 두 오브젝트의 위치도 같게 하기 위해 드래
그로 두 개의 오브젝트로 같이 선택합니다.

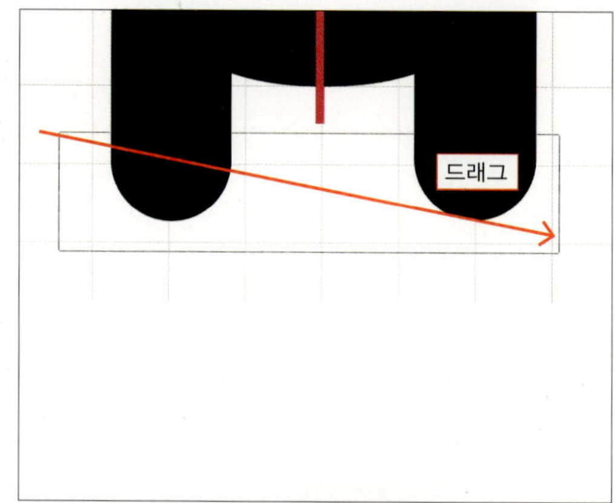

04. [Align] 메뉴에서 [Vertical Align Center]를 클
릭하여 상하 높이로 같게 만들어줍니다.

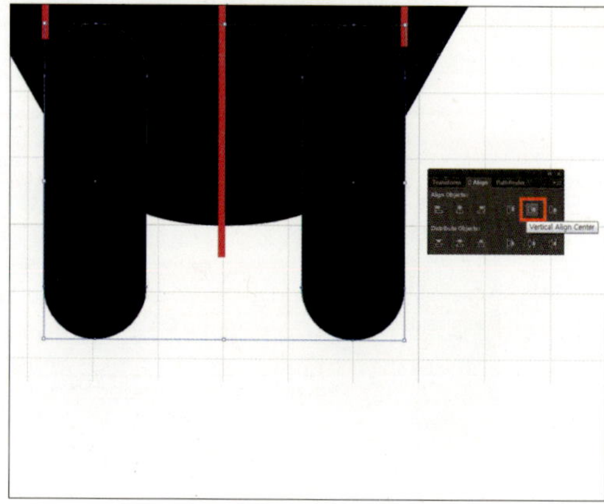

05. 원형 툴(◯)을 클릭해 [Ellipse] 대화상자에서 [Width]는 '6mm', [Height]는 3mm인 원을 만들어 발을 만듭니다.
Alt +드래그로 복사하여 반대편에도 만들어줍니다.

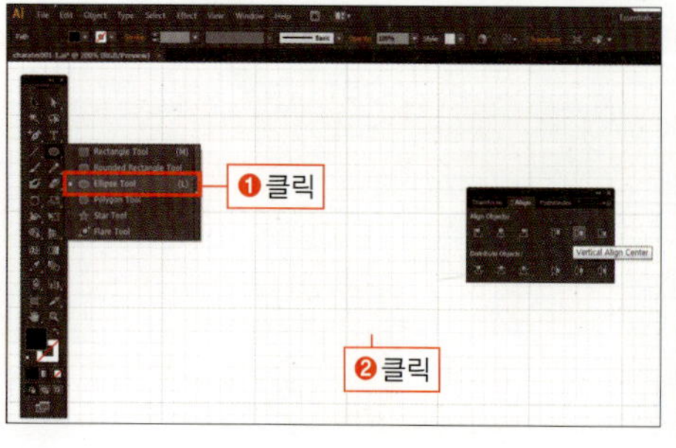

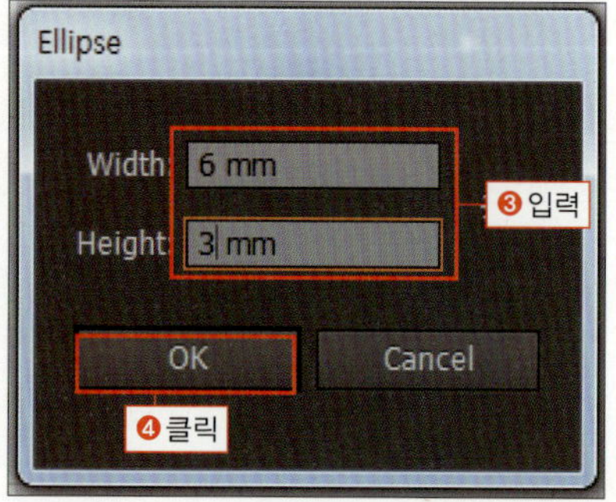

06. Grid 라인을 기준으로 좌우가 같게 위치시킵니다.

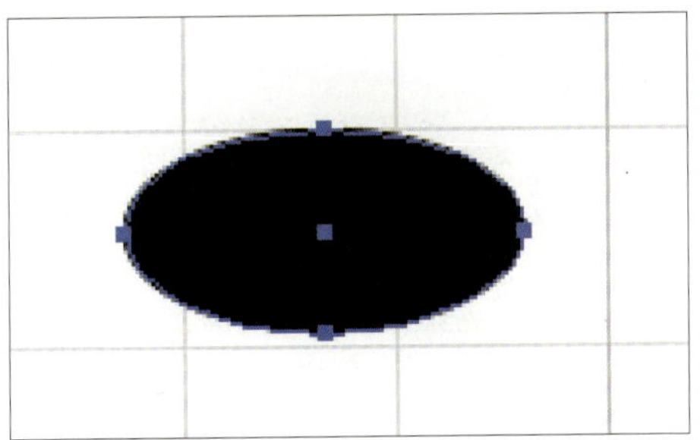

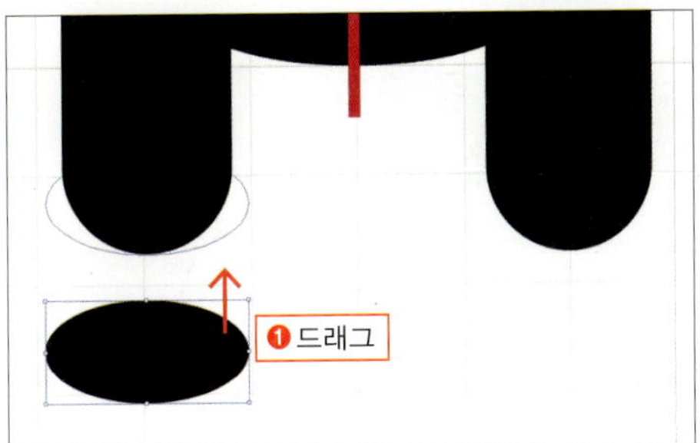

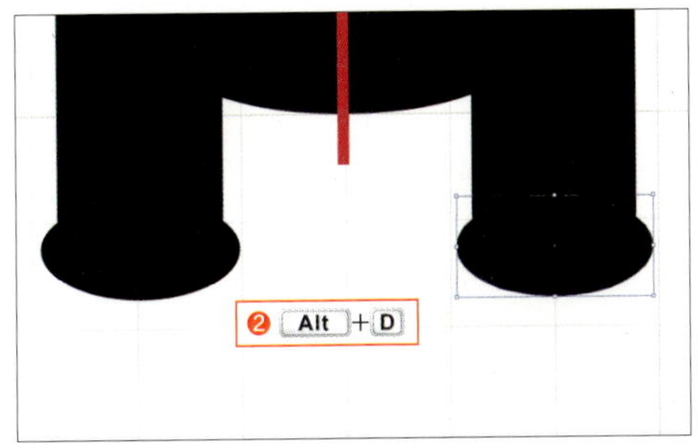

07. 이제 원형 툴( )을 클릭하여 [Ellipse] 대화상자에서 [Width]는 '2mm', [Hight]는 '2mm', [Corner Radius]는 '2mm'의 원을 만들어 발가락을 만듭니다. Alt +드래그로 복제하여 원의 중심이 발 타원 라인의 외곽 라인을 따라 만들어지도록 합니다.

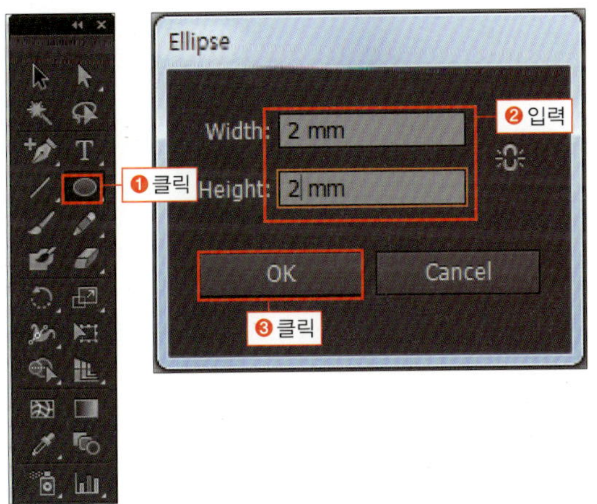

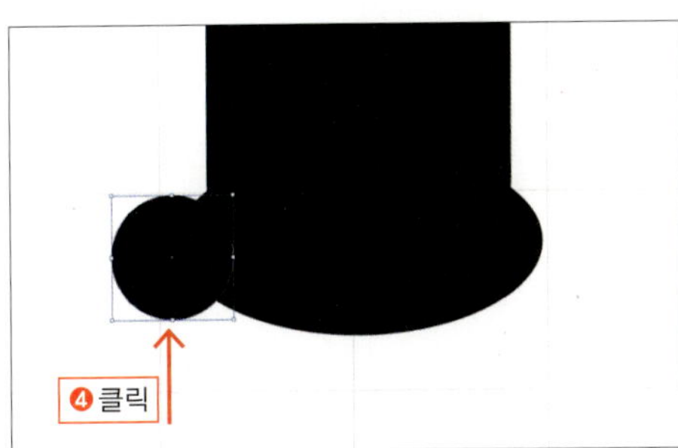

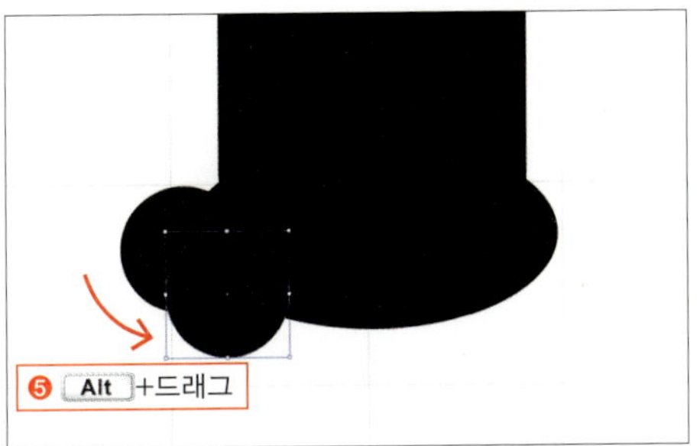

08. 3개 정도로 만들어주고 반대편으로 만들어 주기 위해 드래그로 발 부분을 선택합니다. 그렇게 하면 발과 다리 전체가 선택됩니다.

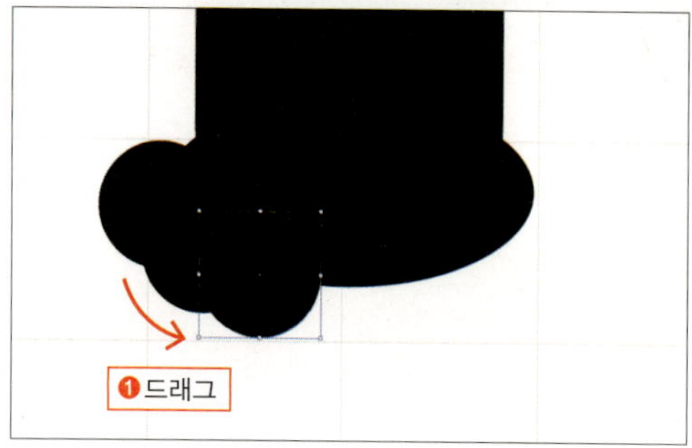

09. 그 상태에서 Shift 를 누르고 다리와 발 부분을 클릭합니다. 그러면 선택에서 다리와 발 부분은 제외됩니다.

10. 이제 Ctrl + C 와 Ctrl + V 를 눌러 복제합니다.

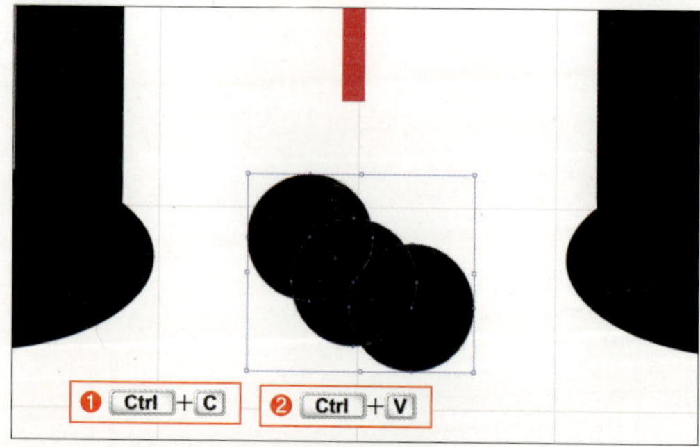

11. [Object]–[Transform]–[Reflect] 메뉴를 선택하여 반전합니다. [Reflect] 대화상자가 나타나면 [Vertical] 항목에 체크된 상태로 [OK] 단추를 클릭합니다.

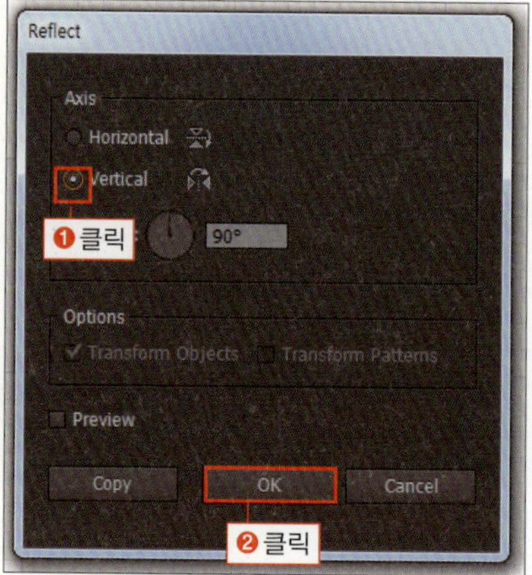

12. 이제 반전된 오브젝트들을 선택하고 이동 시에 변형되지 않도록 [Object]–[Group] 메뉴를 선택하여 묶어줍니다.

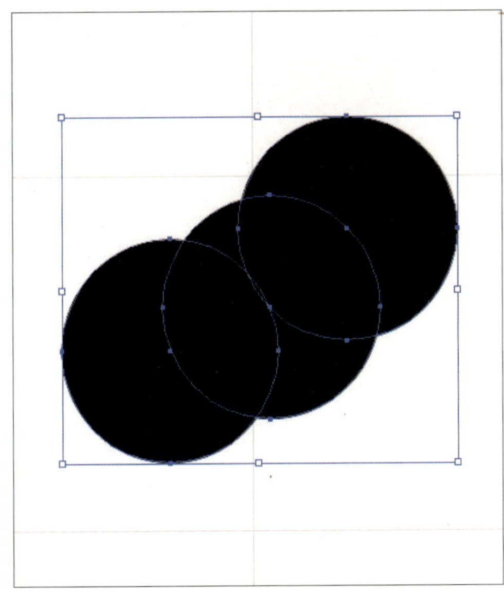

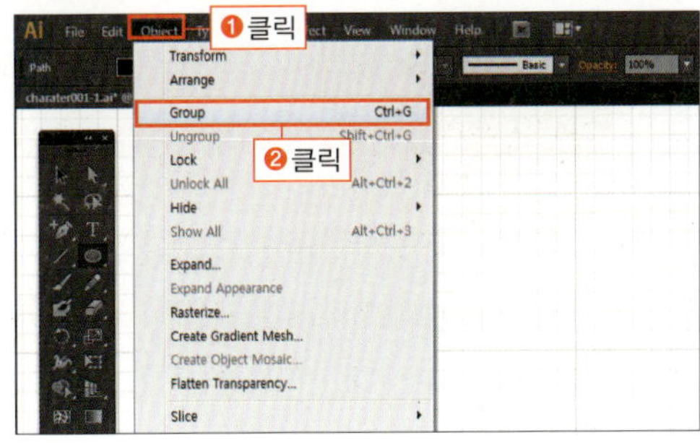

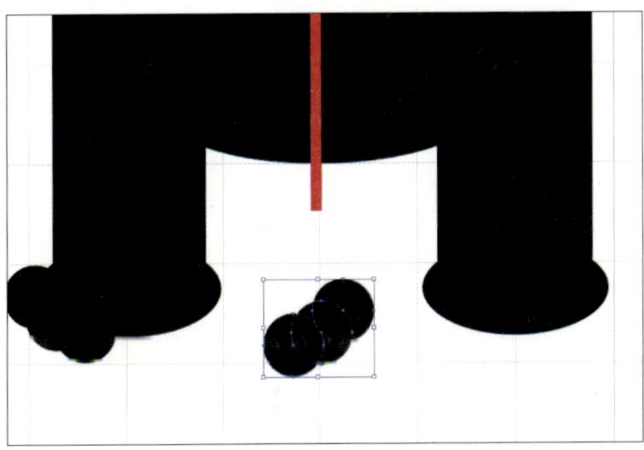

13. 이제 오른쪽의 위치를 Grid를 참고로 동일하게 잡아 만듭니다.

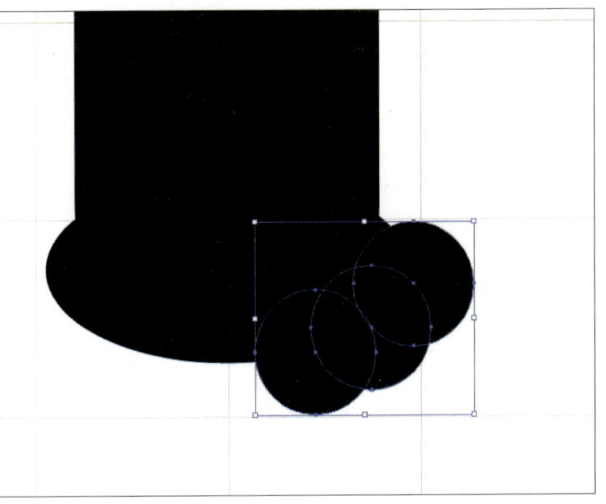

14. 이번에는 드로잉으로 손과 귀를 만들겠습니다. 드로잉은 펜 툴()로 [Fill]을 'Black'으로 설정하여 a 지점에서 클릭하여 이동하고, b 지점은 클릭한 상태로 밑으로 드래그하여 활처럼 위로 휘게 합니다.

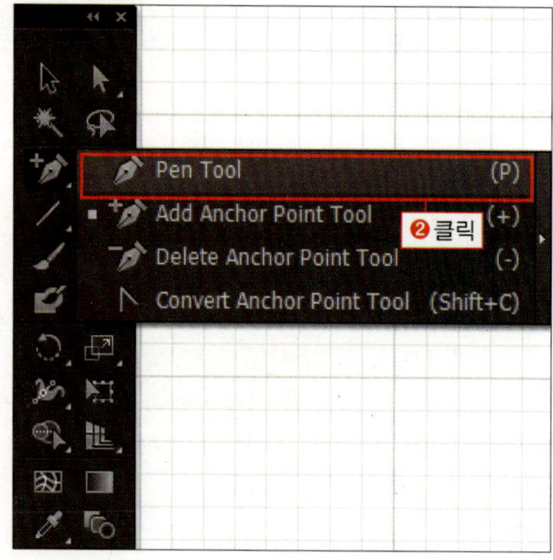

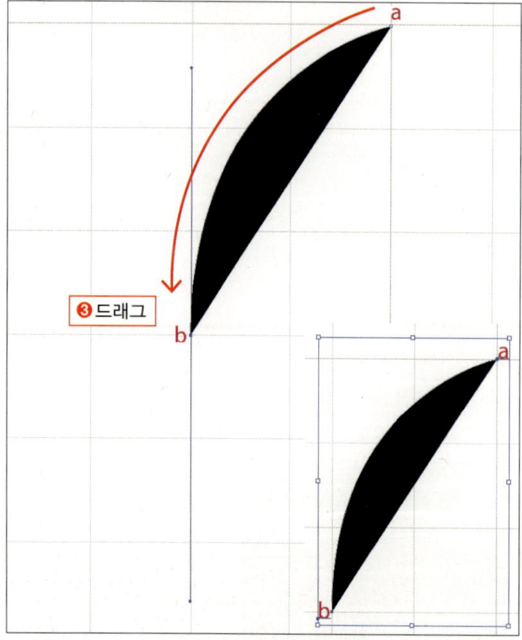

15. 이제 b 지점을 클릭하여 방향선을 하나 사라지지 않게 합니다. 같은 방법으로 그림과 같이 계속 진행합니다.

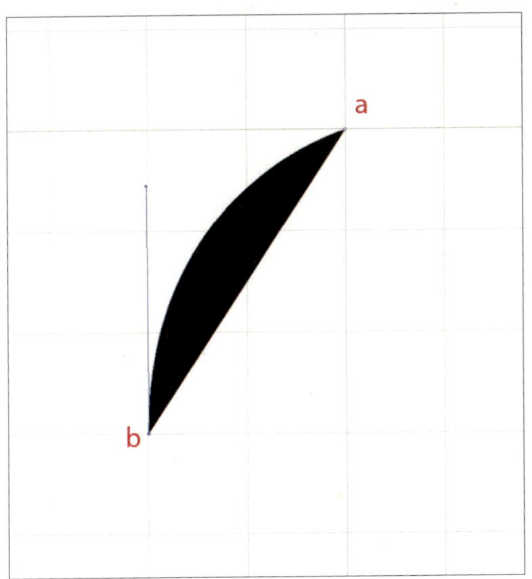

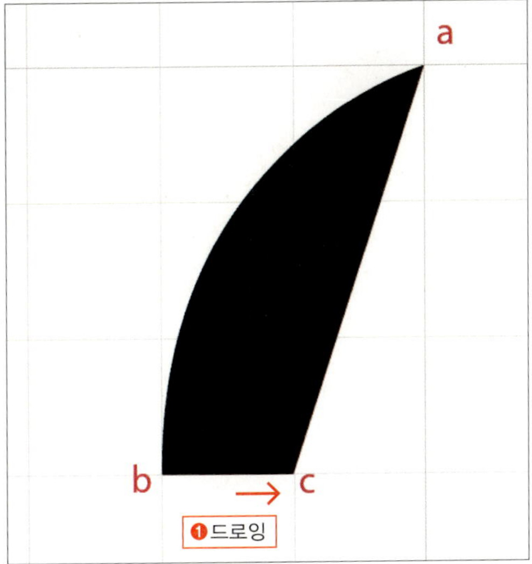

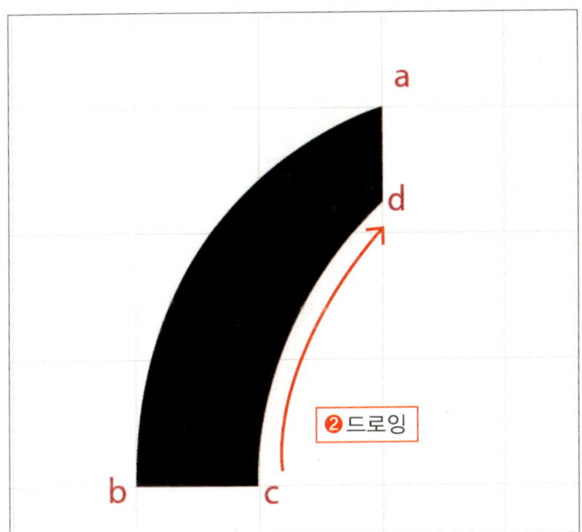

16. 원형 툴을 클릭하여 [Ellipse] 대화상자에서 [Width]는 '3.3mm', [Height]는 '2.7mm'로 입력한 후 [OK] 단추를 클릭합니다. 그리고 만든 원을 붙여줍니다.

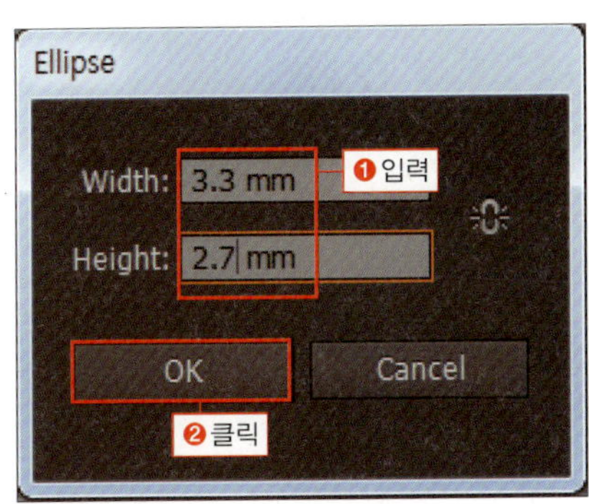

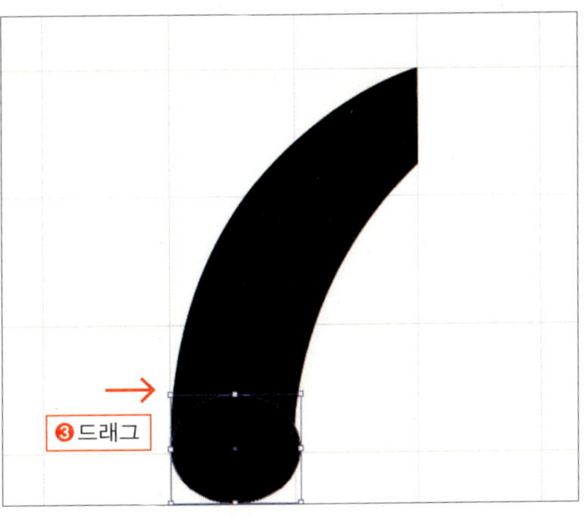

17. 라운드 사각 툴( )을 선택하고 바닥을 클릭
하여 [Rounded Rectangle] 대화상자에서 [Width]
는 '0.6363mm', [Height]는 '1.9578mm'로 입력한 후
[OK] 단추를 클릭합니다.

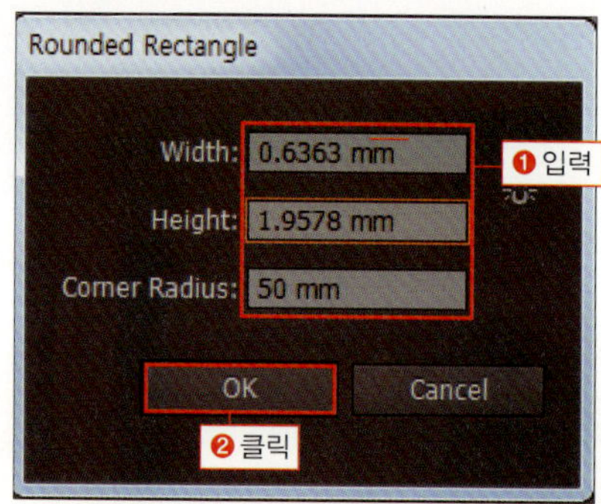

18. 생성된 타원을 붙여줍니다. 그리고 [Alt]+드래그로 복사하여 줍니다.

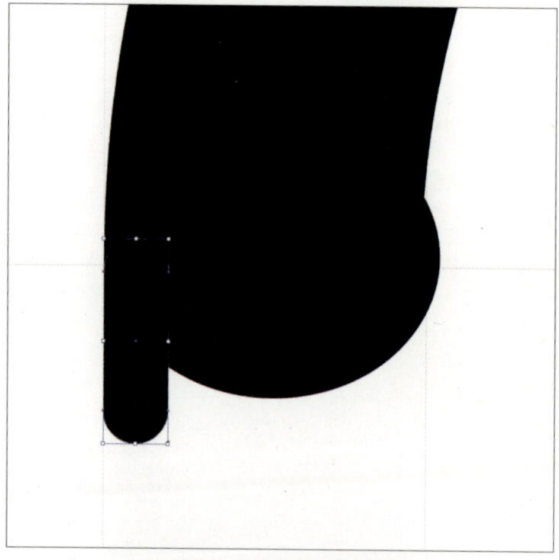

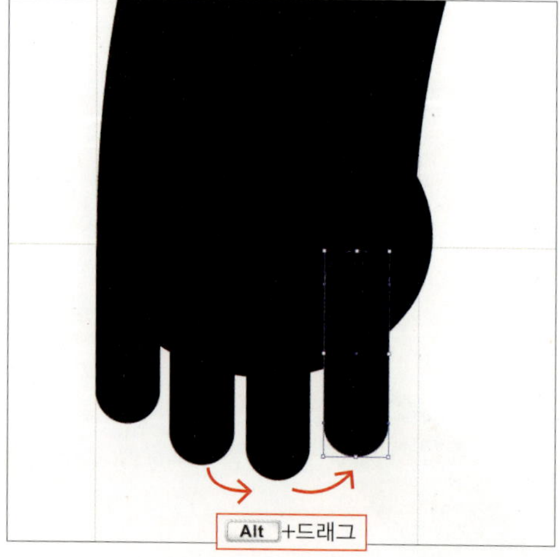

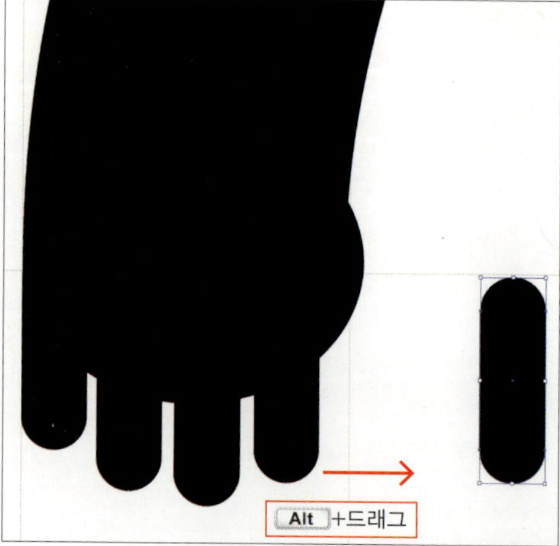

 마지막 5번째 오브젝트를 [Alt]+드래그하여 복제한 후 선택 상태에서 [Object]-[Transform]-[Rotate] 메뉴를 선택합니다. [Rotate] 대화상자에서 [Angle]에 '55'를 입력한 후 [OK] 단추를 클릭합니다. 그리고 회전된 타원을 그림과 같이 붙입니다.

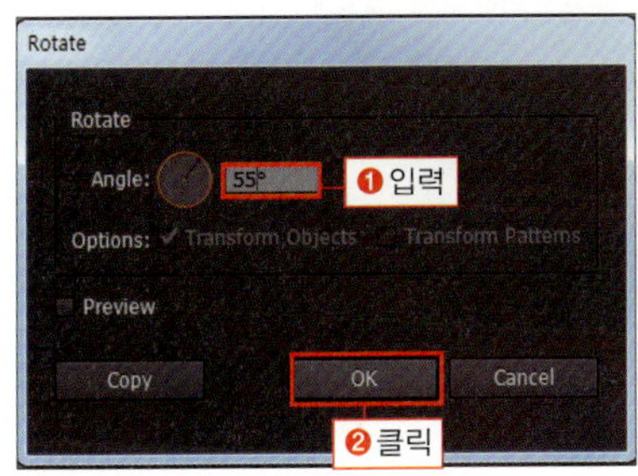

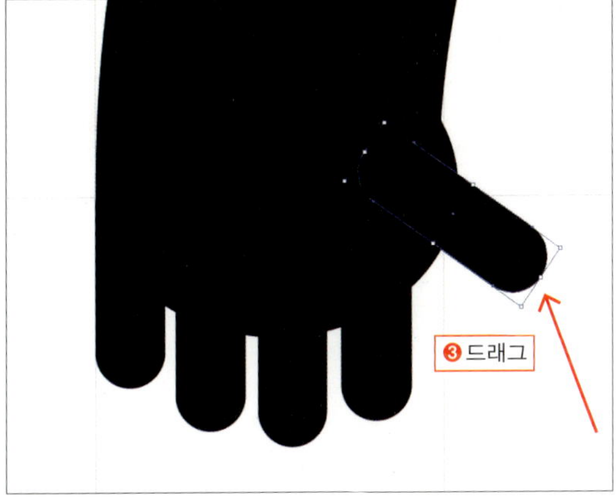

20. 이제 드래그로 팔 전체를 선택하고 이동하여 그림과 같이 배치합니다.

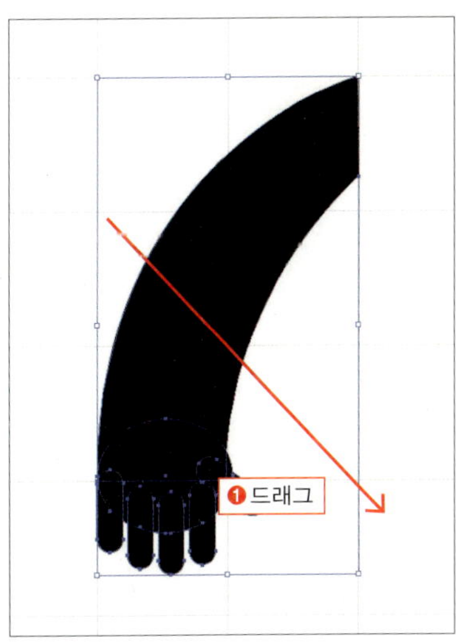

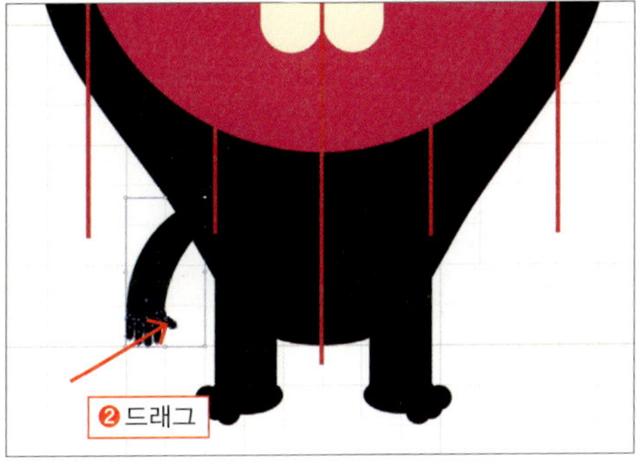

21. 드래그로 팔을 선택하고 [Object]-[Group] 메뉴를 선택하여 그룹을 묶어 이동 시에 변형되지 않도록 합니다.

22. `Ctrl` + `C`, `Ctrl` + `V`를 눌러 복제합니다.

23. [Object]–[Group]–[Reflect] 메뉴를 선택하여 반대편에 동일 위치에 놓습니다.

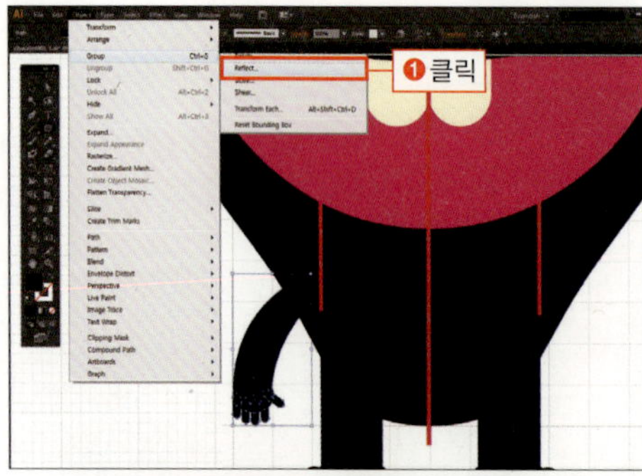

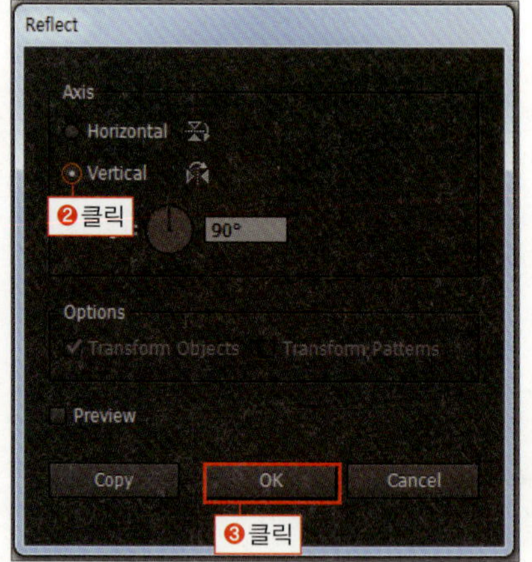

24. 전체의 균형을 `Ctrl` + `-`를 눌러 축소하여 살핍니다.

01. 이제 귀를 만듭니다. [Fill]은 검정으로 하고 펜 툴로 프리 드로잉하여 작업합니다.

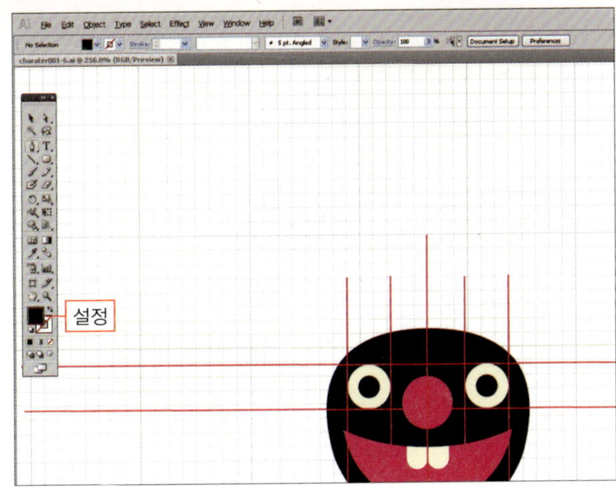

02. 그림에서 a 지점과 b 지점을 클릭하여 선을 만듭니다.

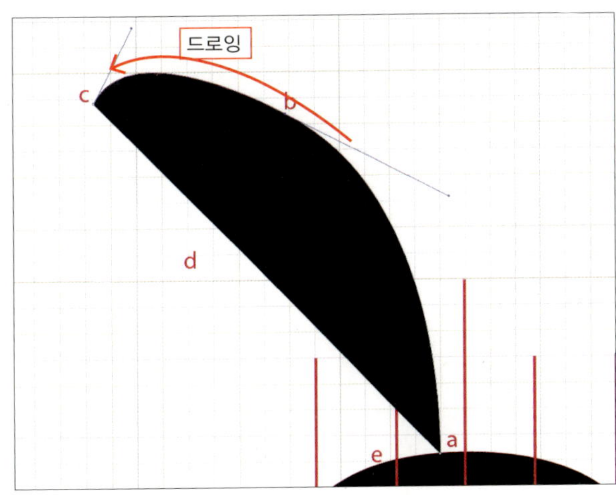

TIP : 처음에는 프리 드로잉(Free Drawing)이 쉽지 않으므로 많은 연습과 노력을 요합니다. 어렵다고 다른 방법들에만 의존하면 실력은 늘지 않습니다. 여타 드로잉 프로그램(Drawing Program)과 같이 머리로만 이해하면 안되고 직접 손으로 익혀야만 합니다.

03. 방향선(Direction Line)과 방향점(Direction Point)을 잘 조절하여 Grid를 기준으로 드로잉합니다.

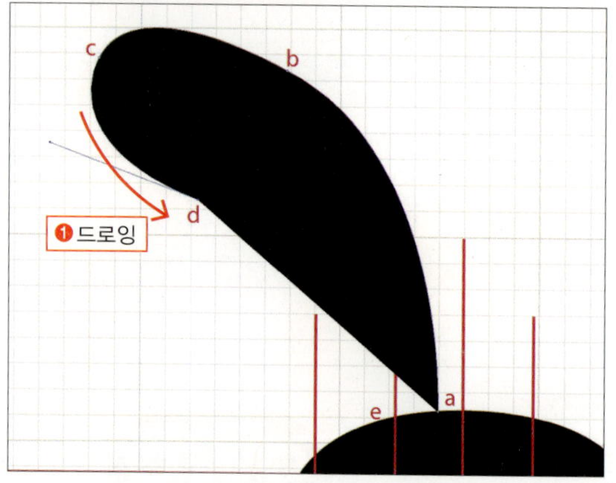

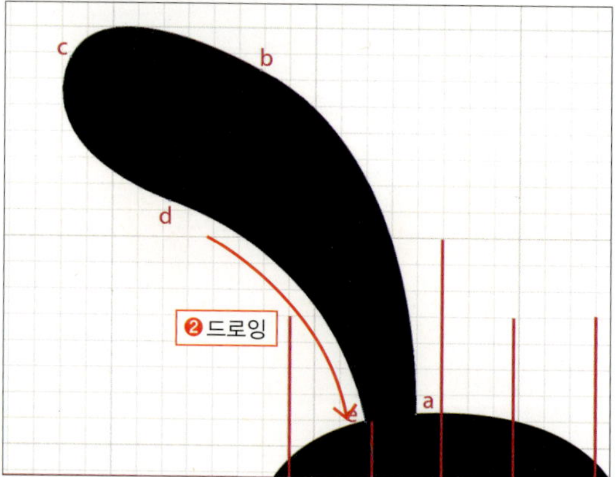

05. **Ctrl** + **−** 을 눌러 축소하여 전체를 봅니다.

06. 반대쪽 역시 a~e까지 드로잉을 합니다. 본문과 꼭 같을 필요는 없습니다.

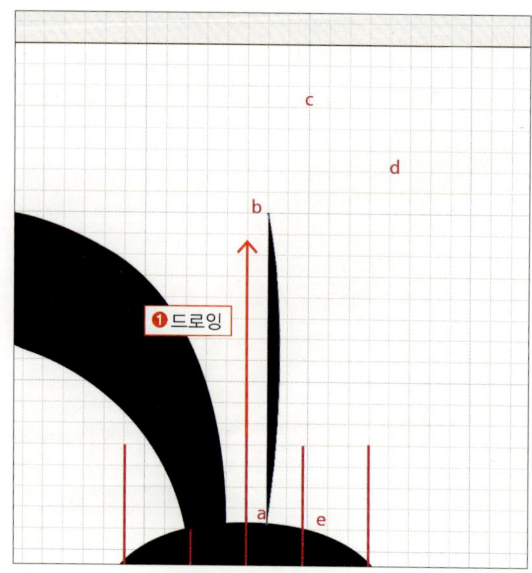

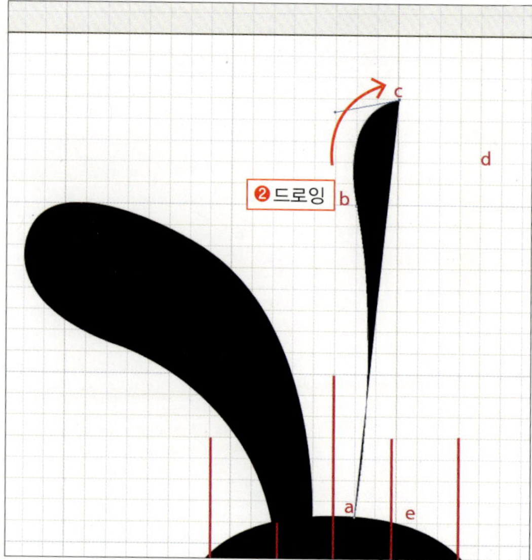

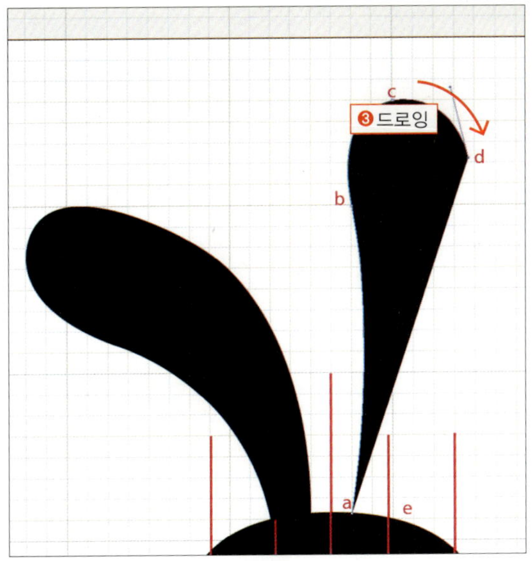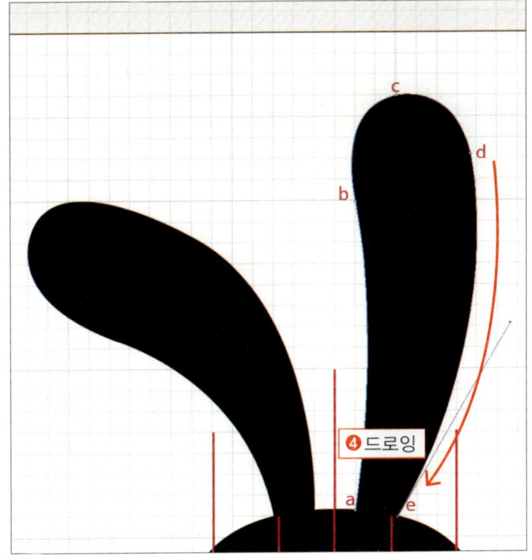

07. 선을 만든 후 직접 선택 툴(　)을 이용하여 방향점을 클릭하고 원하는 형태로 다듬거나 변형해 줍니다.

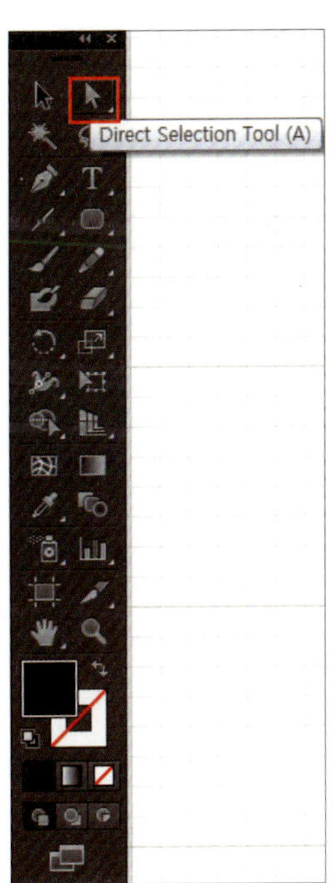

08. 이제 가이드라인으로 그어준 라인들을 선택하여 제거해줍니다. 한 번에 선택하여 제거하기 위해 [Magic Wand Tool]을 선택합니다.

09. 라인 하나를 클릭하면 모든 같은 속성의 라인이 선택됩니다.

10. 이때 모든 선을 Delete를 눌러 제거합니다.

11. 이제 라인 툴( )을 선택하고 왼쪽과 오른쪽에 수염을 만듭니다.

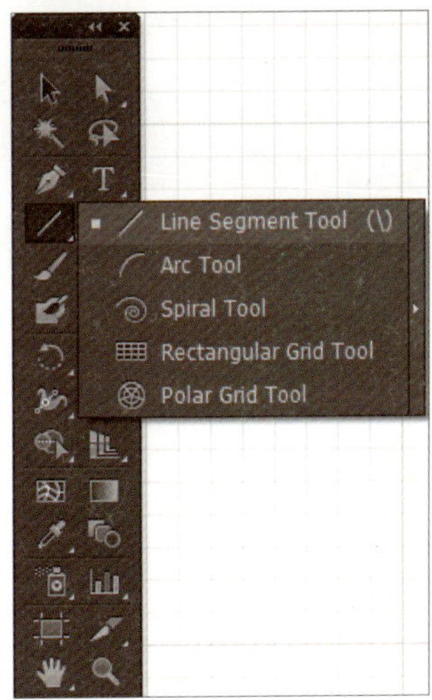

12. [Fill]은 [None]으로, [Stroke]는 'Black'으로 설정합니다.

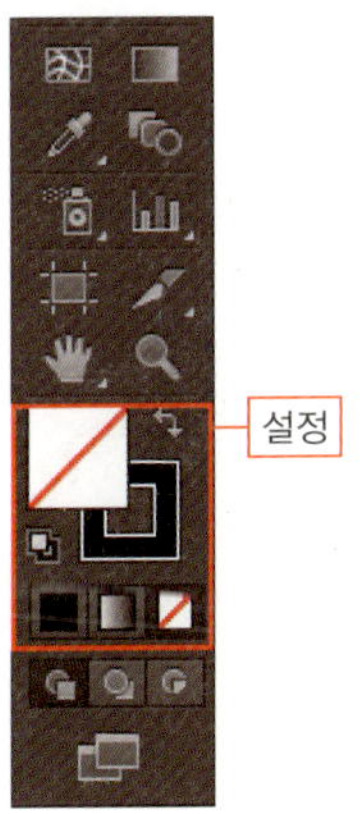

13. [Window]─[Stroke] 패널을 열어 [Stroke] 패널에서 [Weight]는 '1pt'로 설정합니다.

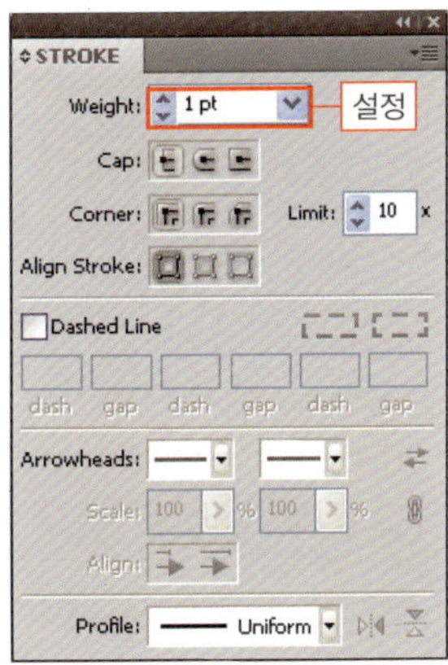

14. 이제 원하는 지점을 클릭하고 끝나는 지점을 클릭하여 수염을 만듭니다. 반대쪽도 그려줍니다.

14. [View]─[Hide Grid] 메뉴를 선택하여 Grid를 감추면 완성됩니다.

TIP : 이 과정은 도형 툴을 정확한 수치로 만들고 Pathfinder를 통해 원하는 모양을 만들고 펜 툴과 복사, 반전을 반복적으로 실행하여 그 동안 익힌 기본 기능을 완전히 내 것으로 만드는데 목적을 가지고 있습니다. 이런 반복적인 학습이 실제 작업 시에는 어떠한 기능을 사용해야 하는지에 대한 자연스러운 문제 해결 능력과 연결되어질 것입니다.

저작권에 관한 문제

요즘은 어느 때보다도 저작권에 대한 법률이 강화되고 있습니다. 또 개개인의 작업물을 보호하기 위해서도 저작권은 매우 중요한 부분입니다. 다른 작가들의 이미지를 보고 똑같이 따라하거나 이미지를 약간만 변형하여 사용하는 것조차도 저작권법에 위배됩니다. 그런 저작물을 2차 저작물이라고 합니다. 또한 인물 그림을 그릴 때도 초상권 부분이 있어서 매우 조심히 자료를 사용하여야 합니다.

다른 작가들의 작품을 참고하는 것은 좋으나 그 느낌이 좋다고 하여 똑같이 베끼는 행위는 매우 위험할 수 있습니다. 또한 여러분들의 작업물을 무단으로 사용하는 일조차도 불법적인 일이므로 여러분들의 권리를 주장할 수 있습니다. 저작권은 작품을 만든 저작자에게 귀속되며 따로 문서를 작성하지 않아도 자연적으로 저작권은 작가에게 주어지고 저작권을 양도하기 위해서는 따로 저작권 양도 계약서를 작성해야 합니다.

만일 여러분들의 작품을 무단으로 사용하거나 인쇄를 위해 사용되었을 때는 여러분들의 권리를 주장할 수 있고 변호사를 선임하여 여러분들의 권리를 주장하고 그에 합당한 댓가를 청구할 수 있습니다. 이와 같은 저작권에 대한 법률적인 부분들을 분명히 알고 작업을 진행하는 일은 매우 중요합니다.

의뢰한 이미지를 사용하는 범위나 횟수도 저작권에 관여된 부분으로 제작 시에 가격을 책정할 때 참고하는 것이 좋고 나중에라도 작업물을 다시 사용하거나 타인에게 전하여 재사용된다면 여러분들의 권리를 주장할 수 있습니다. 새로운 기술로 여러분들의 이미지를 온라인상에서 사용된 곳을 찾아주는 시스템도 있어서 여러분들이 하는 작업과 작업물이 어디에서 쓰이고 있는지 쉽게 찾아 낼 수 있습니다. 또한 요즘은 이런 일을 대행하는 법률 전문가들이 있어 법률적 자문을 구하면 기꺼이 도와드릴 것입니다. 하나하나의 진정 어린 작업이 여러분의 재산이 될 것입니다. 여러 가지 저작권 문제에 대비하여 법적인 문제를 알고 있는 것 역시 매우 중요한 일입니다.

■ 프리랜서로서 업무를 위해 자신을 홍보하고 의뢰를 받아 자료를 구하고 적합한 이미지를 머릿속으로 그려서 클라이언트와 접점을 찾아 일치시키고 작업을 마무리하는 과정들을 자세히 알아봅니다. **408p**

다양한 이미지들을 보고 자료를 수집합니다.

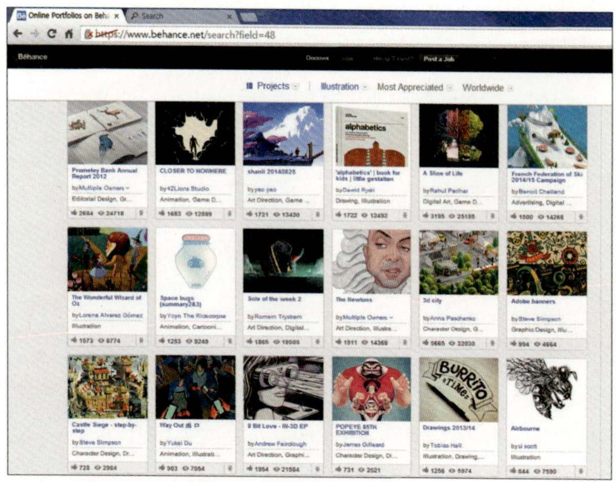

다양한 인물 일러스트들을 참고합니다.

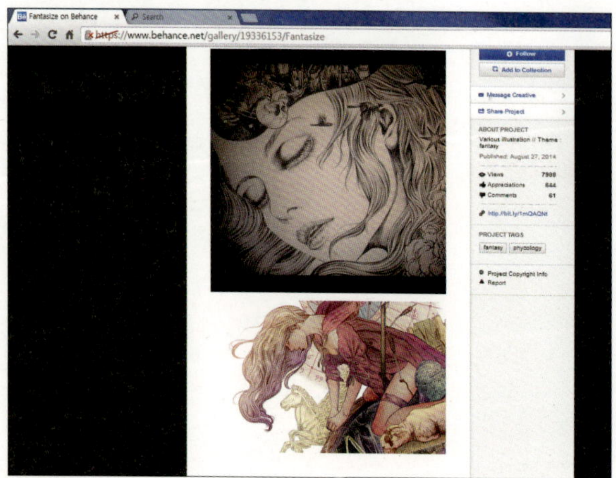

- 인쇄용 사이즈와 썸네일 이미지를 구분하고 분류하여 제공하는 이유를 알아봅니다.
- 실제 작업에서 원하는 이미지를 의뢰자의 의도에 맞게 진행하는 과정을 통해 그동안 배워온 작업을 실행해보고 반복하여 숙지합니다. 417p

- 도형 툴을 이용하여 딱 떨어지는 정확한 형태의 도형을 편집하여 원하는 형태를 만들어 캐릭터를 만드는 방법을 알아봅니다. 439p

찾아보기

〈영문, 기호〉

3D Effect · 319
Actions 패널 · 379
Artboard 콘트롤 패널 · · · · · · · · · · · · · 71
Attributes 패널 · · · · · · · · · · · · · · · · · · 304
Automation · 52
Behance portpolio · · · · · · · · · · · · · · · · 20
Blend Tool · 114
Character 패널 · · · · · · · · · · · · · · · · · · · 268
Clippping Mask · · · · · · · · · · · · · · · · · · 205
CMYK 모드 · 129
Color Picker 대화상자 · · · · · · · · · · · · 115
Color 패널 · 130
Create Gradient Mesh 메뉴 · · · · · · · 189
Create Outline 메뉴 · · · · · · · · · · 270, 293
Creative Cloud · · · · · · · · · · · · · · · · · · · 18
Edit 대화상자 · 132
Essentials · 53
Full Screen Mode · · · · · · · · · · · · · · · · 62
Gradient 패널 · 114
Graph Column 설정 대화상자 · · · · · · 371
Graph Design 설정 대화상자 · · · · · · 370
Graph Type 설정 대화상자 · · · · · · · · 369
Grayscale 메뉴 · · · · · · · · · · · · · · · · · · 128
HSB 모드 · 129
Image Trace · 388
Layer · 376
Live Corners · 30
LIVE TRACE 기능 · · · · · · · · · · · · · · · · · 395
Make Trim Marks 메뉴 · · · · · · · · · · · 306
Navigation 패널 · · · · · · · · · · · · · · · · · · 156
New Document 대화상자 · · · · · · · · · · 93
No Selection 패널 · · · · · · · · · · · · · · · · 70
Nomal Screen Mode · · · · · · · · · · · · · 62
Painting and Proofing · · · · · · · · · · · · 54
Paragraph 패널 · · · · · · · · · · · · · · · · · · 269
Path Finder · 439
Path 콘트롤 패널 · · · · · · · · · · · · · · · · · 70
Pattern Options 패널 · · · · · · · · · · · · · 347
Perspective Grid 메뉴 · · · · · · · · · · · · 312
RGB 모드 · 127
Rulers · 285
Selection 메뉴 · · · · · · · · · · · · · · · · · · · 87
Separations Preview 패널 · · · · · · · · · 304
Stroke 패널 · 212
Swatches 패널 · · · · · · · · · · · · · · · · · · · 131
Symbol Libraries · · · · · · · · · · · · · · · · · 280

Symbols 패널 · 348
Tab 패널 · 270
Tool 패널 · 64
Transparency 패널 · · · · · · · · · · · · · · · · 212
Type on a Path Options 대화상자 · · · 267
Typeki · 20
Typography · 55
Window 메뉴 · 72

〈한글〉

격자 설정 대화상자 · · · · · · · · · · · · · · · 313
그라디언트 툴 · · · · · · · · · · · · · · · · · · · 184
그래프 데이터 입력 대화상자 메뉴 · · · · · · · · 368
그래프 툴 · 366
기준점 삭제 툴 · · · · · · · · · · · · · · · · · · 170
나이프 툴 · 180
레이어 · 376
레이어 팝업 메뉴 · · · · · · · · · · · · · · · · 378
메쉬 툴 · 188
문자 입력 툴 · 266
문자 편집 툴 · 31
바이일러스트 · · · · · · · · · · · · · · · · · · · 410
벡터 방식 · 126
블러 · 227
블럽 브러쉬 툴 · · · · · · · · · · · · · · · · · · 232
비트맵 방식 · 126
스무스 툴 · 239
아트보드 옵션 대화상자 · · · · · · · · · · 102
오브젝트 · 162
오브젝트 그룹 · · · · · · · · · · · · · · · · · · · 89
자유 변형 세부 툴박스 · · · · · · · · · · · · 34
지우개 툴 · · · · · · · · · · · · · · · · · · 177, 184
직접 선택 툴 · 90
측정자 가이드선 · · · · · · · · · · · · · · · · · 284
콘트롤 패널 · 70
클리핑 마스크 · · · · · · · · · · · · · · · · · · · 205
타블릿 펜 · 225
투시도 격자 툴 · · · · · · · · · · · · · · · · · · 314
투시도법 · 312
패널 활성화 · 82
패스 · 162
펜 툴 · 163
프리 드로잉 툴 · · · · · · · · · · · · · · · · · · 227
프리 선택 툴 · 90
혼합 블렌드 모드 · · · · · · · · · · · · · · · · 133
화면 비율 조절 · · · · · · · · · · · · · · · · · · · 85

일러스트레이터 • CC&CS6
더 쉽게 배우기

1판 1쇄 발행 2014년 10월 20일

저   자 | 이상진
발 행 인 | 김길수
발 행 처 | 영진닷컴
주   소 | (우)153-803 서울특별시 금천구 가산동 664번지
           대륭테크노타운 13차 10층
등   록 | 2007. 4. 27. 제16-4189

가격 23,000원

©2014. (주)영진닷컴

ISBN | 978-89-314-4753-8

도서문의처 | http://www.youngjin.com

YoungJin.com **Y.**
영진닷컴

FRJ JEANS